3・11 慟哭の記録

71人が体感した大津波・原発・巨大地震

金菱 清 編
東北学院大学 震災の記録プロジェクト

新曜社

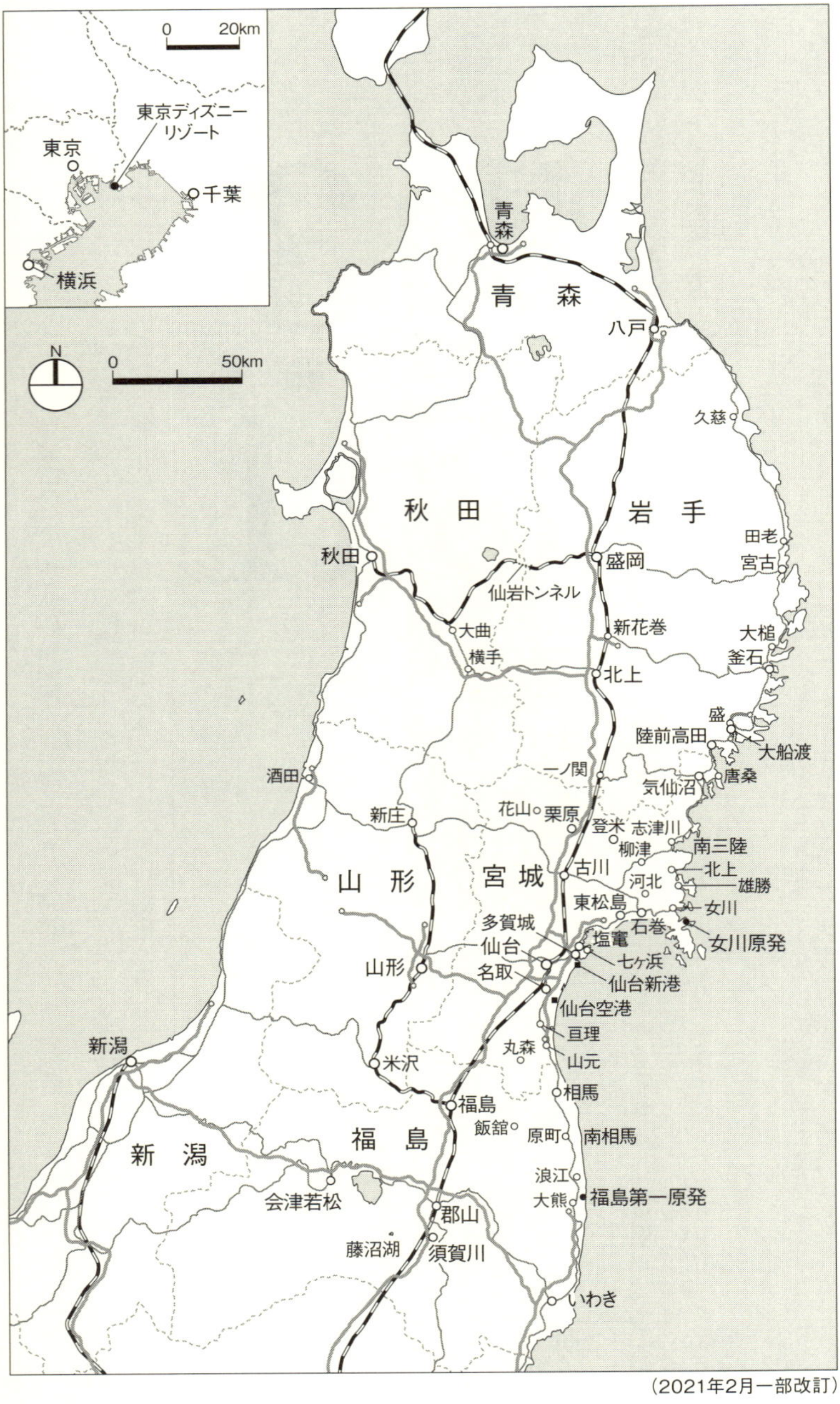

(2021年2月一部改訂)

出版に寄せて

学校法人　東北学院
学院長・大学長・同窓会長
星　宮　望

２０１１年3月11日に発生した大震災は千年に一度の規模とも言われ、巨大地震、そしてそれに続く大津波と原子力発電所の事故はまさに未曾有の大災害をもたらしました。死者・行方不明者は1万９千人に上り、特に宮城県と岩手県の沿岸部は壊滅的な被害を受けました。大津波は、多数の人命を奪ったばかりでなく、多くの住居と仕事場そのものを奪いました。そして翌12日から福島第一原子力発電所で起こった一連の大事故により、11万もの人々が故郷を追われ、いつ帰れるかもわからない避難生活を強いられています。

何よりもまず、多くの尊い命が失われたことに対し、深く哀悼の意を表します。そして被災された方々に、心よりお見舞いを申し上げます。いまも苦しみと悲しみのただなかにある多くの方々がこの逆境を乗り越え、安全と平穏な環境での生活が再び訪れますよう、心からお祈りいたします。

今般の3・11大震災のすさまじい情景を目の当たりにした時の、私個人の印象は、今から約六五年前の「仙台大空襲」の後の仙台市中央部の瓦礫の光景でした。昭和20年7月10日の深夜（午前0時05分頃から約二時間半）、仙台市は米国のＢ29による大爆撃を受けました。当時、仙台市で、四歳半の子供であった私が、Ｂ29の大編隊の轟音と仙台市中心部の真っ赤な夜空の光景を見た恐怖の経験と、そして、それに続いて、戦後の仙台市中心部の瓦礫の有様のはるかな記憶が、今回の災害の状況と符合してしまいます。

震災直後、本学教養学部の金菱清准教授と新入生を含む学生チームは、この大震災を体験者自身の手によって文字記録として残すプロジェクトを開始しました。本学は東北最大の私立大学であり、多くの同窓生が東北各地で活躍しています。この同窓会ネットワークを最大限に活かすことが、このプロジェクトを進める鍵となりました。大震災から一年が経ち、こうした記録を出版することは貴重であり、歴史的に大きな意義があります。本学のチームが知己や同窓生を辿り、被災された漁師さん、農家の方、会社員、介護士など、宮城、岩手、福島のあらゆる職業、地域の方々を探し歩いて依頼した分厚い記録であり、学生たち自身の被災記録も含まれています。こうした試みは、被災地東北がみずから発信し、人々の声をしっかりと刻んだ価値ある研究であると考えられます。いまだ心の整理もつかず、日々の生活に追われるなかで突然舞い込んだ未知の教員と学生たちからの依頼に応えて、あの日、あの瞬間の想像を絶する出来事を克明に描いて下さった方々の勇気に、心から敬意を表したいと思います。

自宅の倒壊や流失、最愛の肉親の死去など、これほどの苦難や災害に見舞われたとき、我々は冷静さを保つことさえ難しくなっています。それに対する我々の歩みは、これらの震災を単なる自然現象としての災害と捉えるのでなく、それらの苦難・災害などに対して我々がどのように努力・献身し、社会貢献したか、などが重要であると知らされます。課題の山積する震災復興と地域社会の再生に向けて、日本社会全体が試され、世界が注目しているところです。

人間には、周囲にいる多くの友人、知人などと知恵を結集することによって解決できることがあると、私は確信しています。このときに本当に重要なのは、対象になっている現実の事柄が、自らの努力によって克服できるものなのかどうかを見極め、識別する「知恵」であると思います。若者たちが学びと社会貢献を通してこうした「知恵」を身につけ、震災復興と被災者支援の中心的な担い手に育っていくことを期待しています。そして、互いに支え合い、共に未来を切り拓いていく責務が我々大人に課せられているのは言うまでもありません。

ここに描かれたことは架空の物語ではなく、まさに現実に起こったことです。ある日突然襲いかかる大災害の恐怖から目を背けることなく正面から見据え、人間と社会はいかに立ち向かうのか、読者の方々の想像力と行動力を培う手がかりとしていただければ幸いです。

この書が被災者同士、そして被災者と全国および世界の方々をつなぐ希望の架け橋となり、東北復興のひとつの試みとなるとともに、地震国日本から発信する震災研究として学問的寄与を果たすことを切に願って、出版に寄せるご挨拶とさせていただきます。

（２０１１年12月14日）

まえがき

編者　金　菱　清

世界の読者のみなさまへ

マグニチュード9・0という巨大地震に長時間さらされた人々の生々しい体感。津波に呑まれた人々の夢とも現実とも知れぬ死の恐怖と切迫感。目の前で赤子が車ごと沈んでいき、遺体が電柱に吊るされている非現実感。火葬もかなわず仮土葬をしなければならなかった遺族の無念さ。行方不明の愛娘を捜して避難所と遺体安置所を巡る日々。そして原発の爆発音を耳にした時の言い知れぬ不安。何万人もの人々が身一つで行き先もわからずバスに乗って避難民と化した絶望感。語りつくせない「3・11」がここにある——。

2011年3月11日東日本で発生した未曾有の巨大地震と大津波は、リアルタイムで「世界」の知るところとなった。その意味でこの〝出来事〟はグローバルである。04年のインド洋大津波の時と同様、津波が到達する生の映像がテレビ各局を通して、日本および世界中の家庭に届けられた。この本を手にしている多くの人々が、津波の映像を驚愕の思いで見ていたのではないかと思う。

全世界の人々、普段は日本が援助している国々からも多額の義援金が寄せられたのは、日中の明るいさなかに起こったこの災害を、映像で疑似体験したことが大きい。もし津波が真夜中に襲っていたならば、家や車などが津波に巻き込まれていく映像を目にすることはなく、避難した人々のインタビューを通して何が起こったのかを想像することしかできなかったであろう。

上から撮影された数多くの映像は、私たちが想像しそこで考える余地を与えないほど圧倒的なものだった。津波が海岸に押し寄せ、家や車を薙ぎ倒していく。誰しもが言葉を失い沈黙を余儀なくされた。それはまるで9・11アメリカ同時多発テロの時と同じである。高層ビルに飛行機が突っ込んでいく光景は、まるで映画のようであり、誰しも現実とは信じられなかった。本書では、このリアルタイムの進行形で起こる〝大きな出来事〟について疑問を投げかけてみたい。

地球の裏側でもリアルタイムで巨大な津波を見ることができた一方で、まさにその時この地震や津波を経験した人々は、停電や電波基地局の破壊、集中アクセスなどによりあらゆる情報を得ることができない状態にいた。これほどの大規模の地震や津波だということを把握するまでに、三日から五日近い日数を要する地域もあった。

ちなみに明治に起こった三陸大津波は深夜に襲来した。テレビはおろか写真もないような時代であったので、災害発生の一報が東京に入ったのは翌日の午後のことであった。テレビやインターネットを通して、被災地の人々よりも先に視聴者がいち早く災害を目撃することができたことは、歴史的に見て特筆すべきであろう。

大きな出来事から〝小さな〟出来事へ

津波の映像とともに、震度を表すマグニチュードや死者・行方不明者の「数値」の情報が加わり、やがて福島第一原発の「無音の爆発」映像に切り替わり、それらが計画停電のニュースとともに「首都圏および東京」そして「海外」の関心事に変化していった。その後の政府の対応のまずさ、被災地への救助をめぐる政治的な空白や停滞は枚挙に暇がない。

このように目まぐるしく切り替わるまなざしの変化によって、結果として実際の現場で生じている人々の等身大の経験は切り捨てられることになった。もちろん後から被災者のインタビューによって生の経験が語られたが、それらはあくまであの津波の圧倒的な映像を補完する役割でしかない。最も情報を欲している人々がその情報から取り残されることとなった。地震情報や津波警報、行方不明者の安否や生活物資の配布などの必要な情報が、現場で圧倒的に不足していた。仕事や住居を失った人々の無数の声は、圧倒的な映像の陰ですべてかき消されてしまった。

というよりもなかったかのように扱われた。問題はこれら小さき名もなき声をどのようにとらえ、表出していくかである。

千年規模の巨大災害であるからには、当然その被害や影響も広範囲にわたる。だからといって、上から津波の映像を眺めているだけでは、現場で生じている〝小さな〟出来事はわからない。かといって小さな出来事を拾い集めるだけでは、災害の全体像を把握できないという弱点がある。

身の丈にあった震災の記録

本書の記述は、調査者である私がインタビューを行い、それを取捨選択し、まとめる方法をあえてとっていない。実際にその現場で震災に遭遇し、苦難の日々を経験した71人自らが書き記したものである。身の丈から記された記録には、津波の映像を見て「早く逃げて」と願うようなまなざしはありえない。むしろこれまで津波を経験した人は、「（経験上）ここまで来るはずはない」という安堵のもと、庭先で煙草をふかしていたりのんびりお茶を飲んでいる姿が見えてくる。あるいはこれまで津波が来なかった地域は、10メートルの津波警報にも「まさかオカ（陸地）までは来ない」と思っていたところ、いきなり家や車が流されたというケースも見受けられる。

経験／未経験どちらの場合も、生と死の瀬戸際を彷徨うことになる。災害時における実際の人の行動は、「津波から逃げる」という単純なとらえ方を明確に否定する。人間関係や地理的情報、過去の経験が複雑に絡み合っている。これらの事実はソフトな防災・減災対策の点からも多くの示唆を与えてくれる。もちろんここにあげた人々がすべてを代表しているわけではないが、少なくとも実際どのように人々は行動したのかという実証的証拠となる。

言葉のみで綴る意味

本書の特徴は一切の写真や画像を掲載しないことにある。貴重な写真や画像はたくさん手元にある。しかしそれらを載せないで、言葉のみで綴られているのはなぜか。その理由は大きくふたつある。

ひとつめ。書店には多くの震災写真集が所狭しと並べられ、それを手にすることができる。テレビやインターネットには大量の被災地の映像が流されている。私たちはこうした画像や映像によって「言葉」を奪われたわけである。再び画像や映像の洪水によって自然の猛威に対する沈黙を強いられたならば、社会や文化を営んできた人間の言葉は衰退してしまうのではないだろうか。そのような危機感がある。もちろん一枚の写真に感動を覚えることは否定しない。一瞬の映像が言葉以上に雄弁に出来事を物語ることもある。しかし多くの場合、パラパラ漫画のように頁をめくって終わりになっていないだろうか。メディアが流す情報を、日々消費して忘れていくように。そうではなく、現場にいた人々の眼に映し出された写像にもう一度信頼をおき、そこから発せられる声と言葉に真摯に耳を傾けることが求められているのではないか。

ふたつめ。もうひとつ私たちが言葉を失ったものがある。死に対する感受性である。大震災において、死は何万人という形で数値化されひとつの「群」として抽象化される。二万人に近づかんとする死者・行方不明者とそれを取り囲む家族が見えにくくなる。もちろん遺族の心情を察して死に触れないように配慮するのは理解できなくはない。しかし、肉親を失った家族は精神的に孤立し、実際お会いしてお話してみると表面上は日常生活に溶け込んでいるかのように見えるが、半年以上たった今でも社会から断絶状態にある方も少なくない。それに対して真正面から向き合う必要があるように思われる。

本書は死を追いやるのではなく、死に魂を吹き込むことでひとりでも多くの方々と想いを共にして、生きる気力を奮い起こしていただければと願っている。震災で突然家族を亡くすとはどのようなことであり、私たちはどのように寄り添うことができるか。これはご遺族が記した手記という手段が有効であると思っている。

「私も」この〝出来事〟を経験するかもしれない

私たちには、お手本となるべきよい教訓があった。それが04年スマトラ沖で生じたインド洋大津波である。しかしこの大きな代償は、日本の防災の観点から個人レベルで活かされることはほとんどなかった。誰しもがあの大津波を知っていた。だが目の前の海で同じようなことが起こるとは想像できなかった。よその国で生じた現象はどこか「他人事」であったのである。想像力を欠いていたのではないだろうか。実はリゾート地の映像以外、インド洋大津波で被災国がどのようなことを経験し、その後どうなったのかについて、私を含めてほとんどの人は知らない。あまりにも迫力のある映像でどこかあり得ない（したがって自分の身には起こらない）と見過ごしてしまった危険性がある。

国内についても同様のことを指摘できる。3・11大震災の津波によって浸水した区域を日本全国にあてはめた場合、海岸線からの距離が10キロ以内で標高30メートル以下となり、日本の国土の10パーセント、総人口の35パーセントに当たる4438万人が居住していることが、国土交通省の分析で明らかになっている。これに活断層、原発立地および周辺地域、山津波・崖崩れなどを加えれば、これからお読みいただく事象は、自分だけ例外でいられることはひとつもない。本書は日本人一人ひとりに突きつけられた問いでもある。いつどこで生じてもおかしくない出来事として、本書を読んでいただければ幸いである。

亡くなられた方々のご冥福をお祈りし、本書を捧げたい。

（2011年12月11日）

目次

出版に寄せて　学校法人東北学院　学院長・大学長・同窓会長　星宮　望　i
まえがき　編者　金菱　清　iv

TSUNAMI　大津波　1

大津波　ババのへそくり　泥の中—南三陸町志津川廻館　佐々木　米子　2
「あれ何の音」、我に返った時はよその家の上、星になったみんな、震災川柳は心のいやし
ここは津波常襲地—南三陸町戸倉字波伝谷　後藤　一磨　8
流れ去る我が家にさよなら、避難者名簿をもち救助要請に、瓦礫と遺体、おにぎりの美味しさと人の暖かさ
正座したままで逝った父、母、祖母—女川町桜ヶ丘　丹野　秀子　14
実家と連絡がとれない、屋根の上に家が、母をおいて帰る悔しさ、「仮土葬」に怒り、最後まで家族を守った父
大川小学校で愛する娘を亡くす—石巻市旧河北町　狩野　あけみ　29
夫の涙にわけがわからない、「愛！おかあさんだよ！迎えに来たよ」、懸命の捜索活動、やっと大好きなお家に
妻や孫を呼ぶ声だけが谷間に谺する—石巻市北上町十三浜大室　佐藤　清吾　36
橋から津波を目撃、街並みが海上に出現、親族15人安否不明、霊を弔う余生を、浜の生活史と反原発運動
大津波に何回も呑まれ意識を失う—石巻市北上町十三浜菖蒲田　千葉　五郎　45
泳いでガードレールに、橋の欄干で気を失う、妻と養母を亡くす、釣石神社を地域復興の核に

雄勝法印神楽をなくしてはならない―石巻市雄勝町水浜　伊藤 博夫　51
3時25分頃黒い山のような波が、125世帯中14世帯除き全壊、雄勝の宝、神楽復興で心を癒す
おじいさんは大好きな海に帰ったんだ―石巻市渡波　丹野 宏美　55
日光から車を飛ばす、母と祖父母を探しに雄勝へ、床上浸水2メートル、遺体に湯たんぽを、仲間とボランティア
目の前を家もトラックも人も……―石巻市渡波　平塚 将人　66
位牌を取りに…車が流される、真っ暗な自宅、サイレンとクラクションと叫び声、就活を辞めて大工に
水産会社廃業の選択―石巻市魚町　斎藤 廣　69
水と瓦礫が車のウィンドーに、足蹴りで脱出、ビスケット二枚、腐った魚の後片付けに二ヶ月、借入金に苦悩
泥に「かな無実です」と刻む―石巻市湊　阿部 果菜　73
水の中をザブザブ進む、双眼鏡で自宅を発見、父、母と抱き合い号泣、さよなら私の思い出たち
地獄のなかの救命小舟―石巻市南浜町　奥田 裕次　83
後ろから津波の第一波が、目の前で赤ちゃんが車と共に…　六時間漂流、震災の爪跡は深く残る
石巻は火と水と寒さ―石巻市日和が丘　遠藤 美千代　89
波の音がシャバシャバ、火柱と爆発音でパニック、園児の泣き声、救援も食料も情報もない、原爆の跡のよう
避難所から消えた中国人研修生―石巻市南光町　熊谷 亜未　96
日和山は孤立状態、火事の延焼で避難警告、溢れかえる避難者、「原発」が爆発、はぐれた研修生とおじいさん
「盗み」に入らざるをえない現実―石巻市貞山　成田 賢人　106
冷たい水、ストレスの溜まる避難所、スーパーの物がなくなっていく恐怖、助け合いに感謝、防災への心構え
数少ない病院の役割―石巻市山下町　亀山 富二江　115
町は水没、病院大混雑、患者は保険証も診察券もお金も薬もない、満床でも受入れ、看護師として明るく

海水と泥と闘う毎日―東松島市赤井　佐々木和子　124
児童クラブで避難誘導、食パン一枚を四人で、二週間後自宅に入り呆然、堤防決壊で台風でも避難勧告

生きたまま焼かれる！―気仙沼市鹿折地区　加藤弘美　129
ヘルパー先で家ごと津波に、ガス爆発で次々と火が、重油とヘドロまみれの体、九人で励まし合う

海を生き抜く信用取引―気仙沼市魚町　齋藤欣也　135
「屋号通り」が消えた、気仙沼は大火災、九割の漁船は遠洋で無傷、静岡へ搬入、待ちに待った鰹水揚

民間ハローワーク―気仙沼市階上地区　守屋守武　141
千八百人の避難者を守る、民間主体で緊急雇用創出、「ありったけの想像力を働かせ、被災者を救う事」

陸の孤島と化した半島での消防団活動―気仙沼市唐桑町宿浦　三浦清一　148
バリバリゴゴ…轟音と土煙、石碑に「地震がなったら津波の用心」、まさに火の海、救助捜索と遺体収容

ヘッドライトの下で綴った震災日誌―気仙沼市唐桑町宿浦　熊谷眞由美　153
メモ用紙の裏に日記、「火垂るの墓」の光景、避難所から自宅片付けに通う、4・16電気水道復旧、今回の教訓

開店休業に追い込まれた海産物加工業―塩竈市藤倉　下舘準也　164
スクーターで迂回、家族は無事避難、喘息で苦しい、桂島の津波被害、店の復興と原料確保の難しさ

島の海苔養殖協業―塩竈市浦戸諸島桂島　内海茂夫　175
チリ地震津波に続いて筏流出、海苔の養殖しかない、皆の思いをひとつに

祖母の手を放してしまった―七ヶ浜町菖蒲田浜　渡邊英莉　177
幸せな笑顔が、必死で木につかまる、助けを求めた人の目が忘れられない、ばあちゃんのご祝儀袋

決死の介護利用者の救助―多賀城市大代　榊原由美　186
川が溢れる（なんなのこれ）、肩まで浸かりながら救出、手を強く握り返す、「助かりたいの？」ひどい言葉

遊園地のコーヒーカップのように回る車—産業道路　多賀城市　川嶋由子　190
なだれ込む津波、ここで死ぬわけにはいかない、一瞬のチャンス、見つかった車は傷だらけ
コンビニの屋根に避難する—仙台新港　黒瀬英文　194
搬入の箱と台車で階段を作る、石油コンビナート炎上で空が赤色に、みんなで手をつなぐ、二度の窃盗事件
夢半ばで逝った息子を想う—名取市閖上　小原武久　202
愛犬を抱いた息子は、「外は寒いのに、パパたちだけがお風呂に入ってごめんね」、一六日ぶりの悲しい対面
仙台空港での三日間—仙台空港　中澤輝博　213
運命の別れ道、空港の「自治組織」、仙台名物が非常食、「ここの救出優先順位は低い」、最終救出バスに
自衛隊ヘリによる脱出—亘理町荒浜　森健輔　218
自転車で写真撮影に、津波なんか来ないだろう、荒浜の惨状を記録し続ける、友と火葬だけのお別れ
代々続いた海苔養殖業の復興へ—亘理町荒浜　菊地萬右衛門　227
神様がお話を聞いてくれれば、懸命の筏片付け、皇室献上の海苔が復興の原動力、霊を慰める切子提灯
黒いものがモジャモジャ向かってきた—山元町八手庭　阿部行男　236
津波と気づかず向かう車、一面海のように、連絡手段がない、テレビ映像に心折られる、復興へ何ができるか
究極の遺体身元照合ボランティア—宮古市磯鶏地区　千葉胤嗣　240
「千葉さんでなければできない仕事」、遺体安置所と避難所を往復、毎日御遺体を拭く
万里の長城を越える大津波—宮古市田老大平地区　山崎智水　243
明治三陸大津波の演劇、寝るだけの避難所生活、公務員は被災者じゃないの？　防災・減災の研究をしたい
町全体が精霊流しのよう—大槌町本町　臼澤良一　249
家が将棋倒しのように、タロ絶対助けるぞ、水と炎が迫り叫ぶ、家族っていいな、まごころ広場うすざわ

不安と恐怖に包まれた孤独な一晩―釜石市鈴子町　菊池 真智子　259
車が沈む、プールの底にいる感覚、周りは海、大型タンカーがぶつかる音、店の再開、釜石の水産業復興を
重油まみれの衣類を毎日洗う―釜石市浜町　佐々木 要　270
家族との連絡に四日間、引き波で海の底が見えたと知る、遺体と瓦礫だらけ、生簀が家の中に散乱
普段着やジャージ姿の卒園式―釜石市上中島町　佐々木 幸江　276
子供たちの午睡中、嘔吐する子や夜泣きのゼロ歳児、卒園式をしてあげたい、「げんきでほいくえん」
間一髪の小学生の避難誘導―陸前高田市小友町　渡邉 淳　281
二転三転する避難、小友小学校一階全壊、たくさんの温かい支援に感謝、生かされた命を大切に
港湾都市・大船渡やっぺし―大船渡市盛町中道下　浦島 康弘　284
静かに海水があふれ激流と化す、7メートルの丸太が突き刺さる、工具回収、ヘドロかき出し…目が回る
供養碑の下の石を拾い集める日々―大船渡市三陸町越喜来　及川 彌　287
浮いた冷蔵庫に乗る、迫る天井、屋根から松の木へ飛び移る、ローソクを火の玉と間違える母

FUKUSHIMA　原発　293

福島第一原発に立ち向かう―福島第一原子力発電所　山下 幹夫　294
東通村は津波被害なし、福島第一へ乗り込む、防護服と防護マスク、ドンキホーテと建屋、内部被曝に注意
生まれた時から原発があった―大熊町　大川 順子　301
原発で働く父を心配、翌日母と新潟へ、言葉になまりがなく原発関係者の多い町、原発全部を否定しないで
避難先も避難区域―大熊町熊三地区　佐久間 和也　308
原発から4キロ、全戸避難指示、大熊→福島経由→南相馬→相馬→前橋→いわき、収まらない気持ち

故郷はサバンナの大草原―大熊町大野地区　橘　慶子　312
三ヶ月半ぶりの一時帰宅、袋いっぱいに詰める、冷蔵庫の中の卵が…　肝心の妹の制服がない

果てなき流浪へ―浪江町川添　新田　泰彦　322
10キロ圏内町民二万人の一斉避難、12日15時36分の衝撃波、県外避難、故郷・職場・学校はどうなる

障害者として転々と避難し続ける―浪江町権現堂　新谷　師子　332
原発が爆発、浪江→南相馬→福島→上山→南陽→山形→いわき、不安やストレスは消えない

きずなファーム―浪江町牛渡　亀田　和行　337
透析の病院もガソリンもない、原発事故による棄民に、気分転換と癒しの農業、生きていく原点づくり

飯舘のトルコキキョウは人生そのもの―飯舘村比曽　佐藤　照子　343
気持ちを鬼にして可愛い牛を売る、飯舘への恋しい気持ちは富士山を越える、誰をも責めず何をも非難せず

我が家を支えてくれた牛と最後の別れ―飯舘村深谷　斉藤　次男　346
人生の真逆の坂、44・7マイクロシーベルトを後で知った、日本で最も美しい村が一瞬に、哀しみに終わりを

原発避難・捜索・警戒区域―南相馬市小高区　山本　祐一　352
水素爆発で頭は真っ白、避難所生活の長所、原発がなかったら救えた命、当たり前の生活が最高の幸せ

真実は避難者には知らされない―南相馬市原町区　池田　弘一　364
大渋滞でパニック、避難所でヨウ素剤配布、「イチ・ゼロ・ハチ、イチ・イチ・ハチ」、アパート二軒分に一七人

脱・ニート―南相馬市原町区　大石　貴之　373
最悪のニュース、原発は原爆？　カーテンを閉め閃光に怯える、一人で東京へ、親が倒れたら生きていけるか

母子自主避難を決意するまで―南相馬市鹿島区　明石　美加子　379
南相馬→福島→南相馬→宮城県加美町、子どもの健康を守るために、悩んだ末の母子疎開

大学を中退して群馬へ―南相馬市鹿島区　三浦 育子　385
水平線の白いモヤモヤ、「お願い助かってー」、液状化現象、友にさよならも言えず、大好きな〝日本の田舎〟
九九日間の避難所運営―相馬市小泉　只野 裕一　391
戦場の様相、相馬を離れられない、社協職員のみの「はまなす館」、ピークは千百人、避難所の主人公
漁業の復興を阻む原発問題―相馬市尾浜　池田 精一　403
富士山を横に伸ばしたように迫る津波、油まみれで逃げる、浜全体が一変、魚を食べるか食べさせないか
心に燻る「政府も誰も信用できない」―福島市飯野町　鴫原 玲子　415
原子力緊急事態宣言、見えない、感じない物質の恐ろしさ、子どもを一時避難、諦めにも似た感情
福島との県境で放牧場を復旧―伊具郡丸森町　大槻 謙喜　420
地割れの被害、飼料がなければ死活問題、生乳を廃棄、一時牧草給与と放牧禁止、生活環境と食糧問題
原発見学中に地震に遭う―女川原子力発電所　藤村 魁　428
原発内で震度7？「ここは安全です」、原発を避難所に開放、津波の誤報で高台へ、一歩早ければ命を…

MEGA EARTHQUAKE　巨大地震　439

ダム決壊、もうひとつの津波―藤沼湖　須賀川市滝　松川 美智夫　440
山津波で死者七名、濁流が地区を呑み込む、連日の捜索活動、「人災ではないか」怒りの声
青少年自然の家で再び震度7―栗原市花山字本沢沼山　佐藤 敏幸　447
再出発から一年経たず、中国研修生の協力、修学旅行生を受入れ、利用者との絆・よりどころ・自然を伝える
新幹線のトンネルに一四時間閉じ込められる―秋田新幹線　仙岩トンネル　佐々木 透　451
トンネル内で停車、不運な大学受験、盛岡で避難所泊、人生初のヒッチハイク、栗原は地震の爪跡

老朽化が危惧された仙台駅にて―仙台駅　佐藤　恵　459
デッキで恐怖に泣く、友人の目の前で天井看板が、北斗七星に感動、買い出しに並ぶ毎日
高層マンションで震度6の揺れ―仙台市青葉区国分町　金菱　清　471
阪神・淡路大震災に続く二度の経験、長周期地震動と制震、屋上から見た水と煙と炎、123階分の階段
エコノミークラス症候群による心肺停止―仙台市宮城野区　佐藤　美怜　481
まさかの避難所、階段にしゃがみ込む母、トリアージは最悪の〝黒〟、一人ぼっちの静寂、家族の大切さ
在宅酸素療法患者のいのちを守る―松島、石巻、女川、三陸地域　岩渕　茂利　493
津波回避のルートは、翌日から患者さんに対応、ヘドロ臭のボンベ配送、まるで野戦病院
避難所を横断して聞き取りを続ける―宮城県全域　木村　彩香　502
つなプロに参加、ニーズを探し出すアセスメント、避難所の〝個性〟、大島での濃い一週間
脱・就活―大崎市古川　小山　悠　513
宮城の誇りと悔しさ、内陸部古川の被害、ガソリンがない、熱がさめた就活、現実に向き合い復興を
テーマパークのなかの非日常―東京ディズニーリゾート　伊藤　智裕　523
Twitter で情報収集、液状化で泥水、ホテルのロビーで仮眠、腕がちぎれそうな満員電車、震災でリセット
プロジェクトを終えて　東北学院大学　震災の記録プロジェクト　533
大内千春・亀山武史・佐藤航太・小山悠・佐藤恵・植野雄太・遠藤祐太・伊藤智裕・齋藤宇成・渡邊英莉
あとがき　金菱　清　536
装幀・地図制作　谷崎文子

TSUNAMI

大津波

大津波　ババのへそくり　泥の中

南三陸町志津川廻館

佐々木 米子

流される

「あしたは、ママの誕生日、今夜は前夜祭で焼肉パーティーといこうか」ということで、3月11日の午後、近くのスーパーに買い物に出かけた。ウォーキングカーに買いこんだ食材をつめこんでスーパーを出たのは二時過ぎころだっただろうか。もうすぐ自宅……というガード下で、あの大地震におそわれたのだ。

「何、この音、今ごろ来る電車は、ないはずなのに？」と錯覚をおこすほどのゴーウッという音だった。と思った瞬間、地面が大ゆれに動きだしたのだ。立っていられないので近くの建物のフェンスにしがみついて、ゆれのしずまるまで、じっとしていた。その間、何分間だったかは記憶にない。地震のゆれが治まったころ、自宅の近くの清《せい》さんが自転車を懸命にこいで、私のわきを通りすぎながら「ばあちゃん、気いつけてかえろよ」と、声をかけてくれた。この声が清さんの声を聞いた最後となった。とにかく、急がなくちゃと足を速めた。その時は、地震の大きさにはびっくりしたが、津波がすぐ、おしよせるなんてことは、頭の中にはなかった。

家に帰りつくと、隣の本間さんが、津波警報が出たので、慈恵園にひなんするよ、と声をかけてくれた。本間さんのおじいさんは病気がちで、足取りが重く普通なみに歩けないので、おばちゃんが、じいちゃんの手を引いて、すぐ目の前の丘の町指定の避難所である慈恵園に登って行った後姿が最後の姿になるとは、予想もできなかった。

とにかく、家にやっとついた私は、ひなんのことを聞いても、ここまで津波が来るはずがない、あのチリ地震津波の時は、志津川の町内は津波の被害にあったが、私の住んでいる地区は、ずっと山の方で高くなっているのでたかをくくって、茶の間に入り、やれやれと一息ついたところ、ちょうど隣へ来ていた実家のおばちゃんが「いたの」と、声をかけて入ってきた。「いたよ、入らい、お茶のんでいかい」と、お茶の用意をしていたとき、ゴーウッと音がひびいてきたのだ。

「あれ、何の音」と、出窓から川の方を見たとたん、信じられない光景が目にとびこんできた。出窓のまん中あたりを、ガレキをのせた津波が弾丸列車のような速さで、とんでいくのだ。そして、みるまに、その下の部分から波がくずれ落ち、隣へおしよせ、そして、我が家までおし迫って来たのだ。その間、何秒もたっていない。

「速く、二階へ」と、ちょうど二階にいた息子と孫が叫んでいるので、おばちゃんと二人で、二階へかけ上った。そんな時でも、人間は信じられない行動をとるもので、二階へ行くおどり場で、裏の方の屋並を見ると、津波が家々の屋根まで来て、まさにそれらの家々をのみこむところだった。

「何してんの、速く」ふだんは、足が弱くてほとんど二階には上ったことのない私でも、かけ上ったのだが、津波はもう、私のひざ下までぬらしていた。「ベランダへ、速く」水のこないベランダへ逃げこんだ私達は、ひざをつき、肩を寄せて、すわりこんでいた。

そして、何秒か、何分か、全く時間の感覚はなく、流されている実感もなく、ドシンという物音で、やっと我に返った時、そこはよその家の上だった。ベランダが斜めにかたむいて、屋根の上にのっかって止まったのだ。「助かったんだ」。やっと、我に返ってまわりを見わたすと、目の前に杉山があり、流れ去った津波のあとのガレキがつみ重なったところに、水たまりがあり、その中に赤っぽい大きな魚が、パシャパシャと動いていたのが妙に目に残っている。

「これからどうなんだべ。助かったんだべか、どうすっぺ」。一緒にいた実家のおばちゃんが、とたんに声を上げて泣き出した。「おばちゃん、命だけは、助かったんだから、しっかりして！　ここにいれば、誰かが、見つけてくれっから」と、声をかけながら、私は今夜はこのベランダで過ごすことになるだろうと覚悟を決めた。みぞれまじりの冷たい雨が降り出した。とても寒い。ふるえあがるほど寒い。さいわい部屋の中はぬれていないので、メチャクチャに倒れている家財の中から、ふとんを引っぱり出して頭からかぶった。それでも寒い。

四人で身体を寄せ合ってふるえていたら、「おうい、がんばれよ」とよびかける声が聞こえた。声の主は、百メートルぐらいはなれた丘の上にいてくれた。生き返った思いで「助けて！　助けて！」と手を振りながら、大きな声で叫んだ。丘の上からは、何人かの人々が入れかわり、たちかわり、がんばれ、がんばれ、とはげましてくれた。

まわりがうす暗くなりかけた頃、三人の消防隊？の人達が丘の上から、ガレキをわたって来てくれた。「ベランダの方からは抜け出せないから、こっちへ来て」と声をかけられ、部屋の中をくぐりぬけて丘と向かい合っている窓から、ひっぱり出してもらった。「ここに足をおろして。今度はこっちの方だよ」一歩、一歩、歩くところを示されて、ガレキの山をわたって、やっと丘のふもとの道路についた。「もう少しだから、がんばって」と手を引いてもらって、連れて来てもらったところが　旭ヶ丘コミュニティーセンターだった。

ひなん生活

センター生活は、朝のおにぎり作りから始まる。自衛隊が炊いてくれた御飯が大きな袋で届けられると、それをおにぎりにして各戸に届けるのだ。旭ヶ丘団地は、家こそ流されなかったが、町全体がカイメツ状態なので、働き先がなくなり、その上、食材をはじめ、生活に必要な物資もないのだ。それに、センターに入らずに、それぞれの知り合い、親戚をたよって身を寄せているひなん民も何人かずついるのだ。

団地全体が12の班に分かれ、センターは13班となった。各班の班長達がセンター内の炊事室に集まって、おにぎりを人数分作ったり、各地から届く支援物資を分けたりするので、いつも、にぎやかだった。

震災当日の夜は、三十畳ほどのセンター中は、あふれるほどのひなん民だった。肩を寄せ合い、ひざをつき合わせ、寒さにふるえ、二台のストーブにかじりついて夜を明かした。

その人達も一ヵ月を過ぎる頃は、五人去り十人去って、十世帯二十人位に落ち着いて来た。

桜のつぼみがやっとふくらみはじめた夜、外へ出て、ふと夜空を見上げた私は、星の美しさに息をのんだ。物音ひとつしない灯りひとつもついていない団地の空は、星がきらめいているだけだった。

あのピカピカとかわいい星は、あずさちゃん
あそこの、青く輝く星は、由美さん
あの大きな強く光っている星は　本間のじいちゃん
そして、あの静かにまたたいている星は、幸代さん
みんな、みんな星になって　しまった。
星になったみんな
そこから、志津川の町が見えますか
ガレキだけの　町になったけれど
命をもらった私達は　心をひとつにして生きてますよ。
星になったみんな
南三陸町星雲になって
いつまでも　この町の上に輝いていてね。

あずさちゃんは、二十歳を過ぎて、三年。結婚をひかえて志津川へ戻り、公立志津川病院へ勤めて五日目だった。由美さんは、小学生と中学生の二人のお母さん。病弱な御主人を助けて、明るく、楽しい人がらだった。4月から就職することになっていたのに、一緒に逃げた人と波にのまれそうになった時、自分から手をはなして波にのまれていった。本間のじいちゃんは、いつも私のぐちを聞いてくれ、太陽の出ない日はない。人生はなるようにしかならない、とはげましてくれた。幸代さんは、私の仲間で、声のきれいな歌の好きな人だった。

4月15日、待望の電気がついた。団地の家々の窓から灯りがもれているのをみると、団地全体が生きているという感じでうれしさがこみあげてくる。灯りがこんなにも、力をもっているのだろうか、この灯りが早く町全体にともってほしいと思ったが、それがなかなか思うようにいかなかった。

4月後半、センターの庭の桜が満開になった。「お花見をしようか」「こんな時に花見など」「いや、こんな時だからこそ、お花見をして、活気づけよう」。

区長の英断で旭ヶ丘全体でお花見をすることになった。それからの区長の動きはすごかった。いろいろな人達に働きかけて、当日はいろいろな出店が軒をつらねた。お好み焼き、たこやき、やきとり、綿菓子、ビール、ジュースコーナー等々、工夫をこらしたのぼり旗をたて客をにぎやかによびこんでいる。子ども達には、ごうかな景品をつけたビンゴ大会等々天気に恵まれて終日、にぎわった。もちろん、ボランティアの方々の活躍が大いに力になってくれたのは言うまでもない。

震災川柳の旭ヶ丘へ

いつまでも、震災の悲しさ、苦しさを引きずってはいられない、少しでも心のいやしになるのに役立つのでは……という意味で、区長の発案で始まったのが、川柳である。

毎日、午後4時に各班の班長達が集まって物資の仕分け、区長からの連絡等があり、そのあと、区民から寄せられた川柳が読み上げられる。

大津波　みんな流して　バカヤロー
僕の服　支援物資で　チョー似合う
ゆきバァーバ　支援物資で　若返り

毎日寄せられる川柳は、けっ作揃いで、聞いているみんなは、クスッと笑ったり、拍手をしたり　大笑いしたりで、みんなこの時間を待ちかねている。

震災川柳がマスコミに取り上げられ、報道関係の取材が殺到するようになった。各テレビ局、週刊誌等が旭ヶ丘を訪れ、それが各地に放映されるようになると、連絡がどうしてもとれなかった知人、友人から、電話や手紙が来たのは、予期せぬうれしい副産物だった。

電気つき　亭主おどろく　ノーメイク
大津波　ババのへそくり　泥の中
流された　家より惜しい　みそのタル
久しぶり　スッピン同志で　誰だっけ

大震災から三ヵ月が過ぎた。今、センター内での私達の会話はいつ仮設住宅に入れるか、仮設に入ったら、その後の生活はどうしていくのか、などが中心である。

「絶対、買い置きをしない」この事は、米一年分、さとう十袋、みそ、つけ物等どこの家でも常時、たくわえていた物を全部、津波がさらっていったからである。

「気に入った物は、どんな高価な物でも、常に使って生活を豊かにしよう」外出用の着物、洋服、来客用の茶道具、ふとん等。

「くよくよしないで毎日楽しもう」津波で助かった命を大切にして、無念にもなくなった人達の分まで生きよう。

大震災は、全財産どころかたくさんの命まで流し去って行った。ガレキの山を見ながら、大震災が私達に残したものは、決してガレキだけではないと思う。大自然に対する畏敬の心、人間のあまりにもおごり高ぶった生活への反省など、心にとどめておきたいと思う。

（脱稿：２０１１年６月15日）

ここは津波常襲地

南三陸町戸倉字波伝谷

後藤　一磨

3月11日午後2時46分、私は南三陸町にある母校戸倉中学校の玄関にいた。中学校は海のすぐ近くの高台にあって、二階のオープンスペースからは眼下に海を見降ろすことができる。翌日の卒業式を前にして同窓会の入会式が行われ、帰宅すべく玄関で靴をはいている中で地震は起きた。新築して大きくなった引き戸がガタガタと鳴り、はずれそうになるほどの大揺れである。揺れは激しく五分程続いた。直感的に「これは予想されていた宮城地震だな」と判断し、その場にいた校長、教頭に生徒を託し帰宅を急いだ。

家では妻と息子が棚から落ちた物を整理していた。急ぎ高台に避難するよう指示し、背広から普段着に着替え、すぐ近くの高台に向かった。乗ってきた車から降りて海を見ると、湾の中ほどまで潮が引き、椿島に歩いて渡れるほどになっていた。海の中に山ができ谷ができ谷を伝い海水が川となって流れて行く。五十年前のチリ地震津波と同じ光景が眼前に拡がっている。間もなく津波が押し寄せた。チリ地震津波水位より50センチ高く造られた堤防は役に立たなかった。津波は難なく堤防を越え家々を飲み込んで行く。押し寄せた波は木造の柱をへし折り、くずれ落ちる屋根を洗濯機のようにうずに巻き込み砕いて押し流して行く。

我が家は水が来てもしばらく動かずにいたが、軒を越えるとグラリと傾き浮いて波に押され西方に流れ出し、引き波に乗って青島沖へ消えた。明治29年海辺で罹災し、津波の来なかった現在地に新築した歴史を持つ、茅葺き屋根の家である。流れ去る姿は私たちにさよならをしているようにも見え、言いようのない淋しさを感じた。波は避難した高台にも押し寄せ、私と息子の乗用車二台も持ち去ってしまった。後でわかった事だが、予測をはるかに越す平均津波高16メートルに達する巨大なものだった。

高台の一番上にある魔王神社前には、七十人を越す人々がいて、暮れかかる中で野営の準備を急いだ。二ヶ所に薪を集めて火をつけ暖をとる。数台の乗用車に子供たちや老人を乗せ、残った人々は焚火まわりに丸太を置いて腰掛け語り合う。時折雪時雨が舞う寒い晩であった。北の空を見ると赤く染まっていて、火事が起きているのがわかった。

繰り返し襲来する津波が木材を砕く音が聞こえてくる。航路標識ブイの鎖が切れたと見え、赤い光が近づいたり遠ざかったりを繰り返す。肩を寄せ合って、まんじりともせずに夜を過ごした。

翌朝5時、白み始めた避難場所から自家用車が流された場所まで降りてみた。朝の光に浮かんだ集落の風景は一変していた。見渡す中には家々の姿はなく、入りくんだ谷合の奥に無残に壊れた家やさまざまな残骸が押しつぶされるように重なっている。チリ地震津波後に整備された防波堤は半分以上が倒れ、削り取られた場所から田圃に潮がひたひたと打ち寄せている。その光景を茫然と見つめる幾人かの人影があった。

野営地に戻り、避難先を集落の東端高台にある宮城県志津川自然の家にする事を話し合い、移動する。2キロ足らずの移動に二時間程を要した。自然の家には宿泊者や職員それに前日避難した人々に各方面から集まって来た人々で、三百人以上を数えた。老人や子どものいる家庭を宿泊棟に、それ以外の大人達は体育館を寝所とし寝具を運んだ。集落内にこのような宿泊研修施設があった事に改めて有り難く感じた。前日、合宿で泊まった志津川高校生には大変助けられた。

居場所が定まると、誰彼となく部落居住者の所在確認が始められた。所在が確認できない者は二十名を越えた。中には波に飲まれる現場を見た者もいて、生きて戻ることを皆で祈った。

津の宮、滝浜、藤浜、長清水、寺浜と波伝谷集落に続く国道398号東側の様子が伝えられ、波伝谷から寺浜までの連絡は可能だが、西側にある国道45号線と飯野川への道は寸断され、この地域が孤立状態にあることがわかった。それぞれの集落にも幾人かの行方不明者がいて、災害のすさまじさを肌で感じた。

自然の家の南側を流れる小川を清掃し、飲料水、炊事、洗濯に使えるようにした。グランドに穴を掘りトイレも作った。食料は少ないが自然の家の備蓄や他集落の被災しない家の食料を分けていただき飢えをしのいだ。

避難所での初めての夜は、ローソクの灯と石油ストーブの燃える中で就寝。昨夜は眠らずに過ごした事もあり、8時にはほとんどの人が眠りにつき静かになった。

三日目の夜が明けた。依然として情報は絶えたまま、自動車のラジオから南三陸町では一万人の行方不明者がいて市街地が壊滅とのアナウンスが流れている。浜へ様子を見に行った者もいるが、街の様子も世間の様子もわからないままである。このまま情報不足では動きがとれない。避難者の中には他町村からたまたま当地に来ていて罹災した者もいた。仕事の都合など連絡のため帰宅しなければならない。幾人かの人と相談し、役場へ連絡に行くことにした。反対する者もいたが、私と小山光夫さんが先導し他町へ帰宅する人々を連れ、戸倉では唯一罹災をまぬがれた荒町部落を目指すこととした。自然の家の職員に協力を依頼し、避難者名簿を急ぎ書き写してもらう。救急搬送を要する病人名や病気で薬を必要とする者には薬名を書いてもらった。持ち車のうち唯一助かった軽トラックから持ち出したザックに名簿を入れ、腰に鉈をさげ出発である。

小山光夫さんはハーネス部品製造会社を経営していて、3月12日震災後に集落に戻った人である。彼から集落に帰った道筋を聞き歩く。余震は続いていて時折歩きを止め警戒する。津波の余波も残っていて潮が時折ひたひたと寄せて来る。ガレキから釘がとび出ていて危険この上ない。水戸辺川に架けられた橋は流されていて、浅瀬を探して遡上し渡河する。途中老女とおぼしき遺体に毛布が掛けてあった。手を合わせて通り抜ける。川の澱みには養殖いけすから逃げた銀鮭がウヨウヨ泳いでいた。水戸辺集落の高台を通る国道398号にも津波が押し寄せた跡があり、道路側面の上部に材木が引っかかっている。20メートルを越す高さである。谷部をうめて造った部分は道路の両面がえぐれ、アスファルトがひび割れグラグラする。

一昨日地震の時にいた中学校にも津波が押し寄せたとみえ、校舎わきの高台には津波で流された車が数台斜面に引っかかっている。中学校に避難していた人々が降りて来て、行列を作って移動していた。彼らからの情報で中学校は一階が浸水し、二階に上り被災をまぬがれたが、一波以上の津波が来ることを恐れ山に逃げたのだが、足の遅い生徒は逃げおくれ波に流され、助けようとした教師二人も波にのまれた。先生一人は助かったが、生徒一人と先生一人が行方不明とのことである。生徒と先生の名前は聞けなかった。二人の無事を祈って先を急いだ。避難者達は安全な登米市方面に行くという。

戸倉小学校は屋上まで津波が上がったと見え、屋上にある水道タンクにカキの養殖セットがぶら下がっている。新築したばかりの体育館は無惨な姿となって、はりの鉄骨が流され国道を塞いでいた。高台のお伊勢山と千谷入口の先端部が波に削られ、岩がむき出しになっている。折立市街地には家がない。橋も流され向いの山腹を走るＪＲ気仙沼線の路盤もズタズタに切れてすさまじい。川添いの岸をたどり西戸川合流点で渡河した。

45号線を荒町目指し急ぐ。西戸の集落もほとんど家がない。自衛隊の歩兵先発と思われる無線機を背負い走る者達とすれちがう。ＡＰやロイターなど外国通信社の記者から問いかけられた。さすがに早い対応である。

荒町集落手前まで行くと、ガレキに塞がれ前に進むことができない。気仙沼線の線路に登り線路づたいに進む。津波は食品工場で止まり、荒町集落は助かっていた。線路を降り小山さんが乗りすてた車にたどり着いた。車に乗り込み出発した。荒町部落公民館には救援本部が設けられ、大勢の人々が忙しく出入りしていた。顔見知りの消防関係者から全般の被災状況を聞き、街への道路進入路などの情報を得て車にもどる。

梨木峠を越え入大船へ、大船から入谷を目指した。津波は大船の入口華要害の下まで達し、大勢の人達が道路のガレキを除去していた。片づけられたばかりの道を進み信倉から板林にぬけることができた。途中の情報で３９８号線は館下橋から通れないとのことなので、ひころの里から押立を下り、秋目川から惣内へ入る。惣内入口で車を止められた。惣内から磯の沢へ向かう林道は今自衛隊が移動中であり、ほかの道へ廻ってくれと指示される。やむなく坂見峠から払川へぬけ磯の沢に行く道へと迂回する。かなりの遠回りだ。磯の沢の友人宅に寄り無事を確かめる。互いに抱き合い喜んだ友人の奥さんは泣いていた。

磯の沢と国道45号線の出合はかろうじて浸水をまぬがれ、すぐ下の自動車販売会社は津波にやられていて売り物の車とガレキがごっちゃになっている。ここまで来ればベイサイドアリーナはすぐそこである。

アリーナに到着した。駐車場もアリーナも混雑していた。人をかき分け町の対策本部を探す。本部に入ると阿部元町長がソファーに座っていた。「やあ！　大丈夫だったな」と声を掛けられた。話を聞くと奥さんが行方不明になっているという。やつれた表情で佐藤町長と遠藤副町長が隣室から現れた。二人とも防災庁舎で罹災して、命からがら助かったと語る。互いの無事を喜び、ザックから自然の家避難者名簿を手渡す。電力会社と電話会社の人達が来て罹災状況を伝えるがあまりにすさまじく、どこから手を着けるか見通しが立たないという。

戸倉の被災状況を伝え救助要請をするが、役場では対応できない状況であった。顔見知りの職員に情報伝達の方法がないかを尋ねると、そばにいた消防防災担当の佐藤君が、修理中だった消防無線が使えるようになったと知らせてくれた。「それでは消防無線を使って、自然の家にいる波伝谷班の消防車と朝昼晩と定時連絡をしてくれ」と頼んだ。窓の外を見ると自衛隊のヘリが降下してくるのが見えた。小山さんが外に飛び出す。間もなく戻って来て、自衛隊に話をして自然の家にいる搬送が必要な病人達の移送を依頼した旨を話す。志津川地区の被災状況や行政の状況もつかめたので、本部を後にする。

アリーナには知人も避難して来ていたので多くの人々と情報を交換し、生きていて良かったと肩をたたき合って帰路に就いた。帰り道、山の神平生活センター前で呼び止められる。グリーンツーリズム仲間の山内さんだ。「あんだ達大丈夫だったんだ」と無事を喜ぶ。まだ昼飯前だと告げると炊き出しのおにぎりを持って来てくれ「自然の家に米はあるのか」と尋ねる。「ほとんどなくなって困っている」と伝えると、米を持って来てくれ二袋を車に積んでくれた。おにぎりの美味しさと人の暖かさが身にしみる。お礼を言って帰路を急ぐ。車を荒町にあずけ歩き出す。往路で釘を踏んだ足が少し痛い。

自然の家に帰着すると、県警の救助ヘリが病人を乗せ飛び立つところであった。翌日の午後に海上自衛隊のヘリが支援物資を運んで来た。補給が確保されたのである。

それから二十日後の4月3日に町の要請にしたがい、二次避難所に指定された加美町中新田交流センターに移動、新たな生活が始まる。加美町はライフラインが整い、人々の人情は厚く、正に「天国」のような処であった。

津波は多くの人々の生命を奪い、私たちの生活を支えていたほとんどの物を奪い去った。しかし、落ち着いた生活をとり戻す中で失わなかったものや、新たに得ることとなったもの、そして私たち人間の誤ちや傲慢さに気付くことができた。

加美町中新田交流センターでの生活は朝一番の散歩から始まる。農業地帯の朝は早い。5時にはすでに農作業が始まっており、その主力はおばあさん達である。私の散歩姿を見つけると「おはようございます。大変でしたね」と声を掛けてくれる。人なつこい優しい人達ばかり。時折野菜や漬物を差し入れしてくれる。すべてをなくしたと思っていたのだが、自分や家族の命があり、それを支えてくれる多くの人々がいる。鹿嶋神社を参拝しての帰り道、鳴瀬川畔の畑にはひばりがさえずり梅の花が咲いている。私達の喜怒哀楽とは無関係に自然は移ろい、営みを続ける生き物たちがいた。

交流センターには福島の沿岸部から避難した家族もいて、原子力発電所の事故についても知った。技術や文明を発展させ自然も配下に置こうとした人類の行動が、実はたわいのないもろいものであった事も気付かされることになった。

全国で二万人を越える犠牲者を出した震災で、私達は何を学び、この後どんな生き方をしていくのかが問われている。地域を歩く中で、神社や縄文の遺跡が震災をまぬがれていることも知った。昔の人々の知識が私達に継がれなかった原因は何だったのか、学ばねばならないことや課題はたくさんあると思う。

（脱稿：２０１１年10月６日）

正座したままで逝った父、母、祖母

女川町桜ヶ丘

丹野　秀子

3月11日午後2時過ぎ、大きく揺れた。その時私は塩竈市藤倉にある会社で仕事をしていた。パソコンに向かっていた私は、裏玄関のドアを開けに行こうとした。途中、社内にある数台の携帯から緊急地震速報を知らせる音が、バイブレーションとともに鳴り響いていた。裏玄関のドアを開けてから、ドアの枠を押さえながら今にも倒れそうなテレビも一緒に押さえた。揺れはどんどん強くなり、棚からは書類がバタバタと落ち、ウォーターサーバーの機械が倒れた。電気がバチバチと火花を散らしてショートし、そして停電した。裏玄関から外に出ようかどうか迷っているとき、隣の民家が東西に大きく揺れ、ゴゴゴゴーッという音が鳴り西側の道路に倒れた。揺れはまだ続いている。

社内には社員が四人いたが、二人はすでに外に出ており、私ともう一人の同僚も一緒に外に出た。隣の民家が倒れたので外に出るのはとても危険に感じたが、会社前の道路を渡り、向かいの月極駐車場に避難した。駐車場の周りから何かが倒れたり、飛んできたりしないよう駐車場の真ん中くらいに四人が集まった。電線が縄跳びのようにブンブン揺れていて、切れたりしないかと上の方が気になった。地面を見ると駐車場のアスファルトは東西に長く亀裂が入った。液状化現象かも？　この後亀裂から何かが噴出してきたら危ないと思いながら、その亀裂から少し離れた。家に帰りたいという者、今ここを動くのは危険だという者、いろいろな意見があったが、とにかく解散してここから離れようということになった。津波が来るかもしれないから、とにかく山の方に行こうね!!と声をかけ合った。

私は月極駐車場から道路を渡り、車の鍵が入っているかばんを取りに一度社屋に戻った。そのとき既に道路は海側から山側のほうに渋滞し始めていた。その中を横断し、会社に入ると社内はメチャクチャになっていた。この辺の方言で言う「ワヤ」という表現がぴったりかもしれない。裏口から入りチラッと社内を見て「うわぁ〜すごい！」と思っているうちにまた大きく揺れ、テーブルにつかまりヨロヨロしながらかばんを取り、車の停めてある駐車場へ向かって走った。

家に帰るには海沿いを走らなければならないので、家には帰れない……どこに逃げようかと考えた。すぐに夫の伯母の顔が浮かんだ。その伯母の家は会社からほど近く、高台の住宅地にある。伯母の家族は皆、仕事をしているので、もしかしたら一人で心細くしているかもしれない。そこであれば津波も心配ないだろうと思った。その時市内の防災無線が放送されていたかどうかは分からないが、私の耳には聞こえなかった。私が地震＝津波と思うのは実家が女川町にあり、宮城県沖地震で津波警報を受け、小高い母の実家に避難した経験があるからだ。

車のエンジンをかけ、車道に出るとさきほど横断した渋滞が待っていたが、少しずつ前に動いており、あまり時間もかからず坂を登り、団地の入口に着いた。そこから伯母の家までは二〜三分だ。何度も通ったことのある団地の中を走るが、いっこうに伯母の家にたどり着かない。車を運転しながら頭の中はパニック！　何度も右折、左折を繰り返しながら伯母の家を探す。やっと見慣れた家を見つけ、路肩に車をなげすて、家の中に駆け込む。「おばさーん、おばさーん」「ハイ、ハイ、ハーイ」縁側から声が聞こえ、玄関に伯母が出てきた。「おばさん大丈夫だった？」「う〜ん、おっかなかった〜」

家の中に入ると棚から物が落ち床に散乱していた。高校生の孫が卒業式で休みだったと、伯母と一緒に家の中を片付けていた。片付けているというよりも、これ以上物が落ちてこないようにと高いところにある物や人形を下に降ろしていた。それを手伝っている間も頻繁に余震が起こる。そのたびに伯母と二人で外に出ようか、家の中にいた方が安全か？と言いながら、結局縁側で腰を降ろし揺れがおさまるまで待つという感じだった。片付けながら夫の携帯に電話をかけてみるが予想通り通じない。メールを送ってみた。メールは何とか大丈夫そうだ。実家の父の携帯にも電話をかけたが通じない。兄弟に一斉メールを送る。「私は大丈夫。夫のおばさんの家にいます」。少しして夫からメールがあった。「自分は会社にいて無事だから、おばさんの家から動かないように」とのことだった。

雪が降って来た。とても寒かった。伯母の家族が帰って来て下のほうは津波で水が来ていると、従妹の旦那さんが下の方に住んでいる両親を迎えに行った。帰って来た時は膝上まで水に浸かっていた。その日伯母の家には避難した私も含め、十人位が身を寄せ、ロウソクの灯りの中、パンやカップラーメン、お菓子を食べテーブルの真ん中に置いたラジオを聴きながら一晩を過ごした。夜通し女川の実家に連絡を取ろうと試みたが、何度かけてもつながらなかった。夫とはメールで頻繁にやり取りができた。

夫の弟とも連絡がとれ、「多賀城市内の45号線で津波にあい、民家の二階にしがみつき、そこの家の方に助けてもらい、そのままお世話になっている。母とも連絡が取れ無事を確認している」と。まだ連絡がとれないのは仙台市内で働いている夫の父、女川町の私の実家だった。何度もメールを送っていたので携帯のバッテリーが切れる。車のシガーソケットから充電器で三十分位充電し、またメールで家族の安否を確認する。兄弟とも連絡がついた。夫の父も小学校に避難していることがわかった。女川の実家だけが全く連絡が取れなかった。真っ暗な中、テーブルの真ん中に置いたラジオからは荒浜で百人～二百人の遺体が見つかったという報道や、大船渡、気仙沼、南三陸町は津波で壊滅的状況との報道。伯母が何度も女川の家のことを心配するが、高台だから大丈夫だと思っていた。

夫は夜のうちに歩いて七ヶ浜町の自宅に向かっていた。真っ暗なので足元を探るための長い棒を持ち、進む先を探りながら歩いたそうだ。職場の若林区から45号線を多賀城方面に向かい、中野栄駅付近で前に進めなくなった。腰まで水につかり、この先車が積み重なっていて道路を寸断し前に進めないと、すれ違った男性から聞いたそうだ。再び車に戻り、車中で一晩過ごした。

次の日の朝、これからそっちに迎えに行くとメールがあり、一時間程で夫が車でやって来た。メールでやり取りはしていたものの、夫の姿を見た時はホッと安心した。迎えに来る前、早朝に我が家の状況を確認していた夫から家は水に浸かっていないから大丈夫と聞き、さらに安心した。我が家は七ヶ浜町にあり、近くに貞山運河・砂押川がある。海水浴場へも車で五分ほどの立地である。津波で流出はしていないだろうけど、浸水は免れないと覚悟していたのでその一言で本当に安心した。伯母の家から自宅まで、普段は藤倉を通り北浜の45号線を経てマリンゲート近くから産業道路にのり、中峯橋を渡る海沿いのルートだが、塩釜市内の45号線、産業道路は船や車が路上にあって通行止めとのことで利府方面を迂回した。伯母の家から庚塚～しおりトンネル～利府街道～利府の街中を走り、加瀬～玉川～野田～45号線を横切り笠神トンネルを抜け中峯橋を渡りやっと家にたどり着いた。途中陸橋で停まったとき、余震が来てこのまま橋ごと落ちてしまうのではないかととても怖かった。災害派遣という横断幕を張った松本ナンバーの車と何台もすれ違い、他県からこんなにたくさん助けに来てくれているのだと心強かった。

信号という信号すべてが止まっている。瓦が落ち、塀が倒れている。道路はあちこち陥没、コンビニも閉まっている……見れば見るほど尋常ではない世界が広がっていた。改めて大きな地震が来たのだと認識した。

家は夫の言う通り、水害も、地震の被害もなかったが、停電、断水は免れなかった。夫が職場から大量（45センチ×30センチの発泡スチロール箱7～8杯分くらい）の氷と食糧、お惣菜用のトレーを持ってきてくれた。氷には食品を入れ、あまった氷は融かして水として使った。お惣菜用のトレーは使い捨ての皿として重宝した。トイレの水はお風呂の汲み置きを使ったが、一度流すのに思ったより大量の水が必要なことがわかった。電気が来るまでの数日、陽が昇ると起き、沈むと寝る。夜トイレに行く時は懐中電灯で照らし、ご飯は簡易コンロと土鍋で炊く生活が続いた。携帯の電源は車から充電した。昼夜ずーっとラジオをつけていた。

震災から四日目の夜10時頃、電気が復旧。お隣の電気がついたのを見てドキドキしながらブレーカーを上げて照明のスイッチを入れた。明るくて、明るくてまぶしかった。なぜか温かくなったようにも感じた。しばらくは電気がついた感激でヒーター・テレビをつけるのを忘れていた。電気があれば、暖もとれるし、テレビから情報も入るのだ！　その日以降、私の日課はテレビでの情報収集だった。女川の実家と連絡が取れた者がおらず、テレビから女川の情報を得ようと思っていたが、報道されるのは大船渡、気仙沼、南三陸町ばかり……。七ヶ浜町内の様子もほとんどわからなかった。確認の意味で夫と町内を歩いてみた。「すぐそばがこんな事になっていたなんて」。田んぼには流れてきた家の二階が浮いていて、道路には瓦礫が散乱し、車がひっくり返り、あちこちの電柱も同じ方向に倒れている悲惨な光景だった。そんな状況を目の当たりにし、女川はそれ以上かもしれない、なんとか情報を集めなくてはと強く思った。

私の実家では、地震はもちろん、うちの近所で火事や空き巣といった物騒な事件があると必ず電話をくれた。「テレビで見たけど大丈夫？ 大丈夫ならよかった」ただそれだけの会話だが、必ず電話をくれた。そんな両親から一度も連絡がない。やはり現地に行ってみなくては……！

夫と相談し、3月17日女川に行ってみることにした。震災からその日まで、緊急事態に備え、なるべく車は使わないようにしていたので、七ヶ浜と女川を往復するくらいのガソリンは残っていた。兄と従弟も一緒に行きたいと言ってくれて、四人で女川に行くことにした。

女川に行く前の日、夜6時のニュースを見ていると女川町の映像が流れた。慌ててテレビの録画ボタンを押した。約五分程度の時間だったが、震災後初めて見る女川は信じられないくらい変わり果てていた。国道沿いの民家が建ち並んでいたところには家らしきものは一軒もなく、瓦礫が山積みになっていた。何度も何度も繰り返し再生してやっと撮影された場所が特定できた。その場所は海からはだいぶ離れていて、津波など来るはずがない場所だった。同時に兄からメールが入る。「女川に行った知人がいて、その人からの情報によると町立病院まで津波が上がった」と。町立病院といえば海に程近いところにあるが、海抜15メートルはある山の上に建っている。津波がそこまで来るはずがない。何かの間違いだろう。町立病院まで津波が来ていたら、うちの実家も駄目だろうけど、そんなことはあり得ないと思った。

女川に行く準備をした。状況が分からないので、何を準備していいのかも分からなかった。今考えれば的外れだったかもしれないが、すぐに食べられるもの、割り箸、水などを用意した。避難所では人がごった返し、両親を探すのが大変かもしれないので、目立つように発泡スチロールのフタに父の名前・母の名前・祖母の名前と「探しています」と書き、持って行くことにした。

当日朝5時に集合し、お互いどんなルートで行ったらよいか収集してきた情報を出し合い、ルートを決めた。普段のルートとはだいぶ違ったコースを行かなければならないようだった。軽自動車に大柄な男性三人と私が乗り、ぎゅうぎゅう詰めの状態で雪の降る中、女川町に向かった。

万石浦を右手に見ながら女川に入った。いつもこの辺りを通ると潮の香りがし、綺麗な海がパーッと広がる。あぁ実家に帰ってきたと思う辺りだ。万石浦付近はほとんどいつもと変わらないように見えた。道路沿いの家の瓦が落ち、ブルーシートがかけてあるくらい。内湾だから被害が少ないのだろうと話しながら女川一小前に着く。国道から離れバイパスを登り、旧コバルトライン入口から町内に入る。途中「一保避難所」と手書きの案内看板が出ていた。まずは実家へと気ばかり焦るが、近づけば近づくほどドキドキした。保育園からすこし下りながらゆるやかな右カーブ、カーブを曲がりきると実家が見える。

目に飛び込んできたのは、変わり果てた女川の街と実家だった。家は残っていた。実家は残っていたのだ。ただ一目見て「ダメだ」と思った。屋根の上まで角材や瓦礫が残っていて、家ごとすっぽり津波にのまれたのが分かった。隣の家もなにかいつもと違って見えたし、なによりも実家の屋根の上に、他の家が一軒乗っていた。町内に目を向けると家が一軒もないのだ。バイパスは海岸のほうに向かって伸び、マリンパル女川にぶつかる。バイパスの両脇は昔からの商店や家が建ち並んでいたが、その建物は何一つとして残っていなかった。建物の代わりに何をどうしたら出るのだろうと思うほど、瓦礫の山、山、山。

実家の近くに車を停めた。車から降り隣の家の前を通って実家に近づいた。その細い道路には電柱が倒れ、ガラスが散乱し、角材のようなものや原型をとどめていない布や金属、泥、石が散らばっていて、注意して歩かないと怪我をしそうだった。隣の家の前を通る。いつもと違って見えたのは、家が違ったのだ。隣の家は違う家になっていた。よく見ると本当の隣の家はぺったんこに潰れていて、その上に見たことのない家が乗っていた。実家の庭にも同じような瓦礫が山積みになってはいたが、家はしっかり建っていた。屋根の上にもう一棟家が乗っていることを除けば、壊れているところは唯一、一階の和室のガラスが割れているだけだった。そこにはいつも三人がいるはず。駆け寄り部屋の中を覗いてみたが私の目の高さほどまで家具や、よくわからない大きな瓦礫があった。天井は剝がれ落ち、部屋の中を見るほどの隙間すらなかった。

もしかしたら、二階に逃げたかもしれない。二階に行こうとしても家の中に入っていける隙間がなかった。一度庭から家の全体を見渡し、屋根づたいに上るしかないと思った。従弟が家の隣の倉庫からはしごを持ってきた。一階のひさしにはしごをかけ、下屋づたいにベランダにたどり着く。私もはしごを上った。下にいた兄と、夫から「危ないからおまえはやめろ」との声もふりきり無我夢中で上った。先導を切った従弟に手を貸してもらい、私もベランダにたどり着いた。

サッシが開かない。従弟が何かでガラスを割った。そこから中に入ろうとしたが、下の和室同様無理だった。私たちは一度下におり、兄と夫に状況を説明した。これ以上中に入れそうもないと。

知人宅に避難しているかもしれないので、そちらに向かってみたがそこにもいなかった。途中同級生に会い、両親のことを尋ねてみたが、情報は全くなかった。同級生は海のすぐそばにいたので、地震後津波を予想し高台に避難したそうだ。海のそばの人たちは皆避難して助かっているが、私の実家のように高台にいた多くの人たちが行方不明になっているとのことだった。その同級生は避難所がどこにあるのか、携帯の通じる場所などを教えてくれた。

教えられた避難所をしらみつぶしにあたる。避難所の窓ガラスに避難している人の名簿が貼ってあるところ、入口に避難者名簿を備え付けているところなどがあり、避難所にいる人がすぐにわかるようになっていた。見落とさないよう名簿を見て、中の人たちに両親のことを尋ねたが、誰一人として避難しているのを見た人はいなかった。

最後の望みを託し、一番大きな避難所のある運動公園に行った。そこは避難者でごった返していた。車から降り、昨夜作った発泡スチロールのふたを持ち、避難所の中を回った。何人もの人が声をかけてくれた。「お父さん見つからないの？」「お母さん見てないよ」「お父さんが避難していたらすぐわかると思うけど、見かけないよ」という情報ばかりだった。私の父は数年前まで町内で自営業を営んでいて、私たちが小さい頃はＰＴＡやら、体育協会などで活動していたので、町の人たちには顔なじみの父だった。「お父さんが避難所にいたら率先して働いてくれると思うから絶対わかるけど、見かけないよ」「三人とも見つからないの？　残念だねぇ」とたくさんの方から声をかけてもらった。声をかけるほうもかけられる私のほうも、涙しか出てこなかった。

七つの避難所と津波で被害を受けた町営病院をまわりなんの情報も得られぬまま、もう一度実家に戻った。朝から降り続いている雪で道路の瓦礫やガラス、電線が真っ白になり歩くにはさらに危険だった。四人で少しもろくなっている勝手口の脇の外壁を壊し中に入った。台所には母の思い出が詰まっていた。私にとって台所＝母なのだ。変わり果てた台所には思い出のある食器やなべ、電化製品が泥をかぶって並んでいた。一つ一つ手に取ると母の顔が浮かぶ。「お母さん、どこに行ったの？　どこに行ったの？」涙が出て止まらなかった。備え付けの食器棚の引き出しを開けると水がたっぷり入っていた。包丁や銀製品は錆付いていた。台所から先の部屋に行ってみたかったが冷蔵庫が斜めに倒れていて、行く先をふさいでいた。

私を除いた三人は和室の中から、畳や家具を取り除き、隙間のできたところから部屋の中に入っていた。夫が私のところに来て低い声で「お母さん見つかったよ」と言った。すぐに表にまわり和室の中に入り、家具などの上を歩き奥の方まで行く。暗いのもあってすぐには分からなかった。「どこにいるの？」「床の間の前だよ」。床の間をじっと見ると母の腕と体が見えた。正座した状態で体をすこし後ろに倒した母はいた。間違いない。顔は見えないけど腕の感じが母だった。生きていなかった。大好きな母が亡くなってしまった。自分のすべてがなくなってしまったような感じがした。声を出して泣いた。そして早く助けてあげなければと思った。

四人の力では無理なので、誰かの応援をもらうため道路に出た。すぐに自衛隊の車が通った。車の前に飛び出し車を止め「家の中に母がいるので助けてください」とお願いした。自衛隊の方はすぐに無線で連絡を取ってくれた。「本部に連絡したので少し待っていてください」。それから数十分、待ちかねて兄と二人で運動公園の本部に向かった。直接本部の方と話をしたが、今日は雪で大変危険なため、これ以上活動はできないとのことだった。確かに外は雪で真っ白、余震も続き、いつ瓦礫や家が崩れてもおかしくない状況だった。明日朝一番で向かってくれる約束をとりつけ、従弟と夫の待つ実家へ戻った。

こんな寒い中、母をおいて帰らなくてはいけないのか。悔しくてしかたなかった。実家にもどる道すがら山の木々に津波で流された布や紙が引っかかり風になびいていた。七夕の短冊飾りのように見えた。従弟と夫と合流し、本部から言われたことを伝え、しかたなく帰路についた。車の中では皆無言だった。きっとお父さんもおばあちゃんも一緒にいるよ。三人一緒だよと心の中で思っていた。

仙台に向かう途中、弟のいる避難所に寄った。弟は小学校の用務員をしており、勤務している小学校が避難所となっていたため、避難所内の仕事に追われていた。校長先生の計らいで校長室を貸してもらい、弟に母が亡くなったことを伝え、他の兄弟には自宅に戻ってから兄が電話で状況を説明することになった。

家に戻り、解散してから次に女川に行く手段を考えた。私の車はその日の往復でガソリンがなくなってしまった。夫があちこちに電話をし、ガソリンが手に入らないか掛け合ってくれたがダメだった。次の日はどうしても母のところに行ってあげたかった。一晩女川で車中泊すればよかったと、考えもなく帰って来た自分が情けなかった。歩いて行く事も考えたがそれも無理だと思った。翌日の早朝、開くかどうかもわからないガソリンスタンドに並んでみた。大行列ができていたので何の確信もなかったが、結果はあと二十台ほどのところで打ち切られてしまった。女川に行けない！　母に申し訳なかった。逆の立場だったら母はきっと歩いてでも私のところに来てくれただろうに、車に頼ったことを後悔した。数時間後同じ会社で働く方が、娘さんの車を提供してくれることになった。本当に有難かった。

母が見つかってから二日後、再び女川に行く。まずは実家に行ってみた。母がいた床の間の前から廊下を通り、玄関まで覆い尽くしていた家具や瓦礫が撤去され、母が運び出された様子だった。それを確認してから運動公園に向かう。そこには白いテントが五～六張りあり、それぞれの入口に〇番～〇番と番号が掲げてあった。本部の方に今までの経緯を話すと、警察官が詰めている場所に案内され、もう一度同じことを伝えた。関西弁の警察官が母のことが書いてあるだろう紙と茶封筒を出し、係の警察官に番号を伝えた。その警察官は「こちらです」と白いテントの入口を開けた。

テントの中にはブルーシートに包まれたご遺体が整然と並んでいた。茶封筒の番号とブルーシートに書かれている番号を確認し「こちらです」と両手を合わせた警察官がブルーシートを開いた。お母さんだ。すぐに母と分かった。もしかしたら顔も分からないかもしれないと思っていたので、少し安心した。母の頬を触ったらとても冷たかった。心底冷えて冷たかった。母の眉には砂が入り込んでいて、私の首に巻いたタオルで拭いてあげた。拭いても拭いても砂は残った。お母さん、お母さん、寒かったね。怖かったねと声をかけながら拭いてあげた。お父さんもおばあちゃんも見つけてあげるからね。お母さん……。どんなに恐ろしかったことか、寒かったことか、苦しかったことか。母の顔がそう苦しそうでもないことが唯一の救いだった。母に毛布を掛けて少しでも温めてあげたかったが、その毛布すら準備してこなかった。なんて気の利かない娘だと母は思ったかもしれない。それでもなんとか温かくしてあげたくて、小さなタオルで首を覆ってあげた。

警察官にお礼を言いテントを出るとき、「お母様のそばにもうお一人、お年寄りで女性の方がいらっしゃいまして、その方もこちらに安置されています」と教えてもらった。きっとおばあちゃんだ。私たちが見た時は母しか見えなかったが、自衛隊の方がおばあちゃんを見つけてくれたのだ。母と同様おばあちゃんとも対面した。今年九四歳になるはずのおばあちゃんは室内でも車椅子に乗り、母の手を借りなければ移動できなかった。津波が来たとき、母がおばあちゃんを助けようとすぐそばにいたのかもしれない。おばあちゃんもとても冷たかった。九三歳まで生きて、最後にどうしてこんな酷い目にあって亡くならなくてはいけないのか。おばあちゃんが可哀そうだった。

その後警察の詰め所で手続きを終えると、運動公園内の観客席下の廊下に案内された。そこには長机と椅子が置いてあり、係の方が一人いるだけで、他には誰もおらず、静かだった。母と祖母の死亡届を出す場だった。兄と手分けし、私は母の死亡届を記入した。検死書には死亡時刻……三月一一日午後参時ころ（推定）、死因……津波による窒息死、他所見……外部に損傷なしと書かれてあった。

その足で父の行方不明者届け出の手続きに向かった。父の年齢、顔や身体の特徴、着ていた物、所持品など細かく聞かれたが、満足に答えられなかった。地震から津波が来るまでの間、あの和室で三人揃っているところを見ている人がいた。間違いなく父も同じ部屋にいるはずなので、そこを探して欲しいとお願いし、女川を後にした。

その後、父を探しに行きたくてもやはりガソリンが手に入らず、女川に行くことができなかった。しばらくした土曜日、タンクに半分くらいのガソリンが手に入った。次の日は日曜日。父を探しに行かなくてはと思ったが、私から兄や夫に女川に行きたいとは言わなかった。従弟から「ガソリンが手に入ったから一緒に捜しに行こう」と電話があったが、仕事が忙しくてどうしても抜けられないと言ってしまった。一緒に行くべきだし、私から従弟にお願いすべき事だったがどうしても行く気になれなかった。女川の惨状や白いテント、実家の様子などを思い出すと怖くてどうしようもなかった。その晩は朝まで眠ることができなかった。

次の日の朝、出勤準備をしていると兄から電話が来た。「家の中からお父さんが見つかった」。兄と従弟が朝早くから実家に行ってくれていたのだ。電話を切った後しばらく行こうかどうか決められないでいた。ずっと感じていた怖いという思いと、父の顔を見たいという思いが入り混じる。津波からだいぶ日が経っている。正直、父の遺体はどんな姿になっているのかという不安もあった。いろいろな情景が頭の中をぐるぐるめぐり、どうしたらいいのかわからなった。しばらくしてから夫に一緒に行って欲しいとお願いした。それから毛布を手に取り、車に飛び乗り女川に向かった。

実家に着いたとき父はまだ家の中にいた。母の時と同じですぐには見つけられなかったが、座ったまま和室の出窓に伏せるようにして父はいた。左腕の肘が曲がっていて何かを押さえていたようにしていた。「お父さん車椅子を押さえていたのかもしれない」そう思った。おばあちゃんの車椅子を一生懸命押さえていたに違いない。最後まで家族を守って亡くなったのだ。前に母を見つけた時は、父がいたところは畳や家具、瓦礫などがあった。従弟がそれを取り除き見つけてくれたのだ。その後父は消防団の方によって外に出してもらい、あの白いテントがある運動公園まで運ばれた。

白いテントは二十張りほどに増えていた。すぐに医師による検死が行われ、父と対面することができた。ブルーシートを開くとき、少し緊張したが父は生きている時と変わらない顔をしていた。母やおばあちゃんと同じように眉に砂が入っていた。家族のために、町のために一生懸命働いて、たくさんの方々から頼りにされていた父。そんな父がたった一日で亡くなるなんて。父に語りかけながら毛布で体をくるんであげた。「これであったかいからね。お母さんとおばあちゃんには掛けてあげられなかったから、お父さんだけずるいって言われるかもね」。

帰る途中、町立病院から見る海は日の光が反射してきらきら輝き、穏やかで静かな海だった。海岸寄りを車で走ってみると、三階建てか四階建ての鉄筋コンクリートの建物が海のほうに向かって倒れていた。別の三階建ての建物の上には車が乗っていた。わずかに残った建物も倒れていたり、原形をとどめていないものばかりだった。海が近くに見えた。低い位置からも海を見渡せるくらい何もなかった。そんな中、電力の災害復旧車が電柱を立て始めていた。瓦礫の中から電柱だけがにょきにょきと建っている様子は、なんだか不思議だった。

父が見つかってから町の係の方に「ご遺体をどういたしますか？」と尋ねられた。私は連れて帰って暖かい布団に寝かせてあげたかったが、兄は冷静だった。連れて帰るにも手段がないし、その後の手配もつかないかもしれない。一度帰り他の兄弟と相談することになった。母に続き、父も祖母も連れて帰ることは叶わなかった。無機質なシートに包まれ、白く寒々としたテントの中でしばらく待ってもらうしかないのか？　これからどうしたらいいのか？　そんな私の気持ちを察したのか、係の方が現状を話してくれた。

県外の火葬場しか稼働していないこと。その火葬場も大変混んでいて、いつまで待てばいいのかもわからないこと。町では仮土葬の方針であること……「仮土葬」……うちの両親達をそんなことにさせてたまるか！　土に葬るのだ。そして火葬場が復旧したら掘り起こし火葬するのだそうだ。火葬の予定も未定、何年土の中で眠ってもらわなくてはならないのかもわからない。仮土葬という言葉に私は怒りを覚えた。

自宅に戻ってから仮土葬以外の方法を探した。何の知識も伝もないのでインターネットで調べた葬儀社を紹介してくれる企業に電話で相談してみた。兄も同じようなことをしていたが、兄の出した答えはやはり仮土葬だった。

葬儀社にお願いして県外で火葬をしてもらうにしても、何日も待つことになる。あのテントから自宅に連れてきて火葬の日まで安置するには大量のドライアイスを使うため、自宅ではなく葬儀社の霊安室を使用しなくてはならない。火葬できたとしても、今の状態では葬儀も行えない。そんな考えから兄は仮土葬し、いろんなものが復旧してから火葬、葬儀をしようと考えたようである。

その考えも分からなくはないが、私はどうしても納得いかなかった。土葬という言葉に抵抗感があった。インターネットで土葬について調べてみたところ、阪神大震災の際、奈良県でも行われていたようである。しかし具体的にはなにも記述されておらず、土葬というものにますます抵抗感を募らせた。他の兄弟も土葬については反対していたが、兄から説明を受け納得した様子だった。兄に泣いてお願いしたが、聞いてもらえなかった。他の兄弟にもお兄ちゃんに一番負担がかかることだから、お兄ちゃんの言う通りにしようと、逆に説得された。本当に、本当に悲しかったがどうしようもなかった。

3月の下旬、女川町から仮土葬の案内が来た。当日町の方で運動公園のテントから仮土葬の会場に遺体を運んでくれるとのことだった。何を準備していいのか分からなかったが、今までの普通の葬式を思い出しながら準備をした。お花、お線香、お茶、お水、お供えの果物とお菓子。そういえば三途の河を渡る時のお金や味噌、米……？新しいハンカチで袋を作りそれらを入れた。それぞれの愛用の品を入れてあげたいと思ったが、何一つないのが悲しかった。せめてきれいなものをと、自宅にあった新品の下着と靴下、ハンカチをそれぞれにそろえた。夏になるとタオルを欠かせない汗かきの父にはタオルを、着物をよく着たおばあちゃんには被災した実家から何とか見つけた草履を準備した。

当日、仮土葬の会場には他の遺族もたくさん来ていた。きれいな長方形の穴がたくさん掘ってあり、木の杭に番号と名前が記されていた。あのブルーシートに付けられていた番号だった。係の人が穴の前まで棺を運んでくれる。棺のフタをずらし最後のお別れをした。土の中でごめんね、何もしてあげられなくてごめんね。それぞれの好きだった花や手紙、前日準備した下着や靴下……近くには営業しているお店もなかったので、新品とはいえすべてうちにあった物だった。従姉が亡くなった従姉のお母さんの着物を母とおばあちゃんに掛けてくれた。それには本当に救われた。写真も準備していった。おばあちゃんの米寿のお祝いで親戚が集合した時の写真から、それぞれ抜き出し小さな写真立てに入れ、お供え物とともに棺の前に飾った。

少しすると男性五～六人くらいで棺を持ち上げ穴の中に納めた。穴は大人の背丈ほどの深さもあった。親族が一人ひとりスコップで土を掛けお線香をあげ手を合わせた。お坊さんなどはいずお経もない。皆、普段着で長靴やスニーカーを履いて行った、本当に小さな小さな儀式だった。翌日重機で土を入れ、名前と番号が記された杭を目印に立てると説明を受けた。後日弟家族が土を盛った仮のお墓の前に、お供えをする台と花用の筒を立ててくれた。

町の火葬場が稼働し始めて火葬ができたのは、5月2日のことだった。事前に町の方の手で仮土葬場から移動した棺は火葬場の入口前のテントに安置されていた。そこから炉の入口まで家族、親類の男性陣が棺を運んだ。出棺の際によく見かける光景だったが、棺が土をかぶり、雨を吸いとても重そうだった。持ち上げた棺からは雨水が垂れていてやるせなかった。

こんな形で三人を一度に失うなんて、想像したこともなかった。もう帰る実家もないのだ。普段はそっけなくしていたが、失って初めて自分は実家があるからこそ、安心して生きてこられたのだと思った。後からの話で、地震の時父が渡波のスーパーで買物をしていたことが分かった。知人が偶然居合わせて、地震後女川に帰ると言った父を、津波が来るから帰ってはいけないと必死で止めたそうだ。父は「おばあちゃんと女房が心配だから」とそれを振り払い、車で飛ぶように帰って行ったそうだ。

夫が職場の方から「津波の時はてんでんこ」という言葉を聞いて来た。浜に伝わる言葉のようである。津波が来た時は、家族や他のことは考えず、個人個人自分の身を守れ。そうすれば亡くなる人間が一人でも少なくなるという意味のようだ。もし父がその言葉を知っていてそれを守っていたら、もしかしたら父は今でも存命したかもしれない。私たちは父だけでも生きていたことで希望が持てたかもしれない。ただ自分だけ生き残ってしまったことに父は苦しむことだろう。どちらにしても痛ましいことだ。今はただ三人とも私たちの元に帰って来たことに感謝し、同じように亡くなった方のご冥福を祈るしかない。

この大震災で「未曾有の被害」という言葉をよく聞いた。その通り何から何まで普通では考えられないことがおこったのだ。大切な家族を一度に失いながらも、悲しみに浸っている時間などなかった。周りの人すべてが被災者で、必死に自分達の生活を取り戻そうとしていた。そんな中で自分だけ泣くわけにはいかなかった。心の中はいつもざわざわしていて、落ち着くことがなかった。亡くなった父達の火葬もできず、泣く泣く仮土葬するしかなかった。いつも「こんな状況だからしかたがない」という言葉がついてまわったのが悲しかった。

私は自分が津波にあったわけでもなく、それどころか実際津波を見たこともない。正体不明の「つなみ」というものが悲しみだけを残していった。そしていつも思う、父・母・祖母は最期に何を見て何を思っただろうかと。

（脱稿：２０１１年10月12日）

大川小学校で愛する娘を亡くす

石巻市旧河北町

狩野 あけみ

戻れるものならあの日、3月11日に戻って、あの子達を、あの地震から、そしてあの大津波から守ってあげたかった………

あの日の朝、いつもの通学路は前の晩の雪でうっすらと白くなっていました。いつもなら誰からともなく「車で行こう!!」という電話が来て「お母さん、みんな車だって。車で行っていい?」と聞いてくるはずなのに、あの日はそんな事もなく、自転車でいつも通り「行ってきまーす!!」と出かけて行きました。私は出勤途中、富士沼の手前で、六年生三人が自転車で走っている姿を見て、「さすが六年生!! もうすぐ中学生になるから頑張ってるなあ♪」と思いながら通りすぎました。それが私が最後に見た、あの子達の姿でした。

まさか、もう会えないなんて……あまりにも早過ぎて、急な別れでした。

あの日は、私も夫も、義父も仕事に行っていました。私はお昼休みも終わり午後からの仕事を始めていた時、大きな揺れを感じ、急いでお客様の誘導に走りました。その間、学校や自宅、夫と長女に電話をしましたが全然つながりませんでした。その時点では、小学生は学校にいるから大丈夫だろうと思っていました。お客様も少なくなり、落ち着いたようなので帰る準備をして、自宅に向かって車を走らせました。途中、いつもの道が通行止になっていたので別の道を走り、元の道路に出てみると、その時すでに道路には木や泥があがっていました。私の前を知人の車が走っていました。

行ける所まで行ってから一旦止まり、どうしようかと知人と話していると、左側を流れる北上川がものすごい勢いで引いているのがわかりました。それを見て一人の男性が「また津波が来るぞ!! 山に逃げろ!!」と。すぐ車に乗りUターンして、来た道を山の方に向かって逃げました。近くに以前勤めていた会社があり「中に入らいん」と声をかけてもらったので、一晩そこでお世話になりました。

そこの会社は自家発電をしていたので、テレビを見る事ができました。灯りが点いていたので、たくさんの人がそこで一晩を明かしました。夜何度も外に出て辺りの様子を見ましたが、なかなか周辺の状況はわかりませんでした。テレビを見ても、娘の小学校の様子はもちろん、大川地区の様子も知ることができませんでした。ただ、星空のキレイな夜でした。

眠れぬ夜を過ごし、次の日の朝もっと情報の得られる避難所へ移動しました。夫は娘の無事な姿を自分の目で見に行くと言って、明るくなるのを待って車で行ける所まで行き、その先は歩いて山を登って自宅に帰りました。自宅からは自転車で、娘のいるはずの小学校へ向かいました。夫が震災後初めて見た、釜谷も大川小学校もすっかり変わり果て、辺りは遺体が何体も横たわっていたそうです。私は避難所で、子供達の安否がわからず、小学校の父兄達と不安な時を過ごしました。

そんな中、「大川小学校の子供達は孤立しているからヘリコプターで福地まで乗せて来て、そこからバスで避難所に来るんだって」という情報が入りました。しかし、バスは来るのですが、小学校の子供達の姿は見当たりません。遅いなあ？　早くしないとまた暗くなっちゃう～暗くなったらヘリコプターでは危険だから、明るいうちに子供達なんとかして欲しいのにと思ってました。が、その日の夜だったろうか、現場に行って来た父兄からの情報が入り「ダメだぁ」……と。状況がよくわからないまま、またまた眠れぬ夜を過ごしました。

次の日の朝、お友達のお母さんと、子供達の捜索願の届け出を出しに行く事にしました。そこで順番を待っていた時に、夫達が来ました。私達の顔を見るなり首を横に振り、涙を流してました。早く娘を探してあげたいという思いで届け出を出しに来たのですが、夫の涙を見た時に何がどうなったのか、わけがわかりませんでした。長女も、12日の朝に石巻到着予定のディズニーランド旅行に行って連絡が取れずにいたので、二人分の書類を書きました。

その日の午後一旦自宅に戻る事にしました。途中までは車ですが、堤防決壊で谷地部落が水没し、船で渡らないと自宅へ戻れない状況でした。船と車を使い自宅までなんとか帰りました。自宅では祖父母と次女が不安そうな顔で目を赤くして待っていました。お互いに会えてホッとしました。自宅は停電でしたが、ガスはプロパンガスだったので使えました。水も山から引いてある簡易水道が使えました。

このような生活がいつまで続くのかわからないので、次の日の3月14日、次女を連れ避難所へ向かいました。次女を避難所に置き長女が石巻に戻っているのではないかと市内の避難所を探し歩きました。次の日も別の避難所を探しましたが、長女はいませんでした。その日の夜、携帯電話が少しですがつながるようになり、長女が仙台のビルにいる事がわかりました。迎えに行くはずだったのですが、行き違いで一緒に行った友達の親戚のいる千葉に行ってしまったようです。その方が安心かと思い、しばらくお世話になる事にしました。

3月16日長女の無事を伝えるため自宅に帰りました。その日の午後、震災から五日目、初めて釜谷の現場に行きました。娘を探してあげたくて、大川小学校のある現場へ夫と二人自転車で向かいました。震災後初めて見た大川小学校校舎と釜谷部落。何がどうなったのか、なんで校舎の上にガレキがいっぱいあるのか？　北上大橋も途中で切れてるし……

あの街並みは……？　子供達の笑顔は……？　涙があふれてきました。

ダメだぁ↘こんな所まで津波が来たんだぁ？　愛はどこまで行ったのか、探してあげる事できるかなぁ？　でも、もしかしたら山に逃げているかもしれないという一途な願いを胸に、その日から捜索の日々が始まりました。ガソリンがなかなか手に入らない頃、父兄のトラックの荷台にみんなで乗って、避難所でもらったおにぎりと水を持って、捜索に行きました。毎日毎日ガレキの上、山の中、水の中と生死のわからない我が子を探すために歩きました。もしかしたらと思い、山に向かって「愛!!　おかあさんだよ!!　迎えに来たよ♡もう怖くないから出ておいで!!」と呼びかけました。

そして、「あ～っ！　お母さん、愛怖かったけど、寒かったけど、がんばったよ!!」って帰って来てくれるんじゃないかという小さな望みを抱き、最初の頃は探しました。昼間は釜谷で捜索し、夕方は遺体安置所に行き、遺体確認という生活でした。毎日毎日歩きました。毎日毎日探しました。そして、毎日毎日何体もの遺体を見ました。今思うと、非日常な日常を過ごしていました。

毎日、地元消防団の方々や日本全国の自衛隊にレスキュー隊、警察機動隊に父兄の方々と、たくさんの方が捜索に協力してくれました。でも、十日過ぎ、二十日過ぎても、他の子供達は見つかるのですが、愛はなかなか見つかりません。初めの頃は遺体の見つかる数も多かったので、棺の手配や火葬場の手配も自分達でしなくてはならず、県外に行って火葬をした子もたくさんいました。

毎日、〝今日は愛が見つかるような気がするなぁ〟、〝見つかるといいなぁ〟と思いながら捜索に向かうのですが、なかなか愛は見つかりません。そんな中、海上で見つかった大川小の子もいると聞き、夫や知人と遺体を安置している利府のグランディーにも二度ほど足を運びました。……愛はいませんでした。

3月も終わる頃、このままの生活では悲しさ、辛さ、そして、愛を助けてあげられなかったという思い、自分を責める気持ちばかりで、自分がダメになってしまうのではないかと思い、会社に相談に行きました。一日三時間位からという事で、4月初めから仕事に復帰する事にしました。仕事場から捜索現場に行き、夕方は遺体安置所に行くという生活になりました。

なかなか愛が見つからない中、大川小学校の合同慰霊祭が4月28日に執り行われました。四十九日までにはなんとか、大好きなお家に連れて帰ってあげたいと思って捜索してきましたが、見つけてあげる事ができず、でも愛は大好きなみんなと大好きな先生達と一緒にいるはず、みんなと一緒に供養してあげられて良かった♡と思いながら、会場から自宅へ向かって車を走らせていた途中、警察の方から電話が入り「六年生くらいの女の子の遺体が発見されました」との一報。愛かな？　愛だったらいいなぁ♪でも愛じゃないかもしれない……はやる気持ちを押さえて、現場に向かいました。

〝愛〟でした。身につけていた衣服とベルト、そして左足のミサンガ。〝愛〟でした。間違いなく〝愛〟でした。

やっと、やっと、大好きなお家に連れて帰る事ができました。発見から火葬まで三日しかありませんでした。それまでの二日間、夫と二人、愛の棺に寄り添い寝ました。愛にいっぱい話しかけました。愛にいっぱい「ありがとう‼」を言いました。たくさんの人が愛のお別れに来てくれました。

愛が見つかるまで、今日は一人見つかったよ。今日は一人も見つからなかったネ。今日もダメだったネ……誰かが見つかるのはうれしいけれど、愛が見つからない事がすごく悲しくて、愛は大好きな海に行ってしまったのかも……という思いを何度もしてきました。

愛が見つかったのはうれしいけれど、まだ見つかっていない子がいたので、その子達の親の気持ちを考えると、胸が締めつけられる思いです。いつだったか誰かが「大川小学校の子供達は、自分の子供と一緒なんだ！　だから最後の一人まで見つけてあげたいんだ‼」と言っていた事がありました。そうだ！　そうだよね！　みんな一緒だね！　最後の一人が見つかるまで、私のできる事をして行こうと思いました。それからも時間のある限り、捜索現場に向かいました。

愛が見つかっても毎日悲しくて悲しくて、何を見ても愛を思い出し、涙が出てきて、〝愛〟って言うだけで〝3月11日〟って言うだけで涙が溢れてきました。あの頃は新聞はもちろん、テレビも怖くて見る事ができませんでした。

あの日から七ヶ月が経ちます。私の心の中にポッカリと空いてしまった穴をうめる事はできませんが、雪のちらつく寒い日も、炎天下の夏も、地元消防団の方々を初め、地域の方々、日本全国の自衛隊や警察機動隊に消防隊員、レスキュー隊の皆さんにと、たくさんの方々に捜索に御協力していただきました。そして、今日に至るまでに日本全国たくさんの方々にお世話になり励まされて来ました。

・震災からずぅーと捜索に携わってくれた、おまわりさんがいました。

・快く仕事場に復帰させてくれて、以前のように普通に接してくれた会社とその仲間がいました。
・ラジオを聞いて、愛が見つかって良かったネ！と連絡をくれた幼なじみがいました。
・自分も大変な思いをしているのに、私の体の事を心配してくれる、以前お世話になった先生がいました。
・夫の弟や妹、私の姉、妹、弟も心配して何度も来てくれました。
・遠くの親戚が心配して何度も電話をくれました。
・いろいろな所から励ましの手紙や、ハガキ、物資を送ってくれた方々がいました。
・遠くから子供達のために、お花を送ってくれた人がいました。
・ボランティアで献花台や学校の中を掃除してくれる人がいました。
・暗くなっても、あの子達が迷わずここに来れるようにと、夜に電気が点くようにソーラーパネルを設置して行ってくれた方々がいました。
・海で捜索している事を知り、ＧＰＳという機械を送ってくれた人もいました。
・遠くからあの子達を供養してあげたいと、和尚さん達の団体がいくつも来てくれました。
・同じ想いで、毎日泣いたり笑ったりしながら、捜索を続けてきた仲間がいました。
・あの子達を思い出し泣きながら、青空ランチをした仲間がいました。
・愛のためにお手紙を書いてくれたお友達や、近所の子供達がいました。
・そして、愛がいなくなってから見つかるまで、そして今もずぅーと私を支えてくれ励ましてくれた家族がいてくれました。

そんな中、学校説明会で、誠意のかけらもない、自分達の立場を守ろうと、当時の子供達の状況を涙一粒流す事もなく淡々と説明してくれる方や、「自然災害の宿命」と簡単に口にする方もいました。

今回の大震災は、あまりにもたくさんの方々の悲しみ、苦しみを生みました。亡くなった子供達や先生方の御家族、そして亡くなった地域の方々やその家族、住み慣れたお家や思い出の品々を流された方々。お家も家族も失った方と本当に、はかりしれない悲しみでいっぱいです。

でも、今私の周りのみんなは、あの三角地帯で頑張って咲いたヒマワリのように、ふんばって生きて行こうとしています。愛が教えて行ってくれた〝命の大切さ〟〝家族の大切さ〟〝人への感謝の気持ち〟を忘れずに、周りの皆さんの〝ちょこっと　スマイル〟のきっかけを作って行ければいいなぁ♪と思っています。

そして、七ヶ月が過ぎた今も、まだ帰って来れない我が子を〝探してあげたい〟と捜索している親達がいます。元には戻れないけれど、あの子達の笑顔も笑い声も戻って来ないけど、あの子達が心配しないように、あの子達に負けないように、残りの人生、泣いたり笑ったりしながら生きて行こうと思います。どうぞ皆さん、末永くあの子達と私達の事を見守っていて下さいね‼


（脱稿：２０１１年10月11日）

妻や孫を呼ぶ声だけが谷間に谺する

石巻市北上町十三浜大室　佐藤　清吾

東日本大震災

平成二十三年三月十一日午後二時四十六分、此の大地震は起こった。二日前の九日に相当な揺れの地震があったばかりなので、多分余震だろう位の気持ちが瞬く間にとんでもない事になるぞ、との思いに変わった。棚やタンスの上の物が総て落ち尽くす揺れなのである。

その時私は家（宮城県石巻市北上町十三浜）の茶の間で妻と二人でテレビを見ながらお茶を飲んでいて、奥の部屋では小学校から帰った一年生の孫が一人で遊んでいたが、家が潰れる前に出なくてはとの思いで玄関から飛び出したが二階建ての家が庭に倒壊しそうなので妻と孫の三人で家の前の広い道路に移動するも、此の桁外れの地震の揺れは治まりそうもなく時間にして五〜六分も揺れ続けたのである。

その間頭の中をよぎったのは、是はまさに「日本沈没」の映画の一幕にそっくりな現実が来たのだと思える揺れなのである。この後はこれは大津波が必ず来るぞと思い、即刻車に乗り込み海から離れなければと考えて、集落の奥に向かって走る途中、ラジオから大津波警報が発令され予想津波高は六メートルとの事。だったら私の生家まで退避すれば心配はないだろうとの考えから私の実家に避難させた。その後一度戻り、年老いた私の姉も車椅子に乗せ実家まで押していく。実家の兄に「此処に居れば何も心配は要らぬから上がって休め」と声をかけられ、私も妻と孫に、此の場所は明治の津波でも波が届かなかったから何も心配はない、私の姉の面倒を見ているようにと云い置いて、私の大事な庭の盆栽と家が津波にどこまで耐えられるのかを見届ける心算で、車で家の近くに向かったのである。

海は未だ静かだ。時刻は携帯で三時十分頃を示していた、私は車を護るつもりで隣集落の国道三九八号に架かっている高い橋の上で海の様子を見ていた。三時二十分頃になると集落の前の大室湾に浮かぶ松島が波で大分沈み込んだと思ったら沖合の防波堤が沈み、次には内側の防波堤が波に飲み込まれ始めた。湾内に繋留されている漁船が次々と流され、波の来る沖の方に船首を向ける船、転覆する船、岸壁から陸上に押し上がり漁網、綱類、器材が総て波に移動させられて来たのである。

しかし、第一波の押し波は一旦ここで止まり、次いで波が引き始めたのである。空は暗く降り始めた雪は追波湾の見通しを遮り、近くの島影も薄くして、地震直後に船を守るために沖出しをしていた数十隻の船は既に視界から消えていた。海の水が引いた湾内は底を現し、褐色の海藻と無節サンゴ藻で不気味な赤桃色に変わっている。

来たッ！　第二波の襲来だ。島や磯の岩礁に白い波をブッツケて水位がドンドン上がって来る。湾内の船は渦巻く濁流に抗い繋船ロープを軸にグルグルと振り回され、抵抗できない船は転覆し水面下に没し、あるいはロープが切断された船は流される。陸上の漁業資材や倉庫が流れる。波は沖から際限なく押し寄せ、波の先端が小室の集落に入り始めた。集落のメーン通路を辿って押し込む波は凄い速さだ。

やがて波は集落の大きながっしりした家の軒まで来ると、家はいとも簡単に波と共に移動し、流れた家がその奥の家にブツかり、次々とドミノ倒しのように奥の家を倒して行ったのである。私の家のある大室集落も既に小室集落と同じ様相だが、湾内の濁流は台風の渦のように左巻きに家も船も流している。陸上も既に十数メートルの高さに達し、海抜七メートルを上回るがっしりした構えの家屋敷も、棟瓦が水没すると波の流れにつられて流れていく。

私の家は国道三九八号線のすぐ側で水面から五メートルは悠にあり、風当たりも陽当りも最高の場所で追波湾の絶景を私の庭のようにしていた。海に最も近い大好きなロケーションで、此の家で四十数年暮らしてきた。家の前庭には私の自慢の盆栽を並べ、愛する家族と実に幸せに暮らしていたのが今！　目前で総て流されて行くのを目の当たりにして、これは一体何だ！　何でこんな事が起こるのだッ！と心の中で叫んだのである。

波は未だ未だ押し寄せる。既に足元の橋も最上部まで水が達し轟々たる波が橋の大半を水没させ、なおも家屋の殆んどは奥へ奥へと押し込められた。是れ以上は水が上がらなくなった一瞬の後、今度は引き波が始まったのである。奥へ押し上げられた家屋が物凄い勢いで吐き出されて来たが、小室橋の橋桁が流れて来る家屋に立ち塞がり、浮いて流れてきた家がバリバリと物凄い音と共に橋に衝突し、橋の下流へ出る時はまるで粉砕機にかけられた状態で海へと吐き出されていくのである。

大室集落は上部に何もないので、家屋はそっくりそのままの状態で湾内に流されて累々と湾上に浮かび、街並みが海上に出現したような有様であった。波が何度も押しては引くうちに家屋は追波湾内へ流されて行くのである。沖は他の集落から流れ出た家屋の残骸が島状になって追波湾内を埋め尽くしていた。雪は益々降りしきるばかりで、まさに無情の雪であった。

是れほどの津波を誰が予想しただろうか。恐らく近世以来最大の津波とされる明治二十九年が関の山で誰一人として此の規模の津波を予測する者はいなかった。専門家を自認する人々の会議の中でも此のクラスの津波を予測した人が存在して注意を喚起した記憶はない。

茫然とした心に最初に覚めたのは避難した妻や孫、実家の兄や姉の安否だ。すぐ実家の有る集落の奥の方に車を進めるが途中の家は悉く流失し、残るは家の基礎だけの有様である。此れでは実家も同じく流失したと想うのに何も不思議はない。ガレキの山を進む裡に見えたのは、避難所のはずの実家や周辺の家屋の何もかもがない有様だった。

私は大声で妻や孫の名前を呼び、叫び探し回るも、あの妻の声も孫の声も聴こえず私の声だけが虚しく谷間に谺するだけであった。雪は益々強く寒気は肌を刺す。いくら叫んだあとに耳を澄ましても返る声はなかったのである。しばらくして私の叫ぶ声に応えたのは、山に逃げ込み助かった集落の人々……

大怪我をして歩けない者、頭から濡れて震える者、恐ろしさに怯える者が次々と山の中から出て来るが、私の妻と孫についての情報は、何ひとつ心を安堵させるものはなかったのである。辛うじて山に逃げ込んだ人から私の最も恐れていた現実を突きつけられた。妻と孫は避難所にしていた実家に波が迫って来たので、実家の後ろの一段高い家に逃げ込むが、なお波が高くなり駆け上がった二階のベランダでそのまま流されて行ったと聴かされたのである。

雪は一段と強まり、頭、肩に積もり忽ち数センチになるが、此の世の無情を今までの人生で最も強く思わされた時でもあった。海水が未だ処々に残るガレキの間を縫いながら、もしや流された家から飛び出して陸上に残ってはいないだろうか、そうあって欲しいと祈る気持ちで探し歩くも、全くその気配のなくなった集落の跡は、なんと云う淋しさだろう。

茫然自失で眺めている海、家のない集落、家族を失った淋しさは何にも例える事のできない悲しいもので有る事を悟らされた。その夜は遂に一睡もできぬまま夜明けを迎えたのである。

寒い！　昨日あれほど降った雪は昨夜の裡に晴れて満天の星空が放射冷却を招き、厳しい朝である。あとで新聞で知るが、津波に流され助かった人が着替えなく暖を取れず、此の夜の冷え込みで凍死したとの報道に宜《むべ》なる乎《かな》の想いを持つ。一晩中車の中で過ごすも車の燃料に余裕はなく、また、明日からの捜索、子供達の安否も全くわからず心配で、頭の中が混乱するばかりである。

昨日の雪は積もり、道路はツルツルのアイスバーン状で足を運ぶのも慎重になる。がしかし、此の事を妻の実家に知らせなければと思い、足元が明るくなった頃、四キロ程先の大指集落まで徒歩で向かう。足元は悪く、ガレキの集落を三ヶ所越える途中の相川の橋は二ヶ所流されていて、津波の余波で海水の上下が大きい中、大きな材木を渡して漸く対岸に辿り着いたが、歩を進めるには大変難儀を極めた。

大指の家に着いて妻の兄夫婦に事の顚末を話す前に私の不手際で大切な兄の妹と孫を失った事を詫びながら、思わず泣いてしまった。優しい兄夫婦は私に負担を掛けまいと、是れほどの大災害では仕方のない事だ、との心遣いをしてくれるも、私は申し訳なさで、そして亡くなった妻と孫の事を想うと胸が張り裂けそうで、涙が溢れて来るのである。昨夜も何ひとつ腹に入れておらず妻の実家で朝食を頂いたが、気は逸《はや》りすぐ大室の集落跡へとまた徒歩で向かった。海岸、集落の中を廻るも人の姿はなく、生活の臭いのする用品、道具、家、車の残骸が累々と続くのみであった。

私の息子は多賀城で、末娘の職場も塩竈の海の近くであった事から、多賀城、塩竈の子供二人の安否は……と思うと矢も楯もたまらず、一三日の払暁、寸断された道路を歩き、追波のニッコリ・サンパークに置いてある長女の車で燃料ぎりぎりで塩竈に着いた。私の弟の車で一日中探し歩くも、その日に息子、娘の安否確認はできずに弟宅で宿を貰う。全く眠る事は叶わず、妻、孫を想い出しては涙を拭くが、朝方午前三時、枕元の携帯が鳴ったのである。此の三日間、通信は途絶え続けたのに十四日の朝三時に……。仙台から塩竈の職場に通う末娘である。娘もようやく繋がった携帯に驚いたが、母と甥の死を知らせると……。言葉が詰まった様子……母と甥の死が現実と判るまではどんな思いだったろうと考えた時また、涙が出てくる。此の夜の事は生涯忘れられないでしょう。

昼間避難所を訪ねて呼び出しにも応えなかった息子夫婦と孫達、今やっと無事が確認された。末娘の口から……此の地は助かったが、学校、幼稚園が津波に囲まれ孤立し、自衛隊の救援で助かったとの事であった。

四十年の生活の歴史

私が住んでいた此の敷地は、私の祖父まで代々住んでいた所であったが、明治二十九年の大津波で家が潰され、それを機に海岸を離れて現在の奥地に家を建てたとの言い伝えがある。しかしながら明治時代には殆んどなかった護岸堤や防波堤が作られて埋め立ててなお敷地が高くなった事で、三代目の私が海岸近くの実家の元屋敷に別家（分家）として出て来たのである。

半農半漁の十三浜は、春は田の作付け、自家製茶の摘み採り、天然若布の口開《くちあけ》、ウニ採りに麦刈りとまさに春の到来と同時に目の回る忙しさが待っていて、此の仕事のひと区切りが「さなぶり」（早苗振）で一時の休息を与えられた。六月になると「小女子」のいけすくいに田植えと十三浜から橋浦までの出作での水管理。交通手段のない時代、朝三時に起きて田の草取りに刈取りに稲下げとハセ架けである。集落中の人手が集められた仕事であった。私の生家は村外に出作の田と村落の畑作、磯・海上の生産活動総てに参加する超多忙な家で、天然昆布漁、鮪漁に麦播きと続き、それが終ると十一月からは愈々鮑のシーズン到来である。

私の父は鮑漁では常にトップの漁師で息子の私が物心がついてから父の引退までの間はその座を譲る事がなかった。私はその技を受け継いだ事に誇りを持ち、その腕を惜しまれて十三浜の地に根を下したが、妻をとり孫を授かり、老後の設計もおこたりなくしてきた心算だった。

虚しい、悲しい、寂しい。私の兄・姉もいなくなった。同じ集落の親戚従弟にも行方がわからない者がいて、総勢一五人が安否不明である。戸数五十戸のうち四十八戸が流失全壊であり、船は九〇パーセントが流失沈没破損である。北上町十三浜地区全体でも此の比率で家・船舶が失われたのである。

北上町は石巻市と合併して満五年になる。合併する直前に公民館兼総合支所庁舎を新築した。目の前が北上川の河口で過去に津波の被害に逢った事がない。万が一の津波がないとは云えず、それに備えて地盤を上げて海抜六・五メートルの地盤に頑丈なコンクリート二階建ての庁舎が建ったのである。目の前の国道３９８号線には水面から五メートルの防潮堤が一年前に完成したために、地区住民も行政も、此処を万一の避難所と指定して備え、万全と信じ切っていたのである。今回の津波はその自信の備えも越えて五四名の住民、職員を悉く持ち去って行ったのである。その中には隣接する吉浜小学校の生徒が三名含まれていた。

此の月浜地区の北上川沿いの吉浜、追波、釜谷崎集落では、約数キロ上流にも拘らず集落の九割以上の家屋が流失・全壊となり、二五〇名以上の人命が失われたのであるが、月浜から上流以上の集落は古来より津波とは全く縁のない所だとの言い伝えのあった事が、今回の人的被害を増幅させた最大の原因と見られている。

河口より五キロ上流の新北上大橋が三百メートルも上流まで運ばれた津波とは一体どんな力があったのだろう。水面上七メートルも上に架かる橋の路面から三メートルの高さにまで水が上がり、左岸の大須の街並みと右岸の河北町釜谷地区に溢れ、あの惨《いたま》しい大川小学校生七四名と教職員十名の命を奪う事になったのである。今回の津波の大きさは、過去の津波の歴史で得た事が裏目に出たのは誰しも首肯できるのではないか。

専門家を自認する学者連の想定外と云う言葉、また気象台の予想津波高、地域の古老の口伝、どの人々の言葉からも今回の津波の規模に近い予想の言葉が語られなかったのは残念であり、それを信じた者の中には犠牲者としての運命を辿った者が少なくなかったのも事実である。

地域住民の喪失感は計り知れない。此の大津波が住民に与えた衝撃は代々営々と暮らし続けた有史以来の先祖伝来の地をも捨てる事に何の躊躇らいも起こらぬほど強烈な出来事である。しかし、是れ程の災禍に逢いながらも、此の十三浜に住み続けたいとの思いを断ち切れない人もたくさんいたのである。そして漁業もまた、続けたいと……。アンケート調査の結果、十三浜は八〇パーセントが漁業の継続を訴えたのである。

此の考えの人達の決断は早く、早速石巻市に集団移転に向けて行政のリーダーシップを促したのである。此の集団移転は、私の地区の集会所も何もない青空集会で話が出て、それを行政に持ち込んだ。行政からは、大室地区だけでなく、相川地区全体の問題として取り上げ、県、国へ上げれば実現が高まるのではないか、とのアドバイスを受けた。暫時機の熟すのを待ち五月上旬、相川地区の自治組織が要望書を携えて市長と直接面談し、高台への集団移転の労をとって頂けるよう、頼み込んで来た。あとは国、県、市がどの程度の受け入れをするのか、の返事待ちである。

私はただ今六十九歳で、此の災害では立ち上がれぬ程の痛手を受けた。あの地震後の大津波では十三浜の家族二人と兄、姉二人で計五人も亡くし、再起の意欲は萎えて妻と孫の霊を弔って余生を送る気でいる。息子を亡くした娘も仕事を辞め、仙台の暮らしを選び、私も静かな余生を送る場所として、息子が二年前に建てた家に一緒に住む事を息子夫婦に奨められている。

原発に関心を持ったワケ

此の災害は自然災害であり、その責めを求めることは無理な話であるが、一方絶対に人災の責めを免れない事が福島で起きてしまった。国を初め東電、そしてそれを自分の出世と金のために後押しした原子力村の面々だ。此の御用学者と呼ばれる連中は是うした事故が絶対起こらないとは言い切れないと知りながら、我欲に負けて国策に阿《おもね》る言動を取り続け、結果として日本史上最悪とも云える放射能拡散事故を招来させたのである。

何故原発政策を推進した原子力村の学者連中が今、急に寡黙になったのか、あれ程の洪水のような原発奨励のコマーシャルを流した民放メディアが中止したのか、事故以前の主張が本当に日本国の国民の利益に叶うと云う信念が動《ゆる》ぎのない事なら同じ姿勢を貫いて行くべきであろう。

一番の罪人は技術の確立しない原子力政策を強力に推し進めた国であり、利益第一に受けた企業であり、立身出世が保証される事にのみ軸足を置いた御用学者達は今度の事故の責任を取るべき連中なのである。事故が起きたら先ず何が先か。考えずとも住民避難のはずだ。情報を意図的に隠蔽して立地住民を欺く事が国と企業の最初の仕事だと甚だしい勘違いがあったようだ。燃料損傷があって放射性物質が広範に拡散していたのにパニックを防ぐためだと偽情報を流し続け、子供から大人まで多数の住民を被曝させた此の情報操作は本当に正しかったのか、検証がなされるべきである。

今、岩手南部、宮城全域、福島全域の牧草からセシウム137が基準値を超えて検出されて牛の放牧、給餌としては不適とされているが、露地物野菜は全く心配はないのか……。国の提供する情報は信ずるに値しないと取られている事に頓着せず変わらず大本営発表を続ける事の悲しさよ。

私は漁協の組合長時代から日本の原子力政策を批判し続けて来た。資源小国を誇大に喧伝し国民に不安を与えて核燃料サイクル政策を推めるやり方にだ！　そして地球温暖化の責めを化石燃料の消費のせいにする。だが現実には原発を今の倍にした処で温暖化を防げないのが真実である。その化石燃料消費説は、周到な原発推進論者が組み立てた牽強附会な典型的な説であり全くの偽情報なのである。

むしろ原発を多く作ったために温暖化を招いたとも云えるのは、あのとてつもない量の温排水だ。百万ＫＷの原発一基は一秒間に七〇トンの海水を七度もあげて海に放流するのだ。そして運転には避けられない放射線の放出、従業員の被曝、第二次大戦中、米国のマンハッタン・プロジェクト時の自然環境放射能と福島の事故前でさえ三百倍にも上昇している此の環境を、一部の指導者、企業、学者が放射能で汚染して良いと、何時、誰が許可したのかの疑念は常に付き纏っている。

私が原子力政策に反対する理由は単純で、太古から存在する自然放射能には人類が数百万年もの間に機能を進化させて甲状腺に取り込む事で成長する、むしろあらゆる生物の成長に必須の物質と捉えて来たのがヨウ素である。しかし、成長が著しい幼児も此のヨウ素を取り込む時に放射性ヨウ素を分別する事が出来ないために、甲状腺癌や白血病に進む事の恐ろしさを知り、また、私共漁民が生産する水産食料品が放射能で汚染された環境の中で作られたなら、そんな食料を消費者に届ける訳にはいかない。私達の役目はそこで終る。

そんな目に逢う前に予防原則の適用を国に迫っても、原発推進で得る旨みを手放すはずもない。一人でも多くの国民にハイリスクの核燃料サイクル政策の矛盾点を知らせるべきとの思いから、反対の道を進んでいるのである。国、電力会社、学者連から事故は杞憂だと歯牙にもかけられなかった私共の行動が、今福島の地に於いて現実となった事は大変な不幸である。

また、原発立地の県知事、町長等は責任をとり、すぐ辞任すべき大事故である。電力会社も放射能を海に捨てても稀釈するから無害だとの暴論は直ちに撤回し、マスコミ各社も責任の一端を負う立場を覚悟して頂かねばなるまい。努々推進の片棒を担いで来た事を忘れてはいまい。マスコミは常に社会正義が先に立つ事を、本来の姿を回復して頂きたい。〝マスコミは社会の木鐸が使命だ〟

未だ終息しない福島原発事故なのに立地県知事、市長町長は安全確認が出たら運転再開を容認するとの言葉、此の国、県、市、町は何処を向いて仕事をしているのだ。目の前に金しかちらつかなくなったら下野すべきだ。領主は民に先んじて憂ひ、民に遅れて楽しむ後楽園の意味、良く噛みしめてください！　（脱稿：2011年6月21日）

大津波に何回も呑まれ意識を失う

石巻市北上町十三浜菖蒲田　千葉　五郎

大津波に呑まれる

地震当日の午後、石巻市北上町の海に面した追波地区にある我が家には太陽光発電システムの設置について、業者が屋根の形状などの下見に来ていた。私と両親三人とで庭先で話しているところへ地震である。業者さんも驚いて電話連絡をしている。我が家でこれだけ揺れるということは、よそでは倍の揺れだよと話すと、それでは日を改めてという事で業者さんは帰る。

母が居間にいて食器棚の戸棚の扉が開かないように紐で結んでいる。改めて外に出て、軽トラックを玄関先に上げてラジオで情報を聞く。納屋が倒れてもいいように乗用車二台は庭先に並べて止める。

この時まで私にも母にも津波という意識は全くなかった。私は納屋の二階を点検し、地震そのものによる被害はほとんどないことを確認する。次いで旧宅にある、私たち夫婦の部屋と私の書斎を点検すると、縁側にある文庫本の本棚が倒れて散乱している。その時、縁側から庭先を見ると、車二台が猛スピードで上流側に押し流されて行く。津波だ‼

旧宅の座敷を駆け抜けて新居の居間に入ると、母がいない。外を見ると茶の間のサッシの中頃まで水が押し寄せている。旧宅側の扉から一気に水が押し入り、茶の間の天井まで押し上げられて、息ができない。海水を飲み込んでこれで終わりかと思ったが、最後の力を振り絞って、出口を探して潜り込む。何とか廊下に出たかと思う間もなく外に押し流される。見れば遠くの堤防の高さと同じである。その時、四五坪の旧宅がふわりと浮きあがって漂い流れだした。あの屋根に登れないかと必死に近づこうとするが、漂い流れる木材に阻まれて近づけないので、やむを得ず流木に跨るようにして、前後から押し寄せる木材の山に呑み込まれないように、体を水面に浮かせるようにする。釣石神社に近づくと、岩が屹立している関係で、狭くなっている。水中は渦を巻いているようだが、建物などはつかえてたゆたっている。渦に呑み込まれないように必死に国道398号線に泳ぎ着く。

道路に上がって見ると、追波の住宅側はすべて流されて家があちこちに浮かんでいる。国道の路肩まで水は満々と湛えている。釣石神社の前が狭まっているためにか、水が一気に引き切れないようである。一方北上川は津波の第一波がゴーゴーと唸りを上げながら引いているところである。それが膨れ上がったと思ったら、一気に第二波が押し寄せて来る。あれに呑まれたら一たまりもない。黒い材木も飛んで来る。ちょうど二本のガードレールの間に太い角材が鋏込まれた場所を見つけたので、その材木とガードレールとポールで身を守るようにして、ガードレールにしがみ付いて、津波をやり過ごす。第二波が去ってみると、道路の舗装ごとガードレールももぎ取られている。

とにかく、上流側の新しい水門まで行ってみる。水門の太い柱の陰に隠れるようにして、冷たい欄干に腕を巻きつけて流されないようにする。素足に素手、禿げた頭をむき出して、濡れ鼠の体に一頻り雪も強く降り出した。「ああ！　ついにここで終わりか？」と思っていると、上流の釜谷崎方面から、黙々と近づいてくる一団があった。眼鏡は吹き飛ばされているので、顔を見分けることはできない。その中の女性が一人、ふらりという感じで私に近づいてきた。それは近所に住む女性であった。無言で顔を見合わせたまま、一行の後に付いて行く。どこへ行くのかと目で追って見ていると、丸山橋を渡ろうとしているのであった。しかし橋の上はもちろん、北上中学に上る道路の上もゴーゴーと水が流れている。私の力ではとても渡り切ることはできそうもない。私は冷たい欄干に抱きついたまま、運が良ければ助かるだろう、流されさえしなければ誰かが見つけてくれるだろう、ヘリコプターでも来ないかなー等と思いながら、そんなに甘くはないとも思え、これが最後かと思いつつ気を失っていったようである。

目が覚めると心配そうな父の顔があった。どうやら北上中学体育館の避難所に担ぎ込まれたようである。とにかく歯の根が合わずガタガタと震える。夢うつつの中で、散々悪態を付いていた覚えがある。「こんなバカなことはない」「こんなことは皆嘘だ」「こんなことはあり得ない」思えばこれが悪魔との戦いだったのかも知れない。後で父から聞いた話では「これは夢だ！」が私の第一声だったという。夢であって欲しい。夢であって欲しい。夢であって欲しい。左足に裂傷があるということで、翌日、社協の車で日本赤十字病院に運ばれ縫合、避難所に戻る。

翌13日、追分温泉には橋浦診療所の医師が常駐しているという事で、父と共に追分温泉に移動する。追分温泉のある橋浦女川地区はまったく被害がないように見える。スムーズに到着する。懐かしい顔がたくさんある。行人前に住む従兄の家族も全員無事で避難していた。二丁谷地の家族も全員無事で、大変世話になった。

14日夕方から発熱（37・8度）、追分温泉の横山社長がサンパークの救助本部に飛んで、救急車を要請してくれる。救急車内での血圧計を見ていると93であった。日赤玄関の正面に設置されたテントの中で、化膿した傷口を切開、消毒。栃木県医師団であったと思うが、私の履き物を見て、「追分温泉だ！」と叫んだ。泊ったことがあるのかも知れない。帰途は知人の車で追分に戻る。その後は食欲も回復、血圧も１２０と安定してきた。

16日には家内の遺体も確認できて、火葬に付す。手続きはすべて息子が済ませてくれた。月浜の石巻市北上総合支所で勤務中に被災した家内の遺体が自宅近くで発見されたそうで、家に戻りたかったのだろうと父と話す。母の遺体は依然として不明であったが、昨日23日午前息子から情報が入って、仙台の娘夫婦、郡山から避難中の家内の弟とその息子、家内の妹、私と父と揃って、石巻北高校飯野川校の体育館に出向く。父の判定では別人ということで、一応自宅の取り片付けに戻る。

旧宅と納屋は完全に流失したが、新築した二階建ての方は、二階部分だけ手つかずに残ったので、寝具類などを裏山の作業舎に保管する。そこへまた消防から連絡が入って、今度は間違いなさそうだという。自宅のすぐ近くで発見され、発見者が「菖蒲田のおばあさんだ」と言ったそうである。

飯野川校の安置所に戻ってみると、それは間違いなく養母であった。24日、息子が埋火葬許可の手続きをすることにする。確認された遺体は福地の体育館に安置されるということで、その後引き取りという段取りである。父は追分温泉に戻り、私は娘夫婦と共に仙台に向かう。

東北大震災にも耐えた釣石神社の釣石様

このＭ９・０の東北大地震で真っ先に心配されたのが、釣石神社のご神体、釣石様の様子であった。大丈夫だったという話は聞いてはいたが、この目で確かめない訳にはいかない。釣石神社の境内は景色が一変しており、一時は茫然とする。大鳥居はもちろん、社務所、神輿堂など境内の一切が流亡してしまった。

先日、宮城TVのディレクターが取材に見えた際には、神社裏山の追波共同墓地側からご案内をしたが、その変わり果てた境内の様子には驚いていた。この落ちそうで落ちない釣石様が、絶対に落ちない世界一の釣石様として、地域復興のシンボルとしたいとお話をしたが、前途はかなりの困難が予想される。

この4月29日は釣石神社の春季例祭であるが、中止という決定がなされた。この大震災がなければ、この7月には夏越の祭りを計画して、大方の賛同を頂いていたところであったが、今年は不可能となってしまった。

北上総合支所　被災状況

津波の被災状況が次第に明らかになっていく中で4月初め、娘から母の働いていた職場の様子を見て、冥福をお祈りしたいという話があった。仙台の娘宅から避難所の追分温泉に戻る前に、北上総合支所まで行ってみる。

変わり果てた我が家の様子を眺めながら、後ろの山の上の建物は元の我が家の畜舎で、当分はここを改装して仮住まいとなる。山裾の岩が波に洗われた様子を見て、私は縄文の風景ではないかとの想いを深くした。旧役場庁舎の跡は深い水を湛えて、太古の姿そのままであった。

深明山長観寺　津波被害者合同葬儀

4月25日は、深明山長観寺において東北大震災津波被害者の合同葬儀が執り行われた。月浜地区は午前9時から、吉浜・追波地区は午前11時からということで、我が家の母と妻も合同葬儀に列した。今回は火葬済みの方のみが対象で、仮埋葬の方は後日ということになった。

追波地区は七名、吉浜地区は四名の一一名であった。幼い二人の子供の遺影もあって、哀れも極まったという思いであった。他の皆さんは親戚の姿などもあったが、我が家では本当の内輪だけの葬儀となった。郡山に住む義弟とその息子、東和町に住む義妹とその娘、私の娘と息子夫婦である。

母は仙台の清月記に火葬をお願いして、葛岡霊園において荼毘に付したのであったが、その時は大勢の見送りを受けたのであるが、今回は本当の内輪の葬儀となった。法名については、お寺さんからのご奉仕ということで、塔婆代と位牌代として一人当たり千五百円だけの実費となった。近所の方からはお悔みの申し出もあったが、今回はお互いということで、お悔みは謝絶させて頂いた。お気持ちだけ有難く頂戴致します。

私としては、一周忌をキチンと執り行うからという事で、遠方の親戚の皆さんには了解をして頂いている。この追波地区の共同墓地も地震で相当の被害があって、納骨できない方もあり、それはお寺さんで保管して頂ける。幸い、我が家の墓地は本震ではほとんど被害がなかったのに、7日深夜の余震では片側の灯籠が転倒してしまった。

午後は石巻市役所人事課の担当者から、各種の事務手続きの説明があった。担当者の方も渡波で自宅を失ったという事であったが、自宅を省みる時間もないのではないかと思いやられる。本当にご苦労様です。

順番を待つ間に仮設住宅の工事状況を見る。建設場所はにっこりサンパークのグラウンドである。遠くに見えるのは北上中学校の校舎で、外壁の画はイヌワシを表している（かつての北上町の町鳥）。今日、仮設住宅の入居申し込みをする予定であるが、果たして入居が叶うのか。

石巻市職員厚生会犠牲者追悼式

7月3日、今日は午前10時から　大街道斎場清月記において、標記の追悼式が執り行われた。父と息子夫婦と共に参列する。顔見知りも多く、そちこちから声を掛けられる。職員厚生会の名誉会長である亀山市長の哀悼の詞には、胸を打たれるものがあった。

死亡者、行方不明者あわせて四九名の部下を失った市長の苦悩も、深く計り知れないものがある。また、北上総合支所で辛うじて一命を取り留めた今野さんのお別れの言葉にも、大きな苦悩の傷跡が生なましく、あまりわが身を責めないで欲しいと思う。また、雄勝病院の伊藤さんの一人ひとりに呼びかける言葉には、悲しみも極まるものがあって、胸が塞がれる。遺族代表の小山さんの言葉には、家族としての切実な心情には深く深く頷かされる。悲しみは消える事はないであろうが、いつまでも悲しみの底に沈みこんでいる事を死者は決して喜んではいないと思うので、顔を上げて、明日に向かって歩んで行くより他にない。

仮設住宅入居と新しい生活のスタート

6月10日、仮設住宅に入居した。日本赤十字社より各種電化製品の寄贈やら、生活必需品のすべてを提供していただき、父親と共に新しい生活のスタートを切った。仮設住宅では食事と入浴、寝泊りだけで、日中は私が別荘と称する、かつての自宅裏山にある作業舎（昔の牛舎五百平方メートル）に出勤して、父は裏山の畑で野菜作り、私は作業舎の改築にあたっていた。将来はこの作業舎を改築して別荘として、ログハウスやツリーハウスを併設して孫たちの遊び場にしようという計画である。仮設入居の二年間で何とか実現したいと思っている。稲作については、乾燥機、籾摺り機などの調整設備がすべて流失してしまったので、新たな設備投資はしないで、委託でお願いすることとなる。農業への投資を止めた分を、私自身への投資に振り替える事にする。

かねてから胸に秘めていた焼き物を始める事にした。幸いにして隣町の旧河北町で、三ノ輪田窯を構える亀山英児さんに知遇を得たので、勝手に師匠と仰いで師事するつもりである。余り迷惑を掛けるわけにはいかないので、基本は京都造形芸術大学芸術学部通信教育学部に入学して学ぶことにする。娘にこの話をすると、夏休みに一緒に京都に行きたいという。私も半分は京都見物が楽しみなのである。息子夫婦にも反対はないということで、早速作業舎の一角に焼き物工房の準備に取り掛かる。自宅用の改装工事と工房の設置工事が同時並行で行われるので、忙しいことは半端ではない。

焼き物の工房については、初心者であり、なおかつ高齢者で先は短いので、窯はとりあえず小型の電気窯を入れて回数をこなせるようにして、腕が上がれば薪窯にも挑戦してみたいと思っている。何しろ裏山は広いし、自前の粘土も豊富にあるので、技術さえ磨ければいろいろ面白い遊びができそうである。弟夫婦や友人の佐々木さん夫婦も一緒に遊んでくれそうである。

現在は朝5時起床で、仏壇に向かい、母と家内にお水と、お茶・コーヒーを上げて私も一服をして、一日の予定を考えるという日課である。

（脱稿：2011年9月11日）

雄勝法印神楽をなくしてはならない

石巻市雄勝町水浜
伊藤　博夫

3月11日発生の東日本大震災による巨大津波は雄勝町の各浜集落を一瞬にして飲み込み、各浜は見る影もない廃墟の町と化してしまった。水浜集落125世帯は高台の14世帯（17戸）と、二八年前に廃所になった保育所を除き全壊した。

石巻市が指定した避難場所は、更地になった水浜小学校跡地、旧水浜保育所と作楽神社境内の三ヵ所であったが、今回の地震の揺れがあまりにも大きかったので、他の二ヵ所より心持ち低いと感じられた作楽神社には誰も避難せず、全員が学校跡地と保育所の庭に避難した。

午後3時25分ころゴオーッという海鳴りと同時に黒い山のような波が押し寄せ、瞬く間に防波堤を乗り越え、バリバリという轟音とともに人家を押しつぶしてくる。想像を絶する光景が眼前に展開している。何か遠い昔、夢に見た光景なのかと一瞬目を疑う。しかしすぐ現実に戻される。波が避難している保育所の庭をも呑み込みそうな勢いで迫ってきたのだ。あわてて皆を誘導しながら後ろの一段と高い国道に駆け上る。四～五台の車が波に運ばれ電柱やガードレールに衝突して止まる。電気系統がショートしたのか防犯用の甲高いクラクションが一面に鳴り響く。私たちの感じでは海抜15メートルはあろうかと思われる保育所の庭まで津波に襲われるとは、誰が想像できたことであろうか。

しかし不幸中の幸いというのだろう、建物自体は庭より2メートルの高さに建っていたため、かろうじて浸水をまぬがれ、避難所として使用できることになったのである。じつはこの旧保育所は、近い将来必ず来ると予想される宮城県沖地震津波の避難所として、水浜区有会が石巻市から無償で借り受けることを1月23日（日）の総会で決議し、4月1日から借りられるよう手続きをしている最中の大津波の襲来なのであった。

水浜集落は1月の総会時点で125世帯、269名の人口であったが、震災当日は他地区の人たちも含めると170名ほどが保育所と被災しない15戸の民家に避難した。民家に避難した人たちは70名ほどで、その家とは親戚関係の人が多かったようだ。保育所は大小四つの部屋と炊事室があり、ガスコンロが設備してあった。しかし残りの100名が寝泊りできるスペースには程遠く、高齢者や婦女子を優先させ、車で寝る者もあり、わたしたち20名ほどは焚き火を囲んで仮眠した。

夕方にかけて地区民の安否を確認したところ、地震当時自宅周辺にいたと思われ、避難所に到達していない人は8名ほどであった。数日かけて確認したところ、2名が所在が判明し、6名が行方不明であることが判明した。後に、市立雄勝病院に入院中で行方不明が1名、女川町の会社で行方不明が1名で、地区民の行方不明者は8名になった。同じ地区民として非常に残念で、心からご冥福をお祈りします。

その日から長い避難所生活を送る上で、非常にラッキーだったのは、建物自体は大変古かったのだが、保育所だったのでガスコンロが設備してあったこと、被災しない家からガス炊飯器を借りられたこと、中身の入ったガスボンベを多く回収できたこと、玄米八俵の提供があったこと、家庭用精米機を借りられたこと、二年前に防災用発電装置一式を助成事業で購入してあったことである。おかげで翌日から朝夕温かいご飯をいただくことができた。

また、地区内に小規模ながらもガソリンスタンドがあり、手回しでガソリンをくみ上げた。巷で騒いだガソリン不足などは関係なく、関係者の安否確認や医薬品の調達にも大いに役に立った。もちろん避難生活を送る上での共同作業は、全員協力的で、五~六人が寝泊りできるテントを作ったり、ドラムカンで湯を沸かし、シートで覆って仮設の浴室を作ったり、炊事用の水を運搬したり、廃材を集めてきては薪を作ったりと、長いサバイバル生活が始まったのであった。

ずたずたにされたライフラインも五日ほどで県道真野雄勝線が片側通行できるようになり、避難者の飲んでいる薬のリストを作り、石巻赤十字病院から投薬を受けたり、更地になっていた水浜小学校跡地に海上自衛隊のヘリコプターが救援物資を運んでくれたり、一ヶ月も過ぎたころには災害派遣の自衛隊の皆さんが浴場を設営してくれ、水浜の住民はもちろん、周辺地区民をバスで送迎してくれたため、毎日お風呂にも入れるようになった。

そのころ携帯電話も復旧したため、いろいろな情報が耳に入るようになって来た。神楽保存会の高橋会長が行方不明だ。また、大浜の葉山神社の社務所が流され、神楽の道具が全部流されたようだ、と。……頭の中が真っ白になった。え、どうして？　これからどうなるの？　東京都豊島区の神楽出演はどうなるのだろう、という思いが一瞬頭をよぎった。昨年6月、国立劇場での雄勝法印神楽の公演を知った豊島区から1月末に、10月15日（土）のイベントに出演依頼があり、相談の結果出演を承諾したものであった。それが、会長がいない、道具も流されて何もない。……数日間は何も考えられず、ぼんやりと時を過ごしたように思う。

そんなある日、雄勝町分浜（水浜の隣の浜）出身で鎌倉在住の青木良有さんという方から電話をいただいた。「昨年国立劇場でふるさとの雄勝法印神楽を四十数年ぶりに見て、体が震えるほど感激した。その神楽の道具がほとんど流されたことを報道で知った……。ぜひ復興をお手伝いしたい」とのことであった。内容は、10月8日（土）に鎌倉宮の境内々野村万作親子の薪能が公演される。その舞台で翌日曜日、復興に向けた雄勝法印神楽の公演ができないかと。

目から鱗が落ちる心境であった。そうだ、こうしてはいられない。この我々の宝、雄勝の宝、雄勝の神楽をなくしてはならない。被災した一人ひとりがこの未曾有の震災から立ち上がる力になるためにも、いち早く雄勝法印神楽を復興しなければならない、との思いがこみ上げてきた。

少しずつ明るい情報も入ってくるようになった。社務所より一段高い葉山神社が波で大破したが、展示していた面《おもて》や千早は数点流されなかったとか、昨年の秋祭り後、レプリカを作るために頼んでいた面が数点無事だったとか、報道で知ったが面の作成のお手伝いをさせてくれないかとか、あるいは、昨年の国立劇場の公演以来ご支援いただいている手塚真（手塚治氏の長男）・岡野れいこご夫妻が、雄勝法印神楽のために義捐金の募集を呼びかけていただいたおかげで、全国の皆さんからも温かいご支援の手を差し伸べていただくようになった。また神楽舞台一式と、他に太鼓二丁も寄付していただくことが決定した。

そして5月28日、第一回雄勝復興市が旧雄勝総合支所前で開催され、震災後初めて雄勝法印神楽（演目・道祖、日本武尊）を皆さんに披露することができた。未曾有の災害で途方に暮れていた被災者の心を、大いに癒してくれたものと確信している。このことを伝え聞いた河北地区に避難している雄勝の被災者からも、ぜひ河北ビックバン避難所で見たい、との要望があったので、6月18日ビックバンホールで道祖、笹結、日本武尊の三番を披露することができた。皆大いに喜んでくれた。大きな拍手は我々保存会会員にも、大いなる勇気を与えてくれた。

雄勝法印神楽については現在、文化庁の助成事業と日本ユネスコ協会連盟の助成が内々決定され、その他全国の皆さんからのご支援により、時間はかかるけれども復旧復興の見通しが立った。今後は10月9日の鎌倉宮での復興公演、翌週15日の東京都豊島区の民俗芸能インとしまの出演、22日の仙台市榴岡公園での出演、29～30日の秋田県大仙市で開催される、北海道・東北ブロック民俗芸能大会の出演に向けて練習を重ね、大震災を克服し、地域復興の核になれるよう、保存会会員一丸となって頑張りたいと思っている。

終わりに、雄勝法印神楽復興のためご支援いただいた全国の皆さんに心から御礼申し上げます。

（脱稿：２０１１年9月17日）

おじいさんは大好きな海に帰ったんだ

石巻市渡波　丹野　宏美

3月11日、私は栃木県にいた。兄と二人で日光へ車で観光に来ていたのだ。宇都宮のパーキングエリアでお土産など買いものを済ませたのち、帰りの道を走っていた。１２０キロのスピードで走っているとハンドルをとられた。兄に「なんか風強くてハンドルとられるんだけど、ちょっと走れないかも」と言った瞬間だった。目の前の道路が蛇のように波打った。兄が「地震だ。左に寄れ。ラジオだ」と言い、慌てて言われた通りにした。ラジオで「ただいま宮城県沖で地震が発生しました」と流れてきた。お母さんとお父さんは大丈夫かと気が動転して手も震えていたが、兄が「落ち着いて走れ」と言い運転に集中した。その後、近くのインターを降り、4号線をひたすら走ることにした。高速を降りるとすべての信号が止まっており、余震も何度もあり怖かったが、私はただひたすら運転した。ラジオでは津波が来る恐れがあるとの情報も流れていた。

栃木県の道も崩れているところや段差も数ヵ所あり、渋滞していた。通り道でコンビニが暗闇の中営業していた。私と兄は念のため飲み物とお弁当を買おうと立ち寄った。ここでお茶とお弁当とカロリーメイト、ゼリー、チョコレートを買った。福島を抜けたのは夜の9時くらいだった。渋滞中はカーナビでテレビをつけ、情報を得た。何度も繰り返し放送していたのは、気仙沼の大火災と福島県の原子力発電所についてであった。福島県を抜け宮城県に入ったのは、夜中の3時だった。

県境以降は渋滞はなく、車のナンバープレートにも宮城県ナンバーか仙台ナンバーしか見なかった。どの車も飛ばして帰っていた。みんな90キロくらいは出していたと思う。私も焦っていた。しかし兄は冷静で、私は60～70キロで慎重に走った。ラジオで物資を運ぶため三陸道は使えないという情報は知っていた。津波で荒浜の海岸に二百体の遺体が浮かんでいるとも言っていた。途中休憩し、どの道を行くか兄と話し合いながら、普段から使う45号線を走った。辺りは雪が積もって静かだった。車とすれ違うことは一度もなかった。

時間は午前6時頃だった。鳴瀬川に目をやると家が流れていた。本当に津波が来たとはじめて実感する光景だった。私も兄も津波は海沿いだけの被害だと思っていたので、川に瓦礫が流れてきたのは驚きだった。カーナビ通りに石巻を目指すと矢本はどこの道も冠水しており、前に進むことができなかった。車もだんだん増えてきた。家まであと少しなのにたどりつけない。空しさと焦りだけが募った。山沿いなのでおそらく冠水していないだろうと話しながら、河南の方を目指して走ることにした。ナビを見ながら、兄が誘導してくれ、私は無我夢中で運転した。しばらく走り続けると見たことのある道につながった。そのまま走っていくと、橋の手前で渋滞になっていた。どんなに待っても進まない。兄に「高いところにある橋があるからそこに行ってみよう」と言いUターンをしてそこに向かった。案の定、その橋は冠水しておらず進むことができた。

その後南境トンネルを通って、稲井方面を走った。どこを走っていても渋滞で進まなかった。私たちは田んぼのわき道などを利用して帰りを急いだ。いつも通る道はまた冠水していた。兄に言われて出た道は、沢田というところだった。そこも冠水していたが、塩水の中を走った。途中から深くなり、みんな長靴やビニール袋を足に巻きつけて歩いていた。自転車を漕いでいる人もいる。近くの駐車場に車を停めて私たちも歩くことにした。

道には車がおもちゃのように重なり、周りの家はぐちゃぐちゃ、私が生まれ育った町は変わり果てていた。途中から線路沿いを歩いて家に帰ることにした。歩いて移動している人はたくさんいた。すれ違う人に「丹野さんの子供だよね」と知らないおばさんに声をかけられたり、「この線路の先は行けますか？　矢本から歩いてきたんです。女川に行きたいのですが」と声をかけられ、情報を得ているようだった。私たちは「分からないです」と答えるしかなかった。瓦礫の中から何かを探している子もいた。私は、戦争を経験したことはないが、戦争で爆弾を落とされたような光景であった。本当に大げさな話ではなく、みんな生きるのに、そして大切な家族と会うために必死なように見えた。

私の家は線路沿いの渡波地区にある。やっとたどり着いてみた光景は、私の家ではなかった。窓ガラスは茶色く、家の駐車場には知らない車と知らない自動販売機があった。兄と壊れた裏口から泥まみれで中に入った。電化製品が倒れ、それを踏んで進んだ。泥だらけで私の身長と同じくらいまで水が入ったことが分かった。地層のように何本もの線があった。「お父さん、お母さん」と呼んだが返事はなかった。飼い猫の名前も呼び続けた。階段にお父さんの靴と濡れた服が泥まみれになって置かれていた。きっと父は無事なのだと感じた。また、母の姿はなく母が帰ってきたような様子は全くなかった。猫も見当たらなかった。私はベランダから外を眺めた。全く別世界のようだった。私の家は二階があり、外見があるだけでもいいほうだった。高校生の二人組がうろうろしているのが見えた。怪しいと思った。案の定家の裏口の方に近づき物色していた。私は上から大きな声で咳払いをすると、その高校生は走って逃げていった。

兄は冷静に裏口の前にドラム缶をおいた。「大したものはないから入られても気にするな」と言い、おそらく父は実家にいるのだろうと、線路を歩いて向かった。途中で知り合いのおばちゃんに会い、話しかけると何分か前に父に会ったという。母はここにはおらず、雄勝に行っていることを教えてくれた。父が無事で一安心した。渡波小学校の前を通ったが、車がただの鉄の山になっていた。壊れた家などの瓦礫も散乱していて、障害物を乗り越え進むと、あいのやという地元のスーパーの前に出た。スーパーの中にはたくさんの人がおり、子供から大人、おじいさんまで食べられそうなものを必死で探していた。子供が「お母さんカップラーメンあったよ」と言うと、そのお母さんは「よくみつけたね」と褒めていた。本当に異常な光景だと思った。店でも人の家でも盗んでいいわけがない。善悪を理解できる大人が子供の盗みを褒めたりしてはいけないと思う。

父の実家は無事のようだったが、家の前の瓦礫を越えないと入れない状況だった。私と兄は大きい声で「おやじ。おやじ」と叫んだ。玄関までたどり着くと二階でがやがや話しているのが聞こえ、そこから父がひょっこりと顔を出した。顔を見て安心し、二階に上がった。父も私たちが予想以上に帰ってくるのが早かったようで驚いていた。二階にはおばあさんたち総勢九人が二つの部屋にいた。

すぐに気がかりだった猫のことを父に聞くと笑顔で「あ～無事だよ。家の二階のベッドの下にいるんじゃないか」と言った。本当に嬉しかった。余震もずっと続いていたので、すぐに一人で走って帰った。猫の名前を叫びベッドの下を覗いた。猫は怯えている様子だったが、私の姿を見るとそろそろと出てきてか細い声で「ミャー」と鳴いた。私は嬉しくて泣きながら「怖かったね。よく生きていてくれたね」とぎゅっと抱いた。猫を置いてまた父の実家に走った。あまり長居はせず、お土産のバームクーヘンを渡して帰った。

帰ってくると時刻はもう1時だった。母がおじいさんのお見舞いで雄勝の実家に行って一度も帰っていないことなどを聞きながら、栃木で買ってきたコンビニ弁当を三人で食べた。することもなく、寒かったのですぐに布団を敷いた。電気もつかなかったし、水道も出なかった。布団に入りながら兄とずっといろいろな話をした。4時頃になるとあたりは暗くなってきてろうそくもなく、懐中電灯しか照らすものがなかったので、私たちはすぐに寝ることにした。外はずっとヘリコプターが飛んでいる音が聞こえた。二枚の布団に三人で川の字になって寝た。話題はずっと震災直後の話だった。

父は、プロパンガスの運送会社に勤めている。女川に配達に行った帰りの道で地震が起こり、津波という頭はなかったが、家を確認しに帰ったという。テレビが倒れていたくらいだったので、会社に戻ったという。同僚の人と話していると「津波だ。逃げろ」という声が聞こえ慌てて裏山に避難したという。第一波が来たとき、車で流されてきた人が何人もいたという。「助けて～」という声が聞こえて父はその人に「すぐ助けるから落ち着いて待ってらい」と言い、波が落ち着いてから何人かの人を助けたという。その後ラジオなどを聴きながら、ずっと会社の人たちと山にいたという。第二波、第三波のほうが津波が高い可能性があるため、今いるところを動かないで下さいというラジオ放送を聴いて、夜の10時くらいまで動けなかったという。父は同僚から懐中電灯を一つ借りてひとりで帰った。街灯も家の明かりもなかったので、一時間以上かかったのだった。あともう少しで着くところで大きな穴に首まで入ってしまい、携帯も濡れてしまった。帰ってみるとソファーの上にビショビショになった猫を見つけ、すぐにタオルで拭いてあげたのだった。その後、父は心配そうに母の話をした。「お母さんのことだから地震になったらすぐ津波だと思って山に逃げてると思うんだが」と同じ事を何度も言っていた。私は無事だと信じたい気持ちと不安な気持ちが交錯していた。父は「今日は早く寝て明日の朝、雄勝に行ってみよう」と言った。早い時間に寝たせいか、寝ても寝ても朝はやって来なかった。

次の日の朝、一泊できるほどの荷物と猫と猫のえさと母へのお土産のラスクを持って出発した。車まで歩いていく途中で「私、女川から二日かけて歩いてきたんですが、女川はほぼ全滅です。石巻にはこのまま行けますか？」と尋ねられた。父が「線路沿いを行けば確実だと思いますよ」と言った。

行列があり、何だろうと見てみると、沢水を汲んでいる人が列をなしていたのだった。このとき栃木のコンビニで飲み物を買えて本当に良かったと思った。昨日冠水していたところはまだ水が引いていなかった。しかし、よく見ると水はあるがこの万石浦は津波でやられていないようだった。万石浦には湾があってそこではカキや海苔やアサリの養殖を行っている。父は養殖業もしているが、昔からの言い伝えでその万石浦湾の近くは津波がきても大丈夫というのがあった。水が湾の中にどこまでも入っていけるのだという。そのおかげもあって私の家よりも海に近いのに、万石浦の家には被害があまりなかったのである。

昨日帰ってきた道を稲井を通って北上から雄勝町を目指すことにした。父は稲井の消防団の水道は水が出るのではないかと言い始めた。寄ってみようと車を停めた。消防団の車はなく、鍵も開いたままであった。水道をひねると水が出てきた。二〜三本のペットボトルに入れて、三人ともその水をいっぱい飲んでまた出発した。

今回は車からいろいろ見ることができた。道が崩れていたり、家にひびが入っていたり、塀が崩れていたり、マンホールだけ高く道がへこんでいたりと地震の凄まじさを見た。また、ガソリンスタンドには三十分〜一時間待ちになるのではないかと思えるほど車が並んでいた。ほとんどのコンビニやスーパーには人がいて、窓ガラスが壊されていた。治安が良いと言われていた日本も一瞬で人々の悪と善を露にしてしまった地震。こんな光景は二度と見たくない。ヒッチハイクをしている人もいた。本当にすべてが信じられないような光景だった。

亀裂の入った道をどんどん進んだ。雄勝まであともう少しと思った矢先、道を案内している男性に車を止められた。父は「雄勝に行きたいんです」と言うとその人は、「あぁー、雄勝は全滅ですよ。途中の道が崩落したので行けませんよ」と言われてしまった。その全滅という言葉で、心配が一気に膨らんだ。父は「お母さんが町立病院に見舞いに行ったんです」と話すと、その人は「病院は屋上まで津波が行ったんです」と信じられないことを言った。そして避難している人を船で飯野川のビッグバンに運んでいるという情報をくれた。

父は諦めず他の道を行くことにした。新北上大橋を渡ってトンネルを行けばいいと言って道を戻った。道には死んだ牛や木材などがあり、この道まで津波がきたことが分かった。確かに川を船が進んでいた。どんどん進むと、反対側の大川小学校の前辺りの道が本当になくなっていた。また、その先を見るとなんと雄勝を結ぶ新北上大橋が途中からなくなっており、川の中に橋だったと思われる鉄の塊が浮いていたのだった。確認のため橋の根本まで行ってみようと車をそのまま走らせた。本当に道は悪く、車の底がガツガツぶつかっていることが分かるほどだった。やはり橋は完全に落ちていた。

諦めてまたUターンして、避難所になっているビックバンに寄ってみることにした。入ってすぐに掲示板のようなものがあり、名前がずらり書いてあった。私と兄は母の名前がないかくまなく捜した。しかし、名前はなかった。父は知り合いの人に会って話をしていた。母の実家のご近所さんだったようだ。母はおじいさんが雄勝病院に入院したので、午後お見舞いに行く予定だった。そのご近所さんは地震発生前の12時30分頃に、母の車が実家の駐車場にあったことを見たという。私はこの話を聞いて不安になり泣いてしまった。父もかなり辛そうであった。母の一番上の兄が閉鎖されている真野の道に重機を使って石巻と雄勝を結ぶ道を通れるようにしているということだった。父はその情報を聞き、また稲井の方まで戻り、真野峠を目指した。カーナビには通行止め×印がついており、ここから進めないと思いきや、塀は開放されており、大きな機械で雪かきをしていた。私たちは先を急いだ。

雄勝の町は変わり果てていた。全滅とは聴いていたがここまですべてなくなっていること、実際に前の町を知っている私は絶句してしまうほどだった。これでは、山を登らない限り助からないことは明らかだった。家は基礎だけを残してなくなっていた。大きな重機が瓦礫を少しずつ片付けて道を作っていたおかげで前に進むことができた。目印になる建物がないので、どの道を走っているかわからなくなるほどだった。学校の屋上にはバスや家の二階と思われるものが乗っていた。津波が学校の屋上を越えたことは明らかだった。山の方まで瓦礫があり、こんなところまで津波が押し寄せたのだと考えるとゾッとした。おじさんが言っていたことは本当であった。

雄勝町立病院は屋上まで津波が来ており、駐車場には車が重なり合っていた。車を降り、私と兄は一緒に母の車がないか探し、父は病院内を見に行った。病院内には誰もいなかった。私と兄は車の色やナンバープレートと確認したがどれも違うものだった。病院の周りは瓦礫だらけで歩くのも大変だったが、兄の後ろを懸命に追った。兄が立ち止まり、「おまえは上を見ずに来い」と言った。その言葉と同時に上を見てしまった。窓から半分おじいさんがぶら下がっていた。カーテンに絡まり死んでいるようだった。屋上まで津波が来て助かったのは三人だけだったという。母方のおじいさんも、津波で海に連れて行かれてしまった。私は「おじいさん駄目かな」と言うと、兄は「おじいさんは大好きな海に帰ったんだ」と言った。悲しかったけれどそこでは涙は出なかった。もし、お見舞いに母とおばあさんが来ていたとすればみんな亡くなっているかもしれない。ここでは手がかりがなかったので、母の実家を目指すことにした。明神の道をいつものように曲がり山を登ろうとすると、丘の上から大声で「津波が来るぞ〜。上に上がって来い〜」と言われた。地震も全く感じなかったので、何が起きたかわからないまま誘導されたところに車を停め、荷物を持って上がった。

丘には母の兄がいて、母のことを聞くと母もおばあさんも無事だという。丘ではみんな津波が来るということで心配そうにしながらも昼ご飯の用意をしていた。私たちもおにぎりとホタテと味噌汁を食べた。震災なのにこんな豪華なものを食べているなんて驚きであった。外はとても寒く、温かい味噌汁を食べて本当においしく感じた。津波はラジオの情報で、カムチャッカ沖で震度7の地震があり、津波がくるかもしれないため避難しているということだった。一五分くらい待ったが、一向に変化がなかった。父は山まで一走りで行こうと言った。私たちは車に乗って母が避難しているところに向かった。また後から分かったことだが、この時に騒いでいた津波は誤報で、誰かラジオを聞き間違った人が今カムチャッカで地震が起きたと思い、みんなに知らせたのだった。このような状況下では確かな情報が行き渡らず、混乱を招くこともあるのだと学んだ。

母は、小浜のコミュニティーセンターに避難していた。そこの駐車場に母の車もあった。間違いなく無事なのだと確信した。私はすぐ入口にいたおばさんに母の名前を言ってこの避難所のどこにいるか聞いた。母は婦人会の人たちとご飯を作っているという。すぐに台所に行くと母の後ろ姿が見えた。私は「お母さん」と二回呼んだ。母は私を見るなり泣きながら抱きしめた。兄の手をつかみ、「二人で来たの?」と言ったが、すぐ後ろから父が来て父にも抱きついて泣いた。母に、「猫も無事で一緒に来たんだよ」と話すと泣きながらも微笑んでいた。周りの人も、出会えてよかったねと私たち家族の再会を見て泣いている人もいた。母は、ずっとここで心配しながら考えていたという。私と兄は栃木に旅行に行っているからすぐには帰れないだろう。また、情報で女川も渡波も湊も津波でやられたと聞き、父はプロパンガスを配達していて津波に巻き込まれたのではないかと思って落ち込んでいたという。もし父が無事だったとしても私を駄目だろうと思っているだろうなと考えていたようだ。三日目というこんなに早く来るとは予想もしていなかったという。

私たち家族は、これまでどんな体験をしたか話し合った。すると避難している人たちがぞくぞくと私たちのところに話を聞きにきた。石巻あるいは矢本や仙台の方がどのような状況かを聞いてきた。みんな家族や親族が大丈夫なのか心配していた。避難所には百人程の人がいた。小浜は小さな町で被害者も二~三人程でほとんどの人が助かった。おばあさんも元気そうだった。おじいさんは津波にあってやはり助からなかったが、母とおばあさんは地震の一時間前に会っただけでもよかったと言っていた。この避難所には布団もあり、一日二食、水も沢水があるため困らず、助かった家の人々が食べ物や下着などを譲ってくれていた。隣にお寺もあり、必要なものは貸してくれたという。消防団も若い人もみんな歩き回って皿や食べ物などを集めていた。母はここにいる方がいいと最後まで言っていた。しかし、帰らないわけにはいかないと、次の日四人で帰ることにした。

次にこの避難所を訪れたのはそれから二日後のことだった。この時ガソリンは本当に買えず、ほとんどの人がお金はあってもガソリンがなく、車で外出するのを避けていた。父の会社はガソリンなどの販売もしており船を持っていたこともあって、小浜の消防団、母の実家、友人などにガソリンを寄付した。こちらも大変ではあったが、父は助けてあげたかったようだ。父の友人は納屋の瓦礫撤去を手伝ってくれ、物資を届けたり、水を汲んでくれたりと、とても助かった。

私たちが瓦礫撤去を始めたのは五日目からである。片づけが大体終わったのは三ヵ月後くらいである。家の状況は最悪であった。水は床上2メートル入り、壁や仕切りは壊され二階にもたくさんの穴が開いていた。灯油臭く、異様な臭いがした。瓦も落ちて一階が雨漏りをしていた。まずは洋間とキッチンを片付けた。冷凍庫の物はほとんど使うことができた。また、父の知識もあって芋煮用のガスを使うことができた。毎日温かい味噌汁やスープを食べることができ、近所の人にも配って生活した。東京にいる父の親戚がレトルト食品を送ってくれたり、大学の先生や友人が仙台から食べ物や生活に必要なものをもってきてくれた。私の会社はアパレル関係で、従業員に家族分の服を提供してくれた。多くの人が困っているものはないかと心配し、たくさんのものを送ってくれた。わざわざ千葉から家の瓦礫撤去を手伝いにきてくれた人もいた。

ある日、兄と家の片づけをしている時であった。その日は朝から家の外の瓦礫を片付けていた。すると「いたぞ～。助けてくれ～」と男の人の声が聞こえた。私と兄は顔を見合わせてすぐに走った。線路を越えてすぐの家の人だった。納屋のようなところがあって正座で拝むように座っているおばあさんがいた。顔色が悪く固まっているようだった。男四人と私は、おばあさんを毛布で包んで畳をずらすようにしたが、それでもなかなか動かなかった。どんなに重くても決して手を離さなかった。畳を地面に置くと家族の人たち二人は座り込み、「おばあさん、見つけられなくて御免よ」と何度も言ってただただ泣いていた。私は、震災から四、五日目だったので生きていると思い、家に走って戻り暖かい湯たんぽを持ってきておばあさんの背中に入れた。その家族は泣きながら「ありがとう」と言った。私と兄はそっとその場を立ち去った。兄は「おばあさんもありがとうと思ってくれているよ」と言った。あの状況では、たとえ遺体であると分かっても私は同じ事をしたと思う。行方不明の人を必死に探す姿をたくさん見た。私の叔父も行方不明の叔母をなくなった家の近くで何度も探したという。後日叔母が見つかり火葬とお葬式をした。未だに家族の遺体が見つからないという人もいる。誰もがこの震災では一つの行動で生死が分かれてしまったのだ。

電気は3月の後半まで復旧しなかった。ろうそくや懐中電灯を使って過ごした。朝は5時に起きご飯を食べると家の瓦礫撤去をした。6時半には寝る毎日だった。電気がついた日はみんなで大喜びをした。嬉しくて一時くらいまで電気をつけて話し込んだ。その日は笑い声が響いた。水道が復旧したのは4月13日だった。水は一番困った。片付けをするのにもご飯を食べるのにも、生活で一番必要なのは水だと感じた。初めは雄勝の避難所で沢水を汲んでいたが、毎回行くガソリンもなかったので、稲井の方にも汲みにいった。川で水を汲んでいるとおじいさんが話しかけてきた。偶然にも父のお客さんだった。その人の家には簡易水道があり、「誰もいなくても勝手に水もって行っていいよ」と言ってくれた。また、使い水は積もった雪が溶けたものや真水を溜めたり、家の近くで冠水しているところから汲んだ。母の友人で井戸がある家に毎日通い、泥だらけになった家族の服を洗いに行った。トイレは泥で入ることができなかったので、初めは庭でしたり新聞紙や靴が入っていた空箱の中にしてゴミに捨てた。二週間くらい経つと徐々に家の中も片付いてきたので、私は家のトイレを掃除した。私はボランティアでブータンに行ったとき、水をバケツに汲み取り、勢いよく流していたことを思い出した。便器の中も水や泥が溜まっていたが、何度も流すといつものようにスムーズに流れるようになった。家族もトイレが使えるようになって喜んでいた。ブータンでの経験がここで役立った。

仕事は3月30日から出勤し、4月1日のオープンに向けて準備をした。その頃父はもう仕事を始めていて、私の車を使っていたので私は同期の人に送迎をしてもらった。4月中旬まで夜は短縮営業だった。次第に通常営業になり、10時から20時までとなった。夜間は私の家の周りはまだ停電していたため、同期の人の家に泊まったり、家族の洗濯を頼んだこともあった。その人は家が神社で避難している人もいて快く泊まらせてくれた。物資もたくさんもらった。徐々にお客さんも増えてきた。津波で家や服を失ったという方の接客も多かった。私もですと話すと親近感があったのか話が止まらない方も少なくなかった。みんな大変ではあったが、がんばろうという人ばかりだった。

家の片付けも落ち着き、引越しをした頃、私はボランティアをするようになった。きっかけは去年、ボランティアでニジェールにバレーボールを教えに行った時に活動したメンバーが、瓦礫撤去に石巻に来てくれたことであった。ボランティアでは、瓦礫の撤去や側溝の掃除、小学校前の花壇の掃除などさまざまであった。街中でもたくさんのボランティアの人が来て支援してくれていた。夏の暑い作業は本当に大変である。私は一緒に活動しながらいつも感謝し、また、「綺麗になったら案内するので観光に来て下さい」と言い、多くの人が何度もまたボランティアに来てくれている。このような方々の手助けで徐々にではあるが日々、町は綺麗になり日常生活を送れるようになってきている。今は瓦礫だけでなく、避難している人の精神的な支えをしようと、お祭りや音楽祭などさまざまな企画をし、人々を楽しませる工夫もしている。これからも継続していくことが大切であり、支えてもらった私たちはいつか恩返しをしたいと思う。

今回の震災で私は経験したことのない悲しさや人の優しさや強さを知った。地震の時これからどうするかを考えなければとも思った。地震に限らず、このような大災害で一体どんなことが起こり、何が必要で、そして自分にとって大切なものはいったい何なのか今一度、じっくり考えてくれれば幸いである。

（脱稿：２０１１年9月11日）

目の前を家もトラックも人も……

石巻市渡波

平塚　将人

私は石巻市渡波地区に住んでいる。海寄りか山寄りかと聞かれれば、海の方が近い所である。

3月11日　震災当日、私は前日にあった音楽サークルの追い出しコンパの疲れを癒すために自宅で仮眠をとっていた。その時間、地震が起きた。驚いてとっさに外に出て状況を見ると、自宅の外壁が剝がれ落ちたり、ブロック塀が倒れ、車が下敷きになる様子などを目撃した。揺れが落ち着いて家の中に入ると、母がテーブルの下に隠れていた。食器棚も箪笥も冷蔵庫もパソコンも強い揺れにより倒れていたが、なんとか脱出し、貴重品と食糧を自宅にあった軽自動車に積む作業を始めた。大津波警報はこの頃から鳴っていたのかもしれないが、頭に入る余裕はなかった。パニックになっていた母は、私を置いて山沿いにある大工の叔父の工場に行き、もう一台のRV車に乗り換えたそうだ。無駄だと思ったこの行動が、後に幸運をもたらした。

RV車に乗り換えた母が帰ってきた。またわけもわからず荷物を積んでいた。逃げる場所を聞いても知らないと答えるだけであった。すると、下水が道路に湧き出してきた。急いで車をバックさせ車庫へ入れた。母は水が来ていることを知らなかったようで、位牌を取りに行く準備をしていた。すると家の裏（東側）から黒く濁った水が勢いよく流れてきた。車に乗っていた私は、玄関にいた母にすぐ車へ乗るように指示した。

脱出用にひとつ窓を開けておいた。母が乗ったところで周りの水かさが増し、車のエンジンが消えついに浮かび始めた。ゆっくりと流され、自宅の門、ブロック塀、電信柱などにぶつかる。もうこのまま流されるのであろうと思い、何かにつかまろうと車の上に登った。すると自宅前にあった梅の木に車が引っ掛かった。車の中も浸水しシートの上にいた母の姿が見えた。そんな中で見えたものにさらに驚いた。隣の家の車が勢いよくどこかに流されていく、家の前を走っていた車はトラックであっても流されていく、さらに頭から血を流した女性が「助けて」と叫びながら流される姿も目撃した。頭と手しか見えなかった女性の安否は、未だ不明である。

雪が降っている中、私は水が引くのを待った。幸い、一時間に5～10センチ程度減っていくのが確認できたため、21時頃だったと思うが、真っ暗の中自宅まで歩くことにした。ヘソくらいまで水に浸かったが、私と母は自宅に入れたのであった。一階は想像していた通り、物が押し流され、ぐちゃぐちゃだったが、その日は浸水していなかった二階に寝ることにした。夜中サイレンやクラクション、叫び声が絶えなかった。

3月11日以降　以下は日記から抜粋する。

3月12日　家の前の道路はまだ水があった。長靴でなければ歩ける状態ではなかった。母がプロパンガスを使えることを発見し、カップラーメンを食べた。その日はそれしか食べなかったが、とても美味しかった。借家が流された叔父も尋ねてきた。近所の方も大半が無事であることを確認できた。

3月14日　前日泊りに来ていた先輩の家に行ってみた。周りの家は土台しかない家も多かったが、彼の家はあった。がれきを伝い二階から入ることができた。この時、自衛隊の姿を初めて見た。

3月16日　車とがれきでふさがれた踏切を、片づける作業が始まった。やっとがれき撤去の兆しが見えてきた。

3月18日　工場を持っている大工の叔父から、石油ストーブを貸してもらった。本当に助かった。

3月19日　やっと携帯電話の電波が少し入り、知人である二名に連絡を入れることができた。連絡をくれた方の安全も確認できた。

3月20日　自転車で石巻市の西の郊外にあるスーパーに行った。普段は40分程度の道も倍以上かけて行った。買い物ができる喜びを実感した。海外にいた父とも連絡がとれた。家の近くまで電気がきた。だが、一緒にバンドを組んでいた後輩の遺体が見つかったのもこの日だった。

3月25日　物資をもらいに学校へ、そこで見た子どもたちの仕事のこなしは今でも覚えている。今できることを一人一人こなしているようだった。物資より勇気やパワーをもらえた方が大きかった。

3月27日　大工である叔父の仕事が忙しくなったため、仕事に誘われる。ここで今までやっていた就職活動に区切りを付けた。

3月29日　やっと電気が来た。それから、大学が始まる5月後半までほぼ休みなく大工の見習いとして仕事をこなした。４月に入ってから大きな地震が一度あったが、４月12日には水も出るようになった。道も車が走れるように整備されるようになっていった。

悲観、復興　11年10月現在まで、被害を受けたショッピングセンターやドラッグストア、アミューズメントパークなどが営業再開する動きがとても目立っている。また、解体、がれき処理なども進み、徐々に街が直ってきている。

一方、全く家がなくなった地域の方々は今でも悲しみを背負っているようだ。先日、お盆に遺体が見つかった母の知人とその家族の話である。老夫婦で夫が亡くなり、残された妻は「帰る場所はアパートでもなく、仮設住宅でもない。あの街に戻りたい」と言っていたのが印象的だった。元に戻らないものはどうすることもできない。

私自身は、ほとんど前と同じ生活である。家も住める状態だし、新しい車も買った。大学四年生で就職活動もしていたが、私は活動を辞め、親戚の叔父のところで大工として仕事を始めることになった。慣れない大工仕事だが、まだ混乱したなかでも職を得ることができた。だが、失くなったものは大きく忘れることはできない。私はこれを曲として表すことができた。この曲はＴＢＣ夏祭りなどでも歌うことができ、これからもこの思いを風化しないように歌っていきたいと思う。

最後に、亡くなった方々へのご冥福をお祈りするとともに、復興へと導いて頂いている皆様に感謝致します。ありがとうございました。

（脱稿：２０１１年10月25日）

水産会社廃業の選択

石巻市魚町　斎藤　廣

11年3月11日午後2時46分、東日本大震災が発生した。その時、私は石巻市魚町にある自分の水産会社の二階事務所にいた。ちょうど二人の来客がいた時である。通常の揺れではない異常さを感じたが、トラックが通っても普段から揺れやすい場所であったので少し大きいな位しか思わなかった。やっと大きい揺れがおさまった時に、客人は慌てて帰って行った。

ちょうどその日は仕事の都合上半どんで、会社には誰もいなくなっていた。若干余震があったが私も戸締りをして一階の出口に向かったが、出口付近に地割れが入り鍵がかからず、そこで再び二階事務所に戻った。会社の実印・通帳を探すもなかなか見つからず、すでに二十~三十分が経過していた。もちろん大津波が来るとは想像もしていなかったし、停電のためか市の広報連絡も聞こえなかった。やっと見つけすぐに車に飛び乗り会社を出た。

いつもの牧山トンネルに向かうがすでに渋滞、そこで国道398号線に向かうがこれも渋滞、それではという事で釜工業港に抜けようと一番海に近い日和大橋方面へと向かった。途中、ある会社のホームに従業員二十~三十人集まっていたのを横目に車を走らせた。あいにく、車のラジオが壊れていたために大津波の情報を知らずに向かっていた。そして魚町運動公園を通過しようとして日和大橋百メートル手前の信号のない交差点に入ろうとしたその時、交差点に海側から水が流れて来たのが見えた。急いでブレーキを踏んだ。

だがその時にそれが津波だと思わなかった。そして急いでバックミラーを見ながら、そのまま車をバックさせた。そしてバックミラーに後方の交差点にも水が流れて来たのを確認した。ちょうど挟まれた状態になり、仕方なく車を少しでも高い歩道に乗り上げた。その時、後方に老夫婦が乗った一台の車が見えた。そこで一旦エンジンを切ったが無意識にスイッチを入れ運転席側の窓を数ミリ開けた。危機感を感じて、いざという時に窓を壊そうと思っていたのかもしれない。

それからほんの数十秒後に道路は黒い海水でいっぱいになり、車が浮き出し流れ始めた。いったい何が起きているんだ。訳が分からなかった。浮き上がった車は中央帯の松の木にぶつかりサイドミラーが宙ぶらりんになっていた。15メートル位横を家が流されているのが見え、家が壊れるもの凄いバリバリという音が聴こえた。

その時、車内への浸水は、まだ自分の足首ぐらいだった。ちょうど車のウィンドー部分が黒く濁流化した海面に出ている状態で、フロントガラスに黒い波が何度となく打ち寄せた。そして、突然ウィンドーがガレキで覆われてしまった。このまま車内で溺死してたまるかと思っていた。ふと見ると2~3メートル先に校舎らしきものが見え、学校だとすぐに思った。運転席側の窓に蹴りを入れ一発で窓は壊れ、ガレキに乗って校舎に入り助かったと思った。時間にして四~五分間、距離は7~800メートルの出来事だった。

さて校舎に入ると約四百名くらいの避難者でごった返していた。校舎の裏庭では人が乗った車二台が沈みかけていて、その人たちを助けようと大騒ぎとなっていた。無事二人は助け出され教室で濡れた衣服を脱がされジャージのようなものを着せられた。この日は雪が降って寒さの厳しい日であった。怪我人は体育館に集められ、残った人々は、それぞれ教室に入った。私も四階の教室に入った。食べ物、水はなく飲み物は近所から避難して来た人のを分けてもらった。

教室は、だんだん暗くなると懐中電灯を持って来た人がそれぞれ点灯した。暖房は何もなく、それぞれ毛布が一枚ずつ渡された。それでも決して充分とは言えないが我慢するしかなかった。校舎の周りは海になっていて人が往来できる状態ではなかった。この時点で家族と連絡を取ったが連絡が付かなく、そのうち携帯のバッテリーがなくなってしまった。余震が起きるたび何度も目が覚め、教室内はどよめいた。唯一誰かの携帯ラジオでこの震災の規模の大きさを知る事ができた。

地震から一日経ち、あたりが薄明るくなって来たが状態は何ひとつ変わらなかった。屋上に何度か怪我人を運ぶために救助ヘリが来たが食料の運搬はされなかった。後で陸上部隊が来るとの事であった。

地震から二日目の午後になって非常食のビスケットが二枚ずつ渡され、やっと食物が口に入った。不思議とそれまで高揚していたせいか、特に腹が減ったという感覚がなかった事に気付いた。夕方になり状況は何も変わらないが、教室から外を見ていて海水が大分引いて行っている事を感じ、明日の朝はここを出て家に帰りたいと思っていた。

日曜日の早朝、目が覚めて海水がほとんど引いていたので、これでここを出発できると思った。ここは、石巻市湊地区、私の家は蛇田地区であるから徒歩で一時間半はかかる。ましてこの状態では、どうなる事かと思っていた。朝8時、ここを出る人の希望を取っていたので私もすかさず手を上げ、蛇田なのでもう戻らない事を伝えた。全員で九名が出発する事となり、出発にあたって途中何があってもお互い自己責任という事で合意した。

道路はガレキの山で、家の軒先あるいは家の中を通って進んだ。まざまざとこの震災および津波の恐ろしさを感じながらつき進んだ。一時間位かかって内海橋に着いた。通常の四倍もかかった。そこで大橋に向かう人とふた手に別れた。橋は一部崩壊していたが人が通るには充分であった。私は内海橋を渡り立町へと向かった。湊地区よりは若干被害が少ないように思えた。立町から先の市役所前は、まだ冠水していたので山の手より仙石線の山下駅を目指した。山下駅近辺は冠水していたが蛇田駅の方は大丈夫だったので、膝まで水に浸かり線路上を進んだ。国道45号線の下をくぐり抜けると若干の冠水跡はあったが、ほとんど被害がないように見えた。蛇田駅まで来ると急いで自宅に向かい、家族と再会し喜びあった。今思うとひとつ幸いな事は帰宅途中で遺体に遭遇しなかった事かも知れない。

話は震災当日の職場近辺に戻るが、周りの会社も同じようなもので、会社に従業員を残させた会社、また帰宅させた会社さまざまであった。各社長の判断により人々の明暗を分けたのかもしれない。但し、その判断を批判するものではなく、またできるものではない。

今後の水産業界、ただ単純に復興するだけでも早くて五〜七年、まして今まで通りの仕入、販売・水揚げではいささか疑問が残る。何故なら販売先地域も被災している所があまりにも多いからである。販路をそれ以外にも求めなければならない。

魚町を含め、その界隈はほぼ全壊であった。まずしなければならないのは、営業冷蔵庫をはじめ各会社の腐った魚の後片付けであった。石巻市の関与があり業者が入って各社順番に後片付け、海洋投棄および埋め立てが行われた。大小約二百社の魚町、腐った魚の後片付けでも約二ヶ月を要した。ガレキの片付けは、その後となる。当社は魚類の在庫があまりなかったので幸いであった。それでもガレキを片付け終えるのに、9月まで入ってしまった。

弊社は、これを期に廃業を考えている。しかし水産業界に未練がなくなったと言えば嘘になる。卒業してこの業界一筋でやって来た者とすれば、やっぱり今後の業界の行く末が気になる所だし、機会があればこの業界に何らかの形で貢献したいという思いは拭えない。これが本音である。

振り返れば、昭和51年4月石巻市漁業協同組合に入社し、営業一筋でやって来て昭和63年11月会社設立、現在に至る。会社の従業員は既に解雇した。何故なら解雇すればすぐに失業手当がもらえるからである。現在、清算手続き中であるが、当然そうなれば銀行の借入金はすぐお支払いくださいとなるのは言うまでもない。その辺が問題で皆さん苦悩している所だと思う。やめるにやめられない事情が存在していることは事実である。

ここ数十年の不景気そして、この天災がもたらしたもの。しかしいかなる状況になろうとも我々は、そこを乗り越えて行かなければならない。皆さんの健闘を祈るばかりである。

最後にお世話になった方々に心からの御礼を申し上げるとともに感謝の気持ちでいっぱいです。亡くなった方々のご冥福を祈り、被災地の一刻も早い復興を心から願うものであります。

（脱稿：２０１１年10月18日）

泥に「かな無実です」と刻む

石巻市湊

阿部　果菜

3月11日　石巻市の湊地区にあるビックハウスでバイト中に地震が来た。いつもの地震かなと思っていたらだんだん大きくなっていった。社員の人が店内放送で「商品棚から離れてください‼」と言ってるうちに、ブチっと音が聞こえて電気が消えた。レジの途中だったけど、お客さんを誘導して外に出た。棚の商品はほとんどが落ちていた。外に出てもまだ揺れていた。ほとんどの人が立っていられずに座り込んでいた。店の近くの家の屋根の瓦が落ちてきていたのでとても怖かった。大きい揺れがおさまってから従業員も解散になった。そのあたりから警報のサイレンがずっと鳴り続けていた。大津波警報だった。サイレンを初めて聞いた。

私はいつもバイト先までお母さんに車で送ってもらっていたので、帰る手段がなかった。ビックハウスの社員さんに送ってもらうために待っていたら、駐車場にいたお客さんに「10メートルの津波がくるってラジオで言ってるから早く逃げな‼　乗せてあげるから！」と言われた。加工工場の人たちも集団で逃げていく。まだ津波がくるなんて思わなかった。お母さんとはずっと連絡がつかなかった。

それから社員さんの車に乗せてもらって家まで送ってもらったけど、道が混んでいて全く進まなかった。裏道を通ってどうにか湊地区にある家についたが、お母さんはいなかった。家の中はぐちゃぐちゃで本当にびっくりした。隣の家の人にお母さんがどこに行ったか聞いたら「かなちゃんを迎えに行ったよ！」と言われたので「ビックハウスの人と避難したと伝えて下さい」と言って、また車に乗って日和山に逃げることにした。すごく道が混んでいて、湊小学校の前まで来たら消防車が三台くらいいて地震の影響で火事が起きていたのが分かった。湊小の裏の家から煙が出ていた。消防車の横をぬけたら全然混んでなくて、旧北上川にかかる内海橋に向かった。30センチくらい段差があってガタンガタンって揺れて少し楽しかった。

3時30分頃橋を渡って立町通りはすごく混んでいた。お店のほとんどのガラスが割れていてびっくりしていたら、対向車線の車が急にバックし始めた。なぜだろうって車から後ろを見たら、30センチくらいの高さの水がすーっと流れてきた。日和山のふもとにいたので社員の人に「おりて逃げていいよ！」と言われ、一緒に乗っていたビックハウスの永沼さんと駆け足で山に登った。さっきまでいたところを見ると、バケツやゴミが流れてきた。周囲の人たちは水が来ないくらいの高さの場所であっけにとられて見ていた。

それから雪が降ってきた。雪に当たらない場所に行きたかったので、石巻市体育館に行くことにした。体育館の前に着くと、施設の人にガラスが割れているところもあるので中に入れませんと言われた。しかたがないので近くの石巻中学校に行くことにした。人がいっぱいいたので、体育館の通路にいることにした。お母さんに何回か電話したらつながった。近所の家の二階に行ったらしい。自宅の一階が浸水したと聞いて驚いた。自分が石中にいることを伝え、次はお父さんに電話した。お父さんは岩手に出張していたので無事だった。雪が少し弱くなってから外に出てみたら、近くから火と煙が出ていた。二ヵ所から火が出ていたが、その時点ではどこが火事なのか分からなかった。

一緒にいた永沼さんの実家が中学校のすぐ近くにあるので、行くことになった。そのお宅には永沼さんの旦那さんとその両親がいた。パンをもらい、ソファーに寝かせてもらった。ラジオを聞いても石巻の情報が全く入って来なかったので、お母さんが本当に心配だった。ラジオでは、若林区荒浜で遺体が二百〜三百体上がったこと、家の二階まで浸水し屋根に避難しているので早く救出にきてほしいこと、親戚の安否が分からないので連絡がほしいなど、さまざまな情報がずっと流れ続けた。余震もあって怖くて、夜ってこんなに長いんだなと思った。怖くて怖くて全く眠れなかった。

3月12日 朝まで眠れなかった。朝ごはんはカセットコンロでご飯をたいてもらって食べた。その家は災害にそなえていて、水も15リットルタンク三つ分を用意してあったので食べ物には困らなかった。石中の近くに水道局

（大街道浄水場）があるので、水をもらいに行った。三時間くらい並んだ。並んでいる時に湊の情報を知っている人がいないか聞いたが、全くいなかった。家が湊と伝えるとみんな、残念そうな顔をしていた。きっと海から近いのでダメだと思ったのだろう。永沼さんの家に戻る頃にはもう暗くなっていた。電気がない夜がまたきて、本当に嫌だった。

3月13日　ほとんど眠れないまま、ソファーの上で朝がくるのを待っていた。朝ごはんを食べてからまた給水所へ行った。前の日よりも混んでいた。水をもらってから石巻市山下町のおじいちゃん宅へ行くことにした。途中から水が膝より上くらいの高さだったが、ザブザブ水に入って行くことにした。靴と靴下を脱ぎ手に持ち、ジーパンを捲ったが太ももくらいまで水があった。水が濁っていて下が見えなくて怖かった。道の端の側溝はもしかしたら穴が開いているかもしれないので、道路の真ん中を歩いた。山下地区は水が上がっただけだったのでがれきなどは全くなかった。とても冷たかった。30メートルくらいの距離だがとても長く感じた。

日和山から歩いて普段は三十分もかからない道だと思うが、五十分くらいかかった。やっとの思いで到着したが、鍵がかかっていて誰もいなかった。水が引いてなかったからまだ帰ってこれないだろうなと思って締めた。メモなど書くものがなかったので、玄関の下の泥に棒で「かな無実です」（無事と書きたかった……）とメモとして書いた。永沼さんの家に戻ってから、永沼さんと旦那さんと一緒に石巻が一望できる日和山神社に行くことにした。お母さんの安否が分からなかったので、家がどのような状態になっているかだけでも確認したかった。着いた瞬間絶望した。門脇地区全体がほとんど何もなくなっていたのだ。残っていたのは、石巻市立病院、お寺、鉄筋でできた建物がいくつかだけであった。がれきすら流されてほぼ平地のようであった。

所々から火が消えかけているような煙が上がっていて臭かった。門脇から旧北上川を挟んだ反対側が私の住んでいる湊地区である。魚の加工場など家の近くの目印を頼りに双眼鏡で自宅を探した。湊地区は門脇と違って、家などの建物が八割くらい残っていたから探しやすかった。自宅を見つけることができて少し安心した。しかし、まだお母さんの安否は分からない。不安であったが、日が沈んできているので永沼さんの家に帰ることにした。

3月14日　朝起きてすぐ、永沼さんとその旦那さんと一緒に湊の家に行くことにした。まず最初に内海橋の近くで驚いた。泥、がれき、陸にあがった船、重なり合った車が所狭しとあった。内海橋の入口に船があって行けないかなと思っていたら通っている人がいた。橋の上も車とがれきだらけで、中瀬にある岡田劇場という映画館も建て直したばかりなのに、建物の三分の二がなくなっていた。道路のコンクリートなんか全く見えなくて、泥とがれきしかなかった。歩いている途中、永沼さんに「そっちに遺体あるから見るなよ」と言われて本当に怖かった。いつも自分が通学で通っていた道なんて全く進むことはできなくて、がれきに気をつけながらいつもは十分もかからない道を一時間以上かけて歩いた。

かろうじて通れる道を選んで進んでいった。その途中、永沼さんが「痛い！」と叫んだ。がれきの中にあった釘が、長靴を貫通して刺さったのだ。人の家の敷地を歩いていると、その家の二階にいた人にスリッパしかなく身動きがとれないので、長靴を持っていないか聞かれたが、しようがなく謝って進んだ。四階くらいの建物にも人がいて、自衛隊のヘリに向かって鏡を反射させて助けを求め、その後その人たちは救助されていた。

家の近くまで行くと、男の人四、五人が自販機をバールで壊していた。そのころは救援物資も満足になかったので、水分を確保するためにしようがなかったと思う。いっぱいあるからと飲み物をくれたが、悪いことだとは全く思わなかった。その周辺のがれきをぼーっと眺めていたら自販機を壊していた一人に「その辺に死体があるから気をつけて」と言われ、すぐに目を逸らした。

その人たちと離れ、お母さんが避難した近所の家に行き、その家の人にお母さんが生きていると聞けた。安心して涙が止まらなかった。その人に自分がいる場所のメモを渡した。

自宅を見ると、とても中に入れそうな様子ではなかった。入口部分の壁が壊れて完全に塞がっていた。永沼さんの足の手当てに、湊小学校へ行くことにした。いつもなら十分ほどで行ける距離が、三十分以上かかった。途中15センチくらいの高さで冠水していた。湊小学校の近くは流された消防車やがれきや泥でぐちゃぐちゃだった。学校内に入ると、一階は泥だらけだった。避難した人はみんな二階より上にいた。手当ができる教室を探していると、近くの看護学校に通っている友達に会った。看護学生はみんな湊小学校に避難し、怪我をした人やお年寄りの介護の手伝いをしているとのことだった。永沼さんの手当が終わり、学校から出た。

校庭はまだがれきだらけだったので、敷地内から出るためにはプールを通らなければならなかった。目隠しの柵は完全になくなっていた。プールの中には車が浮かんでいた。それからまた、がれきだらけの道をどうにか通り日和山の永沼さん宅に帰った。家に着くとテレビがついていた。電気がついたのだ。とても安心した。テレビで津波が押し寄せている映像を見て、言葉が出なかった。被害が広範囲にあったことを初めて知った。福島原発のことも見て、今回の災害がどんなに大変かを知った。しかし、自分の住んでいた町が悲しい状況になってしまったことで頭がいっぱいで、原発のことはあまり気にかからなかった。その日は灯りがあり、安心して眠ることができた。

3月15日　朝から山下のおじいちゃんの家に行った。もう水は引いていた。まだ誰もいなかった。今度はちゃんとメモを残した。永沼さんの家の住所と「果菜は無事です。永沼さんの家にお世話になっています」と書いてポストに挟んだ。永沼家に戻ったらおばあさんに「お父さんがきたよ！」と言われた。私がいなかったから近くの知人の家にご飯を食べに行っているらしい。何十分か待っていたらピンポーンとチャイムが鳴った。お父さんに会えた瞬間、涙が出てきて抱き合って号泣した。一緒にいとこもいて、生きていて安心した。前日に自宅の近所の人に渡したメモを見て永沼さんの家にきたらしい。

お父さんは11日の夜には石巻の蛇田まで来ることができた。しかし自宅までの道のりはまだ水が引いていなかったので、車で過ごしていた。その間に石巻赤十字病院に情報収集に行っていた。患者さんが絶えず搬送されていて、とても混乱していたらしい。水が引いてから湊小学校に行き、お母さんと無事に会えたと言っていた。お父さんは、私と最後に連絡が取れた時に石巻中学校にいると聞いたから、必死に石巻中学校を探していたらしい。携帯は通じないのだから、避難場所を変えるなら安否確認の張り出し場所に書かなければダメだと言われた。その考えは全くなかったので反省した。

永沼さんにお礼を言って、お母さんのいる湊小学校へ行くことにした。途中、石巻小学校に避難している親戚に会いに行った。話を聞くと、その親戚の家はすべて流されてしまった。家は跡形もなく、家の土台しか残っていないらしい。そして、いとことその子供が行方不明だと聞かされた。再びがれきの山を越えて湊小学校へ向かった。すぐにお母さんがいる教室へ。一番心配だったお母さんに会えて、抱き合って泣いた。本当によかった。教室にいた人たちも涙ぐみながら「よかったね」と言ってくれた。それから湊小学校を出て、親戚の友達の家にお世話になることになった。他人の私たちを泊めてくれ、全員で一五人くらいいた。その家はまだ電気も水も復旧していなかった。

夕飯はカレーで本当においしかった。具はほとんど入っていなく、サラサラしていたがとてもおいしかった。あんなにカレーをおいしく感じたのは初めてだった。そこの家に六歳の双子の男の子がいて、いやされた。夜、やっと家族三人がそろって安心して寝ることができた。

3月16日　その家のロウソクがなくなってきたので、お父さんは自宅の様子を見に行くのも兼ねて、ロウソクを探しに行った。ロウソクがないと夜は全く動けないのだ。外はまだがれきだらけで、歩くのが怖いので家で双子の男の子と遊んだ。湊の方は治安がかなり悪くて、いろいろなうわさがあった。強盗がきて殺すと言われたり、中国人に何人かが刺された、などうわさやデマがいっぱいだった。携帯はまだ圏外だった。お父さんが山下の家に行ったらおじいちゃんと会えた。おじいちゃんとおばあちゃんは、環境が落ち着くまで私の母の姉の家に避難するところだった。おじいちゃんはいつでも家に入れるように私に家のカギを渡してくれた。おじいちゃんとおばあちゃんが無事で安心した。いつまでもお世話になるわけにはいかないので、次の日おじいちゃんの家に移ることにした。

3月17日　朝から雪が降っていた。弱まってから山下の家へ荷物を持って移動することにした。お世話になった家の方にお礼を言った。「お互いがんばりましょうね」と涙ぐみながら言ってくれた。そしておにぎりを三つ持たせてくれた。他人の私たちになぜこんなにも優しくしてくれるのだろうか。本当に嬉しかった。長靴を履いて出発した。普段一時間半くらいかかる道を大荷物を持って歩いたので、三時間くらいかかった。

おじいちゃんの家に着き一安心した。おじいちゃん宅は床下浸水くらいだった。電気、水はまだ復旧していなかった。しかし、コンロはプロパンガスだったので火がつき感動した。もらったおにぎりと冷蔵庫に入っていた食べれそうなものを入れて雑炊を作った。温かい食べ物は本当においしかった。寒い日が続いたのと、冷蔵庫の冷気が残っていて、食材は腐っていなかった。家の中はすごく寒く、ジャンパーを着て毛布に包まりながらご飯を食べた。寒さに耐えられないので、掛け布団をある分すべてかけて、7時すぎには就寝した。

3月18日　近くにあるウジエスーパーが店頭販売をしていた。一人十点までと制限があった。飲み物やお菓子を買った。主食になるものは売ってなかった。買い物を終え、おじいちゃん宅に帰ると家に誰かがいるようだった。泥棒だと思ったら、実はおじいちゃんとおばあちゃんだった。

携帯の電源をつけたら、電波のアンテナが立っていた。メールがいっぱいきた。友達から安否確認のメールだった。通っている専門学校からも着信がたくさん入っていた。充電が切れてしまったら大変なので二、三人に「生きているよ。みんなに伝えてください」と送った。専門学校にも連絡をした。学校で生徒全員に安否の確認をしていたらしい。担任の先生は私の声を聞き、安心したようだった。「果菜さんがクラスで一番最後に安否確認できました」といわれた。クラスのみんなは無事とのことだった。

3月19日　自宅から衣類などを持ってこようと、物がたくさん入るバッグを持って9時くらいにおじいちゃん宅を出発する。流された家などはまだ撤去されていないので回り道をしながら自宅へ。今まで住んでいた家ではなかった。自宅はもともとあった場所から4メートルほど移動して、隣の家にぶつかっていた。玄関が隣の家にぶつかっていたので、壁が壊れている茶の間から入った。茶の間は天井が落ちていた。茶の間と台所の間の壁もなくなっていた。家の中を気をつけながら通った。洗濯機があったところには風呂釜があった。洗濯機は玄関へ移動していた。二階へ上がり窓から外を見ると、裏の家が突っ込んできて、そのため家が4メートル移動していることがわかった。二階の自分の部屋は物はほとんど倒れていたが、水は5センチくらいしか上がっていなかったので、一階よりは綺麗だった。

今日持って行く分の服、いつか持っていくものなどをまとめた。必要なものは衣類や写真のアルバムなど。漫画、雑誌、ぬいぐるみ、CD、とっておいたランドセル、もらった年賀状や手紙、その他たくさんの物は置いていくことにした。置く場所もないし、これから必要でもない。すべて大切な物である。なんで置いていかなければならないのだろう。なぜこんなことになったのだろう。考えても答えが出ない。部屋を見ながら立ち尽くした。悲しい。でも生きていれば、思い出はいくらでも作れる。悲しんでいても何も始まらない。自分も家族も生きていたんだから大丈夫。くよくよ悩まないことにした。もう住むことができないので、家の写真をデジカメでたくさん撮った。この日、初めて下着などを着替えた。セーターなどは借りて着替えていたが、下着を初めて替えることができたのでとても嬉しかった。まだお風呂には入れないがタオルで体を拭いたのですっきりした。

3月20日　お父さんが周りの様子を見るために、朝自転車で散策に行ったらヨークベニマルに人が十人くらい並んでいるのを見たらしい。たぶん店頭販売があるのだろう。父、母、私でヨークベニマルに行った。二時間くらい並んでいると店長らしき人が出てきた。「店頭販売を始めます。お一人様二十点まで、何を選んでも二十点で千円です。開店後初の大安売りです」と言った。販売開始時間には百人以上は並んでいたと思う。販売が開始されると、みなカップラーメンやトイレットペーパー、オムツ、水などを買っていた。私もカップラーメンや飲み物、生理用品などを買った。どうしてもお肉が食べたかったので、真空パックの肉団子を買った。生ものは売っていなかった。ヨークベニマルは店内で営業するために、店内のものをすべて大安売りをしたらしい。

帰ってから、水をもらうために給水所へ向かった。リュックに2リットルのペットボトルを四本入れ、自転車のかごに四本入れた。帰りはふらふらになったけどがんばった。

3月21日　この日も食べ物を確保するためにウジエスーパーに9時くらいに行った。11時開店まで並んだ。食パンを買えた。久しぶりに食べてとてもおいしかった。家の片付けや服の整理で一日が終わった。

3月22日　8時半くらいにドラッグストアの薬王堂に行った。11時開店だったのでずっと並ぶのは疲れた。トイレットペーパーやティッシュ、パン、手の消毒ジェル、マスクなどを買った。薬王堂では一人十点までだった。14時ころに電力の人が来て、ブレーカーのチェックをしてくれた。電気がついた。とてもうれしかった。携帯を充電して仲のいい子に電話をした。すごく心配していたらしく、ネット上に出ている避難所名簿や遺体安置所の名簿などで私の名前を捜していたとのことだ。テレビで流れる石巻の情報を見て、とても心配だったらしい。そんなに心配されているとは想像していなかった。食べ物や水を確保することで精一杯だったからだ。

その日からやっとテレビでいろいろな情報を得ることができた。給水所、やっているお店など生活の情報である。津波の映像、今まで自分が住んでいた町の変貌、避難所の様子、救援物資が足りないなどいろんなことを知った。一番驚いたのは東京の映像であった。これから物がなくなるのを予想して水や食料を買いだめしている。被災地では満足に食べ物を確保できないのに、この人たちは何をしているのだろうと思った。避難所の人たちは少ない食料を分け合っているのに……などと腹立たしかった。しかし、自分が被災地に住んでいなかった時のことを想像すると、自分も同じ行動をとってしまうかもしれない。震災など冷静になれない状況の時は仕方がない行為だと思った。

4月7日　そろそろ寝ようと思っていた際に、また大きな地震（震度6強）が来た。大きかった。棚の物が落ちないように押さえた。揺れている途中で停電した。「またか……」と落ち込んだ。揺れが治まってからまた警報サイレンが鳴った。お父さんは台所やお風呂の蛇口から水が出るか確かめていた。まだ水は出ていたがいつ止まるか分からないので、鍋やお風呂の浴槽やバケツに水を溜めた。十分後くらいに水は止まった。隣の家の人は車で高台に逃げていった。私たちは逃げるか迷っていた。だが、もしものためにリュックにお菓子や飲み物を最低限入れておいた。ラジオを聴いていたが石巻市の震度計が壊れているらしく、震度は発表されなかった。一時間半くらいで警報が解除されたので寝ることにした。また明日から給水所に行かなければならないと思い、嫌だった。何日後かに停電と断水は直ったが、正確な日にちは覚えていない。

ビックハウスは、壁は壊れ鉄筋だけが残った状態で営業再開ができないので、私を含めたアルバイト、従業員はすべて解雇になった。いとことその子供はいまだに行方不明だ。中学、高校の同級生は全員無事だった。近所の方は、裏の家の男性と道路を挟んだ家のおばあちゃんと奥さんが亡くなったと聞いた。家は土台からはずれて傾いている。近くの道路はガードレールが隠れるくらいの高さまでかさ上げされている。

震災から二ヶ月くらいまでは、家に住むことができないことを実感していませんでした。食料、日常品を買いに行くことでいっぱいでした。5月半ばくらいから学校が始まるため、仙台の寮に入ることにしました。仙台は震災前とほとんど変わっていなかったので、生活の違いにとても驚きました。三ヶ月四ヶ月がたち、食べ放題のお店が営業していると、震災当時はあんなに食べ物がなくて苦しんでいる人がたくさんいたのにと疑問に思ってしまうほどでした。食べ物が溢れていると思いました。学校の同じクラスは四八人いますが、家を失ったのは私を含め四人でした。寮にいると「なぜ自分はここにいるんだろう」と何度も思います。自分の部屋に帰りたいと思います。なんでこんな思いをしなければいけないんだろうと感じます。

最近原発の影響で節電が話題になっていますが、私はあまり節電する気になりません。震災当初何日も電気がなくて、あんなに我慢したんだから節電しなくてもいいでしょと思ってしまいます。

震災を忘れてはいけないと思います。そして絶対に忘れることはありません。しかし、いつまでもくよくよ考えるのではなく、いい意味で忘れないことが大切だと思います。石巻の復旧復興を楽しみにしています。

（脱稿：2011年9月6日）

地獄のなかの救命小舟

石巻市南浜町　　　　奥田　裕次

3月11日は本当に忘れられない日になりました。本当ならあの日の夜は、中学校の同級生数人と飲み会をするハズだったのに……。あんな地震が起きるとは全く想像できなかった。

あの日の朝、いつも通り石巻の会社に出勤し、夜の飲み会の事を考えながら何事もなく仕事をしていると、急に電話のバイブが鳴り、誰からか電話かと思って確認しようとしたと同時に、地震が発生した。電話を確認する余裕もなく立っているのがやっとであった。二、三日前にも大きい地震が起きたばっかりで、その時に少しでも警戒しておけば良かったと今では思う。地震はしばらく続き、会社で建造していた船のブロックが転倒していった。船で作業中だった人は地震の影響で船が海へ出て、船に取り残されるかたちになってしまった。しばらくすると、サイレンが鳴り大津波警報発令中だった。

会社の人から、すぐに帰宅するように言われ、職場を出るとすでに道路は地割れや陥没があり、会社の駐車場には水が入ってきていて、自分の車に近づくことすらできない人もいた。運良く私の車は無事で地割れや陥没している道を避け、なんとか会社を脱出することができた。

しかし、会社を出ても道路はものすごい数の車で渋滞し、なかなか進むことができずにいた。重吉橋の近くまで行くと橋が落ちたと言われ、やむを得ずUターンすることにした。そして小学校の通りの田んぼ道を走っていると き、後ろから津波の第一波が来た。すぐに車から降り、とりあえず濡れないようにと近くにあったガードレールに乗った。第一波目を例えるなら、雨の日の下り坂で雨水が流れている程度に思えた。この程度であるならガードレールに乗っていればなんとか凌げると楽観視していた。

しかし、津波の第二波目が来て乗っていたガードレールは倒され、そのまま田んぼの中に流されてしまった。周りの車も流され家も崩れ落ちるのはほんの一瞬だった。普通の田んぼがあたり一面海に変わってしまった。流れてすぐ水を飲んでしまい、その瞬間一気に胸が苦しくなり、初めて本当に「死ぬ」と感じた。絶対死ぬもんかと思いながら流れてくる瓦礫に必死につかまっていた。流れてきた車に左腕を挟まれ足もつりそうになったけれど、運良くその車に瓦礫がぶつかりなんとか腕を外すことができた。

それからはひたすら瓦礫等につかまっていた。自分と同じところに流された男性は、赤ちゃんを連れていた。一時的に老夫婦が乗っていた車につかまらせてもらうことができ、男性は連れていた赤ちゃんを車の中に入れてもらうようにお願いした。しかし車はだんだんと沈んでいった。なんとか老夫婦は車から脱出したが、赤ちゃんは車と一緒に……。目の前でそんな光景を見るとは想像できなかった。とても苦しかった。なにもできなかった自分に嫌気がさした。

あの時はなにも考える余裕がなかった。外は雪が降り、さらに水の中で、寒さで体が震えて止まらなかった。流れている瓦礫を伝って行き、その先に流れついている小舟があったので、それにひとまずお婆さんと一緒に乗った。全身水に濡れたために体は重く、舟に近づくのも一苦労だった。お爺さんと男性は波の流れが変わったために、離れたところに行ってしまった。とても悔しかった。お互いに声を出して「頑張れ」と叫び続けた。舟に乗っている間も、またいつ地震が来て津波が来るのかと不安だった。私とお婆さんは舟に乗ることで濡れる事を回避できたけれど、だんだんと日は暮れ寒さが増してきた。寒いとしか感じられなかった。寒さで震えが止まらなかった。お婆さんの背中などをさすり、少しでも寒さを和らげるよう努めた。

しばらくすると、まだ完全に沈んでいない車の上に乗っている一人の男性を見つけ、同じ舟に来るように言ってみた。その人の車は半分以上は沈んでいて、なんとか浮いていて危険な状態だった。瓦礫等を伝ってなんとか舟に来ることができた。男性は車の中から毛布などを取り出して、震えるお婆さんに着せてあげた。あの時は本当に助かったと思った。自分は何も持っていなかったから、体をさすることしかできなかった。

しばらくすると浸水していない道路の方から車のライトがついた。ライトの光に向かって「寒がっているお婆さんがいるから助けてください」と叫んだ。すると向こうから一人の男性が来てくれて、お婆さんを運ぶのを手伝ってくれた。全身水に濡れ、服も重くなっていたので自分と男性二人では厳しかったと思う。とても助かった。その後無事に陸に上りお婆さんをトラックに乗せ、自分と男性は軽トラックに乗せてもらった。車の中は暖房がついていたが、濡れている衣服のせいで暖かいという感じはなかった。

車の時計を見ると、既に21時を過ぎていた。6時間以上漂流していた。朝まで車に乗せてもらったものの、車の中にいる間も余震は続いていた。その日の夜は全然眠れなかった。体が暖まるまではかなりの時間がかかり震えが止まらなかった。夜がとても長く感じられてとても嫌になった。

そして朝になり、周りを見ると田んぼだったところは湖のようになり、家の屋根や車、瓦礫等が浮かんでいた。夢ではなく本当に現実なんだと思わされた。空には自衛隊のヘリらしきものがたくさん飛んでいてすぐに助けが来ると期待したけれど、全くそんな気配はなかった。車のラジオで自分がいたところ以外も大変な事になっていることを知った。橋が崩落、壊滅的な被害を受けた地域、停電や断水以外にいろんな被害を聴いた。地震後に一度連絡の取れた家族とも、ずっと連絡が取れていなかったからとても不安になった。何度も連絡を試みたのに、電波の関係上全くだめだった。

家族は無事だと信じ、ラジオで聴いた自分の住んでいる地域の被害状況が気になり、向かうことにした。工業港の道を通って行くことにしたのは良いが、道路はひどいことになっていた。車やどこから流れてきたか分からない大きな丸太やたくさんの米袋、さまざまなものが辺り一面に広がっていた。業者が入り撤去作業はしていたものの、普通に車が走ることは不可能な状態だったので、車一台入れるのも一苦労だったと思う。

実際瓦礫の量が多くて、人が普通に歩くことさえ困難だった。なんとか進むことはできたが、いろんなものを見てしまった。いや、見ずには通れなかった。電柱の上のところに人が吊されているのを見たり、営業車やトラックがいたるところで倒れ、電柱の下敷きになったり、近くにある会社も酷い有様だった。新しくできたばかりのコンビニは水で完壁に隠れていて、看板だけが辛うじて見えていた。他にも店の半分以上が破壊され筒抜け状態の所もあった。

車だと五分から十分程度で通れる道を、二時間もかかりようやく抜ける事ができた。と思ったのもつかの間、工業港を出てすぐにある踏切から先が浸水していた。おそらく膝上以上腹部以下位はあったと思う。通るのは難しいだろうと思い、七星社等がある道路を通ることにした。少し歩くと日本製紙の入口があった。海岸沿いを通るよりは時間短縮になると思い、日本製紙の中を通っていくことにした。中に入り言葉を失った。

中は瓦礫等が入り込んでいて酷い有様で、少し前に仕事で日本製紙に行った時とは全く違う景色になっていた。フォークリフトなどの機械の上にものが落ちていたり悲惨な状態でした。構内の道は普通に歩けるところがほとんどなく瓦礫などを登って進むしか方法がなく、とても時間がかかった。日本製紙に入ったばかりの時はまだ辺りは明るかったのに、抜ける時には既に薄暗くなっていた。

なんとか日本製紙を抜け、十條公園に続く階段を上り門脇中学校へ向かった。自宅に帰るのは諦め、門脇中学校に避難することにしたからだ。今まで通ってきた風景とは全く違い、被害が少なかったんだなと思い、正直階段を上って安心した。しかし、中学校の体育館に入ると驚いた。体育館の中はすでに暗く、電気もついていない状態で人がなんとか歩くスペースは確保されていたものの、真っ暗で視界も慣れていない状態で進むのも困難だった。体育館の隙間がなくなるほどで、やっと座れたのはステージの前だった。当然布団や毛布はなく、ただ床に座り壁に寄りかかることしかできなかった。少しでも睡眠を取ろうとしたが、余震が続いて揺れるたびにビクビクして全然眠ることはできなかった。そのまま朝を迎えた。

明るくなって周りを見ると、赤ちゃんからお年寄りまで老若男女問わず人がいた。当然と言えば当然だったのかも知れないが、正直これほどまでに人が入っているとは思わなかった。この日、震災後初めて姉と会うことができた。姉は職場にいたらしく、無事だったようだ。再会できた時は本当に安心した。

次の日には親とも会うことができ、生まれて初めてと言っていいほど家族の大切さを覚えました。電気、ガス、水道、店などが使えない状態がしばらく続きました。店が開いても好きなものを好きなだけとはいかず、限られた数の食糧や日用品を購入することしかできませんでした。それも朝早くから並ばなければならずとても不便でしたが、あの時はそれが当たり前でした。それでも協力して難を凌ぐことができました。

三人が合流してから日和が丘から見下ろしたところにある南浜町の家に向かいました。我が家にあった三台の車は姉の車一台だけとなってしまいましたが、一台残っただけ良かった。なんとか道路は走れる状態にはなっていたのですが、周囲の被害を見て言葉を失いました。ただなにもない。あるはずのものがなくなり、ないはずのものがありました。あるのは瓦礫、被害にあった車や建物、前のような風景は消えてしまっていました。我が家は土台がなんとか残っているだけでした。友達の家もなくなってしまい、よく学校の教科書に載っていた戦争の跡を見ているようです。ほんとうに地獄絵図に描いたような信じられない光景でした。しかし現実なんだと思わざるを得ませんでした。

南浜町は雨などが降ればすぐに浸水してしまうほどの甚大な被害で、もう南浜町には住むことができなくなり、とても悲しいです。今となっては自衛隊の方々のお陰で大分片づいてはきていますが、まだまだ時間がかかると思います。千葉県で仕事をしている兄が石巻に来て、被害状況を見てやはり言葉を失っていました。千葉県も液状化現象等がありましたが、それとは比べられないほどの被害だと言っていました。震災当初に比べると今はいろんな店舗も開き前のような活気が戻ってきたような感じがしますが、震災の爪痕は深く残ったままです。今後生活していく上で今回の「東日本大震災」は決して記憶から消えるものではないし、消して良いものでもないです。

今の私は親戚の家にお世話になっていますが、少しの揺れでも警戒してしまうし、「緊急地震速報」が鳴るとビクビクして足が震えてしまい、本当に怖いです。しかし、今回の経験を後世に伝え、またいつ来るかも知れない地震・津波の恐怖を常に持ち続けたいと思っています。それが今回「東日本大震災」を経験して生き残ることができた人達が、必ずしなくてはいけないことだと心から思います。そして県外から来てくださったボランティアの方々の炊き出し運動にはとても感謝しています。ラーメン、牛丼、豚汁、それ以外にもたくさんの炊き出しを食べさせて頂きました。ラーメンやご飯等の食事ができることがこんなにも感動するものだとは思いませんでした。ほんとうに感謝の気持ちでいっぱいです。ありがとうございました。

（脱稿：２０１１年7月11日）

石巻は火と水と寒さ

石巻市日和が丘

遠藤 美千代

平成23年3月11日金曜日、この日が多くの人々の忘れられない一日になるとは、誰一人思いもよらなかったのです。私は石巻の金融機関に勤めていて、地震発生の2時46分という時間は、3時の閉店を目前にした、とても忙しい時間だったのです。店には、毎日同じ時間に両替に来る近所の店主と、三人の御老人が来店されていました。

地震が発生したとき、私は現金の整理中でした。初めは地震が収まるのを待とうと思ったのですが、あまりの揺れのため、どうすることもできず、その場にしゃがみこんで動けなくなりました。ふと我に返り、お客様に机の下に入るように指示しました。普通の地震ならこの時点で揺れが収まるのに、しだいに大きく横揺れし、立つことも歩くこともできない状態になりました。店の中の人々も同じ状態で、うずくまりながら必死に堪えていました。この時私は少し前にニュージーランドで起きた、地震によるビル倒壊の事を思い出していました。こんな揺れではこの建物も倒壊することは免れないと考え、どこにいればその後発見救出してもらえるか、思い巡らせていました。

本当に長い長い揺れの後、店内は、パソコンは飛ばされてコンセントでぶら下がり、机も左右に大きく動いていて机の上も散乱していました。お客様から預かった物は全部返却し、来週再度来店してもらうように話をしたのですが、腰を抜かして動けなくなっている人もあり、余震で次々と揺れる中、しばらくソファーで休んでもらいました。その時女性がほとんどだったため、落ち着くまで近くの店主も一緒に居てくれました。腰を抜かした老人も、飼い猫が気になりだし、ゆっくりと帰宅していきました。その後、近くの店主も、店の片付けがあると私達に笑顔を見せて帰って行きました。その後、その店主は津波に流され現在は行方不明です。

大きな揺れだったので、窓を開けたのですが、すぐに停電したためか、いつもは聞こえてくる防災無線が聞こえなかったのです。お客様が帰った後、散乱した物を片付けていると消防団の車のマイクから「5メートルから10メートルの津波が来ます」と広報していました。私達はそれを聞いても全然緊迫感がなく、次々と揺れる余震ばかり気にしていました。しばらくすると営業で外に出ていた男性職員が帰って来ました。その一人の職員に、早く避難するように注意されました。しかし片付けがなかなか進まず、すぐに避難できる状態になかったので片付けを続けていると「片付けはいいから、命が大事だから！」と口調が強くなり、私達もそれから避難準備を始めたのです。外は雪が降っていたので、傘やひざ掛けを車に取りに戻ったり、今考えると、あの職員がいなかったら、私達は避難せず、津波に飲み込まれていたでしょう。

まずは女性職員が避難しました。外へ出ると通りには誰も歩いている人はいなくて、気持ち悪いぐらいに静かでした。それどは逆に店の前の道路は渋滞でたくさんの車が止まっていたのです。その前を横切り、近くの高台へ向かう途中、近くの工場の大きな駐車場を通ったら、そこに勤める大勢の人達が車の中に避難していたのです。私達は、男性職員がまだ店に残っていたため、近くの高台から様子を見ていました。その高台には一四、五人ぐらいの人がいました。もっとたくさんの人がいるのかと思ったのですが、他の人達はどうしているのか、あまりにも静かなので気になりました。

するとその中の人が、「波が見える」と言い始めました。私も見たのですが、雪が降っていて空が暗く、海の境と空の境が良く見えなかったのですが、白い煙のようなものが見えたのです。その高台は高さ5メートルぐらいしかなく、妊婦の職員もいて走っては逃げられないので、男性職員が来るのを待たずに、そこからもっと高い所を目指し、移動しました。すると間もなく、「シャバ、シャバ、シャバ」と音が聞こえてきました。絶え間なく聞こえてくるのですが、とても静かなのです。他の人達も歩いて逃げているのですが、落ち着いているというか、何が起きているかわからず、ただただ、歩いているという感じでした。

やっと山の上にある中学校の体育館に着きました。体育館は二階建てで、すでに一階は人がたくさんいて、私達は二階へ避難しました。時間が経つごとに体育館の人の数は増え、中に入りきれず廊下や階段にまで人があふれてきました。停電しているため、夕方になり体育館の中も暗くなり始めたころ、男性職員と会うことができました。私達も先に逃げてしまっていたので、とても心配していたのですが全員無事でした。私達が避難した後、男性職員達は、店の戸締りなどしている最中、新聞屋さんと郵便局の人が配達に来て、その後、海の方へ向かったそうです。こんな時にも配達なんて……あの人達は助かっていれば良いのですが……。

その時職員の一人が何気なく海の方向を振り向いたら、10メートル位の波が上に家と材木を乗せながら迫って来るのが見え、慌てて全員で全速力で走ったそうです。やはりこの時も道路が渋滞していて、その車の人達に、「津波が来ているから逃げろ」と大声で叫んだのですが、誰も車から出て来る人はなく、駐車場の人にも叫んだのですが誰も車から出て来る人はなく、高台に駆け上がり後ろを振り向いたら、今車に乗っていた人達がそのまま波にさらわれて行くのを見たそうです。今でもその時の光景が目に浮かんで忘れられないそうです。

夜になり、体育館の中は真っ暗になりました。職場のみんなと一緒でとても心強かったです。もし一人だったら、どんなに不安だったでしょうか。体育館の中ではいろいろな話が聞こえて、南浜町、門脇が全滅した。全滅という言葉は知っているがどんな状態なのか想像できず、燃えていると聞いても考えられませんでした。だんだん夜も更け、持ち出したひざ掛けをみんなで掛けたのですがとても寒く、私の家まで毛布を取りに戻りました。家の近くまで来ると火災が起きていて、海の方向は火柱で前が見えない状態でした。

私の家は山の下の方にあるため、津波とガレキが庭まで押し寄せたのですが、何とか残っている状態でした。火災が起きていたので、家に火が燃え移るのも時間の問題でした。とりあえず毛布と貴重品を持ち出さなければ。しかし、とてもあせっていて、家には煙が入って来るし、外では爆発音が何度も聞こえてきて、私もパニックになり、毛布ぐらいしか持って来ることはできませんでした。

体育館へ帰る途中、猫の鳴き声のような声を聞いたのですが、後に聞いた話によると、私の家の近くに幼稚園のバスが流され、地震の直後は近所の人達が津波に流された人々を救助していたのですが、その幼稚園バスはどこかの家がバスの上に乗っていたため、夜遅くまで泣いていた園児を助ける事ができなかったそうです。私が聞いた声も園児の泣き声だったのかと思うと、悲しくてやるせない気持ちになります。今でもその場所には花や供物が絶えず供えてあります。

体育館では皆寒さと不安のため眠ることができませんでした。一晩過ごして朝になると、私達の近くにはスーパーの従業員の人達がいました。皆着の身着のままで、仕事時の服のまま逃げて来ているので、見るとすぐにわかってしまうのです。この方達には大変助けられました。まだ水が引かない中、真っ先に胸まで泥に浸かり、スーパーからパンをゴミ袋に入れて持って来てくれたのです。体育館にいる人達全員にはとても足りる数ではなく、先のことを考えるとなかなか食べることはできませんでした。

情報が入ってこないので自分で動いて情報を集めるしかなく、明るくなってから行けそうな所を歩いて捜すのですが、ガレキが一面に押し寄せて、車が将棋倒しになり押し潰されて道路を塞いでいるので、私達の所は孤立した状態でした。水も止まっていたので喉が渇いても自動販売機から買う事もできないし、あまり動くと体力も消耗するので、無駄に動き回らないようにしていました。体育館の中には津波にのまれ濡れたままの人が来たり、二日間海へ流されて屋根につかまり泳いで体育館まで来た人もいたり、家族を捜しに体育館を回っている人がいたり、日中はとにかく情報収集をしていました。

一日目より二日目、さらに体育館へ避難する人が増えて、夜は眠るのに体を丸めて知らない人と体をくっつけて動くこともできず、時々大きな余震が来るたびに、あちこちから悲鳴が聞こえたり、子供が空腹のために泣いたり、早く夜が明けないかと時計ばかり見ていました。皆携帯電話がつながらず、外との連絡がとれない事で不安が増していました。なぜ警察も、自衛隊も助けに来てくれないのか、日本はどうなってしまったんだろうと思いました。

二日目、体育館の入口に壁新聞が貼られました。新聞の内容は私達が聞いているウワサと、大体同じ内容でしたが、新しい情報としては、内海橋、天皇橋が崩落したという事ぐらいでした。何の情報もないので信じるしかなく、本当はどちらの橋も崩落していなくて、崩落したのは大川小学校近くの橋のことだったのです。

三日目、やはりこの日もどこからも救援に来る人はいませんでした。３月11日はこの中学校では卒業式が行われた後だったので、先生方や、生徒も数人学校に残っていました。先生方が率先してトイレの使い方を教え、夜はトイレの前で懐中電灯を持って照らしてくれたり、夜回りしてくれたり、大変助かりました。私達が冷静でいられたのも先生方のおかげだと思います。

そろそろ一度も家に帰らずにいるのも限界が近づいてきていて、私の職場の人も一人、二人と、水がまだ胸まである中、矢本まで徒歩で帰りました。市内が全域冠水しているので、一度濡れたら着替えもないし、泥を流すこともできないので、体育館へ戻る事はしないで、絶対に家までたどり着く決心で出発して行きました。後で聞いたら、下が見えないので、側溝のふたが水圧で外れていたのがわからずに落ちてしまい、危なく溺れる寸前だったり、何かを踏んで足の裏を切ったりしたそうです。

四日目、やはりこの日も救援に来る人は誰もなく、どこかの人が好意で少ない食料を分けてくれるぐらいでした。私は二日目、三日目、バナナ一本ずつの食事でした。この頃トイレ事情が悪化して、水は流さないことにしていたのを、体育館には二千人以上、教室、校庭に車でいる人が使用するため、トイレの水を流さずにはいられなくなりました。そこで先生方の指示で生徒を中心に若い人達で、プールの水をバケツで汲み上げることにしました。

この頃、体育館にいる人達の名簿を作成しました。体育館を出る時は次の避難先を告げて出て行くシステムでした。石巻は宮城で二番目に大きな町なのに、ラジオから聞こえてくるニュースは他の地区の被害ばかりで、私達の状況がこんなに大変なのに何の報道もされない事に憤りを感じていました。そんな所へ腕に新聞社の腕章を付けカメラを持った人が体育館に現れたのです。友人は写真を撮ることに怒っていましたが、私は、私達の状況を早くみんなに知らせて助けに来て欲しいと思いました。しかし少し時間が経つと今度は、私達には何の情報もないのに取材されて、私達にも情報を得る権利がある、そんなふうに思えてきて思わず記者に声を掛けたのです。

「私達は何の情報もないのです。何故助けが来ないのか？　古い新聞でも良いので体育館へ届けて欲しい」。すると記者は「私達では判断できませんが、上の者と相談します」と言い残し体育館を去りました。翌日、昨日の記者が二日分の新聞を届けてくれました。津波で被害にあった所の写真も載っていて、体育館の人々は皆、新聞を食い入るように読み、中にはあまりのショックで涙を流す人もたくさんいました。

五日目、この頃、浄水場から給水ができるようになり、浄水場の前にはとても長い行列ができ、水をもらうのに半日間並ばなければならない状態になりました。体育館の外へ出ると、水を求めて浄水場の近くにたくさんの人が行き来していました。普段は道を歩いている人をあまり見ないのに、まるで東京のスクランブル交差点か、年に一度の川開きまつりみたいな人だかりでした。

私達はこの日は友人の家族を捜しに避難所を回る事にしました。一度市内の様子を見てみようと日和山まで行きました。すると目に見える範囲が全部、津波と火災で壊滅していたのです。中でも門脇、南浜町は原爆が落ちたか、まるで戦争の焼け跡のような光景に、言葉もありませんでした。三日も四日も体育館に座っていたせいか、ショックのためか疲れてしまい、何もしないでそのまま体育館へ戻りました。

六日目、この頃になると会社の同僚は全員帰宅し、私は友人と二人になってしまいました。私は地震当日の夜に家族と連絡が取れていたのですが、友人の家族は津波が来る直前のメールで、避難せずに家の片付けをしていたそうで、高校生の息子さんとも連絡が取れずにいたので、今日こそ避難所を回って友人の家族を捜しに行く予定でした。この頃になると少しずつ、毛布や少しの食料（一日にパン一個）が配られるようになっていたのですが、学生が配布しているため、どうしても公平には配られなかったのです。そこで先生方が中心になり、体育館の中をテープで区切り班を作ったのです。テープの枠の中で班長を決めいろんな役割分担をするということでした。その日友人は高校生の息子さんと再会することができ、親戚が体育館へ迎えに来たので、私も実家へ身を寄せることにしました。

津波直後は命が助かった事で気持ちが高揚しているのと、今まで経験したことのない事の連続でその日を過ごすだけで精一杯だったのですが、たとえ避難所でたくさんの人と一緒にいたとしても、家族と離れて一人で避難しているのは、家で一人で生活しているのとは違ってかなりのストレスと寂しさがあります。夜に実家へ着くと、まだ電気も水もありませんでしたが、心の中に明かりが灯るような暖かい気持ちになりました。

早く、避難した皆が暖かい気持ちで生活できる日が来る事を祈ると共に震災で亡くなられた方の御冥福を御祈り申し上げます。とても平和で暮らしやすい町だった門脇、南浜町、被災した町が早く復興できますよう、御協力お願い致します。

（脱稿：２０１１年７月１日）

避難所から消えた中国人研修生

石巻市南光町

熊谷　亜未

一日目

地震当日は宮城県石巻市にある自宅二階の自室にいました。とても大きい地鳴りがしたため、これは危ないと直感しすぐにストーブや炬燵を止めました。直後に今までに感じたことのない揺れがきて、とにかく部屋のドアを開けて入口の家具が倒れないように座って足と背中で押さえつけるので精一杯でした。食器が落ちて割れる音と地鳴り、家の軋む轟音は未だに耳に残っています。一階事務所にいた父親が「早く降りてこい！　外へ出ろ！」と叫んでいる声が微かに聞こえました。私はタイミングを見計らって一階に駆け下り、外に飛び出しました。外には父母と事務所に来ていたお客様（Aさん）がいて、余震が収まるのを待ちました。外に出てもなお地面が波打ち電信柱が揺れていました。パニックになった母を抱きしめて、「大丈夫だから！」と声をかけ続けることしか私にはできませんでした。

揺れが大分収まった後、大津波警報のサイレンが鳴りました。大津波警報という部分しか聞き取れず、咄嗟に父が家の隣に停めていた車のラジオをかけたところ、6メートルや10メートルといった数字が聞こえてきました。自宅は日和山の中腹にありましたが《大津波》のイメージが全くできなかったため、一応日和山の頂上付近まで両親とAさんと共に避難することに決めました。父と私はすぐに印鑑や通帳などの貴重品や最低限の防寒具などを取りに靴のまま自宅に入り、持ち出すことができました。山の下からはちらほらと猛スピードで駆け上がってくる車が現れ始めました。携帯電話で門脇町や南浜町に住んでいた友人にメールを送りました。どうか自宅にだけはいないでくれ、早く避難してくれ、それだけをただひたすら祈っていました。また、警報以外の情報は全くなかったため

Twitter で流れてくる情報から津波の規模や地震の規模などの情報を頼りにしていました。歩いている時は、青ざめた顔で立ち尽くす姿の人が何人もいたため、「大丈夫ですか？」と声をかけながら歩きました。きっと私も似たような顔をしていたに違いありませんが、何が起きているのか分からない不安と大津波警報の恐怖から、何か話していないと何もできなくなってしまいそうでした。

避難所になっていた市立女子高校につくと、そこにはたくさんの人がいました。余震が来るたびに女の人の叫び声や子供の泣き声が響きました。雪が本格的に降って来て、凍えるような寒さの中、津波の到達予想時刻が近づいてきました。南浜町や門脇町から歩いてくる人もどんどん増えてきました。到達予想時刻が過ぎたあたりから上ってくる人の顔色が変わったのが分かりました。ヘルメットを被ったおじさんが「門脇小学校がもうダメだ！　できるだけ登れ！」と言ってみんなに避難を促していました。門脇小学校がもうダメ？　海から1～2キロは離れている場所なのに？　ダメってどういうこと？　半信半疑でしたがとにかく逃げられるところまで行こうと、ほぼ頂上にあるコンビニまで行きました。コンビニ周辺では車の大渋滞が起きていて、閑静な住宅街には似合わないくらいの人で溢れていました。コンビニには長蛇の列ができていて、みんな一様にお菓子や飲み物を買っていました。道路には着の身着のままといった様子の裸足や作業着の方も多く見られ、避難所に向かって列をなして歩いていました。ここで仙台から仕事で来ていたという若い男女と出会いました。石巻の土地勘がない、ここから帰るにはどうしたら良いかと聞かれたのですが、山の下で何が起きているのか分からなかったため、とにかく避難所に一度行くように、避難所の場所を教えました。しばらく話をし、女性の携帯電話のワンセグでニュースを見て、いま日本全体が大変なことになっていることを実感しました。ここではさらに母の昔の同僚のおばあさんに出会いました。サンダルを履き、とても大きな荷物を二つ抱えていたので一つを持ったところとても重く、よくこんなに重い荷物をひとりで抱えて山を上ってきたなと驚きました。

家族で話し合った結果、自宅に戻らず一度避難所に行く、それから時間をおいて自宅に戻ることになりました。おばあさんも息子さんと連絡がとれないということで一緒に避難所に行くことになりました。私たちは自宅に一番近い場所にあった石巻高校に避難しました。石巻高校では先生方が交通誘導や避難者の案内を行っていて、私たちはトレーニングルームという小さな体育館のような場所に案内され、そこに寝床を確保することにしました。母に避難所に残ってもらい、父・私・Aさんの三人で自宅に一度戻りました。自宅に着くまでの十分間がとても長く感じ、自宅を確認するまで恐怖と不安でいっぱいでした。

自宅は無事に残っていたため避難所生活を考え、厚手の洋服、下着、食べ物、水、カイロ、トイレットペーパーなどをとにかくリュックに詰め込みました。父とAさんは体育館に敷けそうな保温マットや懐中電灯や電池などを準備してから三人ですこし山の下を見に行くことにしました。自宅が残っていた安心感から、もしかしたら南浜町や門脇町も大丈夫なのではという希望すら感じていたのですが、数メートル坂を下ったところからもうその先が見えなくなりました。道路には2メートル以上の高さで瓦礫が積み重なっていたのです。私の自宅から数軒先の家から下は全壊でした。火災が発生していて、煙の中にもっと遠くにあったはずの友達の家が瓦礫の中にありました。街の様子は煙で見えなかったので、もう少し別の場所から下の町が見える場所を探すことにしました。少し歩いたところで崖の上にある家の庭に人だかりができていました。崖付近では、黒い煙と炎がたちこめていましたが近づいて山の下を見下ろすとそこは海でした。炎のバチバチという音以外聞こえなかったのです。いつも見えていたたくさんの住宅やお店、車そして人、すべてが沈んでしまったということを実感しました。友達や知り合いの家も見えず、かろうじて見えていたのはガソリンスタンドの看板と大きな建物の屋根だけでした。

避難所に戻ったところたくさん人が増えていました。服が濡れた人を見て、よくあの惨状から逃げることができたなと思いました。ラジオから流れてくる安否確認の放送が、まだまだ酷い地域があると言っているようでした。ラジオ石巻のメールアドレスを書いた紙をおじさん（Bさん）が壁にカエルのイラスト付きで貼っていました。このカエルが私のちょっとした癒しでした。絶対に元の街に帰ってやると思ったのです。おばあさんの息子さんに連絡をとろうと試みましたが電話の回線が混んでいて繋がることはなく、メールの返信もなかったのでラジオ石巻におばあさんの無事をメールで送りました。その直後、携帯の電波が繋がらなくなり外部との連絡が全くとれなくなりました。メールの返信がこなかった友達の安否だけがただただ心配でなりませんでした。市役所から薄い災害用毛布が五人に対して二枚配られ、食料配給は――煎餅が一人一枚で水はありませんでした。ストーブは四台くらいあったと思いますが、外は雪が降っていたので全く暖かくならず、朝までずっと震えが止まりませんでした。またトレーニングルームには二ヵ所の保育園の子供たちが一緒に避難していたのですが、夜になると「ママー！　パパー！」と言って泣き出す子が増えてきました。子供達がかわいそうで、早く迎えにきて欲しい、この子たちの両親に生きていて欲しいと思いました。

日付が変わるくらいの頃に突然警報が鳴りました。火事の延焼が広がっているということで、自宅と石巻高校共に避難警告地区になってしまいました。自宅が火災の発生している地区により近かったため、せめて車だけでもと両親とAさんが自宅に戻りました。その間に、避難所の判断として今の段階ではまだこれ以上避難せずとも大丈夫だということ、しかし市役所としては避難警告が出ている以上別の避難所に移動してもらいたいということが説明されました。これを聞いて夜中に別の避難所に移った方もいらっしゃいました。親が避難所に戻って来たのでその話をしたところ、自宅まではまだ大丈夫だということ、避難所を移る必要はないとこのまま朝を待つことにしました。夜の間は全身ずぶ濡れの方が何人か避難所にたどり着いてストーブで暖をとっていました。お年寄りの方もストーブに集まり、寒くて寝られない人もストーブで暖まっては寝ることを繰り返していました。私も余震と寒さが酷かったためほとんど寝ずに朝を迎えました。

二日目

朝になってもまだ火災がまだ治まっていなかったため、両親とAさんで自宅から取り出せるだけの物を車に積むことになりました。私は避難所で待機していました。6時くらいから避難所全体の活動が始まり、みんな自宅の様子を見に帰ったり人を探しに出かけて行く様子でした。8時くらいになると、三十代くらいのお兄さんが道路等の情報を集めてきて避難所の中で情報を発信していました。内容は、現在日和山がほぼ孤立状態にあること、山の下に降りられるがまだ腰程度までしか水が引いていないことが報告されました。また、山の上にあった浄水場で水の配給があると報告され、避難所にあるペットボトルを集めて有志がお年寄りや子供の分まで汲みに行くという案が出されました。二十代三十代の男性が段ボールにペットボトルを入れて汲みに行きました。

朝からひっきりなしに人を探す人が避難所を訪れました。入口付近にいたBさんが「大きな声で探してもらっても大丈夫ですよ」と声をかけ、避難している人を気にして大声を出せない人の代わりにBさんが名前を呼んでいました。運良く見つかるとBさんが真っ先に拍手をし、みんなつられるようにして拍手をして再会を祝いました。トレーニングルームの避難所なのに暖かい雰囲気はBさんが作り出してくれていました。また、気分転換に外に出ると石巻高校の野球部と思われる生徒が元気な声で挨拶をしながら車の誘導を行っていました。こんな時でも元気に振る舞っている人、明るい雰囲気を作ろうとしている人を見る事によって私にも何かできないかと思い始めました。

昼近くにまた警報が鳴りました。今度は『原発』が爆発した、という警報でした。この時どこの原発かというアナウンスがなく一時混乱しました。私たちになじみ深いのは石巻から10キロ圏内にある女川原発です。直後に、市役所の方が来て福島原発が爆発したこと、カーテンを閉めて外には出るなということが話されました。両親とAさんが避難所へ帰ってきて屋内退避警報が解除された後、私は何かすることはないかと避難所の本部に向かいました。

本部では市役所の方と学校の先生が協力して避難所の運営にあたっていました。そこで私は入口で行方不明者を探しに来た方の案内と周辺の情報収集を行いました。避難所が学校に点在していたので、その案内やまだ名簿作成に至っていないことを幾度となく説明しました。たくさんの人々が避難所に来ていること、行方不明者を探している人を実際に目の当たりにすることによって、被害の酷さがますます現実味を帯びていくのが分かりました。また、山の下の情報・市内の情報を探しにきた人から聞く事によって、地図に現在車で通れる道・人だけが通れる道・通れない道の情報を付箋紙に書いて更新していきました。人の良い部分、悪い部分がはっきりと見えたため、私はできるだけ人に優しくありたいと思うきっかけにもなりました。ここで親の情報を聞きに来た女性が「お姉さんも避難してるの？　これ食べて頑張ってね」と言って渡してくれたクッキーは本当に嬉しかったです。食べ物など手に入らない状況にもかかわらず、見ず知らずの私に食べ物を分けてくれた優しさは本当にありがたく思いました。

また、避難所の周りの住民の方々からたくさんの布団やおむつ、下着に洋服等、さまざまな物資をいただきました。夜までそれらの作業を手伝い、避難所に戻りました。その日の食料はお菓子屋さんからの提供でパウンドケーキがひとつまみと食品会社からの提供でいちご、市役所からバナナを一人一本もらえました。

三日目

お兄さんがまた道路などの情報、ラジオが臨時の放送局を作っていること、アナウンスして欲しいこと（○○は無事です等）を言えば放送してくれることなどを教えてくれました。彼らは独自に動いて情報収集しているようでした。自宅延焼の可能性は大分低くなってきたため、午前中は両親が自宅の片付けに行きました。わたしはまた避難所で待機していました。午前中は内閣府のジャンパーを着た方々がたくさんいました。「欲しいものはなんですか？」などと声をかけていたのですが、とても違和感がありました。震災でだいぶストレスが溜まり始めたからかもしれませんが、今この人達がやるべきことではない気がしたからです。多分、欲しいものなどたくさんあるなかで用意なんてできるわけがない、何のために聞いているのかなというのが正直な感想でした。それよりも、今いったい何が起きているのか正確な情報が欲しくて仕方ありませんでした。

避難所でも、トレーニングルームや別の部屋をそれぞれ一つの集団としてまとめる動きが出始めました。避難所の中の部屋単位で一人のリーダーを決め、一部屋を四等分しさらにグループリーダーを決めるというものでした。食料の配給がある場合はグループリーダーが人数を確認し配るという方式です。リーダー以外にも案内係・見回り係を交代制で取り入れる、避難所名簿の作成にとりかかることもBさんから発表されました。

午後からはまたボランティアとして避難所名簿の作成を手伝うことになりました。グループリーダーとBさんと私で人数の集計、名前、住所を書いた手書きの名簿の作成を開始しました。その時一人の中国人女性が日本人親子に連れられて避難所に来たのです。夕方になり名簿作りが一段落したころ、その中国人女性があたりを見回してきょろきょろしているのが目につきました。中国語は全く知識がありませんでしたが話しかけてみても日本語が全くわからない、英語も単語すらわからないということしかわかりませんでした。そこからはひたすらジェスチャーと絵で会話しました。中国人女性の名前、水産会社の研修体験で日本に来ていたこと、集団避難する際にはぐれたこと等が分かりました。わたしは食べ物と水の配給とトイレの場所を伝え、はぐれたことをラジオで放送してもらうことを提案し伝えるのに一時間以上もかかりました。ひと段落してから石巻高校の本部にいた市役所の方に日本語が全く話せない中国人研修生の方が避難してきている事を話しました。しかし「携帯電話がないため、市役所と連絡をとる術がない」ということでした。

ここで分かったことは、本部にいる市役所の方々は避難所の情報を市役所の災害対策本部にまったく上げていないという現状でした。石巻高校内で外国人の方を見かけることはたびたびあり、もう三日も経ってからの出来事で大変驚きました。海外で災害が起き、日本人が巻き込まれて七二時間という時間を過ぎるのは、大変危険だというイメージがあったからです。しかし、夕方で市役所まで行くのは難しく、学校に中国語の本があるかを探しましたが、見つかりませんでした。とにかくこの避難所で待ってということをジェスチャーと漢字でなんとか伝えて、避難所で一晩過ごしてもらいました。

その後、今度は寝ていた場所の近くにおじいさんがやってきました。「今まで山の下から来た避難者の名簿を作っていた」と言うのですが、何かおかしく感じました。夜寝たと思ったら急に起きて身の回りの物を片付けたりと朝まで寝たり起きたりを繰り返すのを、Bさんと仲の良さそうなおばさん（Cさん）が面倒を見ていました。朝になるとまた言動が変わっていたため、認知症なのかもしれないということになりました。

四日目

私が朝起きた時には中国人女性はいなくなっていました。貴重品はすべて置いて、ジャンパーだけを持ってどこかに行ってしまったのです。私は自宅に中国語の本か辞書がないかと探しに向かいました。しかし、辞書は見つからず帰ってきた時にもまだ中国人女性はいませんでした。一緒に気にかけていたCさんは「一度戻って来て、ここにいてと言ったのだけれど通じなかったみたい。でも話し方からするとちょっと周りを探してみるという雰囲気で貴重品は置いて行ったのよ」ということでした。私は認知症のおじいさんの家族と中国人女性の研修先の方を探すため、山の上の避難所を回る事にしました。

まず自分のいる石巻高校の各部屋を回ってから、手書きの日々新聞に書いてあった避難所一覧を参考に法務局に行きました。成果は得られませんでしたが、掲示板におじいさんの住所・名前と中国人女性についても書き残すことにしました。次はハローワークに行きました。ここで私は友人に会うことができ、避難しているのは私だけではないという安心感がありました。その次に石巻中学校に行きました。石巻中学校の体育館の様子はあまり良いとは言えませんでした。土足で入室するため体育館の床は泥だらけ、配給の時間帯は全員一列になって体育館の裏の方から外を回って配給を待っていたのです。この光景を見て、昨日決めた避難所のリーダーや案内係というのは市役所の指示ではないと思いました。

その次に門脇中学校に行きました。門脇中学校では体育館と教室ひとつひとつが避難所になっていて、教室では出入口に避難している人の名簿を貼り出して、配給も教室の中の代表が取りに行くというシステムができていました。体育館にも名簿があり、一通り探した後に放送まで行っていました。また教室には動物まで一緒に避難していたのでとても驚きました。一部屋一部屋おじいさんの名前と住所、中国人女性の研修先、通訳ができる方を探していくうちに、おじいさんのことを知る人がちらほら見つかりました。とうとう家族の避難場所を知っている方を見つけることができ、石巻高校にいる旨を話すと家族の方はすぐに迎えに行きました。この時の嬉しさは多分忘れることはないでしょう。その後、山にあった避難所を約四ヵ所回りましたが、中国人女性の同僚や中国語を話せる方は見つかりませんでした。

その足で私は市役所まで行きました。市役所では中国人女性がはぐれて避難所にいたこと、朝までいたが貴重品を置いて出て行ってしまったこと、女性の名前とどの会社の研修生だったのかを説明しました。しかし、通訳の方は全員出払って誰もおらず避難所にはいつ行けるか分からないと言われました。そこで私は中国語で彼女にメッセージを書いて欲しい、あるいは緊急用の海外旅行者向けの冊子やパンフはないのかを尋ねましたが今はもうないと話されました。わたしは諦めてトレーニングルームに戻りました。「おじいさんの家族が迎えにいらっしゃったのよ」と言われたので、ちゃんと家族と出会えたのだなと思いました。おじいさんの問題は解決しましたが、貴重品を置いたまま中国人女性は帰ってきませんでした。

五日目

朝、中国大使館の方々が避難所にやってきました。中国人女性のことを伝えると、今日飛行機が中国から来ているのでとりあえず帰ると言われました。後はホームページで確認してくれと伝えて欲しい、と頼まれました。携帯電話が不通になっていること、インターネットも復旧してないことを伝え、彼女が戻って来た時のために中国語で一言書いて欲しいと頼みましたが、中国大使館の方の携帯の連絡先のみ置いて行かれました。

その直後、今度は市の職員と通訳の女性がやってきました。同じことを説明し、中国大使館の方とのやりとりと連絡先の紙を見せたところ、衛星電話ではなく携帯電話の番号を置いて行ったらしく通じませんでした。通訳の女性に衛星電話の連絡先と中国語のメッセージを書いていただき、これがあれば次はなんとかなるぞ、と思いました。

私は自宅の延焼を免れたため、トレーニングルームから自宅に戻る事になりました。最後にCさんが老人ホームにいる母親の無事を確認しに市役所に行くと言っていたので、一緒に市役所まで行ってから自宅に帰ることにしました。海とは反対側の山の下にある鋳銭場も泥や流出物が酷く、市役所の一階も外とあまり変わらない状況でした。市役所の二階では非常用電源のみの非常に暗い中で業務を行っているようでした。Cさんが担当の方に確認している間、私は市役所の様子を見ていました。そこでは、女性職員が数グループに分かれてただおしゃべりをしていただけでした。私がいた二十分以上ずっと。話の内容も聞こえていましたが、どれも雑談の域を出ないようなことばかりでした。昨日通訳を掛け合った部署ではそんなことはなかったようですが、部署によっては五日たってもまだこんな状況なのかと心底あきれました。老人ホームは無事なようでしたが、四日目に老人ホームからの連絡で避難所になっていることが分かったそうです。配給が行っているかどうかは分からないと言われました。私達には配る食糧も行く交通手段もありませんでした。

Cさんと帰る時に教えていただきましたが、BさんとCさんはNPO法人の方で大学と連携して災害時のことを若い人に伝える活動を行っていたこと。Bさんは阪神大震災を経験し復興まで携わったそうで、震災当日はたまたま石巻にいてリーダーや案内係のシステムはBさんが提案したということでした。

今回の災害において私は人の良い面、醜い面をたくさん見ました。行政に対して批判的なことを多く書いていますが、不眠不休で活動していた市職員の方がいらっしゃることも知っています。むしろ被災者だからとあぐらをかいて非常識な行動をとる一般の人の方がとても多かったのではないかとも思えます。しかしだからこそ、考えなしに動く職員や怠けていた市の職員の行為が、自宅にも帰れず懸命に活動していた職員の努力を潰すことに私は怒りを感じ、このような文章となりました。自分のことを顧みず市民のために尽くしてくださった職員のみなさま、本当にありがとうございました。

最後となりましたが、避難所でたくさん助けていただいたBさん・Cさん・お世話になった方々に心からの感謝を申し上げると共に、亡くなった友人・先輩・知人・お亡くなりになられたすべての方のご冥福を祈り、現在も生死を知る術がない方々の無事を祈り、被災地の一刻も早い復旧、復興を切に願います。(脱稿：2011年7月1日)

「盗み」に入らざるをえない現実

石巻市貞山

成田　賢人

その日、私は学校もまだ春休みで、暇を持て余していたこともあり、母親に頼まれ買い物に付き合っていた。さらに母親が薬をもらいに病院に通院する日でもあったので、ついでに寄ることになっていた。「この時はまだあんなことになるなんて、誰も思わなかった」というのは安っぽい表現ではあるが、この時のことを考えると最も適切な表現だと思う。

最初に鳴ったのがどちらだったかは今となっては思い出せないが、気付いた時には携帯電話の地震速報のアラームと「ゴゴゴ」という地鳴りが響いてパニックになっていた。次に感じたのは激しい揺れである。この時母を石巻の病院に降ろして車を駐車しようとしている途中だったので、私は地震の間中ずっと車の中でハンドルにしがみついていた。前に停車していたトラックも見たこともないような揺れ方をしていた。一旦おさまったと思った揺れはまたやってきて、随分長い間揺れていたように感じた。もうさすがに大丈夫だと思った頃、ようやくパニックも静まってきたので、車を停車させ、病院の母の様子を見に行った。病院の中は物という物が落ちたり、割れたり、傾いたりでかなり悲惨だった。その中で母を見つけた。無事であった。幸い物が落ちてこない場所を見つけてしがみついていたらしい。とりあえず診察など論外な状況になってしまったので、薬だけもらって病院をあとにすることにした。

病院の外に出ると、市内中（あくまで目に映る範囲ではあるが）騒々しく、そして慌ただしく見えた。車は我先にとスピードをいつも以上に出していたし、人は人で早く家に戻ろうと必死だった。避難命令のスピーカーから出てくるサイレン等もよけいに人の不安をあおってしまったのだと思う。私達もこれからどうするべきか考えなければならなかった。とりあえずは近くの親戚の家に行くことにした。親戚の家には三人子供がいて、三人とも市内の学校に通っているので、そのうち小学校にいる二人をその母親が迎えに行くことになった。残りの一人は坂の上の高校にいるので、津波が来ても高台で大丈夫だろうと思い、その場で留まらせることにした。

私達も何をするか考えなくてはいけなかった。そして、貴重品を取りに私だけ帰宅することにした。ただ先程の様子を見ても道路は高台に避難しようとする車で渋滞しているだろうと思い、親戚から自転車を借りることにした。結果的にこの選択は正解であった。実際に自転車で行ってみると、車という車が山を目指していて、信号も機能していなかった。そんな中を自転車で横切って自宅へ行ってみると、家具こそ倒れはしなかったものの、食器が割れていたりベッドがずれていたりで、足の踏み場がなかった。その中から、すぐに食べられる食料と、保険に関する書類やラジオ等を持参し、片付けはほとんどせずそのまま家に鍵をかけてまた親戚の家に戻った。この時もやはり交通渋滞はほとんど変わっていなかった。

親戚の家で、これからどこに避難するか考えることになった。まだ避難命令のサイレンは鳴りっぱなしであった。とりあえず、少し高くなっている近くの線路に登って様子を確かめることになった。この時ちょうど雪が降ってきた。寒さと恐怖で、私達親子を含め親戚や近所の人達も、線路の上で徐々に疲労の色が強まってきていた。線路の上からはちょっと先の道路、つまり先程私が通ってきた道路が見えていた。津波が到達するのはラジオで分かっていた。しかし、まさかこの大街道まで来るとは思っていなかったので、線路から見える渋滞の車が水に浸かり始めているのを見た時は本当に驚いて、同時に恐怖も感じた。そうこうしているうちに、線路の下の方まで水が迫ってきた。この時私は本気で、自分は今日死ぬのではないかと考えるようになり、皆には見えないようにしていたが、膝ががくがくと震えていた。水は車を押し流す程度に増えてきて、住宅街の家の一階が水に浸かってしまうのは時間の問題に見えた。その場に留まって様子を見るには、外はあまりに寒すぎた。

そんな時、近くの学校付近まではまだ水が来ていないので行くなら今しかないという話を聞いた。結局恐怖に勝つことができず、学校に避難することにした。この選択もぎりぎりだった。校門をくぐろうとする時にはすでにくるぶし程度まで水が来ていた。水は死ぬほど冷たかった。学校の中では野球部が中心となって避難誘導が行われ、私達は三階に避難した。すでに近隣から避難している人達でいっぱいだった。教室ではその学校の生徒が蛍光灯を外したり、いすをお年寄りにあげたりと、てきぱきと動いていた。生徒それぞれにも家族がいて、心配で大変な中とてもよく動いていたように思う。

学校に入って少し落ち着いたので、母が船乗りの父に連絡を取り、全員が無事だと伝えた。父は今船に乗っている。私も誰か友人に連絡を取ろうかとも考えたのだが、バッテリーも残り少ないので、某SNSで無事に避難したというメッセージを残すだけに留めた。何もすることがなくなり、外から景色を眺めるしかなかった。水は一階まですでに来ていて、校庭は地面が見えなくなっていた。窓から見える景色にも限界があるので、教室にいることにした。教室には生徒と一緒にいたが、水かさの増加も止まったので、生徒は二階に移動し、避難住民は三階にいることになった。情報を得る手段はラジオしかなかったので、しばらく聞いていることにした。当然であるがラジオは暗いニュースしか流さなかった。そしてだんだんと気が滅入るので、あまり聞かなくなった。

夜になると、電気が使えないのでどこに行くにしても懐中電灯を持って行かなければならなかった。食料は自前の物があったので少なくとも自分達だけは何とかなったが、その他にも問題はいくつもあった。まず衛生面。トイレでは当初、糞便が溜まらないようにあらかじめ先生方が決めたルールがあり、生徒もそうするように指示を飛ばしていたのだが、その生徒も二階に移り、先生方も他のことで手が一杯だったので、すぐにルールは意味をなさなくなった。しばらくするとトイレは悪臭で満たされてしまった。

次は睡眠である。基本的に教室にあるいすの上でしか寝ることしかできないので、皆いすを並べてその上に寝たり、そのまま寝たり、机を組み合わせてその上で寝ている人もいたが、いずれにしても固いので皆寝づらそうだった。そんな中では小さなことでもストレスになってしまう。この時同じ教室内に小さな子どもがいたのだが、泣き声もそうであるが、教室中を遊び回っていたのでとてもいらいらした。子どもがうるさいのは当然であるし仕方ないとしても、この場合は親が何とかしないといけないと思うのだが、親の方もあまり子どもに構わず我関せずといった風だったので、教室の中はかなり過ごしにくくなった。

しばらくすると、母が体調を崩してしまった。元々体が丈夫ではないので、さらに教室での小さなストレスが溜まってしまったのだと思う。教室にはろくに暖房設備がなく、皆が自分の着ている物でしか暖を取ることができなかった。このままいくと母の容態がますます悪くなるのは目に見えていた。せめて少しでも暖かい所に行かせようと思い、保健室の代わりにしていたパソコン室に連れていくことにした。この教室だけはストーブを使っていたからである。他の教室はストーブを使える教室と使えない教室が出てきて公平性が保てなくなってしまうので、保健室のような所にしか使えなかったのである。保健室に連れて来たのはいいが、座ったままでは気分はあまりよくならなかったので、余っていたふとんだけ借りて最初にいた教室に戻ることになった。

こうして一晩を明かした。朝になっても状況は大して変わらなかった。ただ、ラジオから流れてくる情報は昨晩よりさらにひどくなっていた。道路状況、死者の数、行方不明者等、この時改めて今回の地震と津波の被害が尋常ではないことを思い知らされた。ただ、一番知りたい石巻の様子が全くといっていいほど伝わってこなかった。それだけマスコミも入りにくい程ひどい状況なんだと思った。そんな時、南浜町の様子を見てきたという人が教室に来た。津波に飲み込まれる前に車で山に登れたらしい。その人の話によれば、津波があまりに強すぎて南浜町の家という家が市立病院を残してがれきの山になっているとのことだった。正直初めは全く信じられなかった。いくら何でもそれはないとこの時は思っていた。そのことよりも、この人が楽しそうに惨状を語っているのが信じられなかった。その話が本当ならその津波で流された人はたくさんいるはずなのに、まるで良いニュースを話しているかのような振る舞いには納得がいかなかった。

昼近くになると、親戚の家の辺りからもう水は引いたとの情報が入って来た。正直、その教室に居続けるのはかなりきつかったので、その家に戻ることになった。道中まだ場所によって水が引いていない所もあったので、帰宅するのはかなり大変だった。親戚宅は大街道の住宅街にあるのだが、線路の上から前日見た限りではその辺りの住宅街は少なくとも一階は水に飲み込まれたはずだった。幸いにしてその家は床上浸水で済んだ。

その日家に着いてからは、家の中の片付けをした。家具もあまり倒れておらず、床に落ちた物は前日避難する前に片付けていたので、そんなに時間はかからなかった。ただ問題は電気と水だった。両方とも止まっている上にこの家はオール電化で、ガスを使って調理することは不可能だった。食料は菓子類でつないでいくことになったが、その菓子類も緊急用ではなく、この人数で食べていくと底をつくのは時間の問題だった。でも皆そんな不安は口にしなかった。口に出してしまうと現実になる。そんな強迫観念があったのだろう。季節的に見ても日は短い。なので夕方になると戸締まりをして寝ることになる。この日がその最初の日である。家の中にあるだけのふとんを集めて、二階に寝ることにした。

ふとんに入りながらラジオを聞いていると、やはり石巻の状況はほとんど放送されず、行方不明者その他諸々の情報が入り乱れていた。昨夜の寝心地を考えると、今日は暖かいふとんと毛布があるので天国だった。だが夕方に寝てしまうと真夜中に目が覚めてなかなか寝付けなかった。長時間寝ていると体が痛くなってくる。この生活をあとどのくらい続ければいいのだろうと考えたが、不安は少しも解消されなかった。


次の日になると、近くのスーパーが開店して少しだけ物を売ってくれると教えてもらったので、早速買いに行くことになった。昨日は家の周辺しか見ていなかったので、震災後初めて市の様子を見ることになる。水は引いていたが、酷い有様だった。信号は機能していない上に、至る所が海水が運んできたヘドロまみれになっており、店のガラスも割れていた。何台か車が横転しているのも見えた。普段は車が通っている道路を、自転車や人や、無事だった車が同じように移動していて、とても奇妙だった。

スーパーに着くとすでに長い行列ができていた。一番後ろに並んでみると、自分まで商品が回ってこないのではないかと思ったが、何とか順番は巡ってきた。店の奥にあった無事だった物を店頭で販売していて、一人十点までの制限が設けられていた。とにかく水分を確保しなければいけなかったので、まず水のペットボトルを買ってから菓子類をかごに突っ込んだ。幸い母と親戚の三人で来て、あらかじめ何を買うか決めていたので効率よく買うことができた。だが、これでもまだ一時しのぎにすぎなかった。もっとたくさん食料が必要だったのだが、自衛隊がいてもまだ調査をしているだけという段階だったし、石巻に支援物資が届くのはまだ先のように思えた。

その日の午後は自宅を見に行こうとした。だがいざ行こうとすると、まだ水が膝くらいまで残っていて、ヘドロも混じっていて底が見えない。実際は膝下よりさらに深い所があると思い、見送ることにした。家までの道中も、やはりひどい有様だった。車が家に突っ込んでいたり、家の塀に上っていたりで、ここでも津波の凄まじさを思い知らされた。この日からさらに、私達が避難していたのとは別の小学校に避難していた親戚の祖父母も、一緒に親戚宅へ避難することになった。食料問題はより一層深刻になった。

後日、母と一緒に自宅へもう一度行くことになった。水はまだあまり引いていなかったし、底も見えなかったのだが、ここまで来てしまったこともあり、多少危険ではあったのだが行くことにした。正直この時まで、いくら津波が強くて一階が海水に浸かってしまったとしても家の中の物は大丈夫だろうとたかをくくっていた。だが、結果は予想を超えていた。近くの工場から津波と一緒に紙や肥料のタンクが流れ着いてきて、一階はめちゃくちゃで門から入れなくなってしまっていた。私達は親子二人で呆然としていた。やがて母が泣き出した。今日はこれ以上ここにいても仕方ないと思った。

その日の帰りに近くのドラッグストアに盗みに入った。誰かが裏口のドアの鍵を壊したのだろう。たくさんの人が店内から使えそうな物を持ってきていた。私も入った。この震災で私は、普段当たり前のように金を出せば手に入る物が買えなくなる恐怖、つまり物がただなくなっていく恐怖、飢餓への恐怖を嫌というほど思い知らされた。だからこの時も、ただ「生きたい」という感情のみで動いていたと思う。悪いことをしていると考えないようにしていた。収穫はトイレットペーパーとナプキンだけだった。なんだか複雑な気持ちで帰っていると、また別のスーパーが同じように騒がしかった。また集団で盗みに入っているのかと思い行ってみると、今度は店側が自主的に店を開けて、自由に持っていって良いとのことだった。私はこの時、食料問題が解消されたことよりも、また罪を重ねなくて済むことに安堵していたと思う。

こうして当面の食料問題も解消され、気持ちに余裕も出てきた。この日の三日後くらいから叔母の家の掃除の手伝いをした。叔母の家は水がなかなか最後まで引かなかったので、最初は家に着くのも一苦労だった。水も少し引いてきたあたりからやっと作業が開始できた。やはり一階まで床上浸水で、かなりヘドロで汚くなっていた。やることは多かったが、その分他のことは何も考えず、私にとっては良かった。それから父が船から降りて石巻に帰ってくるまで、昼は叔母宅で作業をして、夜は帰って寝るだけという生活をしていた。

父が帰ってきてから家の掃除を始めたが、正直掃除というよりがれきの撤去だった。まずどこから流れてきたかわからない大木を切ることから始めた。チェーンソーもなく、のこぎりだけで切るのは大変だった。大木を何とかどかしてからは、肥料や家の中の使えなくなった家具等を外に運ぶ足場が必要だったので、パレットでがれきの上に道を作ったり、側溝の蓋がとれている部分にかぶせる代用として使った。何日も通って外のがれきをよけたあと、今度は中の物も処分しなければならなかった。普段だったら絶対に倒れない家具ががれきやヘドロと一緒に床に倒れていたのを見て、「もうこの家には住めないのかな」と漠然と考えた。

がれきを撤去している中で、家の駐車場の中から遺体が見つかった。連日ラジオでは行方不明者や死亡者の数が報じられていて、石巻もその例外ではないのだが、知り合いや家族が無事だったせいか、どこか他人事だったような気がする。遺体は工場の作業服を着ていた。おそらく家に来た大量のがれきと一緒に流されてきたのだろう。この人にも家族がいて、今こうしている間にも探し回り、帰りを待っているのだと思うといたたまれなくなった。遺体は自衛隊に回収してもらったが、早く家族と会えることを願った。

家のがれきの撤去を始めてからしばらくすると、徐々に各学校で自衛隊の炊き出しや支援物資が配給されるようになった。この開始は他の市に比べるとかなり遅かったと思う。こうして毎日配給がもらえるので、食料には当面困らなくなった。依然として電気や水道はないままではあったが、希望が持てるようになった。

毎日少しずつ、生活のレベルをあげていったと思う。避難している皆で知恵をしぼり、牛乳パックを皿の代わりにしたり、近所の人の協力で親戚の家の床下にたまっていた水を汲み上げ、いろいろな用途で使用した。お金というものがほとんど役に立たなかった今回の震災で、人の助け合いの大切さを思い知った。困った時に何度も助けてもらって、感謝しきれないほどである。

最初に復旧したのは電気だった。石巻には全国から電力会社の方が来てくれて、電力の復旧に尽力してくれた。夜の7時くらいに布団に入る生活は、正直限界がきていたので助かった。同時にテレビも見れるようになったが、震災の時の津波の映像が連日ニュースで報じられているのを見て驚愕した。石巻はほぼラジオしか被害の規模を把握できなかったので、テレビを見ている地域よりも、被災した市民の方が情報に疎いのである。このニュースを見て、先日の南浜町が津波で流されてしまったという話は嘘ではなかったのだと改めて実感した。

水道が復旧する少し前に、私達親子は叔母の家に移ることになった。親戚の家は当時十人で生活していたのだが、十人で生活しているといろいろと効率が悪いし、叔母の家も床上の掃除や家具の撤去が終わり、住めるようになったので、引っ越すことになった。幸い、私の実家は一階は壊滅状態だったが、二階は物が倒れたりしたものの、私の部屋の中の物はすべて無事だった。そこで、叔母の家に私の部屋の物を徐々に移動することになった。こうして、震災前と同レベルで勉強できる環境を確保することができた。

徐々に生活が普通に戻ってきたせいもあって多少の油断があったのは否定できない。4月7日のあの余震である。震度こそ最初にきた地震には及ばないものの、それでも宮城県沖レベルである。その地震が起こった時、私は部屋にいた。いつもなら軽く地面が「ゴゴゴ」と鳴っているような音が聞こえてくるのに、その時の地震は何の前触れもなく突然揺れ出した。揺れている間、私はまた震え出した。本能的にはまだあの恐怖を克服し切れていなかったのである。まず停電になり、また懐中電灯で夜を明かさなければならなくなった。水道はその時こそまだ出ていたものの、出なくなるのは時間の問題だった。とりあえず出る分だけポリタンクに溜めて、その日は津波注意報が解除されるまで眠れなかった。次の日になると電気は回復したが、やはり水道は止まってしまった。また自衛隊の給水車の前に並ぶ生活が始まった。水道が復旧するのには五日程かかった。私はこの列に並びながら自分が油断していたことを改めて思い知った。忘れかけた頃にまた余震がきて、また天災に振り回されてしまった。人間は自然災害には勝てないが、備えることはできるはずだ。日常が戻ってくるとついつい油断して、辛いことを忘れがちになってしまう。普段から防災意識を高めるよりも、記憶が鮮明なうちに準備をしておくことが重要である。

最後になるが、この後はボランティアの方々との協力で実家のがれきはすべて撤去され、近隣地域も今では車が通れるほどになっている。しかしもうあの地区から人の気配は徐々に消え始めている。一度ヘドロを含んだ津波やその他の工業用のタンクや肥料ががれきとして堆積してしまったので、地区は空気がかなり汚染されている。外に出る時はマスクをしないと体調を崩すレベルである。おそらく、これからかなり長い間人が住めなくなるだろう。「日常レベル」の生活は取り戻せても、もうあの「日常」は帰ってこない。そう思ったとき、私は急に寂しくなった。震災が起こってから少しの間、私達は菓子で腹を満たす生活を送った。五日ぶりくらいに、ボランティアが配ってくれた豚汁とおにぎりの味は格別だった。風呂に入れたのも十日後だった。普段当たり前にしていることは、実はすごく幸せなことなのだと考えさせられた。今回の震災で、生き残ったことは本当に幸せなことだと思う。日本は地震列島でまたいつ今回のような地震が起こるとも限らない。防災に対する心構えを後世に伝えることが私の役目だと考えている。

（脱稿：２０１１年７月１日）

数少ない病院の役割

石巻市山下町　亀山　富二江

私は石巻市内の丘陵地にある（こだまホスピタル）病院で看護師として勤務し五年になります。普段は訪問看護師として働いています。訪問看護とは医師の指示により在宅で療養中の患者さんの自宅を訪問し、日常生活のお世話や診療の補助などを行うことを主な業務としています。介護保険で訪問看護を利用する方は居宅事業所のケアマネと連携し、医療保険（自立支援）で訪問看護を利用する方は保健師や支援センターの方と連携し、震災前は一日に四～五軒のお宅に訪問していました。3月11日は日勤で仕事をしていましたが、その日は午前中から寒気がして、体温を測ってみたら37・9度あり、午後から休みをもらって早退し、石巻駅の裏の方の地区にある自宅で休養をとっていました。

昼食をとり、かぜ薬を飲んで二階の部屋で布団に入って寝ていた時に「ガタガタ」と強く長い揺れを感じました。揺れがまだおさまらない中飛び起きて一階に降りると、高校生の長女がたまたま部活をしないで早めに帰宅していました。何度か強く長い揺れがあり、家が倒壊してしまうのではないかと恐怖を感じました。飼っている犬も怖がって「ガタガタ」と震えが止まりません。揺れている時は何もできず、玄関口でただ立って揺れがおさまるのを待っている状態でした。

外では大津波警報の放送が流れ、近くの小学校に避難する人たちの姿がありました。その時は次女を迎えに行かなければと思い、すぐ避難しようとは考えませんでした。とにかく家の中では危険だと思い、必死の思いで外に出て、道路沿いの家なのですぐそばの道路のガードレールに長女とつかまりながら立っていられないほどの揺れに耐えました。外は雪が降っていました。

揺れが少しおさまり、15時30分頃私は中学校へ次女を迎えに車を走らせました。しかし、中学校へ向かう時に普段通る石巻バイパスは信号が消えており車の渋滞が始まっていました。その渋滞に入ってしまってはまずいと思い、Uターンをして貞山堀沿いの道路を行きました。この道は信号機が目的地まで二ヵ所しかなく、車も少なかったのでスムーズに走ることができました。中学校近くのガソリンスタンドのそばに車を置いて、消えていない信号を歩いて渡り、段差のできた橋を車が苦労して走る姿を横目に見ながら中学校へと向かいました。時間はさほどかかりませんでした。

中学校へ着くと、生徒たちは体育館に避難させられているようで騒々しく、迎えに来る人を見ている生徒もいました。体育館の出入口には先生方がいて、迎えに来た保護者の顔を確認していました。先生に子どもの名前を伝えると、制服やカバンを持たないジャージ姿のまま、引き渡されました。それほど学校側も余裕がなかったのだと思います。雪の降るなか、車を置いたガソリンスタンドまで戻ったとき、水が貞山堀を逆流してくるのが見え、慌てて「早く車に乗って！」と娘に声をかけ、エンジンをかけ車を走らせました。家には戻らず、そのまま近くの小学校に避難することにしました。「本当に小学校に避難しても良いのか、でも他に高い場所もない」と少し迷いつつも、落ち着いて考える余裕はありませんでした。中学校から「子供達は全員無事です。五時頃までに迎えに来てください」とメールがきていたので、中学校に避難しようとは考えませんでした。でも中学校の近くで貞山堀の水の逆流を見たら避難させてもらっていたかもしれません。

小学校の体育館には近くの住民も集まっており、また、内部は卒業式の準備らしい装飾が施されていました。こうして避難はしたものの、その後何度も余震は続き、そのたびに体育館天井のライトが揺れ、交差している金属棒が鳴り響き、そして日が暮れてゆくのと共に恐怖や不安は増していくばかりでした。頼みの綱の携帯電話も、東京に住んでいる妹に「無事です」と返信を送ったきり圏外になってしまい、家族はみんな無事でしたが、職場の誰とも連絡がつかない状況になってしまいました。娘は自分たちがいる状況を嫌がり家に戻りたいと話していました。小学校近くに家がある市の議員さんが体育館に来てくれて、拡声器で外の様子を説明してくれました。「津波で北上川の水位がかなり高くなっています。堤防は決壊していませんが、決して油断できない状況です」と。私は「北上川の水位が堤防の高さに近くなっている」という言葉を聞いて、「これは大変なことになったな」と感じていました。

夜中、水かさが増してきているために校舎へ移動するよう指示が出されました。後から聞いた話では堤防の決壊を避けるために川の水門を開け、町には水があふれ出ていたとのことでした。いったいこのままどうなってしまうのか、当時は何も考えられず、不安でした。校舎の中には千四百人くらいの人たちが、教室や廊下、階段などに横たわっていたり、座っていたり、人を探して行ったり来たりしていました。なかには高齢で持病があり、透析をしている人の具合が悪くなり、ヘリコプターで病院に搬送される人も出ていました。透析をしている人は腎臓の働きが悪く、オシッコが出ないのでそのままでは尿毒症になってしまうのです。だから血管に針を刺し時間をかけて器械を通して血液をろ過する処置をしなければいけないのですが、当然避難所ではそのようなことはできないのです。そのとき私は看護師として何もできませんでした。

学校の先生方は階段を上がったり下がったり、忙しく動いていました。明かりは避難してきた人たちが持ってきた懐中電灯の他になく、ラジオから流れてくる情報だけが頼りの状態でした。ラジオからは「○○地区壊滅」とか「○○人の遺体収容」とか、私には聞き覚えのない信じられない内容のものが延々と流れてきました。

眠れない一夜が明けて校舎の二階の北側にあるトイレの窓から外を見ると、車のフロントガラスの半分くらいまで水位が上がっていました。町が水没したのです。私たちは外に出ることができませんでした。外の光景を見ていると、「本当に小学校へ避難して良かったのかな？」と疑問が沸き出てきました。小学校の廊下のタイルの上に座ったり、横になったり、体やお尻が痛いのをあとどれくらい我慢しなければならないんだろう。一日目は持ってきた飴玉やお茶でしのいだものの、これからも救援物資が来なければどうなってしまうだろう。外ではヘリコプターや救急車のサイレンが鳴り響いていました。まさか、自分が生きているうちにこんな体験をするとは、思ってもいませんでした。「水が引いたら明日は家に帰ろう」そう思いながら小学校でもう一泊しました。しかし、ポンプを使って水のくみ上げをしているものの、水位はなかなか下がらず、結局三日間校舎に缶詰状態でした。

救援物資は市役所の職員の方が命がけで二日目の朝7時頃に届けてくれて、それを小学校の先生方が仕分けをしてくれました。配給があるので体育館に移動するようにと指示が出された時は、「やっと届いた」という喜びと、「全員分あるのかな」という不安の両方がありました。配給の前に街の様子の説明があったのですが、それは私たちにとってとても信じがたいものでした。「門脇、南浜町、壊滅状態」「渡波、女川、壊滅状態」「雄勝、牡鹿壊滅状態」「市役所一階水没」……と伝えられ、皆それぞれため息をつき、「あ〜」と落胆の声をあげ、なかには貧血を起こして倒れる人もいました。

食料の配給は子どもや高齢者が先で、私のような大人は一番後でした。お菓子、ジュース、パン、おにぎり半分のなかから一人ひとつだけ選んで食べられるということで、私はおにぎりを選びました。ただの塩おにぎりでしたが、久しぶりの食べ物で、思わず「あー、助かったー」とほっとしてしまいました。この日の救援物資はこれだけでした。

避難中は何もすることがなく、家が水没しているかもしれないという不安が頭から離れず、とにかく早く家に帰りたい一心でした。病院のことも心配でしたが、特に訪問看護を利用している方が壊滅状態と聞いていた地区に多数いたので、そちらの方が心配でした。けれども、四日目の朝になっても、水は引いていません。水位はまだ1メートル以上ありそうでした。街の道路が川のように変貌し、その上をおそらく小学校の近くで所有していた方が提供してくれたボートが行ったり来たりする姿が見えます。周辺の人の話ではボートに乗って一度外へ出ると戻ってこられないとのことでした。外の状況がわからないという不安から、私は校舎に残る事を選択していました。校庭に駐車されていた避難者の車もすべて水没してしまっています。校舎の裏には、いつの間にか堤防までロープがかけられていて、ボートで学校の中と外を行き来できるようになっていました。自分たちも早くここから出たいと思いながら過ごしていました。

そして今度は、校舎の裏から堤防まではしごが掛けられて自由に行き来ができるようになりました。それは誰によって架けられたのかわかりませんが、机を一列に並べてその上に板を乗せたもので、25～30メートル位の長さがありました。それを見てすぐに自分たちも渡って家に帰ろうと思いました。はしごの幅は案外狭く、足を踏み外してしまえば水に濡れてしまうなと考えながら慎重に渡りました。はしごを渡りきり、ようやく外に出ることができたと思っているとテレビ局の記者に声をかけられ、「中での様子を教えてほしい」と言われたのですが、心身ともに疲労困憊で一刻も早く家に戻りたかった私は、それを断って自宅へと急ぎました。

堤防を歩いて数分、自宅が見えました。一時は水没しているのではないかと心配した自宅は、床上浸水で済んでいました。この時点では台所の床下収納や浴槽に水が残っていました。ヘドロは入ってきていなかったので臭いはあまり気になりませんでした。靴を履いたまま家の中に入り、しかし、どこから手をつけたらいいのかまったく分からないほどぐちゃぐちゃになった我が家でした。庭には魚の死骸が三～四匹浮かんでいました。

地震の直後から停電と断水が続いていたので、昼間のうちにロウソクや懐中電灯、ラジオ、カセットコンロなどを台所のテーブルの上に集め、日が暮れてから困らないように準備をしました。食糧は冷蔵庫にあるものや買い置きしていたインスタントのものを食べて、また、自宅はプロパンガスだったので、火を使って土鍋でご飯を炊くことができたのが本当に救いでした。

家の二階は浸水を免れて無事だったのですが、本棚が倒れたせいでガラスが割れてしまい、ガラス片を片づけてから床にブルーシートを敷き、その上に布団を敷くことにしました。枕元には懐中電灯、ラジオ、バックを置いて、いつでも外に飛び出せるようにパジャマではなく普段着を着たまま眠ることを決めました。

家に帰ることができてほっとはしたものの、電気がつかないために暖房がつかず、起きていても寝ていても寒さに凍える日々は続きました。家の中の水が引いてまずしたことは、畳をはがして起こし、立てかけて干すことです。畳は水を含んでいたために、一人で持ち上げることはできず、娘の力も借りてやっとの思いで立て掛けました。寒かったですが、床を乾かすために窓も開けました。掃除もしようと思ったのですが、水が出ないため断念せざるを得ませんでした。

家に帰ってもあまりすることはありませんでした。道路では防寒着に長靴、リュックサックを背負って歩く人の姿や、自転車にポリ容器やペットボトルを積んで給水所に行く人も見かけました。私の家には子供が二人いて、隣近所の方からお菓子や飲み物を頂いた時には本当に有り難いなぁと思いました。隣近所の方は避難せず自宅で過ごしていた方が多いようでした。私の家は周りの家より少し高くなっているので、私の家の前を通って自分の家に出入りしていました。親戚や友人も、ガソリンが給油できない状況の中車を走らせて、おにぎりや漬物、肉や野菜を届けてくれました。スーパーに並んで日用品を買って来てくれた人もいて、人とのつながり、大切さをこれほど強く感じた時はありません。

以前勤務していた病院で一緒に仕事をしたことがある人が、なぜだかわかりませんが私の家の前を通りかかり、声をかけてくれました。その人は家が流され、夫と母親は無事でしたが、女川町の七十七銀行に勤めている一人娘の安否が分からないと涙を流しながらも、私の娘たちは無事で良かったと言ってくれました。私も何か言葉をかけてあげようと思いましたが、どこから歩いて来たかわからないドロで汚れた靴を見て、何も言ってあげられる言葉がありませんでした。自分の良く知っている人がそのような境遇になっていることにショックをうけました。もし自分が家も娘も一瞬で失くしてしまったらどうなっていただろうと、想像するだけでも恐ろしい事が世の中では起きているのだと思いました。

携帯電話の電源も切れ、四日間職場と連絡が取れず、五日目の3月16日に毛糸の帽子、防寒着、長靴姿で夫に車で送られて出勤しました。車はあまり走っていなかったので家から病院までは十分位で着きました。非常事態とはいえ無断で仕事を休んでいたので、病院はどうなっているのか気がかりでした。私の勤める病院は丘陵地にあり、近辺には水没して動かなくなった車や瓦礫、泥がありましたが、施設自体には直接の津波被害はなかったようです。病院では私のような格好をした患者さんや家族が次々と来ました。履物は泥で汚れているものが多く、病院内ではスリッパに履き替えてもらいました。手も汚れている方がほとんどで、受付をする前にアルコールで消毒してもらいました。受付する患者さんの多くは保険証も診察券もお金も薬もみんな流されたと訴え、現状を突き付けられた思いでした。何も持っていない方々には窓口で受付をして頂きました。電気が復旧していなかったのでカルテを出すのも事務員が手作業でしていました。ショックで眠れない人や点滴を受ける人、中には入院する人もいました。入院した方は精神的に不安定な状態になり、医療保護という入院形態で医師が入院治療を必要と判断した方や避難所では暮らせない方の家族が医師に頼み込んで入院させてもらった方もいました。震災後、厚生省の方針で病院も施設も一割のオーバーベッドが認められていたので、ほぼ満床の状態でしたが入院患者を受け入れていました。

かかりつけの病院が閉まっていて、薬がもらえないため、「ここの病院が開いていて良かった」と言ってくれる人もいました。市内の他の病院では、市立病院が壊滅状態で機能停止し、医療器械や薬局が浸水して診療できない病院がほとんどだったようです。

病院の受付機が使えないので、手作業で受付してカルテを出し、新患の方も多く、他の病院で処方していた薬を調べたり、注射や点滴をしたり、待合室や処置室は椅子の空きがなく、待っている人が出て大変混雑しました。病棟のほうもエレベーターが使えず、患者さんへの配膳は階段を使ってリレー式で届けたり、トイレが使えないのでポータブルトイレを使ってもらったり、ナースコールも鳴らないので何度も見回りをしたり、あまりの多忙ぶりに家に帰れずに何日も病院に泊まっていた看護師もいたほどです。ライフラインが寸断されてしまうと普段当たり前になっている事ができなくなり、とても不便に感じました。職場ではお昼になると炊き出しがあり、とてもありがたかったです。

私はふだん訪問看護の仕事をしていますが、震災後は道路の安全が確認できないこと、ガソリンが入手できないこと、利用者との連絡がとれない等から上司の命令で訪問に行くことができず、病院の外来や病棟の手伝いをしていました。訪問介護（ヘルパー）をしている知人は、自転車で利用者の安否を確認したと聞きました。震災後、十日経過して病院の手伝いから本来の訪問業務につくことができました。

まず、はじめに取りかかったことは利用者の安否確認でしたが、以前の三分の二くらいの方としか連絡を取ることができませんでした。中には寝たきりで床ずれが悪化してしまい、早く訪問を再開して欲しいと訴えてきたり、南三陸（志津川、歌津）の方は津波から逃げて無事だったが、何もなくなってしまったと連絡をくれる方もいました。訪問の再開は安否が確認できた比較的病院から近いお宅の方から始めました。家の中が片付いていないので来られても困ると断られてしまうこともありました。予想外だったことは、以前より道路が混んでいて移動の時間が今までの倍以上かかりました。訪問を始めてみると、震災前より血圧が高くなっていたり不安から不眠を訴える方も多くなっていました。また、訪問先のさまざまな方から震災時の様子を聞くことができました。一時は死を覚悟したような体験をされた方がたくさんいました。

私が一番忘れられないのは、担当していた釜谷地区（大川小学校付近）で一人暮らしをしていた利用者が津波で亡くなったのですが、その方の義姉（仙台市在住）から年金の受け取りを停止する手続きをしたいので、書類に第三者の私に署名して欲しいと頼まれたことでした。その時は本当に亡くなってしまったんだなと思わされました。

職場では同僚たちとたくさん話をしました。その中で、病院の職員のひとりが津波で亡くなったことや、親子供、親戚を亡くしたという話を何度も聞き、気持ちが暗くなる時もありました。しかし、会社も流され、仕事も家もない人たちがたくさんいる中、自分は職場や仕事、家もあり、家族も無事で、なんて恵まれていたんだろうと思い、看護師としても明るく振る舞わなければと心に決めました。

震災後、一ヶ月して病院にテレビ局が取材に来ました。被災地の病院で頑張っている職員というテーマでした。私も取材を受けることになり、訪問車に記者とカメラマンを同乗させ九八歳のおばあさんを一人で介護している方のお宅に協力をいただいて、仕事の様子を撮影させてもらいました。取材の前日に電話で事情を説明し、即答で快諾していただいたので、とてもありがたく思いました。その家の方とは二年のお付き合いでしたが、自宅は津波で大規模半壊したため、息子さん宅に避難し、家の片付けをしながらお姑さんの介護をしている状況にもかかわらず、私の急な依頼も引き受けてくれたことは、信頼関係ができていたのかなと思い、この仕事をしていて良かったと感じた瞬間でした。

すっかり変わってしまった街を見てみたいと子どもに言われ、石巻の街を展望できる日和山の高台へと連れていくことにしました。そこから海のある方角を見ると、門脇や中瀬地区が見えるのですが、私は思わず言葉を失いました。高台から被災地区に向かって手を合わせ、亡くなられた人たちの分まで頑張っていかなければならないと娘たちと話しました。

石巻の隣、東松島市にも自衛隊の駐屯地がありますが、そこも津波で駐屯地ごと飲まれてしまいました。しかし、全国各地から救援に駆けつけていただき、人命救助、物資搬入、入浴サービスまでしていただくことができました。警察や救急車も県外から多数来てくれました。ボランティアの人々にも大変助けられました。

今回の震災では、私は何もできなかったと思います。だから他で何か出来事があった時には、自分ができることをして恩返しをしたいと考えています。

（脱稿：２０１１年10月18日）

海水と泥と闘う毎日

東松島市赤井　佐々木和子

東北太平洋沖地震が起きたその日、私は放課後児童クラブの指導員として、東松島市にある市民センターで子ども達と遊んでいました。クラブの指導員は私の他に二名おり、その日預かっていた生徒は小学校一年生から三年生までの約二十人でした。

14時46分、揺れを感じ、子ども達に「座って」と声を掛けました。地震の揺れはどんどん大きくなっていきました。これまでに経験したことがない大きさで、非常事態だと認識しました。あまりの揺れの大きさに「怖いよ」と泣き出す子供もいたので、「大丈夫だよ」「みんなを守るからね」と幾度も声を掛けながら、他の指導員達と共に、三ヵ所に分かれていた子ども達を揺れの経過を見ながら一ヵ所に集合させ、子ども達を両手で支えながら地震が止むのを待ちました。地震が収まってから、保護者との連絡を試みましたが、携帯電話が通じず、連絡をとることはできませんでした。

そうしている間に、子どもを迎えに来られた保護者の方がいましたので、その都度子供をお返ししました。そうして子供が七人になり、その子ども達を連れて市民センターから近くの小学校へ避難することにしました。市民センターは一階建てでしたので、津波が来た際には対応できないと考えての判断でした。市民センターのドアに七人の名前と避難先の小学校名を書いた紙を貼って市民センターを後にしました。

小学校に着いた時、小学校の駐車場には何十台もの車が停まっていました。また、津波によって近くの川の堤防が決壊したらしく、水が入り込み始めていました。しかしその水はまだ少なく、支障なく歩くことができましたので、その水の中を、子ども達と歩いて学校に入り、学校側の指示に従って校舎の二階へ子ども達と一緒に上がりました。そこには避難してきた地元の方々や子ども達の担任の先生もいたので、互いに情報を交換することができました。子ども達も人と話すことによって次第に落ち着きを取り戻していったように見えました。ふと窓の外を見ると、校庭の水かさが徐々に増してゆくのが見えました。車が校庭で浮いていて、2メートルほどの浸水があったと記憶しています。雪も降り出し、石巻の方向が火災で赤く光っていました。恐怖とともに、なんとか避難を終え、今この部屋の中にいることに対する感謝の思いがこみ上げてきました。

その後小学校で二泊、子ども達と過ごしました。震災当日と翌日は、まだ物資の配給がありませんでしたので、学校にあった少量の食料や飲料を分け合って過ごしました。翌日は小学校に避難してきた方が、自宅から食料を持ってきてくれたので、それも分け合って頂きました。

三日目になると、配給が始まり、食パンを一人一枚ずつ頂けるようになりました。この小学校には、近くの保育所の子ども達や先生方も避難していたのですが、保育所の先生方とは日頃から交流を持っていましたので、協力して保育を続けることができました。避難してきたこの小学校も、子ども達の通っている小学校ということもあり、協力しやすい環境で避難生活を行うことができました。普段何気なくしていたことでしたが、こうした交流の大切さを改めて感じました。

子ども達が手を離れた後、私は一度小学校を離れ、自宅の様子を見に行きました。子ども達がいた間は、子ども達のことで頭がいっぱいでしたが、親元に引き渡した後、自分の家族のことを考えるようになりました。地震の直後、一時だけ携帯電話が繋がったことがあり、その時に長女から連絡を受けていました。その時、長女は次女とも連絡が取れていると言っていたので、二人の娘の生存は確認できていました。しかし、海に近い会社で勤務している夫の安否は依然として分かりませんでした。自宅まで歩いて行くと、自宅の周りは海のようになっており、舟でしか近づけない状態でした。私は家に帰ることを諦め、避難所となっていた近くの中学校にお世話になることにしました。この場所からは自宅を望むことができるのですが、水はいっこうに引かず、海の中にたたずむ家を見ながら、自宅にはいつ帰れるのか、家族とはいつ会えるのかと心配事が次々と浮かびましたが、どうすることもできませんでした。
この中学校は避難されている方々が小学校より格段に多く、小学校の三倍ぐらいの方々がいらっしゃいました。教室に振り分けられ、一緒の部屋になった方々と係を決めてスタートしましたが、物資がいつ入ってくるか分からず、食パン一枚を四人で分けたりしながら生活していました。食べ物はわずかでしたが、大変有り難く頂きました。ラジオや懐中電灯等の有り難さも身に沁みて分かりました。避難所ではいろいろな方と出会い、助け合うことの大切さも学びました。何度も余震が続いていましたが、話をする人たちがいるというだけで、とても心強く感じました。

しばらくして、夫が避難所に私を迎えに来てくれ、避難所を出ました。夫の安否を心配していたこともあり、再会はとても嬉しく安心するものでした。その後、私達は夫が会社から借りてきた車に乗って、私の両親の家へと向かいました。私の車は小学校に置いていましたが、海水ですっかり錆びて使えなくなっていました。夫の車も、津波で流されてしまったそうです。私の両親の家も津波に遭い、一時は床上20センチほどまで浸かったようでしたが、すぐ水が引いたために床にブルーシートとござを敷いて生活をすることができました。倉庫に蓄えてあった米を鍋で炊いてごはんを食べることができ、久しぶりのごはんの味は忘れられないものとなりました。それからは、両親の家にあった食料や、配給で頂いた水、食料で生活をしました。ガスはすぐ使えるようになり、温かい食事もできるようになりました。電気や水はなかなか復旧せず、不便ではありましたが、渡波から避難してきた弟の家族も加わり、支え合いながら生活することができました。

この頃、仙台で被災した娘達とも再会することができました。家族と出会って話を聞くと、私が避難生活をしている間、夫も娘達も、一生懸命に私を探してくれていたそうです。携帯電話の通じなかった当時は、連絡をとる手段は置き手紙だけでしたので、仙台から物資をもってきてくれた娘達とすれ違ってしまい、会えませんでした。小学校へも来てくれたようですが、私がそこを去ったあとだったので会えず、がっかりしながら、物資を仙台に持ち帰ってしまったそうです。夫は震災の時、岩沼の会社にいましたが、10メートルの津波に遭ったそうです。車が次々と流されて行くのを見ながら会社の三階にあがり、助かったそうです。また、私を探している時も、大変な有様を見たようでした。そんな想いを心に留めながら、ろうそく一本から始まった実家での生活は、余震が続く中食べるものを探し、雪の降る中何時間も並んで水を貰い、助け合いながらの生活でしたが、さまざまなことを学ばせて頂きました。

その後二週間が経ち、自宅の方も水が引いたようで、夫と一緒に実家と自宅を往復しながら自宅に積もった泥をスコップで取り除くことから始めました。庭から玄関をめざして泥を除いていきましたが、なかなか思うようには進みませんでした。やっとのことで玄関にたどり着き、戸を開けた瞬間、目の前の有様を見て愕然としました。床上80センチほど浸水した跡が見られ、床や壁が泥に厚く覆われていました。ここにまた住めるようになるのかと、不安になりました。どこから手を付けていいものかと、呆然と立ち尽くしました。夫と話をすれば言葉も次第に乱暴になり、毎日が辛く感じられました。今思えば、お互い心に余裕がなくなっていた結果だったのかも知れません。その後は親戚の方々にも手伝ってもらいながら家の中を片付けていきました。

一階に置いてあったもののほとんどがゴミになり、庭に運び出されてゆきました。水や泥を含んで重くなった畳を一枚一枚運びだし、床板を剝がして、床下にたまっていた泥を掻き出しました。箪笥の引き出しは水を吸って膨張したために開かなくなるものが多くありました。運良く開いても、引き出しいっぱいに海水がたまっていました。黙々と、海水と泥と闘う毎日でした。

自分たちの力でできることを少しずつやりながら、家の補修や機器の交換など、業者さんにお願いしなければならないものについても手配を始めました。しかし、壊れた給湯器を取り替えてもらおうと業者さんと連絡をとりましたが、普段取引のあった業者さんは津波で行方不明になってしまっており、他をあたってもどこも空きがなく、自宅のお湯はしばらく出ませんでした。大工さんや畳屋さんなども同様で、家の補修が足踏み状態になることもしばしばありました。今ではなんとか家の補修もほぼ終わろうとしています。協力して頂いた方々にとても感謝しています。

私の住んでいる地域は、川を遡ってきた津波が川の堤防を壊して入り込んできました。ですから、津波が過ぎても、洪水等、川によってもたらされる災害に対して、警戒感が強く残っています。先日、台風15号が通過した際も避難勧告が出され、川を恐れる日々が続いています。しかし、日常を過ごすことは大変有り難く、周りの方々と助け合いながら生活させて頂いています。

最後に、お世話になったたくさんの方々に感謝申し上げるとともに、東日本大震災で被災された方々にお見舞い申し上げ、一日も早く穏やかな生活がもどりますよう願っております。

（脱稿：2011年10月17日）

生きたまま焼かれる！

気仙沼市鹿折地区　　加藤　弘美

私はヘルパーの仕事をしています。3月11日、あの日は、先輩と共に気仙沼市鹿折地区の利用者さん宅へ午後2時からの支援との事で、十分ほど早めに利用者さん宅へ行きました。利用者さん宅はサッシを扱う会社で一階が台所と茶の間、事務所、材木置き場、二階が社長である利用者さんの居間で、本人は酸素ボンベの管を鼻につけベッドを起こしてテレビを観ていました。いつものように三十分ぐらいで部屋の片付けを終え、体の清拭の準備をしようと私は一階に降りお湯をもらっていた時です。

ゴーという音がしたと思うともう立っていられない位の大きな凄い揺れに襲われ、柱につかまっているのが精一杯でした。材料の材木はほとんど倒れ、足の踏み場もなく何度も揺れが続く中、少し治まった隙に急いで利用者さんと先輩のいる二階へ駆け上がりました。二階でも仏壇は傾き、テレビも台から落ち、いろんな物が散乱していました。停電で酸素ボンベが止まったので急いで携帯用のボンベに切り替え、利用者さんに頼まれておにぎりと電池を買いに近くのコンビニへ行きましたが、停電で物が売れないと断られ、戻って一階の事務所で電池を貰ってラジオに電池を入れていた時、利用者さんが窓の外を見て思わず「あー！」と叫びました。二階の窓から見えたのは津波の第一波で、何台もの車が流されていました。地震から十分位でした。津波は一階の階段付近まで押し寄せていました。

今思えば地震直後に逃げるべきだったと思います。もう家から出られないことが分かった私たちは、ライフラインが途絶え寒いと訴える利用者さんのためにストーブを持ってきたり、落ち着かせようとしていました。そうこうしているうち、窓がカタカタ震動し始め、先輩と目を合わせたと思うと右から大きな壁が迫ってきたのです。第二波です。上から物がドンドン落ち天井も落ち、屋根は吹き飛ばされバキバキバキと私達がいる家ごと津波に飲み込まれたのです。私は必死に水の中でもがいていました。その時、先輩が静かに水の中に沈んでいくのが見えていました。あの時に目を合わせたのが最後になりました。どの位時間が経ったのか、気がつくと口だけ外に出して息をしていました。しかし、自分が生きているのか死んでいるのか分からず、親や子供たちに別れの挨拶をし、何でこうなったのか、何で逃げなかったんだろうかといろいろな後悔が次々に浮かんできました。

茫然としていた私が生きている事に気付いたのは、重油の臭いとパチパチと何かが燃えている音でした。「生きたまま焼かれる！」。急に恐怖感に駆られた私は、体を挟んでいる瓦礫から抜け出そうと必死にもがきました。なかなか、自由にならない！　幸いにも水の中で足だけは動き、バタバタさせて左手、右手と少しずつ自由になり、どれだけの力を使ったのか、頭の上の瓦礫を何とか退かす事ができ、ようやく抜け出す事ができました。

しかし、天井から瓦礫に上がった私が見た光景は……家も車も引っくり返りあちらこちらで火があがりテレビでしか見たことのない空襲後のような悲惨な状況、まるで地獄の中に入り込んだような、映画の世界じゃないのか？　夢じゃないのか？　と思った位の光景でした。雪も降っていて寒さと恐怖で体中震えが止まらない。火に追われた私は家々の屋根や壁をつたいながら「誰か〜！　助けて〜！」と叫んでいるつもりが声にならない。火が迫ってくる中、瓦礫の山で塞がって身動きが取れないでいた時、六十歳位の男性が現れ、その人の手を借りて瓦礫の山を越えました。その人は、「ここで待ってて、逃げ道捜してくるから」と言ったもののなかなか帰ってこず、仕方なく私はまた瓦礫の山の中で「誰かー！　いませんかー？」と声にならない声で叫びながら歩いて行くと、どこからか女性の声で「助けてー！」と声がしました。家の中に閉じ込められている人です。

声のする家の小さな窓に顔を突っ込み、何度も「どこ〜？」「ここ〜」と繰り返していると、その家の二階らしい階段からさっきとは違う別の男性が降りてきて、女性を引っ張り出しました（台所の天窓に引っかかっていたそうです）。男性は女性の家の隣人でやはり逃げ遅れ、何だか隣から声がするので二階の窓を割って入って来たとの事。私は濡れたままだったので女性の家の二階にあった服に着替えさせてもらい、三人で隣の男性の家にベランダ越しに移りました。男性には八十歳の母親もいて家の中は落下物が散乱していましたが、寒いので皆それぞれ毛布にくるまりました。この時点で男性一人、女性三人となりました。

それもつかの間で火の手がまた迫ってきていたため、ここを脱出することになりました。取り残されていた男性は地元の人で周辺の地理に詳しく「あっちまで行けば道がある」と言い、瓦礫に挟まれているこの状況下、毛布と布団を滑り台にして母親も共に二階から降り、倒れた家のバスルームの窓から何軒かの家を潜り抜けました。しかし、まだ津波が引かず道らしい道もなく、流れてきた畳やビニールに入った布団を浮き袋にして三階建ての郵政公社の官舎まで辿り着きました。その間、火の粉がどんどん飛んできて流れてきた物に火が付いていてとても怖かったです。必死で官舎の三階まで上がると、幸運なことに玄関が開けっ放しとなっていました。

あわてて逃げた形跡で、ランドセルと勉強机がありました。そこで一旦、皆で布団にくるまり暖をとりました。しかし、外ではプロパンガスボンベが爆発する音と、目の前の家々が次々と燃えていく凄まじい状況でした。ついに玄関の戸が爆音で勢いよく閉まり、窓にはひびが入り、私達はベランダの防火壁を蹴破って火から一番遠い端の部屋にベランダ伝いに移動しました。子供のいた部屋から布団を何枚も持ち出し、皆でこの切羽詰まった状況だから許して貰えるよねと言いながら、布団に包まりました。

そうする中、余震は頻繁に起こり、このビルが崩れるか、火で焼かれるかどちらかかもしれないと思いました。しばらくすると、外で二人の男の人の声が聞こえ、向かいの家の隣人でした。一人は自分の家のロフトに上がり、もう一人は屋根の上で助かったが、隣の家に火が付いたのでこっちに泳いできたと話しました。びしょ濡れで、やはりあの子供部屋から男性用の服を持ち出し着替えました。また冷蔵庫から2リットルの飲みかけのウーロン茶とお菓子少々を拝借し、一口ずつ回し飲みしました。これで六人になり、また皆で布団や毛布に包まりました。暗闇の中、お互いの名前を教え合い、自分たちの状況を語り合いました。

私が津波で約120メートル家ごと流された事を知ると、皆口々によく怪我もなく助かったもんだとビックリされました。外を見ると煙の中でヘリコプターが何機も飛んでいます。かすかに見える45号バイパスに何台もの消防車が見えています。しかし、まだ真っ暗で私たちがここにいるのが分かるのか？　早く明るくならないか、助けられることばかり考えていました。

一人の男性が2時46分だと言いましたが、それは地震によって止まった腕時計でした。夜が明けるまで本当に長かったです。その間、皆で互いに励まし合い、パニックにもならず時が過ぎて行きました。時々男性が懐中電灯を片手に、周りの様子を確認したりしながら見回り、最終的に三人加わり合計九人の男女が同じ場所で避難を続けました。

ようやく明るくなり波も大方引いた頃、自分の工場を見に来た人に気付いてもらい、地元の消防団とボランティアの人達が救助に来てくれました。彼らが先導し、瓦礫の中をやっとの思いで脱出できました。まだ周りは火が燃えています。私がいた郵政公社の周りの家はほとんど焼かれて真っ黒焦げで、黒煙が上がっていました。大地震大津波発生から約一八時間が経過していました。私を除き八人は鹿折の浄念寺の避難所に向かい、私一人は自宅に向かいました。長く暗い2キロ以上もある安波トンネルを手探りで歩きながら、子供や両親の事を考え歩き続けていると、時々轟音をたてて車が通り過ぎて行きました。地震かと恐怖にかられながらトンネルを抜け出た時、そこはおだやかな田園地帯で別世界のようでした。やっとの思いで自宅にたどり着いた時は、3月12日の正午でした。

自宅は高台の住宅地にあり、古い木造家屋ながら何とか倒れもせず残っていました。子供達三人と母は無事でした。飼い犬のチロは自分の汚れた姿を見て吠えかかりましたが、やっと呼びかける声に気付いて尻尾をふり、母は涙ながらに「よかった、よかった」と言葉を繰り返し、「お父さんも無事だったよ」と聞きました。ようやくホッとし、とても疲れたのでコタツに横になりました。父の声で気が付くと三十分ほど経っていました。

先輩も含め安否を知らせるために、起きて勤務先に向かいました。無事を報告し、同伴した先輩と利用者は不幸にも津波の犠牲になったことを併せて伝えました。帰途上司の指示で先輩の家を訪問し、小六の一人息子と祖父母に顛末を伝えました。涙ぐんでいたその息子は末娘と同級で、母親が勤務中「よく食べるんですよ」と話してくれた事を伝えると、息子は肩を震わせながら我慢していた涙を流しました。母一人子一人である事を知っている私にとって、一生忘れられない光景となりました。

帰る車の中で、父は中一の息子を迎えに行き、津波を避けて同じバスケット部の同級生を高台の家まで送り、小六の娘を学校まで迎えに行ったこと、避難所である体育館は夕方で暗くて発電機を手配したこと、私の安否確認のため勤務先や鹿折の中学校、避難所を震災当夜と翌朝四、五時間かけて捜し歩いたこと、安波トンネル出口には夜のうちに東京消防庁が救援に来ていたことなどを話してくれました。

その夜から停電で水も止まり、この日から水くみが日課となりました。ローソクと懐中電灯の明かりの中の生活が始まりました。使えるのはプロパンガスと石油ストーブで、湯を沸かし、ペットボトルの湯タンポのコタツで暖をとってラジオのニュースを聞く生活でした。携帯電話は繋がらず、そのうちに電池切れとなり仙台の娘の安否も気になる状況でした。でもラジオを消すと何だか妙に静かな夜となりました。余震はたびたび続いており、一階の茶の間に全員集まって雑魚寝していました。

仙台にいる娘と連絡がとれたのは震災一週間後でした。その間、娘も七北田小学校の体育館で三日、先輩の家に二日、親戚と連絡がとれた後はそこで二日間避難していました。親戚の車で気仙沼に無事帰ってきて再会した時は涙が溢れ「良かった！　良かった！」と抱き合って喜びました。

食料は冷蔵庫の買い置きがあったので一週間程度は何とか凌げました。炊飯釜が使えないので土鍋でご飯を炊きました。その後、スーパーが開きましたが、長蛇の列で物もあまりなく、カップ麺やお菓子類、それも購入できるのは数が限られており午前、午後と二時間ぐらいで閉店となりました。しかたなく近くの一関市まで買い出しに行きました。しかし、ガソリンも10リッターに制限されており、これも長蛇の列でなかなか購入できませんでした。

水道と電気が復旧したのは二週間後でした。ようやくお風呂に入る事ができ、重油やヘドロで汚れた体を洗い流した時の気持ち良さは忘れられません。その後、避難所の浄念寺ではまだ水も電気もきていないと聞き、一緒に避難した人達を連れて来てお風呂に入ってもらい、食事をしました。皆入浴した後は口々に本当に生きた心地がしたと言いながら、避難先に戻って行きました。

勤務先では鹿折地区に派遣された四名のうち生き残ったのは私一人でした。三名はいずれも津波に呑み込まれ犠牲となったのです。近所では車で孫を迎えに行ったおじいちゃんや、奥さんを車で迎えに行ったご主人が夫婦共々犠牲になり、長男が車で行方不明となっているご家族などいろいろありました。二番目の高二の娘は同級生を失い、中一の長男はバスケット部の親友を失い、小六の末娘は同級生が母親（私の仕事の同僚である先輩）を失い、あの日以来地方紙の死亡欄を身につまされる思いで見ておりました。

私はしばらく身体のあちこちが痛み低体温症のような症状で、三週間以上仕事に戻れませんでした。それでも仕事なしには収入の道はないので、4月から職場に復帰しました。母には四人の子を持つ親なのだからといろいろ励まされ少しずつ元気を取り戻して行くことができ、仕事も少しずつ元のようにやれるようになりました。

ヘドロ被害は想像以上で、親戚でも2メートル以上床上浸水し、父は毎日後片付けの手伝いでした。電気製品、畳、戸障子、襖、タンス、洋服その他、家の前の通りは瓦礫の山でした。店舗の陳列商品、タバコ、雑貨類、冷蔵庫、ほとんどが瓦礫となりました。水道が復旧して後片付けがはかどるようになり私も何日か手伝いましたが、まともに生活できるのはいつになるのだろうと思ったほどでした。

父の友人の本屋さんも同様で、父が何日も後片付けの手伝いをしました。でも4月半ば過ぎ、本屋さんは営業再開となり、徐々に人が集まってくるようになると何かホッとした気持ちになりました。お互いがお互いを気遣う気持ちが、雨後の青空のように広がるような、そんな心洗われる気持ちでした。

5月の連休明けには長女の大学の講義が始まり、娘は仙台に帰りました。アパートの中も大学の建物も被災後徐々に復旧し、家族の生活も普通に戻り始めました。しかし暑い季節を迎えて、今度は気仙沼市内の被災した水産加工場や冷凍工場から流出した魚介類があちこちで腐臭を発し始め、市内全域にはハエが大量発生、ハエ取りリボンや殺虫剤スプレー、自家製ペットボトルのハエ取りなどの対策を講じることとなりました。初めてのことでした。

この大震災により海岸部の見なれた景色は一変し、まるで江戸時代にタイムスリップしたようです。人々の生活する家、道路、鉄道、町の再生など復旧、復興には何年も要することと思います。でも雨後の青空のように人々の故郷を思う心と傷ついたり犠牲になった人々を思いやる心があれば、きっと復活の日が来ると信じています。

（脱稿：２０１１年9月11日）

海を生き抜く信用取引

気仙沼市魚町　齋藤　欣也

あの驚愕の東日本大震災から今月五ヶ月になります。気仙沼で亡くなられた方は１００３人、行方不明者は４１４人、未だに氏名不詳のご遺体も百数十体あると聞きます。

この大震災で何年分、いや何十年分のご苦労をなされている方々が大勢いらっしゃいます。それでも気仙沼に住みたい、海の見える大好きな気仙沼に住みたいと云う声もたくさん聞きます。反対に、もうあんな惨い思いはしたくない、海の近くには帰りたくないと云う方もたくさんいらっしゃいます。

3月11日午後2時46分頃の忘れられない記憶を記してみますと、鮪延縄《はえなわ》漁業や鰹釣漁業の漁具・船具卸売業をしている㈱斎民商店・魚市場前店に二時頃から来客がありました。大東亜戦争前より信用度アップのために行っている不動産賃貸業についての来客です。一戸建貸家のリフォームの件かあるいは太陽光発電についての商談だったと思いますが、話がまとまり印鑑を取りに魚町に向かったのが2時40分頃だと思います。途中であの大地震に遭遇し、困ったなと思いながら魚町に着いたのが2時50分過ぎだと思います。

印鑑を準備している時に家内も急いで帰宅し、印鑑どころではないから早く逃げる準備をしなさいと大きな声を立てます。用意した印鑑は机の上に置いたまま、長靴に防寒着と、急いで逃げる準備をしました。戸締りをして車に乗りふと上を見上げると、二階の窓が外れているのが目に付きました。当然夕方には帰れると思っておりましたので、これでは泥棒が心配だと思い、急いで二階に上がりましたが、気持ちが急いでいるものでなかなか窓が立ちません。家内は会社と自宅を結ぶ専用線で息子の専務に会社のことは頼み、サッシ窓は諦めて、できたばかりの浜見山の息子の自宅に二人で逃げました。あとで近所の方に逃げた時間をお聞きしましたら、3時10分頃に皆で逃げたのこと。その時当家の前に青い乗用車がまだあったことなどがわかりました。津波の第一波が襲来したのは3時26分とのことで、私達はギリギリのタイミングだったように思います。

浜見山の家に着いて少し落ち着き、4時前に家内が二階の窓から魚町を見て「あ！　魚町の家がない」と声を出しました。私も見ますと、魚町、南町界隈の家が流され大変な有様でした。昭和5年建築で八十年の歴史を持ち、国の登録文化財にもなろうかと云われた素晴らしい日本建築の我が家が、跡形もなく黒い波に流され呑み込まれてしまっておるのです。もう吃驚して開いた口が塞がりませんでした。魚町の海岸に面し、昭和5年の面影を残し「屋号通り」の名称を頂いておった家々が、一瞬にして消え亡せてしまっているのです。大津波の恐ろしさを目の当たりにした瞬間でした。

明治45年創業で間もなく百周年を迎える当社の維持ができるのかと一瞬不安を感じました。昭和35年、約五十年前にチリ地震津波の大被害を受けておりますが、その時の津波の高さは我が家の入口で約1・5メートル位でした。最近の災害訓練はその時の被害を想定して行われております。今回の大地震によります第一回目の大津波警報では津波の高さは6メートルとのことでした。最近の津波予報と実際の津波の高さでは予報より低い津波が多いので、今回は市民の予想を遙かに超えた大津波で、被害も甚大になったものと思われます。警報の出し方にさらに研究の余地があるものと思います。

息子がなかなか帰って来なくて、辺りが暗くなって来るし、皆で心配でどうしたらよいか分からなくなっていた所に連絡が入りました。後で聞きますと、会社の帰りにガス工場の近くで渋滞に巻き込まれ、自分も津波に車ごと流されてしまい、多くの人や車が流されて行くのを見た。これでは自分も帰れなくなると思い、車から出て近くの家の水道管か何かに必死の思いでしがみつき、三十分か一時間か分からないが波の退くのを待って石垣のような所をよじ登り、市民会館前の広場にようやく辿り着いた。近くにいた中学校の先生に背負って頂き、保健室で暖をとって面倒を見て頂き、長男の中二の孫にすぐに連絡し、浜見山の家から着替えを持参させたとのこと。本当に九死に一生を得て、助かったのでした。息子が家に帰ってきたのは6時を過ぎていたのではと思います。

3月11日は寒い日で、息子が帰って来た頃は雪が降っておりました。その雪の中被災した大勢の方々が気仙沼小学校、中学校、市民会館に避難して参りました。夜になると気仙沼湾の中が真っ赤な炎に包まれました。商港岸壁にあった22基の石油タンクが全部地震・津波で破損し、流れ出した石油に地震で起きた何らかの火が引火したらしいのです。この火は三日間燃え続けました。この炎が風と津波により鹿折地区一帯に引火し、大火災となっておりました。また、気仙沼の岸壁に係留されていた大中型漁船や造船所に上架中の漁船など二十数隻が津波で鹿折の住宅地に押し上げられました。最も大きな船は福島県船籍の旋網《まきあみ》運搬船共徳丸（270トン位）で岸壁から約900メートル奥まで打ち上げられたのです。家を薙ぎ倒すバリバリという物凄い音が響き渡って本当に恐ろしい思いをしておったそうです。

翌12日昼過ぎ、暖房器具や防寒衣料などを求めて室根・千厩に出かけた時です。東京消防庁の消防自動車三十〜四十台位が列をなして気仙沼方面に向かうではありませんか。後で知ったことですが、気仙沼市内に住んでおられるお母さんが、イギリス留学中の御子息に気仙沼の燃えている様子などを連絡し、御子息がインターネットにその状況を載せ、それを見た方が東京都副知事の猪瀬氏に連絡。すぐ出動となったのが真相のようです。11日の夜には東京を出発したものと思われます。その出動までの時間の短さに本当に驚き、感謝です。

鹿折・内の脇地区の大火災もようやく下火になり、大震災の爪跡が気仙沼市全域に亘って惨状を呈し、特に仕事柄、魚市場周辺は見るも無惨、地獄絵図さながらの様相でした。気仙沼の再生は何時になるやら、できないのではないか、悲観論ばかり頭をよぎる毎日でした。

3月11日に気仙沼港に係留していた漁船は、大被害を蒙りましたが、それは気仙沼に関係する大・中型漁船の一割位の数です。九割位の漁船は世界の七ツの海で世界中の人々に海洋蛋白を供給すべく頑張っており、ほぼ無傷でありました。弊社の大切な顧客の遠洋大型鮪船一隻が帰港中で、静岡の清水で水揚後は気仙沼で整備する予定でしたが、大震災の影響で清水・三崎地区での整備になり、漁具の積込も出港も向こうの地区になるだろうと諦めておりました。3月下旬会社の方から連絡が入り、地震津波の様子などを話した後、漁具の積込を三崎に持って行くことができるかの質問でした。もちろん輸送費当方負担でお届けする旨御返事とし、涙の出る位嬉しく、一生忘れられない瞬間でした。それから会社内の体制立て直し、店舗内の清掃、仮店舗の設置と、忙しい毎日が続き、やっと5月の連休に2トントラック一台で三崎に配達・積込をさせて頂きました。

近海鮪の中型船は大部分が沖で操業中でしたが、一航海は三十~四十日位ですので、3月下旬から4月上旬にかけて入港して参りました。気仙沼の惨状を大変心配しての帰港ですが、母港気仙沼には入港できず、千葉県の銚子に向かったのが大半です。これらの船はカジキとヨシキリ鮫狙いです。カジキもヨシキリ鮫も気仙沼が全国一の水揚ですが、中でもヨシキリ鮫は全国の水揚の80パーセント位を占めます。フカヒレに加工する技術は全国一で、余所の港ではなかなかできない技術です。それ故、銚子で水揚されたヨシキリ鮫の価格は気仙沼の何分の一にしか価格が付きませんでした。この価格では経費に間に合わないと、今でもほとんどが休漁係船されております。

気仙沼魚市場も大被害を蒙り、再開は何時になるのやらと皆心配しておりましたが、4月中旬になり「6月下旬鰹に限って水揚再開」と発表されました。冷蔵倉庫、加工工場など未復旧ですので、生鮮鰹生出荷のみの水揚と発表されました。

地盤が大きく沈下し、海水に洗われ通しの1メートル近くのカサ上げ、魚市場近辺臨港道路のカサ上げ、あくまでも仮復旧の応急処置での工事で、6月23日開場にギリギリ間に合いました。鰹水揚の第一船は6月28日旋網運搬船で、市場関係者が待ちに待った第一船でした。7月に入り待望の鰹一本釣り船も入港し、順調に来てもらえるようになって来ました。

しかし、冷蔵倉庫、加工場なしの生鮮出荷のみの水揚です。生鮮に向くのは一級品の鰹のみで、二級・三級品は加工原料で冷凍倉庫が復旧しないと受入れできません。現在、魚市場に入港水揚の問い合わせがありますと鰹の組成をお尋ねし、一級品は受入れ、二級・三級品含みですと、お断りする状態が続いております。大震災前の気仙沼魚市場で入港希望船をお断りするなどということは滅多にありませんでした。他の港では処理能力を越えますと入港をお断りすることがあるとお聞きしておりましたが、我が気仙沼魚市場は受付時間までに入港なさいますと、その処理が夜8時9時までかかってもお断りすることはありませんでした。

生鮮鰹の水揚は一四年連続日本一を続けておりますが、一五年前の一年間だけ何かの事情で千葉勝浦港に抜かれました。さらにその前十年位も連続して日本一を続けておりましたが、本年日本一は無理です。しかし、来年、再来年に向かって関係機関一丸となって、復旧をお願いしたいものです。そのポイントは冷蔵倉庫、加工工場の復旧です。

さらに漁業関連産業の復旧に欠かせないのが、造船所の復旧です。近海鰹鮪漁業、遠洋鮪延縄漁業、サンマ棒受網漁業、大目流し網漁業などの中、大型漁船の建造・修理に当たる造船所は、気仙沼港が東日本随一だと思います。無線、エンジン、冷凍機、電気関係、漁業関連設備などすべて揃っている漁港は我が国随一と云っても過言ではないと思います。その中心にあるのが造船所です。その造船所はすべて被災し、機能を失っております。少なくとも修繕機能だけでも復旧しないと漁船誘致に繋がりません。現在これらの仕事は静岡県、神奈川県などの造船所に依頼しておりますが、工事の途中に進行状況などを見に行くにつけても経費がかかるし、また工費も気仙沼の方が安く、確実な工事が見込まれます。

現在それらの地域は海水に洗われ通しで、利用制限がかかっております。大震災後五ヶ月が経過しております。市当局は当初三ヶ月後の6月までには土地利用区域を発表すると云っておりましたが、三ヶ月間延長され、9月には発表することになっておりました。最近になってさらに二ヶ月延長することを県と交渉中だとの報道があります。関係者全員一刻も早い発表を待っているのです。気仙沼市の復旧・復興がそこに掛っているのです。大よそのところでも良いのです。そうしないと企業も社員も他の地区に移転してしまう心配があります。市長さん、部課長さんの大英断で気仙沼を救って頂くようにお願いしたいものです。

大震災後五ヵ月経ちました。この間全国の皆様から寄せられた御援助、御奉仕、御協力は数知れません。大きなものは、先に述べた東京消防庁、自衛隊は各地方方面隊から来てもらいました。警視庁初め各県警本部、東京都庁初め各県、各市役所、市民ボランティアの皆様、枚挙にいとまがありません。そのお陰でガレキも大部撤去され、行方不明の方々の御家族も告別式を行うお気持ちになられるとか、少しずつ落ち着く方向に向かっておるように思います。明日の気仙沼の復活に向かい、小さい一歩ずつでも歩み出すことができるようになって来たように感じます。

大震災も忘れることはできません。全国の皆様の御好意を忘れることなく、全市民、健康に十分留意され、明日の気仙沼の復活を夢見て、一日一日着実に歩みを進めて行かれることを期待します。（脱稿：2011年8月17日）

民間ハローワーク

気仙沼市階上地区　守屋　守武

今回の大震災は、防災の在り方と、被災後の被災地での対応、対策について、従来のシミュレーションとは大きな違いがあった事を伝えなければならない。

気仙沼市階上地区に住む私は、震災の時、市役所本庁舎三階で気仙沼市議会の予算委員会をおこなっていた。今までにはない大きな横揺れが長く続き、一瞬、ニュージーランドのビル崩壊が脳裏をよぎった。危機管理課課長が大きな声で、「机の下に入ってください」と連呼する。揺れが収まってからすぐに議会を閉会し、各議員はそれぞれの出身地へと急いだ。私もすぐに車を出したが、役所前の道路は、信号機が作動しておらずすでに渋滞、何とか車列に入り、山側の道路を選択して急いだ。後から聞いたが、私が出た一五分後に道路に津波が来て、役所から出れなくなった議員も多数いたようだ。

階上地区は、ワカメや牡蠣などの沿岸養殖業が盛んな地域で、民宿なども多く、海とのかかわりの深い土地柄で、また津波で養殖の被害が出るな、と心配する。三陸沿岸は、その地形的特徴から三陸フィヨルドとも呼ばれ、地震に伴う大津波で、過去に何度も大きな被害を受けてきた。特に明治29年の大津波は、岩手の田老では１８５９名が死亡し、生存者はわずか36名と記録が残っている。宮城県でも３４５２名の死者を記録している。

その後、昭和35年のチリ地震津波があったが、最近、記憶に新しいのは、昨年2月28日のチリ地震津波である。この津波で、沿岸養殖の施設の70～80パーセントが被災し、牡蠣、ワカメ、ホタテなどの養殖業者は大きな痛手を受けたばかりであった。

私は一路自宅を目指すが、余震も震度５、震度６レベルが続き、ただ事でない状況下、同報防災無線による大津波警報が発令され、気持ちが焦る。妻に「早く逃げろ」のメールを繰り返し、山側の「基幹農道」から、自宅に向かった。15時50分頃、自宅付近に到着する。途中、国道近くまで津波が上がったのを確認する。自宅は周囲が瓦礫に囲まれ、私達が住んでいた自宅の離れは全壊、母屋は床上浸水となっていた。家族が見当たらない事から、避難所にいる事を祈る。周囲は、多くの家屋が道路をふさぎ、折り重なっている。目の前の光景に愕然とする。ほとんどの人は避難所の「階上小学校」と「階上中学校」の避難所に避難したと、近くにいた人から状況を伝え聞く。階上小学校避難所は、国道まで津波が来た事から、階上中学校へと移動したとの事、階上公民館は耐震が不十分で大きく揺れる事から、やはり中学校へと移動したとの事。私の家族も中学校に避難した事を確認し、安堵する。しかし、「大変な事が起きた」。

防災無線は大津波警報を発令しており、海岸線に近づかないようにと繰り返しているが、若い消防団員達は、救助活動を続行していた。私も彼らと共に被災現場に入る。びしょ濡れになって避難して来る人たちの通路を確保し誘導する。団員らが自家用車を待機させ、次々と避難して来る被災者を、中学校避難所に搬送する。夕方には「みぞれ」が降り始め、寒さが厳しくなってきたが、暗くなるまで声を頼りに捜索し、多くの人達を救助した。二次災害の危険性がある中での行動だが、公助が期待できない現状と、助けを求めている人達がいる現実で、彼らの行動を制御する事はできない。

階上中学校避難所は、被災者が集結しはじめると同時に、怪我人も収容されてくる、また、ずぶ濡れになって凍える人達に、中学校では生徒の運動着を提供し、また、近隣の人達から届いた毛布で暖をとってもらう。幸いな事は、地区に開業医の鈴木先生がおり、すぐさま応急処置を行う事ができた。中でも重傷者はすぐ、市立病院へと搬送した。

避難者の皆さんの目はうつろで、現状を理解できない様子である。また、亡くなられた方も運び込まれ、入口隣のミーティングルームを遺体安置所として応対する。まさに戦場さながらの様相になる。消防署員や高校、小中の教職員らと整理に当たる。中学校の体育館と、校舎の教室はすべて避難者で埋まる。近所の被災しなかったお宅から、毛布などの提供があったが、まったく足りない。水道、電気がストップし電話、道路などの通信手段が遮断された環境の中で、避難所には毛布、発電機、緊急の食糧など、何もそろっていない事を実感する。いかに災害が巨大であったとしてもお粗末である。

階上中学校避難所は行政もさることながら、地域の民間有志がリードして対応に当たった。電源確保のための発電機と燃料の確保、水と食料の確保、炊き出しの対策中には、ガスの移動やガソリンの貯蔵など脱法行為になるような事もやっていかなければ避難者千八百人を守っていく事ができない。このような状況の中、地区内には農協、漁協の支店があり、農協さんには売店の食料をすぐさま提供頂いた。また、米の確保も、職員の方々が近隣から集めると共に「米つき機」も持ってきてくれた。地区の人達は、普段モミか玄米で米を貯蔵しているので、精米しなければ炊く事ができない。発電機は100Vなので、これで回せる機械は稀にしかなく（現在は200Vが主流）、探し出して整備し、一晩中調整しながら精米してくれた。また、漁協さんからは塩蔵ワカメ出荷用段ボールを大量に協力頂き、避難所を土足禁止にした際の敷き物や、暖をとるために使わせて頂き、速やかに衛生対策をとる事ができた。

突然、大型保冷車が入ってくる。何事かと思うと、出荷予定の冷凍製品（魚）があるが、交通は遮断され、荷受とも社長とも連絡が取れない。このままでは悪くなってしまうから、避難所で食べてくれ、との提供があった。有難い事である。立派な刺身魚だが、刺身で出す事はできないので、汁にして被災者に出すことができた。

自衛隊が避難所に来たのは三日目だった。まさに、援軍到来でその活動には感謝のみである。ありがとうございます。このような治外法権の中、避難者の健康対策と衛生環境対策に最重要課題として取り組む。電気屋さん、大工さん、調理師などの職人さんが得意分野で協力し、支えてくれた。避難五日目で、土足で使用していた避難所を「大掃除」と同時に土足禁止にする。あわせて、部落ごとのエリアで割りふりし、炊事当番、トイレ当番を輪番制にした。この頃から朝の体操と、ミーティングを開始し情報を共有する。まだまだ被災者は放心状態の人が多く、身内を失った人や財産を流された人達、その心の痛手は計り知れない。

そんな中、3月26日に階上小学校と階上中学校の卒業式を、避難者の協力を頂きながら階上中学校の体育館で挙行した。本来なら、3月12日に行うはずであった。3月11日は、在校生は卒業式の準備があり中学校にいて、全員無事だったが、三年生は卒業式前で学校には登校していない。自宅にいた三名の卒業予定者が犠牲となった。高校生活に夢膨らませていた三名の冥福を祈りながら、卒業生代表の梶原祐太君は「天を恨まず、しかし、災害が奪い去ったものはあまりにも大きい……」と。悲しくも猛々しく、この厳しい中に踏み出していった。多くの方々のご協力に改めて感謝します。

避難所のターニングポイントは、電気と水道の回復で、千五百名前後で推移していた避難所は、通電、通水が始まった頃から八百名前後に減り、整備が進むにつれ自宅に帰るようになってくる。

その後、中学校の授業再開が4月22日頃と通達を受けて、校舎の教室を開放するため、避難所の大移動計画を検討する。一部の人達に、小学校と公民館の避難所に移動してもらうのだが、このXデーを4月10日と決め、避難者の方々と何度も話し合いを重ねた。納得がいくような形での移動が望ましい。結果的に、海に近い部落が移動することに同意し、順調に移行する事ができた。しかし、何度も呼び出され、「なぜ、自分達が移動するのか？　本部がない避難所に行ったら、行政情報が伝わらないのではないか？」などの不安の声を頂き、しっかりとサポートする旨、説明を繰り返した。まったくその通り、不安だらけの現実が解消したわけではない。この時点で階上地区の避難所は、中学校、小学校、公民館、くるみ会館の四ヵ所で、約五百名前後の避難者数である。


被災後、我々が目指したのは、被災者が避難所で「社会の避難者」にならないように、生きる力を養う事、目標を持ってもらう事だった。いずれ「仮設住宅」に移行すると、自立しなければならない。そうなると「義援金」だけで暮らす事は不可能であるから、「雇用」の創出が必要となる。この雇用への取り組みを開始した。

まず、国の「緊急雇用制度」を活用し、産業が破壊された被災地の雇用支援を目指した。緊急雇用制度は、県や自治体が臨時職員を雇用し、業務に当たるものだが、民間が事業主体となり、弾力的に多くの被災者を雇用し経済的に支えるシステムに取り組む。未曾有の災害を前に、手をこまねいているのではなく、一日でも早い被災地復興のため、被災者自らが作業をするのである。しかし、課題も多い。緊急雇用にもかかわらず、労災保険、雇用保険、さらには社会保険までかけなければならない（現在、被災地は国民健康保険が減免になっており、一次産業や小売業の人達は、わざわざ社会保険に加入しなくとも良いのだ）。その事務量は膨大で、職務を執行するにあたって、大きな障害となった。団体名称は「社団法人　気仙沼復興協会（ＫＲＡ）」で現在、瓦礫の撤去や浸水家屋の清掃、また、仮設住宅の引きこもり防止対策の受託や写真整理などを行い、現在、約八十名〜百名の雇用を生んでいる。

気仙沼復興協会（ＫＲＡ）の仕組みは、気仙沼市から、緊急雇用制度にもとづいた資金を受託し、弾力的で効果的に活用する事を目指した。平均的な日当は八千円、つまり時給千円で、日給月給制とし、5日と20日の月二回の支給とした。その中で、コーディネーターや管理職は、それぞれ手当てを付けている。活動を支えるための車両は、各ＮＧＯ団体や個人から提供を頂き、現在は一二台程度まで保有できているが、雇用者数と事業展開を考えると、今後も手配しなければならない。この緊急雇用制度は、事業費の二分の一以上を人件費に充てる事と、備品の購入に使ってはならないなどの制約があり、正に、役所が雇用するだけの制度で、民間団体が立ち上げて利用するには使い勝手が悪い。そのような事から、今回の教訓を基に、被災地における雇用の創出は、民間でも弾力的に受けられるような「短期的で効果的」な雇用対策資金が必要である。十分な検討を求める。

また、自営業者を救済するために仮設店舗や工場を建ててくれる制度を、経済産業省の外郭団体である「中小企業基盤整備機構」が取り扱っている。これらの外郭団体は、平時には、各省庁が実施する補助事業などを適正執行、適正管理する事が業務となっているので、今回の災害対応も同様で、事業が持っている本来の目的である「被災者の事業再開に向けた支援」という被災者支援ではなく、適正管理だけで、妨害ではないかと思われるほどにチェック体制を行い、仮設なのにいつまでも店舗が建設されず、希望者は離脱して、他の市町村で再開している。これらの無機質運営の実態と、想像力に欠ける省庁の対応に、多くの被災者が苦しめられてきた。今後はしっかりと課題修正するべきである。

　雇用に直結するものとしては、仮設住宅を中心にしたコミュニティービジネスの展開が望まれる。被災地には義援金も大事だが、被災地での物造りを買い支える支援体制が必要である事を提言する。「働き、お金を得て生活する」この当たり前の生活サイクルをビジネスとして成り立たせる事で、復興が大きく前進する。3・11は災害ブランドであり、ここで起きたことを教訓に、今後の災害に役立てる事が被災地のもう一つの使命である。

　千年に一回と言われる今回の大津波は、多くの教訓を人類に教えてくれた。もっとも強く感じる事は「災害は想定を超えてやってくる」事であり「対応はありったけの想像力を働かせ、被災者を救う事」である。今世紀は温暖化による異常気象や人為的なものでは「原子力発電所」の存続とエネルギー問題。これら多くの課題が我々には一緒に降りかかっている。「今こそ立ち上がろう！　大和魂」。東日本大震災の復興は日本の復興につながるものと信じ、子供たちの未来が「夢」を持てる世界であるように。世界の皆さんが、災害による犠牲を少しでも少なくするために。

　この災害を乗り越える一番大きなエネルギーは、支え合いです。まだまだ弱い人たちがいます。これからも「絆」を大切に、仲間（国民）を信じて頑張ります。

　今回の国の対応は、被災者救助活動は迅速に行われたように感じるが、その後の被災地の現状に応じた対策は、すべて後手に回っている。被災地の現状を把握しないで、現行法の中で対策をとっている。仮設住宅の土地問題は、リアス式地形で平地が少ないのに、宅地並みの環境を要請するし、仮設店舗の土地交渉は、市と中小機構の契約は無料でなければならないとか、利用できる土地が少なくなって、値上がりしている現状では考えられない。緊急雇用制度は社会保険庁との折衝がなされていないし、厚生労働省の介護保険の認定制度は、自動更新だと謳っていながら、役人の皆さんは責任をなすりつけて、聞き取りのために被災地気仙沼から他の自治体まで三時間もかけて職員を出張させたりと、言いようがない。

　被災地に各省庁の職員が入り込み、現状に合わせた対策を、現行法とすり合わせて実施していくことが求められる。災害救助法の中で検討すべきである。

ＰＳ：７月３日に松本復興大臣が宮城県と岩手県を訪れ、復興に関する取り組み方を一方的に示唆したが、大変失礼なことである。この国は、いつから思いやりのない国になったのか？　札束で相手の頬を叩きながら、「俺の言うことを聞け」と言っているようなものだ。国民を侮辱するにも程がある。復興は心を育てる所から始まる。政府の中に彼のような発言をする人間がいる事に憤りを覚える。一事が万事である。先行きの不透明さは、震災前もそうであったと思う。しかし、この震災で我々は多くの人から、優しさと励ましを頂き、今、果てしない復興への道を歩もうとしている。

これまでのご協力に感謝です。これからまだまだ皆さんの御支援が必要です。しかし、被災地はしっかり歩んでいくものと信じて活動を続けて行きます。よろしくお願いします。

（脱稿：２０１１年９月11日）

陸の孤島と化した半島での消防団活動

気仙沼市唐桑町宿浦

三浦　清一

バリバリゴゴ……バリバリゴゴ……

まもなく午後の休憩に入るので、休憩中に仕上がるようにタイマーをセットし、作業で使用した塗装機器の整理洗浄中に、ミシミシガタガタ揺れだした。二日前と一週間前にもあったので、これで収まるのかと思いながらだんだんと揺れが激しくなるにつれ、これが宮城県沖地震ではと脳裏をかすめ、工場内に立っていられない位で外へ出て、揺れが収まるまで長い時間だったが、どうしようもなかった。いつも地震が起きるたび、地震の大小に関係なく、津波が来るのではとの心配は、いかなる地震でも頭の中にはあった。

子供の頃から、地区の道路の要所要所に〝地震がなったら津波の用心〟の石碑が建っていた。昭和35年のチリ地震津波も経験し、目の前で湾内の水が引いて底が見え、津波の被害も見てきた私にとって、今回はこれまで経験したことがない地震で、大きな津波が来ると確信した。自宅、工場、事務所は、海岸線より距離で150メートル、高さ1・5メートル位の位置にある。海岸付近は道路の陥没や段差があると話し、付近住民へ高台への避難を呼びかけながら、修理で入庫中のお客様の車を高台へ移動していった。従業員に避難するよう帰宅させて、津波注意報、警報が発令された時、いつものように高台の方から海岸付近へ海の様子を見に降りて来る人が数名いたが、今回もすぐ戻るよう注意しながら、近所の人も同乗させ、高台へ何回か往復した。

老夫婦が玄関で立っていたので、早く避難するように話し、海岸近くで誰かが、最初数十センチで、あまり水が上がらなかったと言っていたが、道路を歩いている人が大声で、ラジオで6メートルの大津波が来るぞと、叫んでいたのを聞いた。まだ自宅、工場に自分の家の車を残してあったが、6メートルでは、今移動した場所でも危険だと感じ、そこより高台の唐桑小学校跡地へ再移動する事にした。その時にも、住民を一緒に乗せながら高台へ移動したが、何台か手伝ってもらっている最中に、自宅、工場付近に二回目の波が来て引いていったとの声が耳に入り、それ位の津波で終わればいいなと思いながら、また戻って移動していると、バリバリゴゴ……と轟音がして、短い時間で収まった。その波が最初移動した高台の近くまで上がったようだ。

残っている車があったが、また来るのではと思い、危険なので戻らなかった。海岸の方を眺めて見ると、また、バリバリゴゴ……バリバリゴゴ……と、最初のバリバリゴゴ……以上に轟音と土煙を舞い上げながら、大きな津波が押し寄せて来るのを間近に見て恐ろしくなった。ここは海岸より600メートル位、高さにして10メートル位はあるのだが、まだ高い所へ避難しようとした時、波の先が衰えて止まったのが見えた。ホッとしたが、若いお母さん方は、子供を抱えながら、どこへ行ったらいいの、どうしたらいいのとパニックになっていて、もう少し高い所か、体育館へ行った方がよいと話した。その後大きな波が続けて来なかったので少し戻ったが、今までは海岸まで家並みで宿浦湾が見えなかったのが、七〇戸あった宿二行政区の六二戸が呑み込まれて流失してしまい、今いる小学校跡地から海が近くに見えた。我家も工場、事務所の姿もなく、その光景を眺めて愕然とした。助かっただけでも良かったと思いながら、唐桑総合支所の方へ歩を進めた。支所前駐車場で対策本部のテントを張る作業を手伝った時は、空はまだ明るさがあった。が、西の空（気仙沼市内）に、異様な入道雲のようにモクモクモクと黒煙が上がって一面に広がり、夕刻になっているせいもあり、一気に暗くなった。赤くなっている所もあり、ボンボンバンバンと鳴る爆発音も聞こえ始めてきた。対策本部に発電機があったが、容量が少し足りなかったので私達の消防の班から、発電機と投光器台、投光器を持ってきて据え付けた。

夜になり、本部には暗闇の中どうにか歩いてきたという人からいろいろ情報が入った。気仙沼から只越まで来て只越地区の家がほとんどなくなって、道路も電柱や壊れた家、瓦礫で通れなくなり、鹿折の国道まで浸水し、国道45号線はどうにか通れるが、鹿折地区は津波の被害がひどく、ベルプラスの近くに漁船が見えていると話し、唐桑地区は道路が遮断され孤島になってしまった。ラジオからは、沿岸地域で広範囲にわたり、甚大な被害の様子が報道されている。空の方は増々赤く反射しており、唐桑の方にも炎上した物が漂着しているとの事で、私達三人で班の消防車で海岸線を見廻ろうとしたが、海岸線はどこも道路は寸断され近づけなかった。それでも一般車両が海岸の方へ近づこうとしたので、戻るよう指示し、小鯖地区の高台へ海岸線が見える所まで歩いて確認し、次に鮪立の海岸近くの高台へと何度も巡回監視をした。海上は漂流物が所々で燃え、海岸線も帯になって炎上し、まさに火の海と化していたが、防波堤や護岸ブロック等で、陸上側への延焼はなかった。夜中になり、車での仮眠となった。

次の朝、夜が明けないうちから支所前では焚火をして暖をとっていた人がいて、飲み物を頂いた。昨日のお昼から、昨夜本部の所で乾パンビスケット一枚と水一杯だけだったが腹もすかず、無我夢中で行動していたためだったろう。朝早く近所の人が来て、家の裏山で一夜を明かしたとの情報があった。近所の人と裏山に逃げて無事だが、自宅一階天井まで水没し、戻れないとの事であった。ヒザが悪く入院していたのだが退院したばかりで自力では歩けない人を、広域消防署の署員三人と私達五人程で救助に向かった。下からでは瓦礫と津波がまだ心配なので、山の上の方の部落から山の中を降りて行った。六人はブルーシートでテントを張り、家の二階から濡れていない毛布を持ってきて休んでいた。杉の枝葉で焚火をして暖をとり、無事で元気だった。急斜面のため担架では無理で、もう少し津波が落ち着いたら、瓦礫の少ない所から再度救助搬送する事にした。食料と飲料水を渡し、焚火は二次災害になりかねないのでやめるよう注意し、ひとまず引き返す事にした。対策本部前に戻ると、家が流され、つぶれて道路を塞いでいる所に遺体があるとの事で、遺体の収容に向かった。昨日まで元気に仕事をしていた吾妻旅館のお婆さんだった。側にあった板を使用し、安置所の体育館まで搬送した。

本部前では気仙沼から舞根峠を越えてきた人がいて、東舞根の奥に三十人位、小浦の奥のカーブに七人位孤立しているとの事であった。食糧おむすび一人一個、ペットボトル一人一本分を持ち、私と小松さんで小浦の奥のカーブへ、東舞根の方へは東舞根地区の区長さんと奥さんと消防団員二人で向かう事となり、本部を後にした。私達は山道を行ける所まで車で行き、山を登り、道なき道を二山越えて進んでいると、昨晩から気仙沼市内の火災の火の粉というより、燃えカスがたくさんあり、大きい燃えカスで15センチ四方の物もあった。小雪まじりの西風に乗って飛んできたものと思うが、小雪まじりで湿気があったから良かったものの、乾燥していたらと思うとゾッとした。大体の見当で進み、約一時間でほぼ正確に目的地に着いた。遠くから声をかけ安心させ、皆元気でいたのが良かった。食料を渡し、これで我慢していて下さい。皆も同じですと言い残し、また今来た山を逆に戻った。

その後、まだ津波警報が発令中だったため、消防車で海岸付近には近づかないように広報活動を行い、夜には昨夜にも増して炎上する船舶火災や海岸線付近の見廻りと夜中まで続き、本日も車での仮眠。唐桑地区の湾や浜には漂流物が一杯押し寄せ、風の向き、潮の流れで移動したが、海上の消火作業等で陸上への延焼はなかったのが救いであった。

妻は最後に車を移動してから、若いお母さん方と高い所に行ったと思うが、連絡はとれていなかった。人伝えに避難所にいると聞き、ホッとしたが、再会したのは二日後であった。長男は地震後すぐメールがきて、こちらは大丈夫とだけ返信し、その後連絡がなかったが、長男の友達が五日後位に避難所へきて無事であると知らせてくれ、安心した。母には地震が起きたら津波がくるから少し高い所の親戚の家に行くように、それでも危ない時は、裏山に登るようにいつも話していたが、親戚の家も流失し母も高齢だったので、どうかと思っていた。二日後妻と再会した時に無事である事を知らされたのだった。

その後、本部からの指示で私達の班は救助捜索活動と緊急車両のガソリン調達を班員交代で行う事とされ、石浜砂子浜地区、只越地区もやっと車一台通れるくらいになり、給油に気仙沼へ向かったが、只越の浜の大きな堤防が海へ流失しているのを見て、凄まじい津波の威力だったのだと、つくづく驚いた。

只越の国道沿いのパーキングや空き地には、数十台車が駐車しており、唐桑へ帰って来る人達が皆、道路が寸断され、山の中を歩いたり、瓦礫の上を越えて家へ戻ったのだろう。鹿折に行くと八幡大橋から鹿折トンネルまでの間に東京消防庁の消防車両が数十台並んで消火活動をしていて、思わず感謝の気持ちでいっぱいになった。

こうして毎日、日中は捜索活動と緊急車両の燃料補給活動を交代で行い、夜は建物への侵入等の警戒で夜廻りに出動と、一ヵ月ほど活動を行った。

私の住んでいた宿二行政区では行方不明者六名全員が身元確認されたが、震災でお亡くなりになられた方々のご冥福を祈り、震災後いろいろ各方面で御支援頂き心から感謝申し上げます。一日も早い復旧復興を願い、私達が復興する事が御支援頂いた皆様への恩返しと思い、頑張って行きたいと思います。

（脱稿：２０１１年10月14日）

ヘッドライトの下で綴った震災日誌

気仙沼市唐桑町宿浦　熊谷　眞由美

はじめに

以下は、避難所となった唐桑第二体育館において、電気がない中ヘッドライト状の懐中電灯をつけてメモ用紙の裏に書き留めた日記である。半年余り経過して見返してみると、かなり多くのことを忘れていることに驚かされる。毎日毎日が精一杯で余裕がなかったのだと思うが、それにつけても記録しておくことの重要性を改めて認識し、今回の記録の意義に大いに賛同するものである。

3月11日（金）Ｐｍ２：46頃　ものすごい激震あり。炬燵でテレビを見ていたが、ばちっと音を立てて画面が消えた。慌てて台所のテーブルの下に隠れる。ばあちゃんを呼ぶが毛布等が絡まって出られない。「だめだー」と悲痛な声でバタバタもがくのみ。私もこわくて身動きできない。揺れが治まってから隣の空き地に避難。ばあちゃんと防災頭巾を被り、いつも持っているカバン（ＬＥＤの小型の懐中電灯と携帯、サイフ、キャッシュカード入り）を持って出るが誰も出てこない。まもなく「大津波警報」の広報無線が鳴ったので避難することに。隣の行政区長を務める坪内さんが「逃げるのかい?」「うちでは今日は妻が車に乗って行って、ばあさんは足が悪いから逃げられないんだ」と言うので、「うちのお父さんの車があいてるのを貸すから一緒に逃げましょう」と誘い、ホンダ・トルネオの鍵を取りに来て、ついでに携帯の充電池と携帯ラジオを持って出る。お父さんの車には坪内さんと坪内ばあちゃん、私の車には私とばあちゃん。二女は仙台に出かけ、朝気仙沼線に送って行ったので車は車庫に残したまま。一応雨戸を閉め鍵をかけて体育館に避難。

ＰＭ３：17。避難している人はあまり多くない。まもなく「砂子浜の波がものすごく引いて、見たこともないような岩や島が現れた」とローソンのオーナーが真っ青になってくる。10メートルの津波らしいが、ここは13メートルだから大丈夫ですという市教委の職員の話だが、そんな悠長なことは言ってられないと思い、一番先に高松園へ移動。Ｐｍ３：44。園庭に車を止め、ガソリン節約のため、お父さんの車に四人乗り夜を過ごす。お父さん、長女にメール。二女は仙台で無事避難とメール。その後、圏外の表示で通じない。

大島・市内の火災続く。夜空が真っ赤なのと爆発音は「火垂るの墓」で見た戦争当時の光景。雪が降って寒い。外では廃材を燃やして暖をとっている。高松園に避難してくる人が多くなり、口々にものすごい被害を話しているが、全然津波を見ていないので想像するのみ。

３月12日（土）Ａｍ６：00　お墓山より我が家を見る。峰さんまで流失。下駄やさん・吉田やさんやや残る。坪内さん・我が家が残っているが、どうもゴミ等が押し寄せている様子。Ａｍ６：30頃　再度体育館に移動。大津波の情報が入り始める。Ａｍ11：00頃　体育館隣の漁村センターの調理室で朝ご飯の炊き出しの手伝いを始めたところに二女が来てびっくり。仙台から気仙沼方面五人でタクシーを相乗りしてＫウェーブまで。そこから徒歩で高松園へ行き、体育館に移動したと聞いてやっとたどりついたと。とにかく無事で安堵。午後、再度、大津波警報が発令され、高松園への移動を求められるが、車が混み合うので漁り火パークへ。坪内さんも一緒。漁り火はタンクに水が残っていて手洗い、トイレ等がゆっくりできた。ところが内湾の係留船が船火事を起こし、潮流の関係で鮪立湾に寄ってきて山火事となり、漁り火パークに煙が迫ってきた。Ｐｍ４：00過ぎ　唐桑中学校へ移動。他にも避難していた人があり、泊めてもらうことに。卒業式を翌日に控え準備されていたストーブ二台と柔道部の畳を二階の教室に提供してもらうが、寒くて寝付けず。

３月13日（日）Ａｍ６：30　第二体育館へ移動。長女が佐沼より苦労してやってくる。中田～藤沢～一関～気仙沼～唐桑。第二体育館で毛布を敷いて泊まることになり、家に帰って毛布を持ってくる。一階から出せるぐらいの毛布をすべて持ち出し、坪内さんにも提供。家は床上１メートル50センチ位浸水。仏間のガラスを破って、どこかのタイヤ3本・味噌樽・梅干しの瓶・テレビ等が入り込んでいる。仏壇は前のめりに倒れている。幸い位牌と仏具は全部残っている。祖父母の遺影もぶら下がった状態で残っている。風呂場のタオルで泥を落としただけでその場に置き許してもらう。庭には他家の物が山積。植木の上の方までゴミがひっかかっている。もちろん家の中は泥だらけ。部屋の中は電気も水道もダメ。ため息ばかり。とにかく第二体育館へもどるが、大きな方の体育館は遺体安置所になっている。

3月14日（月）Am９：00　朝食をいただく。祖父の命日なので、長女と二女が墓参りをしてくれる。二人とも食器の配膳等手伝う。被害のすごさが入ってくる。高田・南三陸町は全滅に近い。宿でも行方不明・死者六名。停電・断水続く。救援物資が届き始まる。

3月15日（火）Am８：30頃　朝食。その後、家に行き仏壇のみ片付ける。

3月16日（水）Pm３：00頃　お父さんが立川から帰ってきてびっくり。千葉の義兄より車を借りてガソリンを節約しながら来たという。途中、長女のところへ寄って来たとのこと。車には洗剤やデッキブラシ等掃除用具・カップメンや餅・水等の食品はもちろん、水を使わないシャンプーや軍手、店員さんに選んでもらったと女物の下着等コンビニが開けるほどの品物を満載してきた。その準備ぶりに驚きと感謝。スゴイ！

3月17日（木）午後　お父さん、二女の三人で片付けを始める。お父さん、鹿折の義兄を訪ねて東陵高校の避難所へ。義姉、自宅近くで死去の報。

3月18日（金）及川さんの手伝いで畳を捨てる。井戸からポンプ（発電機）を使って水をたくさんもらう。夜、坪内ばあちゃんの誕生祝いを第二体育館のみんなで。九二歳。吾妻やのばあちゃんの火葬。

3月19日（土）長女、ガソリンをAm３：30から並んで入れてきたとのこと。及川さんご夫婦と秀也さんの手伝いあり。吾妻やのばあちゃんの葬儀。

3月20日（日）Am７：30頃　朝食。Am10：00頃　ばあちゃんを佐沼の長女のアパートへ。二女も一緒に行く。ドコモが通じる。（避難所で）及川さんご夫婦、秀也さんの手伝いあり。峰のばあちゃん第二体育館を出て仙台の息子さんへ。

3月21日（月）お彼岸の中日。お墓参りができずAm7：50頃、避難民全員で黙禱。及川さんの実家の給水車で大助かり。佐藤医院の奥さん、盛岡の長男宅へ。西城巡査婦人、小原木駐在所へ。

3月22日（火）朝食・夕食の二回とも被災しなかった人たちに作ってもらっているのは申し訳ないので、自立したいとの声が出始める。小松大工さんに電話。安野沢の村上悟さんに手伝ってもらい大助かり。及川さんご夫婦の手伝いあり。洗濯をする。相変わらずガソリンなし。店もなし。中央公民館のロビーに医者待機開始（10：00～15：00）支援物資の全戸配布始まる。風邪引きの症状のある人が出る。念のため消毒液での手洗いとうがい・マスクの着用の声掛け。

3月23日（水）寒い朝。Am8：00　朝食おにぎり・味噌汁。Am8：30　片付け。本日も及川さんご夫婦が手伝ってくれる。洗濯。タンスの下二段分泥だらけ。新しい下着等もあり残念。合併浄化槽点検あり。OKとのこと。Pm4：30頃　第二体育館で残しておいてもらった夕食。おにぎり・鯖の味噌煮（骨を引っかけて一瞬どきり）ガソリン市内三箇所始まる。宇佐見、松川の商会 安全 但しAm8：00～Pm3：00まで。金野ガスやさん火葬・葬儀。

3月24日（木）晴れ、寒い朝、霜がびっしり。Am7：20　朝食ふりかけごはん・ほうれん草のおひたし・わかめの味噌汁。四七人元気に会食。ただし、風邪気味　鈴木はつよ。本日も及川さんご夫婦のお手伝いあり。Pm4：20　夕食おにぎり・味噌汁・りんご。他の人は3時頃にお昼と夕食を兼ねてとっているが、家が残っていて住めるように片付けている我が家は、夕食を残してもらっている。それだけに当番はしっかりやらないと。登米よりボランティアが下着を持ってくるが、婦人用3Lのみ。北海道立精神医療センターのドクター四人来訪。仁泉堂さんKウェーブへ。鈴木澄子さん加入。

3月25日（金）寒い朝、凍結。Am7：30　朝食（料理当番）ご飯・おひたし・味噌汁。Am8：30　佐沼へばあちゃんの様子を見に。Pm3：30～Pm4：00一関へ。Pm5：30　避難所着、余震数度。Pm8：36　震度4。

3月26日（土）雨～雪～みぞれ。Am7：40　朝食　四三人で会食。ごはん・味噌汁・鯖一切れ。Am8：30本日も及川さんご夫婦のお手伝いあり。雨から雪になり、早めに作業をやめる。Pm3：00夕食　ご飯・味噌汁・鯖と大根の和え物・山菜炒め煮。Pm5：00　避難者名簿作成。第二体育館は二三世帯五六人。ラジオのニュースは福島の原発事故でもちきりだが、今回の震災では死者一万人超、不明者含め一万七千人超の報道。上角地の小山はるえさん退去。

3月27日（日）Am7：50　朝食ごはん・味噌汁・鯖とほうれん草の和え物。Am8：30　いい天気。及川さんご夫婦の手伝いあり。かまぼこの差し入れもあり。生協が安否確認に来る（お見舞いとしてペットボトルの水・マスク・クロワッサン一個）お昼は片付けの合間にカップメンとパン・バナナ。Pm5：10頃　長女に送られて、ばあちゃんと二女が帰って来る。大急ぎで自宅で五人で夕食。カレー・かまぼこ。Pm6：00　避難所着。

3月28日（月）Am5：20　久々に車のエンジンをかける。すっかり凍り付いていて車の室温はマイナス2度。自宅にもどり洗濯物を干す。まだ水が出ないので、前日使用の食器を洗うため運んでくる。Am7：00～調理当番。おにぎり・きんぴらごぼう・漬け物（切り漬）・味噌汁（じゃがいも　わかめ　ねぎ）。Am8：30　朝食の片付け当番を二女に替わってもらい自宅の片付けに。今日も及川さんご夫婦のお手伝いあり。鮪立のきよちゃんの義妹が安否確認に来る。正午　お昼は家で。Pm5：30　避難所に戻る。長女よりメールで教職員の人事異動を知らせてくる。

3月29日（火）Am7：50　朝食ごはん・青菜のおひたし・味噌汁。Am8：30　自宅の片付け作業。及川さんご夫婦皆勤で頭が下がる。今日はばあちゃんも連れて行き、位牌をきれいに拭いてもらう。正午　お父さんと二女はラーメン、私とばあちゃんはカップうどん。夕食は避難所にもらいに行き、家で食べる。カレーとりんご。さらに長女が買ってきたリンゴとオレンジ。体育館に戻ると、NHKのサービスでTVが設置されている。みんなで視聴午後8時まで。暗い中で我が母のいびきが高々と。

3月30日（水）Am7：30　朝食ごはん・鯖の味噌煮・とん汁。Am8：00　NHK「てっぱん」を久々に見る。

みんな真剣に見る。Am9：30　大東ふるさと分校「まきばの湯」へ出発。自治会が車の手配等をしてくれた。室根山の中腹とあって雪が積もっている。10：20着　公民館和室組と舞根組、体育館組に分かれて入浴。かなり気持ちよし。昼食そば・うどん。売店で買い物を大量にする。仙台のきよちゃんとやっと携帯通じる。

4月1日（金）午後　千葉の義兄来宅、宿泊。お土産に切り餅や水・カップ麺・ガスのランタン・ガソリンまでいただく。及川さんご夫婦の手伝いあり。

4月2日（土）晴れ。Pm1：30　義姉火葬。お父さん、長女と参列。Pm4：00　義姉葬儀。興福寺。千葉義兄・利府義兄・千代子さん夫婦・智美さん夫婦・親類多数参列。利府よりペットボトルの飲料水を一箱いただく。Pm6：00　千葉義兄、長女の六人で夕食。鍋etc。Pm8：30　女性陣は避難所へ。

4月3日（日）Am7：00　朝食（家で千葉持参のご飯とカレーで。長女も戻ってきて食べる）ばあちゃんと二女は避難所で。Am11：00　長女、佐沼へ。Pm3：00　千葉帰る。及川さんご夫婦の手伝いあり。

4月4日（月）雪、みぞれ。Am6：00　食事当番。Am7：30　朝食　秋田の塩むすびを蒸かしてご飯に。味噌汁・きんぴらゴボウ・肉団子。Am8：30　お父さんと二女は家の片付け作業。食事の片付け。Am9：10　マッサージをしてもらう。佐藤歯科の先生の知人とか。Am10：00　片付け作業。及川さんのお手伝いあり。Am11：00　白畑敏子さんが来訪。おにぎり・ジュースもらう。及川さんのお孫さんが鹿折で被災し、気仙沼高校に入学するのに制服がないという。我が家の娘二人分が幸い汚れず残ったのであげる。そういえば唐桑中学校でもそういう人がいるのではと電話して「よかったら制服をあげます」というと、教務主任がお菓子等の差し入れを持って取りに来る。赴任直後の小松康男校長より電話あり。

4月5日（火）朝氷が張る、日中暖か。Am7：30　朝食炊きたてご飯・味噌汁。Am8：10　家の片付け作業。Am11：00　今日で及川さんご夫婦のお手伝い終了。感謝あるのみ。午前　東京の馬場章子さんより電話。仙台の鈴木きよちゃんより電話。午後　二階の部屋から茶の間にカーペットを持ってくる。レースのカーテンもつけて一応部屋らしくなる。Pm3：30　早めに避難所に戻る。Pm3：50　夕食ご飯・味噌汁・かぼちゃサラダ。

4月6日（水）公民館　小山商店まで電気がつく。朝食は家で（二女は料理当番）Am8：00　小松大工さん来宅。IHヒーター等の引き出しを開けてもらう（ストッパーがかかりゴミが積もったため開かなかった）。Am10：00　佐沼へ。途中、大谷・津谷の被害甚大。何もない。Am11：40　長女のアパートへ着く。ゆっくり風呂に入り、コメリ等で買い物。Pm6：00　帰宅。家で食事。お父さんビール。Pm8：30　避難所へ。

4月7日（木）Am6：30　料理当番。朝食ご飯・はっと汁・目玉焼き。午前　熊谷芳伯先生、避難所に安否確認に来訪。避難所に電気つく。懸田電気が我が家の電気の確認をする。我が家は、一応大きな所の片付けを終え、お父さんは立川に戻ることを決意。Pm6：00　夕食を避難所からもらってきて（ごはん・サラダ〔卵・レタス・かにかまぼこ〕・さつまいもの天ぷら・味噌汁）ガス灯と懐中電灯、コップロウソクの灯りで楽しく食事する。久しぶりに家で過ごすので、お父さんは震災前に買っておいたビールを一本のつもりが五～六本。Pm11：33　震度6強の余震。栗原と仙台M7・4津波警報発令、せっかく家に帰ってきたのに再び避難所へ。お父さんはビール、ばあちゃんは安定剤を飲んで寝たため、避難行動遅れる。

4月8日（金）Am5：30　家を確認に戻る。二階の娘たちの部屋の人形、洗面所のスプレー、台所の戸棚の中の花瓶が倒れているが、大きな被害なし。鈴木屋のブロック塀が欠けて落ちている。朝方鈴木オートまで海水が来ていたので、たぶん津波が来たのだろうとの話。お父さん、立川行きを一日延ばすことに。片付け方、大きい物はほぼ終了。お父さんは一段落つけて安心。お昼サトーのご飯にレトルトカレーと野菜スープ。夕方　避難所に戻らず手作りでゆっくり食べる。牧場の湯の売店で買ってきたひっつみに具をたっぷり入れ、いなり寿司・果物。お父さんビールを多量に。停電（東北一円）。夜、外へ出ると真っ暗で不気味。茶の間に四人寝る。

4月9日（土）雨　Am5：00　お父さん立川へ。コーヒーとゆで卵。Am7：00　避難所へ戻り朝食。ご飯・味噌汁（キャベツ美味）・ソーセージ・青物のおひたし・たくあん二切れ・柴漬け・なつみかん。Am8：00　お父さん、国見との連絡、NHKのニュースで唐小跡地に仮設住宅70棟設置との報。

4月13日（水）Am6：15　調理当番。ご飯・味噌汁・ほうれん草と椎茸のごま和え・漬け物。Am9：20　ばあちゃん「はやま館」へ（Ｐｍ４：00）午前　自衛隊、建物の取り壊し方。吉田勝幸さんの遺体収容。自宅にて発見とのこと。午後　長野のボランティアより「五平餅　豚汁」提供あり。ケヤキのお椀・お盆・衣類等も。Ｐｍ６：00　調理当番終。お父さんより電話。

４月14日（木）Ａｍ５：30　前日の洗濯物を干す。Ｐｍ４：00過ぎ　我が家にやっと電気が通じる。

４月16日（土）天気晴れ。Ａｍ６：15　食事当番。Ａｍ８：20　避難所退去。「まだだいんよ」「遊びに来てね」と快く送ってもらう。ありがたい。一応毛布二枚を置いておく。万一の時に備えて。Ａｍ８：50　小松大工さんが来る。根口さんが来てガス給湯器設置。Ａｍ10：00　吉田水道さんが来る。Ｐｍ３：00　お湯が出る。電気屋さんも同時展開で工事。茶の間と台所・洗面所・トイレ・駐車場に電気。やっと元の生活の60パーセント位の生活に。Ｐｍ３：30　夕食の手伝いへ。避難所最後の当番活動。お父さんに電話。Ｐｍ５：30頃　避難所より戻り、及川さんに二女の車のことを聞く。梶原陽さんが自宅から見ていたとのこと。第三波の引き波で最後の最後に白の軽自動車だけが流れていったと。多分それが二女の車と思い、思わず二女と涙する。Ｐｍ６：00　もらってきたおかず（カレイのマリネ・ポテトサラダ・豆腐とナメコの味噌汁）で夕食。Ｐｍ６：40　お風呂が二女の徹底的清掃で快適。ばあちゃん「どうもありがとう」とのこと。Ｐｍ８：30　長女帰宅。夕食を食べて四人とも茶の間で寝る。余震は数回来てビクッとすることが多いが、家はやはりホッとする。

おわりに

普段から日記を書いていたので、印刷の裏紙の束をもらえたのにとりあえずメモをしておこうと思ったのだが、大津波警報発令直後から三日間の家族での緊迫感に満ちたメールのやりとりも一緒に書き起こし、家族が一部ずつ持っている。今となっては貴重な記録となったと思っている。同時に今回の大震災で考えさせられたことが非常に多かったとも思う。いくつかを列挙してみる。

①大地震とか津波の警報が出たらまず逃げること。過去の経験知でもなく、他人の真似でもなく、自分で判断し、

ためらわないこと。私は長いこと教職に就いていたので、一年に二回は避難訓練をしてきた。防災頭巾を家族分用意しており、被って逃げることに抵抗はなかった。一方で、これまでここまで津波が来たことがないという話に安心したい反面、奥尻島の津波の時に学者が「昔の津波は地面に吸われたのですが、今はアスファルトやセメントなので、道が続く限りどこまでも津波が這い上がるのです」と話していたことが頭の中にあり、海から一キロに足りない緩い坂道にある我が家も、もしかしてという気持ちがどこかにあり、とりあえず避難しようと思ったのである。

②持ち物は最低限のものにして身軽に、そして両手をあけておくこと。カバンの中にはいつも小型の懐中電灯を入れておいたが、当日は携帯電話の充電池と携帯ラジオを取りに一度家に戻ったが、それも警報が出てすぐなのがよかったと思う。今回はいろいろな物を取りに引き返して犠牲になった人が多かったと聞く。ちなみに、日頃からの備えとして防災用具をいろいろ買いそろえておいたが、すべて一階の玄関近くにおいていたため、大規模半壊の今回は全く用をなさなかった。とにかく当座のお金とカード、情報を得るためのラジオと携帯電話があれば、どうにかなると実感している。

③家族の安否確認の取りかたを日頃から共通理解しておくこと。高齢者でも、ある程度家族間でのメールの送受信ができるようにしておくといいと思われる。

④ありがたかったことは、近くにデイサービスがあり利用できたこと。ここにはその内容を省略したが、満九三歳の実母が昨年からやや認知症気味だったのが、この震災で悲しいことに進行してしまった。唐桑郵便局も銀行も店もみんな被災したので、遠くまで行かなければ用足しできない状況、駐車場が混みはるか遠くから歩かなければ目的が果たせない状況は、家族が少なく親戚も少ない者にとって高齢者の面倒を見てくれるデイサービスの存在は大変ありがたく感謝である。現在は週三回通所している。そして、ボランティアさんへの感謝。かなり多くの方々が支援物資を持参し、あるいは送ってこられ、ある人は家族を連れて、ある人は職場を休んでボランティアに来られた。これまで日本の中でいろいろな災害があっても。隣組が集めに来る義援金を出すぐらいしかやったことのない私としては、恥じ入るばかりである。

⑤行政に望むことはまず、避難所にあって情報を得られる機器を日頃から点検確認しておいてほしいこと。私が避難した唐桑第二体育館は広田湾に面しているため岩手県の高田市や宮古の情報が入っても、肝心の宮城県・気仙沼の情報が入らず、ガソリンもなく遠出もできず全くの情報難民だった。ラジオも当初は個人個人が持っていったものを使用していた。次に、市町合併により市職員の人数が足りないため、何か要望があってもはっきりした回答が来るのに時間がかかった。非常の時は、退職した職員等市の業務に精通した人間を緊急に再任用するようなシステムをつくっておくべきだと思う。第三に避難所・在宅者・市役所の情報の共有化をしてまわる人が欲しい。ホームページ開設といっても電気が通じない、パソコンがない所ではどうにもならない。高齢者の多い所には人の口で伝えてまわることが一番だと思えた。今は避難所が閉められ仮設住宅に移転した人と在宅の人との情報が共有化されていないことから来るよそよそしさも感じられる。第四に今後の地域の復興については、やはり行政が早くその見通しを示すべきである。一人暮らしや高齢の夫婦だけの暮らしの多い地区にあっては、もはや家を建てる気力がなく、仮設住宅を出たあとの不安を持っている人が多い。せめて復興住宅の建設の見通しでもあると、住む場所の確保に向けて生活設計が立てられるのではないか。もちろん、在宅者へも平等に復興に向けての情報と知識を与えて欲しい。どうも中心商店街にのみ目が行き、郊外の土地は復旧さえおぼつかない感じがするものである。

以上要望も含めとりとめもなく書いてきたが、嬉しかったことを二つ紹介する。

①東北電力の漏電点検係の方が、秋田県から派遣されてきたとお昼頃にいらしたので、バナナと野菜ジュースを勧めた。８月になってから奥さんとお子さんの三人で稲庭うどんをお土産に、あの時の御礼ですと訪ねてこられた。びっくりもし嬉しいことでもあった。

②9月25日（日）地区内の「ふれあい祭り」が行われ、ちりぢりになった人々が二百名弱集い、カラオケやゲーム、演歌舞踊ショーを楽しみ、連帯感を再確認したこと。

そして、現在の私の心境をお見舞いをもらった方への御礼状にして出したものを紹介し、まとめとしたい。

秋涼の候、皆様にはご健勝のことと存じあげます。

さて、去る3月11日の東日本大震災に際しましては、早速のお見舞い大変ありがとうございました。皆様のご芳情に深く感謝しております。

あの日、家族は大津波警報が発令されるやすぐ車で避難いたしましたので、津波の襲来は全く目にすることなく無事でした。家は床上120センチの浸水。大規模半壊のため、唐桑第二体育館で三五日間避難生活。4月16日、電気・水道の復旧とともに自宅へもどりました。固定電話の復旧は6月15日。補修工事等が一段落したのは8月13日。やっと元の生活にもどりつつあります。ただし、六八世帯あった宿二地区が六三世帯被災。現在は九世帯が住んでおります。今後地域がどのように復興していくのか不安もあります。

しかし、我が家の前の唐桑小学校跡地には八四棟の仮設住宅が建ち並んでいるにつけても、自宅に住めることの幸福、家族が全員元気で生活できることの幸福を痛感しております。とにかく元気で前向きに生活しようと思っておりますので、今後ともよろしくお願いいたします。まずは半年経過の御礼といたします。

平成23年9月
（脱稿：2011年9月29日）

開店休業に追い込まれた海産物加工業

塩竈市藤倉
下舘　準也

3月11日　被災一日目

午前8時30分頃、いつもと同じように起床した。そのままごろごろしていると母から「1時前ごろに弟が帰ってくるから昼飯を作ってやれ」と言われる。その後母は家から徒歩1分の会社へ出勤した。ベッドに寝転んだまま今日の予定を立てる。漫画やCDを買うために利府イオンに行こう。私の住んでいる塩竈には大型書店やショップがないのでこういう時は不便である。明日は部活の後輩の送別会もあるので、用事は済ませておこうと考えた。

午後1時40分頃、予定よりも遅めに弟が学校から帰宅した。寄り道をしてきたようだ。昼食は冷蔵庫の中身と相談して回鍋肉を作った。なかなか好評だったようだ。

午後2時20分頃、食事を終え、弟に利府イオンに行くことを話すと雪が降っていると指摘され、車で行くかスクーターで行くか迷う。仙台は分からないが塩竈はこの時すでに雪が降っていた。

午後2時46分、窓の外を見ていた時、地震が発生した。はじめはすぐ収まるだろうと思っていた。しかしどんどん揺れが大きくなっていく。地鳴りがひどく、揺れも長い。家はギシギシ鳴り、今にも崩れそうな勢いで揺れる。飼い犬を抱きかかえ倒れてきそうな箪笥、本棚を体で押さえ、弟にテーブルの下にいろと怒鳴る。少し揺れが収まってきた、そう思っていたらまた大きく揺れ始める。情報収集のためテレビを点けたがすぐに切れる。停電が発生した。地震が収まるとすぐに水が出るかどうか確認した。出たのでありったけの空き容器に水を詰めることを弟に指示した。東京の兄にメールをする。この時は送信されたと表示していた。外に出て店番をしていた母と会話をする。この時犬を抱えたまま、膝は笑っていた。津波が来るかもしれないと母が言うので高台へ逃げることになった。

しかし母が芦畔町に住んでいる祖父母（母方）の所へ行くと言いはじめた。止めたものの効果はなく、出かけて行ってしまった。仕方がないので家に戻り弟に逃げる準備をしろと指示、懐中電灯などを用意していると母が帰ってきた。交通が混乱して車が出せないようであった。代わりにスクーターで行くことになる。はじめは津波を警戒し高台から回っていこうと考えていたが、いつのまにか今回津波の被害が大きかった海岸付近を走っていた。

祖父母の家に食料があるかわからなかったため、途中セブンイレブンに立ち寄るが店員さんに「停電でレジが打てないんです」と入店拒否される。倒れかけの電柱、水道管が割れているのだろうか、逆流？している下水道、ひび割れて激しく隆起している道路、どれも現実味がない。

やっとのことで祖父の家に到着した。ドアが歪んでしまったのだろうか、開けづらい。中に入り声をかけると奥の寝室から返事が聞こえた。行ってみると祖父母と従兄がいた。祖父母は無事なようだった。今日従兄は出勤しているはずと思い聞いてみると、偶然外に出ていた時に被災したのでそのまま車で帰宅してきたとのことだった。どうやら塩竈方面への道路は空いているらしい。まあ津波が来るかもしれないのにわざわざ来る奴は少ないのだろう。

午後3時40分頃、夜に備えるため、従兄と分担して懐中電灯などを探し始めた。結果、台所から卓上コンロ（ガスボンベ三本）と懐中電灯を二つ、寝室の机の上にあった携帯ラジオを発見する。携帯ラジオをつけるとさまざまな情報が耳に飛び込んできた。仙台空港が津波にのまれた。あらゆるところで火災が発生している。津波が来た。余震が続いているｅｔｃ…。その中で今回の地震が「震度7」もしくは「震度6強」であることを初めて知る。

午後4時30分頃、外が暗くなり始める。家族が心配になり、従兄に相談すると「じいちゃん達は大丈夫だから、暗くならないうちに行け」と言われる。祖母にも大丈夫だからと言われ、不安ながらも祖父母の家を出る。帰り道は悲惨だった。

来た道は海水が流入していて通れず、他の道を行こうにも自宅が海に近いため結局途中で引き返すことになった。どこもかしこも海水に浸かり、臭いもひどい。磯臭さと泥の臭いと生臭さが混ざったような感じだ。徐々に引いているようではあるが、引いた後は汚泥やゴミでぐちゃぐちゃだ。やっとのことで御釜神社の傍に出ると、何人か人がいたので自宅の方面がどうなったのか聞いてみると、「あっちは駄目だ！　行きたくても海水が引いてねえからいけない。やめておけ」と言われる。だんだんと不安が募ってくる。もし家まで津波が来ていたら？　家族が逃げ遅れていたら？　連絡の取れない父親は？　考えたくもない仮定が頭の中で浮かんでは消える。とにかく家まで戻らなくては。その一心で道を探す。

午後5時30分頃、本格的にあたりが暗くなってくる。家の近くに出ることに成功する。しかし途中で道がふさがれている。どうやら通行止めのようだった。ふさいでいたのは消防車で、消防士のお兄さんに話を聞いてみると、「この先は海水が来ていて危険なので立ち入り禁止です」とのことであった。すぐそこに家があることを言うと通してくれたが、またすぐ止まることになった。道がない。押し流されてきたのだろう瓦礫や車、はてはクルーザーで道がふさがれている。何より家までの道は海水が引いていない。もう肉眼で家が見える距離なのに進めない。どうしようか考える。母や弟はどこに行ったのか、津波が来ると騒いでいたので家に残っているとは考えにくかった。消防士さんに避難所を教えてもらう。杉の入小学校か塩竈第二中学校とのことであった。家から徒歩一五分ほどの、弟が通っている第二中学校へと行ってみるも見つからない。気温が下がってくる。日も完全に落ちた。スクーターのガソリンも半分になった。だんだんと心細くなってくる。ここで父方の祖母の家のことを思い出す。そちらも高台にあり、海沿いではなく利府方面に近いため津波の被害はないはずだと考え、出発した。避難所は暗いが道路は車のライトで煌々としている。道中、発電機を使っている家を見かけ、いいなぁと思ったりもした。

午後7時頃、祖母の家に到着した。父の車と会社の車があるのを見つけ安心する。家の中には父、祖母、弟がいた。母は母方の祖父母の家に徒歩で行ったらしい。入れ違いだったそうだ。家の中は灯油ストーブが焚いてあり暖かかった。父が地震直後に買ったコンビニ弁当を食べラジオを聴く。宮城県沖三陸地震、死者は２０２名、行方不明者６４３名、怪我人は数えきれないほどであること、また近くの浜では二～三百もの遺体が打ち上げられたというニュースが次々と流れてくる。余震も続いており眠ろうにも眠れない。

父も祖母も少しの余震ですぐにストーブを消して外へ逃げ出すため、ドアの開け閉めも伴って部屋の気温も余り上がらない。そんな状態なので弟と外に出て庭で焚火をした。燃やすものはチラシや新聞紙に乾いてない枝や竹だったので煙がすごかった。弟は小学校で行った林間学校みたいだと言っていた。確かに周りが暗いせいで星もよく見えるし焚火はキャンプファイヤーと考えられなくもない。しばらく空を見てぼーっとしていたら、ラジオを持って祖母が外に出てきた。余震が怖くて家の中にいるのが嫌らしい。ラジオからは「利府イオンの天井が崩落し女の子が死亡、その母親も重体」というニュースが流れていた。自分が運よく助かったことを強く感じた。

3月12日　被災二日目

夜が明けてきたころ、母親が帰ってきた。ようやく全員の安否を確認できたからなのか、疲れがどっと出てくる。弟はいつのまにか寝ていたようだ。母親と父親は一度自宅へ戻るようだ。自分は少し休んでから行くと答え、すこし寝る。三十分ほど寝ていると外に車が止まった。どうやら叔父さん一家が仙台から来たようだ。

午前8時30分頃、戻ってきた父に頭を蹴られ起床した。自宅の方は、大方水は引いたが酷い状況のようだ。とりあえず帰ることになった。ガソリンがもったいないので父の車は使わないで残しておくことにする。自分はスクーターで買い物ができるところを探しながら帰ることになった。ちなみにこのあたりで携帯の電池が切れる。10日の夜に充電しておかなかったのが悔やまれる。

明るくなって改めて被害の大きさを実感した。多賀城方面の空を見ると、大規模な火災が発生しているらしく煙が上がっている。倒壊している家もある。傾いた電柱があった。磯臭い空気があたりに充満していた。荷物を背負って歩いている人たちがいた。非現実の中にいるような錯覚を覚える。途中、ローソンを発見するが、扉は開いていない。にもかかわらず二十人ほどが並んでいる。

午前9時頃、自宅付近に到着した。昨日よりは引いたのか水際が下がったようにも見えるが、家までの最短距離はまだ水に浸かっている。仕方がないので遠回りしようとすると、先に帰っていた母と合流した。

玄関は泥と水でぐちゃぐちゃだったが、中までは入っていないようだった。ほかの家よりも少し土台を高く造ってあったのが幸いしたのだろう。家では母がガスコンロでご飯を炊いておにぎりを作った。電気も水も止まっているがガスだけはプロパンなので大丈夫だったらしい。遅い昼食をとったあと家の中を軽く片付ける。自分の部屋は何も倒れていなかった。他の部屋もそこまで酷い被害はなかった。

午後5時30分頃、すでに外は暗くなっている。電気がないのでろうそくで明かりをつける。家は灯油ストーブが現役で三台活躍しているので暖に困る事はなさそうだ。早いが夕食をとる。食器を使うと洗い物に使う水も増えるので、茶碗は使わないようにご飯はすべておにぎりにした。ストーブの上で作った味噌汁がとても暖かかった。

午後6時頃、就寝しようとするが、眠れないのでラジオをつける。相変わらず被害の大きさが拡大していくだけの報道にうんざりしてくる。福島原発の情報が錯綜している。情報が溢れ返っているようで同じ内容が繰り返されている。じっと聞き続けていたら菅総理の演説が流れてきた。「酷い状況なのはわかっている、力を合わせていきたい」。知りたい情報はなく、そんな言葉ばかりが流れてくる。ただの被害妄想なのかもしれないが、聞いていると何となくずれた感じがする。本人は本気なのだろうが、当事者ではない、それだけを感じた。

3月13日　被災三日目

結局よく眠れないまま夜が明けた。この日は自宅の前にある店の掃除をすることになった。店の中は酷い有様で、どうやら60センチほどの高さまで水が入ったようだった。棚は倒れ冷蔵庫も水に浸かっている。商品もラベルに泥がついてしまっているので、食べるのには問題なくても売り物にならない。破損状況をチェックしていると扉の鍵がおかしいことに気付く。どうやらこじ開けようとした跡がある。治安の悪化に驚く。このため、夜寝る前の戸締りと見回りに力を入れることになる。

午後はすぐに暗くなってくるので作業も早々に終えて厳重に戸締りをする。津波で店の裏の木戸が流されていたため、気休めだがロープで入れないようにする。父の会社の従業員の方が訪ねてきた。無事だったようだ。子供たちも連れてきていた。車の中で寝泊まりしているらしい。食料はこの二日でおにぎり二個くらいだったそうで、ご飯を分けてあげることになった。子供たちにおにぎりを食べさせてあげて、新しく炊いたお米を重箱に入れて渡すととても喜んでいた。

ってていたのだろう。

午後5時30分頃、夕食。おにぎりと味噌汁、冷蔵庫の中にあった魚肉ソーセージ。

午後7時頃、見回り、戸締りの後就寝した。この日も眠れないかと思ったがいつのまにか寝ていた。疲れがたまっていたのだろう。

3月14日　被災四日目

午前8時頃、起床する。一三時間寝た。むしろ寝すぎた。とりあえず朝食を食べて片づけの続きをする。ツルハドラッグの前で水を配っているとお隣さんから聞いて家族でもらいに行く。一人2リットルのミネラルウォーターがもらえた。これは大事に使わなければいけない。

午前9時頃、近所のツルハドラッグに人が並んでいるから行って来いと母に指示され行ってみる。ざっと40～50メートルほどの列ができている。急いで自分も並ぶ。前のおばさんに何が売られているのかを訊ねてみると「まだ開いてないみたいなのよ」と聞かされ拍子抜けする。午前12時頃になってようやく開店した。どうやら買えるものは一人につきカップ麺三つ、レトルトおでん二パック、2リットルペットのお茶二本、赤ちゃん用おしり拭き三個セット二つのようだ。店内も酷い状況らしく売ってもらえるだけで御の字だろう。

午後1時30分頃、ようやく列の前まで出る。レジが使えないため電卓で計算している。価格もカップ麺、お茶が一個百円、おでんパックとおしり拭きが二百円と大雑把だった。とりあえず買える分はすべて買って帰宅した。午後2時頃、遅い昼食をとる。やはりご飯はおいしい。活力がわいてくる。

午後3時頃、近くのファミリーマートが空いているようなので行ってみる。入店制限をしているようだったが確かに開いていた。おにぎりやパンなどは売ってくれないようだったが、カップ麺や飲み物、お菓子類などは十分に残っている。レジはやはり使えないようで、電卓で計算していた。値段がわからない商品があると、店員さんが商品の名前を読み上げ、ほかの店員さんが商品棚の値札を探して読み上げる。時間がかかるため、会計待ちの列が長い。しかし、こんな時でも順番をきちんと守るのは日本人だからなのだろうかと、なんとなく思った。

午後7時頃、就寝。この日はとても寒かったので風呂の残り湯を沸かして湯たんぽを作った。とても暖かい。

3月15日　被災五日目

母方の祖父が倒れたそうで、従兄が車で母を連れて行った。心配だったが、大勢で行っても邪魔なだけなので残ることになった。

午後4時頃、母が帰ってきた。病院に連れて行って処置してもらったそうだ。安心したが、今は具合が悪くなっても病院で見てもらえないかもしれない。今回は運よく見てもらえたが次は薬がないかもしれない。何もかもが不足している現状で病気になることは生死にかかわる。津波や地震で直接の被害を受けなくてもこういうところで亡くなる人もいるのだと考えると恐ろしくなった。私と弟にも持病の喘息の症状が出始めた。呼吸が苦しく、かなり寝づらかった。

3月16日　被災六日目

午前中は朝食を食べ、店の片づけ。喘息は、朝は楽だが寝る時になると辛いため薬が欲しい。父がかかりつけのお医者さんに血圧の薬をもらいに行くからスクーターを貸してくれと言ってきた。可能であれば喘息の薬ももらってきてくれと頼む。家の周りにはたくさんの車が流されてきていた。窓ガラスが割れていたり、ドアがなかったり。なかにはどうなったのか二台重なってトンネルに突っ込んでいるものもあった。

午後1時頃、父が帰ってくる。出た時よりも父の顔が暗い。どうしたのか聞くと、港から海沿いをぐるっと見てきたらしい。よほどショックだったようで少し涙ぐんでいる。また、家は自営業で海産物の加工食品を製造販売しているのだが、今回の津波で牡蠣や海苔、ホヤなどの海産物が深刻なダメージを受けたため、商売を続けられるかどうかも重圧になっているようだった。かける言葉が見つからず、歯がゆい思いをした。

午後6時頃、夕食を食べる。地震が来て良かったことなどないが、テレビも何もないため自然と家族との会話が増える。また、生活リズムも規則正しくなった。

3月17日　被災七日目

母と一緒に母方の祖父母の家に様子を見に行くことになった。ツルハドラッグで老人用オムツを買えたためそれを届けに行くついでだ。倉庫から引っ張り出してきた自転車のパンクを修理して荷物を括り付けて出発した。この時津波の後初めて海岸沿いを歩いたのだが、アスファルトは捲れてなくなっており、道路は剝き出しだった。津波によって運ばれてきた家屋や瓦礫が別の家屋にぶつかって酷い状態になっていた。言葉が出ない。昨日父が涙ぐんでいたのがわかるような気がした。自分の家から歩いて数分のところが見る影もなくなっているのだから。

祖父母の家に到着する。道中で電気が回復している地域があったので、様子を見て回りたくなり荷物を降ろして自転車で散策してみる。電気がついているということは、どこかお店もやっているだろうと考えていたら、あることに気付く。自動販売機が動いている！　何かあるか見たら見事に全部売り切れていた……が、あきらめずに他のところも探してみた。結果、それなりの数のお茶やジュースを買うことができた。夢中で買っていたせいか、気づいたら父方の祖母の家の近くまで来ていた。せっかくなので祖母にも分けてから戻る。少し普通の生活に戻った気がした。ただ、買っている時は夢中で気付かなかったが、買占めに近いことをしたのではと思い反省する。

また、この日にやっと私の携帯の電波が復活した。どうやら一番遅い復活だったようだ。友人たちからの安否確認メールをうれしく思いながら、真剣に携帯会社の変更を考えた……。その後、やっと電気が復旧した20日に東京の大学にいる兄が帰ってきたり、水道が回復した23日に一九歳の誕生日を迎えたりもした。24日には被災後初めて風呂に入れてその気持ちよさに感動した。

怒濤の3月も終わり、相変わらず家の手伝いで忙しいが、ライフラインが整ってからは徐々にだが以前の生活を取り戻しているように思っていた。しかし、それはただ目をそらしているだけだと思い知らされる日が来た。

4月4日　被災から二五日目

この日、海苔があると塩竈の沖合にある浦戸諸島の母の親戚が申し出てくれたので、会社の商品の原料として使えるかどうかを見に行くことになった。塩竈の船着場から二十分ほどかけて浦戸諸島の一つである桂島に到着した。ここには母の生家が半別荘のような状態で残っており、私も中学までは何度も遊びに来ていた。中学生になって部活が忙しくなかなか機会もなかったが、それでも久しぶりに訪れることが少なからず楽しみだった。

到着すると母の知り合いが軽トラで迎えに来ていた。軽トラの荷台に乗せてもらい船着き場とは反対側の浜に向かう。船着き場付近は酷い被害はないように見えた。もちろん津波は来ていたが、それでもテレビで見るような被害ではなかった。少し安心していると、山の上にある今は避難所となっている廃校の小学校に到着した。ここから山の反対側に降りると母の生家がある。道が狭いのでゆっくりと降りていく。低くなるにつれ津波の被害を受けたであろう家が増えてきた。自分の目を疑った。あるのは瓦礫と家の残骸だけ。どこから流されてきたのかわからない家が横になって倒れている。二階部分だけの家や家の屋根だけが地面の上にある。もともと家があった場所には基礎しか残っていない。津波が直撃したらしい。何故気づかなかったのだろう。片側が被害が少なければその反対側は波が直撃したに決まっている。しばらく声が出なかった。ただただ呆然とその光景を見ていただけだった。

その後は海苔を運んだり、母の知り合いや親戚にあいさつに行ったりと忙しかった。ようやく用事が終わり、帰りの船が来るまで自由にしていいと言われたので、歩いて母の生家に向かった。何もない。あるのは家の基礎だけで、そこには瓦礫やガラクタが積もっている。家はどこに流されたのかと探してみると、二百メートルほど離れたところに屋根だけ見つかった。何かないかと探してみたが何もない。仕方がないので写真だけ撮る。そのあとも散策してみたが、浜へ続く道のど真ん中に家が流されていて通れなくなっていたり、ありえないところに家が建っていたりもした。

次の日に海苔を取りに来ることになったので、その日は3時の船でそのまま帰ることになった。自分の周りが少し良くなったと思っていた自分が恥ずかしく、そして何もわかっていないことに気付いた。まだ何も終わっていない。少し歩けばまだ何も解決していない人が大勢いる、自分もその中にいる。それを再確認した一日だった。

4月7日　被災から二八日目

この日は珍しく会社の手伝いもなく、夕食を食べた後は友達とチャットをしていた。

午後11時33分、本震後最大の余震が発生した。PCの電源が落ち、真っ暗になった。親が起きてきて、高台に逃げるから車に乗れという。ラジオではもうすでに津波は来ているという。とりあえず車で祖母の家に避難した。一晩を明かす。二度目の停電だったが、次の日には回復した。家に帰ると昨年の夏に買ったばかりのテレビの液晶が割れていた。今回の家の最大の被害かもしれないと両親が笑っていた。

以前からラジオやテレビでは、本震ほどの規模ではないにしても、かなりの規模の余震が続くと言っていたが体感して初めて実感できた。さらに、余震が起こるたびに停電の可能性があるということは、地震そのものと同じほどに深刻な問題である。地震、停電、火事と災害は連鎖して発生するのだから。

ここで少し実家の商売のことに関して書いていこうと思う。私の家は先にも述べた通り海産物の加工・販売を主とした自営業である。祖父の代から始めた商売で、商品の種類もさまざまであり、原材料に松島や三陸のものを使用している商品も少なくない。しかし、今回の地震により発生した津波によって多くの漁港や養殖場が多大な被害を受けた。そのため原料を仕入れることが非常に難しくなってしまった。今冷凍保存している原材料を使ってしまえば、後がない状況に追い込まれてしまったのだ。それなら、新しく原料ができるまで冷凍保存してある原料で繋ぐか、もしくは他の場所から原料を持って来ればいいと考える人もいるだろう。しかし、それをしない・できない理由もある。

前者は新たな原料ができるまで今ある原料がもたなければならない。実家で扱っている商品の中には、原料に牡蠣や海鞘《ほや》を使うものがある。しかし、今回の津波でどちらも大きなダメージを受けてしまった。新たに成長し今までと同じように流通するには、少なくとも三年から五年はかかると言われている。家のような零細企業には原料供給なしで五年もやっていけるような体力はさすがにない。原料ができる前に潰れてしまうのが落ちだろう。

では後者はどうなのか。確かに新しく別のところから原料を得ることができれば営業していくことは容易である。しかし、今回の震災では多くの港湾が被害を受けたため、全体的な生産量が減少しており需要に対して供給が足りない状況である。したがって値段も高騰しており、平気で普段の二倍や三倍の値段がつく原料がある。

また、よしんば原料を手に入れることができても、別の問題が発生することになる。前述した通り、私は浦戸諸島に商品の原料となる海苔を受け取りに行った。ここで少し実家で製造している海苔の佃煮について説明したいと思う。普通は海苔の佃煮と言えば、スーパーで売っているようなネトッとしたペースト状のものを思い浮かべるだろう。しかし、私の実家で製造している海苔の佃煮は少し違う。原料の海苔に海藻のままの生海苔を使用することで海苔の繊維を残し、普通のものとは違った食感を味わうことができる。

今回私たちが戴けることになった海苔は、生海苔ではなかった。誤解がないように言っておくが、原料を戴けたことは、とても有難いことであり、同時にとても幸運なことだ。だがこのように、震災以前と同じ品質の原料を手に入れられなければ、商品は別のものとなってしまう。原料価格の高騰により値段が上がり、中身も変わってしまった商品は、とてもではないがおいそれと売り出せるものではない。

原料の海鞘を得るための商談があるというので、青森まで父の出張について行った。そこで聞けた話によると、やはり三陸が大きな被害を受けたために、注文が回ってきて需要が増え、原料の価格が高騰しているということだった。また、先方としてもこのようなことは初めてで対応に追われているとも聞いた。津波で工場に被害が及び、その修繕にも多大な費用がかかった方もいる。そのような方も、やっと修繕が終わり工場が稼働できる状態になっても、原料がなく開店休業状態にならざるをえないことがある。

今回の震災では、職を失った方々が大勢いる。しかし、その一方でこれまでとは一変した状況に放り出された方もいる。これからどうやって商売を続けていこうかという深刻な問題に直面した今、我々はどうすればいいのだろうか。自分は何もわかっていないし、何か特別なことができるわけでもない。ただ、今回の震災を経て、自分の身の丈を把握し、自分のできることをすることの大変さを少しは学べたように思う。

震災から半年たった。テレビにはずいぶんとバラエティ番組が増えてきた。それこそ、震災前と変わらないくらいに。しかし、震災は終わっても、震災後は終わっていない。街の復興には何年とかかるし、福島のように深い傷跡が残るところもある。まだ余震も続いている。そんな中でも時間は過ぎていく。これからはこの時間をただ同じように繰り返すのではなく、かみしめて生きていこうと思う。そうすることが、日本の元の姿を取り戻す一歩につながるのではないだろうか。

（脱稿：2011年9月11日）

島の海苔養殖協業

塩竈市浦戸諸島桂島

内海　茂夫

3月11日、その日の朝はごく普通の天気で、いつものように海から生海苔を摘んできました。工場に運び乾燥海苔を製造する機械を作動させて、私は海での作業をしに行きました。ひと仕事を終えて自宅に戻った時、地震が起きました。今までに感じたことのない大きな揺れと長い時間。少し治まったと思ったら再びの強い揺れ。私は自宅にいた子供達に「外に出ろ」と言って、急いで工場に走っていきました。工場には妻と父とパートの友人がいて、揺れで立っていられない状況でした。「早く車で避難して」そう言って、また、自宅に戻り子供達を乗せて高台にある避難所に行きました。子供達を避難所に残し、私は消防団員として避難を呼びかけ、逃げ遅れたお年寄りを車に乗せて避難所に連れて行きました。

避難所になっている学校では外にテントを張り、様子を見ていました。空は暗くなり、みぞれも降ってきて、海が見えない状態でした。その時、音が聞こえてきたのです。木を倒す音。建物を破壊する音。それはとても不気味で、寒さを一層感じさせるものでした。

避難所はもちろん電気も水道も使用できず、学校に保管してあった、お祭りの時に使用する発電機を使い電気を確保し、提灯用のケーブルで灯りをつけました。また、災害用に置いてあった水や毛布等を使い、寝る場所の確保、高台に家屋のある人達から食料や布団等を持ち寄ってもらい、女性部を中心に食事の準備をしました。とにかくその日は誰もが不安の中で過ごした夜でした。

翌日、私たちは島の状況を見に行き、被害の大きさに愕然としました。津波は島の海水浴場側に面している五ヶ所の工場と三十軒以上の家屋を流失させ道路を寸断していました。桂島は桟橋から海水浴場まで一本道で坂道を登って下っていきます。波は海水浴場から上り、桟橋の方へ下りました。今までの地震では決して起こらなかったことで、誰も津波が坂を上るとは思わなかった事でした。けれど桟橋側は裏側になっているためか、船外機は全部無事で奇跡的なことでした。

車で移動する事を考え、寸断された道路を皆で作業して二、三日で走れるようになりました。一本道を境に、別な高台に避難していた人達とも行き来ができるようになり、日数が経過するうちに、自宅に住めない人達は全員避難所に集まりました。島であるゆえに、避難所への物資の輸送は初めの頃はヘリコプターが活躍してくれました。私たちはバケツリレーの要領で支援物資を運んだり、班毎に分かれて掃除や給油等の仕事をしました。

日にちが経つうちに、これからの仕事の話になってきました。もちろん、たくさんの方からの支援や援助もありましたが、海苔養殖業者は桂島で一一軒。そのうち、工場が流失してしまったのが五軒、機械の破損が大きかったのが一軒。海上に浮かべていた資材は全部流失してしまい、これからどうしたら良いのかと皆で話し合いをしました。話し合いの中で〈協業〉という言葉が出てきました。残っている機械を使って海苔作りをやってみようという事になったのです。何度か話し合いを持ち、気持ちを確認しあいました。

早速、必要な材料を注文して、皆で筏作りから始まりました。個人でコツコツ作ってきた筏は昨年（平成22年2月）のチリ地震津波で全部流失してしまいました。せっかく作り直した筏も今回の東日本大震災（平成23年3月）で再び流されてしまいました。こうして始まった協業体制は、いろんな方々の支援や援助を受けながら、今年の生産に間に合うように頑張っています。年々平均年齢が上がっていき、後継者が少なくなっている状況で、協業という話は出始めていたことでした。数年先の話が現実となって動きはじめただけのことですが、今は全員で美味しい海苔を作り、消費者の皆さんに届けようと頑張っているのです。協業はやっていくうちに問題点が出てくるかもしれません。でも、皆の思いがひとつならば、良い結果に結びつくことを信じて前に進みたいと思います。

（脱稿：２０１１年９月30日）

祖母の手を放してしまった

七ヶ浜町菖蒲田浜

渡邊　英莉

震災の前日、同居している祖母が私に「明日仙台に行かない?」と誘ってくれた。私が中学生の時に祖母を仙台に誘い、それがすごく楽しかったようでまた行こうという約束をしていたが、高校では部活や受験のためなかなかその約束を果たせないでいた。祖母と一緒にどこかに行く時は、必ずと言っていいほど私が誘っていたが、今回は祖母からだった。

3月11日　前日の約束どおり、午前9時半くらいに祖父に多賀城駅まで送ってもらい、仙台の南にある長町のララ・ガーデンを二人でぶらぶらしていた。午前11時半、お昼ご飯ということで祖母はたくさんある店の中から悩んだ結果、牛タン定食を選んで一緒に食べた。祖母は「うめぇなー、次来る時は何食うべな?」といつものように楽しそうに話していた。その後、少しアフタヌーンティーにしては早いが、祖母がおいしいケーキを食べたいと言ったので、仙台駅前のさくらの百貨店に地下鉄で向かった。祖母は好きなモンブランケーキを食べながら「英莉と一緒にまた来れて、ばあちゃんは幸せものだ」と満面の笑みでそう語りかけてくれた。祖母の笑顔が大好きで、その笑顔を見ることができて私もすごく幸せだった。これからもっと祖母の笑顔を増やしていきたいと思った。

午後2時、曾祖母のデイサービスの帰りを迎えるため仙台を出て、祖父に多賀城駅まで迎えに来てもらった。午後2時46分、七ヶ浜の菖蒲田浜にある自宅の駐車場に着いたちょうどそのとき、車のテレビの緊急地震速報がけたたましく鳴った。その直後今まで体験したことがないような揺れを感じ、三人で慌てて車外に飛び出た。駐車場の地面が割れて、段差ができ、道路がうねりだした。海がかなり近くにあったため津波の経験がある祖父と祖母は、「これは津波が来る」と落ち着いた声で言った。揺れがおさまったと同時に、指定避難所になっているうちのすぐ裏の山に着の身着のまま三人で小走りで向かい、山の斜面をはいつくばって登った。次第に避難所に近隣の人が集まってきた。私の祖父も祖母も近所の人も、口々に「チリ地震の時はここまで来なかった。だから大丈夫だ」と言っていた。私もその話を聞いて少し安心していた。津波の予想到達時刻をだいぶ過ぎ、いつものように来ないだろうと家に物を取りに行く人もいた。

その数分後、私が避難していた避難所から防波堤を超え水がちょろちょろ溢れ出てきたのが見えた。その水が私の家の駐車場に置いていたコーンを倒した。その時は、家の一階は床下浸水するかもしれない……くらいに思っていた。だが次の瞬間、第二波だと思われる10メートル以上の黒い水の壁が、バキバキバキという電柱や家屋をなぎ倒すすごい轟音と木造家屋を水圧で押しつぶしていく黄色い煙とともに、私達がいた避難所に向かってきた。私も祖父も祖母も目の前で自分の家が音を立ててなくなる光景に唖然とし、その場に立ちすくんでしまった。

私ははっと我に返り津波がここまで来るかもしれないと思い「逃げて‼」と声の限りに叫び、近くにいた祖母の手を引っ張った。しかし、逃げるのが一歩遅かったため足を波にとられ、しりもちをついた状態で頭から波に飲み込まれた。そのとき、私は祖母の手を放してしまった。海水を少し飲み、そのまま15メートルほどか流され、私はこれで死んじゃうんだと一瞬諦めかけた。それと同時にまだ生きたい！と強く念じ、顔を水面からあげると民家の庭に生えている細めの木が見えた。運良くその木に必死に腕をからめながらつかまった。この木を放したら死ぬ、そう強く思った。

家やコンクリートなどの瓦礫や車、人が波にのまれ山の裏側へ流されていくのが目に入ってきた。いったい何が起きているのか、自分は本当に生きているのか、なにがなんだかわからなかった。波が引き、祖父は私と同じ木につかまっていた。同じ民家のもう一本の木に小さいころからの近所の親友と、目から血を流し顔が腫れあがっている近所のおばあちゃんがしがみついていた。親友の名前を何度か呼び、やっと振り向いた。言葉を交わすことなく震える手を握りあった。

その後、お互いに一緒に逃げていた家族がいないことに気付いた。それぞれの家族を探すために親友とはそこで別れた。見渡す限り、祖母の姿は見当たらなかった。私は何度も「ばあちゃん‼」「ばあちゃん‼」「ばあちゃん‼」と叫んだが返事は返って来なかった。

周りでも自分の家族の名前を呼ぶ声がしていた。頭が混乱したまま辺りを見渡すと、車の下に下敷きになっている人、血まみれの人がいて、山の周りはどす黒い濁流だった。「助けて」という声にならないような声が近くから聞こえ、見るとがけに生えている竹に人がつかまりぶら下がっていた。すぐ下は濁流。私はその人に駆けより手を伸ばし、手をつかむことができた。その時のありったけの力で引っ張り、引き上げることができた。その直後、近所のおじさんが「第三波が来るぞ！　急いで逃げろ‼」と叫んだ。

しかし、まだ私の近くに車の下敷きになり身動きがとれない人が必死に手を伸ばし、私に助けを求めていた。私は一旦立ち止まったが「早く逃げろ‼」と言われ、どうすることもできずに自分だけ逃げてしまった。その時の助けを求めていた人の目が今でも忘れられず、罪悪感にかられる。情けないが、その時はとにかく自分が生きることしか考えられなかった。

そして、最初にいた場所と高さ1メートルほどしか変わらないが、避難所で一番高くなっている場所へ逃げた。全身濡れていたため体が重く、さらに気温が低いうえに海水が冷たかったために感覚がなくなっていた。焦る気持ちとは裏腹に、思ったように走ることができなかった。突然雪が降り出し、海と空の区別がつかなくなるほど辺り一面真っ白になり、波が来たらわからないと思い恐怖を感じた。第二波の時に助かったので、木につかまっていれば波が来ても助かるかもしれない、と思い木につかまっていた。雪により目で確認することができなかったが、第三波はさほど大きくなかったようだ。

残ったのは高台にある数軒の家のみであった。そのうちの一軒の家の人が、外でぶるぶる震えていた私に、「家でまず服を着替えなさい」と声をかけてくれた。女性もののズボンと、セーターを貸してくれた。手の感覚がなかったので、自分ではいていたズボンや着ていた服のボタンを外すことができず、近くにいた女の人に着替えさせてもらった。

私と祖父は一晩その家にお世話になった。祖父は一睡もせず、ずっと祖母のことを心配していた。助かった人は波を被った人とお年寄りと赤ちゃんを優先して数軒に分散してそれぞれお世話になり、それ以外の人は外で薪をたいて一晩を過ごした。私がお世話になった家には一部屋に一五名程度の人と一匹の犬がいた。そこの家には、石油ストーブがあったため、暖をとることができた。それから、タオルケットを一枚貸してもらい祖父と一緒に使った。食事はそこの家にもともとあったご飯と、バナナとみかんを一口ずついただいた。家の中に入れてもらってからは、家に入ってくる人に「佐吉屋（屋号）の孫です。うちのばあちゃん見かけませんでしたか？」と尋ねては「見てない」と言われるのを繰り返していた。明かりは二本の懐中電灯があったため、ある程度周りが見えた。私は祖母のことがずっと気がかりで、部屋の中にいる人たちがどのような話をしていたかは全く覚えていない。

ただ時おり、お世話になった家の持ち主でもあり、町議会議員でもある人が、「一緒に頑張りましょう！　明日にはきっと助けがきてくれるはずです！」と、声をたびたびかけてくれたことは覚えている。その時私にできたことと言えば、足を骨折していた人や、自分の足では歩くことが困難なお年寄りのトイレの補助だった。一緒にいた人の中には、頭や顔から血を流している人や、海水の飲みすぎで嘔吐する人がいた。一緒に避難していた人が介抱していたが、私はただ見ているしかできなかった。ヘリは一晩中飛んでいたが助けに来てくれる様子はなかった。

また、私の隣で横たわってずっと苦しそうにしている近所のおじいちゃんがいた。「大丈夫ですか？」と声をかけても唸るばかりで、応答はなかった。しばらくすると唸らなくなり、私も周りの人も寝てしまったのだと思っていた。二時間後くらいに、お世話になった家の奥さんが水を飲まないかと何度か声をかけたが反応がなかったので、体を揺さぶったところすでに冷たくなっていたことに気付いた。電気が通っていないので固定電話も使えないし、携帯電話をもっていてもつながらない状態だったので、緊急電話もできなかった。近くにいた女の人が懸命に心肺蘇生を行ったが、息を吹き返すことはなかった。遺体は毛布がかけられ私のとなりから台所へと運ばれた。胸が締め付けられるような思いだった。

さらに、追い打ちをかけるように、隣の地区にある石油コンビナートがものすごい音とともに爆発し始めた。玄関を開けると外はガス臭かった。大規模爆発の恐れがあるということで、防災無線により隣の地区に避難指示が出されていた。大爆発したらここまで火が来るかもしれないと思った。一緒にいた人が「周りは海で孤立状態、誰も助けには来られない。これ以上逃げることはできない。もう無理かもしれない」と言い出した。今度は焼け死ぬのかと思い再び死を感じた。恐怖と祖母の安否が気になって一睡もしなかった。これほど夜が長く感じたのは初めてだった。

3月12日　夜が明け、祖父はほかの家に祖母がいるかもしれないと、津波で負傷した足の痛みに耐えながら、残った家を訪ねて回ったが、祖母の姿はなかった。私は事実を知るのが怖くて動けなかった。午前9時ごろ、祖父は足を怪我して普通に歩くことができなかったため、私とは別々に地元の消防団員に救助された。消防団に誘導されて歩いている最中に、道端に毛布にくるまれた遺体が顔を隠され、髪の毛と素足が見えた状態で二体置かれていた。道端に遺体など、もちろん今まで見たこともないし、イメージもできない世界にまた胸が苦しくなった。遺体は髪の色や足から祖母ではないことは分かった。大きな道に出ると、足元は瓦礫だらけで、あるはずの家がない。この場所から見えるはずのない海が見えていた。自分の地元なのに風景が全く違っていて、いったいどこだかわからなかった。一緒にいた祖父が先に救助されたために、一人で孤独だった。涙があふれ出て止まらなくなった。11日震災当日は涙をながすことさえも忘れるほど異常な状態だったのだと後から思った。

別な避難所に着いたが、先に来ているはずの祖父がいくら探しても見当たらなかった。そのとき、どこからか祖母の笑い声が聞こえたような気がして、声がしたほうへと走って向かったが、祖母の姿もどこにもなかった。しかし、そこには昨日一緒に津波にあった親友がいた。家族の安否を尋ねると、一緒に逃げたおばちゃんが行方不明だと言っていた。私も小さいころからよく知っていたので、言葉にならない思いだった。

しばらくして、父が私と祖父・祖母を探しに駆けつけてくれた。仙台の職場から自転車で、私達が避難していそうな避難所をまわったそうだ。父の顔を見て少し安心したが、ほっとする間もなく、知り合いの人から祖父は急に体調が悪くなり病院に搬送されたと聞き、指定された病院を四ヶ所回ったがいなかった。もう夜になっていた。再び避難所にもどったところ、やっと祖父に会えた。病院に搬送されたという話は間違いであった。

私の親戚は七ヶ浜に五軒あり、四軒の家が全壊した。その残った一軒に帰宅した。ばあちゃんのことをみんなに話し、みんなで泣き崩れた。「私が手を放したせいで……ごめんなさい……」と話した。親戚のみなさんは、「えりのせいじゃない。でも、えりが生きてるのはばあちゃんのおかげであることを忘れずに、ばあちゃんのぶんまで一生懸命に生きなさい」と言ってくれた。一生懸命に生きなければという思いと、私のせいだという自責の念がずっと胸にうずまき、のしかかる。ほとんど御飯を食べていなかった私におにぎりをにぎってくれたが、喉を通らなかった。

その時に、手から血が出ていると言われた。初めて怪我をしていることに気付いた。体をよく見ると、至る所にあざができていたり、切り傷があった。いつ、どこでこうなったのか全く覚えていない。祖父の足のほうは、後々複雑骨折であることが分かった。瓦礫とともに流された中で、私の怪我がこの程度ですんだのも祖母が守ってくれたからなのだと思う。

親戚の家には三週間程お世話になった。お世話になっている間は、二六人で生活していた。避難生活が始まった最初の方は備蓄してあった食料ですごした。それ以降は、みんなで協力して水や食料、ガソリンなどを何時間も並んで調達した。ひどい日は、四時間以上並んでも、食料が手に入らない日もあった。山の方に住んでいる親戚、親戚それぞれの友人などガソリンが不足しているなか何度も足を運んでくれ、衣類や下着、水や食料を運んでくれたおかげでなんとか生活することができた。みんなの飲み水が最優先であるため、顔や体は赤ちゃんのおしりふきでふき、歯を磨く水も最小限であった。お風呂に入れたのは二週間後くらいで、ガソリンが手に入り、ガスが通った多賀城のおばあちゃんの家であった。お風呂に入れることがこんなにも嬉しいと感じたのは初めてだった。水は三週間経っても復旧しなかったが、電気は二週間ちょっとくらいで復旧した。テレビがついた時には自然と歓声と拍手がおきた。

二六人のうち六人が小さい子であったため、家にはいつも無邪気な笑顔があった。私も含め大人はみんな、その笑顔に救われた。それから、私の携帯電話は水没してしまっていたため誰とも連絡が取れず、高校の時の部活の仲間が安否を心配して探しに来てくれた。顧問だった先生も来てくれて、「おまえは、精一杯生きるんだ」と言ってくれた。副顧問の先生や、かつて通っていたピアノの先生も来てくれた。また、先輩も心配して何度も足を運んでくれた。しばらくして、携帯電話が復活してからもたくさんの人がメールで励ましてくれた。多くの人の支えには感謝してもしきれない。

祖母の安否が分かったのは五日後くらいであった。親戚から宮城県警のホームページにうちの祖母らしき人の名前が載っていると教えられた。漢字は一緒だったが送り仮名が違っていた。なので、別人かもしれないと思ったが、次の日に利府町にある遺体安置所に母と父が行くことになった。私は心のどこかでまだばあちゃんは生きているかもしれない、と思っていたので行かなかった。夕方になり親が帰ってきた。父が「ばあさんだった。眠っているようだった」と言った。どうしても祖母の死を受け入れられなかった。父に聞くと、遺体安置所では名前の五十音順に遺体に番号が付けられていて、申請書を書いて警察の誘導により案内されて、ばあちゃんを確認したそうだ。ばあちゃんは自衛隊のかたがたによって見つけてもらった。自衛隊のかたには感謝の気持ちでいっぱいです。

その次の日くらいに、ばあちゃんをひきとって葬儀屋さんに安置してもらうことになった。ばあちゃんに会いに行くことになり、安置してもらっている部屋いっぱいに棺が並んでいた。部屋に入る前に足ががくがく震えだした。ばあちゃんの棺の横に立ち、あの日以来初めて顔を見た。父が言っていたように寝ているようだった。全身の力が抜け、自分では立つことができずその場にしゃがみ込んだ。私は泣きながら「ごめんね、ごめんね……ごめんね……寒かったよね、苦しかったよね……ごめんね」しか言えなかった。いつも穏やかなじいちゃんも「ばあさん、悪かった……許してくれな」と泣き崩れた。今までで一番悲しい日となった。

葬儀は火葬が混み合っていたため、二週間後の3月28日に身内で行われた。二週間の間はドライアイスによって保たれたが、日を追うごとに傷みも出てきていた。ばあちゃんに会いに行くたびに安置されている遺体の数が増えていた。葬儀といっても、礼服もないので平服で、別れの言葉を言うこともなく、淡々と行われた。あまりにも火葬が混み合っていて、私たちの次からは葬儀は省かれて、火葬のみだったそうだ。最後にばあちゃんにかけた言葉も「ごめんね」だった。「ありがとう」という言葉が言えなかった。

菖蒲田にある自宅は土台しか残っていなかった。少しは近くに自分の家のものがあるかなと思っていたが、何も残っていなかった。私はとにかくばあちゃんが使っていたものが欲しくて探したが、何も見つからなかった。一週間以上後に約1キロ離れた場所に、うちの屋根が見つかった。屋根の下に少しだけではあるが、見慣れたうちのものがあった。そのなかからばあちゃんが毎日書いていた日記一冊が見つかった。内容は私が幼稚園に入る前だったので、十年以上前のものだった。

また、毎年ばあちゃんが私の誕生日にくれたご祝儀袋が見つかった。私は、ご祝儀袋にばあちゃんが書いてくれるメッセージが嬉しくて袋をとっておいていた。袋は紙だし、まさか残っているとは思わなかった。袋には、「けがしないようにがんばろうね」「体に気をつけてがんばってね」「これからもよろしくね」と書いてあった。さらに、9月に入って私達が震災当日に乗っていた車が見つかった。車の前方はひどい壊れようで、私が座っていた後部座席は瓦礫で埋まっていた。また驚くことが起きて、トランクにララ・ガーデンでばあちゃんに買ってもらった服とブレスレットが入っていた。服はもう着れるような状態ではなかったが、ブレスレットは買ってもらった時のままだった。日記も、メッセージも、プレゼントも見つかってすごく嬉しかったが、どこか寂しくて複雑な気持ちにもなる。しかし、ばあちゃんが「頑張れ」って言ってくれているのだと思うと、頑張る力が湧いてくる。ばあちゃんからの贈り物は私の一番大切な宝ものだ。

あの時、自分が生きることしか考えられなかった自分が、情けない、悔しい、憎い。思い出すのは棺の中のばあちゃんの顔、ガレキだらけの私の故郷ばかりであった。でも、ある人が私に「もしまだ泣いてるならもう泣くな。泣いたら少しは忘れられる。でも、大好きなおばあちゃんの記憶を忘れちゃだめだ。亡くなってしまった人は生きている人の記憶のなかでしか生きられない。だから、おばあちゃんの笑顔を忘れたらおばあちゃんは本当の意味で死んでしまう。おばあちゃんがえりの中で生き続けるためにも、えりは笑ってなきゃいけない。おばあちゃんはもう隣にはいないけど、もっと近くで生きてるから」と言ってくれた。

私は大好きなばあちゃんの笑顔も、ばあちゃんが「えりの笑顔が好きだ」と言っていたことも忘れていた。その言葉を聞いて、生かしてもらったぶん、私の、ばあちゃんの、みんなの大好きな七ヶ浜や、ほかの被災地にまた笑顔が戻ってくるように、復興に力添えできる大人になれるように、前を向かなければと思った。テレビでも言っていたが、「みんなの笑顔が、復興への第一歩」だと強くおもう。

震災によってすべてゼロになった。しかし、震災を通して、住み慣れた家があり、顔なじみの近所の人がいて、家族がいて、大切に思える人たちがいて、服があって、ご飯が食べられることがこんなにも幸せなことだったのかと気付かされた。本当の幸せはなんなのかを知ることができたのは、私にとって大きな財産となった。

今回の震災でなくなられたかたのことを、私は生涯忘れません。ずっとおもっています。

最後に、ばあちゃん、今まで「ごめんね」しか言えなかったけど今は「ありがとう」を伝えたいです。いつかまたばあちゃんに会えると信じて、頑張るからね!!

（脱稿：２０１１年9月11日）

決死の介護利用者の救助

多賀城市大代

榊原　由美

3月11日午後2時46分、東日本大震災が発生した。私は多賀城にある介護施設で勤務中でした。二日前ぐらいにも大きな地震があったので、今回もすぐにおさまると思っていたのに、揺れはどんどん大きくなって施設内では利用者の悲鳴が上がるし、食器棚からは食器が飛び出して割れる音が響いていた。「大丈夫だから、落ち着いて！」割れる音に負けないくらいの大きな声で叫んだ。いすに座っている利用者の頭上の電気が落ちてこないか、窓ガラスが割れないか、安全を確認しながら、仮眠室のベッドで寝ている利用者の元へ走った。

三つの個室に歩行困難な利用者が仮眠中だった。揺れている最中に移動は危険と判断し、布団をかぶせた。三つの部屋を確認した後、施設内の浴室へ走る。この時入浴している利用者もいた。二人の介助者で一気に服を着せ、フロアへ車いすで誘導した。仮眠室の利用者もフロアに集め総勢一七人でみんなで輪になった。八八歳から九五歳くらいまでの高齢者が大半だった。地震発生からずっと施設内を走り回っていたので、どれぐらい強い揺れだったのか正直私はわかっていない。「びっくりしたねー」「こわかったねー」との話し声を聞いて私も少しほっとした。

ほっとした瞬間、TVがつかない事に気付いた。停電？　TVがつかない。電気がつかない。電話がつながらない。周りの情報がわからないのは恐かった。ドライブに出ている利用者とスタッフは？　訪問中の利用者とスタッフは？　休みの利用者とスタッフは？　無事なのだろうか？　情報が入ってこないって本当に恐い。

だけどじっともしていられなくて、グチャグチャな室内をかきわけて利用者に靴をはかせた。ガラスの破片などで怪我をしないようにするためだ。その後斜めになった冷蔵庫からゼリーや水、あめなどの食料を次々にリュックにつめた。こんな経験した事ないから、何が必要なのかが全然わからない。だけど手当たり次第詰め込んだ。

そうしているうちにドライブに出ていた利用者とスタッフ、訪問に出ていたスタッフが戻ってきた。「よかった」。休みのスタッフもかけつけてくれた。安心した。心強くなって、みんなで急いで車に利用者を誘導する。車で利用者全員を多賀城文化センターへ避難させようと考えた。この日の利用者は杖歩行の人が多くて、移動は時間がかかる。焦らせないように、ケガをしないように、不安にさせないように、一四名全員が車に乗った頃だった。

目の前の3メートルくらいの堤防から水が増してすごい勢いで流れている川が見えた。私達の介護施設は海から3キロの距離にある。わけがわからなかった。いつもこの駐車場から目にする景色は、堤防だけで、川の水位なんて見えない。むしろすごい速さで水位が上がっていく。やばいと思った。「ドア開けて!!」大声で叫んだ。スタッフ全員に車のドアを開けるように指示を出す。「川の水が溢れてくるよ、水圧でドアが開かなくなる! みんなを降ろして!!」。こうなると落ち着いてなんかいられない。とにかく急げ。それだけを思っていた。すぐに川の水は氾濫し、あっという間にひざ位まで水が上がった(意味がわからない。なんなのこれ?)。この時は恐いというよりも今、何が起こっているのかがわからなかった。

うちの施設は平屋である。どこが安全なんだろうと周りを見たら、隣のアパートの二階に立っている人と目が合った。「隣のアパートの二階に行くよ!!」。こんなに近い距離なのに水流と水圧のせいでうまく前に進めない。とにかく利用者が離れないように力いっぱい引っぱる。全員歩行で、中には自分の手でスイスイ水をかいてくれる人もいた。この時の水位は自分の肩まであった。「恐い~」と何度も言われたのを覚えている。隣のアパートに行くには自分の肩程の高さのフェンスを越えなくてはならず、スタッフとピストン輸送し、フェンスでは利用者をかつぎあげた。アパートの階段まで行くと立っていた人達も助けに加わってくれた。水の重さで服が大変な事になっていたけれど、一四名なんとか無事にアパートの二階へ移動完了。

アパートの二階から見た景色は、一面真っ黒の水で、うちの施設は屋根しか見えなくて、送迎車や近くの家の車は半分浮いて、ブザー音が鳴り響いていて、言葉にならなかった。一四名の中に目の見えない利用者がいました。私の手を強くぎゅーと握られた。言葉にならない想いが伝わって私も強く手を握り返した。放心状態になっている間もなく、次は雪が降ってくる。冗談じゃない。私たちは全員ずぶ濡れ。一四名は高齢者。嫌な予感がする。

このまま外にはいられない。二階の部屋すべてのチャイムを鳴らし住人がいないかを調べた。唯一つの部屋が開いていたのでそこにみんなを移動する。これは本当に奇跡的でした。部屋に全員入れたものの、濡れた衣類と冷えきってしまった身体、いつ高齢者の体が急変してもおかしくない状況でした。不安でした。六畳くらいの部屋に利用者一四名、スタッフ六名、玄関の方に女性が二名、男性が一名。そこの部屋にあった服を借り着替えられる人は着替えさせたが、着替えができない利用者もいた。そこの住人は男性一人暮らしでタンスにある服も少なかった。それに気づいて遠慮して「大丈夫」と言う利用者もいた。みんなを少ない毛布にくるませた。

男性の方がラジオを持っていて、ラジオをつけてくれました。「津波……死者……」なんとなく状況がつかめてきた。リュックにつめた食料も水に浸かってしまい、食べられるものはバナナ一房のみだった。真っ暗な中、利用者一四名でわけて食べました。このままずっとこのアパートの部屋にいるのか、救助が来るのか、期待と不安が交錯した。だけど、私たちはいつも施設で過ごしている時と同じような会話をした。「お昼何食べたっけ?」「今日のおやつはホットケーキで、盛り付けまでしたのに食べ損ねたね～」「今日が夏だったらこんなに震えなかったのにね～」「夏に六畳のこの部屋にこの人数だったら逆に暑すぎる?」「お昼のカレーおかわりしておけばよかったか?」「家に着いたら何食べたい?」などの会話をして過ごしていた。

無知だったからいつも通りの会話ができていたのか、それともみんなの性格なのか。本当はみんな恐くてたまらなかった。それでも私たちはみんな一緒なら大丈夫って自信があった。それだけ平穏な毎日の中で利用者とスタッフ間での信頼関係が築けていたのでしょう。

たわいもない会話をしていると空が明るくなりました。救助!?とそんな期待を持った。私は急いで玄関側の窓を開けた。目に映ったのは石油コンビナートの大爆発でした。ドーンという音と花火と比べものにならない位の明るさで炎が燃えています。周りでは大変なことが起きていると改めて気付かされた。とりあえず、黙って部屋に戻り利用者の血流マッサージやたわいもない会話をした。寝ている利用者、ウトウトする利用者が出てくる。スタッフ同士で安否確認をしながら朝を迎えた。

昨日の震災が嘘のような晴天で、玄関を開けたらいつもと変わらない景色になっているんじゃないかと思った。外で救助を待つが、一向に誰かが通る気配すらなかった。午前10時頃、やっと消防のボートが目の前を通る。スタッフと大声で呼んだ。無視されました。何度も呼んでやっと引き止めました。「すいません、高齢者一四名、スタッフ六名が逃げ遅れました。助けて下さい」。私はこれでみんな助かると喜びでいっぱいになったのだが、消防隊員から返ってきたのは「助かりたいの?」という、とてもひどい言葉だった。利用者一人一人の状態を話しても聞く耳を持たない姿に幻滅した。特変(糖尿病、心不全、狭心症)が考えられる利用者を先にボートに乗せて送り出す。「まだ残っているんです、次に救助に来てくれますか?」消防隊員は来てくれませんでした。

正午過ぎ、窓の外から名前を呼ばれた。見ると私の旦那が手を振っていた。水位がひざ位だったので消防隊が乗り捨てたボートを持って来てもらい、利用者をボートに乗せて、旦那を含めスタッフみんなでボートを押して救助しました。そこからは同市の指定避難所へ行き、家族引き渡しの形になりました。「大変だったね、無事でよかった。ありがとう」と涙する家族や、「これからが大変だ」と言う家族、無言の家族もいた。

一段落してから私も自宅へ帰ります。目に映る七ヶ浜は変わり果てていて、涙しか出ませんでした。生き残る方が辛いと何度も思った。先が見えなくてとても不安だった。涙をがまんしてがんばっている姿を見た。「周りと比べてはいけないよ」と言われた。ひやかしで七ヶ浜を見に来る人に怒りを覚えた。支えてくれる人がいた。泣ける場所を作ってくれる人がいた。笑顔をわけてくれる人がいた。

あの日から四ヶ月。普通の生活に戻りつつあります。5月から同じ場所で施設をリニューアルオープン、再開しました。それまではスタッフと施設の片づけや利用者の訪問、系列の施設にお風呂を借りに利用者を連れて行って入浴支援をしていました。

たくさんの経験をした。きっと千年に一回の貴重な経験になるのでしょう。自分の目で見た正も否も大事な糧となり、今の私は3月11日以前の私よりずっと強く生きています。


(脱稿:2011年9月11日)

遊園地のコーヒーカップのように回る車

産業道路　多賀城市

川嶋　由子

宮城県多賀城市栄にある産業道路添いSONY近くで事務の仕事をしていた時に悪夢は起こった。会社にはたまたま私一人で、他の社員は皆外回りでいないなか突然の出来事だった。それまで、頻繁に宮城県沖で起きていた地震と違い今までに体験した事のないすさまじい揺れが「ゴゴゴー」と下から突き上げるような地鳴りとともにやってきた。私は恐怖のあまり震えが止まらず、心臓が張り裂けそうになった。立ち上がることができず、私は、倒れこむように机の下で身を丸くし、じっと待っていたが地震はなかなかおさまらなかった。

会社の中は、足の踏み場がないほど神棚やパソコン、本棚が落ちて散乱していた。ちょうどその時、「大丈夫ですか?」とメーカーの人が会社に来たのだった。「危ない……早く外に出た方がいいですよ!!」と言われ、私はその方に机の下から出していただき、外に出た。この時までは、私もメーカーの人も津波が来るという意識は全くなかった。二人で「この異常事態、何かおかしいですよね～」と話しながら、周りの様子や会社の倉庫の中が大丈夫か確かめていた。

すると、「ツルールー」「ツルールー」と事務所から電話の音がした。電話に出ると山形営業所の所長からでした。あせった様子で「大丈夫、大丈夫、今、一人なの!!」「気をつけてね!」という電話だった。私は「今、メーカーの方といるので大丈夫です」と言い電話を切りました。そしてすぐに停電になった。会社には他の社員もいなかったので、このまま逃げることはできないと思い、私はどうにか会社の金庫の中の書類や経費を自分のバッグに移し変え外の駐車場に出た。

停電で情報がない中、携帯のワンセグをつけ今の状況を確かめた。マグニチュード9・0最大震度7国内最大の地震だった。所長も配達から急いで帰ってきた。あまりにひどい会社の中を見てびっくりし、愕然としていた。地震もなかなかおさまらない……危ないと所長が私にヘルメットを渡してくれた。所長も「すぐ戻るからちょっと待ってて」と家族が心配で、自宅の様子を見に急いでバイクに乗って行きました。

すると隣の会社（フクダ電子）から何か叫ぶ声が聞こえた。逃げろ！　逃げろ！「津波が来た」「津波だ」と……。後ろを振り向くとチョロチョロと津波の第一波が押し寄せてきた。ワァ～!!　本当だ！　足がガクガクして一瞬体が動かない。電信柱も凄く揺れていた。停電で防災無線の機能は停止していた。以前に聞いた事のある、緊急のサイレンの音だけが何回も何回も鳴り響いていた。確かに大きな地震だったが、まさか津波がすぐそこまで迫って来るとは思いもよらなかった。周りを見渡すと手を取り合いながら、避難場所に逃げている人達が三十人くらいいた。耳に入って来る情報を確認する余裕など、その時の私にはなかった。

一刻を争う状況でどこへ逃げればよいのか？　とにかくここから離れ家族の元に戻らなければ、渡されたヘルメットをかぶり車に乗り込んだ。この判断がのちに自分の生死を分ける行動になるとは思っていなかった。このまま、逃げずにいたら津波に流され命はなかった。後でわかった事だが、会社は津波に流され跡形もなく崩れ、トラック三台と乗用車二台が倉庫の中に流れていた。

会社から出て多賀城のうまい鮨勘から左右を見渡すと、津波の流れが速くなだれ込むように流れて来る。あっと言う間に猛烈な速さで仙台方向へ一気に押し寄せ、車は重なり合い、大木やドラム缶、自転車、バイク、物置きなどさまざまな物が凄い勢いでどんどん流れてきた。

産業道路は動けなくなった車で渋滞になった。どうにも前に進む事ができない。必死になってしっかりハンドルをつかんでいた。グルグル回る車の中で何回も頭を打ち付けられた。車の中には足元から水が入ってきて冷たい。水は泥臭く体の芯まで（ひゃっと）染み渡ってきた。腰まで上がってきて逃げようにも逃げられない。「もう～だめだ！」「このまま流されて死んでしまうんだなあ～」と思った。まるで、遊園地にあるコーヒーカップに乗っているかのように車がぐるぐる回りながら流されていく。車はぷかぷか浮いた状態でどんどん流されていった。屋根の上にいた人が私に向かって何か叫んでいた。「窓を開けて逃げろ」「窓を壊せ」……。何回も携帯電話で窓を壊そうとしたが全然壊れそうにない。このままどこへ流されて行くのか？　車の中で一人動揺していた。「誰かお願いだから助けて～」「お願いだから」……「ヒロ、ヒロ助けて……」と姉の名前を呼んでいた。心の中で叫んだ。不安と恐怖のあまり涙がどんどん出てきて、本当に「私、このままここで、死んでしまうんだ」と思った。家族の顔、両親、姉の顔、皆の顔が思い浮かんだ。

その時、私の車だけが大通りから逸れ、ホテルキャッスルの細い脇道に入って行った。一瞬波が弱くなったのだ。その瞬間私は「チャンス」だと思い、車のドアを何回も何回も開けてみた。すると、ドアが1～2センチだがわずかに開いたのだった。「ここで死ぬわけにはいかない」と思い、水圧が凄い中、ドアの開いた隙間に足を突っ込みながら全力で力を振り絞り、必死で貴重品、免許証が入ったバッグを持って車の屋根にあがった。しかしそれからは、また津波に流されるまま車ごとのみ込まれ横転し……車の屋根から投げ出されブクブク沈み溺れた。流された石油タンクから油が流出し、ドロドロしていた。

私はそんな中、海水を飲み顔をアプアプさせながら「助けて、助けて」と必死に叫んだ。1～2メートル位流されただろうか？　溺れかけていた私の手に「ガツン」と何か硬い物があたった。「フェンスだ!!」「絶対手を離すものか」。私は必死でフェンスをつたって物置の屋根へよじ登った。みぞれが深々と降ってきて、体の震えが止まらなかった。全身びしょぬれになり服はどっしり重い状態だった。私の叫ぶ声を聞きつけたマンションの人達が駆けつけ、私に声をかけ勇気づけてくれた。マンションと私がいた距離までは、高さにして2メートルぐらいだったと思う。二階から毛布を投げてくれた。私はすぐに毛布で暖をとったが体の震えは止まらなかった。次にロープを投げてもらい体に巻きつけた。皆がいっせいに二階まで引っ張り上げてくれた。その時本当に「助かったんだ」と実感した。同時に「よかった～よかった～」と皆も喜んでくれた。

マンションの人に乾いた下着をいただいて、着替えさせてもらった。あと何分か遅かったら……今ごろは、津波に流され命はなかったと思う。過酷な状況から助けていただいた方々に感謝の気持ちでいっぱいになった。その後も地震が発生し火事が起こり、あちこちで煙が立ち上っていた。「バフォーン」「バフォーン」。ガス爆破の音、救急車や消防車のサイレンの音が鳴り止まなかった。生死に関する情報も得られない中、私の家族は皆無事なんだろうか……いろんな事を考えていた。とてもとても長い一日で、夜は一睡もすることができず助けて頂いた方の家で少しのご飯を分け合いおにぎりにしてもらって、八人で一個ずつ食べその夜を明かした。

そして朝になったが携帯も使えず、連絡をとるすべもない。でもとにかく家族の元に戻らなければと思った。道路はいたるところで地盤沈下や冠水していて、周囲の家は跡形もない、変わり果てた風景がそこにあった。そんな状況から目をそらしたくなりながらも、私は多賀城から自宅のある塩竃まで二時間かけて歩いて戻り、やっとたどり着いた。家族と無事に再会……言葉なく抱き合い、こみ上げる気持ちで涙がどんどんあふれ泣き崩れた。無事自宅に帰ってこれたのだ。体から急に力がなくなり茶の間に倒れこんで横になり、少ししてから自分の生死を伝えようと会社の東京本社へ携帯電話をかけてみた。連絡がつき、みんなは私の声を聞くなりビックリした様子で「大丈夫、よかった、よかったね」と喜んでくれた。その時、「本当にありがたいなぁ～」と感じました。

三日後、私は流された車を探しに溺れた辺りに行ってみた。私の車は、多賀城桜木セイユウ駐車場近くに泥まみれ、傷だらけボコボコ状態、なまなましく止まっていた。車の傷跡を見て、津波の凄さと恐怖を改めて実感した。車のガソリンは抜かれていたが、中から自動車検査証とクッションシート、買ったばかりの靴を取り家に持ち帰った。水が飲める大切さや部屋に明るい電気が点く喜びをこれ以上にありがたいと思った事はなかった。今まで普通に生活してきた中で当たり前だと思ってきた事ばかりだった。私は奇跡の生還を果せたけれども、今回の地震で多くのかけがえのない命が失われたことが、頭の中をよぎる。皆さんに救っていただいた命、これからも大切にし帰らぬ日々の思いを痛感しながら、社会に貢献していきたいと思っている。私はこの体験を一生忘れることはないし、絶対忘れてはいけないと思う。

（脱稿：２０１１年11月５日）

コンビニの屋根に避難する

仙台新港

黒瀬　英文

3月11日　私は、今回の地震による津波で被害を受けた仙台新港にあるコンビニで副店長として働いている。3月11日はいつもどおり10時に出勤し、発注や掃除をした。今日も張り切ってがんばろうと思い、仕事をしていた。

2時46分頃巨大な地震が発生し、店のあらゆるものがガダガダ崩れそうになり、商品や、コーヒメーカー、冷蔵庫などあらゆるものが落下した。横揺れがとても激しかった。私は今まで経験したことがない地震だと感じたので、内心はとても怖かった。しかし、私はこの感情を抑えて、まずは店の再開に向けて、割れたお酒の片付けに取り掛かった。お店中がお酒のにおいで充満していた。地震発生から約10分、もともといた作業着姿の人や家族連れのお客様、店にいる人全員が、それぞれの車で逃げようとしたが、店の前の大きな道が車で渋滞し逃げる余裕もなかった。掃除をしていると、逃げるために避難用の物資が必要だと言って、お水、パン、弁当、お菓子などを買いにお客様が次々と来店した。オーナーの指示で、ワンセグ対応の携帯電話でテレビを見た。しかし、画面が小さく見づらかった。ちょうど一年前、津波警報が出されお店を一時閉め避難したが、津波は来なかった。その事から、海が近いとはいえここまでは来ないだろうという油断が私の中にあった。

私はそのまま店の掃除を続け、一刻も早く正常に戻したいと考えていた。地震から約三十分後、突然お客様から「津波だ！」という大きな声が聞こえた。私はあわてて外に向かった。東の方向を見ると百メートル先からゴーと川が流れてくるような津波が見え、あっという間に私のいる地点までじわじわとゆっくり水が入ってきた。水位が上がり、膝あたりまで浸水した。オーナーと私、従業員含めて総勢二十名近くの人がその場にいた。この時、あるお客様が「屋根に上がろう！」と一声を発した。私はとっさの判断で、店の裏側に向かった。

そして、お客様が屋根に上るために、お弁当などが搬入される時のプラスチックの箱と荷物を運ぶ台車を何段も互い違いに積み重ね階段を作った。幸い隣には大型トラックがあり、箱が流れずに済んだ。特にご高齢者、子供は大人の男性の力を借り、声をかけ合って優先して、本来は上がれないコンビニの屋根に上った。二人は下から体を持ち上げ、もう一人は手を取り全員を屋根に避難した。私は高齢者の体を持ち上げる作業を手伝った。約十分で避難者全員が上り終わった。

約3メートルの高さのある屋根に上がった時の光景に私は目が点になった。あたり一面が浸水状態になっており言葉がでなかった。お客様は唖然とした表情を浮かべ「これはだめだ。ただ命があるだけでもうけもの。これからやり直せばいい」と言った。ヘドロを含んでいる黒い津波があたりを埋め尽くすように流れてきた。渋滞して目の前を埋め尽くしていた車は、波に流され、なくなった。その時お客様は避難できないという不安感があり、とにかく早く救助を待っていた。さらに、東側にあるキリンビール工場の裏側の方では大きな火事が発生していた。状況の深刻さを受け止めつつ、このまま屋根の上まで水位が上がり、ここにいる人全員が流されるのではないかと心配した。

幸いにも、お店はその他の地域とは違って比較的土地が高く作られていたようだ。他方、お店の裏の住宅地では、80センチはあろう波がゴーと音を立てて流れていくのに、こちらでは私たちが流されるほどの高さまで幸いにも上がらなかった。私は様子を見にお店に行った。店は二重のドアで閉めていたにもかかわらず、中は膝ぐらいまで浸水しており、床に近いお弁当などの商品は駄目になっていたが、床から高く陳列しているおにぎりなどの商品は無事だった。

その後、突然雪が降ってきた。こんな時になぜ雪が降るんだと怒りを感じた。私やオーナーはこの寒さを凌げるように、お店からお客様が避難しているコンテナまで歩き、ホッカイロ、ホットドリンク、携帯電話の充電器をカゴを使って運び、提供したが、体が震えるような寒さを凌ぐことができなかった。屋根には子供、ご高齢の方がいて一度津波に浸っていたため全身が凍える状態で、何とかしなくてはならないとみんなが考え始めた。ちょうど、店の隣に大きな荷物が詰める横幅約10メートルもする大型コンテナトラックが駐車していた。お店の地盤は、大型トラックが流されるほどの波は上がらなかった。

このまま屋根で過ごしていたら、体調が悪くなる人が出てくる可能性があると考え、全員でコンテナの中に避難し、せめて寒さを軽減する必要があると、常連のお客様と私は話した。そのお客様は家族全員一緒に避難しているので必死だった。あるお客様が運転席で津波から難を逃れていたドライバーさんに交渉したところ快諾してくれた。大人の男たちはまずは浸水している所に大きな台車を倒し橋を作った。そして高齢者、子供たちを下に下ろす作業を行った。一人は上から手を持ち、もう一人は下で体を支えて慎重に下に降ろした。その間私は屋根の上で屋根から下りる順番を待っていた。そして屋根に登った人は全員トラックに避難した。このトラックは津波の影響がなくエンジンが動いていたので、コンテナの中は蛍光灯があり、明るかった。食料はオーナーに許可をもらい、お店から無償提供して時間を過ごしていた。

想像を絶する寒さに時間がたつのが遅かった。体格の良い私が震えあがるほどの寒さだ。他の方々の寒さは服を何枚も重ねていたが、計り知れない。コンテナの中では店の様子が分からなかったので、防犯のためオーナーと二人で店に戻った。幸いにもレジのある机の上までは浸水していなかったので、机の上に座って、ひたすら時間が過ぎるのを待った。しかし、トラックの中ではさらなる問題が発生した。トイレだ。幸い、お店のトイレは便器から上まで浸水していないので、用を足すことが可能だった。トイレに行きたい女性、高齢者、子供は男性が先導して一人ずつお店まで案内して行ってもらった。男性は、特に小は立って行っている人もいた。

地震発生から四時間後、あたりが暗くなり寒さが増していた。キリンビールの裏側では火事がまだ沈静化していなかった。その証拠に空を見上げた時、赤色に染まっていた。まるでプロ野球ナイトゲームのような明るさ。この火事は後に、多賀城の石油工場の火事で大規模なものだったと知る。津波の水位は40センチくらいまで下がっていた。オーナーは私たち従業員が心配で、オーナー、私、従業員の三名をオーナーの車に移動させ、寒さを凌ごうと考えていた。40センチくらい膝上の水位だったため車のドアを開ける事が可能だった。しかもオーナーの車はエンジンが動いていた。三名はオーナーの車に移動した。シートは幸い濡れていなかった。ワンセグ対応のナビのモニターを見た。

この地震の脅威をこの時初めて理解した。そしてなんとか寒さは解消された。この時お店は鍵を閉めていた。私は家族の安否が分からないので、地震発生からずっと携帯で電話をかけ続けていた。ようやくつながり家族の全員無事を知った。とにかく安心した。その頃、お店の浸水の水位は退き始め、トイレは容易に行く事ができた。幸い水道はきちんと動いていた。トイレに行きたい人がいろんな所を彷徨っていた。私はお店を開けてトイレに案内した。中にはタバコを買いたい人がいたので、正規の料金で販売した。

地震から八時間後、警察がレインコートを着用して徒歩でお店に来た。まだ浸水しているためパトカーは来ることができなかった。警官から「東側は火事、また津波可能性がありここにいるのは危険で、すぐに避難所である高砂市民センターに避難する必要がある」と説明を受けた。お客様は歩いて避難所に行くことに戸惑いがあった。店の場所は水位が低くなったが、あたりは水位がまだ高くしかも暗闇で全員歩けるか不安だったためだ。店に避難している人は、避難所に行くか否かを話し合うことになった。結論はみんな徒歩で避難所に行くことになった。身長が低い子供は警官や背の高い大人が背中におんぶして避難することになった。

津波が到来した直後に比べれば、水は引いた。だがそういっても約80~90センチはあった。泥水の中をザブザブと音を鳴らしながら道を歩いたが、とても冷たく足は冷え、寒さは倍増した。警官からは津波が原因でマンホールの蓋が空いているため危険だという説明を受けた。警官が先頭に立って歩き始め、みんなは手をつないで二列で一歩一歩地面を確かめながら歩いた。しかも側溝や蓋の開いたマンホールに落ちてしまう恐れがあったため、道路の中央分離帯を歩いた。また、夜で水の中が見えないため段差で足がひっかかり転んでしまわないように、警官の掛け声の下、段差があった時はここに段差があるよとみんなで一声を掛け合って歩き、見知らぬ同士であったが、一致団結して避難所の高砂市民センターに向かった。

高砂市民センターに着いた私は、壮絶な光景を目にした。床に座っている人、寝ている人が多くいた。私はこの地震は大惨事であることを初めて認識した。しかも毛布の確保が大変だった。避難所職員が私のところに毛布を渡しにやってきた。とても嬉しかった。私はその毛布を横にいるアルバイトクルーと一緒に使うことにした。私は足元に毛布、体にはダウンジャケットを着て寝ることにした。足が泥だらけになり、せめて靴下は脱いだが、あまりの寒さに眠れるはずもなかった。トイレは使用できた。用を足した後は、便器の隣に設置してあるバケツの水を自分で流さなければならない。電気は自家発電だったので、比較的明るかった。

地震発生から一七時間後夜があけ、一緒に避難したお客様からお店の回りの津波が引いたという知らせがあった。私は早速、オーナーと共に店に戻った。オーナーの車が幸いにも動いていたので、取りに行く必要があった。前日は暗く水かさがあったため気づかなかったが、店の周りは瓦礫の山になっていた。キリンビール工場の製品がお店の駐車場に流れ、人々はそれを拾いにきていた。しまいには、軽トラックで拾った飲料を運んでいた人も見かけた。地震の影響で道路が陥没し、さらに津波が押し寄せたこともあり、店の前にあった信号は地面に横たわっていた。とても悲惨な状況だった。駐車場に停めていた私の車は海水に浸かっていた。車体は正常だったが、車のキーを回しても反応しないので、もう使えないことが容易に判断できた。しかし、私はその状況を見ながら負けていられないと決意し、オーナーの車で若林区にある私の自宅に送ってもらった。

3月14日　私はオーナーと一緒に再びお店に戻った。お店に着いたときちょうど警察の人がいたので、聞いてみると、窃盗があって一一〇番の通報があったのである。玄関の鍵の近くのガラスが割れていた。中に入ると床には水がなく、泥と泥まみれになっている商品がゴロゴロと散らばっていた。泥がついていない商品やレジ、お金や金庫の中のほとんどが盗まれていたのだ。さすがにこのお店はもう開店できないという絶望感に襲われた。とりあえず、お店の窓に外から見えないように他のコンビニと同様新聞を張り、残りのお金を持って帰宅した。この日クルーの安否確認をした。連絡したクルーは全員無事と知ったが、「津波で家がなくなった」「震災でもう家に住めない」「仕事をやめたい」とクルーに言われショックだった。何か助けてあげたいが、住居がないという事態の深刻さに何もできない自分がもどかしかった。それとは対照的に、お店のことを心配し、「何かあれば手伝うので声を

かけてくださ い」と言ってくれたクルーもいた。とてもうれしく、信頼は大切だと思った。

3月15日　この日以降は、もう一店舗である若林区にあるお店で働いた。オーナーの所有する二店舗目のお店である。開店時間になるにつれてお客様が長蛇の列となっていた。しかし電気がないのと商品がないので、お店に五人までとし、商品の数は一カゴまで、12：00までとした。

それから約一四日後に電気が復旧し、レジが使えるようになったので、営業時間も少し長くすることができた。商品に関してはカップラーメン、お水、電池、しかも数も少なく納入されないので、お客様には大変ご迷惑をかけたと思っている。地震によって物流拠点と流通がストップしたと聞いた。時間が経つにつれて商品の数は多くなり、多くのお客様に商品の提供を行うことができた。その間、仙台新港店のクルーと連絡を取り続けていた。どんな生活をしているのか不安だった。もし、必要ならば自分が支援物資の提供をしようと考えていた。このもどかしい気持ちを何とか解消したかった。

その頃私は、両親も共働きだったので、食料を調達する必要があった。仕事は人手が足りており、長く勤務する必要がなかったからだ。近くのスーパーは長蛇の列であった。一～二時間待ってようやく買い物ができた。特に、ガスが通っていないので、ボンベで生活をする必要があった。ボンベなのですぐに食べることができるカップ麺やレトルト商品の獲得が不可欠だった。ホームセンターでは三時間待ってなんとかボンベを手に入れ、スーパーの買い物は二時間並び、やっとカップ麺を二個購入することができた。普段、すぐに手に入る商品が、こんなに時間や労力を使うことになるとは夢にも思っていなかった。

ほとんどのスーパーは長蛇の列だった。数日後また近くのスーパーに一時間かけて並び買い物をした時、なんとお弁当を発見した。一つ五百円で、少し高いと思ったが久しぶりに白米を食べることができる思いで、思い切って三つも購入してしまった。とてもうれしかった。あらためて白米の大切さを感じた。震災から約十日後、電気が、そして一ヵ月後ガスが通りようやく普段の生活に戻った。

3月18日頃　オーナー夫妻が新港店に様子を見に行ったところ、もう一回窃盗があったと分かった。私はそれをテレビのニュースで知った。あわててオーナーの携帯に電話をかけた。オーナーによるとニュースに放映された時はすでに警察の事情聴取を受けている最中と説明を受けた。後日オーナーと私はお店に行った。報道のとおり、お店の東側のガラスが割られ、そこから侵入し商品が盗まれた。しかし元々津波で商品がゴロゴロと散乱しているので具体的に何が取られていたのかは判別できなかった。しかし以前と比べて商品が少なくなっていることだけは判断できた。

3月30日　コンビニ関係者五人とオーナー、私と一緒に新港店の掃除を開始した。もう一度このお店を開店することになったからだ。とてもうれしかった。みんな総出で床のヘドロや、商品価値がないものを全部処分した。二日間で終了した。しかし電気がまだ通っていない。暗い中、懐中電灯で作業していた。これで私も希望が叶う時がきたので、その暗さに不便さを感じながらもうれしい気持ちでいっぱいであった。

4月7日　大きな余震があった。お店の中に商品は何もないが、また津波が発生してしまうという心配があった。しかし、店は深夜営業していないし、商品もない、津波が押し寄せなかったので、オープンへの影響はなかった。4月11日、新港店の開店日が4月18日と決まったとオーナーから報告を受け、ようやく安堵の気持ちになった。

4月17日　開店に向けて商品が納入されるので、クルーとコンビニ関係者と総出で、商品の陳列の作業に取り掛かった。その時震災から初めてクルーに会うことができたので、思わず握手をしてしまった。私は夜勤のため9時に出勤し、13時頃一旦帰宅して同日22時から朝まで勤務をした。お店の周りは地震のためとても暗かった。

4月18日　ついに午前7時、新港店が開店することができた。ようやく目標を達成したという気持ちになった。多くのお客様が来店され、その中には常連のお客様がいた。まるで感動の再会のように「大丈夫でしたか」と大きな声で言ってしまった。仕事が忙しいので声をかけるだけで、震災直後の話をすることができなかった。後日、いろんなお客様に震災後の話をした。家を流された人もいれば倒壊を免れた人もいた。この話を聞いて、私よりももっとひどい目にあった人が多くいたことを知った。

生まれてから経験したことのない巨大な地震が起き、私は命があってもうけものだと思った。最初は地震で店は崩れ、窃盗事件が起き、もう再オープンできない絶望感があった。今回、お店をオープンする決断をしたオーナー、協力してくれたコンビニ関係者の皆さん、震災後またこのお店に戻ってくれたクルー、お店に新たに加わったクルーに、そして地震時、避難誘導に積極的に指揮をしていただいたお客様に心から「ありがとうございます」と申し上げたい。

今回、この体験談を書く機会を与えてくれたことで、あらためて感謝という気持ちが大切だと思った。私は一人ではこの困難を乗り越えることができない。しかしみんなで力を合わせたらこの困難な目標も実現できるという人の力を知った。戦国武将武田信玄には「人は城、人は石垣、人は堀、情けは味方、仇は敵なり」という名言がある。つまりただ立地条件がいいお店があったとしても、人の信頼や協力がなくてはオープンすることができないと改めて感じた。この震災を通して人の輪、人の力を再認識することができたと感じている。

（脱稿：2011年4月30日）

夢半ばで逝った息子を想う

名取市閖上　　　　小原　武久

「まさかの出来事」の始まり

11年3月11日（金）の午後2時46分は、仙台銀行ＴＧ会の役員と打ち合せを終えて大学（土樋キャンパス）に戻るためタクシーに乗車していました。そして、タクシーが東北大学の正門に近づいてきた時に車内のラジオから〝緊急地震速報〟が流れた直後、車体が大きく弾むように揺れたので、運転手が東北大学正門の前に車を止めました。私は車窓から外を眺めていると屋根瓦が落下するのが見え、また路上を歩いていた男性がしゃがみ込む姿を目の当たりにし、とっさに自宅にいた息子を思い出し、息子の携帯に電話しました。

昭和58年12月1日（午後11時11分）に生れた一人息子は、中学校と高等学校を東北学院で学び、大学は西宮市にある関西学院大学法学部に進学しました。私が勤める東北学院大学に進学しなかったのは、恐らく初めて親元から離れ学生時代を謳歌したかったのでしょう。大学を卒業した息子は、一旦アパレル会社に就職するも半年後に大阪本社から東京支店への転勤を機に、総合保険代理店に再就職しました。その総合保険代理店が09年11月に倒産したことが「まさかの出来事」の始まりだったかもしれません。

息子は勤務していた会社が倒産し解雇されたことを受けて一人で東京都内の勤め口を探していました。しかし、役立つ資格を何一つ持っていないのに加え経済不況を反映してか就職できず、結局不本意ながら10年2月17日（水）に閖上の実家に戻りました。親として想像するに、息子は東京で就活している間、資格がいかに大事であるかを痛感させられたものと思います。

実家に戻ってきた息子は、しばらくの間（一ヶ月半）自宅にこもり、パソコンをいじりながらこれからの人生を考えていたようです。そして、4月になり気候が暖かくなった頃には〝自分探し〟のためマウンテンバイクでよく出掛けていました。また、それは自宅でのこもり生活が続き、運動不足で太ってきた体形が少し気になっていたかもしれません。朝食を終えると息子は毎日のように出掛け、遠くはみちのく杜の湖畔公園、薬莱山《やくらいさん》、昭和万葉の森、松島海岸などまるでストレスを解消するかのように出掛けていました。そして、帰宅してからの午後はほとんど毎日パソコンインストラクターの資格認定試験の勉強をしていました。「なんで今さらパソコンインストラクター？」と思うこともありましたが、息子のそんな姿が可哀そうにも見えました。また、二六歳にもなって定職に就かない息子に対し、家内が「いい加減に就職活動したら」と言って口論になったこともしばしばありました。しかし、息子はなぜかいつも冷静で一言も泣き言は言いませんでした。そして必ず「心配かけないから」と言って、実はパソコンインストラクターの資格と一緒にファイナンシャルプランナーの資格も目指していました。

息子は毎朝午前5時45分になると二階の自室から下りて、愛犬エッグ（ポメラニアン）の散歩に出掛けるのが日課でした。そして6時15分には「ただいま」の声と一緒に家族団らんが始まります。ちょうど3月11日の朝は、イチゴケーキの作り方を家内に教えてもらっていました。ホワイトデーのお返しと思います。また、前夜の天気予報では3月11日の朝は雪が積もっているとのことで、雪道を運転しない家内は私の車に同乗して勤務に向かう予定でした。ところが予報が外れ、朝起きてみると雪景色は全くありませんでした。息子は資格試験の受験料を納めるため家内の車を利用するはずでしたが、「双葉さん今日早く帰ってくるの？」と尋ね、家内が「どうして？」と聞き返すと「早く帰ってきてくれれば、その後に受験料を納めに行くから今日車で行っていいよ」と息子が話していました。その時点ではまさかあのような地震が起きるとは思っていませんでしたので、家内は息子の言う通り自分の車で勤務先に向かいました。

前述のように、息子の携帯と自宅に何度も電話しましたが、一度も繋がりませんでした。東北大学正門前に少なくとも五分は停車していたと思います。大学に到着したのは午後3時頃でしたが、教職員と学生が大勢本館前のロータリーに避難していました。余震が何度も続き、そのたびに悲鳴が上がっていました。私は自宅にいた息子のことが心配で、その後も何度も携帯と自宅に電話しましたが、結局一度も繋がりませんでした。ただ、その時は津波のことは全く頭にありませんでした。

午後3時過ぎに弁護士の配慮で法律事務所に勤める家内と本学で合流し、先ずは安堵しました。家内も息子に電話し、またメールも何度も送信しましたが、やはり繋がらずメールの返信もありませんでした。そうしているうちに、本学の委託業務の技師として勤務している同郷の先輩が「小原君、仙台空港に津波が来ている」とワンセグテレビを見せてくれました。私と家内はその映像を見て「もしかして」と一瞬思いましたが、画面が小さく被害の状況もよく分かりませんでしたので、息子は自宅の二階に上がっていればきっと大丈夫と高をくくっていました。

午後5時になって解散命令が出たので、私と家内は自宅のある閖上へ真っ先に向かいました。停電のため信号機は点灯しておらず、大学の駐車場から旧国道4号線に出るのに三十分以上もかかりました。渋滞している車内のラジオで若林区荒浜に二百から三百体の遺体らしきものが浮いていることを知り、その時はじめて津波の大きさを知りました。そして、いつも通勤で通っている道は冠水していると判断し、仙台バイパスから閖上街道を目指して車を走らせました。しかし、至るところ渋滞が続いていましたので、ラジオの情報だけは聞き逃すまいと聞き耳を立てて運転していました。そしてその時でした。「閖上小学校と閖上中学校に二千名が避難している模様」とラジオから流れ、即座に「息子はきっと二千人の中にいる」と思い込みました。自宅と一番近い閖上中学校でも直線距離で700から800メートルは離れていました。まだ二七歳の若さなので、ゆっくり走っても間に合うはずと思っていました。そしてその時思ったのは、「もし車を置いていれば息子は助かったかもしれない」でした。すべてが〝たられば〟ですが、その時は本当にそう思いました。

海岸から約4キロ手前にある閖上街道の高柳に着いたのは午後9時前でした。消防車が前に止まっていて、道路が冠水したためこれ以上進めないのは明らかでした。自宅に向かうのをあきらめ、仕方なく名取市役所に行きました。市役所に入ると三階に行くよう指示がありましたので、何気なく三階に上りました。すると、東北学院同窓会名取支部長から「小原君、閖上は壊滅だ」と告げられ、自分の体が震えているのが分かりました。名取市役所内は自家発電で電気が照らされ、三階にある二台のテレビモニターが津波で襲われる閖上を何度も繰り返し放映していました。家内と一緒に見ましたが、まるで悪夢を見ているようでした。

我が家だけでなく、閖上すべての家屋が津波で流失したことを知り愕然としました。ただ、息子の安否だけが気になっていました。名取市役所にこれ以上いても仕方ないので、とりあえず避難場所に指定されている名取市文化会館に行きましたが、避難してきた人で一杯でした。毛布も不足しているみたいで、座るところもなく、老若男女問わずほとんどの人が立っていました。名取市文化会館にこのままいるかどうか、家内と思案している時、家内の弟の奥さん（義理の妹）から家内にメールが入り、言葉に甘えて河原町にあるマンションの集会所に泊めていただきました。集会所に着いたのは、午後11時30分を過ぎていました。

一睡もできずに迎えた朝は、とても寒かったのを覚えています。息子の安否だけが心配で眠れませんでした。朝食もろくに取らず、先ず向かったのはやはり名取市役所でした。そこに行けば何か情報を得られると思ったからです。案の定、閖上小学校と閖上中学校に避難した人たちが名取市愛島《めでしま》小学校に移送されることを知りました。そして、期待を膨らませながら家内と誰よりも先に愛島小学校でバスの到着を待ちました。しばらく待っていると何台ものバスが到着しましたが、そのたびに息子を探しますが見当たりません。すると自宅の向かいに昨年4月に引っ越して来た斉藤さんの旦那さんに会うことができました。

すると「すみません。聖也君と一緒に車で逃げようとしたんですが、津波が押し寄せて来るのが見えたので、とっさに私の二階に逃げました。聖也君はエッグを抱いていました。すると津波が一気に襲い掛かり、あっと言う間に津波に飲み込まれてしまい、後は全く記憶がないんです」と話してくれました。その斉藤さんは直線距離で自宅から約1・5キロ真西にあるコンビニまで流され奇跡的に救出されたそうです。私と家内は斉藤さんが助かって本心から喜びました。そして、斉藤さんのお陰で少なくとも息子の最後の様子が分かり大変ショックでしたが、分からないままに終わるより分かって良かったと思いました。とすれば、ここで待っていても息子はバスから降りて来ないことも分かったのです。一緒に津波に流された斉藤さんが助かったのだから、きっと息子も助かっていると自分に言い聞かせました。

3月13日（日）は終日避難所巡りでした。前日も避難施設を家内と回りましたが、残念ながら息子と出会うことができませんでした。無我夢中でこの日も数ヶ所の避難所を回って息子を探し続けました。また、翌日の3月14日（月）は最悪のことも想定して息子の勤務先に家内と一緒に状況報告に伺ったところ、息子の上司から息子が使用していたメガネやひざ掛け、それに応募時に使った履歴書などを形見として返されました。そして、いよいよ3月15日（火）から旧仙台空港ボウルに毎日通うことになりました。旧空港ボウルが名取市の遺体安置所になっていたからです。

悪夢が現実に―悲しい息子との対面

私の主治医（千葉純治先生）家族とは長年家族ぐるみの付き合いをしていたお陰で、息子はまるで千葉家の三男のように扱われてきました。震災のあった翌週から毎週土曜日と日曜日、それに祝日は千葉先生と長男の貴治君（歯科医師）が息子の遺体を確認するため旧空港ボウルに駆けつけてくれました。毎週空港ボウルに来ていただいても、息子は現れませんでした。仙台では電気が五日後位には復旧しましたが、都市ガスは復旧するのに一ヶ月かかりました。その間、多くの市民が日常生活に支障をきたしていました。震災後の仙台は珍しく寒く、雪が積もった日もありました。路面が凍結するほど冷えた朝もありました。そして、千葉先生（オール電化住宅）から誘いがあってお風呂に入ったのは3月19日（土）でした。毎週土曜日にお風呂（と夕食）をいただきに千葉先生宅を訪ねることになりましたが、湯船に浸かるたびに「聖也ごめんね。冷たい水の中にまだいるんじゃないだろうね。外は本当に寒いのに、パパたちだけがお風呂に入ってごめんね」と何度も心の中で謝りました。

3月26日（土）の夜も同じです。いつものように家内と義母と三人でお風呂をいただきましたが、最後に一人で湯船に浸かっている間、心の中で「ごめんね」と聖也に何度も謝りました。毎週息子探しを手伝ってくれた千葉先生が翌日に石巻市の旧北上町で診察があるということで「聖也はなかなか出てこないね。明日、葉子さん（義母）

を連れて行ったら聖也が出てきそうな気がする」と助言されたので、翌日は義母を連れて三人で閖上の自宅を経由して旧空港ボウルに行くことにしました。

遺体安置所には自衛隊の大型トラックで午前11時頃と午後1時頃、そして午後3時頃に遺体が搬送されてきました。毎日通うと自然に搬送時刻が分かってきました。多い時で二台のトラックで一度に二四体が運ばれてきました。

3月27日（日）は軽い昼食を済ませ、義母を閖上の自宅に連れて行き、その後初めて旧空港ボウルに連れて行きました。そこで不思議なことが起こりました。閖上の自宅の前はまだ瓦礫が撤去されていませんでしたので、車を大通りの脇に停めて徒歩で行きました。数分後、車に戻ってきたら運転席の窓ガラスが半分開いていたのです。私は砂ぼこりが車内に入ってこないように窓を閉めたのですが、車に戻ってみると半分開いていたのです。結局、運転席の窓は全開し、パワーウィンドーの窓を手で押し上げて何とか車を走り出すことができました。そして、窓を手で押し上げて走れるようにしている間、家内が「聖也が呼んでいる！　早く空港ボウルに行こう！」と言い出したのです。

旧空港ボウルに到着したのは午後3時を少し過ぎていました。運転席の窓が半開きの状態でしたので義母には車で待ってもらい、家内と二人で遺体安置所に入りました。遺体安置所には当時、毎日百体位は安置されていました。遺族が遺体を確認したあとは、それぞれ遺体を搬出していました。また、まだ確認されないで安置所に置かれたままの遺体も多数ありました。遺体安置所入口にその日に搬入された遺体が置かれた場所を示す看板があり、それを見てから一つひとつ棺の中の遺体を確認しました。一体ごとに合掌しながら確認しました。主治医の千葉先生が「溺死して時間が経つと親でも見分けがつかない場合もある」という言葉を思い出しながら一体一体確認しましたが、私には息子を確認できませんでした。そして、前日から置いてある遺体を確認しようと前方に目を向けると、この震災で亡くなっていたはずの閖上の知人がいましたので抱き合って喜んでいた時、家内から「聖也に似ている」と呼び掛けられました。私はすぐその棺に入った遺体を見ましたが、息子とは思えませんでした。二度ほど「違うんじゃない」と家内に話していると、安置所内にいた宮城県警の方が来られ棺の中を確認させていただき、また遺留品も確認させていただきました。そして、その棺に入っていた遺体は間違いなく息子でした。

一六日ぶりに息子と悲しい対面となりました。何度かけても繋がらなかったブルーの携帯電話、私が5年前に北米支部総会に出席した際に買ってきたアバクロのパーカー、そして家内が買って毎日洗濯していたキクチタケオの下着が決め手となりました。そして、車の中で待っていた義母を呼びに行き、義母は初孫とこのように対面するとは夢にも思っていませんでしたので、家内と一緒に泣き崩れてしまいました。棺の上の用紙に遺体の発見日時と場所が記載されており、「3月26日（土）午後2時、自衛隊により名取貨物運送裏の瓦礫下で発見」とありました。私と家内は震災の5日後に初めて閖上に入りましたが、今思えばその時は息子の遺体が発見された場所の近くに車をとめて歩いていきました。息子がその近くにいるとは全く思っていませんでした。近所の斉藤さんは1・5キロ津波で流されましたが、名取貨物運送は真西に約2キロ離れています。東日本大震災から既に七ヶ月が過ぎても未だに見つからない遺体も多いので〝息子が見つかってよかった〟と喜ぶ気にはなれません。幸い、息子が発見された場所は水田で、当時はしばらく冷たい海水で覆われ、漁船やトラックも流されて発見場所にしばらく置かれたままでした。発見場所の近くにはお線香や花を添えることもできますので、家内と共に生きている限り何度も足を運び、息子の冥福を祈り続けるつもりでいます。

清月記の菅原裕典社長の計らいで3月28日（月）の朝一番に息子を太白清月記に搬送していただき、火葬までの一週間は太白清月記に安置していただきました。清月記の職員の丁寧な対応に感謝しながら、家内は弁護士の許しを得て、毎日午前10時から閉館する午後5時まで息子に寄り添っていました。一六日間も冷たく暗い瓦礫の下にいた息子のことを想うと、少しでも長く息子と一緒にいたかったのです。太白清月記に安置されて三日位経ったと思いますが、溺死で顔がパンパンに膨れ、まるで別人のようだった息子の顔が生前の顔に戻ったのです。棺の息子の顔を見るのはいつも大変辛かったのですが、その時ばかりは聖也の顔を見れて良かったと思いました。そして、太白清月記に安置されていた一週間は、心配をかけたたくさんの皆さんにお別れにきていただきました。主治医家族をはじめ私の同僚や息子の職場の同期の方々、そして東北学院中学校時代にバスケットボール部で一緒に汗をかいた仲間たちなど、今もその時の情景が目に浮かんできます。そして、4月3日（日）に火葬のため葛岡斎場に向かう時の最後の別れは、私と家内にとってこれまでの人生で最も辛いものでした。エッグを抱いて流されたことを知り、息子の顔の脇に弟のように可愛がっていたエッグの写真を置き、大好きだったケーキも入れてあげました。

このように、3月11日（金）と3月27日（日）、そして4月3日（日）は私たち夫婦にとって生涯忘れることができない日となりました。まさか息子が先に逝くとは、今も夢を見ているようです。しかし、これからはしっかりと現実を見つめ、一人息子という最大の財産を失いましたが、この悲しみを乗り越えて前向きに、息子の分も生きたいと思っています。

夢半ばの死—未練が残る

息子はこのたびの東日本大震災で二七歳の若さで亡くなりました。この未曾有の大震災は「人知を超えた災害」とも言われていますが、私ども夫婦にとって「まさか」の出来事でした。息子はたまたま会社が休みで自宅にいましたが、二七歳の若さでしたのできっとどこかに避難していると思っていました。ところが、息子はエッグと共に津波に巻き込まれ帰らぬ人となってしまいました。近所の方の話によれば、地震が起きた後に息子はエッグを抱きながら、お年寄りの方々に優しく声をかけていたそうです。父として、母として、私たち夫婦は息子がこれから歩む姿をもっともっと見たかった。いつか家庭を持ち、父になった息子を見たかった。そして、孫とも一緒に遊びたかった。これが叶わず、とても残念でなりません。

息子は不本意ながら閖上の実家に戻ってきましたが、私たち家族にとって親子三人で暮らせたこの一三ヶ月は何より幸せな日々でした。愛犬エッグの散歩から帰り、いつものように家族の団らんが始まる。朝と夜しか家族は揃いませんでしたが、それでもお互いの顔を見ながら会話が弾む。特に、海外旅行に行く訳でもなく毎日の生活が平凡であっても、今思えばこのような何ともない日常が本当に幸せでした。

就職する上で役立つ資格がいかに重要かを知らされた息子は、これをバネに勉学に励んでいましたが、実はこの

2月にファイナンシャルプランナー三級の試験に合格しました。珍しく誇らしげに合格通知書を見せてくれた息子の姿が今も目に浮かびます。そして3月11日（金）の夕方は、ファイナンシャルプランナーの二級試験の受験料を納めに行く予定でした。

また、息子は大学生の三年次と四年次の夏休みを利用して二回ほどアメリカに語学留学しました。中学一年生の時にエッグを欲しがった以外は息子にねだられたことがありませんでしたが、学生時代に「アメリカに行きたい！」と言われ息子の希望を叶えてあげました。そのことが影響してか、来年にはワーキングホリデーを利用してニュージーランドに渡航する予定でした。息子の希望を叶えてあげたいのはどこの親も同じと思いますが、「渡航費と向こうでの生活費は自分で稼ぐように」と言い続けていましたので、息子は欲しいものも我慢しながら渡航費と生活費を蓄えていました。息子にはいつまでも親の脛をかじってばかりではダメという意味で話したつもりでしたが、渡航費を援助さえしていれば息子は津波の犠牲にならなかったのではと後悔しています。

そして、今年の2月22日（火）にニュージーランドのカンタベリー地方で発生した地震で、当時クライストチャーチに留学していた富山外国語専門学校の生徒一二名が犠牲になった時も、主治医をはじめ多くの知り合いからニュージーランドに行ってなくて良かったね、と励ましの電話が入りました。その時も地震のことを家族で話し合いました。そして、東日本大震災の二日前に起きた地震の時も同じように家族で話し合いましたが、まさか二日後に大きな地震がくるとは思っていませんでしたので、「とにかく逃げろ」までは話し合いませんでした。しかし、地震を怖がっていた息子がなぜ逃げなかったのか分かりませんが、3月9日（水）の夜はもっと細かく話し合っていればこのようにならなかったかもしれません。

息子が亡くなってから知ったことですが、息子は会社の昼休みに英会話教材のスピードラーニングを毎日聞いて渡航の準備をしていたそうです。そして少ない給料からニュージーランドに持っていく衣類を購入し、家内の前でにこやかにスーツケースに入れていたそうです。夢半ばで逝ってしまった息子は、どんなに未練があったでしょうか。私と家内は、ただ毎日息子の冥福を祈り続けます。

不思議な数字の重なり

ご承知のように、東日本大震災が発生したのが２０１１年3月11日午後2時46分でした。アメリカ同時多発テロは01年9月11日午前8時46分と同10時28分（東部夏時間）で、阪神・淡路大震災は95年1月17日午前5時46分でした。3月11日と9月11日、また2時46分と8時46分、それに5時46分と不思議と数字が重なります。11日と46分、単なる偶然でしょうか。

また、息子は3月11日に亡くなりましたので、息子の百ヶ日は6月18日（土）でした。この6月18日は私の親父の命日で、今年で二七回忌にあたります。その親父が生れたのが明治44年ですから西暦では１９１１年となります。息子が亡くなった年が２０１１年ですから「11年」が共通します。加えて、冒頭に書きましたが、息子は昭和58年12月1日午後11時11分に生れました。ここでも「11」の数字が重なります。以前、私は息子の誕生日（時間）から「聖也のラッキーナンバーは1だね」と話したことがありました。息子は私の言葉をどのように感じていたか分かりませんが、恐らく息子自身もラッキーナンバーは1と思っていたと思います。1という数字は物事の最初を意味しますので、私は好きな数字です。これからの私の人生で3月11日と12月1日は特別な日になります。そしてこの二日は聖也の父母である私たちにとっては大変辛く、また息子の思い出が蘇る日でもあります。

おわりに

このたびの東日本大震災では、本当に多くの尊い命が奪われました。今回の未曾有の大震災は西暦８６９年の貞観津波以来でよく千年に一度などと言われていますが、仙台平野が津波で大きな被害を受けたのは貞観津波だけではありません。歴史研究家の飯沼勇義氏が平成7年に出版した「仙台平野の歴史津波――巨大津波が仙台平野を襲う！」には、１６１１年（慶長16年）に東北地方の太平洋岸に大津波が来襲したことが記載されています。いわゆる慶長津波です。今日ではあまり報道されていませんが、「この津波は、午前10時頃から午後2時頃まで来襲し、午後5時頃までには収まった。そして、この津波は仙台平野一帯にも浸水し、平野の耕地、住宅等はほとんど冠水した。慶長16年10月28日は旧暦ですが西暦1611年12月2日のことです」と明記され、仙台領内での溺死者が一七八三人、牛馬八五頭が溺死したそうです。

私の場合は、かけがえのない一人息子を失いました。10月末現在で1万5800人以上の方が亡くなり、3700余人が未だに行方不明になっています。最愛の家族を失い、私どもと同じ気持ちの方は大勢いらっしゃると思います。そして、震災から七ヶ月が過ぎる昨今、被災地の市や町では復興プランを示して復旧から復興へと歩み出そうとしています。閖上で生まれ育った私は、ふるさと閖上は大好きですが、その閖上で津波の犠牲になった息子のことを思えば、同じ閖上の土地に住むことはできません。もし、同じ所に家を建てて住んだとしたら、きっと息子が「僕が犠牲になった場所になんで住んでいるの？」と毎晩夢に出てきそうな気がします。津波が押し寄せる時間まで息子はどんな思いでいたのか、これを思うとたとえ閖上が大好きとは言え、前の所には戻れないのが正直な気持ちです。国や県、そして私たちが住んでいた市と町には、住民の意見を汲み取っていただき、千年に一度と言わずにいつでも安心して暮らせるような復興プランを作成し、それを実現してもらいたいと思っています。

（脱稿：2011年10月31日）

仙台空港での三日間

仙台空港

中澤　輝博

あの日の昼過ぎ、県内沿岸部での仕事を済ませた帰り道、レストランや金融機関があり、昼食をとったり、金融機関の出入金に便利な仙台空港に立ち寄ることにしました。

自家用車を空港内駐車場の国際通路側に停め、空港内のレストランに向かいました。レストランで昼食を済ませ、窓に映る航空機を見ながらコーヒーを飲んでいました。しばらくすると滑走路に航空機が一機もいなくなったため、レストランを出ることにしました。レジで会計を済ませ、店を出たのが14時46分でした。レジの後ろに並んでいた男性客が携帯電話を見ながら、「地震がくるみたい」といった瞬間、大きな揺れに見舞われました。

大きな横揺れが長く続き、空港ビルは建物全体が軋むようにガタガタと大きな音をたてていました。ビジネスバックを頭に乗せ、思わずしゃがみこみました。しかし、自分でも驚くくらい冷静で、「これが警告されていた宮城県沖地震なのか」「屋根が落ちてきたら死んでしまうのか」とか、近くにあった1メートル四方の立て看板を壁に立てかけ、その下に逃げようとしたけれど、「自分だけが助かっていいものか」など、さまざまな思いが頭をよぎりました。

どのくらいの時間が過ぎたのか、揺れが収まった後、辺りは妙な静けさが漂っていました。周辺の人々も一様ではなく、放心状態の人、泣き崩れる女性、現状が受け入れられず平静を装い会話する若者。私もしばらくそこに座っていましたが、トイレに行った際、停電していたのに、通水していたのが驚きでした。その後も空港には、周辺の施設から避難してきたと思われる高齢者やヘルパーの方、住民の方々が続々と集まってきました。

三十分ほど経過し、最初の場所から移動し、レストランの陳列台に腰かけていると、空港内の多くの人々が列をなし、建物外に出ていくのが見えました。出入口で誘導していたのは、スプリンクラーの作動でずぶ濡れになった白衣を着た、薬局に勤務する二人の女性でした。自家用車に戻り、車を駐車場の中央付近に移し、カーナビのテレビで初めて状況を確認し、「さあ、どうやって自宅に戻ろうか」と思案していたところ、青い携帯電話を持つ二十代中頃から後半の男性が小走りに近づいてきて、「津波警報が出ているから、すぐに逃げた方がいいですよ」と声をかけてくれました。すぐに車を飛び出し、空港ビルに向かって走りました。この若者が声をかけてくれなかったら、私はいま、生きていないかもしれません。彼はなぜ私に声をかけてくれたのか。彼は誰なのか。その後、一度も顔を合わせていない彼のことを、時折、考えずにはいられません。

空港ビルの二階から三階に上がる階段の途中で、津波が来ました。空港ビルに入る際、私の後ろに、何人もの人たちがいました。その人々が、その後、どうなったかはわかりません。運命の別れ道とは、天とは、神とは、何と残酷なものなのでしょうか。なぜ私は生き残り、彼らは生かされなかったのか。津波は、私がそれまで想像していたものとは全く違っていました。がれきや自動車を巻き込んだ茶色の濁流が、猛烈な速さで流れていきました。気づくと津波は一階の天井付近まで覆っていました。その後は、津波を直視できなくなり、足早に三階に上がり、居場所を探しました。幸い、三階の和風レストランの奥のテーブル席が空いていたため、そこでしばらく休むことにしました。結局、この場所に三日間いることになるのですが。

レストランは満員状態でした。隣席は出張中のビジネスマン二人組と空港内売店のパートの女性グループ、ほかに、空港周辺にあるレンタカー会社の社員グループ、税関職員グループなどで、パート女性グループは、やや集団興奮状態に陥っており、ひと際大きな声で会話に夢中になっていました。ビジネスマンは、ひたすらパソコンに向かい、空港から東京などに帰る方法について調べていました。税関職員は、その場のリーダー役を期待したのですが、彼らには、その意志も能力も使命感も欠如していました。私は喉の渇きを感じ、近くにあった湯呑を持ち、ミネラルウォーターをテーブルに複数置いていたレンタカー会社の社員に、水を分けてくれるようお願いしたところ、快く湯呑に水を注いでくれました。また、空港内にいる人々の確認のため、日本や台湾の航空会社のスタッフが記名用紙を持ち、歩き回っていました。そんな人々を見つめつつ水没した滑走路に目をやると、横転したトラックのヘッドライトが点灯していました。周辺がすっかり夕闇に包まれても、そのヘッドライトだけが寂しげにこちらを照らしていました。

時がたつにつれ、その光も徐々に弱くなり、それに伴い、私も睡魔に襲われ、椅子を二つ並べ、身体を横たえました。しかし、一階の窓ガラスの多くが破損し、冷気が容赦なく建物内に入ってくるため、寒さで寝付けませんでした。そこで、ビル内を散策し、何か寒さをしのげるものはないかと探していたところ、航空会社の大きなゴミ袋が配られていました。それをハサミでポンチョのように加工し、頭からかぶりました。私は、普段からビジネスバックに「何かの役に立つかも」という思いから、キーホルダー型のサバイバルナイフや小型懐中電灯、常備薬など、いろいろなものを入れておく習慣があり、普段は友人などから「何でこんなにカバンが重いのか」と言われていたのですが、それが今回、本当に役立ちました。ゴミ袋を着てもまだ寒く、また散策したところ、今度は貨物会社が使用する緩衝材（通称プチプチ）の長いロールが配られていました。それを適当な長さで裁断し体に巻きつけ、ようやく寒さを和らげることに成功しました。そして、知らぬ間に眠りについていました。

12日の早朝、トイレに行くと、大きなゴミ袋と新聞紙とともに、その使用法を書いた注意書きが設置してあり、徐々に空港内の「自治組織」が機能し始めたのだと実感しました。空港内には、空港業務に携わる非常に多くの人々が勤務しているため、そのような組織づくりも早めにでき上がったのではと推測しています。

7時か8時になったとき、ハンドマイクを待った人が、二階ロビーに設置された「本部」で食料が配られるとのアナウンスをしていました。私も早速行ったところ、仙台銘菓の詰め合わせとペットボトルのお茶が配られました。この時も、空港にいた幸運を喜びました。空港内には、常時、食料が大量に存在しているわけですから。空港内の三日間、食料は朝昼晩と規則正しく配布されました。おかげで、私は三日間で仙台名物をほとんど食べることができました。また、レストランのスタッフの方々が、できる限りの気配りで簡素だけれども心のこもった食事を提供してくださったことは、いくら感謝しても足りません。特に、少しだけ残っていたすし飯にのりを巻いただけの握り飯の美味しかったこと。

笹かまとお茶の簡単な朝食を済ませ佇んでいると、周囲が騒がしくなってきました。すると突然、背中に「高岡消防」と書かれた消防服を着た、富山県から駆けつけたレスキュー隊員一名がレストラン内に入ってきて、「怪我をしている人はいませんか」「重病人はいませんか」と声をかけました。そして、「必ず皆さんを空港から無事に救出しますから」と話すと、拍手が沸き起こりました。ここにいる人々が初めて、希望を、明日を、感じた一言でした。明らかに周囲の雰囲気は明るくなりました。人が生きるために必要なものの一つに「希望」があることを確信しました。

その日の午後には、高岡消防隊二〜三名のほか、地元の消防署員、自衛隊もボートやヘリなどを使い空港内に救出にやってきました。震災当初、空港ビル内に近所の特養老人ホームのお年寄りと職員の方々がたくさん避難されてきていたのですが、その方々などが優先で救出されていきました。お年寄りの中には、急激な環境の変化に対応できず、体調を崩された方や危篤状態に陥った方も数多くおられました。また、津波から救出された方も何人か担架で搬出されていました。

窓の外には、仙台新港方面の工場から激しく上り続ける不気味な黒煙、宮城県農業高校の屋上と思われる場所からヘリコプターで救助される人々の光景がありました。ビル内のビジネスマンの中には、「早く救出しろ」と隊員に迫る方もいましたが、「食料も水も屋根もある、ここの救出優先順位は低い」という言葉の前には押し黙るほかありませんでした。そして、この震災の甚大さを思い知らされました。

私たちが得ることのできた情報は、空港本部に設置されたトランジスタラジオのほかは、携帯電話のワンセグテレビくらいでしたが、二日目が過ぎる頃には、多くの人々の携帯電話のバッテリーは底をついていました。本部では、売店から提供された乾電池式携帯電話充電器の貸し出しが行われていましたが、乾電池も底をつき始めてからは、通話時のみ携帯に充電器を繋げる方式がとられていました。私は、津波の来襲前に、一度だけ家族にメールが届いたので、無事を知らせることはできていました。

三日目になり、自衛隊による突貫作業のおかげで、空港から出られる一本の細い曲がりくねった道が整備されました。それからは、自動車を使った救出作業が可能になり、岩沼市の市内循環バスも救援物資を運んでくるようになりました。本部との交渉の結果、市長の判断で、循環バスを使用した救出も可能になり、手配された大型バスとともに、救出は加速度的に進み始めました。そして、13日の15時頃、最終の救出バスの中に私は乗り込みました。まだ水が完全に引いておらず、あちらこちらに散乱する自動車やトラック、空港の特別車両、そしてセスナ機等を横目で見ながら空港を後にしました。私は、11日の昼食は滑走路内に航空機が一機もいなくなったため席を立ったのですが、滑走路内に航空機が全く駐機していない時間は、一日のうちでほんの数十分と後で聞かされました。もし、地震発生時に、津波襲来時に航空機がいたのならどんな大惨事となったのか、そう考えると、背筋が凍る思いでした。

私の乗ったバスは長町駅に到着し、バスから降ろされました。情報が錯綜していたため、空港本部には長町から地下鉄が運行しているとの情報があったためでした。もちろん地下鉄は不通になっており、仕方なく仙台駅方面のバス停に並びましたが、バスは三十分たっても一台も来ませんでした。とりあえず仙台駅まで歩こうとしたところ、タクシーが通りかかり、運よく乗車することができました。運転手は、乗車する前に窓ガラス越しに、行き先を私に尋ねました。私が泉方面と告げるとドアを開けました。運転手いわく、燃料が極端に不足しているため、遠方の乗客は乗車をお断りしているとのことでした。普段なら、遠方の客ほど上客であるはずなのにと思うと同時に、燃料不足の現状も知らされました。渋滞する泉中央をやっとの思いで抜け、自宅に到着する頃、陽はすっかり沈んでいました。

（脱稿：２０１１年10月16日）

自衛隊ヘリによる脱出

亘理町荒浜

森　健輔

3月11日　大学は春休み、バイトも夜からということで昼過ぎまで寝ていた私は、轟音と地響きで目覚めることになった。緩やかな揺れから、最後には何かにしがみついていないと立っていることもままならない揺れに、まだ夢じゃないかという思いすらあった。

この日は高校生の妹の卒業式があり、両親と妹は仙台に行っていたため、私は家に一人だった。地震が治まった家の中では、CDラックが倒れ、食器棚から落ちた皿が無残に散乱していた。町でこれまでに災害時の訓練や、マニュアルがあったわけではないが、テレビなどから得た災害時のセオリーを思い出し、ブレーカーを落とし、ガスの元栓を閉め、財布と携帯とカメラを普段使っているリュックに入れ、3時5分、自転車で家を離れた。しかし、この時はまだあれほどの津波が来るなどとは思っていなかった。停電していたためテレビが使えず、大津波警報が出ていることも知らなかった。家を出るとき、携帯に父からの不在着信があったことに気づき、かけなおしてみたが繋がらなかった。

私は写真撮影を趣味としており、あの日も避難というよりは、地震による町の被害を撮影するために家を出たのである。正確な時間がわかっているのは、デジタル写真の Exif データによるものである。家を出た私は、家の瓦が落ちていたり、塀が崩れていたりという被害状況を撮影しながら、近所に住む親戚の家を回った。幸い、みんな避難した後であった。私も、一番最寄りの避難所である荒浜中学校へ向かった。中学校の校門には、避難してきた車が列をなしていた。昇降口に親戚の方々がいた。私は親戚と、私の他の家族のことや大きな地震だったね、というような話をしたあと、川沿いの土手に向かうことにした。土手に向かう途中から、地元消防団が「大津波警報が出ています。避難してください」と叫んでいるのが聞こえ始めていた。それでも土手へ向かったのは、好奇心と、津波が来ても最近の他の地震のように30センチとか、その程度の津波しか来ないんだろう、という気持ちがあったからであった。

15時32分。土手から海を眺めていた。空はどんよりとしていたが、雨や雪は降っていなかった。少し離れたところで、消防団の人たちも海を見ていた。「避難しろ」と言われたが、ごめんなさい。結局私は、小さな波が川を逆流するのを確認できた15時50分まで、そこにいた。

15時55分。中学校へ戻ると、避難してきた人たちが二階から海のほうを指さし、津波が来た！ そう叫んでいた。急いで二階に上がると、堤防を乗り越えた波が家屋をなぎ倒しながら押し寄せているのが見えた。津波、というよりは瓦礫がスライドしてきているように見えた。

私の家と海の間は、公園になっているためさえぎる物が何もなく、津波が来たら確実に家は流される、と昔から聞かされていたため、家が流されたことはそんなにショックではなかったように思う。それよりもショックだったのは、波に向かって車が走っていたことである。見えなかったのだろうと思う。

津波が中学校を超え、二階も危険だということで、全員三階に上がるようにと中学校の先生方に指示された。三階からはいろいろなものが流されていくのが見えた。家、ボート、漁船、人。空には報道だろうか、ヘリコプターが飛んでいた。避難してきた人はみんな、ただ茫然とその光景を見ていただけだった。すすり泣く人もいたが、ほとんどの人はただ眺めているだけだったと思う。私はその光景を、惨状を記録することに努めた。水は中学校の一階の天井まで来たが、二階までは来なかった。私は父に電話をかけた。繋がった。父は、母と妹と一緒に仙台から家に帰ってこようとしていたが、津波が来たから帰ってくるな、と言っておいた。

荒浜は町の中心に行くほど標高が下がっていく地形で、中学校はその中心付近にある。それゆえ津波は引かず、簡単には脱出できないということはみんな知っていた。誰一人、喚いたりすることはなかった。最近になって石巻などの津波の映像を見たが、津波が来てすぐに引いていく、ということは荒浜では起きなかった。

しばらく脱出できないとなれば、みんなが休めるようにしなくてはならない。学校に残っていた先生と中学生たちが中心となり、中学校にある絨毯マットやカーテン、椅子を三階にかき集めた。マットは教室に敷き、カーテンは掛け布団代わりにした。三階の教室は普通教室二つに、理科室、美術室、音楽室になっている。理科室に災害本部が設置された。残りの教室になるべく地区ごとに集まるように入ると、どの教室も満員になった。だいたい、二百～三百人ほどの人が避難してきていた。避難してきた人が連れてきたペットもいたが、うるさく吠えたりすることはなかった。

ラジオはやはり避難民の必需品である。一家族一個の割合で所持していた。各々、仙台の荒浜のニュースに驚いたり、気仙沼の火事を心配したりしていた。気仙沼の方向を見ると、煙のような大きな雲が見えていて、その時は気仙沼の煙が見えているのかと思っていた。

3月とはいえ気温はまだまだ低く、夜になると凍えるような寒さになった。停電しているため暖房もなく、蛍光灯もつかないため、なにもしなければ完全な暗闇になった。幸い、中学校には災害時用のパトランプのような、電池式の赤いランプが置いてあったため、足元を見るくらいの明かりは確保できていた。

教室は全員が横になれるほどは広くはない。自然と、老人や子供、女性が優先して横になり、男性は椅子に座って寝る形になっていった。それでも教室に入りきらなかったので、私たち若者は廊下に溢れた。ほんとに寒い。椅子に座った状態で熟睡できるはずもない。エコノミークラス症候群を警戒して、定期的に体を伸ばさなければいけない。亘理町の小中学校には給食室のようなものはなく、とくに備蓄の食料などもないため、空腹を我慢しなければならなかった。さらに十分おきくらいにくる余震に精神を削られていく。ほとんど寝ることができずに日の出を迎えた。

3月12日　とてもきれいな日の出を中学校二階の図書室から見ていた。津波は6メートル以上の高さがあったはずだが、中学校の二階に水は入って来なかった。海岸線にあった家々はみんな流されていて、その後ろにあるはずの堤防がなくなっていた。図書室の外側には漁船が漂着していた。大人たちが、その船から救命ボートを取り出して、近くの形が残っている家に捜索に出かけた。一方私は、図書室にあった「ハリーポッターと死の秘宝」を読んでいた。中学校一階の海水は引いていたので、その惨状を撮影したりして時間を潰した。

荒浜には避難できる場所が5ヵ所ある。私が避難した中学校、中学校の北側にある病院、その北にある役場、さらにその北にある荒浜小学校である。昼になると、自衛隊のヘリコプターが避難所の確認にやってきた。自衛隊はまず、病院の患者や職員の救助を始めた。その後、中学校におにぎりを置いて行ってくれた！　一人一個の配給で、味は薄い塩味だった。地震で起きてそのまま避難したため何も食べていなかった私にとっては、三十時間ぶりの食事であった。ヘリコプターはその後も、瓦礫の上に人がいたりしないかを確認していたようである。

避難者たちはそれぞれ暇を持て余していたが、一人のおばあさんが家に帰ると言ってきかない。おばあさんの家は堤防のすぐ脇にあるため、確実に流されているらしい。おばあさんも津波が来たのは分かっているのだが、一目見ないと受け入れられない、という感じだった。

夕方になると、病人などの一部の人が自衛隊のヘリで脱出することになった。全体の人数が減り、その夜は教室の中で寝ることができた。廊下よりはマシだがやっぱり寒かった。荒浜小学校に避難した人たちは、暗くなる前に徒歩で脱出できたと言っていた。6キロほど離れた場所にある亘理町市民体育館へ歩いたそうである。小学校は阿武隈川土手のすぐそばだが、高い位置にある。さらに、敷地は周りよりも一段高くなっているので、校庭からはすぐに水がひいたらしく、12日の午後には自衛隊の炊き出しがあったそうだ。うらやましい。次は小学校に避難しようと思った。

3月13日　明朝からヘリコプターで脱出を開始する。中学校の周りには三〜五機のヘリコプターが飛んでいて、中学校の周りを消防のボートが回っていた。自衛隊のヘリコプターが中学校の屋上に着地し、数人が乗り込むのだが、ヘリコプターがまともに着地すると屋上が崩れてしまう危険がある。そのため、真下の教室で待機していた私たちは、ヘリコプターの動きに合わせて教室を出たり入ったりすることになった。後で知ったことだが、屋上を崩してしまわないように安定させるためには、屋上に脚をつけながら、ホバリングをしなければならないそうだ。これはとても技術がいることらしい。ありがとう自衛隊。

脱出が終盤になると、ペットをヘリコプターに乗せることについて話し合いがなされた。小型の動物なら抱いてしまえば乗れるのだが、大型は暴れられると非常に危険である。中学校の周りは水浸しで、とてもじゃないが歩いて脱出することはできない。仕方がないので、ヘリコプターに乗せられそうもない動物とその飼い主は、消防のボートを待つことになった。

私はヘリコプターで岩沼市陸上競技場へと向かった。私は飛行機に乗ったことがなく、初めて空を飛んだ。ヘリコプターの中は外から見るよりも広かった。空から町を眺めると、海岸から5キロほど内陸まで海水は来ていたようだった。荒浜から亘理町中心部までの間には、南北に高速道路が通っており、この高速道路の壁が防波堤の役割をしてくれていた。高速道路がなければ、もっと内陸にまで津波が押し寄せ、被害が広がっていただろうと言われている。

陸上競技場に両親が迎えに来てくれた。連絡もとれないのによく迎えに来れるものだと思った。実は、津波が来た時に父に電話した。父は私が荒浜小学校に避難していると思ったらしく、小学校の人たちが避難した亘理町市民体育館に行ったそうである。そこで私を見つけることができず、今度は中学校の避難場所に探しに来たのだそうだ。その後、両親と山元町にある母の実家へ向かった。母の実家は山の上にあるため、災害時はここへ来るのが約束事だった。地震の被害も、瓦が落ちた程度であった。

私たち家族は、母の実家に居候することになった。断水していたが、母の実家の近くには山の地下水を汲むことができる場所があった。もちろん、正式な検査をクリアした飲料水である。20リットルのタンクが十秒でいっぱいになるほどの量が出た。岩沼市の友人は、市役所に水をもらいに行くと、三時間並んで10リットルもらえると言っていたから、とても楽だと思った。

近くの小学校が避難所として使われており、給食室では、地元のボランティアの方々による炊き出しも行われていた。私と祖父は、炊き出しのための水を汲むボランティアをした。私たちが汲んできた水で炊き出しができ上がる頃になって、町の給水車がやってきた。私と祖父は少し鼻が高かった。

停電しているため夜は寒かったが、母の実家には炭と火鉢があった。私の父が建築関係の仕事をしている関係で、野外で使うための充電式のライトがあったので、家の中は明るかった。ライトの充電は父の車でしていた。車にガソリンを入れるのに何時間も並ぶという話もよく聞いていたが、私の地元の消防団のポンプ車や自動車は、津波ですべて流されてしまい、使える車が私の父の車だけだったため、町の緊急車両に指定されていたおかげで、スタンドに並ぶ必要がなかった。これらのおかげで、お風呂に入れない以外はいたって普通の生活ができていた。

15日から私は、父と一緒に地元消防団で構成された捜索隊に参加した。津波の海水が引いてなく、瓦礫も多いため、許可のない人物が被災地域に入ることはできない。荒浜に戻ると、津波の海水は中学校周りを除いてほとんど引いており、十分歩けるようになっていた。といっても雨が降っていてヘドロはどろどろ。瓦礫で足の踏み場もない。瓦礫から飛び出た釘で怪我をする人もいた。ラジオとワンセグからは、福島原発の爆発を報じるニュースが流れていた。消防の方から、放射能が心配なので雨にあたるのは避けてください、と言われていたらしいが、結局その日も捜索活動は続けられていた。

消防団は荒浜小学校を拠点として活動していた。荒浜の小中学校は3月11日が卒業式であったため、小学校の体育館には「そつぎょうおめでとう!」の横断幕が貼られたままだった。脱出時に邪魔になったランドセルがそのまま置いてあった。この日は小学校を出発し、阿武隈川土手を河口のある東に向かって歩き、途中から南にある漁港へ向かった。河口付近と港の間は荒浜の五丁目と築港通りと呼ばれる地区で、私の実家は築港通りにあった。

私の家は跡形もなかった。かろうじて基礎は残っていた。堤防までは200メートルほどで、間には防砂林しかない。ばらばらになった堤防の破片が、我が家のすぐ近くに転がっていた。

その後一ヵ月、一週間に二~三回地元へ行き、写真を撮っていった。日替わりで違う地域を捜索する。時には、救援にきた消防士の人たちと一緒に瓦礫の中を捜索することもあった。消防団に付いて行くと、一緒に行動しなければいけないため、自転車で自分一人で撮影に出かけたこともあった。荒浜のほぼ全域を撮影できた。撮った写真はまとめてファイルし、地元消防団に寄付した。

亘理町荒浜は、亘理町の観光地である。鳥の海温泉という温泉があり、荒浜海水浴場には夏になるとたくさんの人が来ていた。亘理町の夏祭りも荒浜の漁港で行われていた。亘理のいちごの栽培もしていた。仙台名物で亘理町名物のはらこ飯だが、発祥は荒浜である。そんな荒浜も、津波で海水浴場は壊滅。鳥の海温泉も大きな被害を受けた。幸い、温泉の源泉は生きていて、建物も修理可能であったため、復興時はここを中心に環境を整備していくらしい。

私は亘理町のヨークベニマルで震災前からアルバイトをしていた。ヨークベニマルも地震で天井が抜けたため、営業停止状態だった。しかし、地震から二週間で営業を再開した。停電と断水。物流がストップしているため商品も少ない状態のため、時間制限と商品制限、営業時間も制限しての仮営業であった。私も、仮営業開始と同時にバイトに復帰した。仮営業日の朝、開店前からたくさんのお客さんが入口に並んでいた。しばらく買い物ができていなかったため、二〜三回並んで行く人もいた。仮営業すぐに陳列された商品は加工食品ばかりであった。停電で冷蔵庫が使えないため生ものはすべてダメになっていたし、流通がストップしていたため新しい商品が入ってくることもなかったからだ。何日かすると、一日に一回だけ商品を載せたトラックが到着するようになった。卵と牛乳は目玉商品だった。断水していたためペットボトル入りの水も大量に入ってきた。これらの商品は一人一個など、数量を制限しての販売となった。

とても長い毎日を過ごしていた私にも、とうとう凶報が届いた。幼稚園から一緒だった地元の友人が、津波で亡くなっていたのだ。葬式はできないので、火葬だけするからきて欲しい、ということだった。私が彼に会ったのは、今年1月の成人式が最後だった。当日は、地元の同級生のほとんどが集まった。火葬はいつもと同じ、棺桶に入れて焼くだけだ。棺桶の窓から彼の顔を見る。水の中に数日いたからか膨れていて、青白い。この時初めて、姉弟で亡くなっていたことを知った。同級生たちの話では、震災当日、彼は仕事に行っており、地震が来たあと家に帰ったらしい。両親は仕事に出かけていて無事だった。姉弟を二人とも亡くしてしまった親御さんの気持ちを思うと、いたたまれなかった。

震災後一ヶ月がたつと、荒浜に実家のあった人たちが戻ってくるようになった。完全に流されている家はともかく、形の残っている家は審査を受け、全壊や半壊というように区別されていく。取り壊してしまうか、取り壊さないかは家主が決めるが、荒浜ではその目印に赤、緑、黄色の旗を使った。家や瓦礫に緑の旗が立っていると、そのままなにもしないで欲しいということ。家に黄色の旗が立っていると、家は残して周りの瓦礫だけ撤去して欲しいということ。赤い旗が立っているものは取り壊し、完全に撤去して欲しいという意味である。内陸の家には黄色や緑が目立ったが、海岸線近くは赤い旗で埋め尽くされた。私の家は旗を立てる場所もないため、少しさみしかった。

私の地元亘理町は、震災後しばらくの間ほとんどメディアに取り上げられることがなかった。そのため、地元出身でも県外の人や、亘理町在住でも行くことがなかった人には荒浜の惨状が伝えられることはほとんどなかった。一番ひどかった時期を見ていたのは、私や消防団の人たちくらいだった。そこで私はネットが復旧すると同時に、撮影した写真をブログにアップし、地元の惨状を知りたいと思っている人たちに伝えることにした。ブログの検索ワードは、見事に震災関係で埋め尽くされた。少しは役に立てたのかなと思うと、嬉しかった。今では時々、河北新報などに荒浜の記事が載ることがある。漁港の復興やいちごのビニールハウスの復旧など、取り上げられることは結構多い。

私の撮った写真はすべてファイルして、亘理町にある私の母が働いている飲食店に置いておいたのだが、その写真を見て、写真が欲しいといってくださる方がたくさんいらっしゃったので、私は3月11日から4月11日までの写真をまとめた写真集を作ることにした。本の形や写真のレイアウトもすべて自分で決め、自費で出版した。写真集「亘理町荒浜～東日本大震災一ヶ月の記録」は自分のブログと母の働くお店で販売しているが、売れ行きは好調だ。買ってくれた人は「震災後、三週間ほどたってから荒浜の実家に戻ったが、周りの瓦礫はほとんど片付けられていてとても寂しい光景だった。この写真集のおかげで津波の被害があってすぐの荒浜を見ることができた」と言ってくださった。とても嬉しかった。

10月現在の荒浜は、街中の瓦礫が海岸線の何もなくなった地域に集められている。縦１００メートル、横５００メートル、高さは10メートルくらいだろうか。ものすごい量だ。漁港にはプレハブの漁協本部などが建てられ、最も復興が進んでいる場所だ。荒浜小学校は大した被害はなかったのだが、荒浜中学校の被害は大きく、取り壊すらしいと聞いた。

私の家があった地域は、今後住宅を建てられない地域に指定されるそうだ。その土地がどうなるかはまだ決まっていないようだが、納得の行く結果を待っている。ただ、うちの両親は荒浜にプレハブでも立てて住もうかなぁ、などと言っていた。私たち家族は震災二ヵ月目から亘理町の仮設住宅に住んでいるのだが、仮設に住めるのは最低二年である。近所の実家をなくした人には、仮設住宅をそのまま荒浜に移動してそこで住みたい、などといたってまじめに話す人もいる。

将来の住まいなど不安はあるが、今現在は安定した暮らしができている。私は大学に行きながら、時間がある時には荒浜に戻り、復興までの写真を撮っていこうと思っている。

（脱稿：２０１１年10月25日）

代々続いた海苔養殖業の復興へ

亘理町荒浜　菊地　萬右衛門

一筆失礼致します。その日は天候も良く、波もなく風もなく、私達海苔漁業者としては最良の日和でした。いつものように、海より摘採した生海苔を洗浄機にて洗い、異物機をへて自動切断、また淡水洗浄機に入り、生海苔の洗浄が完了する。次に、本機の海苔乾燥機に入り、人と機械が一体となり乾燥海苔が次々とでき上がる。その日も、好調そのものでした。

しかし、午後二時五十分頃突然静けさを破り、経験したことのない大きい音と一緒に地面が揺れ動き、そして地割れが始まった。地割れとともに工場の中・母屋・倉庫が陥没した。揺れの中やっとの思いで外に出たが、水が地下から噴水のように吹き上がり、一面は水浸しで、この世の出来事ではない有様だった。

大きな揺れが収まったと同時に、息子がいち早く危機を感じ、従業員全員に帰宅するよう言った。次に移動できる車二台を、作業場のそばから門の出口に移動した。サイレンの音と役場からの津波に対する避難誘導の放送が始まり、小さな港町に大きな音がこだました。

移動した車の一台で、嫁は西の方角（内陸）にある孫娘が通う保育園と中学校に一目散に向かった。もう一台は息子の運転で、私と妻は避難場所である亘理町立荒浜小学校に向かった。途中、慌ただしく避難し始めている人の中に徒歩で避難している隣人のおばあさんとお孫さんを見つけ、車に乗せて学校に着いた。学校にはまだ二、三人ほどしか人がおらず、無事避難できてほっとした。息子は再び家の確認と近所の人を避難させるため戻った。気がつくと電気を消し戸締りをしてきたものの、何も持たず避難してきていた。

避難所にも徐々に人が集まり始め、お互いの無事を確認する人、避難してくるのに疲れて座り込む人、携帯で連絡している人など体育館内は混雑し始めてきた。何気なく入口に目をやると避難してきた人の中に、嫁と孫娘二人の姿を見つけることができた。息を切らしながら入ってきた三人と、抱き合って再会を喜び息子の無事を祈った。

多くの人が携帯でテレビを見、大津波警報の情報に聞き入っていた。情報と同時に体育館に避難していた私たちにも、校舎の二階へ移動するよう指示が出され移動した。校舎から見える阿武隈川や海岸方面に目をやると、すでに堤防を決壊せんとばかりの海水が押し寄せていた。何波の津波が来たのだろうか？　これで収まるのだろうか？そう思った矢先「越えだ、越えだ！」の声が校舎に響いた。海岸方面に目をやると大きな波が白波を立て十数メートルという高さで町を飲み込み始めた。遠くに見える家が倒壊し流されている。茶色い煙と大きな白波がこっちに向かってやってくる。

息子の姿は、まだ見ていない。すでに津波は学校の近くにまで迫り、近くの道路のアスファルトも浸水し始めた。一階にいた人たちも、どんどん二階へ三階へと移動している。校庭に止めてあった多くの車も流され始め、私たちも三階へ移動した。泣き叫ぶ声や、祈る声が聞こえる。また落胆し声も出せず、呆然と見つめている人もいる。そんな中、下の階から息子が駆け上がってきた。助かった。孫娘も、声を出して泣いている。聞くと、道路が浸水し始めるのと同時に学校に着き、校舎に入ったとたん車が流され始めたと言っている。まさに間一髪で助かった。

その後も津波の勢いは収まらず、家や車、漁船までもが目の前を流されていく。模型やミニカーのように。校舎も一階は完全に水没している。ただただ津波の勢いが収まるのを待つしかなかった。言葉に出せない、見たことのない光景だ。しばらくして、やっと津波の勢いは収まり始めた。だんだん水が引き始め、地上の様子が見え始めてきた。辺りも暗くなり雪も舞い、数時間前とは想像もつかない光景が目の前に広がった。寒さにあわせて、震える思いであった。遠くには見えるはずのない海岸線が広がっている。鳥の海荘を目印に自宅方面を確認すると、それ以外建物らしいものはなく、きれいに流されていた。何もない。

その日は、食べ物もなく寒さを凌ぐにも一枚の毛布を何人かで一緒に使うしかなかった。避難所で一晩をすごしながら、家族が無事だったことを感謝するしかなかった。

夜が明けると同時にみんな動き始め、朝日の中に照らされた町の姿を目にして再び落胆した。何度見ても、その光景は信じられない。町のあちこちに大きな水溜りができ、すべてが破壊されていた。小学校も陸の孤島となった。多くのヘリコプターが慌ただしく飛び交う音が聞こえる。これからどうなるのだろうか？　あまりの悲惨さに想像することもできなかった。

だいぶ陽も上がったころ、地元のお菓子屋さんが小さなパンを持ってきてくれた。本当においしかった。また、名取に住んでいる甥っ子が、小さな船を担いで捜しに来てくれた。涙が出るほどうれしかった。聞くと途中まで船の動力で進んできたが、ところどころに瓦礫が散乱しており、学校の裏手は小高くなっていたためそのままでは進めず、途中から船を担いで来たそうだ。来る途中では、腰まで水のある道路を泳いだり歩いたりしている人がいたそうだ。気持ちを表現するとすれば、終戦後のみすぼらしい光景が目に浮かび悲しかった。

昼過ぎには、内陸にある亘理町逢隈小学校へ移動することが告げられた。お年寄りや小さい子供は亘理町のさざんか号やタクシーなどで移動し、そのほかは徒歩で移動した。私は十キロほどの道のりを歩いて移動することにした。逢隈小学校に着いたのは、午後五時ごろになった。到着すると嫁のご両親が探しに来てくれており、そのまま名取にある嫁の実家にお世話になった。名取でもライフラインがストップしており、大変不便であったが寒さを気にすることなく人の温かみを感じることができた。感謝だ。

その後も岩沼の娘の家や亘理の三男の家にも厄介になり、心配している親戚も多く訪ねてきてくれた。心強く感じた。ただ家でのんびりしていることもなく、毎日銀行や郵便局、避難所を回りながら、いろいろな手続きに翻弄された。しかし、手伝って戴いている方の娘さんが亡くなり、また親戚の方々、同じ町内会の方々が亡くなり、言葉にならない悲しさで心が痛む。

気持ちも落ち着き始めてきた三月十八日、初めて自宅のあった場所を妻と二人で見に行った。悔しくて悔しくて、また涙が止まらなくなった。やはり何もない。家も工場も海苔の乾燥場も基礎しかない。ここが玄関、ここがリビング、ここはお風呂場と、かすかに残っている基礎を見ながら確認して回った。金庫もなければ、思い出になるようなものも何もない。家の後ろにあった堤防は決壊し、コンクリートの大きな塊は百メートルも内陸に流されていた。改めて津波の勢いに驚くとともに、憎らしかった。ただ波の音だけは、震災前と変わらなかった。

三月二十日、長野の次男夫婦が救援物資を持って、駆けつけてくれた。まだ一般にはガソリンが手に入らない時期である。米やレトルト食品、お菓子やティッシュにトイレットペーパーなどを長野で購入し運んできてくれた。また、危険を承知で燃料やガソリンも積み、車いっぱいの救援物資だった。

その日は、岩沼の娘の家にみんなで泊まることにし、震災からこれまでの様子を次男に伝えた。次の日、次男と一緒にまた家を見に行った。言葉にならない。いろいろな思い出もさることながら、流された家は次男が一生懸命に家族のことを思い設計した思い入れのある家だったからだ。しばらく家の周りを歩いてみるが、会話がない。つらかった。次男夫婦は、二泊して帰っていった。家族・兄弟が、救援物資に感謝した。

しばらくして、うれしい出来事もあった。海苔の船九隻のうち五隻が陸に打ち上げられていたのが、無事に発見された。何かできるのではないかと思うと、本当にありがたかった。岩沼や名取のライフラインも復旧し、生活自体は徐々に戻ってきていた。

三月もまもなく終わろうとしたころ、孫の中学校、保育園に合わせて家族みんなで生活できる家を探した。いろいろ情報を入手するも、条件が合わず見つけることができない。新しい生活に向け、孫たちも動き始める時期になっていた。時を同じくして四月七日仮設住宅の申し込みをした。学校が始まるまでに引っ越すことは、無理な状況になっていた。

四月十四日から長男が漁協の仕事に行くことを決めた。無事だった船を使って瓦礫の撤去作業をする。俺も一緒に行って働きたいと思った。十六日には孫の中学校の入学式。名取の嫁の実家から逢隈までしばらく通学するようになってしまった。それでも孫は、中学への入学を喜び、元気に通い始めた。一安心だ。

幾度となく我が家のあった場所や荒浜漁港へ足を運んだが、そのたびに改めて津波の恐ろしさを思い知らされた。

さらに生活の基盤を確保するため、長男が山口県へ出稼ぎに行くことを決めた。瓦礫の撤去作業はどうなるのか気になったが、その時は触れずにいた。そんな時娘婿の出張と重なり、約二週間岩沼の娘の家に世話になることに決めた。これまでも世話になっているが、ゆっくりできそうな気がしてうれしかった。夕方には長男家族も合流し、みんなで夕食を食べた。本当に楽しく、おいしかった。お風呂にも気兼ねすることなく入り、しばらくぶりの贅沢をさせてもらった。

四月三十日、先に亘理町内に仮設住宅の一部が完成したため、妻と一緒に見に行った。設備も整い不便はなさそうだが、家族六人にはちょっと狭いのではないかと感じた。

五月一日、長野の次男が家族を連れて、再び見舞いに来てくれた。長野の親戚の方々からの震災見舞いも届けてくれた。本当にありがたいと思った。三人の孫たちは無邪気に二人の孫娘と遊ぶことができて楽しそうだった。孫たちの楽しそうな声は、元気を与えてくれる。じいちゃんも、またがんばるぞと誓った。町の情報を得るため、この頃から亘理の三男のところに身を寄せることが多くなっていた。あわせて、自分も人事の仕事を申し込んだ。初めてといっても良い、面接を受ける。

五月十二日仮設がやっと決定し、十四日には引越しをした。贅沢はいえないが、やはり細かいところに不便を感じる。長男に、押入れに棚を作ってもらうことを頼んだ。一六日には海苔の機械業者さんが訪ねてきてくれ、今後の海苔養殖について語り合った。知り合いの人が訪ねてくれるとうれしいし、海苔の話には心が騒いだ。こうして日記を書いていると、つくづくむなしくなってくる。

人事の仕事が決まった。何を隠そう長男のあとを引き継いで、湾内の瓦礫の撤去である。初めて仕事に向かう朝はとてもうれしかった。弁当を持ち、軽トラックに乗り朝日の方角にある港へ向かう。すがすがしかった。小型、中型、大型漁船等々のほか、海で作業できる船（作業船）も、ガレキ片付けを全力でやるそうだ。外海が静かな時は、みんなと共に船で海苔の養殖に使用した筏や錨の片付けに参加している。津波の後で養殖筏はダンゴ状態で、嵐の後でアンカー（錨）は海底に深く刺さり、作業は困難きわまりない。私達海苔関係の者、また手伝いの漁師さん等も含めて必死の作業である。漁協の組合長さんや役員の方々も種々手を回して多数の方々の応援を戴いてはいるが、いつまでかかるか見通しがたっていない。海上自衛隊の方々も応援に参ると聞き、早急に来ることを期待している。

海苔摘採船大型船、清栄丸所有者木村清一氏、同じく摘採船、寿昌丸所有者菊地萬右ェ門で数名ずつ乗船して、懸命に海苔養殖筏を作業している。筏は通常であれば一日二十台位片付ける能力があるが、現在の所は錨場も五分の一位の作業能力である。現在は荒天・海上荒れもない時期で休みなしであるが、シケが来れば休まなければならない。現在ですら錨・ロープ・浮玉等も沈み、また錨が埋まって作業に大きく影響し、機械作業で行っても何日かかるか、何百日かかるか想像もつかない。陸に揚げた錨、筏、浮玉、綱、ロープ三八ヒロ約二千本（一本の長さ約七〇メートル）等々を考えると、想像を絶する巨大な量と片付けの日数である。肉体的なことも考えると、作業に従事して戴く方々が何日間できるのか、不安でならない。もし神様がお話を聞いてくれて、片付けて戴ければと何度も思った。助けて下さい、お願いしますと叫びたい。陸の方は、漁業者全員でガレキを片付け、また自衛隊（陸上）に応援して戴き、私達も参加し、だいたい片付いたようだ。今度は海上自衛隊、また大型船等で海苔養殖の方を片付けて戴きたい。仕事を手伝って下さい、お願いします、と大声でみんなに叫びたい。

六月二日には、皇室の方がお見舞いに来てくれ、みんなを励ましてくださった。菊の紋の入った落雁がありがたかった。

七月十一日も、外洋の海苔筏の片付けを行い、二隻の海苔用の船で錨を三十八丁揚げた。大型船、何百トンあるいは何千トン位の巨大船で錨揚げをして戴ければ、私達が思っている日数より早くなると思う。静かな海で仕事しやすかったが、私の寿昌丸は二人と人数が少なくなり疲れた。明日は仮設住宅の日下源一君という同窓生の方に、山形の肘折温泉に行こうといわれたが、仕事があると思うとどうしようと迷う。仮設住宅にいるので行きたいが。昨年の従業員の方々の慰安旅行を思い出す。

その後一週間位過ぎてから、仮設住宅の方々が町の案内で肘折温泉へ無料招待を受けた。大変うれしく、また楽しかった。今までのことをすっかり忘れて、行きも帰りも楽しかった。また一ヶ月後か二・三ヶ月後になるか楽しみに待っている。

荒浜港も氷の貯蔵庫等今までの約十分の一位の大きさだそうだが、着工している。市場内も少しずつ建て替えられている。出漁船も二隻になった。みんなも笑顔が少しずつ戻ってきている。漁もまああの様子になったようだ。海の水もきれいになった。ただ今回も、その数日前、数十日前も震度3位の余震があり、不気味さを感じさせられる。しかし出漁船もまた一隻と増え、漁業関係者に喜びを与えるようになった。漁業者も大なる自然本来の厳しさに向かい合い、漁業に生活をかける意気が見られるようになった。私も老体に鞭を打ち共に復興に命をかけている。人間は身体もだが、やはり心と気も大なるものと、懸命に漁業に養殖業にガンバルつもりである。

私の家は宮城県でも古くから代々続いた海苔養殖業です。私の祖父にあたる森重太郎が荒浜で漁業を営んでいました。あるとき漁の最中に嵐に遭い、塩竈の方まで流されたそうです。塩竈で助けていただいた家では、海苔の養殖をしていました。そこで数日お世話になりながら海苔の養殖の手伝いをしたそうです。この頃はすべての過程が手作業でおこなわれていました。当時、荒浜では海苔の養殖というものはまだ知られておらず、祖父は荒浜に帰ってきてから何人かの仲間とともにその海苔の養殖を始めたそうです。はじめは苦戦し、大変だったと聞いています。それから私の父に当たる萬七が祖父の片腕となり、広く荒浜に海苔の養殖を広げる働きをします。その後祖父の元から独立し、父は新たに自分で海苔の養殖を始めました。戦時中は船の上で爆撃にも遭ったそうです。父はその時に自力で泳いで帰ってきたのですが、爆撃された船の重油で目を悪くしました。

私が本格的に海苔の仕事を始めたのは十代終わりの頃で、この出来事が大きなきっかけとなりました。母親と三人の妹たちの面倒を見なければなりませんでした。死に物狂いで働き、海苔の期間以外はオートバイで日本海側の山形や新潟などを中心に、東北各県へ海苔や魚の行商に行きました。その間、妹三人も嫁ぎ私自身も結婚をし、子供を四人授かりました。技術も進歩していき、徐々に機械も導入されていきました。子供が小学校に上る頃には、ほとんどオートメーション化され、生活も徐々に楽になって行きました。必死に海苔の養殖に励んできた私は、皇室に献上するための海苔の品評会で準優勝することもできました。天皇陛下に自分の作った海苔を献上しに行ったことがあります。このことは、今でも荒浜で海苔の養殖を何とか復活させたいと願う、私の原動力の一つとなっています。

息子も山口県の方から宮城県に帰り、海苔関係機械の整備を有志と一緒にガンバッているようです。息子共々、地元宮城と亘理荒浜の海苔復興に向け、ガンバルつもりです。命を落とした従業員もいますが、助かった従業員もいることが何よりも心強い味方です。七月二十日は、震災の犠牲になった方の葬儀に参加し、心が痛み、どうすることもできませんでした。でもこれはこれと、しっかりと震災の心の痛みを受け止めて、自然と調和をもって与えられた仕事にガンバルつもりです。

七月二十三日は、波あって外洋の作業は中止となりました。外洋へ出港予定でしたが、陸上のガレキ片付けに行きました。荒浜地区は片付いていました。ガレキ片付けは、のんびりしているようですが、そうではない。また人数も多くなり心強く思います。魚市場も仮設ですがようやく完成の予定です。漁協の方も、少しずつではあるが、陸上はまもなく完成するのではないかと思われます。これまでの話し合いでは、平成二六年から二七年までには海苔機械乾燥場を完成させる予定です。私も海苔の水産業に命をかける覚悟です。

私はなるべく休まず、仕事に参加していますが、漁港、海の潮風を吸うと元気が出ます。夕方近くに仮設の我が家に帰り、家内、嫁、孫達を見ると、その日の疲れが吹っ飛んでいきます。夕方妻と買い物に行って来ました。歩いて約一時間位でしたが楽しかった。昔のことわざに、楽しくまた元気で進んで仕事をすることは、何にも勝る宝であると。また幸いであると。

八月十五日、今晩は流燈、花火大会でしたが、打ち上げ花火が大きく快音を響かせて夜空にきれいに輝き、漁船全船が切子提灯で、海苔の船が水中花火等で漁港を明るく照らして、周辺は見物の人たち大勢で埋まりました。漁師全員の乗組員が太鼓をたたき、夜の港に響かせ、観客と心も一体となり、一年間の漁の祭り、そして昔からの漁海で亡くなった方々の霊を慰める祭りでした。でも、今年は大震災と大津波で荒浜の町が全滅し、何十人の方々が亡くなりましたので、静かな祭りになったようです。霊を慰める切子提灯は、静かに、しめやかに流しました。

この事を書いている自分も、何か心が痛みます。でも必ず復興を願っております。自分ばかりではありません。自分の仕事場の海で、海苔製造工場で、仕事がしたい。でも住む家もない。工場もない。機械もない。家族はなんとか生活している。従業員も全員いる。みんなで仕事をしたい。復興を願って、またよい海苔を製造して、栄養豊富な海苔をみんなに食べていただきたい。命をかけて生産に努める所存です。この思いを原動力として頑張るつもりです。海上に出て朝日が上がり始めた時は、何とも言えない、神々しいと表現したらよいか、大自然の美しさ、力強さが感じられます。我々人間も、自然と調和しながら、何事も一歩一歩ゆっくりと人として将来を思い、人として平和を思い、この思いを未来に伝えてゆくのが我々の役割だと思います。人間は欲ばかり求めては、進歩しても、必ずどこかに破滅が潜んでいるのではないかと思います。まだ、自分も十分に言い表すことはできない未熟な人間だと思います。心より復興を願って、みんなとともに頑張りたい。

（脱稿：２０１１年9月20日）

黒いものがモジャモジャ向かってきた

山元町八手庭

阿部　行男

平成23年3月11日。前日は明け方まで仕事をしており、数時間の睡眠をとったあと普段どおりの始業時刻に出勤した。金曜日で翌日が休みだと思うと、眠気も我慢できた。午後から他の部署との打合せ中に地震はおきた。

最初は建物の中にいたが、揺れがなかなか収まらないので外に出た。幸い外は広い駐車場で、周りに落ちてくるようなものもなかったが、地鳴りのような音が聞こえ、鉄筋コンクリートの別の事務所が豆腐や蒟蒻のようにゆらゆらしているのが見えた。建物の窓ガラスが割れ、中からは悲鳴も聞こえてきた。

私は地震の大きさと恐怖から立っていることもできず、しゃがみこんでいた。揺れていたのはほんの数十秒だったろうが、かなり長く感じた。揺れが収まってから自分の事務所に戻ると、床が見えないほど物が散乱しており、立っているものはすべて倒れたようだった。

同僚と私はすぐに災害状況の調査に向かった。向かった先は海に近いA地区。私がいた事務所は比較的山側の平地にあり、そこからA地区へは車で約十分程度。車に乗り込み道を急いだが、揺れが大きかった割には、事務所の周りには大きな被害は見えなかった。A地区に入ると海に近づくにつれ、被害が大きくなり、家が傾いたり、道路が割れて段差になり、車が通れないような場所もあった。一番海に近い施設は、目の前の堤防が大きく割れており、道路からは液状化したためか、砂と水が噴出して真っ黒になっていた。建物への被害が大きくなかったので、A地区のほかの施設の点検を行って事務所に戻ろうとしたところ、停電になっていると施設からの通報があった。緊急時には地元の土木業者から発電機を借り、停電した施設を復旧させることになっていたので、業者と連絡を取ろうとしたがすでに携帯電話がつながらなかった。直接事務所へ向い、事情を説明し地区の倉庫から借りることになった。業者の車と二台で、再度A地区に向かった。もう少しでA地区というところで、高速道路と下の町道が立体的に交差する場所で、黒いものがモジャモジャと動いていた。なんだか分からないまま進むと、黒いものもこちらへ向かってきていた。津波だと分かったのは数百メートルまで近づいてからだった。急いで引き返したが、後ろからはまだ津波と気づかず向かっていく車があったのでクラクションを鳴らしたり、パッシングしたりして知らせた。引き返してから少し走ると、興奮していて気づかなかったのか、急に恐怖がこみ上げてきた。津波があと五分早かったら飲み込まれていたと思うと、未だに寒気がする。事務所に戻る頃には薄暗くなっていたが、どこにも電気はついていなかった。事務所の中はさらに暗く、パソコンも落ち、テレビもつかず、電話もならなかった。

家族と家も心配だったが、もちろん携帯はつながらなかったし、メールも届いているのか良くわからなかった。しつこく電話し続けると、弟に電話がつながった。弟は、妹と祖父母の四人で家にいたようで、みんな無事だった。父は消防団ですぐに出動したらしく、母と嫁は音信不通だった。夜になると、やっと母と嫁からメールの返信が来て、二人とも無事なようだった。母は、出張先の東京から帰るところで被災し、交通手段はないがとりあえず無事だと。嫁は会社から家に向かっているが、渋滞がひどく、何時に家に着くかわからないとメールにあったが、連絡が取れたので少し安心した。

夜に一度家の様子を見に行った。嫁は帰ってきていなかったが、弟と妹と祖父母の顔を見ることができた。家はあったが、庭には落ちた瓦が散乱して、外壁もところどころ剝がれ落ちていた。もちろん水道は出ないし、電気もついていなかったが、家にいた家族は怪我もなく、食料もあったので安心した。事務所に戻ってから打合せを行い、とりあえず防寒着に包まって寝たのは、日が変わってからだった。

翌朝は、早くから町内の見回りに出たが、A地区をはじめ、津波の被害を受けた地区の状況は、とても一言では言い表せない。どこを走っているのかも分からず、津波の水が引いていない場所も多く、海のような光景だった。情報がほしかったが、電気がつかなかったので車のラジオが主な情報源だった。しかしラジオからの情報は断片的で、被害の大きさと、行方不明者、孤立した人の救助を求める内容など、余計に不安になるような内容しか得られなかった。

毎日のように被災地に調査に出たが、津波の被害を受けた地区はこれが同じ町内かと思うほど、別の世界だった。水は二、三日が過ぎてもほとんど引かず、海のようになってしまっている光景は衝撃的だった。

電気がつかない、水が出ない、食料が乏しい、ガソリンがない、倒壊するかもしれない家の中は、我が家なのにいることが怖いという初めての体験。とりあえず家族が無事だったことは幸運だった。しかし、先行きがまったくわからないという不安は常にあった。私は仕事の都合で家に帰れなかったので、被災した後の家族の状況がわからないというのは、漠然とした不安を常に胸に抱かせた。

日々、復旧に向けて作業していく中で、連絡する手段がないことは非常に困惑した。固定電話はもちろん、携帯電話も公衆電話ですら使えなかった。交換局や携帯の基地局が停電したためらしい。なにかあれば、まず伝えるべき人を捜すところから。そんな状況が数日は続いた。もともと、地震直後には携帯電話もつながりにくい状況ではあったが、どこにいても「圏外」と表示される携帯の画面は、見るたびにため息が出た。こちらから連絡することも難しいとは、もちろん相手からも情報が来ないことでもある。どこに避難したらいいのか、誰それを探している、電気はいつつく、水道は、食料は、ガソリンは、道路が陥没している、水道管から漏水している、などなど、現地で聞かれたり、事務所に訪ねてきたり、知っている限りは説明できるが、情報の連絡手段がない状態では、把握しきれないものの方が多かった。

ライフラインが復旧し始めたのは、被災から五日が過ぎた頃だろうか。事務所の電気がついた時には、感動した。三日後には水道もほとんどの地域で復旧したようで、蛇口をひねれば水が出る。「普段どおり」がもどってきていることがうれしかった。テレビがついたことで、情報源はテレビに移行したが、得られる情報は多くはなかった。被災者からの「知人を探している」とか、悲惨な現状を訴える映像がほとんどを占めていたので、自分も被災地にいるのに、さらに心を折られた。確かに被災地の現状を伝えることは必要だと思う。しかし被災地にいる方にまで、執拗というぐらい悲惨な映像を流し続けるのは、命からがら助かった被災地の方を精神的にさらに追い詰めているのではないかと思ってしまう。

十日が過ぎた頃に津波の被害のあった地区に入ると、水に隠れて見えなかった瓦礫や、もとの形が分からないほどに変形した車、根こそぎ流れてきた大木が見えた。そして、以前は家と堤防で見えなかった海がだいぶ手前からも確認できた。車で十分走ったそこは、絶望的な光景、地獄絵図、なんとも形容しがたいが、初めて見た光景を前に言葉は出なかった。

だんだんと余震に慣れはじめた4月7日の余震で、再度ライフラインが止まってしまった。「またか」。ようやく復興に向かい始めた気持ちが萎えてしまった。その後のライフラインの復旧は最初の時よりも早かったが、復旧までの数日が長く感じられた。

このころになると道路の瓦礫撤去、家屋の解体も始まり、道路は車でも走れるようになっていたが、被災地は大きな重機とダンプだらけだった。建物があった場所が次々と更地になり、建物の基礎だけがその場に残されていった。瓦礫置き場は二階建ての家よりも高く積まれ、散在していた瓦礫は少なくなっていったが、あったものがない風景は悲しいものがあった。

とりあえず住むことのできるところは、水道も電気もライフラインは復旧しつつある。食料もガソリンも普通に買える。仮設住宅もかなり完成し、避難所にいる方も確実に減ってきている。福島原発は相変わらず明るい話題を提供しない状況ではあるが、明日の食糧に困る程焦る必要がなくなり、少しは落ち着きを取り戻しつつあると思う。

震災から半年が過ぎた。今も、復旧へ、復興へ、何ができるのかを考える。

（脱稿：２０１１年10月18日）

究極の遺体身元照合ボランティア

宮古市磯鶏地区

千葉　胤嗣

　私は、宮古市で小さな人材派遣会社を経営しております。平成17年に会社を立ち上げました。宮古あたりだと六十歳定年で、はいおめでとうございますと送りだすけれども、送りだされた人は六五歳からでないと年金をもらうことができませんので、五年間が無収入になります。ところがいろんな免許をもっている。まじめだし体が健康だし、いろいろな経験や技術をもっている。これを活かさねばいけないと思い、六十歳以上の人を雇用する人材派遣業を始めました。

　3月11日、東日本大震災の日は盛岡市にある岩手医大での定期健診の日でした。健診が終わり遅い昼食でも食べようと市内を運転中に地震に遭遇しました。今まで経験したことのない激しい揺れに瞬間的に津波を連想し、昼食どころではなく、宮古に戻りました。盛岡、宮古間は、約二時間かかりますので戻った時は夕方でした。そのまま会社のある海辺に行きましたが、途中は惨憺たる光景で、その日は会社に近づくこともできず、翌朝早く徒歩にて会社に向かいました。しかし会社は跡形もなく、残っているのは基礎だけでした。

　その後約四～五日は何もできなくて、会社を辞めて仙台にでも帰ろうか、どうしようか考えておりましたが、私の友人から電話があり「千葉さんでなければできない仕事があるんだけど、手伝ってくれないか」と言われ、二つ返事で手伝いを決め、指定された体育館に行きました。

　行って分かったのですが、そこは、震災と津波の犠牲になった方々の遺体安置所に指定された場所でした。見ると棺が四十棺位並べてあり、一つ一つに遺体の特徴（年齢・性別）と収容された場所や時期を記した紙が貼られてありました。友人には「遺体を早く遺族に引き渡したいので、収容された場所に行って、追跡調査をやってほしい」と頼まれました。それからの日々は遺体の特徴と収容先を書いたB４判のメモを片手に消防分団や避難者が大勢宿泊しているところに行き、「こういう遺体があがったけども、心当たりのある人は来てくれないか」と遺体の特徴を話して、安置所に来てもらって、確認をしていただくことを繰り返しておりました。

警察の手もまわらず、「千葉さんは神経が図太く、少々のことでは泣きを入れない」と思い、頼んだのだと思います。その時は「早く遺体を遺族の方に返したい」との思いで何も感じませんでしたが、さすがに、焼き肉は食べられませんでした。二～三日で匂いが体に染みついて洗い落としてもとれません。御遺体は、泥まみれであがってきて自衛隊などによって体育館に運ばれ、熊本県警が手術台みたいな台に乗せて遺体の衣服を切って脱がして検死をします。検案しながら体を拭いてあげます。検死が終わると、棺に入れて体育館にずらっと並べられます。素っ裸で、遺体を包むチャックのついたビニールに入れて棺に置かれています。衣類は泥のままビニール袋に入れて傍に置いています。４月７日か８日、身元不明の御遺体をいつまでも放置しているわけにはいかないので、市の方で二十御遺体位を焼きました。

ひと月近くお手伝いをしましたが、後日考えると、さまざまな表情をした遺体を数十体見ました。苦しくて口をあけたままで固まっている御遺体が多く、ガレキに比べると沖の方の御遺体の腐敗が激しかったのを覚えています。最初はドライアイスもなくて、十日くらいしてから大阪から４トン車でドライアイスが大量に届きました。四～五個ずつのドライアイスを棺にいれ、御遺体は毎日拭いてあげていました。御遺体を触った軍手はしばらく車に積んでいました。警察の方と同じように手伝っていて、いろいろなボランティアがありますが、一番きついような気もしました。

盛岡に行く前にガソリンを満タンにしましたが、避難所に行く際になるべくゆっくり走ったり、確認してもらうために地元の人を乗せて戻り、ガソリン不足の時期によくあちこちを車で走り回ったもんだなと自分自身感心しております。たとえ腐乱した状態の御遺体であっても、遺族の方が「おじいちゃんごめん」「お父さん寒かったでしょう」そういう状態ですがる光景がありました。その時はよかったと思いました。私の体に「ありがとう」って御遺体がくっついてくる思いもしました。一人だけ俺は引き取らないという遺族がいましたが、七〜八人の身元を引き合わせることができました。一番わからない御遺体は年配の女性でした。おじいさんや男の人は作業服を来ていたり免許証を持っていたり、名刺を持っているので、身元がすぐに分かりますが、おばあさんは何も持っていないのです。バッグなども流されているし、ポケットに何も入れないからです。

東日本大震災の日から六ヵ月が過ぎ、表面的には少しは従来の街らしさを取り戻したようにみえますが、ガレキの撤去問題や、新しい街づくりの問題や、公共施設の復旧など、ほとんど何も解決してないのが現状です。たとえば、ガレキを細かく分別すると四〜五年かかります。宮古市のガレキの受け入れ先である北海道はある程度大雑把に持ってきてもいいというのを、県とか市などは失業・雇用対策の意味もあって細かく分別したい。環境省が補助をするのが平成26年3月で打ち切りとなり、それ以降は各自治体が負担しなければなりません。ほんとうに雇用することは、早くガレキを撤去して企業を立ち上げ人を雇うことであり、いつまでもガレキの仕分け作業で雇用、雇用ではおかしいと思います。

宮古市の一市民として、私のできることをこれからもやっていこうと思っております。幸い、会社も再建ができ、従業員も仕事に頑張ってくれておりますので、私はこれからも頑張ります。

（脱稿：２０１１年9月20日）

万里の長城を越える大津波

宮古市田老大平地区

山崎　智水

父は私が幼い頃から役場の危機管理課に勤めており、田老の防災に携わってきました。防災無線や潮位観測システムの整備で田老の防災都市としての機能を充実させるほか、個人では津波防災についての研究を行い全国各地で行われる学会に参加したりもしていました。私の生まれ育った田老は、明治29年の明治三陸大津波では高さ15メートルの津波に、昭和8年の昭和三陸大津波では10メートルの津波に襲われました。津波から財産を守るためにつくられたのが、万里の長城と評されている高さ10メートル・長さ２４３３メートルに及ぶ巨大防浪堤です。

そんな父の姿を見て育った私は、物心ついた頃には父の背中を追い、防災士を目指していました。小学校の総合的な学習の時間では田老の防災についてグループに分かれて取材を行い、津波に襲われた歴史や防浪堤はもちろんですが、もし津波が起こったらどう逃げたらよいかなどをクラスで取材し、それぞれがパンフレットとしてまとめました。中学校の頃は過去の文献を頼りに明治の津波に襲われた旧田老村を舞台にした演劇の脚本を書き、文化祭で演じました。わたしたちの世代の主人公と明治の津波を体験した祖父とのやりとりから、突然の地震をきっかけに祖父の明治三陸大津波の回想シーンに移り、当時の田老村民の悲しみや苦しみを描きながら、それでも海の側で暮らしていくことを決意する若かりし頃の祖父のストーリーです。

高校に入ってからは放送部に所属して宮古市の防災への取り組みと若年層の防災意識とのギャップを伝える番組を制作しました。毎年3月3日（昭和三陸大津波の日）に行われている避難訓練への若年層の参加者が減少していることについて、「高校生はなぜ参加しないのか」「市はどうして若年層にこそ参加してほしいのか」というインタビューを行い、テレビ番組としてまとめたものです。

地震発生時、眼科から田老町の大平地区にある自宅に帰宅した私は母と妹と一緒にテレビを見ていました。携帯電話の地震速報が鳴るとほぼ同時に大きい揺れが始まり、しばらくじっとしていましたが揺れは収まるばかりかだんだん激しくなっていきます。私は学校での避難訓練でしていたように、ドアを開けて外へ飛び出しました。後ろをついてくる母の足が震えていたように思います。

外では祖母が玄関につかまり「これは、津波が来る」と言っていました。怖がる母はずっと私の腕をつかんでいました。玄関で揺れが収まるのをしばらく待ちました。祖父はトラックを高台に移動させ始めていました。それまでに体験した地震とは揺れの大きさも時間も違います。変な汗が背中を伝います。妹は落ち着いた表情で立っていました。揺れが収まると妹は自分の部屋に戻り、避難の準備を始めました。携帯電話と充電器、毛布をリュックに詰めこみます。私は携帯電話で友達と連絡を取り合おうとしましたが、なかなかメールが届かず、電話も繋がりません。避難所は冷えるからという祖母の指示に従って暖かい服装に着替えながら、私は友達からの連絡を待ちました。テレビを見ると、赤く縁取られた日本列島が目に飛び込んできました。大津波警報。確実に来る—そう感じました。

仕度を済ませて二階から降りてきた母が手動充電式のラジオを私に手渡し、一足先に病院に向かいました。県立病院の看護師なので災害時は出勤しなければならないのです。「行ってきます」と言った母の辛そうな表情がしばらく脳裏に焼きついていました。私と妹は祖母に連れられてサン・オーエンへ向かいました。太平洋が一望できるそのホテルで海の様子を眺めていました。水位が下がり、遠くに見える岩肌の濡れている部分（もとの水位）よりも2~3メートル低くなっていました。海が白い波を立てて岸へ近づいてきます。信じられないほど穏やかな気持ちでその様子を見ていました。岸から海へと戻った第一波は、瓦礫や船を巻き込んで濁っていました。町を包むようになっている湾は波を閉じ込めてしまい、津波は渦を巻くようにして町を襲いました。リアス式海岸での津波は被害が大きいといわれている意味を間近で見て、初めて理解できた気がしました。

しばらくすると、埼玉に住んでいる従姉妹からテレビに映る鍬ヶ崎地区の画像が送られてきました。携帯電話の画面に映る瓦礫の山がその地区だとは信じられませんでした。祖母は卒業式のリハーサルをしているもう一人の妹の中学校に連絡をとっていましたが、もちろん電話は通じません。諦めて避難所へ向かうとそんなに広くない部屋にストーブが三台ほどあり、人がぎゅうぎゅうに座っていました。トラックを高台へ置いた後もう一度帰宅し自分の車で避難していた祖父と、近所の方が指揮を執っていました。名簿を作っているらしいので名前をチェックされ、妹と二人で毛布にくるまっていました。もうすっかり暗くなっていましたが、電気は通じないのでストーブのぼんやりした明かりのみ、口数の少ない避難民のみなさんとは対照的に、ラジオは各地の情報を流し続けていました。7時頃にはとろろ昆布のお吸い物とご飯、沢庵が配給されました。

私の避難した集会所は食料がわりと豊富で、また近隣住民の方からも食べ物をいただいていました。何もすることがないので8時頃には避難所の多くの方が横になり始めましたが、私と妹はなかなか寝付けずにいました。父や下の妹の心配はしていませんでしたが、ただ連絡のとれなかった友達が心配でした。

次の日からは暇な日々が続きました。若さを生かして何か力になりたい、という思いはあったのですが大人が仕切っている中で自分が邪魔になってはいけないような気がしてじっとしていました。今思うと、普段積極的に働く癖になぜ大事な時に働けなかったのか、悔しいです。しかし実際、厨房は奥様方が仕切っていますし、外部との連絡は指揮をとっている方に任され、他はただ黙って寝ているくらいしかありません。机を移動させたり、布団を敷いたりという作業も気づくと完了していたように思います。子供が少ない避難所だったので、子供の相手をする、ということもありませんでした。しかしそれを深く考えると鬱になるような気がして、ただ寝ていました。高校に通っていた頃はあんなに睡眠時間が欲しいと思っていたのに、いざ寝るだけの生活になると苦痛でしかありませんでした。寝るのに飽きた、というんでしょうか……。昼寝が多い分夜は眠れず、大勢の人の寝息やトイレに起きる音やラジオの小さい音など落ち着かない夜を過ごしました。

三日ほど経つと母が病院から一時帰宅を許されたらしく、対面することができました。充血と隈が普段よりもひどかったのですが、それでも私たちと一緒にいる時はいつもの母の姿に戻るような気がしました。避難所で茶碗に盛られたご飯を見て「ああ、あったかいご飯だ……」と嬉しそうな顔をする母を思い出すと今でも鼻の奥がつんとします。その頃、地震発生から会えていなかった下の妹と再会できました。私たちの顔を見るなり、普段泣かない妹が「死んだと思った……」と涙をぼろぼろ零しました。各避難所の名簿を持ってきた父とも再会できましたが、父は忙しそうで、私たちの安否を確認した後すぐに役場へ戻っていきました。

津波注意報が解除されてから、私と妹と母で自宅の様子を歩いて見に行きました。幸いなことに家は残っていましたが、一階は波と一緒に他の家の物が流れ込み、天井までぐちゃぐちゃになっていました。見たことのない風景の中に新品のテレビやパソコン、私のベッドなど断片的に残っていました。もとの家の匂いはなく、泥の匂いが鼻につきます。それでも二階はもとのままだったので、妹や父、母の私物のほとんどは無事でした。

後日、母方の祖父母が私たちを引き取りに来てくれました。宮古の田鎖地区にある家では電気もガスも使えたので、久々にお風呂に入りました。それまでごちゃごちゃ考えて憂鬱だったものがいっしょに流れて、さっぱりしました。お風呂の偉大さというか、衛生状態が精神状態に大きい影響を与えるというのを実感しました。忙しい父や母、まだ避難所にいる祖母や祖父にも早くさっぱりして欲しいと思いました。田鎖の祖父母はいつもお盆や年末年始に帰る時と同じように接してくれました。友達の安否が確認できていなかったのでテレビの安否情報を確認しながら、自宅から持ってきた本を読んだりして過ごしました。

たまに実家に帰って、泥を掻き出したりごみを分ける作業を手伝いました。自分が生活していた部屋がぐちゃぐちゃになっているのを見るのは辛いだろうと思っていましたが、不思議と事務的に作業が進みました。どこか他人事のように思っていたからかもしれません。「こんなものいらないんだから、捨てるいい機会になったよね」なんて話もしました。思い出の品を見つめて悲しみに浸るなんてことはなく、体を動かすことの大切さがわかりました。

震災から二週間ほど経つと、住民の方々の精神状態の悪化が顕著に出てきました。元からあまりいい噂のなかった人が盗みに入ったという陰口が広まったり、外からきた人の手で実際に金庫が開けられ、財産が盗まれたりしました。役場で働いている職員への苦情も出てきました。「自分たちの手元には食料があるかもしれないが、避難所や各家には支給品が行き届いていない」と……。朝から外部への応答に追われ、支給品を仕分けし、自分たちは一日一食でほとんど寝ずに、家族とも離れ離れで働いている父の姿が思い浮かび、悔しくなりました。また、仮設住宅に申請する時に家族に公務員がいると後回しにされる、という話も聞きました。公務員は被災者じゃないの？疑問が胸に残ります。

母の姉妹や父の兄弟が支援物資を持って駆けつけてくれました。服や車など持ってきてくれたのですが、何よりも私たちの話をゆっくり聞いてくれたのが一番助かりました。母が泣きながら「病院が老人ホームのような状態になってしまってベッドが足りない。本当に治療が必要な若い人たちが入院できずにいる」「娘を任せて仕事に行かなければならない、大事な時に家族と一緒にいられないのが本当につらい」と言っていました。

田老には今、被害の少なかった小堀内地区にあるグリーンピア三陸宮古を拠点として仮設住宅が建設され、ボランティアによるイベントや支援物資の配布も行われています。仮設商店街も設置され、震災以前に商店を営んでいた方々が仮店舗にて経営しています。仮設住宅に住んでいる人もいますが、夏の衛生状態の悪さやプライバシーがどうしても保護しきれないといった面から申請をしても仮設住宅に入らない人もいます。内陸や県外に住んでいる親戚のもとでお世話になっている方もいるようです。

8月11日には追悼花火大会が行われ、防浪堤に並べられた夢灯りとともに花火で亡くなった方々の追悼をしました。花火大会は毎年田老湾にあるみなと公園で行われていたものですが、建物がなくなり見晴らしのよくなった田老の町並みの中、残された家の基礎に腰かけて見上げる花火はとても眩しかったのを覚えています。9月10日には毎年恒例行事である田老地区運動会が開催されます。この運動会は地域の絆を強くし、近所・他地区との情報交換ができる面で防災にも効果があるものだと父は言っています。

公務員を両親にもつ娘としてこの体験記を書かせていただきました。収入が急に減ったわけでもなく、家も残っていますが、災害時に両親に仕事があり一緒にいられないという面ではつらい思いをしました。ストレスが溜まった住民からの役場の職員へのあてつけと言ってもいいほどの陰口も聞きました。私は父の背中を追い、防災・減災の研究をしたいと思っています。今はまだ知識が浅く、自分の意見を論理的に説明することもままならないですが、いずれは防災士の資格を取って父と同じように、自分の町や財産、大切な人を津波から守れるように自分の知識を生かしていきたいです。災害時に家族と一緒にいられないかもしれませんが、父がそうしてくれたように日頃から防災への関心を引くことで災害時に自分で身を守れるように、家族だけでなく誰もが高い防災意識を持って行動できるような国を作り上げるのが、私の目標です。

（脱稿：２０１１年10月７日）

町全体が精霊流しのよう

大槌町本町

臼澤　良一

　3月11日、岩手県沿岸広域振興局から受託した環境保全活動事業の報告書をほぼまとめ上げて、ファイル綴じをしていた。テレビを点けながら作業をしていたが、突然、テレビの緊急予報を伝える発信音が鳴ったと思った瞬間、今まで感じたことのなかった大きな揺れとその時間の長さに、仰天した。

　大槌町本町にある二階建ての我が家が上下にガタガタ、ミシミシと容赦なく揺さぶられ、机の上のパソコンやプリンターを両手で押さえたが、本棚の書類が床一面に投げ出され、あまりにも大きく、長い時間の揺れに家が崩壊するのではないかと恐ろしい気がした。

　地震直後の停電のためテレビが消えたので、すぐに妻がラジオのスイッチを入れたところ、NHKで「3メートルの津波」とアナウンスされた。父親の代から住んでいるが、今まで、自分の家まで津波が押し寄せてくることがなかったので、3メートル程度の津波なら防波堤で十分防げると思い、妻と一緒に地震で位置がずれた家具等を元の位置に戻していた。

　直後、町の防災無線を通じて「大津波警報発令しました。避難してください」と呼びかけがあり、妻も「お父さん、本当にここまで来ない？　逃げなくていいの？」と落ち着かない様子であった。

　家には、大分県産の十歳になる雄の柴犬「タロ」を飼っているが、地震発生直後から、家の中を「キャンキャン」とけたたましく吠えながら今まで見たことのない様相で駆けずり回ったあげく、地震が治まったら、玄関の靴箱の下に体を丸くしてブルブルと震えながら踞ってしまった。

　可哀想なので、「タロ君、大丈夫だよ」と抱きながら声をかけた。地震を怖がる犬なので、いつも地震があった時には抱いて声をかけると安心していたが、その時ばかりは、抱いていた腕の中から全身の力を振り絞って逃げ出し、先程と同様に駆けずり回った後、今度は二階に飛び上って行った。

今思えば、タロは動物的な本能で、これから起こる何かを感じ取り、その恐ろしさに震えていたのではないかと感じている。間もなく、「大変だ。大津波が来るよ」と長男が血相を変えて職場から息を切らしながら走って帰ってきた。その様子を見ていた妻も不安そうだったが、それでも私は「ここまでは絶対来ないから……。今まで、ここまで来たことはないから大丈夫」と二人を落ち着かせようとした。

その時、次男の嫁が当時11ヶ月になる男の子——私たちにとっては孫にあたる——を乗せて駐車場に停まったのが一階の居間からガラス越しに見えたので、妻が、慌てて外に出た。そのとたん、「大変だ！　津波だ！　お父さん、タロ頼む」と妻の大きな声が聞こえた。さらに、「車はダメ！　走れ……！」と長男の叫び声が聞こえた。

私はそれでも「津波なんかここまで来るものか……」と思いながら、玄関脇の窓を開けて、初めて見た光景に不思議な感じがした。何と、二階建ての家が幅数百メートルに渡り将棋倒しのように、バリバリと凄まじい音を立てて50～60メートル先から押し寄せてくるのが目に入った。その光景を見た瞬間、「午後2時46分に地震があったのに、何故、その時に倒れないで、三十分も経って家が倒れるのか」と思ったのもつかの間、向かってくる倒壊家屋の地面から1メートル程の高さでドス黒い泥水が見えたので「津波だ！」と直感した。

とっさに二階に駆け上がり、クローゼットの隅でブルブル震えていたタロを見つけ、抱きかかえ一階に戻ろうとしたが、あっと言う間に泥水が二階の廊下を覆い尽くしたので、急いで二階の廊下から屋根に這い上がった。屋根に登っていれば、まさか流されることはないと考えたが、みるみるうちに水かさが増してきた。

屋根に上がった瞬間、泥水が私の家の一階の屋根の高さまで達した。私の家の屋根にドーンとぶつかった後、泥水の中に沈んでいく家、波の力で家々がバリバリと砕け散る音、おびただしい数の家が倒壊してギシギシと擦り合う音、プロパンガスのボンベが「ボン」と、鈍い爆発音とともにガスがシューシュー漏れだす音と臭い、車の電気系統がショートしてビービーと鳴るクラクションの音。そういう光景を目前にして、右手でテレビのアンテナを支えている針金をつかみ、左脇にタロを抱え「あれッ！　あれッ！　どうしよう」と呆然となった。

屋根の上で見たものはそれだけではなかった。姿が見えないが、あちこちから「助けてくれー！　助けてくれー！」と叫ぶ声。さらに、40～50メートル離れたところでは、四十歳代の男性が家の屋根に立っていながら流されていた。紺のジーンズに青いヤッケ、デイパックを背負い青い帽子をかぶり、私の方を見ながら右手を挙げ、西日に照らされながらにっこりと笑っていた。私の姿を見て「あいつも逃げ遅れたのか」と思ったに違いない。ちょうどその時、私の家から三軒程離れた家のプロパンガスボンベが爆発し、黒煙とともに火柱が見えたので、一瞬、そっちの方に目をそらした直後、その家も彼の姿もなくなっていた。

今、冷静になって考えるに、あのような状況の中で笑えるというのは、神か仏になりきった者でなければそのような心境になれるものではないと思っている。プロパンガスによって炎が「バリバリ」と音を立てて燃え上がり、黒煙を立ち上げ私の家の二階部分に延焼した瞬間、「ギィッ、ギィッ」と鈍い音をたてながら、さらに足下には「ゴトッ、ゴトッ」と鈍い振動を感じながら、少しずつ家が流されはじめた。

間もなく、黒煙と火の粉が私の方にも飛んできたので、これからどうなるのかという不安で頭の中が混乱した。そういう中で、次第に「助けてくれー！　助けてくれー！」と叫ぶ声が聞こえなくなった。流されている間、自然に、高野山真言宗の曼荼羅である「南無大師遍照金剛」を大声で何百回となく唱え続けていたら、不思議に「こんなところで死んでたまるか！」という気持ちが湧いてきた。私はいつも神仏に手を合わせているが、一昨年、昨年の二年間で四国八十八ヶ寺をお詣りさせて頂いた際にもお寺の前でずっと唱え続けていた。

およそ300メートル流されたところで動きが止まった。このままでは火に巻かれてしまうので、どこかに移ろうと辺りを見回したら、ちょうど40～50メートル離れたところに、二階がベランダ造りの鉄筋コンクリート二階建ての家が見えたので、そこに渡ろうと思った。鉄筋コンクリートだったら火事の心配がないと思った。

しかし、渡るにも水位が一階の屋根の高さに達しており、そこに行くまでの間には倒壊した家屋、剝き出しのがれき、多くの車が浮かんでいた。しかし、一時でも早くここを逃げなければと必死だった。ちょうどその時、私の手の届くところにビニール皮膜の電線が見えた。これが向かい側にある二階建ての家のベランダまで届いていた。一瞬、触ることをためらったが、地震直後にテレビが消えたので通電していないと思い、背に腹は代えらず、右手でガッチリとつかんだが何事もなかった。

左手でタロを抱えていたので、右手で電線を握りしめ、これを命綱にして、歩み始めた。目の前には浮いているがれきや倒壊した家で行き先を塞いでいたので、靴下にジーンズとセーター姿でそれらを乗り越える時に、滑って横転したり、時には踏んでいた板が折れて胸まで泥水に浸かったりした。横転した際に、タロの首輪やリードがはずれ、倒壊した家の隙間に挟まれたりした時には、渡るのが大変だから置いて行こうかと一瞬思ったが、そのたびに、ブルブル震えている姿を見たら、「タロ、絶対助けるぞ！　一緒に連れて行くぞ！」と。

そして、何より妻が逃げる時に「お父さん、タロ頼む！」と叫んだ言葉が耳に残っており、家族で一番愛情を注いでいるタロを残して行ったなら妻がどんなに悲しむのかを想像して、「絶対連れて行かなければ……」と思った。やっとの思いで、二階のベランダまで辿り着いた。二階の壁を見たら床から1メートル程の所が泥水で汚れており、布団や家具も泥を冠った状態で散乱していた。

二階の部屋をあちこち回りながら陸地の方に逃げる場所を探したが、高さが数十メートルもある傾斜角度のきついコンクリートの法面が7～8メートル先に見えるだけではどうしようもなかった。それでも、鉄筋コンクリートの家なので、ここに居ればきっと誰かが見つけてくれるのではないかと思った。

しかし、間もなくベランダに黒い水が押し寄せて来たのでびっくりした。「あれッ！　あれッ！」と思っているうちに急速に水かさが増し、膝位まで達したので、慌てて目に入ったカラーボックスの上に座布団を重ねて踏み台を作り、やっと、天井と頭の間に握り拳が入るくらいの高さになった。

天井を破って梁に逃げようと、右手で握り拳を作って叩いたがとても頑丈だった。人差し指、中指、薬指の関節部が裂けたのも忘れて叩いて、やっと天井板の間に隙間ができた。水位は見る見るうちに高くなり、顎を越え、唇の所まで達したので、天井の隙間を空気口にしようとして、タロを両手で抱えてそこに口を近づけた。

幸いなことに、水位はそこで止まった。その後、徐々に引きはじめ、やっと踝のところまでになったので、踏み台から降りてベランダに出て、海の方を見た。鉛色の空の下、小鎚川の堤防がどこなのか、ランドマークも消え去ったため全く見当もつかず、町のすべてがドス黒い泥水で覆われているのが目に入った。あたり一面を埋め尽くす大量のがれき、倒壊した家屋、おびただしい車の数を目の前にしたら、以前、映画かテレビドラマで見たような光景であった。これが現実だとは決して思われなかった。

呆然としていたのもつかの間、隣のコンビニ付近から「ボンッ」と爆発音がしたので、そちらの方を見たら黒煙と炎が見えたので、プロパンガスボンベが爆発したのだと気がついた。北西風の風が強かったので、瞬く間にバリバリという音を立てて火の勢いが強くなり、周辺に流れてきた家屋や車にも飛び火し、さらに火のついた車が別の場所に流され、それが他の家屋なども延焼させるという、さながら精霊流しの様子であった。

私が立っていた所に火の手が迫ってくるのに時間はかからなかった。目の前で勢いを増す炎で顔が熱くなり、どうしたらいいのかおろおろするばかりであった。その時、20メートル程先に同じような鉄筋コンクリート二階建ての家が見えたので、トタン板の屋根で足を滑らせたり、横転した車のため遠回りをしながら必死の思いで辿り着き、二階の窓から中に入った。二階の廊下を回って逃げる場所を探したが、前の建物の時と同様、あたり一面泥とがれきの海ではどうすることもできず、ただただ、「助けてくれ！」と大声で叫ぶだけだった。

その時、裏側のコンクリート法面上部のフェンス越しに男性二人の姿が見えたので「助けてください！　ロープがないですか？」と大声を張り上げたが、「ロープは持ってない。こっちに回れ」と声をかけてくれたものの、指示された方向がわからず、ただただ、うろうろするばかりであった。数分後に、再度助けを求めようと二人のいた方を見たが、姿が見えなかった。それでも、ただひたすら大声を出して「助けてくれ！　助けてくれ！」と叫び続けた。

突然、「大丈夫ですか？　どちらから流されたのですか？」と言う声が聞こえたので、よく見ると、細い山道のところに一人の消防士が立っていた。その人を見た瞬間、緊張の糸が途切れたのか「本町4―3の……」と、少し震え声で答えたところ、「あ！　臼澤さんですね」と言われたのでびっくりした。私は知らなかったが、次男が消防署員なので彼は私のことを以前から知っていたようだった。彼は大きな声で「気をつけて！　こっちに回って！こっちに回って！」と声をかけてくれたので、浮いているがれきにつかまり、トタン屋根に足を滑らせながら彼の方に向かって少しずつ進んで行った。その間も、彼は「足下に気をつけて！」と声をかけてくれた。彼が立っている場所から7〜8メートルの近くまで近づいたところで「そこを越えてください」と声をかけられたので、前を見たら、トタン屋根がゆっくりと流れながら浮いていた。

左の腕でタロを抱え、右手では壊れた家の柱等をつかみ、足場を確保しながらトタン屋根の上に足をかけ二〜三歩歩いたところで足を滑らせて転倒し、一瞬、屋根から滑り落ちそうになった。それでも、必死になって屋根を乗り越えたところ、彼が脚立を屋根の端に架けてくれて、「気をつけて、ここを渡って！」と声をかけてくれた。はじめにタロを受け取ってもらい、恐る恐る脚立を橋の代わりにして、彼に手を敷いてもらい、やっと地面に立つことができた。地に足が着いたとたん、緊張の糸が切れたのか放心状態となり、さらに寒さのため、自分ではわからない中で急に体がブルブル震えてしまった。「足下が危ないから、これでもいいので足に巻いてください」と言って、その辺に流れ着いたと思われるタオルを靴下の上から両足に巻いてくれた。

それから、避難場所である中央公民館目指して、細い山道をブルブル震えながらタロを引きながら歩いた。途中、ご先祖の墓の上を通ったが倒壊していなかったので安心した。大念寺の境内を通って、学園神社の道にさしかかったところで、警察官から「早く、早く」とせかされたが、寒さでノロノロ歩くのがやっとだった。

「臼澤さん、助かったの？……」と後ろから歩いてきた見覚えのある女性に声をかけられたが、寒さで体中が震えていたので歯をガチガチとさせながら「はい」と答えるので精一杯だった。あまりにも寒そうに映ったのか、その女性がタオルを一枚私の首に掛けてくれた。

その後、寒さのため歩けなくなって何度か止まろうと思ったが、数十メートルごとに警察官が立って「急いで！急いで！」とせかせるので、ただただ放心状態のままによろよろと歩いた。やっとの思いで中央公民館に辿りついたが、既に、多くの避難者でごった返していた。ある人は早く逃げたのか洋服が濡れないで、また、ある人は私同様ずぶ濡れになって、互いに安否を確認し合っていた。私も、先に逃げた妻等を探しまわったが館内のどこにも見えなかった。「どこへ行ったのか」と思いながらさらに探しても見つからなかった。「もしや……」と一瞬不安になったが、私より先に逃げたのできっと館内のどこかにいるはずだと自分に言い聞かせて待つことにした。

しばらくすると、ロビー入口の方から「おと～さん！　タロ～！」と妻の叫び声が聞こえたので、声の方を直視したら、妻が涙を流して走って来るなり「生きていたの～、良かった～」と、今まで見せたことのないような興奮様態で体を寄せてきた。「ずっと探していたのに、どこに行ってたの？」と尋ねると、家から逃げた後、歩道橋の階段の一段目に足をかけたら既に膝まで海水が来たこと、歩道橋に上がったところで胸まで浸かり、一時間程立ち往生したことなど興奮状態のまま、堰を切ったように話し始めた。歩道橋の上で立ち往生している間、家や車が流れてきてシーソーのように揺れ、もうダメかと思ったこと、さらに、そのような状態の中で、私が屋根の上で煙に巻かれながら流れて行くのを見て「お父さんとタロがダメだ」と感じたこと、歩道橋が奇跡的に二階建ての家の方に傾いたので、長男と必死の思いで孫を助けたことなど、涙をぼろぼろ流して言い始めた。涙を流している妻や元気な孫の姿を見て改めて「家族っていいな～」と感じた。

当日、当直だった大槌消防署員の次男も、二階の当直室に押し寄せた津波に襲われながらも偶然に助かった。避難した中央公民館のロビーでは、不安そうに家族の安否を確認する人、無事を確認するや涙を流して喜び合う人でごった返した。また、多くの人は冷たいフロアーや体育館より、カーペットの敷いてある少しでも温かい部屋に入った。中は防寒のため毛布を体に巻き、首だけ出している人、横になって毛布をかけている人、新聞紙を体に掛けて寒さを凌いでいる人、濡れたままの服を着て青白い顔をしている人などさまざまだった。

私は、妻が歩道橋から二階建ての家に渡った際に何かの役に立つのではないかと持ってきた一枚の毛布を纏って、今まで経験したことのないような寒さのためか、ろれつの回らない状態で体をエビのように丸くして横になった。視界に入るのは、慌ただしく歩く人の足、寒さに震えながら頭からすっぽりと毛布をかぶって横になっているお年寄りの姿だけであった。そのうちに、目の前に横になっていたお年寄りを二〜三人がかりで衝立の陰に移動させたので、もっと温かい方に連れて行ったのかと思った。しかし、私と同様隣に横になっている人に尋ねたら、亡くなったようだと聞かされたので、もしかして寒さのために私もそうなるのではないかと不安になった。

しばらくすると、保健婦さんらしい人がやってきて「一人で歩ける人は体育館の方に移動してください」と指示され、私と妻は体育館の方に移動した。また、乳幼児を持つ母親と子供達は、小鎚の老人保健施設に移るよう指示され、当然、次男の嫁と一一ヶ月になる子供も移動した。一種のトリアージである。

既に体育館には毛布、ブルーシート、ダンボールなどに包まって横になっている人、体育館の窓に吊るしてあったカーテンを剝がしてそれに身を包んでいる人などでごった返していた。とにかく、底冷えのするような寒さなので、タロを脇に座らせ、私も妻も一枚の毛布に身を包み、震えながら冷たい床に横になって、一睡もせずに夜を明かした。

12日早朝、薄日が射していたが小雪が舞うような天候だった。山火事の煙が中央公民館まで流れてきたので外に出てみたら、倒壊した民家が燃えて、強風のため火の粉が四方八方に散らばって、それが他の倒壊した家や車に燃え移り、さらに山にまで達したので火事の面積が見る見るうちに拡大して行った。

間もなく、大槌小学校の裏側に燃え移り、強風のため黒煙を伴って火の勢いが強くなり、中央公民館の方まで燃えかすが飛んできた。気がついたら、東側の法面からも火の手が上がり、消防署員や消防団員が見張っている様子が確認できたが、もしかすると中央公民館にも燃え移るのではないかと不安になった。

次第に火の手が迫り、公民館を濃い煙が覆ってきたので、大ヶ口の方に避難するよう指示が出された。慌てて、ゴミ袋に毛布を丸め込み、履物がないので体育館のスリッパのまま外に出た。大ヶ口までは林道を数キロも歩かなければならないと覚悟を決めていたが、幸い、避難しようとしていた軽自動車のバンの荷台に、私と妻とタロを乗せてもらって山を下りた。途中の道には凍結した所が何カ所も見受けられたことから、歩いては大変だったので、本当に助かったと運転手さんに感謝した。

大ヶ口地区集会所に辿り着いたら、畳の部屋が見えたので、そこで休もうと中に入っていった。部屋の中には、先客と思われるような五人が姿勢よく毛布を掛けて仰向けになって並んでいたので、「こんにちは」と声をかけたが、返事もなく様子が変なので一歩近づいて見て、びっくりした。何と、遺体だったからだ。慌ててその場から立ち去り、フローリングの部屋に移った。大きなガラス戸の脇に座り、そこから射し込む暖かい日射しを受けていたら少し体が暖かくなった。そのうちに腹が減ってきたので妻の小銭入りの財布を持って近くの店に買物に行ったが長蛇の列で、既に陳列棚には何も残ってなかった。夕方には、方々から避難してきた被災者で六十人程度になり、役場が持ち込んでくれた布団に横になった。

13日の2時頃、役場職員が二四〜二五個のごま塩のおにぎりを持ち込んでくれたので、みんなでそれを分けて食べたが、私と妻は一個を貰い、半分ずつ食べた。幸いなことに、集会所の隣が水道事業所だった。ここには自家発電施設があったので、延長コードを使って集会所の電気を点けることができたほか灯油も貰えたので、幾分でも寒さを凌ぐことができた。

13日の夜から災害対策本部を通じておにぎりが届いたほか、近くの女性達による炊き出しも行われ、温かい汁物も口に入れることができた。しかし一方で、夜になると避難者が妄想に取り付かれ、私と妻が寝ているところに来て意味不明のことを口に出したり泣き出すので、その人を落ち着かせたりした。私は、町役場災害対策本部から依頼され避難者の名簿作成をしたが、家族、親類縁者の安否確認のため駆けつけてきた人達がリストを見せて欲しいと夜遅くまで訪ねてきた。その人達から、道路状況や町の様子を少しずつ聞き出すことができた。

集会所に来た時から、釜石の実家に身を寄せたいとしきりに妻が言うので、15日の朝、臼澤まで水道事業所の職員に乗せてもらった。臼澤まで来れば知り合いが多いので、誰か釜石まで乗せてくれるのではないかと思ったからである。しかし、臼澤に着いて臼澤鹿子踊伝承館も避難所になっていたことを知った。幸いにも、妻は知り合いに実家まで送り届けてもらったが、私は、伝承館を管理している臼澤地区の人たちから頼まれて、伝承館に避難している人たちの手伝いをすることになった。伝承館には、当初、百二十人程避難していたが、私は、その人達の連絡調整役として、毎日、朝夕、災害対策本部に行って情報収集し、報告する役であった。

伝承館には、自衛隊のほか多くのボランティア団体が救援物資を持ってきてくれて、被災者は、それを両手に持ちきれないくらいダンボールや大きなゴミ袋に入れ、持ち帰った。私はそれを見て「あんなに持って行ってどうするのか」と思った。それよりも、「臼澤、元気か、大丈夫か」と私に温かい言葉を掛けてくれる方が余程うれしかった。「物よりも人の心」、「形のある物よりも、形のない物」の方が人間にとって一番大切ではないかと思うようになった。

そういう状況で、真剣に考えたのは「生きる」ということだった。3月11日、一瞬のうちにすべてを失ってしまい、これからどうなるのかと……。特に、一人になるとそのことだけを考えてしまい、宮沢賢治の「雨ニモ負ケズ」の詩を思い起こしていた。やはり人は「一人では生きられない。共に生きる」ことが大切だと気づかされた。

現在、私は、NPO法人遠野まごころネットの支援を受け、被災者の交流施設として「まごころ広場うすざわ」を運営している。これは、被災者が苦しみや悲しみを少しでも和らげ、明日への生きる希望を持ってくれることを祈念しているからである。この活動は、神に生かされた者の一人として、被災地の復興成満を祈念するとともに仮設住宅から最後の一人が出るまで続ける覚悟である。

(脱稿：2011年10月5日)

付記　本稿は「人は一人では生きられない」『世界』別冊826号「破局の後を生きる」(岩波書店、2011年12月刊)と重なるが、収録させていただいた(編者)。

不安と恐怖に包まれた孤独な一晩

釜石市鈴子町　菊池　真智子

私は、その時間は、鈴子町（釜石駅付近）にある、シープラザの店舗におりました。携帯がビビーとなり、何事かと思った直後に、激しい揺れが始まり、従業員と一緒にお客さんがいない事を確認してから、店横にある出入口から表に出ました。他の店舗の従業員も外に出てきました。歩道に出ても揺れは続いており、地面から地鳴りが続いて聞こえていました。シープラザの東側の設備機械室のあたりから、水蒸気と煙があがっており、これは大変な事態になると思いました。一回目の地震が済んだ後に、従業員と店舗に戻り、貴重品など大事な物を持って、再び外に出ました。

店舗に戻った時に、もう一度揺れがはじまりました。シープラザの施設の二階のスプリンクラーが作動して、水が噴出していました。商品の棚からは、何も落ちてはきませんでしたが、パソコンの上の棚から書類が落ちてきました。すでに館内は停電になっておりました。従業員に、館内裏に広い駐車場があるので、そこで、待機しているように指示を出し、私は、地下駐車場に止めてある車を動かして、自分も後からそこに行くと、伝えました。駐車場を出る時になって、自宅と息子が気になり、誰にも言わないでそのまま、浜町の自宅に車で向かいました。

車に乗って、浜町方向に進んでいくと、駅方向に向かう車と何台もすれ違いましたが、まだ渋滞はしておらず、スムーズに車は流れていました。消防のサイレンは聞こえませんでした。街の中には、気をつけてはいませんでしたが、静かだったと思います。人もそんなに、見かけなかったと思います。浜町ちかくに来た時に、〝そうだラジオ〟と思い、カーラジオをつけたら、3メートルの大津波警報が出ていると流れて、初めて地震後に津波の情報を知りました。これは、大変だと思いながら、3メートル位であれば、床上浸水くらいかな？　という、安易な考えも少しありました。

自宅の裏の駐車場から入り、エンジンをかけっぱなしにして、二階にいる息子に「津波が来るので、逃げよう」と言いました。息子は、「ここにいる」と言ったので、「とにかく逃げなさい」と言って家を出て、駅方向に向かいましたが、港町にある加工場が気になり、途中で戻りました。港町の道路はまだ車が走っており、地盤沈下しているところがところどころあり、ガタガタ道でした。

地震で道路がこのようになったのを見たのは、初めてだったので、改めて地震のすごさを感じました。加工場のシャッターが大丈夫だったのを確認した時に、海が少し見えて（Uターンした時）なんとなく異変を感じ、もう一度、息子になんとしても危険を知らせなくてはと自宅に戻りました。途中、外国船の乗組員が走って避難していました。シャッターを下ろしている商店もありました。

二度目に自宅に戻った時は、車を表通りに止めました（普段から、急ぎの時は表に止める事が多いです）。降りてすぐ二階にいる息子に「津波が来るから逃げて」と言って表に出た時に、自宅の表の外壁が崩れてきているのに気づき、お母さんに教えなくてはと思い、写メを撮りました。そのとき、近所の知り合いの人がすごい勢いで、「大津波が来るから逃げろー」と叫んで自転車で行ったので、我にかえって、家の中の息子に「逃げてー」と外から叫んで、急いで車に乗り込みました。車を動かそうとした時に、自宅横の路地に止めてあった自転車が目の前に流れてきて、前に進むことができなくなり、あっという間に車は流されてしまいました。どうする事もできず、最初は車で波乗りしているような状態でしたが、いきなりドーンと流され、何かにぶつかった感じでした。

車の先端が沈み始めたので、このままでは車に取り残されてしまうと思い、運転席の窓のボタンを押したら、運よく窓が開きました。この状態で窓が開くなんてラッキーと思ったとたんに、窓からどんどん水が入ってきて、車の沈みに拍車がかかり、車体が斜めになっていきました。なんとかして、車外に出なければと思い、後ろを振り返ったら、後ろのガラスが割れていたので、そこしかないと思い、ほぼ直角になった車から外に出ました。水面に瓦礫がたくさん浮いていて、水面が水色に見え、まるでプールの底にいる感覚でした。

二回位浮上して、瓦礫をつかんだのですが、瓦礫が軽くて沈んでしまい、アーア……と思うとさらに沈み、このままでは息ができなくて、溺れてしまうと思いました。死んではいられない、生きなきゃと思い再度頑張って、瓦礫をつかんだら、運良く丈夫な瓦礫で、その瓦礫に上半身を乗せて少し休みました。周りに瓦礫がたくさん浮いていました。近くに鉄筋二階建ての家があったので、そこの家に早く上がらなければと思いましたが、下半身を瓦礫に挟まれて、思うようにはすぐに動けませんでした。無理に足を抜こうものなら、怪我をすると思い、水面が行ったり来たり揺れていたので、タイミングを待とうと思いました。それでも、気持ちはあせるし、がまんできなくて、足を無理やり抜こうと思って動かそうとしてもなかなか動きませんでした。

やっと、ちょっとのタイミングで、瓦礫と隙間ができて足を抜く事ができました。それから、瓦礫を手繰りよせて、その家の二階の壊れている窓から室内に入りました。中はごった返しになっていて、周りにつかまりながら歩き、屋上に繋がる階段を見つけて、屋上にたどりつきました。屋上に出る扉がなかなか開かなくて、気持ちは早く早くとあせるので、足で思いっきり蹴りました。屋上に出ると、海側の屋上に水が上がってきていました。

私は、周りが海になっている状況をただ、呆然と見ていました。製鉄所の桟橋に止めてあった大型タンカー船が引き波で私がいる方向に向きをかえて、ドーンドーンとぶつかってきていました。そして、我が家の方向を見ると、我が家は跡形もなく、海の一部になっていました。

すぐに、自宅の二階にいた息子の安否を思いました。こんな状況なので、もう息子は生きてはいないのでは？とも思いましたが、私みたいにどこか瓦礫にでもしがみついているかも……と屋上の隅から我が家の方向に向かって、あまりのショックで震える声を振り絞って、息子の名前を何度も何度も叫びました。その直後、名前を呼ばれたような気がして、後ろを見上げると、近所の方や同級生が避難道路から私の名前を呼んでいました。屋上の北側（山側）に移動して、みんなに手をふると、私の同級生が、「幸君はここにいるよ」と教えてくれました。二階にいた息子が、そこにいるのが信じられなくて、また、私の肉眼では、はっきり見えなかったので「本当に幸紘なの？」と何度か繰り返し尋ねました。そこにいるのが、確かに息子だと分かった時は、力がぬけて、その場にしゃがみこみました。

それからは、近所の人達が、「がんばって」と声援してくれたり、いろいろアドバイスをしてくれました。私は、息子が生きていた安堵感からか、急にすごく寒さを感じて、震えていました。みんなに「寒くなるから、中に入って」と言われ、中に入ろうとしたら、また扉が開かなくなっていました。どんなにしても開かなくて、「窓を壊せ」と聞こえたので、コンクリートの破片を見つけて、窓を壊しました。

屋上の窓は針金が入っていてとても丈夫にできており、また窓を故意に壊すのは、初めてだったので勇気がいりましたし、なかなか至難でした。やっと割れたはいいが高さがあるので、容易に窓から出入りできそうにありません。踏み台になるものはないかと屋上を探したら、たまたま太いワイヤーみたいなものがあり、踏み台にしました。暗くなる前に上に羽織るものを探さねばと思い、怖かったのですが下の階に降りました。

上がってくる時には、気がつかなかった光景が目の前にありました。ピアノやあらゆる物がひっくり返り、足の踏み場もない室内でした。幸い押入れの上の納戸に濡れていないタオル二枚を見つけ、一枚は首に巻いて、もう一枚で顔や手を拭きました。毛布も見つけたのですが、濡れていたのであきらめ、別の部屋に行きましたが、そこもすべてが濡れていました。再び屋上に戻りましたが、雪もちらついてきて、ますます冷えてきました。避難道路にいた近所の人達は徐々に移動して、そのたびに私に「がんばってね」と声をかけてくれました。一人になると思うと心細さで、ますます寒さを感じました。濡れていてもないよりましかもと思い、もう一度あの納戸にあった濡れた毛布を取りに下りました。

余震が何度もあったので、下の階に下りるにも、いろんな物が倒れてきて下敷きになりはしないか、外はまだ海になっていたので、津波は来ないか、と恐怖心と戦いながらはらはらしておりました。その頃には、あたりはだいぶ薄暗くなってきており、避難道路には、電灯をもった役所関係の人が一、二人だけいたと思います。屋上に出る踊り場に少しスペースがあったので、踏み台にした台に座り頭から毛布をかぶり、扉のノブにしがみつき壊れた窓から外を見ていました。エプロンのポケットに何か入っているとその時気がつき、見ると携帯電話でした。水に浸かったので、ダメだろうなぁと思いながら、開いたら電源が入りました。驚きましたが、とっても嬉しかったです。時折、携帯を出して時刻を確認して、夜明けまであと何時間と逆算して自分を励ましました。朝になると、きっとヘリコプターで助けが来てくれると信じて、ヘリコプターに乗るとどんな感じかなぁとか楽しい事を考えるように努めました。

それでも、一晩中、強い余震がなんどもあり、いつでも外に出る体制をとっていました。大型タンカー船はドーンドーンと音をたてているし、水がひくたびに、周りの瓦礫がぎしぎしと音をたてるし、建物からも異様な音が聞こえてくるし、不安と恐怖を感じながら一晩を過ごしました。外は雪がおちてきて、強く冷たい風が吹いて窓からどんどん入ってきました。階段下からも、風が吹き上げてきて、ますます寒くて震えていました。このままでは、低体温になったり、腎盂炎を引き起こしかねない、この一晩を何とか耐えると明日はみんなに会うことができるのだから、頑張らなくてはと思いました。

踊り場の隅に何かあったような気がして、携帯で照らしてみると、ゴザがありました。小さいゴザを台の上に敷いて、下からの風を少しでも遮り、金属の冷たさを和らげることができました。大きいゴザは、毛布の上から体にぐるりと一巻きしました。それで、だいぶ冷たい風から、身を守ることができました。後はその状態で、夜が明けるのをひたすら待ちました。

その時の不安と恐怖心は、時間も長かったので、今までに体験したことのない究極の思いで、今起きていることが現実なのか、悪い夢なのか混乱してくるようでした。できれば夢であってほしいと思いました。それでも、うすらうすらと短時間ですが、寝たと思います。

カラスの声で目をさまし、外は薄明るくなってきておりました。今までに見たことのない異様な朝空でした。やっぱり現実なんだと思い、こんな大惨事が起きても、ちゃんと夜は明けるのだなぁと思いました。

外に出てみると水はひいて、私の流された駐車場には、見慣れた我が家の家財道具の一部が瓦礫と化して、山積みになっていました。建物の反対側の駐車場は、泥で一杯になっていました。自宅はきれいに流されて、我が家の物は菊鶴商店と名前の書いた大型トラックだけがあり、他の人の車が何台かありました。もう一度、私が流されてきた駐車場を見ると、鉄骨の建物が入口を塞ぐように倒れており、よく見ると自宅の二階部分でした。あまりの変わりはてた様子に、言葉も出ませんでした。ここだけなのか、街は、沿岸沿いはどうなったのか？　ますます不安になってきました。少ししてから、高台の避難道路から「波がひいているので、今のうちに高台に避難してください」と拡声器で叫ばれました。

私的には、ヘリコプターが来て救助してくれると思い込んでいたので、思わず「私もですか？」と聞いてしまいました。「そうです。今のうちに」と言われ、何とかして外に出なくてはと思いました。屋上から階段で一階に降りて（一階に下がるのは、津波の事のことがあったので、怖くてドキドキしました）出口を探したのですが、すべて瓦礫で埋まっており、一階は無理で二階の窓から出ることを決心しましたが、早く高台に避難しないといけないと気持ちはあせり、余計怖くて、足がすくみました。でも、今しかチャンスはないと思い、バランスを崩しながら必死になって瓦礫を這うようにして、その場から出ました。高台の避難道路にいる係の方が上から誘導してくれたので、こころ強かったです。近所のビルに避難して一晩過ごした方も、次々と避難し始めていました。高台に上がってから市役所本庁舎に行きました。午前8時頃だったと思います。

そこには、見慣れた地域の方達がたくさん避難していました。椅子に腰掛けていましたが、ほとんどの方がうつむいてなんともいえない、重苦しい空間になっていました。そこで、市職員やみんなから服を借りて、濡れていた服からやっと解放されました。話を聞いてみると、みんな夕べから避難していて水を飲んだだけと言っていました。まもなく差し入れとしておにぎりが回ってきましたが、人数分には全然足りず、子供だけ半分ずつ、その後かもめの卵が一個回ってきました。市庁舎には、ラジオがかかっていました。

ＩＢＣ放送だったと思います。沿岸の被害状況と不明者の名前が流れていました。みんな、着の身着のままで避難した様子でした。市庁舎の表玄関まで瓦礫が押し寄せていて、前の鉄筋の建物が何個か残っているだけで、ほとんど、更地に近かったです。近所の奥さんが旦那さんと一緒に避難したけれど、「途中で鍵がかかっているか確かめて来ると戻ったきり、会ってない」と言っていました。お昼頃には、中妻方面、平田方面から、家族を探して、歩いてきた人達が何人かいました。市庁舎で再会できて、抱き合って喜んでいる方々もいました。

ほとんどの人はラジオや皆からの情報を聞くたびに、これからどうなるのだろう？　と、不安で言葉が出てこない状況だったと思います。市庁舎も断水、停電で、一番困ったのがトイレです。市の職員が簡易トイレを用意したのですが、それもすぐにいっぱいになりました。

お昼頃に職員から「バスで釜石中学校、甲子小学校に移動になります」と言われ、名簿の読み上げを聞きながら、知っている人の名前を聞くたびに、あーよかった。生きていた！　と思いました。順番がきて、近所のおばさんの手をとりながら、12日午後3時頃に市役所をあとにして、バスで釜石中学校に移動しました。

途中、外をみると、何人かの自衛隊の方が、毛布をもって道路を歩いていたり、道路に毛布をかけていました。バイパスのたもとにも、毛布をかけられて横たわっている人がいました。私たちは、ただ手をあわせることしかできませんでした。愛宕神社の前では「どうか、みんなの事を守ってください」とお願いしました。それから、バスに乗って、両石の水海に出て、新しく開通したてのバイパス経由で旧道を通って、駒木を通って釜石中に行きました。途中の水海も、津波で建物が崩壊していました。パチンコ店が跡形もなくなっていました。お客さんはみんな避難できたのだろうか？と不安になりました。水海から両石に続く国道45号は津波で削られて、通行できないようにみえました。山田線の鉄道も途中で寸断されていました。世の中はどのようになっているのか、ますます不安になりました。私は、釜石中学校で息子の同級生に会い、息子が鈴子町にあるシープラザ店に行ったと聞いたので、徒歩でそちらに向かいました。

途中で、義理の姉と野田町に住んでいる親戚に会い、そちらの親戚宅にみんな避難していることを知り、三人で店に向かいました。シープラザの中は、停電のため薄暗くなっていましたが、西側入口には、何店舗かの人達が、家に帰れないのでしばらくここにいると言っていました。自分達の店舗に行くと、主人と息子がいました。思わず息子に駆け寄りましたが、うまくかわされ、何を聞いても「うーん」と言うだけでした。

主人は店舗に残るというので、四人で親戚宅がある野田に向かいました。西側地区は、見た限り震災前とかわらず、東側地区との違いが逆にショックでした。その時は、一ヵ月で仮設が建つという説明でした。

3月12日午後から三ヶ月あまり、野田の親戚宅でお世話になりました。下着など一式頂いて、着替えをしました。そこには、反射式石油ストーブが二台あったので、お湯を沸かす事ができ、お湯で体を拭いただけで、生き返った気分でした。暖かいご飯を食べさせていただき、本当に有り難かったです。体を拭く時に、下半身がどこもかしこもあざだらけで、黒くなっていました。今まで痛みはあまり感じなかったのですが、それを見たら急に痛みがはしりました。傷も何ヵ所かあったので、打身のところだけ、とちの実をぬりました。まだ、停電中だったので、電気が復旧するまで明るいうちに食事の準備をして、7時には布団に入る生活が続きました。


13日は親戚の人と、買出しに出かけました。サンパルクのマイヤに早めに出かけたのですが、既に長蛇の列になっており、店内は停電で外に商品が並んでいました。二時間くらい並んでお米とインスタントものと果物を買いました。その後、国立病院に連れて行ってもらい、三日分薬を頂きました。病院でも薬が不足して重病患者や特別な方たちは大変だなぁと思いました。家に戻ると、大阪に住んでいる実弟が来ていました。信じられないと同時に、会えた嬉しさでお互いに抱き合って生きてて良かったと涙しました。車で一七時間かけて駆けつけてくれたみたいです。実家の吉里吉里の様子は全然わからない、行きようがない状態でした。その時義理の弟から、吉里吉里の実家の家族も全員無事と電話が入りました。携帯も固定電話も通じていなかったのですが、釜石西側地区の同じ管内の公衆電話からだけ通じたみたいです。弟は無事を聞いて、安心して帰っていきました。内陸に行ったら、みんな無事でいることを電話してくれるように頼みました。

14日は、初めて街に向かいました。釜石駅付近に車を止め、大渡町、只越町は表通りを通ることはできず、裏の病院通りを歩きました。救急車、消防車、軽、普通乗用車などがひっくり返ったり、縦になったり、瓦礫やいろいろな物がごった返しになっていました。道は人が一人歩くのがやっとで、何人か知り合いに会って、お互いの生存を喜び合いました。大渡町ののぞみ病院、只越町の石応禅寺、仙寿院と、避難所を人を探して歩きました。暗い避難所にはたくさんの人達がいました。市役所本庁の前も道路はなくなっていました。

それから、港町にある加工場に行きました。一階の作業場はきれいに何もなくなっており、奥の冷蔵庫は壁がつきやぶられ、商品は何もありませんでした。製氷機が天井にぶら下がるようにささっていました。二階は住まい用に家財道具を置いていましたが、二重サッシの窓は一枚も割れず食器棚は斜めに倒れていましたが、食器はほとんど割れていませんでした。二階は直接外から海水は入らず、下の階段から上がって、引く時に自然に落ちたようで、あまりよごれていませんでした。ただ、川沿いの部屋は外から直接水が入ったようで、ガラスは割れ、中も泥がいっぱいでした。変わりはてた工場をあとに、自宅のあった浜町に向かいました。12日避難する時上から見たとおり、きれいに流されて、基礎だけとなっておりました。

息子が、「これ台所においてあった食器乾燥機だよ」と指さす方向をみると、我が家のものでした。中には、11日の朝、使って洗った食器がそのまま入っていました。敷地内に店で使うレジ袋が何束かおちていました。震災の二、三日まえにまとめて配達してもらったものでした。裏の駐車場に止めてあったトラックは残っていましたが、軽トラックと乗用車は見えませんでした。敷地内には、自分達の物はほとんどありませんでした。悲しくなる気持ちを抑えながら、その時は負けてはいけないと、何に負けてはいけないかわからないけど、そう思いました。

次の日からは、銀行、職安、商工会議所といろんな手続きで、あっという間に日々は過ぎていきました。車もなく、ガソリンもないので、鈴子町までバスと徒歩でした。やっと携帯電話もつながって、山梨の長男とも連絡がとれました。電気も16日ころ復旧したと思います。近所の銭湯が再開したので、震災後はじめてお風呂に入りました。海水につかったままだったので、とても気持ちよかったです。銭湯も長蛇の列で、三十分～一時間待ちは普通でした。最初の頃は市内で唯一のお風呂で、みんな辛抱強く待ちました。また、安否情報を知りたいと思い、災害対策本部のあるシープラザに足を運びました。お友達、知人に直接会って、生存を確認しあいました。お互いに家族の確認をするのは怖くて、「生きててよかった」というだけで、それ以上は何も言えませんでした。

シープラザのお店は、商品の管理が大変でした。電源が復旧すると市に頼んで、冷凍庫を一つだけつかいました。その中に詰められるだけ、焼きウニなどの商品を保管しました。サンフィッシュ（駅前橋上市場）の床は泥だらけになっていました。電気より先に水道が復旧したので、暗闇のなか組合員のみんなとお掃除しました。26日から営業再開まで毎日お店に通い、掃除の日が続きました。そして6月半ばにアパートに入居できました。

その頃は、精神的にも疲れがでてきたのか、すごく不安でした。アパートが生活の場所、住み家と思うと震災前とのあまりの違いでした。まだ仮設にも入れず、避難所にいる弟家族やその他の人達に比べたら贅沢な思いだと言い聞かせていました。二週間過ぎた頃から、だんだんと慣れてきました。仕事場が残ったので、気を紛らわせる事ができたと思います。4月1日から、サンフィッシュ店、6月21日には、シープラザ店が再開いたしました。

震災後、ゆっくりとした時間、日を過ごす事もなく、今現在に至っています。町の中心の商店街が津波でのまれてしまいましたが、当店はとりあえず被害があったにせよ、お店が残った事は本当に運が良く、オリジナル商品をいつかはまた再開させるぞと改めて思いました。また、幸運にも生きのびた命なので、店先に立って、元気で働いている姿をご心配をおかけしたみなさんに見てもらおう、そして、ここからが新たな一歩であり、この先また、いろいろと苦難があるだろうけども、一歩ずつ前を向いてすすんでいこうと思いました。

今現在、加工場が再開していないので、店づくりはどのようにしたらいいか思案中です。加工場の復旧は、市の復興計画がまだ定かでなく、国、県、市の助成金が減少したことにより、良い案はないかと模索中です。

加工場は港町と海の近くにあるので、今後の震災に備えての建物づくりをしていかなくてはいけないと思っております し、防災のマニュアルを作成して、従業員に徹底させるようにしたいと思っております。まずは早く、国、県で防潮堤を造っていただきたいです。

釜石は昔からの漁業の町でもあるので、水産業が復興しなくては、真の復興といえないと思います。今回の震災で多くの人が釜石をはなれ、そして、ご商売をやめた方もたくさんいらっしゃいます。人口が減少中だったのに、今回の事でよりいっそう拍車がかかったと思います。釜石の産業が復活しないと、仕事がなくてどんどん外に人が流れてしまうので、仕事をするところを作らないと、ますます人口減になると思います。それにつけても、今現在、事業主に対しての義援金は出ていないし、助成金も減額ばかりで、これでは産業の復興はまだまだかかると思います。一般市民の生活がどこまで耐えることができるか、切実な問題だと思います。

今回の東日本大震災は今まで生きてきたなかで、一番つらい思いをしました。それは車から出て、建物の屋上に上がり、我が家を見た時です。なにもかもがなくなり、海の一部となっていたのを見て、次男がこんな中で死んだのではないか？ととっさに思いました。その時の気持ちを思い出すと、今でも涙がこぼれます。どうすることもできず、海側の屋上から、自宅の方向に息子の名前を何度も何度も叫びました。私にできることはただそれだけでした。その息子が生きていると分かった時は、足がすくみました。今考えると、地獄から天国をいっきに味わったかんじです。

普段喧嘩ばかりしていますが、いざとなると子供は何にも代えられない一番の宝だと心から思いました。今回の震災でご家族をなくした方は、本当につらい思いをされていると思います。

（脱稿：２０１１年8月31日）

重油まみれの衣類を毎日洗う

釜石市浜町

佐々木　要

私は3月11日地震発生当日、岩手県奥州市衣川区の祖父の家にいました。祖父は酒屋を経営しており、午前中は仕入れの手伝いで気仙沼の漁港に行っていました。午後1時くらいに帰宅し、テレビを見ながら横になっている時に地震の被害に遭いました。発生時は、勢いよく店の商品が落ちビール瓶、ワインボトル、ウイスキーボトルなどが床に散乱し、店の六割程度の瓶類が割れました。すぐに電気、水道が止まり携帯電話もつながらず、釜石市にいる家族の安否確認を取ることができませんでした。

携帯電話のワンセグを見ると午前中行ってきた気仙沼市が火事、津波の被害で無残な姿になっていました。その他にも岩手県の大槌町、大船渡市、陸前高田市、宮古市など中継されていて、初めて沿岸の被害の凄まじさを実感しました。当日の夜は懐中電灯の明かりで生活し、夕食は店にあったカップ麺を食べました。夜中に強い余震が来ては、すぐ店のシャッターを開けることを朝まで繰り返していました。

一晩中懐中電灯を使ったので電池がなくなり、次の日に近くのホームセンターに行きましたが、すでに長い列ができており、三十分で商品は完売しました。商品は乾電池、ロウソク、携帯電話の電池式充電器、石油缶、カイロ、おむつ、生理用品でした。店自体が破損していたため、どの店も外のテントで臨時営業が行われていました。普通なら四十分程度で帰って来れるのですが、その時は二時間三十分くらいかかりました。次は近くの給水所に向かい水をもらいました。二日目の夜を迎え、ロウソクの明かりで過ごしました。夕食はカップ麺でした。余震がおさまらないので、建物から少し離れたところに車を止め、朝を迎えました。ガソリンが買えなかったのでエンジンを止め、毛布だけで寒さを凌ぎました。祖父を後ろのシートに寝かせ、叔父と私は前のシートで寝ました。雪も降っており、毛布だけではかなり寒く、足の感覚がなくなりました。

三日目は家族と連絡を取りたい一心で、自転車で公衆電話がある場所を探し回り、釜石行きの電車の運行状況を知るために隣町まで行きました。四日目の夜やっと奥州市内で電気が復旧しました。久しぶりにニュースを見て地元釜石市の避難道路から撮られた津波の映像に、震災後初めて涙が出ました。その三十分後に家族と連絡が取れ、安否を確認しました。NTTの特殊な電話のため通話時間が限られており一分程度しか話せませんでした。次の日の夜また家族から電話がありましたが、12時に遠野市道の駅集合という言葉を最後に電話が切れました。

次の日、出発前に親戚の家を回り最低限の物資をもらいました。ペットボトル飲料水を約五十本、お菓子を二十箱、カセットコンロ、カップ麺、ビン詰めになった梅干し、おにぎりなどです。10時に奥州市を出発し、11時30分くらいに道の駅に着きました。父が迎えに来ていて、今まで見たこともない疲れ果てた顔をしていました。

震災のあった地元では、下着などがなかったらしいので、シャツや靴下、下着などを最低限の個数買いました。遠野市まで迎えに来たのは父だけだったので、「お母さんと弟は?」と聞いたら、弟の友達がまだ発見されないことや、震災でショックを受けたことが原因で弟が救急車で病院に搬送されたということでした。

道路が陥没しているので旧仙人峠道路から釜石まで帰りました。途中にある遠野市の運動公園の中にかなりの自衛隊のテントが設置されていて、震災の大きさが、だんだん伝わってきました。車の中で父から「誰々さんがまだ見つからない。誰さんが遺体で見つかった。誰さんが流された」などを聞かされ自然に涙が出ました。釜石に着き、釜石の悲惨さを痛感する幕開けになりました。

最初に弟が搬送された釜石県立病院に行きました。病院の近くにあるグラウンドには、赤十字のヘリコプターが何機も飛び交っていました。病院の駐車場には県外ナンバーの救急車がところ狭しと止まっていました。弟は点滴を受け落ち着きを取り戻していました。病院内では床に横たわっている患者やベンチをベッド代わりにして横になっている患者など、さまざまな人がいました。病院を後にし、家族が避難している避難所に向かいました。

避難場所は市内では比較的きれいな小学校で、校舎の裏には水道事業局があり自家発電をしていて、その電気をもらっていたので夜は一ヵ所電気がついていたし、トイレも水が流れていました。当時この校舎内ではホールに約百人、校舎内にある地域交流の部屋に五十人、隣の児童館に三十人程度の人が避難していました。数日間の食事はずっとカップ麺だったそうです。

避難所に着いた私は市街地に向かいましたが、近づくにつれ警察官や緊急車両が多くなり、橋の通行は規制されており、結局その日は市街地まで行くことができませんでした。帰り道、震災後初めて友達に会いました。自宅を完全に流された友達、ギリギリ家が助かった友達、父を亡くした友達でした。どの友達も今まで見たことのない疲れ果てた顔をしていました。津波が来る前、高台に避難した友達の話によれば、波が引いた瞬間海の底が見えたそうです。その言葉にかなり驚きました。帰り道、NTTにも立ち寄りましたが、安否確認するために並んでいる人の列が長く続いていました。正午に並んでも電話ができるのは二時間後だったそうです。安否を確認した喜びの顔、せっかく何時間も並んだのに電話で話すことができず悲しみの顔、いろんな表情をした人達がいました。

地元の釜石に避難して一日目の夕食は、おにぎり二個でした。少なさにお腹が満たされませんでした。私は奥州市の親戚から頂いたお菓子があることに気付きましたが、さすがに自分だけ食べるのはあんまりだと考え、避難所にいた十人程度の子どもに分けて歩きました。

二日目、朝から家族と自宅に向かいました。遠回りをしながらやっと市内に入ることができ、初めて悲惨さを目の当たりにしました。大通りはまだ瓦礫がたくさんあったので、裏道を歩いていきました。消防車が二台道路に倒れていたり、電柱に車が引っかかっていたり、夢を見ている感覚に陥りました。顔に泥を付けて歩いている人、リュックいっぱいに詰めて歩いている人、家族を探しながら歩いている人、本当にいろんな人がいろんなことを思いながら歩いている姿を見ると、今まで自分が育ってきた町を別の町に感じました。ところどころに自衛隊がいて、約五人一グループで遺体を運ぶ姿も見ました。遺体は一体ずつブルーシートに並べられ、トラックで遺体安置所へ運ばれていました。海岸に近づくにつれ、瓦礫の量は市街地に比べてかなり多くなりました。

自宅の周りは瓦礫だらけで、道路には土台から流されてきたと思われる家々がありました。まだ自衛隊が入った様子のない家がかなりあり、家の中や瓦礫の下などに行方不明者がいるような雰囲気でした。自宅に入り中の様子を見て悲しくなりました。一階は完全に浸水していました。どこかの家の物が入り込んでいたり、箪笥がひっくり返っていたり、部屋の壁には穴が空いていました。周りには市場から流れてきたと思われる生簀が散乱していました。津波の凄まじさを実感しました。避難所から持ってきたリュックに入るだけの衣類を入れました。津波で塩水に浸かったため、帰り道は荷物が重く大変でした。母の職場である保育園に寄り、自宅から持ってきた塩水を含んだ衣類を水道で洗い流し干す作業を五日間、毎日繰り返しました。持ってくるのが遅れた衣類は重油などの汚染水が染みつき、汚れが取れませんでした。

避難所に入って一週間過ぎたあたりから、市内でも電気、水道が復旧し、百人いた避難所のホールは四五人くらいまでに減りました。避難所にいた人の五割は家に帰れない人で、あとは家はあるが水道、電気、ガスが止まって生活できないという人たちでした。そんなある日、避難所の同じ建物の三ヵ所でストーブをつけるのは効率が悪いと、次の日から一ヵ所に集約されました。人が多くなり隣同士、布団をくっつけるような形で寝泊まりしました。毎日のように避難所内の掲示板には死亡者リストが貼られていました。どこで見つかったか、何を身に着けていたか、身長、体型など細かく記されていました。避難所に人探しに来る人もかなりいました。遺体安置所では遺体の顔写真を集めた写真集のような物があり、遺族などはそれを見て探していたそうです。

地元に避難して二週間過ぎたあたりから温かいご飯が出るようになり、缶詰も一人一個付くようになりました。しかし、このメニューもだんだんと飽きてきて、職員が調理室で工夫した料理を振る舞ってくれるようになりました。だんだんと物資も入ってくるようになり、沿岸部に続く道路も少しずつ拓けてきて一般の人達も交通可能になりました。3月末でも道路の至るところには未だにブルーシートの下に何体かの遺体が置いてあり、トラックに乗せて運んでいく作業が行われて、市内には計四ヵ所の遺体安置所が設けられていました。自衛隊による仮設のお風呂提供なども始まりました。整理券が配られ二時間待ちの時もありました。遠野市の温泉も無料で提供してくれ、無料のシャトルバスに乗り、行ったこともありました。内陸の民宿、温泉などからは半年三食付きで宿泊費を無料で提供するなどといった話も持ちかけられ、内陸に行く被災者も増えました。

日が経つにつれ避難所生活にもだんだん慣れてきました。私がいた避難所では朝7時15分になるとみんなでラジオ体操をしました。夕方はエアロビクスのインストラクターの方が来てみんなで運動しました。高齢者にとっては、なかなか外に出る機会が少なかったので良い企画だったと思いました。

震災から一ヵ月が経ち、市内の企業でも少しずつ仕事が再開され、避難所から職場に向かっていく人が増えましたが、その一方で仕事を失った人もかなりいました。自分も毎日、避難所内でゴロゴロしているわけにはいかないと思い、支援物資を配っているテントに行き、要らなくなった段ボールをもらい、それを家に持っていき荷物を運べるように段ボールに詰める作業を毎日繰り返しました。荷造りが終わってから、その荷物を父の会社や父の会社の社長さんの家に運ぶ作業をし、4月半ばまでに家の物をほとんど運び出しました。市内でも動きがあり、市から無料提供されるアパートの抽選も行われ、市内の各避難所から出ていく人が増えました。

これを機に避難所の集約が始まりました。私がいた小学校も授業が始まるため、市内で最初の集約対象となりました。移る先は旧観光センターの百五十畳の畳張りの部屋で、フローリングの上で寝泊まりしてきた高齢者にとっては良いと思いました。しかし、そこは病院に通う高齢者にとっては大変ではないかと当時感じました。選択肢としては、新たな避難所に行くか、近くの小さい避難所に行くかでした。市の職員と話す機会があり、バスをもう少し増やしてほしいという意見が上がり、本数を増やすことが実現しました。家族で話し合った結果、父と母と弟は通勤・通学に不便という理由で新しい避難所に行くのをやめ、弟の同級生の家の一階を借りることを決め、祖父母は新たな避難所に行くことになりました。市内にも少しずつ変化が現れ、隣町の大槌町もバスで通行可能になり、市内のスーパーは朝から行列でした。

しかし4月になっても未だ自衛隊が入ることができないために作業ができず、手つかずの建物が多くあり、無造作にガラスが割られ物を取られるのはほぼ毎日でした。特に自動販売機を荒らす被害が多かったです。

弟の友達の家でお世話になって数日が経ち、自分の新たなスタートとなる日が近づいていました。仙台で一人暮らしをするため、最低限の物を地元で揃え車いっぱいに詰めました。出発当日の朝を迎え、地元のことが心配で行きたくないと正直思いました。しかし決して悲しい顔をすることなく、お世話になった家の人も笑顔で見送ってくれたので、自分も笑顔で「頑張ってきます!」と言いました。私は今現在、仙台で大学生活を送っています。

6月に二ヵ月ぶりに帰省した時、家族は仮設住宅で生活していました。避難所にもまだ人がいる様子で自衛隊のお風呂もまだやっていました。町にも瓦礫があり、あまり変わっていませんでした。それから二ヵ月、8月に夏期休暇を利用して帰省しました。すべての人が仮設住宅に入っており、町の瓦礫も片付いていました。自分が一番驚いたのは、町で何店舗か営業を始めていたことです。完璧な店舗ではありませんが、良くここまで復興させたなと感じました。自分は正直震災後の町の無残さを見て、今まで育ってきた町に戻るのは絶対無理だと思っていました。しかしこの復興具合を見ると、まだまだ諦めるのは早い、まだまだやれると感じました。

今回の震災を通して、地獄のような光景も見たし、悲しい思いもしたし、たくさんの人にも助けられました。避難中一番力になったのは、B'z の Brotherhood という曲でした。夜寝る前など毎日聞いていました。本当にこの歌詞が良く、今回の震災で亡くなった人の分まで頑張ろうという思いがより一層強くなりました。偶然にも自分が今年から入学した大学の地域構想学科は今回の震災に深くかかわりのある学科です。台風の影響で地元で土砂崩れが発生し、死者が出たことをきっかけにこの学科に入りましたが、今回とてつもなく大量の死者が出たので、地元のために今後どのような対策が必要か、同じことが起きても死者をどれだけ減らせるか、たくさん研究し、たくさんの知識を持って地元に帰り、地元の力になりたいと思いました。今こうやって大学に通えているのもたくさんの人のおかげです。まだまだ復興には時間がかかると思いますが、早く被災地が復興してくれることを心から祈っています。亡くなった人の分までみんなで頑張りましょう。

(脱稿:2011年9月11日)

普段着やジャージ姿の卒園式

釜石市上中島町

佐々木 幸江

3月11日、この日の午前中、釜石市上中島町にある私たちの神愛幼児学園では、もうすぐ卒園する年長さんの「おわかれ会」が開かれていました。将来、大きくなったらなりたい職業の格好をして、先生方手作りの衣装を着て嬉しそうにしていました。野球選手にサッカー選手、レスキュー隊やケーキ屋さんなど……とても気にいってくれて、お楽しみのバイキング会食の前に着替えるのも惜しむようにしながら、大事そうにしまい込んでいました。

寂しさの中にも、無事に終えほっとしていた午後、子ども達はすっかり午睡に入っていました。何日か前から余震とも思える揺れがあったので、また来るのではないかと心のどこかで思っていた時のこと……。地鳴りと共に激しい揺れが始まりました。急いで窓や非常口を開け、子ども達を集め、布団をかけたり、揺れが収まるのを震えながら待っていました。なかなか揺れは止まらず、壁に掛けてあった時計が落ちたり棚から物が落ちてきて押さえるのに必死で、慌てていました。

どの組も複数担任ですが、園長、主任、給食室からもすぐ応援が来ました。五分以上は続いたでしょうか。それはそれは、今まで経験したことのないほど長い揺れでした。揺れが収まったのもつかのま。またすぐ強い揺れが始まりました。市内の防災無線が鳴り、少しずつ辺りが騒がしくなってきていました。

続々と迎えに来る人も出てきてすぐにお子さんをお返しし、避難場所へ避難を開始しました。その途中、近所の方から「みんな大丈夫?」「けがした子はいない?」「手伝うことはない?」と声をかけていただきましたが、「大丈夫です。ありがとうございます」と返事をし避難しました。

家の外に出ている方が多く、避難している人や急いでいる車にもすれ違いました。その間もずっと防災無線では高台への避難を呼びかけていました。園から歩いて四～五分の所にある避難場所の小学校に着くと、近くの水道事業所内の自家発電装置が作動し、黒い煙が上がり、焦げる匂いが辺りに広がっていたので校庭へと移動しました。小学校内にはすぐに入れず、保育園から持って来た何枚かの毛布に包まりみんなで丸くなって寒さを凌いでいました。電話はすでに使用できなくなっており、父兄への連絡はとれませんでしたが、保育園には張り紙をして来たので、すぐにお迎えが来ていました。

お家の方はどの顔も心配そうでしたが、子ども達の顔を見て安心していました。また、お母さんの顔を見て安心したのか、泣き出す子もいました。職場のある市街地から迎えに来た方から「街の中は大変な事になっている。津波が来てほとんど流されてしまっている。高架橋の上まで水が来ていて、15メートルはあったかもしれない。本当に凄いぞ。めちゃくちゃだ」という話を聞いて、言葉を失ってしまいました。

夕方になり、小学校の中に入りました。その時点でまだ迎えに来ていない園児は、十人程いました。職員は一六名でした。近所の方も集まりだし、ホール内は人で一杯になっていました。何度も何度も地震が続き、子ども達を抱きしめながら落ち着いてくれるのを祈っていました。夕方、役所の方が来て、夕食として食パンが一枚ずつ配られましたが、あまりのどを通りませんでした。停電のため、情報を得るすべもなく、時間だけが過ぎていきました。外はすっかり暗くなり、懐中電灯や簡易ライト、そして外からはどなたかが車のライトを照らして下さり、薄暗い中でしたがその晩を過ごしました。夜中、精神的なものか、嘔吐してしまう子やゼロ歳児の子は泣いてしまったり、不安な気持ちがいっぱいになっていたのでしょう。それが伝わってきて、ほとんど一睡もできず次の日の朝を迎えました。

明るくなり、また少しずつ人が増えてきましたが、その中に昨日お迎えに来る途中、車ごと津波に流されながら奇跡的に助かり、二人の子が心配で明るくなるのを待って急いで来たお母さんがいました。ここまで歩いてきたとの事でした。昨日、お父さんと一緒に無事帰ったことを伝えると涙を流して安心して、すぐまた4キロほど先にある家に向かって歩いて帰って行きました。

しばらくして、二回目の食事が配られました。子どもにはおにぎり一個、大人にはカップラーメンでしたがお湯を沸かすのに大変でした。お昼頃までには、一人また一人と迎えが来て家に帰る事ができるようになりましたが、それでもまだ迎えに来てもらえない子がいました。連絡がとれず不安もありましたが、震災から二日後、園児全員を親元にお返しすることができました。

その翌日、やっと自宅を見に行くことができました。その時我が家は全壊と知らされており、主人と高校生の次男は無事で一緒にいられましたが、長男は内陸の私の実家に行っており安否確認ができていない状態でした。私たち家族はそのまま小学校の避難所で生活する事になりました。

自宅へ向かう道は、ほとんどが通行止めになっていて、渋滞し、緊急車両が優先で走っていました。街の中に入るとその光景は、どこか知らない街に来てしまったような感じでした。車やバスが横転し、家屋は基礎部分しか残っておらず、流れた家が道路をふさいですべてがれきの山でした。今まで通った事のない山道を進んでいくと、自宅の屋根が見えました。しかし、自宅までは他の家の屋根を歩いたり、がれきの上を歩かなければならず、とても困難な道でした。自宅に着き唖然としました。両隣の家が倒れ寄りかかっており、サッシや窓は割れてほとんどなく、一階はドロだらけ、二階は床がめくれ上がってとても生活していた家とは思えない状態でした。ドロだらけの家に入り、残っている中で大切な物を取り出したり、着替えがなかったので数枚持ち帰る事にしました。一番見つかって嬉しかったのは、子供の写真と母子手帳でした。

それから何日間か同じ繰り返しで、避難所と自宅を行き来しました。その間、街には自衛隊が入り幹線道路を中心にがれきの撤去と遺体捜索を行っていました。この先どれだけの時間がかかるのか、予想もできませんでした。

数日後、まだライフラインは復旧されておらず、保育園の再開もできずにいました。街の中では少しの食糧を求めて長い行列ができていたり、ガソリンを求めて夜中から並んでいる車が交通の妨げになっていたり、中には順番が原因でトラブルとなり暴力まで発生したり、人々の生活だけでなく人間のモラルまでも変えてしまっていたようです。

少しずつですが、3月17日午後2時頃から電気と電話がつくようになり、ガスは場所によって違いましたが、4月8日頃から使えるようになりました。電話が使えるようになってからすぐに全園児と家族の安否確認、居場所確認をしました。可能であればしばらくは自宅待機をお願いしましたが、その中で何人か保育を必要とする家庭があり、短時間ではありましたが保育をする事にしました。

一日も早く通常の保育ができるようにしたいと思いながら、園舎の片付けをしていました。そしてどうにかして、年長さんの卒園式をしてあげたいという気持ちが、園長はじめ保護者会長、職員の願いとして強くあり、相談を重ねた結果、卒園式を行う事が決まりました。予定していた式と同じとはいきませんでしたが、4月2日、市外に引っ越していた子も、遠野、花巻からも駆けつけてくれました。服装もいつもならおしゃれしてスーツ姿や袴姿もあったのですが、普段着のまま、職員もジャージ姿でした。

途中地震が起きたらすぐ避難できるよう十分配慮しながら短い卒園式でしたが、とても心に残る良い卒園式になりました。このような大変な時期ではありましたが、やはり式ができて本当に良かったです。涙、涙でした。

あれから六ヵ月……。保育園は以前のような賑やかさが少しずつ戻り、元気な子ども達の笑顔と明るい声に溢れています。そしていつも変わることなく、優しく見守って下さる神様に感謝しながら過ごしています。私たち神愛幼児学園の子ども達は毎日小さな手を合わせて神様にお祈りしています。

てんのおとうさま、くらいよるのあいだ、おまもりくださって　ありがとうございます。

けさ　げんきでほいくえんにくることができて、ありがとうございます。　アーメン

当たり前に過ごしている毎日ですが、無事に一日が終わり、また新しい一日が始まる。元気にまた子ども達に会えるという事に、幸せをしみじみ感じています。

あの日、3月11日。午後2時46分。私たちの街、釜石は人々が今まで経験した事のない程とても大きな地震と津波によって大切な命や財産を奪われ、一瞬にして姿を変えてしまいました。とても大きく深い悲しみを誰もが味わ

いました。生きて行くことすら辛い日々もありました。ですが、今少しずつ立ち上がり、前を見て進んでいく勇気と力を持てるようになりました。

「復興　釜石‼」

「がんばっぺし釜石」

「やっぺし釜石」

を合言葉にがんばっています。全国の皆様方からは、たくさんのご支援や温かい励ましをいただき、心より感謝申しあげます。ありがとうございました。これからもがんばります。

（脱稿：２０１１年９月８日）

間一髪の小学生の避難誘導

陸前高田市小友町　渡邉　淳

その日（避難編）

3月11日、陸前高田市立小友小学校低学年は帰りの会を終え下校を始め、高学年もスポーツ少年団活動の準備を始めたその頃、校舎を振り回すような揺れが襲ってきた。意外と冷静だった自分は、「揺れが長いなあ、これが宮城県沖地震かなあ」と思いつつ、若い先生に職員室の食器棚を押さえるよう話したり自分も本棚を押さえたりして、揺れに耐えた。停電になり放送も使えず、ハンドマイクで校庭にいる児童に集合をかけた時、まさにその時から恐怖が襲ってきた。市の防災無線が6メートルの大津波が来る、と叫んだのだ。

大急ぎで校庭に降り、点呼を始めようとした時に「大津波が来るから校庭は危ない」という声が上がり（本校の校庭は校舎が建っている位置より3メートルほど低い所にある）残っている児童を校舎の前庭まで上げた。しかし今度は「校舎倒壊の恐れがあるから校庭に移動した方がいい」という声で再び校庭へ。校庭には地割れが生じていた。保護者が迎えに来て引き渡しを始めたところ「やはり低い位置は危ない」ということで校舎前庭へ。前庭へ駆けのぼり後ろを振り返った時、海岸の方向500メートルほど先から真っ黒な波が迫ってくるのが見えた。トラックがごろごろと転がされている。手前の道路を別のトラックが猛スピードで走り、津波をかわそうとしている。

「高台へ逃げろ」大声で教師が叫び、子どもたちを誘導する。職員が地域のお年寄りをおんぶして山を駆け上がる。地域の方々が道案内をしてくださる。残っていた児童三九人と職員一三人は雑木林の中の一番高い所にたどり着いた。余震とはいえない程の大きな揺れが何度も続き、子どもたちはおびえ職員はそれをかばっていた。唯一あった携帯ラジオからはアナウンサーの引きつった声が聞こえてくる。自分は何とか人員確認をと思い点呼を始めた。

それと同時に下校してしまった低学年の子ども達の顔が浮かんでいた。「無事に家に行き着いたのか。途中で流されてはいないか。家は大丈夫か」。いつも元気な低学年の子たちの顔がどんどん頭に浮かび、苦しくなってきた。しかし今、目の前にいる子どもたちを救わねば、と思い直し、さらに上の公民館に向けて子どもたちを誘導した。

公民館前の農免道路は壊滅した国道45号線のう回路と変貌しており、大変な交通量になっていた。運転手の目は皆引きつり、カーブでもなかなかスピードを落とそうとしない。小中学校の職員で交通整理をしていると、次々と保護者が迎えに来た。子どもと抱き合って泣く母親。娘とは会えたが息子がまだ見つからない、とその場にしゃがみこむ母親。どんどん走ってくる車。夢を見ているような気分になった。「これは現実ではないのではないか」。そんな思いが頭の中を去来した。

我々が避難したのは地域の「上の坊公民館」である。小学生、中学生、保育園児、教職員、保護者……。五十人以上が公民館の中にいた。辺りが暗くなってきた頃、たくさんの毛布が公民館に届けられた。たくさんのおにぎりが届けられた。皆、上の坊地区の方々のお心遣いだった。「いいがら、いいがら、欲しい物あったらなんでも言ってけらっせ」。子どもたちはいざという時のために、外靴を枕元におき眠れぬ夜を過ごした。

次の日から（支援編）

辺りが明るくなり我々教職員は、学校を見に行った。そこには信じられない光景が広がっていた。小学校の一階も全壊、隣にある中学校の体育館も全壊、周辺道路もずたずたになっていた。故障した車のクラクションが鳴りっぱなしだったが、それ以外には何の音も聞こえなかった。どこから手を付けていいかわからなかったが、とりあえず職員室にあるパソコンや重要データなどを片付け、その日は終わった。

震災から６日目。日本赤十字社と自衛隊の方々が我々の前に現れた。それが外部からの「支援」との初めての出会いだった。自衛隊は地元の消防団と連携して、ものすごい勢いで学校を片付け始めた。ひっくり返っていた大きな机を動かし、ポンプで泥水をくみ出し、ボートでガソリンを輸送し、壊れたフェンスや遊具を重機で片付けた。日赤は保育所を利用した臨時診療で多くの方々の診療を続けた。

また、県内の高校生達、ボランティア団体の方々は、校舎回りの片付けや泥で汚れた床を丁寧に丁寧に掃除してくれた。活動中に手を切ってしまった女子高生はその後元気になっただろうか。ある日突然やってきて「受け取ってください」とお菓子を子供たちにプレゼントしてくれた関東の建設会社の方もいた。「学校名が同じだから」と募金をしてくれた青森の小学校。関西方面の水道局の方々はお願いすればすぐに給水に対応してくださった。地域の方々も「学校のためだから」と片付けに来てくださった。

3月に支援に入っていただいた団体で、今でも継続して支援してくださっているところもある。県では人事異動を凍結して我々教師が子どもの心に寄り添えるようにした。また全国からカウンセラーが派遣され、子ども達、保護者、そして我々教師の心のケアをしていただいている。

たくさんの支援のお陰で、4月20日、震災から四十日目に23年度の始業式を迎えた。学校が始まってからも、各種演奏会やたくさんの本の寄贈、読み聞かせ、各県警察の見守り、全国各地、世界各国の小学校からの励まし、お花を植えてくださった方々、多くの方に支えられてここまでやって来られた。子ども達にも支援に対し、心から感謝する気持ちが育っている。

これから（感謝編）

学校前の花壇には、ボランティアが植えてくださった花が咲いている。先日、来年の春のためのチューリップの球根が準備されているという連絡を受けた。校内からは学習発表会に向けた歌声が聞こえてくる。震災から半年が経って、普通の生活が少しずつ戻ってきていることを感じる日々である。この普通の生活は、今まで受けたたくさんの支援のお陰だと思うし、そのおかげで今の我々がいるのだと思う。

生きていられることの要因が何だったのかわからない。生きていられるのは偶然なのかもしれない。私たちは生かされた命を大切にして、たくさんの方に感謝して生きていかなければならないと思う毎日である。

（脱稿：２０１１年10月6日）

港湾都市・大船渡やっぺし

大船渡市盛町中道下

浦島　康弘

3月11日午後2時46分、客先依頼により給油装置の部品を探すために業者の工場にて説明をしていた。その揺れは突然やって来た。ただ違ったのは今まで経験した事のない強くて長い揺れであった。全く収まる様子はなく、強さを増して揺れ続ける。この地域は地震が多いがその比ではない。すぐ車に乗ろうとしたが揺れでドアの取手に手が定まらない。やっとの事でドアを開け、大船渡の盛町中道下にある自社工場（鐵工所）へ向かった。近くだったために数分で着くと、皆外へ出ていた。顔からは血の気が引いていた。自分もそのとおりだったと思う。

車より降りて、「これは津波が来る、すぐ避難しろ。高台に逃げろ」と私は言って、また車に飛び乗った。当日はもう一ヶ所、太平洋セメント（大船渡工場内の現場）に二名の従業員が工事に行っていた。対向車線は車の量が多かったが、車の進行方向は海に向かっていたので全く車がなかった。途中2時55分頃市内の茶屋前地区にある自宅に寄り、母親にすぐ指定避難所に行くように告げて、外へ出してから自社営業所に向かった。

現場にほどなく到着し、従業員の避難確認をするためにバイクに乗り換えて出ようとしたが、同業者の人達から「場内は避難訓練どおりに避難している、大丈夫だから行くな」と言われ踏みとどまった。電話しても通じない、携帯電話も通じない、場内の専用電話もだめ。外で同業者十数名で、先程の地震などを話していた。

市の広報で大津波警報を伝えていた。高さ3メートルと予想されると連呼していた。この協力会社団地は市街地より約10メートル程高い場所に位置していた。今にして思えば、「ここまでは……」という気持ちがあったのだろう。3時20分時頃入口駐車場の方から「波が上がって来たぞ、逃げろ！」と数名が走って来た。まさかと思いつつ、隣の同業者事務所二階へ避難した。二階の窓から見る景色に言葉を失った。東側の窓から見える広い川は、風呂があふれるように海水が止まらない。これまで大船渡での津波は、海底が見える程、波が引いてから来ると聞いていたが、静かに海水があふれ出し、だんだんに流れて海水量が止まらず激流と化して来た。

直後にクレーン付きの台船が、橋の欄干の上を猛スピードで川を遡って行く、後に車が玩具のように数十台続く。南側の窓を見れば、駐車場にある各社の百数台の自家用車が列を組んで流れて行く……ただ見ているばかりだった。遠くを見ると波が進むと同じくして舞い上がる土埃があった。後でわかった事だが、これは家屋が破壊される時に出た長年溜まった土埃とのこと。

もう、この町はどうなったのか、想像もつかない。やがて夜が来て、外に見える物が皆無となり、不安と寒さが次々と訪れた。情報は何もなく、ラジオから聞こえるのは絶望的な話ばかりだった。避難先の会社の好意により休憩室となっている広間に石油ストーブがつけられ、各社から避難した数十名は暖を取れた。一息つくと、頭の中では社員たちは無事逃げる事ができただろうか、家族は逃げる事ができただろうか……知り合いの人は……止めどなく不安が駆け巡る。そのうち、その会社で発電機より電源をつなぎ、テレビが映った。大船渡市沿岸部壊滅状態、陸前高田壊滅状態……皆、言葉を失った。

やがて、夜が明け自社工場と自宅へと徒歩で向かった。途中の風景は想像の枠を超えていた。通る道がない。産廃のドラム缶、合板工場の材料の7メートル超の丸太が数えられないほど、民家や工場・商店に突き刺さっていた。地面、路面はすべてヘドロで覆われ、車は横倒しになって散乱している。自宅は鉄筋コンクリート造りだったので外部は残っていたが、海岸に面した窓、シャッターはなく、中の物はすべて流れていた。家の後方が商店街であったが、建物の基礎を残し何もなく、所々に鉄筋コンクリートの建物だけ残っていた。

人伝えに妻が大船渡北小学校に避難していると聞いて、そこに向かった。一日の間を置いての再会であった。その小学校の体育館に行くと、町内会の人等々、約二百名が避難していた。一息ついてラジオを聞いていると、仙台市若林区で二百名程の遺体と聞く。知り合いは、先輩は、同期の連中は、後輩は大丈夫だろうか、頭の中がパニックになりそうだ。連絡もできない。通信手段がない。これほど我々の文明とは無力なものかと思い知らされた。その後、避難所に約四ヶ月住むことになった。

現在隣町（立根町宮田）の仮設住宅にいます。社員全員と連絡が取れたのは、震災から一ヶ月後近くでした。全員無事、家族も無事で安心しました。

一時は呆然としましたが、震災直後に、太平洋セメントの社長、副社長が見えられ、復興し、生産に向けて立上がると聞き、元気に4月より動き出しています。車両と大半の機械が水に浸かり機能しないし、代替の物もなく、手の打ちようがありませんでしたが、出勤できる社員を集め機械、工具の回収作業から始め、工場内外のヘドロのかき出し、食料の収集……する事があり過ぎて目が回りそうでした。水沢にいる同期にお願いし中古の軽トラックを取得し、また社員の自家用車に各々相乗りして太平洋セメント大船渡工場へ向かいました。

町は激しいダメージを受けましたが、「もうやるしかない」と気持ちを入れ替えて進むしかありません。これからは、この辺の言葉で言う「やっぺし」しかないと思っています。

終わりに、お世話になりました全国の方々に感謝申し上げます。それから、震災によりお亡くなりになられた方々の御冥福をお祈り申し上げます。

（脱稿：２０１１年10月27日）

供養碑の下の石を拾い集める日々

大船渡市三陸町越喜来　及川　彌

平成23年3月11日当日、私は朝9時20分頃家を出て、大船渡市役所へ、母（九四歳）は防波堤から30メートル離れた敷地内の自宅の炬燵の中でテレビを見ており、妻は体が弱く、自宅から500メートル位離れた大王杉（古木）前の別棟で別居生活をしていた。

午後2時46分大船渡市、震度6弱、マグニチュード9・0の大きな地震の揺れが突然職場を襲う。議会中の出来事で、長く強い揺れが続き、職員、議員は議場から廊下へ出る人、壁際に立っている人、机の下に潜っている人と、この大きな地震での人それぞれの考え、思いで避難行動をしていた。建物から落下物等はなく、ケガした人もなく、このような時のどのような行動が正解だったかということはわからない。

地震がおさまったので、急いで帰らなければ、家に戻らなければと頭が回転しはじめる。事務局へ家に帰りますと断って、駐車場へ走る。車に乗り、坂道を下る。国道45号のバイパスへ出るのに、停電で信号機が作動していないため、私の三台前の車が右折できないでいた。

イライラしながら待って、やっと国道へ出る。途中から三陸自動車道へ入り、ラジオから20センチの第一波があったこと、大津波警報の放送を聞きながら、また二日前には60センチの津波があったことを思い出しながら三陸町越喜来の自宅へと車を走らせる。越喜来に入り、大王杉の脇下にある叔母の家の前で、母は叔母の家に避難していることを聞き、まずはひと安心する。車を叔母の家の庭に留めて、自宅まで走って行く。

家の前の越喜来漁協の駐車場には、消防団等三、四人いるのを見ながら家に入る。家の中は特に異常は感じられず、仏様前に様子を見に行く。花びんが下に置いてあり（妻が落ちて横になったのを立てて、母と逃げた後だった)、特に変わった様子はなかった。

客間に戻り、上着を脱いでいたら、消防団の娘婿が玄関先で、大きな声で「津波が来たからー、逃げて」と叫んですぐ、玄関から姿を消す。玄関先に急いで靴を取りに行くと、左の窓ガラスから防波堤を超えて来るナイヤガラの滝のような大きな波が目に入った。巨大な波がいったん道路に落下し、石垣を一気に超えて自宅に押し寄せてくるのを後目にしながら、勝手口から逃げようと客間を引き返し、台所に入った所で波に捕まる。たちまち、腰のあたりまで水に浸かる。右脇の冷蔵庫が浮いたので、冷蔵庫に乗る。

どんどん天井が近くなる。勝手口のドアの上の小さな窓から長屋が傾いているのが見えた。長屋につないでいる愛犬の大和もだめだなと思いながら、ますますせまってくる天井に最悪の情景が頭をよぎる。

そんな思いの中で、客間の方が天井が高かったことに気づき、冷蔵庫に乗ったまま移ったのかどうか記憶にないが、台所から客間に移る。顔面を上に背泳ぎの格好で浮いていたが、客間の天井もたちまち目の前に迫る。頭で天井を破らなければと一瞬思ったが、たぶん自分で破ったのではなく、水の浮力で天井を破ったのだと思う。天井が破けると同時に屋根の太い梁が体の上にあり、足が折れると一瞬思った。クギが出ている屋根板がワイシャツにまとわりつく。取ろうとあせるがなかなか外れない。無理やり引っ張って取る。ここまでは記憶にあるが、その後どのような状態で屋根の上に立つことになったのか、記憶に残っていない。

とにかく屋根の上に立っていた。上に向かって流されている時、右横50~60メートル位離れた屋根の上に女性が一人立っているのが見えた。声をかけたが、声が聞こえたかどうか、どんどん離れて行った。上に流されていたか、右に流されたり、左に流されたりしはじめた。陸の人が屋根の上のオレを見つけてくれと願いながら屋根の上に立っていると、松の木の側に来ていた。

咄嗟に松の木に飛び移る。太い幹の枝につかまり、どのくらいの時が過ぎたのだろう。長い時間ではないと思うが、何気なく目を下にやると、水が引けて地肌が見えていた。枝につかまりながら、急いで幹を降りる。つかまる枝もなくなり、2メートルもある幹の高さから無理して降りてケガでもしたらと思い、ちょうどよく、枝が折れたのが地面に下がっていた。ちょっと幹を登り、枝につかまりながら地面に降りる。クツ下の足で流された家の跡を注意しながら高台の道路を目指して走る。30メートルくらい走ってようやく道路に上がる。

やっと安心して道路を歩いて、娘婿の家（屋号：刈谷新屋）に行く途中、二、三人の部落の人に会ったが、何を話し誰と会ったのか思い出せない。急に寒さが体を襲う。手足が震えている。寒い寒い。

刈谷新屋に着くと、玄関横に全身が濡れている愛犬の大和がつながれていた。生きていた。誰かが助けてくれたのだろう。涙が出そうになる。うれしかった。玄関のガラス戸を開けて中に入り、声をかけるが、誰も出てこない。しばらくして、当家の母さんが上の畑で隣の人達と津波の状況を見ていたと言って、台所の方から来た。

私の全身濡れた様子を見てたんまげて、バケツにお湯とタオルをすぐ持って来た。体を洗い、当家の主人の下着等を借りて着る。着替えて、練炭炬燵の中に入り、温かい牛乳の入った茶碗を持つ。左手が震えて止まらない。寒さのせいなのか、恐怖心が今頃出てきたのかわからない。

牛乳を飲みあげ、体が温まったので、下にある部落公民館へ津波の様子を聞くため、頭に手ぬぐいを被って降りて行く。私を探していた従弟と会う。母、叔母、妻は大王杉がある八幡神社に避難していると聞き安心する。

妻は地震後、母を避難させるため、大王杉前の別棟から家へ走って行き、母を叔母宅へ避難させた。しかし叔母の家も危なくなってきたので、車に乗せて逃げようとエンジンをかけたが、川を超えてくる津波が見えたので、エンジンを止めて、車を降り、母に八幡神社に逃げるよう指示し、足の悪い叔母は従弟と二人で引っ張りながら神社へ、途中膝まで浸かりながら、とにかく石段までたどり着く。一段でも上へ上へ登ったとのことだった。

母と叔母と妻と私の四人が刈谷新屋にお世話になることとした。小学校の孫たちも避難先から帰っていた。越喜来小学校の生徒は全員無事とのこと。刈谷新屋の家族八人と我々四人、練炭炬燵に入りながらまだ帰ってこないこの家の主人を心配しながら、ローソクの下で待つ。消防団である息子の制止を聞かず、船を見に海岸へ下がって行ったとのことであった。寝る段になって、孫達が自分の部屋で寝るのは嫌だと言って、客間に布団、毛布等を敷いて、みんなで寝ることにした。

眠れないまま外が明るくなり、寒い朝を迎える。我が家の家族は愛犬の大和をはじめ、叔母一家ともどもみな無事で喜びもしたが、お世話になっている刈谷新屋の主人の消息が不明なので一概に喜べない。夕方、家内の弟が車で迎えに来た。母と叔母と妻と私四人で綾里へ向かう。綾里に着くと、親戚、隣近所の人達が一四、五人避難して客間にいた。妻の実家に田畑があり、義弟夫婦が神奈川の久里浜から戻ってきて、農業を趣味として米、野菜作りをしている。

このことが今回の震災で大きな力を発揮する。おにぎり等の食べ物に困らず、水は田畑用に山からホースで三、四本引いてあり、一番奥の山から引いている沢水は飲み水や、風呂用の水として使用。火は薪を燃やし、ご飯やお湯は炉端で、風呂も薪用であったので、夜電気がなく暗いのを除くと、耐えきれない不自由さは感じないで、避難生活を送る。

夜はランタン二個に、ローソクを灯して、部屋を明るくする。何もすることがないので、早めに床に着く。ローソクを三ヵ所に灯して寝る。客間に一四、五人、小部屋に我々四人が別れて寝る。寝る前に私は外のトイレに行きながら夜空を見上げる。肌を刺す、澄みきった外気は天高くまで続いており、空中、零れ落ちそうなくらい、星がたくさん明るく、きれいに、力強い光を放ちながら輝いていた。六七歳になるまで、こんなに青空（そのように見えた）にはっきりと、そして明るく、黄色に輝く星の夜空を見たことがない。昨日起きた、町全体を飲みこんだ大津波が本当にあったのだろうか、ウソではないのか、悪夢を見ていたのではないかと思うほど、何事もなかったような、静かな、平和そのままの世界にいるような気を起こさせる、きれいな澄みきった夜空であった。

ランプを消して、ローソクだけにして寝てまもなく、母が気ちがいになったかのように喚きはじめた。ローソクの灯りを火の玉と間違えたり、「何も悪いことしてないのに何でこんな目に合わなければならないか」などと……。寝ている人達（子ども、大人）も驚く。すみません、すみませんとみんなに謝る。みんな「いいんだから、いいんだから、このような精神状態になってあたりまえなんだから」と言ってくれて、私にいらない気をつかわせないようにしてくれた。みんなの気持ちに感謝、感謝。

なんだかんだあった夜も二時間くらい過ぎると静かになり、深い眠りに入った。親戚、知人等、それぞれがそれぞれに津波との格闘劇を展開したようである。

越喜来診療所にも水が入り、使用不能になったが、二階の薬等は被害がないので持ち出せた。先生、看護師は使用されていない工場の建物に医薬品などを運び、すぐ体調の悪い人、水を飲んだ人の診察にかかる。二、三日、先生と看護師は寝ないで働いたようだ。私もクギなどで体に傷をつけたので診てもらう。診療所の早い対応に住民がみんな感謝し、安心する。

地震後、電気が消え、通信網が壊れて連絡不能に、水道もダメ、道路も破壊され通行不能、一時孤立状態になった街。一日でも早い復旧のため、自衛隊の皆様、警察の皆様、ボランティアの人達、外国人の人達、そして消防団員の活躍。瓦礫の撤去作業をしてくれている姿を見ると自然と頭が下がる。ありがとうございます。

震災後三ヶ月間、6月まで義弟の家にお世話になり、学生用アパートに移って一ヵ月。生活も落ち着きを取り戻し、周りを見回す余裕も出てきた。私の家の屋敷の中に立っていた「奉書寫大乗妙典一字一石」と刻まれた供養碑が津波で倒れ、その下に埋められていた小石が土中から大量に出てきた。その小石を毎日一時間位拾い集めている毎日である。これからどうするか、今の場所にまた家を建てたらよいか、全然考えがまとまらないし、現役のバリバリであれば希望を持って今後の設計を立てられるだろうが、七十歳近くになると人生設計もむずかしい。

（脱稿：2011年8月9日）

FUKUSHIMA

原発

福島第一原発に立ち向かう

福島第一原子力発電所

山下　幹夫

東日本大震災回顧録　震災当日

3月11日　14時46分　私は、青森県下北郡東通村にある東電東通建設所のＪＶ事務所にいた。東電東通建設所は、国が進める原子力政策による電力供給事業のため、ここ青森県下北郡東通村の沿岸部に新設の原発1号機を作る目的で四十年以上も前から計画され、昨年末に原子炉設置許可が下り、平成23年1月から本格的工事を開始していた。

私が担当していた工事は、原子炉設置のため大型クローラークレーン（１２００トン）が容易に寄り付けるようにするため、先行して敷地造成と高さ5～11メートルの現場打ちＬ型擁壁（Ｌ字型の擁壁で、Ｌ字部の背面土圧をコンクリートの重量等でバランスし、Ｌ字部前面に大きな高低差を生むことができる）を構築するものだった。私は日常業務の午後の巡回を終え、一旦ＪＶ事務所に戻っていた。

東電敷地内で作業する場合には、新規入場者教育を通して東電ルールを全作業員に周知する必要がある。その教育内容の一つに、地震発生時の津波対策としてＴＰ20メートル以上（正確ではないがおよそ海面から20メートルということ）の敷地へ逃げるというルールがある。すでに約四年在籍していた私は、ここでは古参となっていてこの津波避難訓練にも参加した経験があった。

今回の地震は過去に経験したことのない異常に長く、地震の揺れがさらに増していくものだった。明らかに普通の地震ではないと感じ、まちがいなく津波が到来すると直感した（気象庁によると東通村の震度は3～4ということだったが、感覚的にはもっと強い揺れだと思っていた）。携帯電話で現場職員に連絡したが、交信不能となっていたため、すぐに車に乗り込み作業員を全員退避させるため現場に戻った。

海岸近くにいる作業員（およそ百名）を現場詰め所（ＴＰ10メートル）に集合させ点呼をとり全員の無事を確認した。その後ラジオの情報で大津波警報が発令されていることを知り、この場所では危険なため新規入場者教育のとおりＴＰ20メートル以上へ退避するよう指示した。全員が退避した後、車で後を追ったが一人の作業員もいなかった。勝手に帰ってしまったのかと自己問答を繰り返しながらあちこちを捜索した結果、守衛所の広場に全員を発見した。なんのことはない、私が平成19年に津波避難訓練をした場所は港湾20メートルヤードという場所だったため、先入観でそこにしかいないと決め付けていただけだった。このとき在籍していたＪＶでは、まだ津波避難訓練を実施していなかった。敷地内のＴＰ20メートル以上の場所は平成19年からかなり整備され、したがって一番広く整備されている場所に作業員が集まったのは当然だったが、先入観で誤った判断をすることがいかに悪いかを改めて思い知らされた。一時間程度経過後、海を遠くから見たが津波の到来は確認できなかった。作業員の中には十和田市や八戸市（東通村からおよそ80～１００キロぐらいに位置する）から通勤している者もいた。彼らが帰宅したがったため、太平洋側の大津波を回避させるため、峠を越えてむつ湾側から帰るよう指導した。その後全員の無事を確認した。

停電のためワンセグの映る携帯電話から八戸港が大津波で破壊されていく様を見せられ、改めてその恐ろしさを痛感させられた。幸い、東通村の海岸は砂浜が何十キロと続く地形だったためか、津波の高さは、２メートル程度であった。太平洋の外洋に面しているこの地域で通常発生している高波よりも相当低かったため、この津波による被害はまったくなかった。大津波警報はその後も解除されなかったため若い職員は避難所に退避させ、主任クラス以上は東電と今後の作業予定について協議するため残した。停電が続いているため、断片的に入ってくる情報に耳を傾けていたが、東日本が異常事態になっていることは容易に想像できた。

震災が明けて

震災が明けて電気の復旧は次の日の夕方、水道は幸い震災当日も出ていたため風呂に水を溜めるよう指示し、水を確保した。ガソリンや灯油の販売は、青森県警が村内にあるガソリンスタンドに一般客には販売しないよう要請したため、むつ市まで購入する日々がしばらく続いた。食料は、仙台市内から食材の供給が断たれていたが、在庫があったためメニューを変え、長期間保つよう工夫した。その後報道のとおり福島第一原子力発電所と福島第二原子力発電所において、電源確保ができなくなったため核燃料棒を冷却できず膠着した状況が続き、福島第一原子力発電所では水素爆発による建物の損壊等が発生したのは、記憶に新しいところである。

このような状況下でも青森県議会や東通村議会では、原発建設については非常に好意的であり、工事再開を期待していた。その後テレビ等で、他県にある原子力発電所付近に住む住民たちもこのような状況でも原発建設に好意的であることを知った。原子力行政のもたらす多額の予算が周辺住民を潤わせ、安定した日常生活（仕事の確保、税金の一部免除等）といった恩恵を受けているからだ。

このような立地場所では、地方の地域特性からやむを得ないと納得せざるを得ない。その後いろいろな経緯はあったが、東電としても福島第一原子力発電所の異常事態が収束しないことには前進できないため、東通建設所の原子炉新設工事は一時中断となった。

福島第一原子力発電所

私は、４月末から社命により福島第一原子力発電所へ異動した。水素爆発から一ヶ月以上たっていたため乗り込んだ時には敷地内の放射線量はある程度安定していて、テレビ等による情報から想像した非常に危険な場所というイメージからは多少解放されていた。もちろん、防護服、防護マスクと防護手袋は必需品であり、これなしでは、外部被曝ばかりでなく内部被曝を受けることになる。社内規定により年間の放射線被曝量は70ミリシーベルトと決められていて、体に装着したＡＰＤ（放射線量測定機器）の積算により判断するが、ＡＰＤはあくまでも外部被曝線量しか測定できないため、50ミリシーベルトに達した時点で外部・内部・敷地内自然放射線被曝量の三点（外部被曝量はＡＰＤとガラスバッチで、内部被曝量はＷＢＣで、敷地内自然放射線被曝量は免震棟内にいるだけで浴びる量を想定する。爆発時では、２ミリ／日だったそうで、現在は０・０５ミリ／日）を考慮して退場することになる。安全衛生法上の特殊健康診断（電離健康診断と言い、血液中の白血球数を調べる）や一般健康診断を入場前に一度受診後（初期値を取ってその後定期的に受診する）、福島県の広野にあるJビレッジにおいて、防護服等を装着して20キロ圏内の検問所を通過して福島第一への通勤が始まった（この防護服は免震棟に入る時や帰宅のJビレッジに着いた時点ですべて廃棄処分する。人によるが三着／日を使用していて、三千名／日が入れ替わり立ち替わり作業しているので、約1万着／日を使用していることになる）。毎日、食事や防護服等を大量に確保し続けるということは大変なもので、物理的にも巨大な組織力がなければ成し得ない。余談だが、太平洋戦争で日本が敗戦したのは、物資の不足が主な原因と聞いたことがある。目の前で展開されるこのルーチンを見せられると容易に想像できた。

毎日の通勤時は、防護服、防護マスク、防護手袋のほかに通勤靴にビニールを巻いて福島第一の唯一放射線を遮断している免震棟に向かう。この棟はまだできてまもなく、他の施設が地震で相当被害を受けていたにもかかわらず、唯一無傷であった。窓ガラスには、放射線をカットするように鉛が貼られ外部を覗くことはできない。唯一こしか休息する場所がないため、東電、東電関係会社、プラント会社、ゼネコン等の作業員数百名が出入口一ヵ所から三重扉を出入りする。作業員は二十代の方もいるが、ヨウ素被曝を受けてもあまり影響のない四十代以上の方が多い。作業準備や休憩は、各社にあてがわれた部屋で行うが非常に狭く、廊下やトイレ前まで休憩所となっている。このため、風邪が流行るとあっという間に伝染するためマスクの装着はかかせない。水道は、20キロ圏内の町役場が疎開しているため復旧していない。そのため場内の水は、給水によって賄われているため飲料できない。うがいや飲料水はペットボトルの水、手はアルコールティシュが常となっている。食事は、朝・夕は20キロ圏外の宿舎で、昼食はレトルト食品、菓子パン、野菜ジュース、ペットボトルの飲料水をこの免震棟でいただく。唯一防護服等から解放される時だが、さすがに毎日レトルトでは閉口する。テレビ等では、防護服を着用すると非常に暑くなるため水分をよく取るよう指導しているが、実際の作業ではこれが仇となる。防護マスク内は汗が噴出し、防護服を装着したらトイレにも行けない。今でこそ各所休憩所が増築されたためあまり耳にしないが、入場当時は我慢できない人もいたようだ。したがって、適度な食事と水分を補給することを心がける必要がある。

その後、出入口や休憩所の数は増え、震災当初よりははるかに便利になったが、防護服等の着替えをいちいち行わなければならないため、通常行う作業体制に戻すにはまだかなりの時間が必要となる。

宿舎は、福島第一から20キロ圏外にある。朝5時50分に出発し、夕方6時から7時頃帰ってくるという毎日だ。作業員は、熱中症対策のため午後2時には作業終了、したがって遅くとも午後4時前には宿舎に戻れる。我々も当社の他作業所に比較すれば、夜早く帰れるのだが、防護マスクを装着しての作業のせいか疲労は激しく、夜10時前には就寝につく。宿舎の食事が唯一の楽しみで、コンビニ等はいわき方面数キロ先にしかないため、めったに外出しない。酒も飲むが、防護服を着ての明日の作業を想像すると健康的な量で今夜もおしまい。

作業内容について

作業の力点は、第一段階は原子炉の冷却機能回復である。そのためプラント会社がメインとなって汚染水の移送と除染で、その水を冷却水として再利用する機械設備の設置である。建設系施工業者はその機械設備設置のための補助作業として高放射線量のコンクリート塊、瓦礫や津波で破壊された自動車等の撤去を行い敷地内の決められた別の場所へ移動する。高放射線量のコンクリート塊は震災初期から他JVが無人化施工という方法で施工された。重機を無線操縦し、作業員が高放射線を浴びないようにする施工だ。このように直接表舞台にでないところで移送ルート上の仮設道路や作業エリアの確保といった施工をしている。他にも大地震で崩壊した法面は既設の河川をせき止めてしまい、その迂回ルートの施工をしている。作業時間はまちまちである。普通の作業所であれば、8時朝礼から始まり、KY活動、昼礼、終礼等といった施工サイクルを毎日実施する。免震棟内の狭い休憩所を有効に利用するため、各班時間差による通勤時間の設定等により分散している。

夏季作業は熱中症対策が必要で、他では考えられないが作業時間は午前・午後長くとも一時間三〇分以内とした。防護服を着ると非常に暑いので、クールベストというアイスノンをベストのポケットに入れて作業中の体をクールダウンさせた。おかげさまで、当社からはこの夏熱中症被害はなかった。実際は、作業時間をその都度調整したのがよかったと思っている。

冷却水システム回復現場では、1～4号機の原子炉建屋の目の前で作業を行うため、5月の時点では一日で受ける放射線量は1～5ミリシーベルトにもなる。この放射線量はいったいどのくらいかというと、5ミリシーベルト／日を十日間受けると退場ということになる。なお、福島第一原子力の敷地は非常に広く、およそ仙台駅から北仙台駅ぐらいと思ってもらってよい。

その後、瓦礫撤去も進んで原子炉建屋付近を除く原発周辺の9月時点の空気線量は5月頃に比して大幅に減少した。空気線量は概ね十分の一程度に減少し、現在一日に受ける屋外作業における放射線量は約0・1ミリシーベルト／日程度までになっている。

乗り込んだ当初は、原子炉建屋の1、3、4号機が完全に破壊されており、目の前で見た時にはさすがに驚きを隠せなかった。また、その建屋の大きさは人が容易に近づけるようなものではなく、原子力発電所の知識のない者にとってはドンキホーテが風車に突進するようなものだと感じた。

いまだに緊急対応工事が多いため、防護マスクのフィルター未装着といった災害が起きている。作業員の一人一人を管理することがいかに難しいかを再考させられる。災害発生後は、鏡や相互に確認し合う手順が確立され、その後の発生は少なくなってきているが、ここに出入りする作業員は、三千名／日と言われているのでなかなかこのような災害を零にすることは難しいと思う。労働災害防止法ができてから労働者の災害後の保障は確立されているが、放射線は目に見えないため、各自が責任と自覚をもって対処することが大事だと思うし、災害を未然に防ぐ最良の方法だと思う。

報道を通して伝えられる情報と現場との乖離は、特に感じられない。なぜならば、現地には原子力保安院が常駐しているため、情報開示についてはかなり要求度が高いと思われる。たとえば、作業員や職員の防護マスクフィルター付け忘れや、熱中症災害といった不休災害であっても重大災害のように報道されている。どんな小さな事故でも、その日のうちに各社に情報が展開されている。ただでさえ原発が水素爆発するまでや爆発してからの情報開示が不十分だったため、この点については十分配慮しているものと思われる。

原発周辺について

肉牛が野生化しており通勤車に激突したりすることが数回あった。そういう事実が周知されているため、通勤途中で牛とすれ違う時には非常に緊張する。アメリカ西部のバッファローの群れを見る思いだ。また、犬もあちこちにいて愛犬家が餌を与えているようだが、四ヶ月間を通して同じ犬に会うことはなく、その後その犬たちがどこにいったのかはわからない。20キロ圏内には住民はもちろん、役所の人間もいない。また、電気が通っていないため、夜帰宅する時には一抹の不安を感じることもある。特に心配なのは、通勤車両がパンクした時だが、ガソリンスタンドがないためそういう事態にならないことを祈るしかない。

福島第一原発周辺数キロ以内は空気線量も高く、年間量は場所によっては100ミリシーベルト／年を超える。放射性セシウムの半減期は三十年であるため、この区域で安全な日常生活を取り戻せることは非常に難しいのではないかと思う。

最後に

このような生活も四ヶ月となった。最初に乗り込んだ時には一抹の不安を感じたが、外部被曝はある程度コントロールできることを知ると恐怖心もなくなった。慣れからくる油断については今後も気をつけていくつもりだが、やはり一番注意しなければならないのは、内部被曝だ。WBC（ホールボディーカウンター）という装置が7月からJビレッジに設置され、（それまでは、小名浜港に設置されていた一台のみであった）、8月からは機械台数も増設された。これらの環境をうまく利用しながら、今後も慎重に作業を継続していく。

原子炉の安定冷却により空気線量は大幅に減少した。今後は、同様の地震が発生してもいいように設備等の見直しをしていくのであろうが、東北を中心に日本の未来のために早く安定した日常生活を取り戻せるよう、このプロジェクトに人選された一人として行けるところまではがんばりたいと思う。

（脱稿：2011年9月26日）

生まれた時から原発があった

大熊町

大川　順子

3月11日の東日本大震災の日、私は大熊町N地区にある自宅の自分の部屋で何をするわけでもなく普通に過ごしていた。当時地震は珍しいものではなく小さな地震からやや大きな地震まで頻繁に起きていた。そのため、あの大震災の最初の揺れもどうせいつもの地震だろうと私はたかをくくっていた。しかしそれは今までにない激しい揺れとなってきた。私は体験したことのない怖さにどうすることもできず、大きく揺れ倒れそうな本棚や、次々と崩れ落ちる棚の物をただ呆然と見ていることしかできなかった。あの時の気持ちは今でも理解できない。不安と恐怖のみが私を埋め尽くしほかはすべて遮断されてしまっていたようだった。激しい揺れのなか私がようやくその場から動けたのは、すぐ隣にあった本棚が倒れる瞬間だった。この時私は、はっきりと自分の意思で動くというよりは、本能的に動いているようだった。

自分の部屋を飛び出し、倒れていたり、位置が大きくずれている家具、散乱している物は目に入らず一階のリビングに向かった。そして必死で食器棚を押さえている母のもとに駆け寄り、私も無心でそれを手伝った。何が起きているかなどは全く理解できず、目の前で崩れたり、倒れそうな物を押さえることしか頭になかった。そうして激しい揺れが終わり、私と母は言葉もなく呆然と家の中を見渡すばかりだった。信じられないと言わんばかりの母のため息が聞こえ、私もそれに続いてすごかったと自然に言葉がこぼれた。流し元の電気は激しく揺れ天井に勢いよくぶつかり割れ、タンスは倒れ、飾っていた人形はすべて落ち、あふれ出た物の下敷きになっていた。

大きい地震だったねとその一言で済まされないことを、この時私も母も確信していた。しかしこれから起こることが何なのか、この時の私には受け入れがたかった。考えたくないという思いが無意識のうちに目の前のことにしか意識を向けさせなかった。それから私は家の中を一通り見て回り庭に出た。家の近くの土手は崩れ、さらに庭の芝生には亀裂が入っていた。外の様子を見に来た近所の人たちも、崩れた土手やひびの入った地面を見て信じられないという表情をしていた。

地震による家の中の散乱や地盤の緩みももちろん大変だったが、私達にはさらに大きな問題があった。それは原子力発電所だ。私の住む大熊町は福島原子力発電所がある町で、父もそこに勤めている。父の心配をしたのと同時に、小さいころに見た放射能漏れの知らせが出た際のイラスト付きの対処法の資料が頭に浮かんだ。最悪の状況を予感していながらも大丈夫かもしれないと思っていた。しかし揺れのすぐ後にかけた父の携帯電話はずっと繋がらないままだった。その後、時間をおいてかけたが繋がらないまま、だんだんと日が傾いていった。

夕方ころにはリビングに布団を敷き、そばには懐中電灯とラジオ、貴重品をつめたバッグを用意した。暗くなる家の中で電気もつかないため何もできず、親戚の人々、原発、父のことと不安が募るばかりだった。じっと布団の上に座りラジオの情報に耳を傾け、不安を紛らわせるように母と短い会話を繰り返した。そして、一番心配していた原発の情報がラジオから聞こえてくると、緊張感と不安でいっぱいになった。情報はやはり安心できるものではなく、放射能漏れの疑いがあるというニュースで、そこで働いている父は無事なのか、私達はこれからどうすればいいのかなど、こうなる予感は少しあったものの戸惑いと不安でいっぱいになった。

今からどこか遠くに避難しようにも、道路がふさがるなどの危険があり自由に動ける状態ではないことを、昼間近所の人たちに聞いていたため、すぐに避難しようという決心もつかなかった。また、とりあえずでもよいから町の避難所に集まったほうがよいかとも考えた。が、その避難所は自宅からわずか五分もかからないところにあり、それならば自宅で過ごしても同じなのではと真っ暗な家の中、ラジオに耳を傾けながら悩んだ。外を見ると向かいの家や隣の家からはうっすらと懐中電灯らしき明かりがもれており、それを見て私達も避難所には行かず、自宅で夜を過ごす事を決めた。リビングにとりあえず布団は敷いたものの、大きな余震や原発ニュースなどが気にかかり、私と母はその日の夜は一睡もせず朝を迎えた。

だんだんと家の中が明るくなり、そのころには私と母の間には短い会話すらなかった。防災無線とラジオの音のみが聞こえるなか、私の携帯に父からの着信があった。慌てて電話に出て、父が無事だったことを喜んだが、知らされる情報は私達の先行きをさらに不安にさせるものだった。すぐに父の実家の新潟県に逃げろとのことだったのだ。しかしちょうどその時、町からバスを出し集団避難を始めるという情報が防災無線に入ってきた。私は町のバスで逃げることに反対したが、母は二人で新潟に避難することを躊躇していた。それというのも近くの町に母の妹家族、祖父、祖母が暮らしており、連絡さえもつかないままだったからだ。このまま家族をおいて自分は逃げてもよいのだろうかと母は悩んでいたのだった。決断しかねて悩む母の表情を見ているのはとても心苦しかった。自分が足かせになっているような気がしたからだ。母は私を危険な目にあわせたくない、それならば父の言うとおり新潟に逃げたほうがよい、だが自分の家族もおいてはいけないと考えていたと思ったからだ。

しかしこのまま大熊町という自分の住んでいた町にいられないことは確かで、私たちはとりあえず町のバスの後ろについて船引というところの避難所となる体育館に向かった。途中で何台もの自衛隊の車とすれ違い、それは本当に大変な状況にいるという事実を私達に突き付けてくるようだった。町の公民館など目印になるようなところにはバスに乗ろうと毛布や荷物を抱えた町民の人の列ができていた。たくさんの避難に向かう車の流れに乗って私達も避難所に到着すると、すでに多くの人が避難しており床に毛布をひいて横になる人や、疲れたように話す人などが見られた。その多くの人の中には母の友達や近所の人もおり、安心したのか母の表情も少し和らいだように見えた。私は毛布を敷き、眠らなかったが横になり休んでいた。母は友達と一緒に被害はどうだったか、これからどうするかなどを話していた。この時私は、避難する前のこわばった表情よりずっと和らいだ母の顔を見て、自分が頼りないことはしようがないけれど、せめて不安げな態度をとるのはやめようと、気丈に振る舞うことを決めた。私が不安がっていては母が余計に一人で抱え込むだろうと思ったからだ。

避難所ではなにをするわけでもなく、たった数時間だけを過ごして、私達は結局、その日のうちに新潟に逃げたのだった。それは原発で爆発が起こったというニュースが入ってきたためだ。一番初めの爆発だった。今までの日常と比べると起こる出来事全部があまりに非現実的で、感情がついて行かなかった。戸惑う中、次々に母の友達は自分たちの判断で自主的に避難所を後にし、それを見て母も決断し新潟に避難した。そろそろ日の落ちる16時ころに新潟へと車を走らせた。その間、母は私に何度も母の妹や、祖母に連絡をとってと頼み、つながらない電話を何度もかけ、何度もメールを送ろうとしていたが、一向に連絡はつかないままだった。私達はたくさんの不安を残したまま車を走らせ、そうこうしている間に中通りまで来ていた。

母も私もお互いを心配させまいと気丈に振る舞うなか、外の景色を見るとまるで何事もなかったかのような穏やかさで、一時気持ちが和らぐのを感じた。しかしそれは本当に一時的なものだった。外も暗くなり、20時を迎えるころに私達は会津にいた。ふと外をみると道路に長い行列ができており、それをたどると、なんとその長い行列はガソリンスタンドだった。昼間福島にいた時は、並んではいたもののこの時見たような行列はできておらず、あの地震が私達の生活を崩していくようにみえて、とても恐ろしく感じた。

それだけではない、少し休憩しようとコンビニエンスストアによったが、お店の棚に商品がぽつぽつとしか並んでいなかったのだ。地震の新たな影響を目の当たりにして新潟に向かうなか、一番に気にしている原発の情報がラジオから流れるのを待ちつつ、私と母はこれからと地震についてずっと語り続けるのだった。

そうして父の実家についたのは、日付が変わる直前のことだった。父のお兄さんに大変だったねと声をかけられると、母はさっきの気丈な態度とは全く逆に涙をこぼした。やっぱり我慢していたのだなと私は複雑な心境だった。その日一通りのことを親戚の人に話し、すぐに布団にはいった。目を閉じてもなぜかなかなか眠れず、思い出すのは自衛隊の車や長いガソリンスタンドの列、コンビニエンスストアの店内の様子、そしてラジオの音と震災の規模を思い知らされる数々の事だった。はっきりと思い出しているのに私はそれらを受け入れられず、その事実をそのまま受け止め、その背景はないものとしていた。その日は寝たり起きたりの繰り返しで朝が来た。

新潟についてからも母の顔は浮かないままで、食事もろくにとっていなかった。私は、あまりに穏やかな生活の景色にあの地震が本当に同じ地で起こったのだろうかと疑ってしまうくらいだった。そんな中私達がやることといえば、まだ連絡のつかない人や友達の安否を確認することくらいで、私と母は父や祖母、母の妹に電話をかけたりしていた。父には震災の翌日以降全く連絡がとれなかった。

祖母と母の妹家族とは連絡がとれて無事を確認できた。おいて逃げてきた、そう感じる部分が母のなかに少しあったようだが、ようやく本当に安心した顔を見せていた。その日の夜、私も母の安心した顔を見てもう気丈に振舞わなくていいと感じたのか、体調を崩してしまった。そして自然と泣いてしまっていた。その時はなぜ泣くのか自分でも分からなかったが、母の安心した顔を見て、自分も本当にほっとしたのだろうと今になると思う。

父とは連絡がつかないままの毎日だった。新聞やテレビのニュースで震災の情報を見ていても、最初のころはあまり原発に関するニュースは詳しく報道されず不安は解消されなかった。けがをした人が出たと聞いた時は本当に不安でならなかった。そんななか父のほうから連絡があった。次の日の夜にこちらに着くとのことだった。その時父は詳しいことは言わず用件だけを簡潔に伝えた。ほっとしたとしか言いようがなかった。ただそれだけでそのほかの感情は何もなかった。その日の夜、母と同じ部屋で寝る際昨日よりも空気が穏やかだったことをはっきりと覚えている。

次の日、父は連絡通り新潟に帰ってきた。しかしその姿は3月11日の震災当日の朝に会った時よりも痩せ、表情も疲れきっているという感じであった。父の無事を喜ぶ気持ちとそのぼろぼろの姿を見て心が痛むのとで、複雑な気持ちだった。その日久しぶりに三人そろって眠りについたとき、複雑ではあるが、やはり無事でいてくれたことに喜びを感じ、私も目を閉じた。次の日になっても父はお昼すぎまで眠っていた。三日ほど父はゆっくり新潟で休息をとり、また原発へと向かった。責任があるからと仕事に向かう父を本当に尊敬した。

この後、父は定期的にこちらに帰ってきては二日休み、三日連続で働くということを繰り返した。そのたびに父は今までにないほど疲れた顔をして帰ってきた。テレビや新聞で原発のニュースを見ている父の姿はいまだに印象深く残っている。国民の批判の意見が多く含まれた報道内容を見ている父の表情は険しいものだった。怒りを感じているという表情ではない。どうにかしなければと責任を感じているような表情に、私には見えた。テレビのニュースと父の表情を見比べて、私は複雑な思いになった。それからは父の不定期出勤が続き、私はというと大学生活の準備をしながら毎日を送っていた。大学生活が始まっても原発に対する複雑な思いは消えなかった。原発に対する思いというよりも原発への国民の意見に私は少なからず不満を抱いていたのだった。

私は原発のある町で生まれ育ち、意識するまでもなく常に原発を身近に感じていた。私だけではない。町民の皆そうであったと思う。大熊町はもとから大熊町出身者という人は少なく、原発の関係で、関東などから来る人たちが多かった。そのため田舎であっても皆、言葉のなまりは少なかったり、違う町や県から来る人を温かく受け入れるような明るい雰囲気があった。私はそのように感じて過ごしてきた。また原発があったため町の公共施設は充実しており、学校の教育設備もとても立派であった。しかしそれを当たり前に感じていたわけではない。学校の先生にもよく、良い環境で学習できてよかったねと言われてきた。原発があることを含めて、ここが大熊町であるからこその恵まれた環境なんだと意識していた。

自分はもちろん友人の父親たちも原発職員の人が多かった。そのように育ったためかメディアの報道にあるように、原発を批判することはできなかった。しかし地震の被害はなかったが、放射能の影響で仕事を失い、地元を離れなければならなくなった人の原発に対する思いを聞くと、その意見も否定できないと感じてしまうのだ。

ある日、電気料金の値上げについて東京の人にインタビューをしている放送を見た。インタビューされた男性は次のように答えていた。今まで国民に迷惑をかけていたのにこんな虫のいい話はないだろうと。このような否定的な意見を聞いて怒りを感じた。逆に私のような立場でない人が私の心情を聞いたらそれこそ怒りを感じるだろう。しかし考えてみてほしい。自分の父親が、身内の人が徹夜をしたり、連続で仕事をしたりと、自分も被ばくの可能性が高くなるのに、責任があると懸命に事態を何とかしようとしているのを近くで見ていたら、テレビで放送されているようなことを口にできるだろうか。そんなの職員なんだから当たり前だよねと口にできるだろうか。

確かに原発の事故によって大きく生活が崩された人が大勢いる。責めたい気持ちは消えないだろう。でも頭から全部は否定しないでほしいと私は思う。その事態を収拾しようと頑張る人たちが大勢いるのだ。頑張ったって結果につながらなければ意味がないという意見も出てくるだろう。それでも職員の人達は自分の命をかけて現場で頑張っている。全部を否定して原発のせいにしないでほしい。電気を使用していたのは皆同じはずである。私たちの町にあった原子力発電所の電気は東京に送られていた。だからこそあのインタビューの回答が悔しく思えた。全部を否定しないで、原発で頑張っている人の努力を認めてほしいと私は考えている。

たくさんのことを感じながら震災から半年がたった。その間に一時帰宅も行われた。私自身は行くことはできなかったが、母が代表して一時帰宅に行ってきた。持ってきて良い量には限りがあり指定の袋を渡された。しかしそれもあまり大きいものではなくて本当に限られたものしか持ち帰ることができなかったらしい。町の状況はというと、道路にダチョウが走っていたり、民家にブタが住みついていたらしい。空き巣に入られ家の中が荒らされ、窓が壊されていた家も見られたという。大熊の家に帰りたいという気持ちはある。しかし、それが叶わないであろうことも薄々感じている。家族もこの話に関しては、皆言葉を濁す。家族が一つでいられるという安心感が得られる家を、またつくっていきたいと今は感じている。家を建てるという意味ではなく、大熊町ではなくても新しい場所で時間を重ねて家族の時間をまた作っていきたいということだ。

そして私が特に感じたことは、今私の周りにいる一人ひとりが本当にかけがえのない存在で、今日々の生活での一つひとつが本当に幸せということだ。ボランティアをする人を見て、人の温かさを感じることができた。逆に義援金だといってお金をだまし取る人を見て人の冷たさも感じた。原発のこと、津波のこと、震災を機に起きた事件のことなど、出来事をそのまま話すことはできる。そうではなく、震災が私達にどのような影響を与えたか、自分にとってどのようなものだったかなどを言葉で説明するのは、あまりにいろいろなことがありすぎて、私はいまだに難しいと感じている。

（脱稿：２０１１年10月12日）

避難先も避難区域

大熊町熊三地区

佐久間 和也

3月11日 地震が発生した時刻、私は福島県大熊町にある自分の部屋にいた。福島第一原子力発電所から南西に4・5キロ離れた場所にある。大きな揺れだったが最近は地震が多かったし、いつものようにすぐまた収まるだろうと、地震に見舞われながらも最初はあまり気にしなかった。しかし、棚に置いてあった物が床に落ち、部屋の電気が消えても揺れは激しさを増すばかりだった。その段階になって初めて私は危機感を覚え、家が倒壊するかもしれないと思い、布団を被って揺れが収まるのを待った。

揺れが収まると、動揺はしていたが意外と頭は冷静だったので、状況を確認するために散らかった家の中を歩きながら恐る恐る外へ出た。春休みのため、実家に帰っていた大学生の姉も飼っている犬とともに外にいた。外に出ていたペットの猫も驚いて走ってきたところを捕まえた。とりあえず、誰も怪我はしていないようなので安心した。家の中は物が散乱していたが、外から見た家は瓦一枚剥がれておらず、外見上は無事だった。

近所の公民館へ避難する人がぞろぞろと道を歩いていたが、父と母が家に戻ってきた際、誰も家にいないのはまずいので、私と姉は車の中に犬と猫を入れ、そのまま待機した。少しの間、外は雨やヒョウが降ったりと、世界の終焉を思わせるような不気味な光景だった。津波や余震による新たな被害を危惧しながら一時間ほど過ごしていると母が家に帰ってきた。家が倒壊する恐れもあったが、家に入り毛布や食料など必要なものを車に運んだ。

暗くなった頃に、放送で国道6号線から東側一帯の地域に避難指示が出たが、それが何のために避難するのか詳細は語られなかった。地震のことと帰ってこない父への不安で、この時は原発のことをそれほど深刻に考えていなかった。夜の9時頃、会社から6時間以上かけて父が家に帰ってきた。明日は家族で家の片づけをしたり、連絡の取れない祖父母の安否を確認しに行くなどの計画を立てることにして、この日は疲れたので早めに休んだ。

3月12日　翌朝5時過ぎ、余震の恐れもあったが家の片づけでも始めようかと思った矢先に、町内放送による全戸避難の指示が出る。原子力発電所に何かあったのだろうと多くの人は感づいたはずだ。しかし、それがどの程度のトラブルなのかは分からなかった。とにかく、「西に逃げろ」と人々は走りながら口にしていた。公民館からバスが出ると言われたが、それでは荷物も持てないし、何より犬と猫を連れて逃げることもできないので、車で逃げることにする。荷物をまとめる際、このようなトラブルはすぐに収まり、夕方頃には何事もなく帰れるだろうという思いと、もう家には帰れなくなるかもしれないという考えがごちゃまぜになっていた。

今になって思えば、犬と猫を連れ、ある程度の食料と荷物を持ち、車二台で避難したことはベストだったとも言えるが、もっと事態を深刻に考えていれば、無理をしてでももっと大量の荷物を持って逃げたことだろう。しかし、全く訳のわからない状態では、ただ急ぐことがこの時できた最善策だった。

避難途中では渋滞に巻き込まれた。キャリーバッグの中で猫は不安そうに鳴き続けていた。車で荷物を大量に持って避難する人と、手ぶらで財布と携帯電話しか持っていないような人がバスに乗り込もうとしていたり、車窓からいろいろな人を見た。人によって事態の受け止め方にかなりの差があることを考えさせられる光景だった。町中では道路が陥没したり、家の壁が崩れていたりと、地震の傷跡が残されたままであった。崖に面した道では落石があって危険だった。

その後、一度は船引の避難所に行ったものの、体育館にはずっとはいられないし、何より南相馬に住む祖父母と連絡がつかないので、そこに行くことにした。だが、地震で道路が崩壊し、福島市の方を経由して行かねばならなかった。夕方南相馬に着いたものの、そこも原発から約16キロの避難区域となったため、祖父母も連れて今度は北へと避難する。その日は、相馬の道の駅に駐車し車中泊した。水道が止まっておりトイレは劣悪な環境だった。持ってきた食料でその夜は飢えを凌いだ。

3月13日　避難所になっている小学校を見つけ、そこに夕方までいた。地区ごとの避難所が変更になったのでそちらに移動してほしいと言われ、日が暮れる前に廃校となっていた高校に移動した。職員室だった部屋にブルーシートと新聞紙を敷きその上で寝泊りをすることになった。

避難所で過ごした一週間は、心身ともに辛いものだった。姉のアパートが群馬にあるので、そこへ家族全員で行くことが良いだろうと考えたが、車にガソリンがないので給油しなければ遠くへ移動することができなかった。携帯電話もバッテリーが切れていたので、近くの郵便局で充電させてもらう有様だった。

その避難所の体育館は、津波の被害に遭った方の遺体安置所となっていた。体育館の中にはたくさんのご遺体が運ばれており、体育館の周りには暗い空気を纏う人たちが数多くいた。葬式が間に合わないので、体育館が式場ともなっていた。

夜は職員室に四十人を超える人がおり、夜泣きをする子供がいるなどの理由からあまり眠れなかった。最初のころは白米の握り飯を一個貰えるだけでありがたかったが、毎日それだけを貰い続けるとかえって苦痛となった。他の避難者もおにぎりを残す人がたくさん出てきた。相馬市は放射能の心配はないのかと聞かれることも何度もあった。人も大変だが犬も猫も大変だった。避難所には入れないので、車の中で過ごさせていた。寒い夜に車へ行くと、猫が凍えていることもあった。その夜は支援物資でもらった毛布で猫を包んであげた。人は今回の事態を理解できるが、動物は何が起こっているのかが分からない恐怖を感じていただろう。そういう意味では一番の被害を受けたのは動物ではないかと思った。

ガソリンを購入できない日々が続いた。開いていないガソリンスタンドに長蛇の列ができている光景を当たり前のように思ってきていた。このままでは、姉が大学の卒業式に間に合わなくなるし、避難所での生活ももう限界に感じていた。ひょっとしたら、市役所ならばガソリンを売っている場所を教えてくれるかもしれないと思い、市役所に行ってその日の午後3時から開くガソリンスタンドを教えてもらい、四時間近くかけて購入することができた。その翌日、避難所での生活が一週間過ぎた時に、片道六時間以上かけて群馬にある姉のアパートに着いた。被災地と比べると随分とまともに街が機能していたので嬉しくもあったが、同時に現実味が感じられなかった。

そこからの生活も大変だった。家には帰れないが、父の仕事場、姉の就職先、自分の通う学校はいわきにあるため、新しい生活場所を探さなければならなかった。福島県いわき市と群馬県前橋市を行ったり来たりして、アパートを探さなければならなかった。なんとかいわき市で貸家を見つけると、今度は引っ越しをしなければならなかった。

4月に入り、家族全員でいわき市に借りた借家にて生活を始めた。大学へ通うための通学距離と時間は短くなったが、家は狭くなり、足りない家具や家電製品、衣類、食器類などたくさんの物を購入しなければならなかった。この頃は原発事故自体が収束の見通しが不透明であり、賠償問題や今後の生活をどうしていくかなど、考えなければならないこともたくさんあった。精神的に癒されることはほとんどなかったと言ってもいい。借り上げ住宅や家電製品の支給、仮払金など、多くの補償も得られたが、その分書類といった手続きも大変だったため、これらに長い時間を割かれた。生活自体は安定を取り戻してきたものの、気持ちが収まることはほとんどなかった。

現在でも避難生活は続いている。警戒区域が解除されることが、避難生活の終わりを告げることになると思うが、それは何年、何十年も後のことだろう。自分が避難生活を送っていることさえ、そのうち忘れてしまうかもしれない。だがそれでも、今回の経験を活かす捉え方をしていくことが、被災した自分には必要なことだと思う。それが、どのように、どうすればできるのかはまだ分からないが、新たに見えてくるものもあるだろう。

（脱稿：２０１１年10月12日）

故郷はサバンナの大草原　大熊町大野地区

橘　慶子

自分の家なのに勝手に入れなくなって、一時帰宅という方法がとられ始めたのはもう二ヶ月も前のことである。一時帰宅というものを最初に聞いた時から、私は家族に「私は絶対行く」と立候補していた。私は父、母、妹、私の四人家族であるが、父は実家が農家である都合上大熊町に住所がなく、実家も浪江町にあるため、そっちこっちで一時帰宅はできない。母はあまり体力がなくて疲れやすく、残りは必然的に私と妹になる。妹は高校三年生なのだが、着の身着のまま避難してきたため、制服だけは取りに帰りたいと、一時帰宅に対して結構積極的であった。私は体力には自信があるし、何より神経が図太い。だがそういう理由だけが、私を一時帰宅へと突き動かしたのではない。ただ単純に、大熊町に帰りたかったのである。

私はあの震災が起きた日の一週間後に、本当は実家へ帰省する予定であった。正月以来かれこれ半年実家へ帰っていなかった。だから当然、私は震災後の大熊町の様子を知らない。家族や地元の友人に聞いても、私には想像がつかない。だから私は確かめたかった。この目で大熊町を見てみたかったのである。

私と妹の二人で立ち入りが許可されてからが長かったが、私たちが一時帰宅をする日が7月2日だと知らされた日にはほっとした。本当に、一日千秋の思いで待っていた。私の実家は原発から4キロほど離れた所にあり、町の中ではかなり原発に近い方である。しかし、一時帰宅は原発から遠い地区から順々に始まったため、私たちの地区の番がなかなか回ってこなかったのである。最初は、このままのペースでいくと秋頃になるのではないかという話もあり、いつも新聞で一時帰宅に関する情報を探してはソワソワしていた。地元の友人と連絡をとっては、自分たちはまだなのかと焦っていた。

7月1日（金） 昼の11時頃に福島を出発した。大熊町は役場機能を会津若松に移転しているため、一時帰宅の出発は当然会津若松となる（自家用車等で中継基地まで行ける人はそこで集合でもよい）。また、私の家族もやはり会津若松に避難中（父のみいわきに避難中）である。

福島駅で高速バスに乗り、昼の1時過ぎに会津に到着して、母と妹と合流し、同じく大熊町から会津若松に避難している祖父母家族のいる旅館へ向かう。たわいのない話をして、翌日の一時帰宅で持ってくるもののリストを母が私に手渡してきた。妹は自分のもの、私は母と家族全体で必要なものを持ってくる（私のものは実家にほとんど置いていない）のだが、母が挙げたものといったら、ごくごく遠慮がちで、本当に必要最低限であった。

この日は実家が浪江町の友人Yちゃんから、「明日の一時帰宅頑張って」とメールがあった。大学にも浜通り出身の人はそれほどいないので、こうやって気持ちを共有し合えるのは嬉しい。また、友人Mくんからメールがきたので、私が明日一時帰宅することを言ってみた。「ちゃんと除染してきてや～（笑）」という返信がきた。私も負けじと「いや、Mくんのためにビニール袋いっぱいに放射線ためて持って帰るから大丈夫（笑）」と応戦した。こういう本来は真剣味のあることを、このように冗談混じりでやりとりし合えるのはありがたい。会津若松駅前のホテルに宿泊していたのだが、翌日に備えて早く寝ようと思い夜11時ちょっと過ぎには布団に入ったが、ほぼ一睡もできなかった。

7月2日（土） 朝6時に起床。8時15分までに会津若松駅前のバス停前に集合で、8時過ぎにゆっくりホテルを出た。祖父母家族も偶然この日一時帰宅でバスもたまたま同じだったため、おじ二人と一緒に私たち姉妹もバスに乗った。同じ地区に住んでいた人たちが集まっているわりには、知っている人はいなかった。幼稚園の時の先生が私を覚えていてくれて、ちょっと話した。8時半を5分すぎて出発した。

11時ちょっと前に、中継基地である田村市の古道体育館に到着した。バスを降りるとたくさんの東電社員が立っており、深々とお辞儀をして、馬鹿丁寧な労りの言葉をかけてくる。私はなんだかこの人たちがかわいそうになってきた。私たちみたいな若造に、こんなにペコペコしないといけないなんて。別にこの人たちが悪いわけじゃないのに。でも一方で怒りも込み上げてくる。あんたたちはいいさ、どんなに屈辱的だと感じたとしてもそれが仕事、そう、仕事があるんだから。私たちの父やおじはみんな仕事を失ったんだから。

体育館に入ると番号のついたカードを首からぶら下げられ、持ち出しに使う袋や防護服一式、昼食などが次々と手渡され、自分たちがこれから乗るマイクロバスごとに分かれた列の席についた。体育館全体を見渡してみると、ざっと二百人くらいは町民がいるだろうか。それから健康調査票のようなものが手渡され、今の体調や持病などについて記入させられた。まわりを見ていると、すでに手渡された昼食を食べている人が多い。しかし、とても食べる気にはなれない。私と妹は意を決して手渡されたパンにかじりついた。渡された昼食は、小さめのあんぱんとクリームパンにペットボトルの水である。トイレのことを考えて、二人とも水には手をつけなかった。

健康面、持ち出せるもの等の注意点、警察、といった点でまず説明を受けた。持ち出してはいけないもので、化粧品が例に出されたのに驚いた。未使用の化粧水があるからと、母から持ってくるように頼まれていたので、すごく残念な気持ちになった。大体の話が終わって、一旦休憩に入った。私たちは急いでトイレに向かった。あとしばらくはトイレには行けない。

そして休憩時間が終わり、いよいよ防護服に着替える時がきた。熱中症対策のため、つい先日から長袖長ズボン姿であれば防護服を着なくてもよいということになっていたが、着ないという選択をしている人はいそうになかった。皆やはり放射線の影響が怖いし、防護服を着ないと着ていた服は捨てていかなければならない。ここにいる人は皆避難民だ。服もなく、支援物資から探してくるような人たちだ。そう易々と捨てられる服なんてない。この日私は白いシャツに黒い長ズボンという出で立ちだった。

持ち出すものを入れてくる袋を二重にする。黒い袋に透明の袋をかぶせた。実際開いてみると45リットルでも結構入りそうである。次に係の人の説明を受けながら防護服を着ていく。まずはズボン。次に靴の上から足カバー。上は今から着ていると暑いということで、上着に付いているポケットにマスクと手袋三種類（布・ゴム・薄手のゴム）を入れておく。そしてなぜか帽子はこの場でかぶらされる。キャップなど自分の帽子の上から防護用の帽子をかぶっている人が結構いるのがおもしろい。

そしていよいよ出発となる。大熊町への道のりは、家の近い世帯同士が一緒になり計十台のマイクロバスに乗っていく。私たちは9号車で、1号車から出発のためしばし待つ。それにしても本当におじさんおばさん、おじいちゃんおばあちゃんばかり。若い人もちらほら見られるが、私たちのような若者コンビはいない。荷物を預け、名前を最終確認され、個人識別番号のようなものが付いたカードを首から下げる。気を付けていってらっしゃいませ、なんていう言葉をかけられ、見送られてバスに乗り込む。窓が開いていることに気付いた人が窓を閉めるのを見て、私の前の席の横の窓も開いていることに気付き、「ここも開いてます」と前の人に教える。誰かが「そこも開いてるってよ」と知らせて窓を閉めさせた。

バスが走り出すと初っ端から道を間違え、「どこ行くんだ⁉」「288通るんじゃねぇのか⁉」という怒りの声が運転手に飛ぶ。一回言えば分かるものを皆で寄ってたかって大声で文句を言う。皆イライラしている。バスの中はクーラーがききすぎて寒いほど涼しい。妹が寒いというので、自分の上のクーラーを勝手に消す。そのうち線量計とトランシーバーとストップウォッチが配られた。線量計は一人ひとつ、あとは一世帯に一つずつである。ストップウォッチは妹にかけさせ、私はトランシーバーを首にかける。トランシーバーがずっしりと重い。トランシーバーの使い方をレクチャーされたが、一番後ろの席に座っていたためかよく聞こえない。

山道で急カーブばかりなのに、ものすごいスピードで走っている。そのうち蛇行運転まで始まる。そしてまた帰宅者から野次が飛ぶ。皆きっと漠然とした怒りのようなものがあって、それをどこかにぶつけずにはいられないんだ。皆何かが怖くて、何かが不安なのだ。

いよいよ大熊町に突入した。山を抜けると、サバンナの大草原を歩くシマウマを彷彿とさせるように、田んぼのまわりを牛が悠々と歩き回っている。仔牛もいる。あぁそんな放射能べったりの草を食んで。牛がかわいそうだ。牛は何も悪くないのに。野良牛や野良豚がすごいだの牛の行列がいただのと聞いていたので、牛の大群がバスに追突してきたらどうしようかと思っていたが、その心配はなさそうである。咲いているアジサイが白いものがやけに多いことに気付く。これも放射能の影響なのか。

町に入っていくと、見慣れた、でも懐かしい景色が広がる。民家のブロック塀が崩れているくらいで、そこまで変わった様子はない。ただ、人がいない。異様なのはそこだけだ。時が止まっているかのようだ。町が死んでいる。そして私たちの住んでいた地区に近付くと、三ヶ所でバスから降ろしてくれるという。しかし、どの場所も数十メートルしか変わらない。なるべく放射線に当たらないようにという配慮らしい。もどかしいというかじれったいので、私たちは手前の所で降りることに決めた。と、もうすぐ到着というところで、いきなり気分が悪くなってきた。どうしよう。先が思いやられる。

とりあえずバスを降りて歩き出すと、自然と歩道を歩いている自分がおもしろい。空は雲の多い晴れといった感じで、日差しがジリジリしているわけではないが、やはり暑い。思わず走る。そして家まで目前というところで、突然息が苦しくなった。上手く息が吸えない。思わずマスクを外そうとしたが、とりあえずそれはダメだと手を止める。走ってバスに戻りたい衝動に駆られる。軽いパニック状態だ。いきなり倒れたりしたらどうしよう。でも妹を置いていくわけにもいかない。次の瞬間自分がどうなっているのかと心配していたが、家を見た瞬間すべて忘れた。何もかもリセットされた。

いきなり、玄関のドアの外に下駄箱が放り出されていることに面食らう。地震の時に倒れてきて邪魔だったためらしいが、どうやって外に出したのかは謎である。無事ドアの鍵が開き、我が家に乗り込む。下駄箱が倒れたせいで壁にボコッと穴が空いている。ハエが何匹か台所の方で飛び回っている。変な臭いがしたら嫌なので、口で息をする。居間に入るために障子を開けると、ものすごい光景が広がっていた。足の踏み場もないとは、まさにこういうことだ。まずはとりあえず母に頼まれたものを探す。たんすが倒れて邪魔になりふすまが開けられないため、台所から回って隣の部屋に入る。たんすの引き出しが全部飛び出ている。

案外早く目的のものを探し終わって居間へ戻り、妹に時間を聞いてみると、まだ一四分しかたっていないという。このまま時間を持て余してトイレのことなんて考えてしまったらどうしよう。二時間経過するまで果たして無事に待っていられるだろうか。妹は持って行きたいものがたくさんあるらしく、結構苦戦しているようなので、私が母と妹の衣類をピックアップして袋に詰めていく。夏服を見つけては、手当たり次第袋に放り込む。

余裕がありそうにも見えた袋が、いつの間にかほぼいっぱいになっていることに気付く。ここで、私にも少し欲が出てきた。こんな大変な思いをして帰ってきたのに、私が持ち帰れるものは一つもないのか。そこで、実家に置きっ放しにしていたCDの一部15枚ほどと、母が私のために買っておいてくれた服二枚を袋に詰めた。前者は結構な重量がある。後者はどちらも冬服である。母に呆れられるかもしれないけれど、今回頑張った報酬として許してもらおう。

ここで、妹が持っていくもので悩んでいる。私の意見を聞きつつ、妹は苦渋の選択をする。妹が三冊一セットになったノートを袋に入れた。そしてまた取り出す。「やっぱいいや」と諦める妹。ノートくらい買えよ、と思われるかもしれない。しかし、使えるものが使えず、わざわざ新しいものを買って使う悔しさといったらない。

とうとう袋が満タンになったことに気づく。トランシーバーを試して喋ってみる。……返事が返ってきた。作業が終わったなら家まで迎えにいく、また連絡してくれと言われた。

持って帰るものはもうこれでOK。あとはやることをやって帰らなければならない。母たちは地震があって最初に避難した時、次の日には家に帰れると思っていたらしい。だから、何もかもがそのままなのである。まずブレーカーを落とす。そして、入れてあったコンセントを抜く。恐ろしいのは食料の廃棄である（今これを書いていて思い出したが、炊飯器のご飯を捨ててくるのを忘れた。不覚だ。次が怖い）。20キロほどはありそうな米袋を玄関から外に引きずり出し、その辺にザーッと出す。浪江の祖父母が作った米だ。それをもう食べることも作ることもできない。生ゴミの入ったバケツを持ち出してそのまま外に放置する。

次に台所に出しっ放しになっていた食べ物を捨てる作業に入る。見ないようにしていた卵焼き。黒黄色といった感じで、平べったくなっている。そしてその隣にあるこれは一体何なのか。ウインナーだと思うが、赤と黄色の二色になっている。そのまま外に放り投げる。環境破壊？　いやいや東電さんには負ける。他にも買ってきてあったお惣菜、黒くなったデコポン、ビン入りのさけフレーク、醤油などを次々と捨てる。

そして最後に、最も怖い冷蔵庫の片付けに取りかかろう。母が買い物に行ってきた後の地震だったため、冷蔵庫も冷凍庫も中がいっぱいだという。思いきって開ける。卵を見る。一瞬にして閉める。無理だ。とてもじゃないけど片付けられそうにない。普段は真っ白なあの卵が黒緑色になっていた。肉なんて考えただけで恐ろしい。冷蔵庫の片付けはすぐに断念した。地震で砂糖が落ち、棚や床に散乱していたため、持参したアリ退治のエサをその辺に置く。それから、こちらも持参したゴキブリ退治のゴキジャムを何ヶ所にも置く。

そして最後の最後に、風呂にたまっていた水を抜く。手が濡れないようにゴム手袋をしたが手袋の中に水が入ってくる。結局中にしていた布の手袋まで濡れてしまい、何の意味もなかった。濡れた手袋が張りついて気持ち悪いけれど、手袋を外すことはできない。

ようやくすべてが完了し、またトランシーバーで連絡すると家の近くまでバスが行くので待っててくれと言われた。荷物を持ち上げる。重い！　しかも持ちにくい！　なんとかバスまで荷物を運んで係の人に渡し、バスに乗るために足カバーをかぶせてもらい、手袋も新しいものに交換してもらった。まだ誰もいない。私たちが一番乗りだ。時間はまだ一時間ほどしかたっていなかった。他の人は家が広くて一階に行ったり二階に行ったり大変なのかもしれない。それから、いつか家に帰ってきた時のために、家の中を片付けているのかもしれない。もしいつか大熊町に戻れるようになったとしても、少なくとももうあの家には住まないと、私たち家族は合意している。はじめは頑なに大熊町に固執していた母も、避難生活を重ねるうちに冷静になったようである。人が住まなければ家はすぐに傷む。

と、何やら妹が悩んで呟き出した。「あれ～……制服のスカート持ってきたっけな～……？」今回の一時帰宅の一番のメインといったら制服なのに、それを忘れたら話にならない。係の人にもう一度家に戻ってもいいかと聞くと、いいと言われた。係の人が、透明の袋を渡して、「原則一袋ね」といたずらっぽく笑った。また家に戻ってスカートを無事ゲットする。やっぱり忘れていたのか。気付いて本当によかった。と。「あっ!!!」私はふとテーブルの上を見て驚いた。線量計を家の中に置きっ放しにしていたのだ。トランシーバーなどはちゃんと首にかけているのに、なんで線量計だけ。危ない危ない。妹よ本当にありがとう。

外に出るとバスは他の家に迎えに行っており、遠くにいたのでそこまで歩く。また荷物を預けて靴カバーをかぶせてもらう。何度も手間をかけさせてすみません。席に座って線量計を見てみると、私の方が妹より2マイクロシーベルト低かった。やはりしばらく家の中にあったからか。問題のない数値だからいいものの、実際にはあまり意味がない。その後はバスが猛スピードで細い路地に入っていこうとするなど、また一悶着二悶着あり（確かにブロック塀に衝突）、最後の人だけ予定の二時間より五分ほど遅れて、全世帯の一時帰宅が終了した。皆渡された指定の袋のほかに、紙袋やリュックにものを入れて持ってきている。係の人もさすがにダメとは言えないだろう。しかしおそらく、一番荷物を持ってきたのは私たちだろう。今回の一時帰宅者全員を考えても、一位二位を争う量に違いない。

そしてまた、中継基地の古道体育館へとバスが走り出す。しばらく走って山道に入ったところで、バスが明らかな異常を起こし始める。道の途中でバスが停まって係の人がドアを開けた。一旦バスのスクリーニングをするということだ。焦げた臭いがして、皆臭い臭いと騒ぎになる。とりあえず火は出てないから大丈夫だとバスはまた普通に走り出したが、オーバーヒートではないかと不安は募る。体育館に近付くにつれて、バス頑張れコールが起こり始める。もう少しだー！　頑張れー！という声が上がるが、私は生きた心地がしない。

やっとこ体育館に到着した。会津↕田村市より田村市↕大熊の方がバスに乗っている時間が短いのに、後者の方が断然長く感じた。なんて苦痛な旅だったんだ。体育館に着いたはいいが、なかなかバスを降りることができない。先に到着した人たちのスクリーニングなどがおして、前に進まないのである。もう終わって帰って行く人たちも外にたくさんいる。皆さっぱりとした顔をしているように見える。

そしてふと思う。なんで自分は今ここにいるのか。なんでこんなバスに乗っているのか。今一体何をしているのか。何が悔しくて、自分の家に帰るために許可を得なければならないのか。なんで自分の家に住めないのか。誰のせいでこんなことになったのか。わからない。何もわからない。私はまだいい。なんだかんだ言って福島市にある寮に住んで、普通に生活を送っているから。かわいそうなのは家族たちだ。妹なんてどうだ。今のこの楽しい盛りの時に。いつも文句ばっかり言ってやる気はないし、冷めているけれど、きっと心の中には私になんか到底わからないような思いをため込んでいるに違いないんだ。妹が黙っていると時々怖くなる。今一体何を思っているのかと。だから私は笑顔でバカみたいな話をする。私のくだらない話に妹は笑ってくれる。心では泣いているかもしれないけれど。この思いが誰にわかるというのか。むしろ、わかってたまるかという感じだ。

スクリーニングも済んで、今回の積算被曝量の証明の紙をもらう。私は14マイクロシーベルトだった。係の人が何やら一回のX線で……などと説明してくれるが、取るに足りない数値なので私は全く話を聞いていない。妹の番も済んで、東電の人二人が荷物を持ってついてきてくれる。荷物はスクリーニングをした際に係の人が二つに分けてくれた。昼食と全く同じパンと水を受け取り、体育館を後にする。おじが私たちを見つけて駆け寄ってきた。

会津から来た時と同じバスに乗り、座席につく。いつもは食欲旺盛な私でも、さすがに食欲がない。この疲労感、この疲れは今まで生きてきて感じたことがなかったかもしれない。高齢者なんて倒れたり寝込んだりしないのが不思議なくらいだ。本当に頭が下がる。

道中雨が降り出した。一時帰宅中に降ってこなくて本当によかった。会津に戻ってきたのは夜7時半近くになってからだった。私たちとおじ二人で手分けして荷物を持って歩く。すれ違う会津の人たちがものすごい目で見てくる。おじが「俺ら夜逃げしてるみたいだな」と言って笑った。そんな物珍しい目で見なくたっていいのに。はいそうです、私たちは避難民ですよ。でもね、もし会津に原発があってこんな風になってたらどうするんだ。誰が恥ずかしいなんて思うものか。やっとのことで荷物を運ぶと、祖父母と一緒に母も待っていた。なかなか帰ってこないから心配していたという。次の日もここに来る約束をして、その日は別れた。疲れ切っていたが、その夜またしてもよく眠れなかった。

7月3日（日） ホテルをチェックアウトして祖父母のいる旅館へ行き、そのうち母たちも到着して荷物を仕分けていると、どうも妹の様子がおかしい。制服のブレザーとベストがないという。そんなバカな。今回の一番の目的は妹の制服だったのに。袋からものをすべて取り出して確認するがやはりない。妹は絶対に入れたと言う。

ブレザーのポケットには電車の定期券が入っていたという。それなら名前も住所もわかるはず。もし誰かの手に渡っていれば、届け出てくれるかもしれない。妹が役場に問い合わせたが、今のところ制服はないという。同じ日に双葉でも一時帰宅を行っていたので、調べてもらったが、やはりないと言われた。妹のテンションは目に見えて下がっている。当然だ。なんのために一時帰宅をしてきたのか。

もしかすると、袋に入れたつもりが家に置いてきてしまったのかもしれない。今すぐに帰りたい心を抑えて、いつになるかはわからない二巡目の一時帰宅を待つしかない。その時、なんだやっぱりこんなところにあったんじゃんと笑い話になるかもしれないし、やはり制服が見つからなければ、諦めるしかない。でも今はただ信じて待つんだ。私は全く懲りてなどいない。自分の家に帰れるなら、この目で大熊町を見られるなら、何度だって一時帰宅くらいしてやる。

その日に福島に戻ってきて、一時帰宅の戦利品であるＣＤの箱を開けてみた。……シングルの間が抜けている。確かに中身も見ないで箱を袋に突っ込んでしまった。不覚だ。

あぁ今にもまた帰りたい。

（脱稿：２０１１年9月15日）

果てなき流浪へ

浪江町川添

新田　泰彦

3月11日　14時46分、小刻みな振動はすぐに大きな振動へと変化し、その振動は工場二階の廊下を歩いていた私を廊下壁側に押しやった。東日本大震災の発生である。地震は横揺れで大きな波と小さな波を三回繰り返し襲ってきた。その間約三分だったと記憶している。製薬会社の工場は二階廊下から工室内の生産ラインを見渡す事ができる。すぐに工室を覗き込んだ。機械のズレはなさそうである。建物は天井一部が落下、蛍光灯が脱落、安全鎖に繋がれたアネモ（空調用に天井に取り付けられる空気拡散のための吹き出し口）が宙吊りの状態となっていた。従業員にケガは見受けられず、ほっとしながら事務所へ戻った。

事務所は書類が散乱、パソコンはデスクからフロアーに落下、机・ロッカーの引き出しはほとんどが開放・脱落し、従業員はその場で呆然としている。すでに震動で防火扉は閉まり、全館に非常用ベルが鳴り響いている。機械警備のベルも断続的な音を伝えている。工場責任者と相談し全従業員を避難させるため緊急放送で避難指示を出し、工場棟から守衛所前への集合を呼び掛けた。従業員、業者の安否確認を開始した時には地震発生から一五分がたっていた。全員の安全確認が終了した時、東京本社から安否確認の電話が入った。全員の安全確保と工場の被害状況を報告しながら、電話が通じた事に驚きを感じた。

しばらく全員その場での待機をお願いした。一部の従業員は携帯電話で家族に連絡をしている様子だが、ほとんどの携帯電話はつながらず、家族との連絡が取れない不安を隠しきれない状況だ。業者が携帯電話のワンセグテレビで地震の状況を説明しはじめた。「地震は仙台沖らしく津波が来るらしい」。不安はさらに深まった。外に避難した従業員は着替えと帰宅を要望するが、工場へ入れば二次災害の可能性が高いと判断し、待機をお願いした。寒さの中、震えている女性従業員には不憫な気持ちがこみ上げた。

工場は海から約2キロの位置にあり小高い丘の上に立っている。屋上へ登れば海が見える距離だ。余震は断続的に続いており、避難場所の周りの松の木も大きく揺れ、不安を掻き立てる。強い余震は治まる気配がない。待機が三十分を超えたころ、一部の従業員が車で工場外へ出て、また戻ってきた。工場への交通ルートは北・南・西の三ルートがあるが、彼らの話によれば北ルートは津波で道がのまれ、一面海となっているらしい。また、海になった田畑には津波に流された大量の車が浮いている。南ルートは、津波は来ていないが木造家屋が倒壊し道路を塞いで、こちらも通れないとの事だ。この時点で従業員数名の自宅が津波で流された事が想定できた。従業員の不安もピークと予測された。今日社員が二名休暇を取っている。こちらも厳しい状況だ。携帯電話で連絡するがつながらない。生きている事を強く願うばかりだった。待機も一時間を経過し、従業員は帰宅を強く要望して来る。地震発生後すぐの帰宅を許可していれば、従業員の数人は津波にのまれたかもしれない。自分の判断は正しいと言い聞かせながら、さらなる待機をお願いした。

その間も業者はワンセグテレビを確認し、被害状況を伝えてくれる。一時間三十分経過し、工場責任者と相談し帰宅を許可する事とした。従業員が無事建物から出るまでの時間、緊張が続いた。従業員、業者の帰宅準備が整った後、帰宅者を点呼した。家族に無事会える事を願って。工場管理メンバーが最後に残った。余震を気にしながら建屋内に戻る。二階廊下から見える製造工室とは別の製造工室を確認、同様の被害だった。製品倉庫は一部ラックから製品が落ちているが大きな被害はなさそうである。品質を管理する室内は薬品が一部破損して酸の臭いがするが、窓が開放されており担当者が換気をして避難したようだ。屋外に出る。大型のガラスが一枚割れている。外壁にクラックは見当たらない。燃料タンク・受水槽にも損傷はないようだ。被害状況を写真に収めた。電源の対応を行い、戸締りを施し工場管理メンバーに工場からの退場指示を出した。この時、ハタと気付いた。従業員への非常持出品の配布を忘れていたのである。冷静に行動していたつもりだったが、なかなか困難なものだ。残ったメンバーに配布し私も帰路についた。車を運転しながら、工場の修復方法を考えていた。

私の自宅は会社から約6キロ、通常は約十分で帰れる道のりだが三十分以上かかった。道路は段差ができ、電柱は斜めになり電線と車が接触しそうだ。特に橋の段差が激しかったが、誰かが段差の所に木材等を置いてくれていた。国道は車がまったく動かず、裏道を縫うように走った。どの道も渋滞で所々に車が放置されているのも渋滞の要因となっている。道路の破損に気をつけながら自宅へと車を走らせた。自宅に着くと妻と子供が外に居て余震に怯えながら瓦の片付けに追われていた。妻の話によれば二階の屋根の瓦が落下、特にぐしの部分から崩落が激しく、二階の屋根から落ちた瓦が一階の屋根の瓦を割り雨のように降ってきたとの事だ。妻の車は瓦の落下でガラスが割れ、ボンネットに穴が空き使い物にならない状況だ。子供の自転車二台も無残に変形しこれも敷地の端に転がっている。居間の外に面したガラス戸は外れていた。

室内に入ると、物が散乱し足の踏み場もない。居間のサイドボードのガラスが割れ、中のグラス・酒類は割れ一面に散乱している。台所も同様である。とても裸足では歩けない。アルコールの臭いが部屋中に拡散して息苦しい。二階の本棚の本はすべて床に落ち、想像を絶する揺れだったのだろう。さっそく片付けに取り掛かった。

この時期はまだまだ夜は寒い。外れた窓の修理に取り掛かるが、まったく動かない。実家に工具を取りに行く事にした。子供と二人で2キロ離れた実家へ向かう。亀裂だらけの道路を走り、橋の前で停車した。段差が大きく通れない。子供を降ろし、ゆっくりと走らせたが効果なく、車の底を擦りながら通過した。橋は片方の段差が激しいと、もう片方の段差は小さい。どの橋も同じだった。

実家に行くと両親が外に出ていた。ほっとした顔をしたのは、子供と孫の顔を見たせいか。被害状況を聞くと瓦が落ちたと言った。どこも一緒だ。実家に来る途中もほとんどの家の瓦は落ちていた。兄夫婦の安否を聞くと大丈夫との事で、私も両親に家族の安否を報告した。実家の軽トラックに工具を積み自宅に戻った。修理に四苦八苦しているさなか、義母・義兄家族が避難してきた。義兄のエリアは停電で水も出ない状況との事だ。辺りが暗くなっても姪がまだ仕事場から帰って来ない。姪は自宅から40キロ程離れた場所に仕事に行っている。なかなか連絡が取れず不安な時間を過ごしたが、夜になって歩いて無事帰宅し皆で喜びあった。テレビからは津波にのまれる名取市の田園風景が何度も流れていた。

東京電力第一・第二原子力発電所の報道も頻繁だ。特に東電第一原子力発電所の報道が激しく、すでに3キロ圏内には避難指示が出ている。ただ、具体的な被害状況とその対応については国からも県・町からも何も示されない。私は生まれた時からこの町にいる。原子力発電所自体は隣町立地のため直接的経済利益はないが、就職や仕事の発注、県からの補助を考えれば、間接的経済効果は甚大だ。また新規建設予定地の町でもある。話が持ち上がった当時は推進派と非推進派で町を二分したらしい。他県の非推進派（利益目的と思われる）が一坪地主となり非推進派をあおった事により多くの現金が町民に流れたとも聞いている。原子力発電所の事故は多く、その都度福島県のテレビでは取り上げられたが、いつの間にか終息し大きく問題視される事もなかった。大きな経済効果にのまれ、私を含めた町民が原子力発電所を当然のように受け入れてきた。今回の事故に不安は多少抱いたが、問題はないと思っていた。当然この時点で避難は全く考えていない。夜は一つの部屋に家族四人で寝た。子供たちも不安を感じていないようだ。私は今後の事を考えながら眠りについた。

3月12日　朝6時、浪江町の広報のアナウンスがけたたましく流れる。福島第一原子力発電所10キロ圏内の避難指示であり、避難所への避難の呼びかけだ。私の家は、第一原発から直線で約9キロの位置にあるが、いまだ私は家族の食事を心配し、その他の思考回路がうまく機能していない。電気は大丈夫だったが水が出ない。前日からトイレは風呂の水で流している。水の確保も必要だ。義母・義兄家族を含め九人の胃袋を満たさなければならない。朝は昨晩の残り物を食べたが昼以降どうすれば良いのか。飲み物と食べ物を確保するためコンビニエンスストアに行く事にした。すべての道路に亀裂、陥没が見られる。場所によってはマンホールがとびだしている。液状化現象だ。

この町は川と川の間に発展して、湿地帯の上にできた町だ。液状化は当然と思えた。余談だが、私の実家は同町内で海から直線で約6キロの所に田畑を持っている。私の母は「大昔この田畑の所まで津波が来たとの言い伝えがある」と言っていた。子供心にその言い伝えは衝撃的であった。この場所は標高35メートルある。今回の地震を受け、言い伝えは本当で津波が河川を6キロ駆け上がったのではないかと思うようになった。

まず旧国道沿いにあるコンビニへ向かった。店は閉まって店先で店員と客が言い争いをしている。見切りをつけ、次のコンビニへ移動した。最短ルートは国道を通るルートだが、町内を抜ける事にした。踏切近辺からだらだら渋滞が始まった。わき道に入り路地を抜け、会社の寮を確認した。建物の傷みはなさそうだ。安心して駅前通りに出ると、旧木造家屋のほとんどが倒壊している。慣れ親しんだ町の風景が一変しているのに愕然とした。国道に出ると渋滞となった。二つあるコンビニも閉まっており自動販売機も販売中止である。避難指示に我先へと町民が移動している。約二万人の町民が一斉避難だ。避難道路は国道の二ルートだが、一つは昨日の津波で通れないはずである。想像できるはずだが、それでも町民は並んでいる。もう一つは高地へ、避難所へ向かうルートだが、こちらも動く気配がない。あきらめて自宅へ帰る事にした。4キロの往復に二時間かかった。

帰宅して再度食糧確保を考えた。会社は自動販売機があり、大量の水をストックしている。再度外出し会社へ向かう事とした。長男を同行させた。先ほどとは違う道を通り避難所に続く国道へ出る事にした。こちらの道も亀裂、陥没が激しい。慎重に運転し国道に出る。すでに渋滞はなかった。一気に渋滞が消えたのが不思議だった。

国道に出るT字路で目の前を警察の車両（バス二台）が町内へ向けて走り過ぎた。その物々しい出で立ちに驚いた。上半身しか見えないが真っ白なつなぎ服と思われる物を着ている。ゴーグルを付けガスマスクもしていた。此処までするのかと思う反面、此処までしないと駄目なのかと複雑な気持ちだった。会社へは南ルートを行く事にした。途中、橋上から川を眺めると、川の中に車が浮いている。人が乗っていないことを願った。昨日聞いた家屋の倒壊場所を抜けると、通常なら右側に田園風景が広がり海まで平地が続くが、道路から2～300メートルか、瓦礫が来ていた。昨日の海嘯（津波）はこの地区すべてをのみ込んだ。まだ瓦礫の中に生きている人がいると思われたが、ここも捜索に行ける状況にない。情けない思いだ。警察等捜索隊の姿は見られなかった。

会社へ行き、建物の近くまで来ると、防火設備の警報音は今も響いていた。食堂に入りカップ麺を購入する。食堂の普段と変わらぬ風景が一層心を締め付けた。外に出て、自動販売機のジュース・水を大量に買い込んだ。一安心し、改めて被害状況を確認、建物・設備修理・破損製品の片付け・ユーティリティー設備の復旧等々に約一ヵ月と目星をつける。建物の戸締りを再度確認し、工場を離れた。町内の駅前通りをゆっくり走る。旧家屋の倒壊に子供も驚いているようだ。警察署とその隣の建築会社の駐車場に多くの警察車輌が駐車してある。今までに見た事のない車輌の数に、子供も非常事態を感じている。最後に遠くからではあるが社宅を確認し帰宅した。

テレビでは、各局地震・津波のニュースだ。東北の被害状況が少しずつ明らかになり、死者、行方不明者の数が増えていく。先ほどの瓦礫の山が頭をかすめる。昼過ぎにカップ麺をすすり、休息を取り、片付けを再開する。すでに割れたガラス、陶器類は家族が片付け室内を素足で歩けるようになった。

3月12日15時36分、衝撃波が自宅を襲う。ドンという音がして窓ガラスが割れそうなくらい振動した。家族全員が驚き、雷か、それとも地震による経験したことのない自然災害かと、いろいろ話すが結局結論が出なかった。一時間後だったと思う、テレビで福島第一原子力発電所1号機が水素爆発を起こしたらしいとの報道が流れ、驚愕する。放射能の大気放出は予測がつく。私は今後の行動について考えるがまとまらない。町役場はすでに午前、福島第一原発10キロ圏内の避難指示を出している。本部を避難所へ移しているのだろう、このエリアへの爆発に対するアナウンスはなかったと記憶している。義母、義兄家族は避難の優先を悟り、荷物をまとめ避難所へと向かった。時間はいつもと同じように流れている。この時期夕闇は早い。

家族と話し合い避難を決定、準備にかかった。荷物の量はどんどん増えていく。帰ってくる事を前提に食糧だけを持ち避難した。軽自動車に家族四人に中型犬、子供は高校生男子で満杯である。道路は空いていた。町民はほとんど避難が終わったのだろう。町指定の避難所までの距離約25キロ、到着すると避難所はすでに避難者であふれ、とても入れる状況にない。駐車スペースは見当たらない。一旦自宅に戻る。すでに夜になっており不安を感じ放射能の影響が気にかかる、食糧はすでに積んである。少しの着替え・毛布、貴重品を持って一旦待機した避難場所に戻った。振り返るとこの時が震災後一番虚しかった気がする。避難した場所は国道脇の小さな空き地だ。

ラジオを付け休息に入ったが、すぐに腰と足が痛くなった。この態勢だと「エコノミークラス症候群になる」と考えた。犬も妻の足元で落ち着かない。夜が深まるにつれ、外気温度は氷点下となった。エンジンをかけ暖房を入れていたせいで、ガソリンがみるみる減っていく。エンジンを切り、寒さとも闘う事となった。普段交通量の少ない道を一晩中車が通った。一睡もできなかったが車中泊で本格的避難を考えた。ラジオからは第一原発の核燃料熔解のニュースが頻繁になっている。山中のせいか、ラジオの音声がノイズに消されるたびにイライラした。

3月13日　早朝、町へ向かう緊急車両が数珠つなぎになって流れていく。昨日避難した義母から隣町に来たらとの誘いだった。場所を聞き隣町に避難する事にした。さらに20キロ西になる。避難所前の道路を歩く町民は皆疲れた顔をしている。隣町の川俣町に入ると道路、建物の被害が少ない。交通も安定している。気になるのは、東の海岸方向に断続的に緊急車両が走り過ぎる事か。川俣町の市街地入口には警察官が二名立ち、検問の準備をしている様子だった。川俣高校の避難所へ向かった。高校のグラウンドが駐車場である。

義母・義兄家族が迎えてくれた。義兄家族も犬を連れてきたが、避難所へは持ち込めず、車の中で飼っていた。ガソリンは底を尽きかけている。町内へ向かった。スタンドはすべて閉まっており、気づけば福島市内に入っていた。4号線に入り開店しそうなスタンドの列に並んだ。車の列は、距離にして三百メートル位か。福島市は断水しているらしく市役所に水を取りに来た市民でいっぱいだ。反対車線を福島県以外の救急車が五十台以上連なって仙台方向に走っていく。異様な緊張感が襲う。他県の警察車輛・自衛隊の車輛も断続的に走っており、仙台方向へ向かっていった。一台10リットルの給油を済ませ避難所へ戻る事にした。

渋滞を抜け川俣町の市街地に入ると、コンビニが普通通り開店している。品物も揃っているように見えた。その隣のガソリンスタンドも開店しており、コンビニへは子供たち、スタンドへは私が並んだ。食糧を山のように買い込んだ子供たちが、ガソリン満タンの車に乗り込んだ。満ち足りた気持ちで避難所に戻った。避難所では同級生・会社の同僚・近所の住民に会い、なんとなく心が安らいだ。やっと携帯電話がつながるようになり、友人・知人からのメールが入るが通話はまだできない。メールの返信で携帯電話のバッテリーが切れ使えなくなった。この日は妻と長男が避難所の体育館に、私と二男が車に寝る事にした。夕方、配給のおにぎり二個を持って長男が車に来た。車でおにぎりを食べ、ラジオを聞きながら過ごした。おにぎりに味はなかった。ラジオを聞くためには車のエンジンをかけなければならず、ガソリンを使い過ぎないよう気をつかった。この晩も眠れなかった。

3月14日　朝、妻が配給のおにぎり二個と新聞を持ってきた。体育館内では一人に一枚茶色の毛布が配給されたが、寒さで眠れなかったようだ。当然暖房などない。避難所の環境は厳しい、トイレの水が出ないため臭いもきつくなっている。寒い時期にもかかわらず体育館内部も臭いはじめている。集団生活の厳しさが垣間見えた。昨晩は酔った避難者が騒ぎ、挙句階段で転び顔にケガをしたとの事だ。役場の職員も慣れない環境に対応が遅く、それがまた住民の苛立ちにつながる。妻に、この避難所の安全性について役場の職員に聞いてもらったが、不安を煽る質問はするなと言われたと嘆いていた。避難者に言えない事が多いようだ。不信を抱かざるを得ない。

午前中、家族と町内のドラッグストアに買い物に出た。多くの人が並んでいる。店員が並んでいる客に声をかけ、避難者におにぎりを配っているのに驚いた。店内に入れる人数を限定し、一家族二十品以内の商売をしていた。生活用品を購入し避難所に戻った。途中スーパーが開いているのを確認したので、明日来ようと思った。避難所の人数も確実に増えているが、出入りが激しい。高年齢者は避難所に留まる傾向だが、若い家族はすぐに避難所から移動していく。犬を散歩させる人が増えた。避難所にパソコンを持ち込みテレビニュースを流している人がいて、そこに避難者が群がっている。

そのパソコンが東京電力第一原発3号機水素爆発の報道を伝えた。避難所はどよめいている。口には出さないが皆もう帰れない、この避難所も大丈夫かと思っている。県外避難を考え始めたのは私も含めこの時からだと思う。携帯電話は六割程度（あくまで個人的感覚だが）通話可能となっている。避難者の携帯電話でのやりとりは頻繁になって来ている。義兄も県外避難を検討しているらしい。この日もおにぎりの配給をもらい私は犬と車で、家族は避難所で寝る事にした。この日も眠れなかった。子供が避難所で携帯電話の充電をしてくれた。私も携帯電話でワンセグテレビを見る事が可能になった。

3月15日　心から疲れている。朝、避難所に移り横になって仮眠をとった。二時間程だがぐっすり眠った。おにぎりに菓子パンそれにペットボトルの水も配られるようになった。避難所は役場の職員が統括業務を負い、体育館内を8ブロックに分け、それぞれのブロックに班長を設けている。班長から声がかかり、再度の家族構成の確認と、今後の役割の話を受けた。仮眠を取ったせいか少しすっきりして、子供と昨日確認したスーパーに買い物に出た。スーパーは混んでおり、客のほとんどは避難者に思えた。品数が豊富でびっくりした。惣菜・漬物・調味料を購入し避難所に戻る。テレビ、大型のストーブが入った。ただストーブは灯油燃料が不足し、夜だけだ。

テレビから東京電力第一原発2号機、4号機が爆発したらしいとの報道が流れた。もう相双地区の復活は絶望的に感じられた。この報道を聞き義兄は県外移動を決め義母を伴い、義兄の実家へ移って行った。同行を勧められたが今後さまざまな迷惑をかける事を思うと、できなかった。

もうすでに四日風呂に入っていない。私が留守番をし、家族を銭湯に行かせた。携帯電話が鳴り、出ると会社からだった。昔の同僚の声に安堵感を抱く。内容は会社が避難所を紹介するため家族構成・現状・希望を確認しているとの事で、現状を話し連絡を持つ事にした。満足そうに家族が帰って来た。会話から風呂の有難味、普段の生活の大切さが感じられた。私も銭湯へ行こうと思ったが足が動かない。疲れていたのだろう。

会社から電話があり、新潟に旅館を確保できたのでいつでも手続きをとれば泊まれるとの話があった。明日移動する事にした。私は県外避難の道が開けたが、ここの避難者、特に体育館の中で元気に遊んでいる子供たちを思うと心が痛んだ。今日だけで、私の周りの四家族が避難所を出て行った。夜、通路を挟んで避難していた老人が長男に声をかけてきた。聞いていると何を言っているか理解できない。奥さんが来て連れて行った。老人は何か叫んでいる。軽度の痴呆のようだ。集団生活の中では病人を抱える方も見守る方も、大変な労力を要する事をつくづく感じた。この日は私も避難所で寝た。初めての就寝だが寒くて眠れない。ストーブは点いていて一定の暖房効果はあるが、快適な温度には程遠い。何度か毛布から出てストーブで暖を取った。

3月16日　ラジオ体操の音楽が一日を告げるが、疲れている私はさらに毛布の中に顔を埋めた。今日は新潟へ向かう。朝食を済ませ毛布をたたんだ。外が吹雪になったが昼近くに出発を決意、班長と周りの家族に挨拶し、少しの食糧を持ち避難所を出た。車のガソリンは半分に減っている。新潟までぎりぎりの量だ。

避難所から国道4号線に出て郡山市に向かう。4号線から県道を通り磐越自動車道と並行に走る。高速道路を緊急車両が数台通って行くのが見えた。常磐熱海ICで高速に乗れないか交渉したが、緊急車両の通行のみで避難車輌の通行は許可されなかった。国は私たち避難者を危険区域から速やかに避難させないらしい。高速道路はがらがらに空いている、悔しさがこみ上げた。猪苗代湖近辺に来て道路の凍結が激しくなった。ノーマルタイヤの私は緊張の連続だ。会津若松市を抜けると吹雪になった。新潟県の入口に検問所があった。すでに放射能汚染が問題になっており他県での受入れ拒否の噂が流れて、不安になった。警察から避難の有無を聞かれ、避難と答えると避難先斡旋場所とスクリーニング（放射線の測定）場所の地図を渡してくれた。その対応に驚き感心した。

この後、新潟市に二週間避難するが、新潟県の震災に対する迅速かつ手厚い対応に驚く事になる。峠を越えたころ、雪もやみ道路の雪もなくなった。眼下に越後平野が広がる。道路脇のコンビニ・スタンドはどこも営業している。すべてが震災前と何も変わらない、福島県と比較すれば別世界と言っても良い。震災後の目まぐるしい生活は何だったのだろう。ふと考える。

故郷に帰れるのか。すでに放射能の汚染は避けられない。チェルノブイリの事故を考えれば大気そして土壌の汚染は深刻だ。今後の生活をどう立て直すのか。故郷に帰れなければ生活の拠点を失う。転勤を何度も経験してきた私には、新天地での生活基盤の構築がいかに大変か理解できる。子供の苦労を思うと胸が痛む。また、健康被害の懸念だ。1・2号機の爆発によるセシウムの問題も重大だが、3号機の爆発は致命的だ。3号機はMOX燃料でプルトニウムを含む、すべてを通す中性子を放出するのだ。失った職場は。今後の会社方針は未決定だ。私的見解だが工場の復活は難しい。放射能の影響がうすれても、汚染地域の水で製造した製品は消費者が受け入れてくれないだろう。子供の学校は。町の行政が故郷に戻れなければ学校の運営も困難となる。どこで学ぶのか、転校せざるを得ないか、学校そのものが消えてなくなるかもしれない。本質の問題は何一つ解決していない。複雑な思いを抱きながら宿に車を走らせる。雲の切れ間からのぞく太陽が真っ赤な光を放射しつつ、日本海へ沈もうとしている。

（脱稿：2011年7月28日）

障害者として転々と避難し続ける

浪江町権現堂

新谷　師子

私が大震災に見舞われたのはちょうど福島県浪江町（権現堂）にある実家に帰省している時であった。福島第一原発から9キロの距離にある。二階にある自室でのんびり寛いでいると揺れを感じた。すぐにおさまるから大丈夫だろうと思ったが、そんな私の思いとは裏腹に、揺れは一瞬のうちに激しく大きなものになっていた。生まれつき脳性まひの障害を持っている私には到底立つことも、四つん這いになって逃げることさえもできない激しく長い揺れに、今までにない恐怖を感じていた。なす術もなく、ガラスが割れ、家具が倒れ、モノが雪崩のように落ちてくる様子を目の当たりにしながら、それらの騒音を聞くしかない状況に思わず泣きたくなった。

部屋のドアはかろうじて開いたが、廊下を塞ぐようにして一面にモノが散乱している状況だ。これでは一階に下りることさえできない。しかもこの古い家が揺れに耐えきれず、崩れることだって十分あり得る。混乱した頭で考えを巡らせていると、父と母が私の名を呼びながらやってきてくれた。散乱した床の上を歩くことができない私を父が背負い、玄関先まで連れて行ってくれた。まだまだおさまる様子のない地震を警戒し、私たちは車の中で揺れが止むのを待った。

避難場所を巡り探し回っていると、津波がくるという放送が流れ、やむなく高台の方へと逃げた。家に戻るのは危険ということで念のため、浪江中学校の体育館に避難した。体育館には大勢の人が避難していた。パイプ椅子が準備されていてそれに座り多くの人は一夜を過ごすことになった。しかし、明りはストーブ数台と小さなライトのみ。揺れもおさまることなく体育館を軋ませ続けていた。こんな状況では誰一人心休まることがなかっただろうと思う。もちろん私も眠ろうとするたびに地震が起きるものだから全然休めなかった。

夕食は近くのヨークベニマルが非常用の食料を配ってくれたため、なんとか助かった。初日の避難場所で大変だったのは、断水しトイレを流すのに苦労したことだった。役場の人がバケツに水を汲んで来てくれたがバケツの水では上手く流れないので、トイレが悲惨な状態になってしまったのだ。特に私個人としては洋式がなかった点が一番苦労した。普段なら一人でトイレに行くのに、避難中は親の手を借りなければ用も足せない場面に多く出くわした。予想外の出来事であるし、皆大変な辛い思いをしているのだから仕方がないが、トイレくらい以前からバリアフリーにしてくれたらよかったのにと思ってしまった。また3月だったこともあり、寒さに耐えられそうになかった。それは私だけではなく避難している人全員があまりの寒さに震えている状況だった。

準備の良い人は毛布を家から持ってきたらしくくるまったり、横になったりして寒さを凌いでいるようだった。もう少し灯りや防寒になるモノや電化製品があったら良かったと思った。悲惨な状況になっているだろうけれど、明日は我が家に帰ることができると思い、ひたすら耐えた。メールや電話は通じなかったため、姉と兄そして祖母や友人の安否を確認することができず心配で堪らなかった。なぜかワンセグが使えたので地震情報を見て気を紛らせながら朝になるのを待った。

ようやく辺りが明るくなった翌日の早朝、両親は必要なものを取りに行こうとした。しかし周囲がざわつき始め原発が爆発したという話が聞こえてきた。原発は隣町の双葉町とその隣、大熊町にある。よく報道等で浪江は原発から20キロ圏内と表示されることがあるが、私の家は10キロ圏内に入っているのだ。爆発の話を聞いた途端に父が血相を変え、もっと遠くに逃げると私と母を急がせ車に乗るよう指示した。本当は荷物を取りに戻りたかったがそんな場合ではなかったため、着の身着のまま、その避難所にいた誰よりもいち早く地元を離れることになった。車を走らせ向かった先は南相馬市の原町区だった。避難所になっている原町一小に夕方まで身を寄せたが、津波が近くまで押し寄せているから二階に上がれという指示が二回ほどあり、障害者がここにいるのは大変ではないかと場所を変えることにした。

次に移った場所は同じ原町区にある「サンライフ」という社協が管轄している施設だ。ここなら身体的な負担を感じることが少ないのではないかとやってきた。部屋が会議部屋だったため、なんとなく心が休まりにくい雰囲気だったが、手作りのおにぎりや野菜炒め、お味噌汁を出してくれた。久しぶりにちゃんとしたご飯を食すことができ、気を張っていた心がほぐれ気持ちが安らぐのを感じた。ここは私のような身体に障害を持つ人やお年寄りを優先して受け入れているだけあって、職員の方々が親身に対応してくれるし設備面でも不自由を感じることはなかった。もちろん以前いた避難所の職員の方の対応にはとても感謝している。

翌日の13日、原発が大きな水素爆発を起こした情報をワンセグで知ったため、さらに車を走らせ福島市にある「パルセいいざか」に逃げ込んだ。この間に浪江で探しても見つからなかった祖母と連絡がついたのでやっとの思いで再会を果たした。なんと私の祖母は、一人暮らしをしていることを気にかけ心配してくれたご近所の方とともに避難し、そこのお宅でお世話になっていたのだった。

「パルセいいざか」に二泊してやっと落ち着けるかと思っていたら、また原発の状態が悪化しているという情報が避難所内に流れ始めた。周囲から無数の声が飛び交う。結局私たちは夜中の一時にその場を離れ、父の知人と一緒に山形県（上山市）に避難した。その知人の友人宅に泊めてもらえることになり、一晩お邪魔させてもらった。面識のなかった私たち家族を招き入れておいしいご飯を振舞ってくれた心優しいご一家には頭が下がる。本当に感謝の気持ちでいっぱいになった。翌朝何かの縁だったのかその一家の親戚である宮司さんがやってきて、住居が決まるまでの間住まわせてもらえることになった。宮司さんのお宅に移る際も昨晩泊めてくれた一家の人たちは優しかった。お米や必要最低限のモノを頂き、私たちは元気を少し取り戻して隣の市へ向かった。

宮司さんのお宅は南陽市にある立派な神社で、地域の人たちが集まる憩いの場のようなところだ。この神社には3月15日から22日の約一週間お世話になった。宮司さんと奥さんは忙しい合間を縫っておいしいご飯を振舞ってくれたり、私たちの話を聞いてくれたりした。また土地勘がまるでない私たちを病院やスーパーへと連れて行ってくれた。ご飯の時間になるとお二人の趣味である楽器の話や宮司さんの衣装についてなど今まで私が知らなかったようなことを教えてくれた。宮司さんの話で最も胸に響いた言葉は「俺たちに恩返しやお礼はしなくていい。その代わり誰かが困っていたならば今度はあなた達ができる限り手助けするようにしてくれ。俺たちにではなく他の人たちに返せばそれで十分なんだ」である。この時私はなんて人間的にできた懐の深い人なんだろうと驚いた。

山形市内にアパートが見つかったため、引っ越しをした。アパートでの日々は、毎日同じことの繰り返しで暇を持て余した。私は必要な補装具と杖、教科書等の勉強道具をすべて置いてきてしまって何もすることがなかった。私はいわきの自分のアパートに戻りたかったが、大学が確実に再開すると分かるまではダメと父の許可が下りなかったので、泣く泣く断念した。

5月の初めに母と二人だけで、いわき市郷ヶ丘にある自分のアパートに戻ることができた。一人暮らし用のアパートだったため、次の引っ越し先が決まるまでの間、父たちには山形に残ってもらうことになった。まさかあんなに説得して手に入れた一人暮らし生活がこんな形で終わるなんて思わなかった。障害を持つ私にとって一人暮らしをすることは、決して簡単なことではない。これを機に親が心配して一人暮らしを許してもらえなくなってしまう恐れだってある。現に震災前より両親は過保護、心配性になったように思う。やっとの思いで切り開いた自立への道だったのに、言いようのない悔しさと憤りを感じた。もし地震と津波だけだったら、私はこれまで通り一人暮らしを続けていけたのだ。実家は原発事故により警戒区域となり、家に帰ることは叶わない。また自営業の仕事も再開できない。現在はいわき市泉に引っ越し、家族で暮らしている状況だ。

この震災で多くの人と人のつながりや温かさに触れた。人間関係が希薄と言われているが、必ずしもそうではないと実感した。そして日頃から人付き合いは大事にしていくべきだと痛感した。コミュニティというのはいつどんな状況においても大切な役割を果たし、重要な社会資源なのだと思い知った。

最後に、東電は精神的補償の額を六ヵ月経つと減らす方針でいるらしいが、それはおかしいと思う。事故発生から時間が経ち、県民が今の生活に慣れつつあるとしても、いつ帰ることができるのだろうか、もう二度と帰れないのではないか、この地で無事健康に生きてゆけるのか等の不安やストレスは消えていない。もちろん薄れてもいない。終息に向けて頑張ってくれている業者の方々や技術者の方々には感謝の気持ちでいっぱいで頭が上がらないが、幹部や責任者の方々の対応は納得できない。事故を起こしておいて、納得できるような説明もない。態度も上から目線で、マニュアル通りに受け答えしているように感じてしまう。もっと自分たちの責任の重さを自覚して、被害者に真摯な気持ちを持って対応していってほしい。

（脱稿：２０１１年10月12日）

きずなファーム

浪江町牛渡

亀田　和行

私の住む浪江町は、自然豊かな情緒ある人口二万人の町です。産業は農業を中心に昔から伝わる大堀相馬焼の外、幾つかの企業も進出し商工業も盛んで、原発に携わっている人も多く住む町です。東は太平洋に面し、そこが請戸地区で漁業が盛んで、秋には鮭が遡上し観光客がたくさん来ていました。今は見る影もなく何も残っていません。西は阿武隈山系があり、林業を中心とした山村地区で高冷地農業が営まれていました。今は放射線量が高くきのこを取ることができず、畜産農家も打撃を受けました。中間地区では水田を中心とした農家が多く、兼業農家は原発の仕事に携わる人が多くいました。私はこの地域でブロッコリーを中心に野菜栽培をしていました。

3月11日午後2時46分頃、私は原発から8キロ離れた浪江町牛渡地区にある自宅にいた。携帯電話が激しく鳴り続け地震の警報を知らせると同時に大きな揺れがあり、立っていられなくなり右手で柱に摑まり、左手でパソコンが倒れないよう支えた。腰を下ろし揺れの収まるのを待っていたが、この間の時間が長く感じた。外では何かが倒れる音が激しく鳴っていた。地震が収まり外に出て見ると、屋根のグシが落ち平瓦が割れ、石油タンクも塀も倒れていた。母屋に戻ると家の中は家具が倒れ、棚から物が落ち足の踏み場がないほど物が散乱していた。その側で妻と父親の二人が呆然と座っていた。午後の3時20分頃から大津波が来るとの広報がひっきりなしに鳴り、午後3時30分頃に海の方を見ると、空が赤茶けた色になり異様な空模様だった。この時には津波が押し寄せ家屋等が倒壊して、埃が舞い上がり空が薄赤色に染まっていたのである。

津波が家の近くまで押し寄せるとのことで消防や役場の人たちが自転車や徒歩で広報してきた。家族で避難する道はいたるところに下水管の繋ぎ目が突き上げられていた。妹に父と家内をお願いし、私は自宅に戻りその晩は眠れず朝まで過ごした。津波は、高瀬川を遡り5キロ地点まで来ていた。今もその時のことが鮮明に浮かんでくる。

次の朝7時30分頃「原発が危険ですから10キロ圏外に避難」の広報があり、妹たちと浪江高校で落ち合うことを電話で連絡し、ともかく着の身着のままで家を出た。向かう途中老舗の上田屋の家屋が倒壊していた。浪高に着くと正門は閉じられており、やむなく町中に戻ると、清水さんに会った。そのとき「旦那さんが警察署にいるから何かあったらよろしく」と伝言があったが、事情を良く理解しないで「はい」と返事をして別れた。後でわかったことだが、家が倒壊し本人は梁の下敷きとなり亡くなったとのことであった。浪江町第一号の震災による犠牲者であった。ご冥福をお祈り申し上げます。

家に戻り玄関の中の犬小屋にいたパグ犬の「カゴメ」を自動車に乗せ再び妹たちと落ち合うために町に入ると、ガソリンスタンドが開いていたので10リットルを入れ、西病院に行った。妻の透析ができるか確認したが、水が来ないのでできないとのことであった。

妹は携帯電話を持っていないため連絡がつかず、とりあえず10キロ圏外に自動車で向かった。津島には多くの町民が避難してきており、人を探すのは容易ではなかった。公民館・中学校・小学校等避難所を回って探したがなかなか見つからない。最後に津島高校体育館に行き、ここでようやく落ち合うことができた。そこですぐに、川俣町に出向き透析のできる病院を探し、済生会川俣病院に予約することができた。ガソリンを給油すべく福島市まで足を伸ばし、開いているスタンドに並んで15リットル入れられた。川俣町に戻ると幸運にもまた15リットル入れることができ、当分通院できると安心した。この間原発では1号機が大爆発し、その爆音が物凄い音であったそうである。白い煙が阿武隈山系に向かって帯状に流れたそうである。その先が津島地区で多くの町民が避難している方角であった。後々、飯舘村、川俣町山木屋地区も避難地区に指定された。

避難先の津島高校体育館に戻り中に入ったが、その晩は寒く雪が舞っていた。避難所には毛布や布団はなく、暖を取る物は何もなかった。この時まで妻の病院にばかり気を取られていたため、この間の行動に疑問を持たずにいたが、夕方になって初めて何も持たずに家を出たことを後悔した。避難した人の善意で毛布に足を入れさせて貰って暖をとっていた。また食事もなく、その人に分けて貰って皆で少しずつ食べたが、胃袋は十分ではなかった。父は九四歳になり顔を見ると真っ青で寒さに耐えているようで、このままでは死んでしまうと感じた。その晩7時のニュースで20キロ圏外に避難となりそうな報道があった。この時に初めて事の重大さを認識した。これまでそう大きなことではなく事が収まると考えていたし、原発がどのようになっているのかなど考えも及ばなかった。その晩の8時頃に妹と相談し、福島市方木田の弟のところに行くことを決めた。皆さんに礼を述べ体育館を後にし、弟に連絡もしないで夜の10時頃到着した。後で知ったが、津島の避難所は放射能が一番高いところだった。原発事故による棄民になったと感じたのである。

避難所を離れて避難するのは大変である。自分たちですべてのものを調達しなければならない。避難所には多くの物資があり分けてくれるとの情報で行ってみたが、ボランティアの人から門前払いであった。何の支援もなく、店にも物資は少なく、あっちこっちの店に並んで何とか調達した。

この時、避難して集まった親戚家族全員で一七人となっていた。妻の透析のため病院に通うガソリンはなく、朝早くスタンドに並んで補給しても間に合わなくなった。そこで県の防災担当係に電話をして、緊急車両指定を申請、許可を受けて何とか間に合わせることができた。この時ばかりは心の中で本当に安心し感謝した。妻がガソリン不足を医師に話したら福島の病院を紹介してくれた。お陰様でその後ガソリンの心配がなくなった。

時が経つとともに、だんだんと落ち着きを取り戻し店に物資も出回り、ガソリンも普通に手に入るようになった。避難生活の中で漫然と生きているのは人生に目標がなく情けない。働くことができないのは淋しいものである。農業は簡単に取り組めて、物を育てるのは癒し、楽しみとなり、精神生活に大きな活力になると思う。

弟が今春退職と同時に家庭菜園に取り組むということで、福島市内方木田にある近くの遊休農地三十坪ほどを借りて生産活動を始めた。ネギ・じゃがいも等を作付したが、私たちは第二次避難所に入ることになり、少し遠いため肥培管理が疎かになってしまった。避難所を希望したのも、親戚の人たちと生活するのはいろいろな意味でストレスが溜まり窮屈になってきたからである。親戚とはいえそんなに広い屋敷ではなく、部屋数も限られ一人一人のスペースも狭い。プライバシーが必ずしも守られることはなく、親子でもちょっとしたことで衝突するようになり、避難所を希望した。避難所は土湯温泉の小滝温泉にお世話になることとなった。

旅館でもスペースを借りてかぼちゃ・トマトの苗の育成は続けました。昨年初めて甘いトマトを栽培し孫に食べさせたらすっかり虜になり、それで約束をしました。それは、今年も甘いトマトを食べさせることでした。毎朝水やりをしているなかで心に一つの目標みたいなものが湧いてきました。6月に入って孫の避難先である喜多方市にトマト・かぼちゃの苗を持って行きプランターに植え付けました。8月に初の実は甘くないと電話があり、もう少し待ってみろと話しました。その後は甘いと電話があり、一安心し面目を保ちました。

小滝温泉に避難している人たちは津波で家を流された人達が多かったが、ただ良かったのは亡くなった家族がいなかったことです。そのため避難者同士が和やかに、楽しく避難生活を過ごすことができました。この時、津波による被災者の中には棚塩地区の人がいて、12日の原発事故避難指示により避難しなければならなくなり、その時に軽トラックのクラクションを鳴らす音、「助けてー」と叫ぶ声を聴きながらもどうすることもできずに避難せざるをえなかった、今でもその声が耳に残っていると話してくれました。実際には、原発事故さえなければ助かった人はいたのである。新聞報道はされなかったが原発事故による犠牲者でもあると思う。ご冥福をお祈り申し上げます。

父は、5月初めまでは自分で入浴していたが、5月中旬には布団に寝たきりとなり入浴もままならなくなり、人が少ない時間に入浴するようにしました。特老担当のケアマネージャーに相談しましたが、避難所にいるうちは施設の利用は難しいとのことで、借り上げ住宅を申請し、許可が出たものの生活資材がなかなか搬入されず、入居に7月上旬までかかりました。この頃から仮設住宅・借り上げ住宅等への転出が始まり、各自新たな生活に向けて旅だちの時期に入りました。

このころ考えていたのは、アパート住まいで隣近所の付き合いもなくなり一人で家の中で悶々と生活するのは耐えられない。今まで毎日野菜作りに精を出し、機械化を進め、農作業をこなしていました。生産者仲間と活発に活動して楽しく充実した生活が懐かしく、何とか避難先でも農業ができないかと考えていました。

避難先で会った先輩の牛渡喜一郎さんが、農地と農機具もあり貸してくれる農家があるとの話を持ってきてくれましたが、具体的な内容が乏しくこの話はボツになりました。その時に一人より多くの仲間と農作業をすれば、絆も深まり情報交換や世間話もできて、気分転換と癒しにもなり、これから先故郷に帰る日まで充実した生活ができるのではないかと話をしました。喜一郎さんもそこまで考えているなら農地を探してみようと本気になり知人等に話をして、恰好の場所で農地と農機具セットで貸与してくれる農家を斡旋してくれました。数日後、友人達に話したところ「それは良いことだ」と賛同してくれたので、早速具体化に向けて話を進めました。行政にこの事業に対する補助はないか相談しましたが、対応する制度がなく、また町役場独自の事業もないため自立運営することにしました。この時、困ったことを人に話すことが問題解決の早道だと感じました。人伝えに多くの人に伝わり予想以上に早く実現することになりました。人とのつながり、絆の大切さ、その力強さを実感しました。

幸いある程度の仲間の携帯電話番号を登録していたので、それを頼りに連絡を取り参加者を募りました。またその情報が次から次へと広がりました。当初は農場周辺に避難した人を考えましたが、避難先は方々に散在して遠くの人も参加したいと申し込みがあり、白河市・いわき市勿来からも一時間から二時間半かけての参加がありました。その結果、農家・非農家含めて一六世帯が参集しました。

7月17日に地主との契約を交わしました。地主の茂木健一さんは九十歳になり矍鑠として毎日農作業を楽しみに過ごしている親切な人柄で、農機具も使用して良いと快く応じてくれました。

7月22日に農場近くの笹木野大原神社社務所を借用し、一二世帯一六名の参加者で設立総会を開き、規約・役員等を決めました。名称は「きずなファーム」とし、農作物の栽培を通じて、地域住民の交流・親睦を図ることを目的に、運営資金として出資金二万円を拠出し、共同作業で管理運営すること等を決め、農場見学しこれからの農業経営に決意を新たにしました。

7月27日に初の農作業日がやってきました。真夏日で気温も高いなか一四名が参加し、しばらくぶりの再会に話も弾み、情報交換をし、土に触れ楽しみながら人参の播種作業をしました。8月5日は、遠くからの参加者もあり二十名が参集しました。多くの人が親交を深め合い、キャベツの播種作業をしました。先日、播種した人参は7月下旬から8月初めの豪雨のため畑が冠水し発芽不良のようですが、もう少し模様眺めとしました。皆内心ではがっかりしている様子で畑の状態を見守っていました。

本日は浪江役場の広報班が取材に訪れ、作業風景の写真を撮って行きました。9月号広報に掲載される予定です。話の内容は、地震や避難所での生活状況からこれからの生活居宅が仮設か借り上げ等かまで、情報交換してお互いに慰め、励まし合いました。農家、非農家の人も、皆土に触れ笑顔で楽しんで作業をしている姿に、この事業を起こして良かったとほっとするとともに、地主さん、喜一郎さんの支援に心から感謝しました。作業は、その後キャベツの定植、カブの播種や白菜・大根の播種等にぎやかに行いました。

9月5日白菜の定植時には、福島民報新聞社から取材に見えて、植え付けを撮影し会員に取材して行きました。報道は9月29日企画特集号で掲載され、多くの人達から励ましや反響がありました。10月からは、収穫作業に入ります。汗のしずくが生産物となり新たな喜びに変わってきます。町民は故郷に帰ることを願って、日々避難生活を送っていますが、企業体はすべて地域外に移り、従業員も同様に転出しています。こうした状況から、故郷に帰れる日が来たとしても、六十歳以上の人が80パーセント位で若い人は帰らない人が多く、限界集落となるような気がします。いずれ、私達初め福島県民はモルモットの扱いではないかと思う此の頃です。

そのなかにあって農業は、人々に癒し、喜び、和の心に変化する素晴らしい事と感じています。人間が生きて行く上での大切な食の生産の原点にあるからこそ、多くの人の心に響くものと感じました。故郷に帰れる日までこの事業が継続発展することを夢見て推進していきたいと思います。

（脱稿：２０１１年10月21日）

飯舘のトルコキキョウは人生そのもの

飯舘村比曽　佐藤　照子

3月11日。その日私は村役場に税の申告相談に行き、不足している用紙をもらうため、昼すぎ相馬市に行った。なぜか往復とも妙に胸さわぎがして、アクセルを踏みすぎ、ハッとしてブレーキをかける繰り返しだった。どうしてこんなにせっかちになるのか、自分でも不思議だなと思いながら村に入り、役場前にさしかかった時、突然とてつもなく大きく揺れた。まっすぐ走れないので路肩に車を止めまわりの様子を見ると、電柱はメトロノームのように、電線はブランコの状態だった。ここにいたら危ないなと車を出したら役場前の信号機が作動していない。大変な事になったと車を飛ばすと、息子は家の外にいて無事だった。牛舎の中にいた牛達が、ヒョーン！とかん高いびっくりした声で鳴きわめき、ジタバタした様子になっていた。言葉が言えたなら大変だ！大変だ！怖いよー。一頭一頭に大丈夫だよと目で合図をして家の中に入る。

居間、台所は想像どおり、食器はこわれ、仏壇の位牌も横倒れ、トースターはひし形になり、どこから片付けるかしばしぼう然となる。電気は停電、電話やケイタイ通話ならず。沢の引き水で米を研ぎ、ガス台でご飯を炊いた。オール電化にしなくてよかったと本気で思いながら、ろうそくの灯で夜食をとり、風呂なし、暖房なしの生活が続いた。

地震のすごさ、津波の被害、原発事故など事の重大さを知ったのは、やっと電気が復旧した3月13日午後5時すぎだった。TVを見て強く大きい危機感を感じた。飲み水、食料品、灯油、ガソリンもなく買い物に行けない。それでも通常通り牛の世話、農作業、播《は》種したトルコキキョウの育苗管理をする。強風の時は顔はヒリヒリ、のどはイガイガ。マスクをかけても不安はある。雨も降り、雪も降り、原発は水素爆発を起こし、私達村民は放射能を全身であび続けたのです。

やっと村が村民の避難第一陣を栃木県鹿沼市に送ったのは3月19日と3月20日。その時放射能の数値は毎時22・10マイクロシーベルトであった。

ほどなく生乳やホウレン草、コマツ菜の出荷停止が始まる。ようやく20リットルのガソリンチケットが配布になって、おそい彼岸の墓参りに行ったら、墓石が地面におっこちていた。墓地の石碑全体が倒壊したのである。

まとまりのない思考、ウロウロマゴマゴした動作で村民誰もが内陸部でありながら、放射能という得体の知れないオブラートの空気を呼吸していた。一刻も早く逃げなければならないと思いながら「畜産業どうする？　花は栽培できるの？」ウグイスの声もするがしみじみ聞く余裕もなく、牛を売る下準備が進む。削蹄、スクリーニング、JA関係の各種提出物の整理をしながら、定植した花の今後の無残な姿を想うと涙が出てくる。諦めたくない気持に苦悩し、生活基盤を失う不安におののき、両親や先祖が眠るふる里はどうなってしまうのか……。

無情にも可愛い、可愛い、生活を支えてくれたいとしき親牛と子牛を売る。本当は別れたくない気持ちを鬼にして手綱を放す時の牛の悲しい瞳を私は忘れない。飯舘村全作物不耕作を決定された以上、どんなに魂を込めて作付けたトルコキキョウの花でも、どこかのステージで諦める覚悟をしなければならない現実。

花づくりは私の人生そのもの。生きる目標を失う喪失感は、花卉部会の仲間以外共有する事はできないだろう。

避難生活も五ヶ月。人生に忍耐はつきものだと承知しながら、ふる里飯舘村への恋しい気持ちは富士山の高さを越えました。広大な牧草地で草をはむ牛達。ハウスの内で出荷の出番を待ち美しく咲き誇る色とりどりのトルコキキョウの花々。夢の中に出て来るこれらの情景は、今でも心のオアシスです。日本国にとって致命傷となっている原発事故、専門知識も浅く多くを語る事はできませんが、この事故で失ったものも多いけれど、これから先未知の世界を知るチャンスも多いはず。支えてくれている人達に感謝し、生かされている幸せをかみしめよう。

借りた畑に野菜を作り、単発的バイトをこなし、時には友と那須の茶臼山に登り、収穫まったただ中の稲穂を眺めて思う。誰をも責めず、何をも非難せず、でもしっかりすべてを理解し、強く生きて行こうと。そんな私に今はなりたいと思う私がここにいる。

飯舘村が、村民がこれから取り組む問題。それは『除染』。莫大な費用と膨大な時間と労力をかけて放射能汚染と戦わねばなりません。将来村にもどって作物を作り生活再建ができるのか、今現在は未知数です。子や孫の存在がなければ繁栄はないのです。暗中模索の避難生活がこれから先も続きます。折りしも時は初冬となり、原発難民は氷河時代へと突入して行くのです。

（脱稿：２０１１年10月27日）

我が家を支えてくれた牛と最後の別れ

飯舘村深谷

斉藤　次男

人生とは重荷を負うて遠く道を歩むが如く、決して平坦な道ばかりではなく上り坂や下り坂、時としては真逆の坂に遭遇する事もある。これは私が結婚式や歳の節目の祝い事などで挨拶する機会を得た時に使う言葉で、さらに席によっては私達夫婦は同じ村に生まれ育ち一九歳の同い歳で結婚し、専ら農業を天職と定め健康への不安など考えた事もなく、病気は他人事と云う思いで生活して来たが、妻が六四歳の時に乳癌で左乳房の全摘出手術を、そして後二年目に私が前立腺癌で全摘出手術をした。その時これまで夫婦共健康には自信を持って何の不安もなく生活して来た二人が、相次いで難病に侵されるのか？　どうして「まさか」これが真逆と謂うものなのだと身を持って知らされた。その思いを私ら夫婦の体験談として加える事もある。

その真逆があの時（3月11日）。私たち夫婦は村の保養施設である「やすらぎ」で地区の老人会の総会を終え、懇親会も和気藹藹の中進められて閉会の時間も来ていた。皆が帰り支度も整え、何人かが玄関まで足を運んだ時（午後2時46分）揺れが始まった。あちこちで「なんだべー」「ああおっかねー」と云う声が飛び交った。会員のほとんどが七十歳以上で八十歳の方もいたが、過去に経験した事のない強い揺れに驚きおののき怯えるばかりだった。強い揺れが長い時間に亘り、収まった時は皆顔を見合わせ、「おっがねがったな」と口々に言い、顔面蒼白な人、また腰を抜かさんばかりの人もいた。

それぞれが帰路に就く事となったが、私はその場の雰囲気を幾らかでも和らげようと和枝ちゃん（管理人）に、こんな「おっかねいどこ」もう二度と「こねがんなあ」と冗談を言って帰って来た。帰り道の側の家のまわりに五、六人集まって話しているので家を見たら、屋根瓦が落ちている状態だった。妻と二人で「あれ瓦落ちたんだなー」

と話しながら家に着き、二階の屋根を見ると棟瓦は全部落ちており、土蔵の壁も崩れ落ちて家の中は家財道具が散乱しておった。

夕方になり雨模様になったので棟瓦の崩れ落ちた屋根に上り確認したところ、雨漏りする状態だった。最低限の補修をすべく長靴で作業を始めたが、小雨が降って来たため滑ってとても危険で、長靴を脱ぎ捨て靴下だけで作業を進めた。凍り付く程に気温が下がっていたのでとても冷たかったが、その寒さが功を奏して濡れた靴下が屋根瓦に凍り付くような感じで危険を回避できた。ブルーシートと土嚢を使って補修を終える事ができた。そして夜を迎えたが、電気もなくガスも使えず電話も通じなかった。

その夜はことさら寒い夜になったが、練炭で暖を取りローソクで灯りをつけ、幸い水道水だけは大丈夫だったので練炭での炊飯となった。テレビも電話も駄目なため、他からの情報を得る事ができずカーラジオでの情報収集に頼った。そこで知ったのが、東北に地震に伴う大津波が押し寄せて甚大な被害をもたらしている事、そして一番心配になったのは宮城県名取市の専門学校に行っている孫娘の事であった。安否を確かめるべくお母さん（孫娘の母）の携帯電話に連絡を入れたところ、なかなか繋がらずようやく一言「大丈夫これから避難する」と言って切れてしまった後は、全然連絡が取れなかったからだ。

明けて3日12日、いくら心配でもお母さんは保育士の仕事の関係で日中は職場を離れる事ができず、夕方お母さんが末の孫娘とお母さんの兄さんを伴って名取市へ迎えに行き、無事真夜中に戻る事ができた。午後3時36分東京電力福島第一原子力発電所1号機が水素爆発し、建屋が大破したとの事で南相馬市方面から市民が避難場所を求めて続々と飯舘村に押し寄せ、村でもそれに対応すべく避難所を開設し受け入れた。私の家にも末の孫娘の原町高校の同級生一家四人が訪ねて来られ、何もない中で一夜を過ごす事となった。

13日に学校等公共施設に避難所が開設され、消防団が村災害対策本部と連携して活動を行い、村女性消防隊婦人会が避難所の炊き出しに当たった。村内の電気は復旧したが寒さはいつになく厳しく、受け入れた避難者の寒さを少しでも和らげるため村民が毛布や布団の提供を行い、私の家でもこれまで貯えておった布団、毛布、座布団を車で二台程提供した。

14日には午前11時1分頃3号機が水素爆発し、15日の朝6時10分頃2号機・4号機も爆発し6100人しか住民がいない飯舘村が1200人の避難者を受け入れる事となったが、危険を察した避難者の方々は次々と村を離れる事となった。

15日の午後6時、いちばん館前で放射線量が最大値毎時44・7マイクロシーベルトあったと後で知った。19、20日には栃木県鹿沼市の避難所へ村内外の509人が避難する事となった。家の孫三人もお母さんと福島の方へ避難した。電気が復旧してから妻は毎日テレビにかぶりつきでテレビに示される放射線量を記録しておった。

19日まで飯舘村の線量は20マイクロシーベルトを下る事はなく、25日までは10マイクロシーベルトを下る事はなかった。それでも毎日最高値の飯舘村でも直ちに健康に影響を及ぼす値ではないと示されていた。その後も放射線リスクアドバイザー等による講演会が催されたが、いずれも直ちに健康に影響するものではないとの事で村民は安堵した。私は原発事故前と変わらず毎日朝から夕方まで屋外で仕事を続けておった。これまでに津波とか放射能といった事はよその国の事としか思っていなかった。特に放射能に関しては全くの無知でヨウ素とかセシウム、シーベルトとかベクレルとかも初めて知る事となった。直ちに健康に影響がないという事は、いつかは影響があるというような事とは考えてもみなかった。

21日には村の水道水からも高濃度の放射性物質が検出され、簡易水道水、井戸水、沢水の飲用自粛を要請され全戸に飲用水ペットボトルが配られた。

4月1日には基準値を下まわった事で乳児を除く水道水の摂取制限は解除されたが、国際原子力機関（IAEA）が村内の土壌から高濃度の放射性物質を検出したと発表される等、村内全域が汚染されていることがわかり、村内での今年の農作物の作付は見送りと決定する。

4月11日に政府が村を計画的避難区域設定の方針を発表した事から、乳幼児妊産婦の福島方面への避難が開始された。村内六ヶ所では計画的避難に向けての説明会が行われ１８２１人が参加したが、怒号やら避難したらいつ村に戻れるのか、牛を置いて避難できるのか等質問が相次いだ。なかでもある女子高校生が、これから結婚をして子供を生む事ができるのかと、涙ながらに不安を訴えたのが痛々しかった。村幼稚園、小中学校が隣町の川俣の校舎を借りて授業を再開した。

４月22日には政府が村を計画的避難区域に指定すると発表、全村民村外への避難を余儀なくされた。国では一ヶ月を目途にということだが、仕事等の関係で村では避難計画書を作り、優先順位を①乳幼児と妊産婦のいる世帯、②一八歳以下の子供がいる世帯、③放射線量の値の高い行政区、④その他の世帯、と決め避難する事となった。この時村には約三千頭の牛がいた。私の家でも和牛の繁殖で親子で一六頭の牛がいた。酪農家14戸（３２６頭）は全頭処分を決めた。和牛繁殖農家の何人かは牛の避難を決めたが、私はこのたびの事故で先の見えない不安から全頭処分する事を決め、本宮市場での臨時競り市に６月11日、23日、28日上場させた。最後に上場させた牛には生まれて二十日ばかりの子が付いた親子牛もいた。

私は昭和61年から現在までの長きに亘る村選挙管理委員としての功績を認められ、春の叙勲において藍綬褒章受章の内示が３月初めにあり、６月28日は本来であれば私にとって最高の栄誉であり喜びとするところでした。このたびの原発事故で受章を辞退する事も考えましたが、明るい話題も必要と考え敢えてお受けする事とし、６月24日知事公館において褒章の伝達を受けて参りました。前日出発し、６月29日は皇居において天皇陛下に拝謁するべきところでしたが、前後して計画的避難に関わる問題が山積みされており、拝謁に臨む事を辞退致しました。前日の牛の最終競り市で、牛なんか誰かに頼んでも良いから皇居に行って来た方が良いと言う人もおりましたが、これまで我が家の生活基盤を支えて来てくれた牛の最後の別れを他の人に託す事はできませんでした。

牛の処分等の関わりから私ら夫婦の避難は７月に入ってからとなった。５月に避難した息子ら親子の避難先でも、子供の学校や仕事の関係で七人家族が五ヶ所で生活している地区の方もある。我が家でもこれまで築いて来た家族の絆をバラバラに裂かれる事が心配だったが、幸いにして三世代七人が住める住宅を確保する事ができた。

春に南相馬市の専門学校を終え南相馬市内の会社に就職が内定していた孫息子が、原発事故で内定取消しになったが、代わる職場に正社員として採用して頂き一緒に住んでいる。私も村の全村見守隊に参加しており、皆の声が聞けるのでとても心が癒される。避難場所も借上げ住宅からアパート、仮設住宅等県内全域で、村民は久方振りに会っても、「おはよう」「今日は」の挨拶はない。避難前は「どこさ行くの」でしたが、今は違う。「どこから来たの」「どこに行っているの」である。避難生活も先を考えると始まったばかりと捉えねばならないと思う。多くは早く村に戻りたいと訴えている。たまに村に戻り我が家に泊まって来る人もいるが、真暗い部屋で息を殺して隠れているという。私達は何か悪い事でもしたんだろうか。

このたびの原発事故に伴う放射能問題は日本全国民が相共有する問題であるはずなのに、東北、特に福島県は加害者扱いされている。避難者が東京の息子夫婦の住むマンションを訪ねたところ車のナンバーを見て敷地内入りを拒まれたとか、埼玉県でラーメン店に入ろうとすると駐車を拒否された例があった。

東京で小学六年生の男の子は公園で「ゲンパツと遊びたくない、お母さんに言われているから」と仲間はずれにされたという。過去の水俣病の例を見ると、事件発生以来魚や農産物が売れなくなり、いじめや差別が起き、水俣というだけで結婚も就職もできなくなった。地域住民は故郷に自信がもてなくなり、生まれ故郷を隠し、嫌い、そして憎むようになったという。五十年過ぎた昨年、スポーツの遠征先で水俣の中学生が「水俣病がうつる」と言われる事件があったという。今後福島県でも同じような事が起きるのではないかと心配している。

このたびの事故では多くの方々からの励ましやら御支援には本当に感謝しているが、他には福島を応援しているとか、頑張れと言いつつ、物や人を避けて被害者の気持ちが見えない人達にむなしさと憤りさえ感じる。これまで長きに亘り村民の英知と努力に依って日本で最も美しい村までに育てて来た飯舘村が、一瞬にして世界一汚れた村と化したわけである。これを現実としてしかと受け止め今後の問題に立ち向かわなければならないと思う。生活や除染の問題等立ちはだかる問題はたくさんあるが、日本には54基の原子炉がある。また世界にはたくさんの原子力発電所があり核を所有している国もある事から、「真逆」に備えて飯舘村を世界の実験台として、世界のあらゆる技術を投入して事故前の村の姿に一歩でも近づき、元の飯舘村の生活に戻れるように、そして哀しみには終わりがあることを願って。

飯舘村民憲章（昭和51年9月制定）
わたしたちは、美しく豊かな阿武隈の山なみと人情にはぐくまれ、限りなく躍進する飯舘村民です。
わたしたちは、この誇りと自覚をもって、わたしたちの子孫のために、楽しく働き　明るく　より豊かな　より住みよい　村づくりをめざし、この村民憲章を定めます。
1．よく話し合い　善意の輪をひろげましょう。
1．きまりを守り　伝統の美を築きましょう。
1．創意をこらし　協力の実を結びましょう。
1．環境を整え　健康の喜びを深めましょう。
1．教育を重んじ　若人の夢を育てましょう。

（脱稿：２０１１年10月13日）

原発避難・捜索・警戒区域

南相馬市小高区

山本　祐一

3月11日　午後2時46分、東日本大震災が発生する。この時私は福島県の浪江町（第一原発から11～12キロの地点）にあるゲームショップで友人と二人でショッピングを楽しんでいた。最初少し揺れだした時はいつも起きている地震だと思っていたが、揺れはなかなか止まず、今までに感じたことがないほど大きくなっていって、そのうち立っていることも難しいほどであった。天井の照明はいくらか落ち、商品が置かれていた棚はほとんど倒れた。幸い二人とも怪我はなかった。二～三分ぐらい続いていたが、十分くらいに思えた。

揺れが収まると一斉に皆で外に逃げ出し、人でごった返した。外へ出ていく途中も大きな余震が連続して続き、落ちてくる看板に当たって怪我する人もいた。外に出てみると、つい数分前見た景色とまるで変わっていた。無数の電信柱が倒れ、道路は盛り上がり、段差ができてひびが入り、屋根瓦が落ちている建物もたくさんあった。私たちはなるべく安全そうな道を通って帰ることにした。私の家は南相馬市の小高区にあり（第一原発から13～14キロ）、ゲームショップから歩いて通常一時間くらいであるが、二時間ぐらい歩いてようやく午後五時頃着いた。帰る途中同じ地区の近所の家がほとんど壊れていて、私の家は地区の中で一番古かったのだが、家に着くと瓦ひとつ落ちておらず無事であった。軽いものがいくつか落ちている程度であった。後に話を聞くと、私の家は地区の中で一番地盤がよかったから大丈夫であったそうだ。

私の家は六人家族で、地震当時家にいた母、祖父母は無傷で無事であった。祖父母は高齢で、茶の間にいることが多く、茶の間には大きな家具がたくさんあったのだが、倒れることもなく、無事な姿を確認して安心した。福島市に住む姉のほうは私が帰っている途中メールが来て無事が確認され、父も午後六時頃相馬市の仕事場から戻ってきて無事を確認した。山本家は地震当日に皆無事を確認することができた。

家に入って気づいたのだが、電気、ガス、水道がすべて使えなかった。まもなく電波もなくなり携帯電話も使えなかった。当然電気が使えなかったためにテレビを見ることができず、ラジオを聞くことにした。ラジオを聞き始めると大地震、津波のニュースが流れていた。何分か経過した時に、第一原発に津波が到達、1~3号機の全電源喪失というニュースが流れる。私は家に帰る前まで、もしかしたら原発が危ないのではないか?と心の奥では思っていたものの、このニュースが流れ始めて一気に不安に陥った。大きな余震、津波の報道、どれよりも原発の事が怖かった。さらに夜7時には菅首相が原子力緊急事態宣言という聞いたことのない不安を煽る宣言を出し、これが何回も繰り返し報道され不安が増していった。避難しようと試みるも祖父母、特に祖母が頑なに反対して避難することができなかった。

ここで私の祖父母について少し話しておきたいと思う。祖父母はともにもう少しで九十歳を迎える超高齢者であり、祖母は頭がしっかりしているが昨年左肩を骨折してしまってあまり動かせない、それに加えて足が少し不自由である。逆に祖父は足腰がしっかりしているものの、いわゆる高齢によるボケが進行しており、三十分前のことは忘れる。加えて約二十年前に前立腺の病気を患ってからトイレに頻繁に行くようになり(一時間に一回くらい)、病院など家とは環境が違う所ではさらに回数が多くなる。案の定祖父は地震の事を忘れ、何が起きているかわからず、トイレに何回も行っていた。祖母はそんな祖父を連れて自分たちが避難すると、息子と孫、避難しているひとたちに迷惑がかかる、また何十年も住んだ土地を離れたくないという思いから頑なに避難を拒否していた。「避難するくらいなら死んだほうがまし」とさえ言っていた。

結局その日は近くまで津波が来ている、大きな余震が続いていることから、夜8時ごろすぐ近くの家よりも少し高い山に車を置いて、そこで一晩を過ごすことにした。周りには近所の人達の車もあり、父はこれから先どうするかなどの話をしていた。私は車の中で祖父母とともにラジオを聞いていた。エコノミークラス症候群にならないようにみんなでたまに外に出て体を動かしたりもした。食事をとることも忘れていたこと、祖父母が家に帰ろうと何回も言うので家に戻ることにした。ろうそくを照明の代わりにし、食事は冷たいおにぎりを食べた。

ラジオを聞いていると、9時半ごろ第一原発から半径3キロ圏内の住民に避難指示、3～10キロ圏内に屋内退避指示が出た。ガソリンもなく、自分達の地域にも出されたらどこに行けばよいのだろうか。もう放射能を浴びているのか、浴びているとしたらどうすれば少しでも浴びる量を減らせるのか、体に影響が出てしまうのか、死んでしまうのか、そんなことを考えていたら眠ることができず、明るくなってからようやく寝ることができた。

3月12日　9時頃起きてニュースを聞き始めると、避難指示区域が10キロ圏内に広がっていた。外に出て近所の様子を見ると、驚いたことにほとんどどこの家も人がいない。いる人もほとんど避難する準備をしている。とうとう午後には近所で山本家だけになってしまった。ただ壊れている家ばかりで昼なのに物静か、今までに見たことのない不気味さが広がっていた。ニュースでは1号機が爆発しそうだと伝えていた。不安が一気に増していった。

ついに15時36分恐れていたことが起こった。1号機の水素爆発である。もう頭が真っ白になりとにかく少しでも遠くへ逃げたかった。父もやっと避難することを決意し祖父母にも準備させて無理やり車に乗せ、第一原発から14～15キロ離れた同じ区にある私の母校の中学校に避難することにした。私はタオル、三日分の下着類、毛布、携帯、お菓子などの最低限のものをバッグに詰めた。着いたのは午後7時くらいであったと思う。中学校の中は地区ごとに分けられ、そこでやっと近所の人と会えた。しかし何分か経つと子供たちと親がおじいちゃん、おばあちゃんを残して出て行った。

残った人たちの話に耳を傾けると、どうやら自分たちは長い間生きてきたからもういい、自分たちが一緒に避難すれば迷惑がかかるし、死ぬのなら生まれた土地がいい、それに孫や息子たちには将来があるのだからできるだけ遠くへ行かせたい、以上の理由から残ったのだという。結局私の住んでいた地区はその中学校で私一人が十代であった。父がすまなそうに「本当にいざという時はお前だけでもひとり遠くへ行かせる」と言ったことを覚えている。私は泣きそうだった。残ったお年寄りは死ぬ時はみんな一緒と口々に言っていた。私は本当に死んでしまうのかなって考えていた。

午後8時ごろ寝ようとしていたら突然校内放送が流れ、20キロ圏内にいる人は速やかに圏外に避難してくださいという内容だった。私たち家族は第一原発から24〜25キロ離れた中学校に避難することに決めた。ガソリンは残りわずか、避難したとしても次の放送が流れたら避難することができない。そんな不安も抱えながら次の中学校に向かった。避難する途中でガソリンがなくなり、歩いている家族が何人もいた。

いつもは20分あれば着くその中学校も、渋滞で一時間後にようやく到着した。校庭は車でいっぱいで車で過ごしている家族もいた。中に入ると一階も二階も人でごった返していた。奥のほうでようやくスペースを見つけ、そこに毛布、新聞紙をひいて泊まることにした。家族が津波で流された方、流されて着の身着のままで来た方、家も家族も無事だったがただただ原発避難で来た方などいろいろな人がいた。私はその日友人と会い、夜中までずっと話して気を紛らわしていた。

3月13日　この避難所は来た時から電気、水道が使えていたのが助かった。水素爆発など住民の不安を煽る情報の一方で、不安を解消してくれる情報は入って来ず、放射能が入っているかもしれないと水道水を飲み水に使うことを皆ためらっていた。トイレも人であふれかえり、お年寄りの多くの女性が男子トイレに入ってきた。また、原発の影響で運送業者が来るのをためらったりしたために物資もかなり不足していた。私はもう政府や他の地域の人達に見放されているような気がしてしょうがなかった。

物資不足を象徴する出来事が起きた。私はこの避難所に来た次の日から少しでも避難所の状態を改善しようとごみの処理や清掃などをやっていたのだが、14日の夜であっただろうか。「物資で毛布が来たのでそれを段ボールから開けて運ぶボランティアを募集します」という放送があった。私と友人はボランティアに向かったのだが、物凄い人数の大人が押し寄せてきた。「布団をくれる」と勘違いしたのであった。二度の放送の後、ほとんどの大人が帰って行った。結局残った人は数人、その中にも手伝えば先にもらえるだろうという考えの人がいて、もらえないとわかると帰ったり、市の職員、先生方に暴言を吐く人もいた。私は人間の奥底を見たような気がしてとても悲しくなった。

物資不足のために盗難も多く発生していた。なかでも携帯電話の充電器を盗まれる被害が多かった。山本家は三人が携帯を持っていたが、充電器を一つしか持ってきておらず、充電器に名前を書き、コンセントのそばにいるなどをして盗難を防いだ。食事の内容も日に日に悪化していき、最初はおにぎり一人一個、朝夕に配られていたが、だんだんそれが色の変わったものとなっていき、しまいには六人で一個という時もあった。近くのスーパーやコンビニに行っても食べ物を置いていない。しかしそんな時、一緒にこの避難所に来ていた隣家の方や、伝言板を見てかけつけてくれた親戚が食料を分けてくれた。この時つながりの大切さを改めて実感した。

3月14日　昼ごろ第一原発3号機で水素爆発、3月15日同4号機で水素爆発が起きる。ニュースでは爆発、爆発と繰り返すばかりで爆発後に与える影響、数値などは報道されない。マスコミは不安を煽るだけ。一日中なにもすることがなく、ただただ原発のニュースを聞く、聞いたところでだまってここにいるしかない。私は頭がいかれてしまって、「ここで死ぬのだなあ」などと考えていた。しかし、転機が来た。14日父が相馬市にある仕事場（第一原発から40キロくらい）に行けば、ガソリンをもらえる約束をもらった。私は反対した。家族を支える父が一人相馬市へ向かって事故にでも遭ったら、向かう途中でガソリンがなくなってしまったら、ガソリンをもらえなかったら、以上の理由から私は反対した。しかし父は大丈夫だと言って、次の日無事にガソリンをもらってきた。父が帰って来た時本当に安心した。

3月15日　14日の爆発によって第一原発の半径20〜30キロ圏内の住民に対して屋内退避の呼びかけが政府から出され、一時は外へ出ることができなくなったが、15日に解除された。その隙に父がガソリンを取りに行って戻ってきた。ガソリンを盗まれる危険性があったため、戻ると同時につながりの深い人たちに避難をこっそりと知らせた。家族全員すぐに準備をして、15日午前10時ごろ、三日間過ごした避難所を出発した。服に付いた放射性物質は洗えば落ちると聞いたので頭にはタオルを巻き、肌は出さないようにして車に乗った。

とりあえず姉の住んでいる福島市へ向かうことにした。途中何台もの自衛隊の車を見た。物資を運ぶトラックなどはあまりいない。戦争の中にいるような気がした。ニュースを聞いていると、昼ごろ政府が屋内退避指示を出したという。14日の屋内退避は呼びかけであったために あまり強制されなかったが、今度は指示であるため、もし避難所にあと一時間くらいいたら出ることができなかった。

南相馬市の避難所を出て一時間半、父が市役所に行けばどうにかなると言って福島市役所に行くことにした。福島市役所に着いて父がここに避難したいと職員に言うが、満杯で駄目だと断られる。しかし、急きょ今日から避難所になった高校が近くにあり、そこを薦められ、親切にも地図をプリントアウトしてくれた。午後3時ごろ高校に着くとまだ車はなく、山本家が一番早かった。体育館の中に入ってさっそく出口に近い所を確保した。祖父がトイレに行く回数が多く、周りに迷惑をかけないためだ。

ここに来て放射能の不安が少し消えた。しかしこの避難所は水道が通っていなかったのが最悪だった。体育館の近くにあるトイレは使わせてもらえず、校庭を歩いた反対側にあるトイレを使ってほしいと言われる。距離にして片道400メートルはあったと思われる。案の定環境が変わったせいもあって、祖父がトイレに行って戻ってきては数分と経たずにまた行こうとする。トイレの場所を毎回忘れるために、誰かが付いていかなければならない。父、母、私の三人で祖父に付き添う。

水が出ないのは本当につらかった。夜まで時間があったので水を探してくることにした。近くの自販機は水が売り切れ、もしくは壊れているかのどちらかで買うことができない。近所の人達に水の配給場所を聞くと、親切にも近くの神社で配っていると教えてくれた。行ってみると、テレビで見たような大行列ではなく、十名くらいであった。皆見知らぬ者同士であったが、そこにいた一人が周りと話し始めた。聞いていると皆近所の人達のようで、海側の地域からここに来たのは私一人だけであった。私も話しかけられ正直に南相馬市のひどいところ（原発に近い所）から避難していることと、ここまできた経緯を簡単に話した。

私は嫌がられると思っていたが実際はその逆で、この日初めて会ったのにもかかわらず、親身になって話を聞いて心配してくれた。水を入れる時に大きいペットボトルを分けてくれる人、帰る時に「こんなことしかできないから」と言って水をくれる人もいた。前の避難所にいた時は自分中心の人ばかり見ていたので、嬉しくて涙が出た。

避難所に戻ると続々と避難してきた人が入ってきて、それにしたがってボランティアの人も増えていた。ここに来て最初の食事は、なんと支援物資で来たコンビニのおにぎりが一人二個配られた。別に一日分という訳ではなく、夕食一回分だそうだ。久しぶりに腹いっぱい食えると思った反面、前に避難していた避難所では食物が不足していたので分けてあげたいという気持ち、避難所の間でこんなにも差があるのかという複雑な思いをしながらもありがたく頂くことにした。腹いっぱい食べることがこんなにも幸せだとは思わなかった。

食べた後、寝るまで暇だったのでこの避難所にいる人のリストを見つけると、全員が相馬市、南相馬市、浪江町、双葉町などの海側で第一原発周辺の地域であった。リストの中に中高校で一緒だった友達を見つけ、すぐさま再会。「まさかこんなところで再会するとは」と二人揃って同じ反応をしめす。ここまで来た経緯を聞くと、やはり原発事故が怖くてここまで避難してきたそうだ。そしてそのあとは地震談義。いっぱい話すとすっきりした。避難してから一番思ったことは、友人や家族がいるありがたさだ。

友達と喋り終わった後は寝床づくり。まず段ボールをもらって下に敷く。その上に支援物資で来た毛布を敷いてさらにその上に持参した毛布をひく。体育館は窓を閉めてもどうしても風が来るので、窓に段ボールを貼る。これでようやく完成。祖父がトイレに行く場合は先生が誘導してくれることになった。先生には申し訳ないが、これで安心して眠ることができるようになった。このようにしてここでの避難所生活が始まる。

3月16日　避難所生活は日に日に良くなっていった。まず、水道が16日午後に回復して体育館近くのトイレ水道が使えるようになる。次に食事面、ここに来た当初はパンやコンビニのおにぎりにミネラルウォーターのみだったが徐々に改善されていき、朝食にはパンの他にまんじゅう、ようかん、バナナなどが付き、飲み物には野菜ジュースが出るようになった。昼、夜もコンビニのおにぎりからご飯にかわり、漬物、味噌汁が付くようになった。この避難所に来て二日後くらいに初めて味噌汁が出た時には、自然と拍手が起こった。皆地震が起きて以来温かい物を食べることができなかったからである。私自身とても嬉しくて何度もおかわりをしに行った。3月下旬から自衛隊の方が炊事をしてくれて、物資が来たこともあって、バランスよくおいしい食事をとることができた。配膳スペースにはインスタントのコーヒーや紅茶が置いてあって、いつでも飲むことができた。

次に生活面。物資が続々と届いて、下着、夏服、冬服、タオル、衛生用品（歯磨き、消毒関係など）がたくさん来た。福島には温泉街があって水は出ないが温泉は湧き出ているので、被災者は無料でお風呂に入らせてくれた。ほかには、避難所に毎日のように医者の方が診察に来てくれたり、メガネ屋さんが来てメガネを無償提供してくれたり、整体の方が来てマッサージをしてくれたり、ヘアカットのサービス、シャンプーのサービスもあった。本当にありがたかった。避難している人たちが運動不足に陥らないように、午後は体育館を開放し体を動かせる、福祉センターの方が毎日訪れてお年寄りのためにその場でできる運動を指導してくれた。ほかにも、大道芸の方、歌手の方が励ましに来てくれた。

避難所生活では自分の家とは違うためにつらいことばかりで苦痛だと想像されると思うが、長所もあると私は思う。一番の短所は家族の中でプライベートな時間がないことだ。自分たちのいる場所のすぐ近くには仕切りもなく別の家族がいる。大声で話すことも、家族間でしか話せないことももちろん言えない。歯磨きする、トイレに行く、なにをするにも誰かしらいる。また避難所のルールを守らなければならない、自己中心は許されないということである。例えば、朝昼夕の食事で呼ばれる前にもらいに行ったり、4月ごろからは避難者自身で掃除を行うことになったが用事もないのにさぼったりするなどはご法度である。さらにいろんな家族、いろんな考えをもった人がいて、一番は放射能についての考えの違いである。福島市は第一原発から60キロも離れているにもかかわらず、放射線量の数値が高い。ここに避難してきた当初は過敏な人が多く、私の母が外で洗濯物を干そうとしていたら、「そこで干したものを中に入れないでね!!」と怒られたことがある。避難者同士で問題を起こすとすぐに広まってしまう。このようなことが他の家族間でも起き、避難者全員、洗濯物を室内や車の中に干すようになる。

長所は逆にプライバシーがないことで他の家族と接する機会が多くなり、いろんな家族と仲良くなれるということである。ルールさえ守っていけばいろんな人と仲良くなれる。仲良くなれば自然と助け合いの精神が生まれる。例えば山本家が外へ出る時に、隣にいる人が大事なプリントなどを預ってくれたり、話し相手になってくれたり、また、大道芸の人達が来てくれた時はみんなで観客になって観たり、運動もみんなで行う、大きな余震の時はみんなで怯えてみんなで励ましあう。プライバシーはなかったものの、仲良くなることで、避難所全体が一つの学校のようになり、私はこの避難所にいた時は非常に楽しかった。以上が長所である。

3月20日過ぎ　このころ、山本家に不幸が続く。それまで行方不明だった母親の姉、妹の遺体が確認される。妹の家族に至っては全員の死亡が確認された。理由は津波によるものであった。母方の祖母は津波にのまれ奇跡的に生還したが、被ばくして除染された。わずかな望みをかけて生きていると信じていたが、いきなりたくさんの姉妹や親戚を失ってしまい、母はかなりのショックを受けていた。私もショックを受けた。

このことを知って数日後、遺体安置所に行った。床にブルーシートが敷かれていてその上に棺があり、その中に亡くなった方がいる。棺は顔のみを見ることができるようになっていた。棺の上には亡くなった日付、見つかった場所などが記されていていた。中を見ると顔に傷はあったものの、はっきりと誰であるか確認することができた。母は原発を憎んでいた。もし原発の事故さえなければ探しに行くことができたからである。原発さえなかったら救えた命がたくさんある。私も本当に悔しくて泣き崩れた。安置所の壁を見ると情報がない方（顔や所持品から断定できない方）の写真が貼られていた。写真を見ても、顔が腫れ過ぎたり片方の目がなかったり、髪の毛がなかったりして男性か女性かわからないような写真がたくさんあった。失礼だと思うが気持ち悪くていられなかった。マスコミが安置所めぐりはつらいと軽く報道しているが、実際は想像以上にとてつもなくつらい。

また、20日ごろ一緒に避難していた祖父母の健康状態が悪化し、避難所にこのままいることが困難だと思われた。神奈川の親戚に少しの間面倒を見てもらうことになったが、私は複雑であった。そのときテレビでは避難中に命を落とす高齢者の事を多く報道している。また、避難させたとしてもいつ戻って来ることができるか分からない。これが最期の別れになるかもしれない。別れの時はつらかった。

4月過ぎ　最初は三百人を超えていた避難者も百五十人、約半分に減っていた。遠くから迎えが来る人、爆発という不安を煽る情報がなくなり地元に戻る人が増えた。避難所も先生方が管理するよりは、他の県の方が来て管理するようになった。先生方は本来の仕事に戻るようになった。

4月4日 午後、相双地区の南相馬市担当の方が来て、4月10日にはこの避難所から出ることを伝えられた。次の避難先については6日に詳しく説明に来るとのことであった。当然住民から質問が山のように飛び出す。次の避難所は他県なのか？ この付近の学校に通い始めた子供たちはどうすればいいのか？ 次の避難先にはバスを出してくれるのか？ 特に小さい子供がいる家庭から質問がいっぱい出た。どこに飛ばされるか分からない不安から、6日の前に自分たちで避難所を探して退去する家族が急増した。

4月6日 朝早く市の担当の方が来た。家族の代表者が呼ばれ次の避難先の場所と住所が記された紙を渡される。私たちは同じ福島市にあるホテルに避難することになった。父は4月に入ってから南相馬市の北にある相馬市の仕事場に通勤し、この日がちょうど休みだった。本当は10日までいられたが、移動できる日はこの日しかなかったために急きょ避難することに。そば屋の方が来てくれて、みんなでそばを作ってお別れ会をした。そして午後から南相馬市民の大移動が始まる。山本家が次に避難するホテルは高校から約三十分で着く。しかしホテルに着くと大量の荷物を下さなければならない。結局半日かかってしまい、部屋で休もうとした時には暗くなっていた。

ホテルでは各家庭に一部屋与えられプライバシーがあったが、ロビーに知っている人がいなければ誰とも話す機会がない。この避難所の生活は静かでさみしい。部屋にはテレビがあり、お風呂は大浴場、ネットはつないであるし、食事も高校にいた時よりもバランス良く数倍良い。しかしとにかくさみしい。避難所の時は子供たちに遊ばれたりボランティアの人と話したりバスケをしたり、お年寄りの方と一緒に運動したり、掃除当番でグループの人と掃除したり、何かと不便ではあったものの毎日がとても充実して生きがいを感じた。このホテルでは何もすることがない。ただただ生きているだけであった。寝る時も、ホテルに来る以前は赤ちゃんの泣く声、それをしかる声がして眠れない時もあったがみんなが一緒にいる安心感があった。ホテルでは家族のみで静かすぎて、地震当初の夜を思い出してしまい、眠ることができなかった。

ホテルに避難した次の日、父は朝6時ごろに相馬市の仕事場に行く。ここから仕事場はいつもなら片道一時間半で着くが、父のように避難先から出勤する人が多いために、福島市から相馬市へ行く途中の山道が渋滞になり二時間もかかってしまう。そのためホテルの朝食を食べずに朝早く出勤する。朝食は六時半であるために食べることができない。父は日曜と水曜が休みで、休みの時だけ避難所に戻って来る。父がいない間、母と三人で生活する。

母は3月下旬にかけての訃報、行方不明でまだ見つからない遺品、遺体、情報探しで毎日ことあるごとに泣き、頭がおかしくなっていた。助けようにも「私の痛みなんて誰にも分からない」と言い相手にしてもらえなかった。ずっと見守るしかなかった。これがこの先ずっと続く。

4月7日　やっとホテル暮らしに慣れてきたと思った夜、緊急地震速報が鳴り、震度5強の地震が起こる。急いで下のロビーに行く。ロビーには同じように下に降りてきた人たちがたくさんいた。それもそのはず、地震前はみんな一階建てか二階建てに住み、高い所に住むことに慣れていない。このホテルは七階建てで私たちの部屋は五階。そして母親と再会。母親は風呂に入っていたため、風呂に入るのがしばらくトラウマになる。この余震で3・11を思い出す。そして二人とも緊急地震速報が怖くなる。避難所にいた頃は緊急地震速報が鳴ることは少なかった。この日は二人でロビーに寝ることにした。

4月11日　夜に緊急地震速報が鳴って震度6弱の余震。そのあとも震度3くらいの余震が続く。この頃には緊急地震速報がトラウマになっていた。鳴るたびにぞっとする。どんなホラー映画よりも怖い。大きな余震が起こるといろんな心配をしなくてはならない。まず父の働いている仕事場。父が無事であるか確認する。余震が夜遅くに起こって父が電話に出ない時はいっそう不安になる。次に家の心配。前述のように家は地区で一番古いので壊れていないか心配である。最後に原発の心配をする。おもな心配がこれで、他に親戚や友人を心配する。ホテルのある福島市の震度が小さく、父の仕事場がある相馬市の震度が大きいこともあり、地震が起きるたびに心配が絶えなかった。

4月12日　福島市で震度5の余震、13日にも震度5の余震。もう書いていったらきりがない。

4月22日　自分の住んでいた家が警戒区域になった。警戒区域とは第一原発から半径20キロ圏内への立ち入りを禁止し、守らなかった場合、罰金をとられ、圏内で事故を起こしても政府は一切無関係という内容である。私は自分の家に帰ると罰金をとられることよりも、20キロという同心円上で決められたことに反対だった。私たちの住む地域では実際福島市よりも放射線量の数値が低かったからである。私はこの時には大学の準備のために宮城県に行っていた。親には生活用品や夏服など最低限のものを持ってきてもらった。また、この頃に一時帰宅の話が出ていた。私は家に戻りたくてしようがなかった。特に理由はなく、ただ単に南相馬市小高区（旧小高町）に戻りたかった。この目で小高町を見たかったのである。

一時帰宅の話を聞いた瞬間、家族に絶対行きたいと言っていた。最初は父と母で行く予定だったが、私と母で行くことに。5月10日に初の一時帰宅が始まったのに、なかなか一時帰宅をする日の連絡が来なかった。6月に入っても連絡が来ない。一時帰宅は原発から遠い順に始まる、にもかかわらず連絡が来ない。近所の家が一時帰宅に行ってきたという話を父から聞く。私は山本家のことを見落としているのではないかと思った。ようやく一時帰宅する日が6月28日に決定する。とりあえず一安心。二順目の一時帰宅がいつになるのか分からないが、あったとしたらまた参加したい。自分の家に帰ることができるなら、この目で小高区を見ることができるなら何度でも戻りたい。

山本家は9月現在、父、母、祖父母の四人が南相馬市の北、鹿島区にある仮設住宅に移動し、未だに避難生活という不自由な生活を送っている。四ヵ所にも及ぶ（父、母、祖父母は五ヵ所）避難生活の中で思ったことは、当たり前の生活が最高の幸せということと、人は自分以外の人によって生かされている命があるということ、自分以外の人とのつながりの大切さである。避難生活の中で世話になったすべての方に感謝の気持ちでいっぱいである。この気持ちを忘れない、苦しんでいる人がいたら助けたいという気持ちがあってこれを書いている。9月現在、私はボランティア団体に所属して活動している。このような活動によって多くの人が少しでも地震前の生活、それ以上の生活を送ることができる日が一秒でも早く実現してほしいと思う。

（脱稿：２０１１年9月11日）

真実は避難者には知らされない

南相馬市原町区

池田　弘一

3月11日　この日は原町第一中学校の卒業式の日で国見町行政区長として式に招待されていたので、9時から11時過ぎまで出席し、肌寒い中帰宅し妻と昼食をとった。午後は休みを取り、今日の送辞も答辞もなかなか良かったなどと思いながらテレビ画面を眺め寛いでいた。すると午後2時46分三陸沖で巨大地震（M9）が発生し、家が大きく揺れたので庭に飛び出し、私はヤマボウシの木につかまり、妻は金木犀の木の下で「恐い、恐い」と叫んでいた。やっとの思いで揺れが静まるのを待ったが、恐怖も手伝ってか時間がとても長く感じられた。家に入ってみると、ガラス食器の大半が壊れ、仏壇が傾き、神棚が落ち、書斎の本も半分ほど床に落下していた。二階の部屋もいろいろな物が落ち、手の付けようのない状態になっていた。妻は片付けに入ったが、私は少し手伝ったがすぐにガソリンスタンドに車を走らせた。私が到着した時はすでに四台の車が給油の順番待ちをしていた。この時の給油がその後のすべての行動に大きな影響を与えた。

3時30分頃、孫を原町第三小学校に迎えにいった。長女は、6号国道が鹿島区で一部津波をかぶっているので山側の通称「36線」を通って帰宅した。その際原町区から通う二人の生徒を同乗させてきたので送り届けに時間がかかり、8時頃自宅に着いた。私は避難所としての原町第一中学校の様子を見に行ったが、暗い中校庭に入ってくる避難の車の駐車体制ができていなかったので、7時から9時までの二時間ボランティアのつもりで各車に進行方向を示した。防寒着を着ていたが実に寒かったことを記憶している。

家族全員が揃ったのは9時30分頃だったが、何度も揺れるので、原町第三小学校の体育館に毛布等を持って家族四人で避難した。すでに体育館には津波で家を流された原町区萱浜地区の人々が約三十名避難しており、前ステージの近くに輪を作って話し合いをしていた。地震の揺れだけで避難してきた人たちは、その人たちに話しかけるのも気の毒に思い、半分に分かれた状態で場所を占めていた。余震が多く眠れないままほぼ全員が一夜を明かした。体育館にはテレビがあるものの、原発事故についての情報はいっさい入ってこなかった。あとで分かったが、午後9時23分には第一原発の半径3キロ以内の住民には避難指示が、そして半径10キロ以内の住民には屋内退避の指示が出されていた。床屋の主人はいつも通り二匹の犬を連れのんびりと散歩しており、前日と変わらぬのどかな夕方の風景が広げられており、「放射能」とはまったく関係ないという雰囲気が町内を漂っていた。大地震にもかかわらず、周りの各家庭で水と電気は十分に確保されていたので危機感はなかった。

3月12日　朝の6時30分頃帰宅しようと体育館を出たが、その時にはすでに萱浜地区の各家の代表者たる人たちは家が流された場所に向かっていてもういなかった。午前中は片付けをして昼食を済ませたが、余震の回数が多く怖くて再び原町第三小学校の体育館に避難した。情報を得る方法はテレビしかなかったので時々眺めていたが、午後5時のニュースで福島第一原子力発電所の1号機建屋内付近から白煙が昇る映像を伝えていた。このニュースを真剣に見入り、大変なことになるかもしれないと話を交わし緊張していた人は、五十人程いる中で私を含め三人しかいなかった。後で知るのだが、1号機の爆発は水素爆発であり、3時36分にはすでに発生していた。テレビのニュースで知った時には、一時間四十分後で、この日は南風だったので放射能の含まれた風は頭上をすでに過ぎ去っていた。体育館の中にはなんの不安も起こっていなかった。南相馬市の市民は原発からはかなり遠く、原発事故に関する避難訓練は一度もなかったので、意識の中では、「放射能の発生と恐ろしさ」についての観念が薄かったのではないかと思われる。これも後で判明することなのだが、原発から25キロメートル（自宅からの位置）というのは放射能に関しては科学的に見れば非常に短い距離なのである（7月9日に自宅の玄関前を測定したが、0・8マイクロシーベルトあった。住める環境ではない）。

午後5時30分に帰宅し避難の準備を始める。私も放射能に関する知識はあまりなかったが、孫への影響を避け、自分たちの安全を一応確保する意味で行動を起こすことにした。6時に毛布三枚・防寒着・バッグ四つ等を車に積み、福島市近郊の温泉を目指し出発した。二日もすれば帰れるだろうという旅行気分で家を後にし、西に向かったが、本当のことを知らされていないというのは実に恐ろしいことである。原発事故の発生時におけるテレビの役割とは何なのかと、この後何度も自問することとなった。

八木沢峠を越えた辺りでは走る車も少なく平常となんの変わりもなかったが、飯舘村の中頃に来たとき、バックミラーを見ると長蛇の灯の列が目に入った。長い長い行列の先の先頭をきる形でSカーブを曲がり川俣町に下っていった。この時刻は原発から半径20キロメートル以内に新たに避難指示が出された頃（午後6時30分）で、なにかしらの変化は察知したが、なにも知らないで運転を続けていたのである。

町中に入ると車は大渋滞・大混乱で前に進めない状態であり、車の流れを指示する赤色灯の棒があちこちに揺れていた。バイパスを避け、裏道をぬけようと進んで行ったが、町の中央に近づくにつれてこれは本当の「パニック」と気が付き、避難所について誘導員に質問した。体育館は地震で天井が落ちたので使えず、左側に連結して建っている柔剣道場に案内された。ほぼ満杯の状態で三家族分ぐらいのスペースしか空いていなかった。入口に近く壁際のあたりで、家族四人で寝るには狭すぎた。とりあえず荷物を置き安堵の胸を撫で下ろした。

同宿し共同で避難生活を始めることになったが、七割強の人々が浪江町と双葉町から居住地区ごとに固まってバスで避難してきた人たちであった。着のみ着のままで急いで避難して持ち物はあまりなかったようである。残りの家族はそれぞれの理由で避難の流れに乗って辿り着いたという様子であった。多い時では全員で二百人程いたと思う。まず長机二個分の本部席とごみ箱四個が中央に設置された。避難者の自宅の住所と家族の名前の調査があり、町役場により避難者の確認がなされた。生活の世話をするボランティアを募ると、一五名の人が自主的に挙手し即決定された。ボランティアは全員紫色の背番号入りの運動用ゼッケンを付け、諸連絡や朝夕の配食にあたった。夕食はおにぎり一個と漬物少々であったと思う。夕食後に各家族の代表者から思いが集められ、川俣町職員より宿泊所の利用について簡単な説明があった。その中で、愛犬への思いを訴えて宿泊所内への持ち込みを懇願する中年の女性が出てきたが、職員は厳しい口調で拒否を言い渡し、寒い中であるが外に置くように指示した。居合わせた他の人々も皆そのことはやむを得ないことだと同意した。午後9時が就寝時間だったが、まもなく一枚の毛布をぬけて床から冷たさが伝わり寝入ることはできなかった。

夜中になると周囲の大きな窓ガラスからも容赦なく寒さが襲ってきた。一晩中体育館用の大きな石油ストーブが二個焚かれ暖かさはある程度確保されたが、ストーブから離れると寒かった。ちなみにこの大型石油ストーブ二個と灯油は、川俣町内のガソリンスタンドの好意により無料で設置されたもので、非常にありがたかった。疲れている人が多く、食べたら寝るという状態であった。

3月13日　午前9時頃から個室で一人の医師による医療関係の面接が行われた。治療が生じたり、毎日飲んでいる薬がなく手に入れる必要がある希望者を対象に行われた。署名と印のある医師のメモを川俣町立病院に持って行ったが、人が多く小児科に回され、そこで処方箋を出してもらうことになった。川俣町は、この時点では災害を受けていなかったので待合室は落ち着いており、短い間ではあったが普通の生活感覚を味わい心がとても和んだ。石井薬局に行き、薬を出してもらったが代金を払わなくてもよいとのことだった。身分証明を持ち合わせていない人にも薬を出していた。店内には、大袋の乾燥野菜チップスが売られていたので、栄養バランスのため購入した。

向かいの店が衣料店だったので、七千円の毛布を一枚求めた。今回の災害や避難所の様子を考えると予想できないことだが、意外と町は平静で日常の時間が淡々と過ぎるようであった。ラーメン店の開店時間に運よく当たり、早々入店し家族四人で楽しむこととなった。避難所では一食におにぎり一個であることを考えればすごいご馳走であった。このおにぎりは体育館の周りの地域の人たちの炊き出しによって作られたもので、労力からいって毎食二百個以上作るのは本当に大変だったと思う。周りの家族の食事の観察から町内の弁当屋が開店営業していることが分かった。お菓子屋が開店しておりパンを少し求めたが、町全体には余裕のようなものがあった。

避難所内ではさまざまな家族模様があった。車を所持しているかと、知恵の働かせ方で、各家族間で食糧の調達に大きな差が生じた。目には見えなかったが、避難する時どれだけお金を持ってこれたのかも大きく影響しているように思える。知り合いだった保健体育の高校教員は、避難所に着いても入所できる余裕がなく、寒い中家族全員で車の中で一夜を過ごした。このような家族は何軒かあったと聞いた。また原発から10キロ以内に自宅があり、津波で全家屋流された四人家族（若夫婦と子供二人）が隣にいた。被害から一切頭を切り替え、今までの生活、そして今の被災家屋のことは忘れ全くゼロからの人生をスタートさせると言って、埼玉県の知り合いのところに翌日出発した。ものすごい決断に出会ったと思った。また隣では、家族でワインを飲んでいる人たちもいた。場所に似つかわしくないので、周りの人たちは横目で睨んでいた。後で分かったことだが、その家族は浪江町で酒屋を経営していて、避難の際に値段の高いワインだけを選んで車に積んできたとのことだった。床が冷えてなかなか眠れないから、当たり前のことだったのだろう。東京電力の下請け会社で働いている若者もいた。たまたま休暇の時に避難になったようである。原発事故の現場で働いている同僚と携帯電話で話し、事故並びに対策の進捗状況についてしきりに情報を得ていた。彼の話によると、テレビで報じられている情報は真実の二割程度で残りは隠ぺいされて表に出ないとのことだった。この時より、マスコミに対して不信感を抱くようになった。原発事故の現場で兄が働いているもう一人別の若者も同じようなことを言っていた。

子供たちは彼らなりに楽しく充実した時間を許される範囲で求めていた。八歳くらいの男の子がトランプを持ってきたので子供たちがだんだん集まり、初対面でありながらゲームを始めようとしていた。孫も参加し、セブンリッジをやりたいと言ったが、他の子供たちはやり方が分からないようでババ抜きになった。避難する時トランプを大事に持って来るなどやはり子供の考えることで、子供は大人と違った世界に住んでいることが頷けた。そして子供たちが喜んだのは若い女性漫画家（ペンネーム水無月）が美しい絵を描いてくれたことであった。漫画を描く道具一式を持って避難していたので、一枚一枚綺麗に彩色されたものができ上がり、お姫さまの絵がとても素晴らしかった。周りに集まった子供たちは、一枚ずつもらい大喜びであった。予想されていたことだが、夜寝静まった後赤ん坊の泣き声が何度も聞こえた。迷惑だという気もしたがその母親の気持ちを思うと、子育ての一場面とはいえ大変なことなのだと考えさせられた。

この日は原発2号機・3号機は冷却機能を喪失してしまったのでヴェントが行われ、夜になって関東地方で計画停電を始めるニュースが入ってきた。

3月14日　原発事故や地震災害についての情報を得る方法は、体育館の廊下に設置されたテレビだけであり、放射能の拡散についてのニュースはなく、ただ外出しない方がよいぐらいの雰囲気だった。それでも新しい情報と食糧を求めて町中へ出かけることにした。まずガソリンスタンド「川俣石油」に給油に行ったが、10時21分現在で一般車の給油はできず今後の見通しは不明だと言われた。そして避難対策本部に行って川俣町から南相馬市原町区への交通情報を尋ねたが、原町区には車が入れないだろうとの話であった。警察署に行って尋ねてもほぼ同様の曖昧な答えだった。その後、細かい日用雑貨を求めにカインズホームに向かい、妻はある程度のものをまとめて購入した。帰り際入口脇の野菜・果物店が目に入ったので見ていると、七十代の老人が大きな一箱分のサツマイモをまとめ買いしているところであった。私も触発されグレープフルーツ二個とりんご十個を購入した。日を追うにつれ食糧入手が困難になっていく後日の状況を振り返ると、良い判断であったと思う。でもこの時点では分からなかったが、この時刻に原発3号機で水素爆発が起こっていたのである。

午後1時頃、一台の大型トラックが支援物資（食糧）を運んできた。「赤いきつね」と「緑のたぬき」で、体育館の広い廊下が川俣地区の中心貯蔵庫の役割を果たしていた。自主的に三十人程が労力を提供し、流れ作業の形で赤い列と緑の列を別々に作り、一山一五個ということで奥の方から積み上げていった。労力がいくらあっても烏合の衆であってはどうしようもないので、少しずつ声を掛け搬入体制ができ上がるようにした。参加した人たちは自分の仕事が驚くほどうまくいったのでとても満足していた。差し出がましいと思ったが、全体のリーダー的な声掛けをしてよかったと思う。ボランティアの役員の方から今後のためと言われ名前を聞かれた。

午後3時頃、浪江町から来た若者と一緒に銭湯に出かけた。特別料金は五百円で、長蛇の列ができており、5時を過ぎてもまだ百人程冷たい西風の中並んでいた。後にたくさんの人が並んでいたので入浴時間は二十分ぐらいにしようなどと周りの人と声を掛けあって早めにあがった。午後5時15分だった。体は一応清潔になったが、被った放射能を初めて洗い流したことになる。

午後6時前、双葉町の老人介護施設から小型バスで一五名程が介護担当者四名とともに避難してきた。体育館脇の一室が避難場所として用意されたが入れきれず、狭い廊下に三人が布団に包まり寝ていた。豚汁を作るための大きなコンロ・鍋、そして食材の差し入れがあり、避難者の中から十数人の主婦が作った。そのおいしさは筆舌に尽くしがたく、紙コップ一杯の豚汁にみんな「おお！」などと声をあげ、にこにこしていた。

午後8時頃、甲状腺ガンを予防するため娘と孫はヨウ素の薬剤を配布されて飲んだ。避難所には恐怖感と少々安心感が入り混じった雰囲気が漂っていた。高齢者たちは関係ないのかなどと距離を取って眺めていた。髭を剃る余裕などなかったので大半の男性は伸ばし放題であった。それで髭剃（一パック5本×20個）を買い求め、本部に持っていき配ってくれるように依頼した。

3月15日　朝起きると、介護関係の指導者だと思うが、前に立ち全員でその場で簡単なストレッチ体操をするようになった。十分ぐらいの運動であったがさわやかな気分になった。朝食はおにぎり一個に菓子パンも加えられるようになり、少し余裕ができた。体育館廊下には自動販売機やカロリーメイト販売機があり、なくなると翌朝補給されたので、飲み水の確保は十分であり、食べ飲むことにあまり危機感はなかった。

柔剣道場の半分には最初から柔道用の畳が敷かれていたが、残り半分は床のままだった。だから夜はとても寒かった。古い柔道用の畳が倉庫にあることが本部席に伝えられ、カビ臭い不衛生な感じの畳を我慢しながら敷くことになった。この作業の中で通路を新しく設定し、各家族の居場所を分け合って決定した。この頃になると避難所から出る家族があり、新しく入る家族ありという状態だった。

11時30分、放射能検査（スクリーニング）を受ける。その数値は被検者には知らされることはなかったが、私は無理にも斜めから覗いてみた。線量計はお腹側が１０８（イチ・ゼロ・ハチ）、背中側が１１８（イチ・イチ・ハチ）を表示していた。単位の設定や数字に対する小数点の位取りなどが不明なので意味することはわからない。測定したのは福島県の職員なので、落ち着いたら確認しようと思う。

午後5時15分、川俣町の職員から再度避難所での生活について連絡指示があった。①畳二枚を三名で使用すること、②タバコは所定の位置で吸うこと、③トイレ・洗面所を清潔に使用し、水を大切にすること、④みんなで楽しく暮らせるように努力すること等の話があった。

この時点で、不眠や疲労により体力も思考もかなり落ちていることに気づいた。避難者全員が同時に少しずつ低下していくのだから状況を当たり前と受け止めるのは無理のないことである。後から気づいたが少しずつ無気力になっていく過程は非常に怖いものだ。そのような中、仙台市泉区に住む義理の妹より仙台市に再避難しないかという話が持ち上がった。翌日を待たず、即刻夜中移動するような勧めもあった。時が過ぎてみればそうすべきだったと悔やまれる。家族会議を開き翌朝出発することを決めたが、このとき今回の原発事故の中で一番濃い放射能が避難所の柔剣道場を包んでいたのであった。私そして家族の人生における重大な局面であったのだ。放射能は目に見えないものである。テレビのニュースの範囲ではこのことは知り得なかった。いつも真実は、聞いてもほとんど意味がないくらいの時期になって判明した。

この日は朝方（6時過ぎ）に、4号機で大爆発が起こり原子炉建屋を損傷させ、2号機は格納容器付近で爆発を起こしている。その爆発による放射能は南東の風に乗って浪江町赤宇木を通り、飯舘村・川俣町を貫き、伊達市（霊山地区）に達していたのである。避難者はそのようなことはなにも知らず、降る雪に濡れないようにという注意と窓を開けないようにという指示を素直に聞いただけだった。

3月16日　朝食を済ませた後、避難所本部へ移動先が仙台市泉区泉中央であることを伝えた。雪降る中出発の準備をした。荷物は乗用車一台には積めないほどの量になっていたので、一部捨てなければならなかった。午前9時に川俣町体育館を出発した。多少の解放感と不安の中、福島市経由で国道4号を仙台市に向かった。岩沼市までは車の往来は非常に少なく、時々車に合う程度で薄気味悪かった。仙台市に近づくにつれ車が混んできて、仙台のバイパスを北上し35号線との交差点で左折し、泉中央へ向かった。電気屋で待ち合わせをし、義理の妹と合流し仙台市泉区泉中央のアパートに辿り着いた。所要時間は三時間ちょうどで正午だった。荷物をアパートに運び終えると不思議な安堵感のようなものが襲ってきた。すでに避難してきた親戚がたくさんおり、アパート二軒分のスペースに全員で一七人暮らすこととなった。そこで四人の新たな避難生活が始まった。多少狭くてもそこはもう「家」なので、徐々に普通の生活の感覚が家族に戻ってきた。無理をしても受け入れてくれた義理の妹の家族に感謝の心でいっぱいである。

おわりに

放射能は平常時には当たり前と思っていたすべてを壊し、すべてを奪い去っていった。娘は勤務の関係で相馬市に別居することになり、孫娘と親子の生活ができなくなった。私は避難のため行政区長をやめざるを得なかったし、卓球クラブの仲間三十人とも会えなくなった。南相馬市に残っている義父母と避難するしないで一時間柄が悪くなり、衣食住の基盤づくりを一からやり直さなければならなかった。避難生活のストレスから視力も聴力も急速に低下していった。孫娘が通う学校はなくなり、友達にも会えなくなった（現在は開校）。その他さまざまの不条理が生活を巡り、思考を混乱させている。7月23日夜9時からＮＨＫスペシャル番組「飯舘村・悲劇の百日」の中で中年の女性が涙ながらに「今まで何も悪いことをしないで真面目に生きてきたのにどうしてこんな目に会うのか」と悔しい思いをのべていた。社会や学問や科学技術は、まさにこのような思いを基底に据えて構築していく必要があると痛切に感じた。

（脱稿：２０１１年８月18日）

脱・ニート　南相馬市原町区

大石　貴之

日本が震え、東北が一度死んだ日。俺はそこにいた。中学時代のとある出来事から人付き合いが苦手になって、人並みに生きることもできなくなった俺は東京の専門学校を中退してからずっと地元の福島県南相馬市に住んでいた（引きこもっていた）。宮城県の高校に通っていたので、その時の友達とはたまに遊んでいたがそれ以外は家に引きこもりのニートだった。就活もバイトもせず部屋でずっとアニメを見ているような人間で、時々バイトを始めようとするがすぐに挫折してニートからは脱却できなかった。

それでも二二歳になって周りの友達は就活を始めたり、従兄と飲んでいるとき説教されたりして、すぐに就職はできなくともバイトを始めてフリーターになろうと思っていた時に、地震が起きた。地震が起こった前の年くらいから母方の祖父がボケ始めていて、散歩に出かけて行方不明になり警察と親戚たちで一晩中探すことがあり、一人で外出できない状態だった。そのため散歩に行く時は俺が一緒に付いていった。3月11日も朝におばあちゃんから電話をもらい、おじいちゃんの散歩に付き合った。そして家に帰って来てグダグダ過ごしていると突然地震が来た。最初は数年に一回あるただの大きな地震かと思ってじっとしていたが、次の瞬間にはシャレにならないくらい大きな揺れが来た。住んでいたのが結構古い家でこたつの下に隠れたが、一階はシロアリに喰われていたので家が倒壊して俺は死んでしまうと本気で思った。しかしなんとか事なきをえた。その後も余震と家の倒壊には怯えていたが、一番大きな揺れは終わっていたのでなんとかなると安堵していた。

しばらくしてテレビから福島県民にとっては最悪のニュースが流れて来た。「福島原発の緊急事態宣言？　どんな冗談だよ」。土地勘や地理に関してはかなり弱い部類の頭を持っている俺でも、福島原発が車に乗ればすぐの場所にある事は知っていた。津波の被害にあった人もいろんな悲しみや苦労があるのも察するが、原発の近くに住んでいて爆発したら死ぬ状況にいる人間も、精神的に地獄のようだった。ちなみにこの時は原発の知識が全くなく、原発は原爆と同じ殺人兵器だと思っていた。

ニュースを見た後も家で一日中テレビに食い付いていた俺なのだが、親は二人とも市役所職員なので今回の地震の処理や対応に追われていた。特に母は保健師系の仕事だったので、被災した市民の救護などでとても忙しそうだった。少しでも母の負担を減らそうと母の実家の手伝いはやっていたのだが、役に立てていたのかはわからない。

被災から数日後、新しい原発情報を見逃すまいとずっとアンテナを立てていた訳だが、テレビから流れるものは悪い知らせばかりだった。原発から半径3キロ圏内の人たちは避難だとか、1号機が爆発したとか……家が25キロ圏内にあったため恐怖が目の前に迫ってくる気がして逃げたくて仕方なかった。

そんなとき、多分地震から三日後のことだったと思う。市役所に来ていた自衛隊が『原発が爆発するから今すぐ逃げた方がいい』と言ったらしいと、噂が流れた。親から聞いた話では南相馬市も市をあげて市民を逃がし始めているらしく、テレビやラジオのメディアを通さず現場の判断で動いていると知って「これは本格的にヤバい事になっている」と思った。

原子力で本当に危ないのは、爆発した時にその光を見たり、浴びたりすることだと親が情報を持って来たので、それから我が家では昼も夜もカーテンを閉めて原子力の光に怯えて過ごした。夜、眠る時になってますます恐怖が大きくなってきた。「寝ているとき原発が爆発したらどうしよう……」。逃げようがない。けど死にたくない。どうしても生き延びたいと思い、不安な夜を過ごした。あまり眠ることもできず、朝を迎えた。

両親は早々に仕事に行き、俺はその日もまたテレビを見続けようとしていた。しかし、出勤したばかりの母からメールが来た。「家から絶対に出ないで」。顔から血の気が引いた。外出は控えるようになってはいたが、その上でこんなメールが来たらもう最悪の想像以外できるはずもない。ご飯も喉を通らず不安に怯えた。少ししてから父からもメールが来た。「遠くに行く準備をしておけ」。俺にとっては地元を捨てなければいけない絶望と、最も怖い場所から逃走できる喜びが同時にわいてくる。多分どこかの避難所に逃げる事になるだろうと思い、布団やモーフ、厚手のジャンパーに非常食になりそうな食べ物などを車に詰め込むことにした。それと同時に一緒にいた祖母にも「逃げる準備をしてくれ」と言ったのだが、「おらはここから離れたくねぇ」の一点張りだった。聞く耳を持たなかったので、ひとまず説得を諦めていつでも家族全員が逃げられるように準備を再開した。

父が家に戻って来たのは、俺が荷物をまとめ終わった時だ。まずは俺に逃げる準備ができたか確認して、両親は避難者たちと一緒に逃げるということを伝えてきた。その後、避難したがらない祖母の説得に向かった。予想はついていたのだが、案の定すぐに大口論が始まった。父は東京に住んでいる弟（祖母の次男）の所に今すぐ貴之と一緒に逃げろと言い、祖母は避難所を点々としながら東京に行くぐらいなら危なくても我が家に残ると言い合っていた。しかし祖母は、絶対に家から離れないと言ったので父は諦め、「とりあえず貴之一人でも福島に逃げろ」と言われた。

父と俺で説得しても祖母は動かなかったので、俺も諦めて福島に行く事にした。しかしここで、もう一つ気がかりだった母方の祖父母と伯母を連れていかなければ行けないと思った。そして避難の準備を終えて次は母方の実家の説得に向かった。だが、みんな祖母と同じく地元を離れるのが嫌であえなく説得は失敗に終わり、今度こそ本当に一人で福島に逃げる事になった。

俺の一番辛い思い出になったのはここからだ。とにかく一刻も早く原発から離れようと西へ西へと車を走らせた。途中に「飯舘村」というところを通り過ぎるのだが、そこは地形などの影響でやたら放射線の量が多いらしく、いつも通っていた道なのに妙な違和感を感じた。約二時間かけて福島に到着して、ここで両親を待って合流してから東京に向かおうと思っていたのだが、父からメールがきて、一人で東京に行く事になった。何度も繰り返すが早く原発から離れたかったから直ちに行く事にした。ナビで一般道を通る設定にしたら夜中に着くようだったので、かなりキツイが頑張って行く事にした。だが、世の中そんなに甘くないというか、予想をはるかに越えて苦痛を味わうことになった。

まず、最初に4号線を走っていたら途中で封鎖され、かなりの回り道をしながら大きな道路に乗ったと思ったらすぐに渋滞につかまり、須賀川に着くのに五時間もかかってしまった。その頃、叔父から驚くメールが来た。祖母が東京に来る気になったから引き返して祖母を連れてきてくれというメールだった。笑えなかった。その時の俺は震災と寝不足の疲労、空腹、給油できない不安、その上、車内で凍えて心底参っていた。

「今から戻って東京までガソリンは保つか？　また爆発に怯えなきゃいけないの？　けど、祖母を迎えに行かなきゃ。けど早く東京に逃げたい」。なんともチキンで自己中な考えだ。悶々と考えていたら運転なんてできなくなり、見つけたコンビニに入った。「少し寝てから考えよ」。持ってきた布団にくるまって寝ようとした。しかし全然暖かくならない。ずっと体が震えていた。

「どうした俺？」コンビニで暖かいものを買って飲もうとしたが、あったのは冷たい缶コーヒーだけだった。泥だらけでボコボコに凹んだ缶コーヒーを買って飲み、空き缶にポットのお湯を入れて飲んだ。なんとか体は温まった。気分もずいぶん楽になり、東京にいる姉に電話をした。「とにかく東京に来な」と言われ、かなり救われた。そして少しだけ睡眠をとり再度出発した。真っ暗で所々崩れている道を走り続けた。夜通し走っていたので空が明るくなるころに「さすがにそろそろ事故を起こしそうだ」と道路の合流地点の路肩に車を停めて仮眠をした。朝になってあと一息と思いながら再々度、東京の親戚の家へ向かった。しかし走っていると叔父から電話が来た。今度は福島市まで戻って祖母を迎えに行ってくれ、とのことだった。なんでも俺の父が福島市まで祖母を連れて行くから福島市に行ってくれ、と。

「あぁ、俺死ぬんだ」。何もかもギリギリで、今から戻ったら絶対死ぬと思った。両親と姉に電話で弱音を吐き、「貴之は福島に戻る気力は残ってない」旨を代わりに叔父に伝えてもらった。何とも自分の無力さや弱さが嫌になる話だ。そして、実家を出発して丸一日と数時間してようやく親戚が運営するガソリンスタンドに着いた。何の感慨も達成感もなく休憩室で休ませてもらっていると、突然首筋から背中にかけて、酷い寒気に襲われた。多分いろんな疲れが出たのだと思う。今まで感じた寒気の数倍酷く、息苦しくなり、目眩もして倒れそうになった。その後、親戚の家に行き、休ませてもらったが、寒気や疲れは全然とれなかった。

祖母が東京に来てから最初は二人で親戚の家にお世話になっていたのだが、さすがにずっとこのままでは申し訳ないと思ったので、俺は姉の部屋に居候することにした（これを言うのは恩知らずみたいになってしまうのだが、親戚の家は少々気が休まらないという理由もあった）。

居候して半月、この間ずっと疲れがとれなくて、一日の大半を寝て食べての繰り返ししかせず、廃人のように過ごしていた。両親はそんな時も避難所などの仕事をしていた。何度か南相馬市に戻って親の手伝いをしようと思い、その旨を伝えたのだが、どうも力になれそうもないようで、自分の無力さをまざまざと感じた。

それからだったと思う。もし今、親が倒れてしまったら自分は生きていけるのか考え始めたのは。実際この時、両親は二人ともとても辛そうでいつ倒れてしまってもおかしくない状況だった。もしそうなれば姉と俺で両親を支えなければいけない……多分そうしてニートを脱却する覚悟が決まったのだろう。

震災から一ヶ月近く過ぎて問題が発生した。財布の中が心もとなくなってきたのだ。バイトをやろうにもいろいろ足りない物はあったし、今後いつまで東京にいるかわからなかったので、親戚のガソリンスタンドで働くと叔父に連絡した。そして叔父の好意に甘えて働き始めた。

昔、少しだけ引っ越し屋のバイトをした事はあったが、やはり勝手が違い働きはじめは大変な訳で、毎晩お酒を飲みつつ頑張った。ガソリンスタンドで働いたのは約一ヶ月くらいだった。ゴールデンウィークになり南相馬市も多少の落ち着きを取り戻してきて、原発の問題も収束の目処がたってきたようなので、祖母と俺と姉は一度実家に帰った。久々に家族団らんの時間だった。原発で避難している時は二度と実家には戻れないと思って諦めていたため嬉しかったのを覚えている。もう一つ嬉しかった事もあり、それは仲の良かった宮城の友達とも再会できた事だ。友達の一人は津波被害が大きかった石巻に住んでいて、一度は津波にのまれたが生き延びた人だった。みんなで集まってお酒を飲み、友達もみんな生きていた事を実感できた。

原発が落ち着き始めてから俺は考えていることがあった。「ちゃんと働こう」と……まぁ、就職するのは自分の中で現実的ではなかったので、バイトをしようと思っていた。働かせてもらっていたガソリンスタンドも十分従業員がいたにもかかわらず無理矢理入れてもらっていたので、新しいバイトを探す事にした。とはいえ、南相馬市はまだ放射線の量が高かったり、非常時の働き口しかないと思ったので東京に行くことにした。この事を親に話したら両親も賛成してくれた。

父との約束で必要最低限の生活ができる範囲の物だけをそろえた。テレビやネット環境、洗濯機はそろえず、近くに住んでいる姉の部屋で済ますことにした。いろんな人にこの事を話して、「不便じゃない？」と言われるのだが、正直俺としては今まで便利すぎる環境にいたので逆に楽しさを覚えた。それに月々払わなければいけないはずのネットやテレビ代を食費にまわせて嬉しいくらいだ。

引っ越してから二ヶ月弱はバイトが決まらず、早くも東京が嫌になり始めたが、中目黒のコンビニの面接にようやく受かり、働き始めた。最初は右も左も分からず辛かったが、他の店員さんがいい人たちで、働き続ける事が重要だと思っていたのでなんとか頑張った。コンビニで働き始めて二ヶ月目、シフトが空いたところにはたくさん入れてもらったのでその月は十万強稼げてちょっと感動した。

震災の直後はとても辛く頭がおかしくなりそうだったが、家族も友達も無事に生きていて俺もなんとか生きている。まだまだ全国には震災のせいで元の生活に戻れない人たちもたくさんいるが、有り難いことに俺は日常を取り戻せた。そして、震災の辛さの中で『生きたい』と思い、バイトを始めて多少なりとも自分の食い扶持は稼げるようになった。そう考えれば、震災は俺にとって悪いことだけではなく、成長させてくれたものだった。

（脱稿：２０１１年10月19日）

母子自主避難を決意するまで

南相馬市鹿島区　明石 美加子

3月11日　地震発生。私は子供と共に、南相馬市内にある幼稚園の帰り道であった。その日は子供サークルがあり、近くの体育館で遊んでいた。地震の揺れは大きく、子供達は「恐い」と泣きじゃくる。私も揺れの大きさと長さに恐さと驚きがあった。地震の最中に、携帯の緊急地震速報のメールが届いた。少し揺れがおさまった時に、外のグラウンドに出た。下校の時間と重なり、外には小学生達もいた。周囲を見ると、屋根の瓦は落ちていた。コンクリートにもヒビが入っていた。皆、携帯でニュースを見ている。周囲の人に震度6と聞いた。私はあまりにも大きい地震に恐さと不安を感じ、身動きがとれず三十分位同じ場所にいた。友人から「大丈夫？」とメールが届いた。子供を一人、第一原発から6～8キロしか離れていない福島県双葉町の実家に預けていた。携帯で連絡をとるが通じず、メールで確認をとった。「大丈夫。家の中がメチャクチャ」と返答があり、安心した。

地震も少し落ち着き、周囲の人も帰り始めたので、私もアパートに帰ることにした。私のアパートは四階建ての一階の一室である。家の中は食器棚が倒れ、玄関に置いてある物はすべて床に落ちていた。食器棚が倒れていて家の中に入れない。見る限り、冷蔵庫はドアが開いている。ひどい有様だ。子供もいるし、無理に今入る必要はないと思った。アパートの住民が外にいたので少し話をした。防災無線で何か言っていたが聞こえない。不安に思った。ある人が「大きな津波が来る」と言い、皆でアパートの四階に上った。

しばらく子供と共に四階の踊り場にいた。「大丈夫だ」と帰っていく人もいた。国道を挟んでいるし津波の心配はない、大丈夫だと思っていたが、防災無線も聞こえなかったため、公共施設に行くことにした。そこには、たくさんの住民がいた。防災無線は、津波が来るからここに避難するようにという内容だと聞いた。津波ならすぐに帰れるだろうと思い、車の中にいることにした。何も情報が入らない。情報がないと不安だけが大きくなる。
建物に入るとロビーにテレビがある。子供と共にテレビを見たり、館内をウロウロしてしまう。テレビでは津波警報を知らせている。アパートに帰るのも心配で、ここにいることにした。夕方、館内のアナウンスで「高齢者の方、お子様のいる方は奥に畳の部屋があります」と聞き、子供と共に畳の部屋を確保した。同部屋にいた人がラジオを持っていて流してくれた。私はアパートに戻った時に、荷物を持ってくれれば良かったと思った。一晩泊まれば明日にはアパートに帰れるかという思いもあった。周囲では、家が流された、子供と会えていないなどの話が聞こえる。私は恐怖と不安が募ってくる。夫と私の実家に、避難したことを伝える。館内では炊き出しのアナウンスが流れる。子供と高齢者を優先におにぎりと漬け物の配給があった。子供には「アパートは危ないからここに泊まって明日帰るからね。夜ご飯もおにぎりだよ」と言い聞かせた。布団や毛布もある分だけ。薄い毛布を借りられたが、その日の夜は寒かった。たびたび地震も起こり眠れなかった。とても長い夜で心細かった。たまに見るテレビのニュースでは、津波の情報と雪が降っている場面が映っていた。ライフラインは、断水のみで電気が点くだけありがたかった。子供を預けていたため、メールで実家とやりとりした。近くの小学校に避難して無事でいると聞いたので、迎えに行くまで面倒を見てもらうようにした。

3月12日　穏やかな日だ。昨日の地震が信じられない。荷物を取りにアパートに帰ろうと思った。朝もおにぎりが配給された。職員の人に国道は津波警報が解除されていないから危ないし、立入禁止になっていると聞いた。子供を連れて帰るのは危険だし、時間がかかると思ったので諦めた。つくづく、昨日アパートに戻った時に最低限の荷物を持ってくれれば良かったと後悔した。周囲の人から近くのお店が開くと聞いたので、買い物に行くことにした。お店は大勢の人で混んでいた。水分や子供の好きそうな物も買った。昼食には、弁当が配給された。暗くなるまでには津波警報が解除されると思っていたが、解除されない。携帯の充電は、職員の人に借りて電池切れにならないように気をつけた。こうして子供と共に避難所で過ごしていた。
原発で放射能漏れがあり、窓を閉めるようにと館内アナウンスが流れた。状況が把握できないが、窓を閉めて歩いた。窓を閉めると、トイレの悪臭がこもる。バケツで水を汲んで流し、使用禁止の紙を貼る。水が出ないのはとても不便であった。テレビでは津波の被害の大きさを知らせ、原発の情報はわからない。子供と共にいるため、ロビーにあるテレビばかり見ていられない。双葉の実家に預けている子供も心配であるが、連絡はなかなかとれない。友人からもたくさんメールが届く。

訳がわからないまま時間が過ぎる。子供には外に出ないように教えるのが難しい。外にある仮設トイレに行くのも不安に感じた。夕飯はカレーだった。夜、夫が来た。夫の実家のある福島市内に行こうとすすめられた。夕方まではロビーにも人がいっぱいいたのに、少なくなっていることに気づいた。原発の情報がわからないまま外に出るのに不安があった。地震の被害で道路が通れるかもわからない。暗いのに福島市内まで行けるかさえもわからない。悩んだ末、子供と共に行くことにした。福島市内へ行く途中、友人がメールで原発の避難指示を教えてくれた。「避難指示は20キロに広げたが安全のため」と。夜中、無事に着いた。安心し、涙があふれてきた。この日は暖かい布団で眠れてホッとして、幸せだった。翌日、夫は仕事に戻った。

3月13日　福島市内は断水であった。落ち着いたので、携帯の充電器を借りて私の実家と連絡をとる。居場所を教え、子供を連れてきてもらうことばかり考えていた。午後、子供と合流する。子供の顔を見たら安心したが、子供に手を伸ばしても私のところには来ない。寂しく感じた。よほど恐い思いをしたのか、地震のたびに泣き、しがみつく姿は痛々しかった。双葉の実家では、放射能漏れがあってから、町内放送で「西の方へ行くように」と言われたまま避難してきたので、何が何だかわからないと言っていた。お互いに避難所でどうだったかを話した。共通した部分もある。寒さと空腹と不安は同じだ。まさか、避難所で過ごすことなど今まで考えていなかった。まして、放射能漏れも考えてもみなかった。

3月16日　やっと水道が使えるようになった。断水中は給水して生活していた。すべて義父母が世話をしてくれた。水道が使えるのは楽であった。毎日、テレビで原発や津波の情報を見る。福島市内の物流は少しずつ回復傾向であるが、ガソリンは長蛇の列である。場所により断水している所もある。ここでは余震はあっても津波の心配はないので安心であった。また、避難所生活でなく、家族と共に普段の生活をしているように感じられた。

一方、テレビのニュースでは、原発の情報が流れる。地震による津波の被害だけなら、家に帰って震災前の生活を送っていたと考えてしまう。毎日家の中の生活では、ストレスがたまるばかりであった。目に見えない放射能を危険だと認識することも難しい。友人からの情報では、南相馬は物資が乏しい状態であるという。アパートは停電、断水している。政府の避難指示は30キロ圏内であり、私のアパートはそこから2〜3キロの場所（32〜33キロ）である。余震もあり、原発も落ち着かない状態では、帰っても不安要素が多い。

3月24日 津波の被害者も多数報道されている。命があるだけありがたいと感じるが、原発は落ち着かず、気持ちが悶々とする。早く避難生活から脱出したい。

4月6日 福島市内は南相馬市より放射能数値が高い。風向きや地形など関与しているのだろうが、避難指示が変わらないなら、南相馬市に帰っても良いのではないかと考えた。南相馬市の住民も、けっこう戻ってきていると聞いていた。アパートは断水しているが、物流も潤ってきたと聞いた。一区切りしたいという思いと放射能の低い方が子供のために良いのではないかと考えた。

4月10日 震災から一ヶ月になろうとしている。原発の状況は先行き不透明だと感じるが、放射能値は低く南相馬市に帰ることにした。約一ヶ月ぶりのアパート、水が出なくても帰って来れたことをうれしく思った。同時に、ひっそりとした感じがした。外を歩いている人はなく、南相馬市内のお店に入っても人が少なく、家の灯りも少なく感じた。まして、子供の姿を見ることがなく、住民はどこにいったのか不安に思ったり、寂しさを感じた。

午後から実際に津波の被害を見てきた。国道より東は津波の被害で家はなく、電柱は折れ曲がったり田んぼに船があったり、木が根っこから流されていることに唖然とした。自衛隊の車が多く、他県の救急車が走っている。夫が言うには、この一ヶ月でだいぶ水も引けたし、片付けられたという。津波が何もかも飲み込んでいった現実に言葉を失いザワっとした。まだ余震はあるらしいが、後は放射能が心配だ。原発が早く落ち着くのを願うのみ。

4月11日 食料の支援物資をもらいに行く。カップラーメンや無洗米、レトルト食品であった。水が出ないので不便であった。無洗米は助かった。紙皿や紙コップを使いお惣菜を買って生活した。洗濯はコインランドリー、お風呂は銭湯に入りに行かなくてはならない。毎日、水汲み。子供二人を連れて行くのは大変であった。夕方、震度6弱の大きな余震があった。すぐに、津波と原発の状況をテレビで確認した。次に大きな津波がきたら、アパートにまで水が来るかもしれない、原発の被害も拡大するかもしれないと考えたら、恐くて不安で心細くなった。何も起こらなかったので少し安心した。この日は、いつでも避難できるように最低限の荷物を準備して休んだ。

4月12日　昨日の余震もあり、午前中はコインランドリー、お風呂、買い物、水汲みに行き、午後からは情報を集めるため役場に行き、避難所で過ごすことにした。誰かと話していると少しは気がまぎれる。子供の数は少なく、外で遊ぶこともない。この日も余震があった。大きい地震は気が滅入る。でも、一人じゃないと思うと少し心強く感じられた。余震が続く中、身体は揺れに慣れたような、常に身体が揺れているような錯覚に陥っている感じがする。原発のレベル7の報道を見た、南相馬市に戻った途端に。心労は絶えない。私達が住んでいる鹿島区も注意して放射線量をチェックしていかなければならない。また避難することになったら、子供二人を連れてどこに避難してよいかわからない。

4月13日　この日もいつものように避難所に行った。子供達は自衛隊の車に乗せてもらい、笑顔が見られる。その後、公園でボール蹴りや野球にまぜてもらい、子供達は喜んでいた。放射線量が心配だったが、一ヶ月以上外で遊ばせていなかったので大目に見てしまった。子供はヨウ素を吸収しやすく甲状腺癌の発生率が高いと聞いていたので心配ではあったが、子供の喜ぶ姿をうれしく思った。早く子供を外で元気いっぱい遊ばせたい。放射能の拡大がないことを願う。

4月14日　夕方から水が出るようになった。泥水だがうれしかった。地下水なので放射能の汚染がないか不安に思う。原発も落ち着かず、放射能は目に見えないので恐い。避難するにも戸惑う。夫とも話し合うが、子供を二人連れて避難するのは辛い。警戒区域の30キロを超えるとあくまでも自主避難になる。

4月15日　悩んだ末、避難を決意した。子供が遊べるように。子供の健康を守るために。双葉の実家が宮城県に避難したので、私も親をたよりに自主避難することを決めた。津波の被害で道路がどうなっているか、不安に思ったり、目的地まで行く途中、地震にあったらどうしたら良いかと考えてしまう。が、避難することを決めた以上、行動に移した。加美町の避難所にお世話になる。ここでは、外で子供達が遊んでいることに驚いた。当たり前の光景であるが放射能に怯えることもなく、水道水の心配もなく、今までの生活が一変した。初めての場所に不安もあったり、原発から離れたことで安心して眠れた。

避難所の生活には、驚いた。南相馬市のアパートでは、水が出ない生活だったので、ペットボトルの水を買い、すべて使い捨てのお皿やおはしを使い、お店で惣菜を買って毎日を送っていた。ここでは、水道の蛇口から出る水を飲み、子供達はマスクをしないで外でノビノビと元気よく遊んでいた。暖かい布団で眠れ、温かいご飯が食べれるのは、とっても幸せなことだと感じた。何より、放射能に怯え、危険と共に日常を送らなくてすむのは、震災前と変わらない生活であった。ここでは、多くの人に支えられていることを実感する。そして、このような時だからこそ、助け合い、思いやりの精神が必要だと感じた。

私は、震災が起きてから、津波の被害から逃れ、命があるだけありがたいと思った時もあるが、心に余裕がなく、険しい顔つきだったと思う。原発事故は収束せず、先が見えず、いつまで避難生活を強いられるのか?と思うと不安と共に精神的な苛立ちがある。子供二人と母子疎開することが正しいことか悩みもある。しかし、放射能が人体に与える影響がわからない状況で外部被曝、内部被曝を考えると、子供を守れるのは結局親しかいないのではないかと考え、避難生活を続けることを決めた。少しでも放射能のリスクを下げるために。子供達を守るために。今も、国の規制がかかっていない30キロ圏外のアパートには帰っていない。住めるアパートがあるのに、放射能の不安と恐怖に怯える生活を、子供達にはさせたくない一心で。

最後に、今回、お世話になった方々に心から感謝いたします。同時に、支援して下さった皆様、励まして下さった皆様、ありがとうございました。そして、被災地の早い復旧、復興を願います。また、お亡くなりになられた方々のご冥福をお祈りいたします。

（脱稿：２０１１年7月27日）

大学を中退して群馬へ

南相馬市鹿島区

三浦　育子

私は一八歳までずっと群馬県に住んでいた。高校を卒業し、仙台市にある大学へ進学することになったので、一年前におばあちゃんの家がある南相馬市に移り住むことになったのだ。お母さんも心機一転をかねて仕事を辞め、おばあちゃんの家に一緒に住んだ。

おばあちゃんの家は南相馬市の鹿島区北海老というところにあり、海からは1キロくらい離れた小さな部落だ。そこは朝、外に出ると馬が車道を散歩しているのが普通の光景という不思議なところで、海は海流がぶつかって美味しい魚が獲れるところ。辺りは一面たんぼに覆われていて、夏にはたんぼのわきに蛍がとんでいる。冬には星がすっごく綺麗でとても空気のすんだところ。まさに〝日本の田舎〟といったようなところだ。そんなきれいな南相馬市が、たった一回の震災でめちゃくちゃになってしまった。

3月11日当日、私はおばあちゃんの家で震災を体験した。その日は春休みで学校もなく、バイトも休みだったので朝からずっとごろごろしていた。お母さんが仕事に行くのを見送り、寝巻姿のまま一週間録りだめしていたテレビ番組を見ていた。そして、ちょうど昼食をすませウトウトし始めた頃に地震が来た。初めは家の柱がカタカタカタカタという感じだけだった。「あぁまた地震かぁ〜」くらいの第一印象。そしていきなりガタガタガタガタという音に変わった。

「これやばいんじゃないっ!!!」わたしは慌てて寝ていた身体を起こし、家で飼っていた犬二匹を両脇に抱えた。本棚から本が落ち、食器が落ち破片が散乱しているのを避けながら、家具が少ないソファーへ逃げた。何度も「冷静になれ。冷静になれ。落ち着けあたし」と声を出して自分を落ち着かせた。犬達はどうして家が揺れているのか分からないみたいに二匹並んでキョトンとしていた。揺れがおさまったと思ったらまた急にガタガタガタッと地震が来た。私は「もうダメだ」と思った。テレビのコンセントが揺れで抜け、テレビが切れた。テレビから聞こえていた笑い声が消えると、周りの音が急にリアルに聞こえるようになった。家中に響く「ゴゴゴゴッ」という音や置物や本が「ガタガタガタガタッ」と落ちる音。電子レンジが棚から「ガタンッ」と落ちる音。私はその時ふと「買ったばかりの液晶テレビだけは壊しちゃいけない」と思った。そして右手でテレビを支えて、ソファーと自分の身体で犬達に覆いかぶさりながら、地震が終わるのをただただ堪えた。次第に揺れの音が小さくなり地震はおさまっていった。

今までに経験したことがない長い地震だった。外に逃げようにも足がすくんで動かない。机の下に逃げようと思っても犬を抱きながら160センチを超えている私の身体では入らない。逃げ場のない状況の中ではじめて本気で「死ぬ」と思った。

外から叔母さんの「大丈夫～？　外出ておいで～」という声が聞こえた。足がすくんで動かなかった。はじめて体験する身体の力が抜けていく感じ。十秒くらいして立ち方を思い出したかのように、急に立てるようになった。

外には別宅にいた叔母さん二人、とおばあちゃんがいた。「おばあちゃん、地震来てるのにずーっとこたつにいて『大丈夫、大丈夫』って言ってるのよーっ。一生懸命引っ張り出したんだからー」と叔母さん。私は「戦争を体験した人はこのくらいはびくともしないのかなぁ」と思った。恐るべしおばあちゃん。

地震の後は町のサイレンや地元の消防団員の人から遠くに避難するようにと警告が出た。私もおばあちゃんと叔母さん二人、犬二匹と家の後ろにある小さな山の上にあるお寺に避難した。昔、ひいおばあちゃんが〝津波が来る時は家の裏のお寺に避難しろ〟と叔母さん達に言い伝えていたのだそうだ。みんな必死に……というよりも「何となく」「地震凄かったから津波も来るだろう」、そんな感じで避難した。この辺りでは、たまに海沿いの家まで波が届くくらいの規模の津波が発生することがあるらしい。

地元の人達は今回もそのくらいの津波だろうと予想していた。高台に避難していた人達は約二十人くらい。「なかなかおばあちゃんが避難しなくて参ったわぁ～」と言う人がいて「どこもおばあちゃん肝すわってるな～」と思った。みんなは避難してしばらく、車のラジオやカーナビのテレビで地震の情報を聞いていた。「震源地宮城だって」「茨城の方でも地震あったらしいよ」。その時はじめて地震が同時に二つ起きていたことを知った。自然の凄さにびっくり。

そして急に不安になった。「茨城の方でも地震とか……家族のみんな生きてるのかな……？」メールができないお父さんには電話をした。回線が混雑していて繋がらない。仕事中のお母さんと東京にいるお姉ちゃんには「育子無事。生きてる？」とメールを送った。姉からはすぐに「由佳ＯＫ」と返信がきた。問題はお母さんだ。まずメールが苦手なお母さん。でも電話は繋がらない。あの揺れで仕事中、何かの下敷きになってなければと本当に心配だった。しばらくして「ぶじ」とメールが返ってきてホッとした。

それから一時間はやけに冷静だった。地震が凄かったから「冷静に動かなきゃ。何かあったら若い私がおばあちゃんを守らなきゃ」とばかり考えていた。お寺の駐車場には泥水の水溜まりができていた。液状化現象だ。私は「液状化現象って本当に起こるんだ」と初めて見る現象にびっくりした。津波だって経験したことがない私は「地震が来たらすぐに津波が来るものだ」と思っていた。だから正直津波はもう来ないものだと思っていた。

そんなことを考えながら高台から海を眺めていると水平線が白いモヤモヤっとしたものになって見えなくなっていった。最初は「雲かな～」と思って何となく見ていた白いモヤモヤはだんだんに大きくなってきた。近くにいたおじさんが「あれ津波じゃないか？」と言った。「いやいや、雲でしょ━……」と心でツッコミをいれていると次の瞬間、テトラポットを乗り越えて白色の水しぶきが上がった。海沿いに防風林として立っていた松の木が薙ぎ倒された。そして津波は茶色い波に変わり、家や木を流しながらこっちに向かってきた。圧倒された。ニュースで見たスマトラ沖地震の映像と同じ。ＣＧみたいに簡単に家が流されていった。「おいおい、こっちまで来るんじゃないか!!」という隣のおじさんの声にハッとした。私は携帯でムービーと写メを撮りまくった。興味本位ではない、「今これを撮れるのは自分しかいない。誰かにこのことを伝えなきゃ!!」と思ったのだ。ブレながらも波を懸命に追いかけて撮影した。そして携帯を片手に津波を見ていると、ふと車二台が今にも津波にのまれそうな中、必死に逃げている光景が目に入った。後ろにはすぐ津波。二台は必死に逃げていた。私は涙目になりながら「頑張れ!!頑張れ!!」と祈った。今でも鮮明に思い出せるその光景は、それまで映画のワンシーンのように見えていた津波が〝津波に追いつかれる＝死〟なのだと現実にかえった瞬間だった。しばらくはその車を目で追っていた。そして必死に「お願い助かってーっ」と祈った。車は無事に津波が追いつかない所まで逃げ切った。ホッと一安心、そして辺りを見渡すと祖母の家の前の道路まで津波が来ていたことに気付いた。

ヒヤッとした。「いつの間にこんなに……」津波は家の前の道路で止められたが、その前のたんぼは6号線の方にむかい一面に泥だらけになっていた。海沿いにあった公民館がボロボロになって家の前に流れ着いていた。電柱が流され、松の木が流され、家が屋根だけになって流され……悲惨な光景だった。ただ呆然と「なんでこうなったの?」しか思えなかった。

そしてハッとした。お母さんは以前「仕事しながら海が窓一面に見えるの。オーシャンビューで台風が来るのが楽しみ」と言っていた。この津波の規模だ……私はお母さんの死を覚悟した。そして「津波大丈夫?」とメールを送った。返事が来なかった。そこからは何も考えられなかった。現実だと受け入れたくなかった。「これはきっと夢」そう自分に言い聞かせた。

「今から帰ります」。しばらくしてからのお母さんのメールに安心した。泣くほど嬉しいというよりもホッとして脱力という安心感だった。そして叔母さん達は家の掃除をしに家に戻った。私とおばあちゃんと犬達はお寺の駐車場に残って母の帰りを待った。日が落ちてからが本当に恐かった。液状化現象で水溜まりができている駐車場で、いつ来るか分からない余震の恐怖のなか、いつ崩れるか分からない高台でじっと母の車の光を待った。7時頃ようやくお母さんと合流できた。お母さんは津波で湖のようになった街を迂回しながら帰ってきたため、なかなか家に辿り着けなかったらしい。

お母さんに再会できて本当に一安心。そして「お母さんがいなければ私は生きてはいけない」と思い知ったし

「お母さんが生きているうちに親孝行したい」と思った。８時頃、近所の人から「北海老の部落の人は角河原の体育館に避難するように」と言われたので、食料と毛布を持ち避難所に向かった。そしてその日から群馬県に向かうまでの一週間、三ヵ所の避難所をまわることになった。避難所では何もすることがなく、寝るか食事かの生活。一日二食おにぎり一人一つの日もあった。余震が大きい時は夜中でも素早く起きてストーブを消しに行かなければならなかった。トイレは流れないのでバケツに水を汲んでトイレに入れて流した。トイレが終わるとバケツを持ち外にある給水車から水を汲んでトイレの入口に置いておく。そしてそれを次の人が使いまた汲みに行くというスタイルだった。

地震から一週間後の別の避難所では、避難生活の長期戦にそなえトイレットペーパーは流さずダンボールの中へ入れ、小便は流さない、大便だけは流していいというものになっていた。着替える場所もなく、トイレに行く時は誰かしらに見られてしまい、小便は流してはいけない……。年頃の私にとってはとても恥ずかしい生活だった。「みんなと一緒に生活してるんだから仕方がない」という気持ちと「早く家に帰って安心したい」という気持ちで複雑な思いだった。

あれから四ヶ月、私は群馬の専門学校生として生活をしている。通学に使っていたＪＲ常磐線が津波で流されてしまったため、おばあちゃんの家に戻っても大学に通うことができないので大学を退学をしたのだ。一年をかけて仲良くなった東北の友達とは、さよならを言わないまま離れ離れとなった。震災は突然に来て私達の生活をめちゃくちゃにしていった。

今回の震災を通じて私の中の考え方が少し変わった。たんぼの真ん中に船がひっくり返って打ち上げられている光景や電柱が傾き道路をふさいでいる景色。首輪を付けている犬が泥だらけで道路の上に死んでいる光景。そしてそれを食べているカラス……。そんな見たこともない景色を車から見ながら、私はここが地獄だと思った。そして今までの生活が本当に幸せで平和だったのだと思い知った。

ガソリン満タンで、ふかふかの布団で寝られて、家があって、水道から飲み水が出て、毎日お風呂に入れて、スイッチ一つで電気が付いて、トイレの水が流れて、いつでも友達に会えて、家族がいる。そんな普通の生活が心から恋しいと思った。

群馬に来てコンビニのトイレで水が流れることに驚いた。六日ぶりのお風呂では蛇口からお湯が出てくることに感動して泣いた。震災にあわなかったら当たり前になった便利さにきっと気がつかなかったと思う。そして、ただ生きるのではなく、日本の復興のために〝一生〟〝懸命〟に生きて行こうと思えるようになった。今でこそ放射能で騒がれている飯舘村だが、私たちは最初飯舘村に行けば安全だと思っていた。南相馬市と飯舘村の間には阿武隈山地という山が立ち並んでいる。もし風で放射能が飛んで行ったとしても、山が壁になってくれるのだと思っていたからだ。だから飯舘村に着いた時は心から安心したし喜んだ。今となっては避難区域となり、放射能が蓄積されている場所になってしまった飯舘村。私は飯舘村の人達の出来事を他人事のようには思えない。あの時お母さんと「飯舘村に入ったよー」と言った時の安心感を私は本当に感謝しているから。

だから私は群馬からできることをコツコツとやっていきたい。日本全土が安心した生活を送れるように。そして大好きな〝日本の田舎〟が早く帰ってくるように。

（脱稿：２０１１年８月31日）

九九日間の避難所運営

相馬市小泉

只野　裕一

マグニチュード9の大地震が、3月11日の午後2時46分に発生した。厳しい横揺れが三分以上にわたって続いた。縦に上下する揺れではなかったので、倒壊家屋は意外と少なかった。しかし、予想もしなかった大津波が、その45分後に、岩手・宮城・福島県の海岸線を襲ってきた。波の高さは、相馬で7・3メートル（NHK報道）と暫くの間報道されていたが、そんなものではなかった。相馬の松川浦に架かっている吊橋は、高さが16メートルだが、津波は優にこの橋を越え、高さ20メートルにある鵜ノ尾岬灯台をも破壊した。津波の直撃を受けた原釜・磯部地区は大打撃だった。原釜ではガレキが散乱し、陸上にあった車が松川浦に放り出され、海上に浮かぶ船が陸に上がってしまった。磯部ではそれどころでは済まなかった。押し寄せる津波はガレキも残さず、すべてのものが藻屑と化した。家並みも、道路も消えてしまい、視界を遮るものは何も存在していなかった。この津波と地震のもたらした壊滅的な状況にあっても、被災者は天災だから致し方ないと、諦めて受け止めていた。街の中では、ガレキ、落下物の片付け、清掃をセッセと行い、通常の営業再開に向けて、復旧作業にあたっていた。

ところが、3月14日午前11時1分、東京電力福島第一原子力発電所の3号機で大規模水素爆発が起こった。東電所長が職員に退避命令を出したとの報道がされるや、空気が一変した。外で作業している人がいなくなった。銀行は閉まり、ATMも盗難防止でお金を抜き取り動いていない。スーパー、大型店、チェーン店、コンビニもすべて閉鎖。あいているのはわが只野の店と数店のみ。放射能の恐怖から相馬を避難しようとしても、お金をおろすこともできない。車にガソリンを入れるにも前日の夕方から並び、給油制限で満タンにすることはできない。街の経済活動は止まってしまった。それでも、市役所、社協、公立病院、消防団は必死になって踏ん張った。自分の受持ちの領域が崩れれば、相馬の街はなくなってしまう。そういう思いを胸にして、それぞれの組織で救援活動が続けられた。

福島第一原子力発電所の20キロ範囲内は、避難する人の車で大渋滞となった。その周辺の30、40、50キロもパニックとなった。南相馬市の病院では医師が避難し、病院の条件を満たす医師が確保できず、入院ベッドがなくなった。特養、老健、授産所など養護、介護の施設を利用する人は、離散した。相馬、双葉地方は南北に90キロ以上もあるが、特養があるのは、相馬と新地のたった二施設となってしまった。この原発事故が発生した週に、いわきから相馬へ北上した人の言葉。「いわき、南相馬では人の姿が見えなかった。相馬に入って、歩いている人を見てホッとした」。この相馬でさえ、3月14日から彼岸の連休明けの24日までは、辛く厳しい時であった。余震は続き、救急車のサイレンは昼夜途切れることはない。夜が白み始め明け方になると、自衛隊とマスコミのヘリコプターが連なって飛来する。バタバタと大きな羽音をたて、その音は夕刻まで続く。戦場とは、こういう様相なのかと思う。

テレビは、津波の報道から一転して、原発事故に大半を割くようになった。しかし、事故を起こした東電、政府からは、不確かな内容の発表しかない。相馬からも三割以上の市民が避難して、夜になると飛び飛びの灯りとなっている。人が傷つき、弱った時に、励まし労りの声をかける職についている人が我先にと逃げた。開業医と僧侶である。平時には人の上に立っていた人が、こんなにもモロイものとは。遺体が毎日あがり、指定の安置所に親族が確認に行く。確認が済み、火葬の段取りができて、菩提寺に連絡しても電話から応答は返ってこない。荼毘に付す前の枕経もあげられず、泣く泣く遺体に詫びを入れて火入れをする人が続出。なんと、日本は情けない社会になってしまったのか!

こんな中で人道的な献身活動をされた開業の医師がお二人。歯科医師がお一人いた。特にお一人の開業医は被災して看護師もいない中で、遺体安置所の死亡診断をして、ご自分の医院を夜9時まで開いている。相馬の病人を必死に守っているのがヒシヒシと感じられる。頭が下がる。消防団も頑張る。遺体捜査、見つけると泥をきれいに洗い落とし、髪をすいて、身仕度を整えて、検死ができるようにして警察に渡す。早朝から給油を待って並んでいる車の交通整理をする。帽子、マスク、ハッピの軽装で、放射線をものともせずに、役割をこなしている。消防団が街の治安をしっかりと守ってくれ、暴動が起きなかった。不安を煽るいわき、南相馬とは、相馬は一線を画した。いたずらに原発の不安は言わず、相馬に留まるように促した。避難は政府と協議した上でそうなったら粛々と対応する。今ここで相馬を離れては、津波で救助活動を続けて殉職した人に申し訳が立たない。人間としてどうあるべきか。犠牲になった人に報いるにも、相馬を復興させなくては、と強く思った。

このパニックに陥っている時、私が理事長をしている特別養護老人ホーム相馬ホームのことが気になり、石川施設長に訊いた。「原発事故がひろがり、相馬に避難命令が出たらどうする?」すると即座に、「高齢者である利用者を移動させるのは、その移動によって多くの犠牲者を出してしまいます。避難命令が出ても、若い職員だけは避難をさせて、われわれ年配者の職員は相馬ホームに留まり、利用者のお世話にあたります」……よく言ってくれた。覚悟を決めていたのだ。

私の息子二人と娘一人は、東京に住んでいる。「早く、東京に逃げてきて!」と何度も言ってくる。しかし女房は、「お父さんは、被災者の人を預かっているので、相馬を離れることはできない、お父さんは相馬の避難所を支え、そのお父さんを支えるのがお母さん。お父さんを一人にして置いてはいけない」。……この言葉でやっと子供達も納得した。三人がやって来て、三日かけて家を綺麗にした。娘はピアニストで、相馬の同級生に連絡をとり、避難所で慰問演奏を行った。

これからの防災に対する考えを持つために、そして自然の力の前で人工物のはかなさ、災害の爪痕のすさまじさを身を持って感じるように、五人で海岸線に向かった。国道6号線を越えるまでは、地震の被害しか視界に入らない。6号線を越えると世界が違う。大型トラックと乗用車が重なりあって横倒しになっている。底引きの大型船と小舟がからまって、ガードレールにひっかかっている。あちらこちらに車が散乱し、船が陸地に押し流され、大きな船底をさらしている。松川浦は、津波の直撃をまぬがれたので、家屋の骨組みは残っている。その残った家屋に、ガレキや流失物がへばりついている。子供達は何も言わなくなる。松川浦から左折して坂を越えて原釜に入る。家の形がなくなっている。目標となるものが消滅しているので、どこなのか見当がつかない。見渡す限り、ガレキの山。自衛隊と消防団の遺体捜索が見られる。肌でこの被災がピリピリと感じられる。テレビで見るのと現地に行くのは、まるっきり違う。現地に行くと、周りから自分に迫ってくる。子供達も現実に起きた出来事を、しっかりと受けとめている。

3月11日の夕刻から、はまなす館（避難所の愛称）多目的ホールに一二五名の避難があり、避難所の運営が始まった。津波から逃れてきた人は夫婦二人のみ、波で道路が分断され、こちらに来ることができなかったのだ。一二三名は近くの人で余震が怖い、電気、水道が止まった人達だ。次の朝5時、「会長、ご飯を炊くんで米とガス釜を持って来て下さい」この職員の電話から炊き出しの日々が始まった。社会福祉協議会の職員が二四時間の勤務体制に入った。四チーム十時間の勤務でローテーションを組む。私は一言も言っていない。社協の職員が自分の職務を弁えていて、避難してきた人達のお世話を始めたのである。行政職員がいなくて、社協の職員のみで避難所を運営したのは、東日本大震災の避難所ではまなす館ただひとつである。磯部の人達が、はまなす館に避難してきたのは、被災の翌日12日だった。11日は押し寄せた津波で周りが海のようになり、学校に閉じ込められた。電気も水も暖房もない、真っ暗な夜の中で、朝が白むのを待った。12日になり、自衛隊の救助でバス十台に四百人が乗って、はまなす館にやって来た。この日、はまなす館の避難者の数が千百人のピークとなった。

避難所の生活は、原発事故による3月14日から24日までの間、悲惨を極めた。今までは被災から四～五日が経過すると、食料は潤沢に届けられた。ところが、今回のような四百キロにわたる広範囲の被災地なんて初のことで、食料でさえなかなか来ない。加えて原発事故で、3月15日からは福島県の浜通りにやってくるトラックはいなくなった。郡山、福島までは来るが、そこからは入ってこない。欲しかったら、相馬から取りにきてくれ、との条件がつけられた。3月21日には、とうとう食料が底をついた。昼食は小さなおにぎりと飴一個だけになった。夕食が来るかどうかは分からない。おにぎりのつけ合わせに何かないかと探すと鯖の缶詰があった。しかし数は百個ちょっと。避難者の数七百人。缶詰の口を切り、一缶を六等分して配ることにした。縦に入っている切り身を半分にして渡した。これを配る時は、さすがに情けなかった。申し訳ない。一口にも満たない量であるが、避難者の人は誰も文句を言わない。「ありがとうございます」と言って受け取ってくれる。我々が避難者の人のために、精一杯やっているのを分かっているからだ。御礼を言われると、こちらが泣けてしまう。これしか調達できないのが情けない。口惜しい。

この厳しい十日間、警察を三度呼んだ。一度は、挙動不審による身柄拘束。次は傷害事件、そして窃盗。相馬市では、被災者にいち早く生活義援金を支給した。床上浸水以上の被災にあった世帯に対して、三万円を3月16日から支給した。五人家族なら一五万円になる。避難所に相馬市の職員がやって来て、現金を支給した。本人を証明するものは運転免許証、保険証であるが、ほとんどの人が津波から身一つで逃げたので何もない。そこで、住所と名前、生年月日を訊いて符合すれば、その場で渡した。避難した人には大変心強い。挙動不審による身柄拘束はこの義援金を知って、盗みを働こうとしたものである。窃盗は私の目の前でおこり、身柄をおさえた。

はまなす館は、玄関から入ると共有のスペースがあるので、誰でも入りやすい。入所者とは明らかに違う男女が入ってきた。この時分の入所者は七百人で、出入りが激しかった。水のペットボトルを何本も手提げ袋に入れ、支援物資が積み上げている方に向かった。思った通り、その男はカップラーメンの箱を手にしていた。捕まえて事務所で詰問すると「持って行っていいと言われた」と全然悪びれた様子もなく、開き直る。ここで辛い生活に耐えて過ごしてきた避難者の救援物資に手をつけるのは絶対許せない。駆けつけた警察に厳しい処置を訴え、警察も身柄をパトカーに押し込んだ。これらの事があって、この施設では我々を守ってくれる。何かあったら、きっちりとケジメをつけてくれると、避難者の人達と信頼関係が生まれた。

原発事故に対して政府と東電の発表は、二転三転し、誰も信用しなくなる。東電は、原発事故が発生したとき、原発の機密事項が漏れるからと、自衛隊、米軍の介入を拒んだ。そして、起きている事を隠しに隠す。これに米政府は怒った。「日本は情報を隠している。これでは支援ができない」。航空母艦を出動させ、沿岸から物資支援、一万五千人もの軍隊で救助活動を行っていたが、帰還命令を出した。3月18日、米救援隊の大尉は宮城県の村井知事を表敬訪問して、はっきりとこう言った。「自衛隊と協議して救援活動を行う」。その結果、自衛隊と米軍の活動で仙台空港は再開をみたのである。米国は菅政府と決別をしたのである。

東京電力の原発事故で自社責任を感じられるものは、微塵もなかった。まるで他人事のような発言ばかりである。電力会社は国の許可の下、地域独占の売電産業であり、それなりの責任が課せられる。しかし、それをしなかった。避難命令を出された地区の人々に対して、すべて東電の手配でバスを用意しなければならない。東電ならバス会社を丸ごとチャーターできるだろう。宿泊所は東電の保養施設があるだろう。那須、軽井沢、熱海、湘南など全国のリゾート地にグレードの高い施設を持っている。そこは常時、舎監が管理をして、いつでも使えるようになっている。食事も提供できる。東電が受け入れ数が不足していると言うならば、福島原子力発電所受注の東芝に頼めば良い。東芝に加えて日立、三菱の三社。この三社なら即座に何万人を収容できる。しかし、保養施設の開放はとうとうしなかった。避難所に取材に来るテレビ会社、全国紙の読売、朝日、毎日の記者にも取り上げてくれと訴えた。しかし、どこも取り上げてくれなかった。

3月19日の朝、FM東京がスタジオとはまなす館を電話で結んで、生放送の依頼があった。朝7時からの放送で、6時半からはまなす館で待機していた。6時45分に電話が入り、打ち合わせとなった。「そちらの天気、避難所の様子を訊きます。あと、避難所では何が欲しいかを訊きます」。体を張って避難者を守っていた私はプッツンときた。「欲しいものなど何もないよ。命を助けて欲しいんだ。東電は避難する人のバスと、自分の保養所を提供しなくてはいけない。さいたまアリーナの廊下に置いたり、月末に追い出すなんてとんでもない」。すると「固有名詞は使わないで下さい、困るんです」。そんなやりとりの後、放送が始まった。ニュースが流れた後、アナウンサーが私を紹介した。「相馬の社会福祉の責任者の只野さん……」。相馬市社協会長という正式な肩書きを知っているのに、対応がしどろもどろ。……これは絶対におかしい……替え玉だ。終わってから私は言った。「東電があなたの会社の大スポンサーであろうと、それと人間の命を天秤にかけたな。人間として恥ずかしくないか！　後になって、あなたとあなたの会社はそれなりの評価をされるぞ」。これに対して、一言の声も返ってこなかった。

3月21日から、石川県の医師団がはまなす館に常駐する。医師、看護師、薬剤師で、薬も全部持参してやってきた。寝袋も持っていて、被災地には一切迷惑をかけない。医師であっても、きっちりと支援のルールを守ってくれる。頭が下がりました。医師会長の小森先生が、当番医師としてやってきた。「能登地震で全国の皆さんからご支援を頂いた。ご恩返しをしなくてはいけない。そこでしっかりと踏ん張って復興に立ち向かっている相馬を応援しようということになったのです」。続いて相馬市医師会長に話をしてくれ、翌日の朝から医師会の先生が顔を出してくれることになった。しかしその後誰も、たったの一人も顔を見せることはなかった。

4月18日から、学校給食設備を使ったコントロールされた食事となった。それまでの食事は、おにぎり、カップラーメン、味噌汁であった。これを見た小森先生は「炭水化物、塩分、脂肪分のみだ。青物、根菜を摂らないと体と心がだめになってしまう」。立谷市長に給食設備で食事を提供するように言って、給食が始まった。学校給食は従来、月~金の昼食五食だが、週七日の朝、昼、夕食の二十食を提供し、土曜の昼食は仕出し弁当になった。従来の調理員の人数では対応できないので、新たな雇い入れをした。募集は二八人で、避難者の人を対象とし、離職者の雇用につながった。スポーツ施設のアリーナとはまなす館は学校から運搬が必要で、はまなす館は磯部の避難者が請け負った。食事の配膳、配食も部屋毎の当番で担当してもらった。仲間が配ることで会話が生まれ、場が和んだ。給食が開始されると、避難者の顔は穏やかになった。医食同源を目の当たりにした。

同じ4月18日から学校が再開した。一時、磯部小学校と磯部中学校は廃校が検討された。小学校百人、中学校五十人の小規模校だが、児童の犠牲者が一八人も出た。学校は高台にあり校舎は無事だったが、周辺は津波の直撃を受け、毎日被災地を通学するのは児童に悪影響を与える。廃校も止むなしであった。しかし、学校がなくなれば人々の心のよりどころはなくなってしまう。学校の存続は、磯部の部落を再建できるかどうかの鍵であった。学校の再開、存続が決まった翌日の朝から、子供達の様子がガラリと変わった。始業式の知らせを受けると、児童全員が揃ってドリルで勉強を始めた。目標が決まるといかにヤル気が生まれるかがわかった。いよいよ登校日がやってきた。朝7時30分に、福島交通のデラックスなスクールバスがはまなす館に着いた。連日取材に駆けつけていた、福島テレビの藤川アナウンサーはじめ、テレビ会社、新聞社が、子供の喜びの様子を映している。スクールバスに乗り込んだ子供を、家族、避難者、そして我々社協の職員、ボランティアが揃って見送る。「行ってらっしゃい‼」バスが着いた学校には、磯部の人達が集まっていた。そこで感動的な場面が生まれた。小学校の生徒が、出迎えをしていた箭内校長に会った。「校長先生、私が卒業するまで、替わらないで!」「あぁ、替わんないよ」この出来事には、次のような経緯がある。

磯部の人達が、はまなす館に避難してきたのは、被災の翌日の12日だった。避難者の中に小学校の校長、中学校の教頭、主任の先生三人がいた。児童一八人が犠牲者(幼一、小一一、中六名)。先生は、両親を亡くす、片親になった子供達の親代わりとなっていた。4月15日まで、先生方は避難者と子供達と一緒にはまなす館で過ごした。3月16日からは、暖房すると外気が入ってきて、放射能を防ぐ観点から暖房のスイッチを切った。雪が降り寒い日が続いた。先生達は床にダンボールを敷き、毛布にくるまり、寒さをしのいだ。おにぎり一個と飴一個の厳しい生活に耐え忍んだ。排水が損傷し、入浴施設も使えない。先生達は車で家に帰れば、暖かく何不自由のない生活を送れる。だが、生徒と親達と一緒に同じ避難所で過ごした。先生が必死になって身をもって生徒を守ってくれたのである。私は毎日やって来るテレビの取材陣に、この状況をテレビに流してくれと何度も頼んだ。この姿を見れば、原発事故で強制退避している双葉郡の先生、また全国から教師が駆けつけて、この窮地を必ずや助けてくれると思ったからである。しかし、残念ながら報道はされず、学校の始業式、4月18日を迎えてしまった。この話を聞いたNHK報道ディレクターの杉浦さんは、六年生の卒業までをシリーズで流したいと申し入れてきた。「二一人の輪」のタイトルで、NHK教育で6月から放映され、3月まで月一回流される。

被災から二週間経った時のこと、こういう声が聞こえてきた。それまでは地震、津波が大変の話題だったのが、二週目に入ると、これからの生活に目がいくようになった。地震、津波だけであれば、日々一歩一歩の積み上げがあった。ところが、原発事故により未来が閉ざされ、収入が全くなくなった。魚介類を獲っても出荷は拒否される。米を、野菜を、果物を作ってもどこも引き取り手はない。漁業従事者、農家では、借金だけが残り、収入が一切見込めない。お年寄りが「俺が死ねば生命保険がおりる。そうすれば、息子の負担をいくらかでも軽くできる」……なんと悲しい話だろうか。

私ははまなす館にやって来た政治家、安倍晋三さん、谷垣禎一さん、公明党山口代表、仙谷由人さん、みんなに訴えた。「原発事故で借金の返済原資がなくなってしまった。地震、津波、原発の三重被害の地区は、返済を五年間猶予する。そして、その後も現状に応じて、さらに猶予を伸ばすかどうかを決める。この政府コメントを出して欲しい。そうすれば、生きる光明が与えられる。もし、借金を苦にした自殺が出れば、これは政治による人災である」。谷垣さんが来たとき、随行の国会議員から、その件は菅内閣で協議したが、コメントするなとの命が下っていると聞かされる。それはもしかすると銀行業界への配慮から？　どうもそうらしい。……何と情けない。谷垣さんに政府の救援策として発表するように依頼したが、実現しなかった。マスコミにも訴えたが書いてくれない。業界に気兼ねをして信念を失っている。まったく日本は狂ってしまっている。

義援金、支援金についても嘆願した。福島県は大きく三つの地区に大別される。被害は津波のあった浜通り、相馬双葉地方の原発事故避難指示地区に集中している。中通り、会津と被害は少なくなり、会津地方は震災があったの？と思うほど通常の姿である。県社協が福島県全部を、同じ金額の十万円の生活資金支給で対応した。これは間違っている。私は相馬の中でさえ、地震のみの街部と海岸部の家屋流出では、何倍もの金額の差をつけるべきだと思っている。きっちりと説明すれば、差をつけて扱うのは誰でも納得する。それを理解する民度を日本人は持っている。全県同じでは不公平である。同じ金額を支給するのは誰にでもできる無能の策である。陽の当たらない所、最も必要とする人に支援の手を差し伸べるのが政治であるはずだ。原発から百キロ以上離れている会津地方の乳製品、野菜が出荷規制された。これを風評被害だと福島県が強く抗議した。県内同じ支援資金では、これと同じ十把ひとからげの扱いだ。他県からされたことを、自分の県の中でやってはいけない。仙台市の小学校九九校が、修学旅行先としていた会津若松を、放射線の風評で盛岡に変更したのにも憤りを感じた。関東とか中部から敬遠されるのなら、やむなしであるが、同じ被災地、それも隣県の宮城県から差別されるとは、許しがたい。被災地が被災地に冷や水をかける。会津の磐梯町恵日寺には、国宝の仏像がある。この国宝には刃傷がある。やっぱり、会津と仙台は宿命の敵対関係なのか。

磯部は、消防団から分団長、副分団長を始めとして八人の殉職者を出した。はまなす館に避難していた、阿部副分団長のお母さんから、「うちの息子は、大津波の警報が出たので、部落の人に避難するよう駆け回った。そして、うちに帰って来て〝お父ちゃんもお母ちゃんも、早く高台に逃げて。俺はもう一回、残っている人がいるかどうか見てくるから〟……それが息子の最後の言葉になってしまいました」。そのお母さんは、数日して息子さんの遺体があがると、「遺体を見つけてもらった」と感謝の言葉を述べて安置所に向かった。何という心根の優しさだろう。この殉職者の方々の尊い行為がなければ、何倍もの犠牲者が出たであろう。

被災者の人達が失ったものは、余りにも大きかった。……家族、家屋、そして思い出の品をすべて失った。しかし、不自由な避難所生活を送るなかで、生まれたものがある。震災前までは、いつでも何でも手に入れることができて、何不自由ない生活を過ごしていた。しかし避難所で集団生活を送るには、ルールを守り、自分勝手は許されない。この不自由な中で生まれたのは、日本人しか持ちえない気遣い、譲り合い、遠慮である。もともと心の中にあったから蘇ったのである。日本人は、江戸から昭和の戦前まで、最も民度の高い国であった。その民度が、避難生活で呼び戻された。そして、この様子が世界に報じられた。日本人はこの大震災にもかかわらず、規律正しく、整然と生活を送っている。これは驚異だ、と絶賛している。世界中から日本は凄いと賞賛されているが、これは違う。日本人ではなく、東北人だからだ。東北人は、約束を守り、任務を遂行する。そして、諦めない、投げ出さない。最後までやり抜く。東北人は、自分を卑下しがちだが、決してそんなことはない。日本人の最も良い部分を受け継いでいるのが、東北人である。平成16年の自衛隊派遣にあたって、命令が下されたのは、福島県出身のヒゲの隊長、佐藤正久であった。ここ一番という時に、東北が指名される。

ＮＨＫの「あさイチ」へ出演してすぐ、私がＪＣの県会長を務めていた時の日本ＪＣの川越宏樹会頭から電話が入った。「大変なんだね！　何が欲しいの」。コーヒー・紅茶・クッキーなどの嗜好品、セーター・ポロシャツ男物を多く欲しいと言うと、一週間後、救援物資が川越さんの経営する宮崎学園のバスに乗せられてやってきた。宮崎から相馬までの距離は、千六百キロ。「川越から直接手渡してこいと申し伝えられました」。責任者の方から言われて、感激もひとしお。また、家内が相馬の現況と私が避難所でお世話していることを基礎化粧品会社ローズメイの社長に連絡すると、ダンボール数箱に高価な化粧品五十セットが届いた。全国の思いもよらぬ方々から、ご支援の手を差し伸べて頂き、その都度、非常に励まされた。

避難所でお世話をする私達の方が、避難者から教えられたことがある。助け合い、支え合いであった。不自由な生活を送っているのに、日本人の優しい心を教えられた。避難所の秩序を保てたのは、この優しい心と子供の力が大きい。暗く、湿りがちになる雰囲気を明るくしてくれたのは子供達だった。子供達の笑顔と明るい声に元気を与えられる。子供達が玄関ホールで勉強しているのを見て、この子達のために、相馬をしっかりと復興させなくては！と思う。そして学校が再開して子供の喜ぶ顔を見たとき。食事の配膳、配食を自主的に手伝う子供達を見るとき。その子供から食事を受けとった人の「ありがとう。偉いこと」と感謝の言葉を聞いたとき。折りにふれ、子供の存在があった。避難者の人達から、子供から、人間としてどうあるべきかを教えられた。この人達であれば、こういう気持ちを持ち続けられれば、東北は、相馬は、復興する。復興は厳しい道を歩むようになるが、耐えることはできる。

避難所の運営方針は、避難者の人々のためになるか、どうか。これのみ。避難者の人達の命を預かっているのだから。ぶれないことも大事である。管理責任者が迷っていては避難者も不安になる。状況を正しくとらえて、判断をくだす。右に行け、イヤ左だ、ではイケナイ。戦いと同様である。不確かなことは発表しない。安易に喜ばせてイヤ駄目でした、では失望感が倍になる。反省は、名札導入をもっと早くすべきだった。避難者が全員名札をつければ一目瞭然である。外部の人と識別することで、治安が保たれ犯罪がなくなる。山古志村の前村長の長島さんが3月にはまなす館に来て、名札をしないと大変になりますよと助言を頂いていたが、まさしくその通りであった。被災地であった方の言葉は、実体験からの確かなものである。

私達がご褒美を頂いた。相馬市では仮設住宅の建設が進み、全世帯の確保ができた。そして、避難所の解散が6月17日午後5時に決まった。解散日の決定を耳にした磯部中学校の生徒から、「避難所でお世話になったはまなす館の皆さんに感謝の集いをやりたい」との申し入れを校長先生から聞いた時は、嬉しかった。お世話に当たってきた職員も、この集いで癒されるであろう。その日、6月10日の午後4時、学校からバスに乗って磯部の子供達がやってきた。中学生が全員、小学生が高学年、卒業生も参加した。子供達の集客力は凄い。磯部に関係する人々が続々やって来て、ロビーは人で溢れる。中学生の感謝の言葉、「いつも私達のお世話をしてくれ、夜になると見回りをしてくれました……ありがとうございます」。小学生は、鼓笛の演奏、中学生はヨサコイソーラン。中学生の列に亡くなった同級生の写真がある。中学生の一生懸命の踊り、拍手喝采。鳴り止まぬ拍手と共に、アンコールの要請。再びヨサコイソーラン。管理者として職員の苦労に対しても、こんなありがたいことはない。管理者冥利に尽きる。

避難所の主人公は避難者の人達。避難者の立場になって（相手の立場に立って）考える。しかし駄目なことは駄目。避難者であっても、迷惑をかける行為をした場合は、それなりのキッチリとした処分をした。それが避難者を守ってやることになる。管理者と避難者が互いに理解し合い、6月17日の避難所解散まで信頼関係を持つことができた。このような震災が二度ときて欲しくはないが、このたびの体験が活かされ、被害が最小にとどまり、いち早い復旧に役立てればと願うものである。3月11日から6月17日まで、九九日間休みなしの避難所運営から。

（脱稿：2011年7月4日）

漁業の復興を阻む原発問題

相馬市尾浜　池田　精一

平成23年3月11日午後2時46分、福島県相馬市は震度6弱の大地震が起き、その一時間後、私が勤務する相馬双葉漁協相馬原釜支所が大津波に見舞われることになった。

当日、まだ肌寒い日であったが私は漁協二階の正面玄関で浜のかあちゃん二人と立ち話をしていた。その時、突然グラッと揺れ、地震の揺れは大きくなり私は二人に「しゃがめ‼」と言って、二人の肩を上から押し付けるようにして屈めさせ、三人で寄り添うようにしていた。揺れは全然収まらず、むしろ長く感じた。

下の市場周辺のあちらこちらから「キャー‼」「オー‼」と悲鳴が聞こえていた中で、前のコンクリート製の階段を見ると、私達がいる事務所側と階段の繋ぎ目が左右、逆に動いているのを見て一瞬、背筋が凍り付いたのを今でも覚えている。二人の母ちゃんは、一人は六十代前半、もう一人は四十代前半であるが、二人には階段が逆に動いていることは知らせないで、揺れが小さくなったらいち早く下りていくように話した。

揺れが小さくなり階段を下りるよう進めたが、二人は「下りれない」と言う。私は仕方なく二人を抱きかかえるようにして階段を下りていった。二人は、下に置いた車に乗ると何も言わず、脱兎の如く走り去った。私は苦笑いをして見送り、前の道路を見ると亀裂が入っており、そこからまるで温泉の間欠泉のように潮水が2メートル程、噴き出していた。私はすぐに二階事務所へ戻ったが、事務所に入ると机上のパソコン、書類等がめちゃくちゃに散乱しており、上司は皆に片付けるよう指示をしていたが、私は隣にある応接室のテレビでニュースを見た。画面には津波の高さが表示されていたが、岩手県・宮城県は10メートル以上とあり、福島県はそれ以下であった。私は事務所を出て下の市場へ行き、前のドックの海水を見たが、干潮時とはいえ、今まで見たこともない位に潮は下がっており、これはただ事ではないと直感しました。私はまたすぐ二階事務所の応接室へ戻りテレビを見たら、10メートル以下の津波の表示が目の前で10メートル以上と切り替わったので、内心これは来るぞ!!……と思った。

昨年もチリ大地震があり、津波が来るということで警察、消防署の方々が事務所に駆けつけ専門の通信機器を持ち込み、ひっきりなしに連絡を取り合っていた。一方、漁港周辺ではパトカーが近寄る車に危険を知らせるため巡回する等、また空を見上げればヘリコプターが二機飛んでいるという物々しい状況であった。50センチ位の津波が来た。私も二階事務所から眺めていたが、潮が引いたかと思えば10分位で満ちて来るといった具合で、近年珍しく干満の差があった。そんなこともあり皆は津波に関してはまた50センチ位だろうと思っていた。事務所では、余震で揺れが生じていたため大半は片付けることもできず、ただただ、呆然と立ち竦み手につかない状態であった。そこで上司は片付けを諦め二階事務所の職員に対して交替で自家用車を500メーター程離れている高台へ置いてくるように指示していた。これまた脱兎の如く大半の職員がいなくなり、私は何することもなく外を眺めていた。二階事務所はガラス張りになっており、晴れた時は海が青々として眺めが非常に良い。何年か前には長野県の見知らぬ人が入って来てちょっと風景を見せて下さいと外海を見た時、こんなに眺めの良いところで仕事ができるなんて幸せですね……と言われた。

晴れた時はデスクから八木山のテレビ塔、長町の高層マンション、仙台方面、金華山等が見られる。震災の日も当初は晴れており、地震から一時間が経って沖に津波が立った。津波は今まで見たこともない位に壁となって立ち、事務所に向かって近づいて来る。その時、私は何故か恐怖心は全くなく、あまりの美しさに思わず携帯で数枚写真を撮っていた。津波は青い波の上部が白波になっており、まるで富士山を横に伸ばしたようにしてこちらに迫ってきた。上司のAさんは津波が迫って来ているため「屋上へ逃げろ!!」と大声で叫び、事務所に残っていた三人は高さ約12メートルある屋上に向け走った。必死で走った。

二階事務所から屋上につながる梯子段までは50~60メーター程である。皆走った。途中、車を置いて戻って来たIさんに会い、私は「何故戻って来だの!!」と言いながら、とにかく「逃げろ!!」と四人で走った。順番はAさん、

Sさん、私、Iさんの順であった。

屋上への階段は垂直になっており、先ずAさんが駆け上がり、続いてS君の番だが、何故か階段を上がろうとせず、私が「Sさん、早く上がれ!!」と言ったが一向に上がろうとしないで呆然と立っているので、私が先に駆け上がった（後日談でS君は片方の靴が脱げたため事務所へ戻ろうかどうしようかと考えていたという）。屋上に着くと間もなく、やっとS君が上がって来た。数分が経ちIさんはまだ上がって来ないので、私は大声で「Iさん、早く上がって!!」と叫んだが、Iさんからは返事がなく姿は見えなかった。

遠くに見えていた津波はだんだん近づいて来る。私は漁港の河口から外海へ出ようと必死で走っている漁船数隻を見た。地元の船は地震後、かなり多い隻数であるが、もう既に外洋に沖出しをしていた。しかし目の前の船は、津波の第一波に横殴りに呑まれ手前に二転三転するのを見て、私は〝これはダメだ〟と思った。この船主は後で分かったが、組合員のうち今なお行方不明者となっている二人の中の一人である。

第一波の津波が今度は私達を襲うように追って来ており、私は二人に「固まれ!!」と言い、三人寄り添いながら灯り取り用の天窓にお座りしてしがみついた。津波は上から襲ってきた。「ざっばあーん!!」と頭の上からとてつもない大きなバケツで海水を浴びせられたような衝撃音と海水の量だった。すると間もなく一瞬爆発したかのように、「ヴァーン!!」という物凄い音がして目の前の天窓が上に飛び散り、今度は、間髪入れずに左側の方から、これまた爆発音が鳴ったため驚いてその方向を見ると、U字溝のような形をした市場のコンクリート製の屋根が「ヴァーン、ヴァーン」と音をたてながら次々に落ちていきました。

とその時、右隣にいるはずのAさんの姿が見えないのでどうしたのか？……と後ろを振り向いたとき2～3メートル流されていました。Aさんは興奮したように何かしきりにしゃべっていたが、なかなか私達のところへ戻って来ないのでAさんに早く戻るように呼びかけ、Aさんが近づいて来たところ、今度は先程姿を現わさなかったIさんがずぶ濡れでやっと屋上へ上がって来た。

一同は無事な姿を見てホッとしたが、Iさんはドッグを見ようと思ったのか、屋上の岸壁側へ行き、ドッグの方を見下ろしていた。私は地震のあまりの大きさに亀裂が入っているのではないかと心配して、Iさんにすぐ戻るよう声を掛けた。それから皆はそれぞれの思いで辺りの悲惨な状況を見回していた。私は以前、映画で見た大津波の悲惨なシーンをダブって見ているようだった。私の勤務している漁協は尾浜地区に位置しているが、車で北へ五分も走れば隣接している相馬港（商港）があり、漁港と相馬港の間には尾浜海水浴場がある。なんとそこには家が流れており、離岸堤（波消しブロック）で止まっていた（この家は後で福島県立公園の松川浦に流れて行くのだが……）。

海水浴場の反対側の陸地を眺めると民家は大半壊滅状態となっており、火災も起きていた。また、漁協周辺の施設を見ると、近くにあった百隻以上の資材道具を入れておく漁具倉庫が跡形もなく流失し、製氷工場・購買センター等も壊滅状態となっており、その時私はいくら津波とはいえこれだけの建物が一瞬にしてなくなり、破壊するという水の力に改めて驚いた。東方を眺めると第二波の津波がまた壁を作ってこちらに向かって来ている。しばらくすると第二波は松川浦大橋を渡った向こう側、1キロ強の所に鵜の尾崎灯台のトンネルがあり、その手前に南防波堤がかなりの距離で伸びている所で崩れた。すぐまた遠くの沖には第三波が立っていた。

ところが、第三波はまるで「今のうちに逃げなさい」と言っているように二十分経っても来ないので、私は建物前の道路を見た。中央玄関口の方はまだ背丈位の水嵩があり逃げられないと思ったが、北側を見たら間もなく20～30センチ高さの縁石がうっすらと見えた。

私達がいる真下には非常口があり、破損した天窓から下を覗いたらコンクリートがめちゃくちゃになっていた。不安はあったが逃げるのは今だと思った。皆に向かって「逃げるぞ!!」と叫び、私は後ろを振り向かず二階への梯子段、そして一階へ通じる建物の中の階段を注意しながら下りた。

やっとの思いで下へ下りたが海水は30センチ位あり、その中を5～6メートル歩いたところで、私は体ごと穴に落ちた。「なぜ?」と一瞬思った。そこには穴なんて開いてなかったからだ。前方を見ると漁連の直径10メートル位の大きな軽油タンクが私の方へ向いて倒れており油が流れていた。体全身が油臭くなり穴から這い上がろうとした時、左足が網に引っ掛かり上がれない。その瞬間「第三波の津波が来るのでは」と脳裏をよぎった。やっとの思いで網を外し陥没した穴から這い上がり、足で探りながら少しずつ前へ進んだ。

私は高所をめざして200メートル程進み、後ろの漁協の建物を見ると、他の三名は二階のベランダを玄関に向かって走っているところだった。水嵩が気になったが、私は向きを変えて逃げた。すると前方から二十代の若い職員が三名、こちらへ歩いて来るので、私は万歳するように両手を上げ前後に振りながら「第三波が来るから、引き返せ‼」と叫んだ。

4時30分過ぎに高台にある栄荘という旅館に着いた。正面玄関から入ると玄関先からロビー、休憩所に至るまで避難者がビッシリと毛布に包まって肩を寄せ合い、思い思いにさっきまでの出来事を話していた。栄荘の社長が出てきて「風呂へ案内するから入りなさい」と全身ずぶ濡れでいた私を浴場まで案内してくれた。私は寒さに震えていたので「ありがたい」と思い、脱衣場で濡れた油臭い服を脱ぎ捨て浴場に入って行った。浴槽の広さは、二十〜三十人は入れる位の広さだが、なんとお湯は少なく20センチ位しかなかった。社長は苦笑いをして、「横になって入れば大丈夫だろう」と言って出ていった。

私もこの状況なので贅沢は言っていられないと思い、油臭い頭から全身隈なく洗い落とし湯に浸かったところ、なんとぬるいではないか。その上、二人の大人がすれ違う程の大きなガラス窓が破損しており、冷たい風が遠慮なく入ってくるし、「これは参ったなあ」と思いながらもすぐに浴場を出て脱衣場へ戻った。そこには新しい下着と厚手のスエットの上下が置いてあり、社長が「こんな物しかないけど我慢してくれ」、また「返さなくても良いから」と言ってくれた。私も感謝の気持ちを伝えて頂いた。お礼をしに行ったのは一ヵ月後になった。また一回だけ着たスエットの上下は後日、家を流され着の身着のままであった同僚へ回した。それから長い夜に入った。

私の家は漁協から西へ約7キロ離れた市街地にあるが、私も含め避難者は孤立状態となり、どこへも逃げることはできなかった。夕方から余震は何度となくあり、栄荘にいても怖さが蘇るのか、「キャー！」「ウォー！」という声があちこちから聞こえてくるので、私は同級生でもあり同僚でもあるS君に「俺の車で一晩明かそう」と誘われ、暖房の効いた大きなワゴン車に乗り込んだ。夜になり停電で辺りは真っ暗で何も見えないが、車の中は暖かいため か気持ちは和らいでいた。相変わらず余震は続いており、カーナビのワンセグで地震情報を見ていた。地震のたびに私は第三波の津波を思い浮かべ、ひょっとしたらその後、何波も津波が押し寄せて来ているのではないかと思った。

私は心配しているであろう家族へ連絡をしようと何度となく自分の携帯を握ったが、掛かりようがなく、S君の携帯も借りて何回も自宅へ連絡してみたが一向に通じなかった。翌朝までの間、口にしたものは夜中に無線局へ行った時、ご馳走になった一杯のコーヒーだけだった。他にカキピーを小袋一つ頂いたが後でノドが乾くと思い空腹でも我慢をした。コーヒーが最後で、無線局にも水はなかった。

車に戻り眠りについたが、地震が来るたびに目が覚めニュースと睨めっこの状態が幾度となく繰り返された。すると外に出ていたS君が私に「街の方は明るいな」と言うので、外へ出てその方向を見ると確かに空がぼんやりと明るくなっており停電ではないようであった。私は自宅が気になっていたが連絡が取れないので仕方がない。

S君は東京にいる姪御さんとメールで連絡が取れ、身の安全が家族の元へ伝わったようである。後日聞いたが、市内同士では連絡が取れなかったが関東エリアとは少しは繋がったようである。私は車に戻りまた眠った。

朝6時頃、目が覚めS君と二人で漁協へ向けて歩いたが、途中景色が一変したのには正直驚いた。松川浦大橋登り口の信号機の所に漁具倉庫、車、網等が一塊になって瓦礫の山を作っていた。高さにして6~7メートルはあったかと思う(前日、逃げて来る時は瓦礫の山はなかった)。辺りには海水は全くなく完全に引いていた。市場に行ってみると、市場前の岸壁が破壊され箱型になって市場内に上がっていた。また事務所の二階にはまるでオブジェのように漁船が乗っており、沖近くには9万トンもあるタンカーが見えており、普段はこんなに近くにいることはなく、津波の大きさを物語っていた。その後、海上保安部よりタンカーは相馬港内へ移動して座礁し、船体が折れたとの報告を受けた。また昨日第二波が崩れた南堤防の一部が何ヵ所か決壊しているのが見え、また津波の襲来や台風時期になったら二次災害が起きて「大変なことになるぞ」と内心感じた。

周りの若い人たちも、自分の職場がどうなっているのか心配しながら被害状況を調査していた。そうこうしているうちに時間も大分経っていたので栄荘へ戻る。道路は瓦礫で通行止めになって車での帰宅は不可能で、自宅までの約7キロを徒歩で帰るしかなかった。同じ方向の八名で帰ることになるのだが、県道は通れないので他人様の庭先を通らせてもらったりしながら、二時間かけて流浪の旅のように、まるで映画のシーンのように悲惨な状況を見ながらの帰宅になる。津波は2キロまではないと思うが、摂取院近くまで民家を襲いながら到達した跡が見えた。余談になるが、この浜地区は大きく分けて北から南に向け原釜・尾浜・松川地区となる。所々、丘のようになっており、そこに建っている家は無事であったが、原釜地区全体は平地のため被害が甚大であった。尾浜地区は家並みを丘陵が囲むような地形になっており、ちょっとした高さの差で家は破壊された。

浜全体が様変わりして見るも無残な姿になった。また南へ車で十分位走った所に磯部地区がある。磯部は囲い梨で有名だが畑が高所にあり、そこに建っていた家は大丈夫だった。そこから北側へ下ってくると、平坦な所に家が密集しておりすべての家が流失した。その中には漁協の磯部支所、原釜支所と契約している水産会社も数社あったが、人もろとも流された。流された先は二～三ヵ所に集中したと言われており、その中でも磯部から西へ3キロ向かった先に日下石《にっけし》という所がある。そこから多くの遺体が発見された。その他にも水産会社が震災当日に購入したタコが流れ着いていた。日下石地区に住んでいる同僚は、「生ダコを自分の飼い犬に与えたら食べたので、翌日も与えてみたら犬は見向きもしなかったよ」と冗談交りに話していた。私は4月に避難所回りをした際、日下石地区を車で通って見たが異臭を放っていた。一ヵ月以上経っておりカラスがこの辺を食い散らかしていると聞いていたので、以前、同僚が話していたあぁ……あの生ダコと思い出して苦笑した。

この地区から「何人の遺体が発見されたのか」とふと思った。かなりの人数が発見されたと聞いているが、私の知り合いのご家族もこの辺で発見されたと聞かされた。一度に四人の身内を失っており、私はご遺族の方にお会いした時、慰める言葉が見つからなかった。棺に納められたご遺体のお顔を拝見させて頂いたが、多少の打ち身の痕はあるものの綺麗な顔だったのでほっとした。5〜6キロも津波に流され、もみくちゃにされたはずなのに何事もなかったように、まるで眠っているような姿を見て、私は何かに守られているのかもしれないと思った。

私は何日か前に遺体安置所へ行き、棺に納められた無数の遺体を見たばかりであった。そこには頭が上半分くらいないものや、性別判断不可能な遺体が結構並べてあったからだ。津波によって見るも無残な姿に変えられ家族でさえ識別不能なため、棺の上には歯型を記した紙が置かれてあった。

ご遺族の方々は安置所を訪れては必死で身内を探しており、見つかった人は棺を見つめて沈黙している人、またある人は棺に向かって何か話し掛けている様子が窺えた。いずれにしてもこの光景は一生私の心に刻まれるであろうと思った。私も職業柄、若い時から海難事故等で合同葬儀やら人との別れを何回も経験して来たが、これだけの人達が一度に亡くなり目の前に無数の棺が置かれ、これからも棺が次々運ばれて来るのを想像した時、後にも先にもこれ一回きりにして欲しいと心底願った。

大分話がはずれたが戻ることにしよう。帰宅のため私達八名は、車では通れない細い道を選びながら松川を歩いていた。途中、人に出会うたびに昨日の様子を聞かされ「Kさんは、一度は逃げたが大事な物を忘れたので家に戻った時、津波に呑まれて亡くなった」と話され、その人と別れて数分も歩けばまた知り合いの人に会い「大丈夫だったの?」と始まり、また十分位立ち話をしていたので、なかなか前に進むことができず自宅は近づいて来なかった。

それでも八名は固まって歩き、途中自宅近くになった人は「それじゃ気をつけて」と手を上げながら別れた。最後はS君と二人になり、歩いて行くと坪ヶ迫にある阿部スーパー前の自動販売機に差しかかった。S君に「ジュースを飲まないか」と勧められた。私は津波で財布の入ったバッグと車を流失し、着の身着のままだったので有り難くホットココアをご馳走になった。「体が温まり美味かった!!」車は二ヵ月後300メートル位離れた所で、見るも無残な姿になり見つかった。

そこへ浜の知り合いが車で近づいて来て声を掛けられ、家近くまで送ってくれた。今朝、6時頃から動き始めもはや10時頃になるため、二人ともさすがに歩き疲れていた。やっとの思いで家に着いたがそれでも心配で、家にはすぐ入らず家の被害状況を見て回った。幸い屋根瓦が崩れ落ちそうになっていた位であった。

玄関を開け「ただいま！」と言ったが誰からも返事はなかった。妻は仕事に出ているから「返事がないのは当然」と苦笑した。でも千葉から戻って来ている息子がいるはずだと思い、部屋を覗いてみると寝ていた。後で聞いたところ昨日、仙台の病院に入院していた友達が退院するため、息子は車で迎えに行ったとのことである。私は息子が友達を迎えに行くことを前日に知らされていた。地震直後、漁協の事務所から携帯では連絡が取れず、そのままであった。息子は帰る途中、名取市に寄り友達とゆっくり食事していた時に地震にあったらしい。急ぎ逃げて国道6号線を相馬へ向け走行中、亘理町で浜の方へ行こうと思ったが、ラジオを聴いていた友達が「浜はやばいぞ」と言い、そのまま6号線を南下したらしい。地震が起きて道路の状態が非常に悪いため、途中山道回りでかなりの時間をかけて夜遅くに帰って来たということであった。

「ここにも一つ間違えば命を落とすことになる者がいた」と思い、その正しい判断を褒めた。妻は昨夜、息子が帰って来ないので心配しながら自宅で一人、地震で落ちた物を片付けていたらしい。私は「街には津波こそ来なかったが家族それぞれに大変な思いをしていた」と思い、母屋にいた母親も含め無事であったことにホッと胸を撫で下ろした。

震災から四ヵ月経った今、被災した漁協の六支所（新地支所から浪江の請戸支所まで）が同じ事務所で復興に向け頑張っている。事務所は相馬市の施設を間借りして震災前のデータ収集を行い、また漁船の被害もかなりの隻数になっているので、現場へ駆けつける等、忙しい毎日である。

相馬市長は浜から街への経済効果を考えて、精力的に国へ働きかけ浜方部の瓦礫撤去、同時に漁業再開に向け市場整備を進めている。いつでも水揚げができる状態になって来た。ただ、市場は良いとしても福島原発が収束していないため、漁業再開ができるのか心配である。魚を獲って放射線量を調査しているが、数値的には全然問題ないが風評被害で魚が売れないという仲買業者の話も聞いている。今回の津波は千年に一度の津波だと言う。確かに広範囲での被害はそうめったにあるものではない。

相馬の地元の人達は、被災の当初は「あの人は何人かで立ち話をしていて津波に呑まれて亡くなった」とか、「誰々さんは津波に流され運よく木につかまり助かった」云々という話をしていたが、時が経つにつれて自分達組合員の今後の生活に直接関わるため、話題は自然と原発問題に変わっていった。ある人は「地震、津波は悔しいけれど天災だからしようがない。だけど原発問題は人が作ったものだから絶対に許せない」と言う。そう思うかもしれない、何故なら、津波で漁船が駄目になった五十歳過ぎの人達の中で、やる気のある人は新たに船を求めて操業に励むであろうが、この原発で漁業再開が危ぶまれる状態では、漁業を辞める人も出てくる。実に残念でならない。

毎日、テレビで原発問題について東京電力や先生方の嘘話を流している。いい加減呆れている。こうした間にも震災で打撃を受けた被災地の人達は福島県だけでなく岩手県・宮城県も含め大変な思いで生活を強いられている。「国は一体全体何を考えているのか!!」と言いたい。私は「堤防の決壊部分をコンクリートブロックでも何でも良いから塞がなければ、津波、台風で二次災害になってしまう」と国会議員の先生には話した。しかし塞ぐ様子は全くなく、毎日政治家の茶番劇を見せられて、この国はどうなっているのかと思ってしまう。世界では日本の国民が暴動を起こしたり略奪を犯したりしない規律正しい国民であると褒め称えているが事実はどうだ。惨状の中、他の土地に避難している民家からテレビ・金品等を盗んでいる窃盗集団がはびこっているではないか。

最近、地元の人達で自警団なるものを作り市民同士が協力しあいながら防犯体制を敷いているニュースが流れた。「自分のことは自分で守れ」ということか。平常であれば当たり前のことであるが、「非常時には違うだろう」。ここにも国の顔が見えて来ない。

四ヵ月が経過して、菅首相よりやっと復興の基本方針が打ち出されたが、何でも有識者によって考えられたものであると話していた。私はふと疑問に思った。この基本方針には、被災地の意見は取り入れられているのかということである。昔から被災地域では地元の人達によって被害を最小限に食い止めるための方策が取られていると思う。

例えば、津波の影響で川が逆流して土手が決壊して被害を蒙った所は、川に改良を加え津波をうまく吸収する知恵が生かされた地方もあったと聞く。今後の復興には今回被災した人達の経験を通した知恵は本当に生かされていくのか、ただ単に机上論で政策を進めていくのかが疑問である。やはりその土地柄に合ったような政策が必要だと思う。

それと同時に原発問題の収束をしっかりやって欲しい。これは今や福島県だけの問題ではなく、日本いや世界の問題になっている。相馬市では毎日、放射線量を計測しているが気にするほどでの数値にはなっていない。また海の方でも各機関から依頼され漁船を使用して魚・海水・海底の土等を取って来ては研究所へ持ち込み分析をしている。相馬沖で捕れた魚はゼロではないが低い数値で全然問題ない結果である。

地元では五十歳過ぎの人は地物の魚を食べたいので早く船を出して捕ってきてほしいと言われる。私は被災後に魚を頂いたので刺身・焼き・煮つけにして食べたがやはり鮮度も良く美味かった。妻の実家にも持って行ったが、義弟の子供が女子高生と中学生で、やはり親としては食べさせたくないということで処分したらしい。無理もないことである。その後、会う人会う人にヒアリング調査のように聞いてみた。年配の人達は「もちろん食べるよ、食べるから早く獲ってきて」と言う。また同じ人に、私は「お孫さんには食べさせますか」と聞いてみると、大半の人は「食べさせたくないよ、絶対食べさせない」とはっきりとした答えが返って来た。地元でもやはり若い世代の人達は地物魚を食べないと言う。

この状況の中、福島県では各機関の代表者が集まり漁業再開に向け話し合っている。福島県は北から南まで二百キロある中で海域を分けて操業したら良いのではという声がある。確かに相馬から原発までの距離は50キロあり、放射能の影響は相馬方面よりも南のいわき方面に数値的にも影響を与えている。でも海は繋がっているため放射能は海流に乗ってどこへでも流れていく可能性がある。なかなか難しい問題であると実感した。

今、学校は夏休みに入っており、テレビで福島県から子供たちが一万二千人程県外に転出するニュースが報じられていた。子供の親も一緒に行くわけだが今後、連鎖反応のように転出する人達が出てくる状況を考えると将来どうなっていくのだろうかと思う。

日本の企業も原発の問題だけでなく為替等、諸事情のため海外へ転出すると報じられている。私は以前より2012年には日本はなくなるというばかばかしい話を聞いていた。でも震災前、TPP問題で経済的に日本が崩れて行くのではないかといった心配はあった。今後、原発問題や為替事情を通して企業が海外へ転出するようになったら、福島県の人達が単に他県へ転出するという状況に止まらず、やがては国内の大勢の人達までもが海外へ出るのではないかと思う。このように考えていくと心配は尽きないので、この辺で止めますが、とにかく被災地の人達は自分でできることはしているので、国を預かる政治家の先生方には被災者の悲痛な叫びを無視することなく、困っている人達の話を隅々まで聞いて、今からの復興問題、原発問題、その他の諸問題に真剣に取り組んで頂き、一日も早く国民が安心して生活ができるような状態にして欲しいと願って筆を置きます。

最後に、今回の大震災で亡くなった岩手県・宮城県・福島県の方々のご冥福をお祈り申し上げます。　合掌

（脱稿：2011年8月9日）

心に燻る「政府も誰も信用できない」

福島市飯野町
鳴原　玲子

「地震、雷、火事、親父」とはよくいったものだが、まさにこの恐ろしさを痛感する日となった。

3月11日　午後2時46分、マグニチュード9・0、震度6強、東日本巨大地震が発生した。福島市の職場で事務を執っていたところ、突然の強い揺れが襲った。建物は鉄骨に石造り。とても建物の中でこらえられる揺れではなかった。すぐさま外に飛び出したが、直立できるような状況ではなく、足に力を入れ、何かにつかまっていなければ立っていることはできなかった。周りの建物もすべて大きく揺れていて、想像もしなかった信じられない光景が広がっていた。情けないことだが、知らず知らずのうちに大声が出てしまっていた。一度の揺れが長く、何度も繰り返された。揺れが収まるたびに建物に入り、落下したものや崩れたものの片付けをしようとしたが、5分も経たないうちにまた揺れ、店の外に出るということを繰り返すばかりだった。店舗の中のものはほとんど崩れ落ちてしまっていて片付けが大変だったが、怪我がないことがなによりだった。

揺れが弱くなり、少し落ち着いた頃、電話で親戚などに連絡しようとしたが、何度かけても繋がることはなく、不安は募るばかりだった。幸い、停電はその日の夜のうちに復旧したが、水道は止まったままだった。当然トイレを使うこともできず、風呂に入ることもできず、家の各所で不便さを感じた。水道は3月18日には復旧するとのことだったが、その予定も少しずれた。普段何気なく使っている水のありがたさを思い知らされた気がした。

3月12日　福島民友紙面で「原子力緊急事態を宣言」の文字を目にした。しかし、原子力、原発に対する知識はないに等しかったため、事の重大さが分からなかった。たびたび襲う余震に耐えることに精一杯で、他のことを考える余裕はなかった。

3月13日　食料品を求め、地元では一番大きいスーパーに向かった。だが惣菜やパンはおろか、保存食の類はすでにほとんど売り切れていた。缶詰の棚にはわずかにカニの缶詰が数個あるだけ。レジの混みように比べ、何も置かれていない棚が余計に空々しく見えた。いったいこれからどうなってしまうのだろうか。漠然とした不安が、形になったような気がした。

3月14日　ガソリンが底をつこうとしていた。意識障害で入院中の父を毎日看病しに、隣町である川俣町の病院に行っていた私は、このことに頭を悩ませていた。自転車で行こうとも思ったが、放射性物質が飛散しているということもあり、兄や家族に強く反対され、諦めた。どうしても、ガソリンが欲しかった。燃料メーターを常に意識し、アクセルペダルをあまり強く踏まないように、そしてスピードを40～50キロ程度に抑えての運転。少しでも、ガソリンを減らさない運転を心がけた。

3月15日　朝方3時に起きて、寒さ対策のための湯たんぽを持ち、ガソリン調達に出かけることにした。長い車の列が続き、湯たんぽを持っていっても車内は寒かった。しかし、待ったかいもなく、ガソリンを買うことはできなかった。次の日もまた、同じく3時に、湯たんぽをもって出かけた。しかしまた買うことはできなかった。

紙面の見出しに「3号機も水素爆発」の文字を見つけた。12日の1号機爆発に続くものだった。原発事故により飛散した放射性物質、セシウムとヨウ素などの物質には、当然色も臭いもない。見えない、感じることもできない物質の恐ろしさを、このとき初めて実感したように思う。テレビで報道されていた対策は、外出時には帽子やマスクなどで肌の露出をなるべくなくすこと、手洗い、うがい、帰宅後のシャワー、外出時に着た衣類の隔離などだった。しかし、このとき水道は止まっていたため、肝心のシャワーで除染はできなかった。

また、父の入院先にも原発の避難者が来た。空きベッドは少ないので、通路以外の空いているスペースに布団を敷き、応急処置が行われていた。父の病室にも、床に一人の方のスペースが設けられていた。病院からは、避難指示が出た際の父の転院先などを聞かれた。その時は、もはや県内では無理である、病院側にお任せするしかないと答えた。辛いことではあるが、そう返答するしかなかった。

自分たち家族も、県外への避難について、ずいぶん話し合いをした。皆一様に不安を感じているせいか、ピリピリとした空気が漂っていた。しかし、いい方法は思いつかなかった。避難したところで、どうするというあてもなく、長期間避難するだけの資金もなかった。ただ、非常食や着替え、洗面具などは、いつでも避難できるようにバッグに入れておいた。何か起こってから避難したのでは遅いという気持ちは、誰もが感じていただろうが、心の奥にしまっておくしかなかった。

3月19日 それから数日後やっと待望のガソリンを手に入れることができた。その日は早朝5時から9時まで四時間待った。ガソリンスタンドでは整理券が配られた。番号は五百番台まであるうちの四百番台前半で、ギリギリでガソリンを入れることができた。ガソリンに関しては、顔見知りの人が協力してくださったことが、なによりありがたかった。三千円分だったが、安心感と嬉しさがなにより大きかった。

そしてこの日に、予定より遅れたが、水道も復旧した。この日までは、食料品も水もない、心細い日が続いた。普段何気なく使っているものの大切さ、震災以前の生活がいかに幸せだったかに気づかされた日だった。

3月25日 五ヶ月の姪、五歳の甥、一四歳の息子、一八歳の娘、若年層の危機を感じ、東京の親戚へ避難させることになった。新幹線も完全には復旧しておらず、那須塩原からの運行であった。送り届ける車中、二時間ほどいろいろと話をした。誰もが、東京行きを望んではいなかった。子どもたちも最初は避難を拒否していた。しかし、少しでも安全な場所に子どもたちを置いておきたかった。

子どもたちの顔からは不安が伝わってきた。表情は暗く、とてもかわいそうだった。帰ってからの家の中は、子どもたちがいないせいか、ひっそりしていた。事故さえなかったら、こんな思いをせずにすむのに、と心から思った。もし子どもたちが五年後、十年後に病気になってしまったら……。不安は膨らむばかりである。避難先の東京への電話で、電話料金もいつもの月の倍ほどの料金になってしまった。やがて、学校も幼稚園も通常通りに始まるとのことであった。

3月28日 川俣健康センターにて、被曝スクリーニングをしてもらった。結果は「異常なし」という言葉だけだった。スクリーニング済証に、自分で氏名と生年月日、そして住所を書いた。確かに今は被曝していないのかもしれない。しかしこの状況が続くとなるとどうなるのか……。そう考えると、あまり納得のいくものではなかった。

商売は少しの間、臨時休業し、被害の状況をチェックした。皆が困惑し、仕事どころではなかった。この辺りでは、春の作付のはじめは、ジャガイモである。春分の日を過ぎた頃から、畑に出た人、政府の指示で畑には着手せず守っている人等、さまざまであった。土壌検査の結果、OKが出た。私の兄は、それでも表土を取り除いてから耕耘し、ジャガイモを植え付けた。水稲の方も、検査結果が出るのが遅く、例年より十日程遅れての播種となった。秋の収穫に不安を感じながらの作業だった。米の検査をしたら「セシウム」では、もうどうにもならない。

お客様からも、原発の話ばかり。現地で作業をしている方のことを考えると、あまりのことは言えない。高齢のお客様は、「おれらは、あとせいぜい生きて五年か十年だ。せっかくの土地に野菜つくんねで、買って食ってらんに。若い人たちは気ぃつけていけばいいんだ」。そんな会話は、たびたびあった。ハウス等で野菜出荷をしている人や搾乳している人の辛い話も聞いた。商売にも大きな影響は出る。覚悟しての営業である。

4月3日　東京から子どもたちが帰ってきた。皆、疲れた顔をしていたが、顔を見ると安心した表情を浮かべた。子どもたちの話を聞いたところ、東京があまりにも普通どおりで、とても驚いたそうだ。しかし、一向に状況の変わらないこの場所に戻ってきて、子どもたちはこの先健康でいられるのだろうか。心配でならない。

4月8日　中学校臨時PTA総会が行われた。もちろんいまだ収束に至らない原発のことである。某医科大学教授による「環境放射線と健康」の演題での講演であった。教授のお話では、「現地対策本部が3月25日に発表した福島県川俣町六六人の子どもたちの値で、最大値は一二歳の男児だった。これは、ヨウ素131を体内に取り込んだ人の喉元からの線量の値から、甲状腺の線量を評価する方法である。その線量率が環境のバックグラウンド値を差し引いた正味線量ならば、その男児の甲状腺に蓄積したヨウ素131の放射線は1・4キロベクレル、実効線量は1ミリグレイ以下で、この男児の内部被曝量は自然の状態で、なんら問題はない。福島の核災害による甲状腺のリスクが低い理由は二つある。一つは環境に放出された放射性ヨウ素の総量がチェルノブイリ原発事故に比べて桁違いに低いこと。二つめは、汚染牛乳の出荷停止が速やかになされたこと。また、悪玉ヨウ素を入りにくくするためには、ヨウ素を含む食品、たとえばわかめ、のり、こんぶや卵等を少し多く摂取するように心がけること」との事だった。この講演で、ヨウ素、セシウム、プルトニウムなどのことは少し理解できた。校庭と体育館では割合が十対一、屋内は十分の一の線量だそうだ。教授の結論では問題ないとのことだった。テレビでよく聞く「直ちに健康に影響を及ぼすものではない」と同じだった。ならばなぜ、水稲の土壌調査やしいたけ等の検査が行われているのか。やはり不安は消えることはなかった。

4月12日　息子の東京方面への修学旅行は当然の如く中止となった。

4月14日　いとこに職場の放射線量を測定してもらった。建物の入口から外へ1・5メートルくらいで高さは地上から1メートルのところを測定。結果は1・5マイクロシーベルトだった。側溝のコンクリートの上は6マイクロシーベルト、建物脇の草のところは、7マイクロシーベルトであった。ただ、建物の中、入口から2メートル付近は平常値だった。地面や草などの数値はやはり高い。家の窓も自動車のウインドウも開けない。洗濯物も外には干せない。自分でできることは、気をつけていきたいと、強く思った。

5月6日　中学校臨時集会が再び行われた。避難されてきている保護者の方も参加されていた。地元の保護者も、部活の心配など、多数質問していた。避難者の方の「政府も誰も信用できない」という言葉が、心の中にいつまでも残っていた。私たちの抱える原発への不安は、日々離れることはない。どうにもならない苛立ち、諦めにも似た感情を抑えながら生きている。「安心・安全」な福島にいつ戻れるのだろうか。辛い日々はまだ続く。

（脱稿：2011年8月31日）

福島との県境で放牧場を復旧

伊具郡丸森町

大槻　謙喜

私の町営放牧場は宮城県の最南端、福島県に食い込むように位置する丸森町にあり、県境に接している。私はその時、いつものように丸森町町営放牧場で他の職員とともに通常どおり預託牛の管理作業をしていた。

3月11日午後、突然小刻みに揺れ始め、部下の携帯電話の警報が鳴り出した。部下は顔色を変えて私を見た。何事と思ったその時、一気に激しい揺れに変わり、場内の畜舎をはじめとする建物、建造物、地面が複雑な揺れを起こした。突然の大きな揺れに最初は何が起こっているのか分からなかった。今まで感じたことのない揺れが始まり、それは長く不気味に低く深く激しく私の心までも揺さぶる揺れだった。鉄骨造りの畜舎が倒れるかと心配するほどの揺れを茫然と眺めていると、パドックにいた百頭の牛が集団で咆哮しながら走り出し、パドックの柵をぶち破る勢いで暴れ始めた。

妊娠牛の流産、子牛の骨折など心配になり、同僚とともに大声で牛をなだめようとしたが、鉄骨造りの牛舎から激しい金属音が鳴り響き、牛たちの喧騒状態はおさまるものではなかった。私たちも立っているのがやっとのことだった。

何分続いたのだろうか。恐怖心を鎮めるのがやっとだった。揺れが収まりすべてが平常に戻ったと思った時、私は牛たちの状態、施設の外見を確認してまわった。幸い牛たちには異常なく安堵した。しかし興奮はしばらく収まらない様子だった。畜舎は基礎のコンクリートが割れ鉄骨がむき出しになったり、ひび割れがいたるところに入り、鉄骨の扉が脱落し、天井の蛍光灯六基が脱落するなど激しい被害となった。事務所に戻って見ると書類、キャビネット、ロッカーが散乱し、停電となっていた。

牧場の設置者である丸森町役場産業観光課に状況の報告をしようと固定電話を取ったが不通となっていた。また携帯電話も不通であった。回復してから掛け直そうと事務所を出た時、近くの酪農家にいたという丸森町役場と宮城県の職員の方二名が沈んだ顔で来訪され、この時私は他の場所では余程のことがあったと思うようになった。牧場の現況報告を依頼しお互いの無事を挨拶に別れた。

しかし、トラクターのラジオ放送を聞いていると、震度が非常に大きく被害も甚大な様子であるとの情報が流れてきた。私は消防団員でもあるため地元の団員に連絡を取ったが、つながらなかった。その後、地元の婦人会の役員、民生員、区長さんにショートメールを送り地元の状況把握に努めた。数件の返事があり火災や家屋の倒壊などこの時点では被害は確認されなかった。ただ、誰もが異常な揺れに動揺している様子は文面からとれた。民生員さんが一人暮らしの老人宅を巡回確認中であった。

二二歳になる長女からメールで「名取のエリアにいるけどどうしよう」と連絡があった。周辺道路が混雑し交通事故が心配だったので、その場にいるように伝えたが、直後にトラクターのラジオから大津波警報が出たのですぐにその場から離れるよう伝えようとしたが、すでに4号線に出たとのことだった。山の上の牧場にいると他の地区がどうなっているのか状況がつかめず益々不安になってきた。泉区のアパート住まいの大学二年の長男と安否確認が取れない、妻は丸森町役場に、八三歳の母は自宅で留守番をしているが、それぞれ連絡が取れない。不安は募るばかりであった。

勤務作業が終わり帰宅する前に場内を再度確認した。停電になったため職員用と牛たちの水道水の確認にポンプ室に向かった。そこでは電気動力ポンプが破損していた。緊急用のディーゼルエンジンポンプに切り替え送水を試みたが揚水できない。原因を探ったところ、地割れのため送水用本管が途中の地中で断裂し漏水していた。この復旧には一週間以上かかった。復旧まで一日二回、朝晩揚水のため700メートルを往復した。一回二時間、一日四時間の重労働である。

町内の水道設備業者に連絡を取るにも方法がなかった。若林区のポンプ業者に電話やメールをしてみたが音信不通であった。後でわかったことだが、津波で会社も人もすべてなくなったと聞いた。三年前に修理に来たあの若い技術者の顔が思い起こされた。

地割れの被害がこんなところまで起こるほどで、地震の被害の甚大さを改めて思い知らされた。こんな地震被害は丸森では見たことがなかった。阿武隈川沿いの国道３４９号線は落石の危険が想定されたので、帰路にあるはずの長女に県道経由を勧めたが返事はなかった。

夕方になり、牧場から自宅までの23キロの帰路についた。途中舗装が陥没しており、走行にはかなり支障をきたした。日没後であり、沿道の状況はつかめないが、民家が真っ暗でいつもの灯りがないことで、改めて停電が回復していないことに気付いた。ところどころ落石があり、帰宅にはいつもの二倍近くかかった。

自宅の無事と母の安否を確認後、消防の活動服を着て地区内の巡回に向かった。私の集落は町役場から10キロ、車で一五分の所にあり約八十戸を三行政区で管理して取りまとめる代表区長制の集落である。

地区中央の集落センターに行ってみると蝋燭と懐中電灯の中、区長さん、民生員さんたちが避難してきた一人暮らしの老人たち四名の世話をしているところだった。役場にいる妻に避難状況を伝え、避難物資の支援を依頼した。毛布はすでになくなったとのことで被害の甚大さ、避難者の多さに改めて驚愕した。避難所にいたみんなも驚いていた。軽食品の配給が三十分ほどして届いた。地元を管轄する消防団担当班に装備してあるエンジン発電機を設置し電灯を点灯した後、避難所の世話役を民生員さん、区長さんにお願いして私は地区内の巡回に出かけたが、夜になり被害の状況はつかめなかった。

午後10時ごろ自宅に戻るとすぐ家の中を確認した。二階のふすまが外れて倒れたり、本棚が倒れたり、妻のタンスは傾き、茶箪笥のコップ類も転倒するなどしていた。家では留守番の母と長女が暗い中で蝋燭を灯し軽い夜食をとっていた。余震が続く中母も長女も自分の部屋で寝るのは不安だと言うので、家族四人で茶の間に寝ることにした。停電が続いた五日間、この状態で寝ることになった。

母は少々認知症ぎみで二、三日後には「一人で寝る」と言って寝室に行ったが、余震で驚き「電気を付けて」と騒ぐ日が続いた。自分の家だけ停電と思っている。私は緊急時対応のため牧場に泊っていた。ファンヒーターが使えず、古いだるまストーブを物置から出して暖をとった。電気がなく真っ暗な部屋はラジオだけが頼りだった。

この日から我が家は省エネ生活に入った。幸い水は井戸（電気ポンプ、サイフォン式兼用）、ガスはプロパン（台所、風呂とも）で助かった。後日、ガスボンベ交換にしばらく来れなくなったとのことでこれは節約第一と心がけた。が、母が風呂の点けっぱなし、何度も沸かすたびに長女が騒いで止める日々が続いた。長女が大学卒業で自宅に居てくれたことは大変助かった。おかげで妻も私も仕事に専念できた。

地震発生時にショートメールした長男からは依然返事はない。携帯ラジオをかけてみた。地震の被害、津波の被害状況を伝えていた。東北全部が停電、内陸まで津波、とラジオが告げ、とんでもない事態であることが分かるたびに眠ることができず、長男にメールを送り続けた。返事はない。泉区のアパートまで行こうかと思ったが、明日の朝集落センターに行かなければならず、泉区には迎えに行けなかった。そのまま一夜が経過した。

地震翌日の12日朝、4時すぎに集落センターに様子を見に行った。発電機のガソリンを補給し自宅に帰った。地区内を一周して様子を見た。舗装の亀裂があちこちで見られたが、ラジオから聴く情報や、牧場の状態から見ると被害は少ない気がした。そのまま自宅に戻り、昨日の残りで朝食を済ませて、留守番を母と長女に頼み、妻と私はそれぞれ役場に行った。通勤途中の道は大小の落石、亀裂、陥没が昨日の帰路よりひどいと思った。

役場も停電、うす暗い中厚手の防寒着を羽織って被害対応をしていた。私は、牧場の牛の購入飼料のことが案じられた。それは、港にある飼料工場が岩手、宮城、福島、茨城すべてで津波に飲み込まれ、全滅したからである。飼料がなければ死活問題である。宮城一を誇っていた酪農の町、町内の酪農家のことが案じられた。電話が通じず、私は酪農家をまわって実情を把握し、宮城県と丸森町の指導を仰ぎ代替飼料で乗り切ることにした。町営牧場はよいとして、酪農家は停電で搾乳を手作業でやるしかない、それも通常の三分の一しかできない、生乳を出荷できない。これは乳業メーカーの加工場が震災で被災したこと、集乳する専用車の燃料不足で集乳ができないなどが原因。

毎日生乳を廃棄する日々が3月末まで続き、正常に回復したのは4月になってからであった。
二日目の12日、牧場で被害状況を改めて確認したところ地割れを二ヵ所発見した。一ヵ所は長さ30メートル最大幅50センチ、深さ1メートル、もう一つは長さ50メートル、幅30センチ、深さ20センチであった。地震の大きさをさらに思い知らされた。後でわかったことだが、雪解けが進むにつれて断裂箇所は七カ所確認した。すべて東西に割れていた。

日常生活では初めて経験することが毎日起きた。地震四、五日後にはガソリンがなくなりかけて通勤に困り、あちこちのガソリンスタンドに長い行列ができた。私も家族とともに三回ほど並ぶことになった。寒い季節で車中泊となり妻と長女は翌日寝込んだり通院することもあった。しかし、ガソリンがなくて困っている友人知人に分配することができた。

停電は豪雪や台風などで経験はあったが、まさかガソリンがなくて通勤が苦しいとか、商店に食糧がなくなるとか、生活用品を求めて行列ができるなど実際に起こるとは思わなかった。ガソリン節約のため通勤は妻と相乗りで、役場まで10キロのうち7キロくらいは下り坂なのでニュートラルで走行した。これは大変なことである。

私の家には米はあったが、他の食糧が底をつきつつあったため、妻と娘は家にあるものでうまく調理しよく出してくれたと思う。ご飯を炊くにもガスコンロで土鍋をかけて炊いてくれた。大変うまかったのを覚えている。感謝の一言です。昼食は三日ほど町のケーキ屋で菓子パンを買って食べた。それも四日目からなくなってしまった。我が家では16日電気が回復するまでガスが活躍した。

避難所での対応は四日ほど続いた。避難者も初日は一人で暮らすのが不安ということだったが、三日目には「ここにいても停電ならば暮らし慣れた我が家の方が気が休まる」という希望を取り入れ、また余震も幾分収まりつつあるので閉鎖することとした。それまでの四日間、私と代表区長さんで交互に、避難所の見回りを兼ねて夜と早朝発電機の燃料補給を行った。町からの食事の配布も四日目には止まることとなった。これは町全体の避難所でも帰宅者が増え縮小統合傾向にあるためであった。

長男から連絡があったのは地震から五日後であった。メールは地震三日後に不通になり大学の友人のアパートで三人で生活しているとのことであった。本当に安心した。水も食料も何とか調達できているとのことでよく頑張っていると感心した。20日の夜迎えに行ったが、夜の泉区天神沢付近がこんなに暗いのには驚いた。実は一回目は安否がつかめないまま13日の午前中に迎えに行ってみたが、アパートにはいなかった。連絡の取りようがなく心配になったが、書き置きをドアに挟んで不安のまま帰ってきた。涙が出る思いだった。ガソリンの消費を抑えるため高速道路を使わず一般道路を利用したが、余りの段差や通行規制、信号も点滅で走行には大変苦慮した。内陸の白石、蔵王町、村田町の家屋、道路の損壊の大きさに驚いた。

我が家は家、水、ガスが使用できたので被災者とは言えない。それでもいたるところで生活に支障をきたしたことは間違いない。他にも春のお彼岸が近づき、我が家のお墓の掃除に行ってみたが、どの家の墓も墓石が倒れたり割れたり傷んでいた。集落の人が六人ほど集まっていたのでとりあえず墓参りができる程度までみんなで整頓したが、割れたものもあり、石材店に頼むこととなった。しかし大変な出費ですぐにはできそうもない。

消防団員の私は初めの三、四日ほどは通勤途中消防の法被を着ていた。日曜日に国道の橋の段差に気付かず高齢の男性がバイクで走行して転倒しているところに遭遇した。管轄外であったが救急車が来るまでの間交通整理をして協力をしたが、本当にいたるところ被害だらけであった。

地震被害を受け入れ覚悟を決めて生活しようという時、原発爆発事故である。長女がどこで聞いたのか「福島原発が爆発したので雪や雨に当たらないように」との情報を、朝家族に話してくれた。そして16日「ばあちゃんが雪に濡れて歩いてる。どんぶくを外に捨てた。私初めてばあちゃんに、どなっちゃった」と、携帯が通じるようになったことを喜んでメールをくれた。長男も避難しなくて大丈夫か、とメールをくれた。どこで聞いたのか原発事故の事にかなり詳しい。政府発表とか、距離的問題とかいろいろ情報をくれた。私が爆発のニュースを聞いたのは15日朝、車のラジオからであった。地震後私の家の情報は車のラジオだけであった。

14日の正午すぎ牧場に見慣れない車両が来たが、話す間もなく帰って行った。その後自衛隊の車両が来た。今思えば原発爆発の調査でもあったのだろうか（これは私の推測）。そのうち私たちは日々の生活に追われ原発事故のことは頭の隅に追いやられた感じであった。それが身近な問題となったのは仕事に影響してきたことと、テレビで福島県の避難準備のニュースを見た時だった。県境にあり、しかもすぐそこ、直線で5キロもないところで避難準備である。私はその時背筋が寒くなった。一ヵ月ほどして県境のすぐそこで自殺者が出てしまった。残念である。しかし、町営牧場から離れると、周りはみんな平穏に生活している。ガソリンがない、食糧がない、日用品がないと、みんなそちらに気をとられていた。当然である。日々の生活に夢中なのである。牧場でもみんな雪に濡れないよう注意を喚起した。それでもつい忙しさに紛れて雪やみぞれをかぶったりだった。日常生活では個人として放射能に対処すべき行動はしなくなった。

でもいつしか、丸森町がいち早く水や野菜山菜などを調査して発表した結果やメディアからの情報を逐一チェックしている自分に気付いた。仕事では報道にあった通り牧草給与と放牧ができず、その対処に追われる日々が続いたのだから、気にせずにはいられない（後日解除になった）。

仕事上は基準通り行動すればよかったが、個人的にはＰＴＡ役員ＯＢであり、集落に帰れば地区のＰＴＡの役員、会員から県境の福島と比べてどうかとか、地域の集まりごとがあるたびに話題になる。私は丸森町の調査結果やいろんな講習、研修会で聞いた放射能の性質や植物との関係などを話して、そんなに神経質にならないで、と話してきた。でも、どこか心が落ち着かない自分がいる。

私の家では福島県のテレビ放送も県内同様に見ることができるため、ローカルニュースはしばらく福島県をチェックしていたが、トップは常に原発と放射能のことで始まるため参考になった。また、集落の友人知人も福島県内に勤務する人が多く、その情報から福島県の対応が聞くことができたのも良かった。福島県は地震や津波の被害報道より常に放射能の汚染や避難対策、風評被害の報道がほとんどで、対応も早いと感じた。

いつしか私は、「私の家の周辺や町は『福島県よりも半分の線量』である」と、自分に言い聞かせている気がする。時々不安になることもあるが、そんな時、丸森町が我が家の近くの集会所をはじめ学校や町内各所の施設周辺の空間線量、水、食品、土壌を調査し発表して逐次回覧してくるものを見ることで落ち着いている自分もいる。放射能の事はいつまで続くか分からず、生活環境、食糧問題、これに追われることになるのだろうと思われる。

余震が来るたび震災前の心境とは違って恐怖心がこみ上げてくることに気づく。「震度4」だと家族にすぐ安否確認をとっている。まだまだ余震は来ると言われていても、いつぞやは食事中に「だれ揺らしてるの」と後ろを振り返る自分がいる。

津波被害にあわれた方、放射能で避難されている方、被災された皆様の早い安泰を願うばかりです。

（脱稿：2011年10月26日）

原発見学中に地震に遭う　女川原子力発電所

藤村　魁

春休みの中ごろから、私は東北電力主催の「エコ&エネルギーワークショップ」というプロジェクトに参加していた。「子どもたちにエコの大切さや現在の環境破壊の実状、電気の無駄遣いなどを理解してもらい、環境やエネルギーについて考えを深めてもらう」というメッセージを演劇を通して伝える、というコンセプトの活動である。その演劇のテーマの事前学習として女川原子力発電所を見学していたのだが、この見学の途中に東日本大震災が発生した。偶然にも原子力発電所という特殊な状況の中で数日間を過ごした私の体験は、仙台市内や自宅で被災した人々の記録と異なる場所から地震について捉えているといえる。多角的な視点を持つことで地震の悲惨さを伝えることができると考え、この記録を書く意義としたいと思う。私が当時書き記した日記を一次資料として引用しながら、当時の状況について振り返りたい。

日記　3月11日（金）

「女川原子力発電所を見学中、地震が起こる。発電所内だったので頑丈に作られているとのことだったが揺れが強く、埃がすごい。強い揺れは二回、マグニチュードは8・8（当時のニュース速報による）で日本史上最高レベル。「東北地方太平洋沖地震」という名称だそうだが、もっと短い方が呼びやすいのではないだろうか。震度は俺のいた場所で「7」（と現地で聞く）を観測。間違いなく人生最大級の経験になるだろう。発電所内でうつらうつらとしながら夜を明かしたが、机で寝たため上手く寝付けなかった。震度5が数分おきにやってくる状況に慣れてしまった。秋田にいた頃は震度3で大騒ぎだったのに不思議なものである。エコエネチームの皆と一緒だったから幸運だったものの、家で一人でいたならどうしていただろう。地震がもう少し遅ければ、ちょうど我々は船に乗っていたはずだったので、津波に巻き込まれていたかもしれない。ホールの状況や配電盤、泉にいた演劇部の皆が気になる。メールが早く復旧すればいいのに」。

原子力発電所内部の施設見学をあらかた終え、出口に向かって移動中の出来事だった。「地震発生、地震発生」という警報が鳴ったと思った一、二秒の後、大きな揺れが始まった。今で言う東北地方太平洋沖地震の発生である。私は不思議にも大地震だという気がしなかった。集団行動をしていたからか、比較的冷静でいられたように思う。震度3までしか経験していない私にとってはあの揺れが震度7だと理解するには随分と時間が掛かった。震度は5か6程度で、揺れは長かったがそこまで大事に至ることではないだろう、とさえ考えていたのだ。むしろ恐怖したのは、原子炉に何らかの異常が発生しないかということ、ガラガラと棚から崩れ落ちるヘルメットの音である。他に体で感じ取れたのは周りにいた女子の悲鳴と、予想外の事が起こった時に起こる激しい心臓の動悸くらいなものだった。私たちエコエネのメンバーは小さくまとまってかがみ込んでいたが、周りにいた数人の原発の作業員の方々は埃が舞い落ちる中、私が見た限り平然とした顔で立っていた。震度7は「揺れに翻弄され、立っていることができない」と小学校の授業で習った記憶がある。これも、大地震ではないと錯覚させる一つの要因だったのかもしれないと今では考えている。

揺れが収まると、私たち男子は一緒に原発施設内を回っていた東北電力の社員の方に連れられ、避難を開始した。女子は更衣室が男子更衣室と離れていたため、原発の従業員の方が先導していた。外に出るには放射能が残っていないか検知するゲートをくぐらなければならなかったのだが、途中で地震が起きて閉じ込められやしないかと焦りながらの避難だった。建物の外へ出ると、割れたガラスや止まった電気、段差が生じたアスファルトなどが目に入ってきて、いよいよ地震が想像よりも大きかった事が窺えるようになってきた。発電所内部にいたためか、ガラスやアスファルトが割れる音は聞こえなかった。そして示し合わせたかのように午前中には晴れていた天気は一変して吹雪へと変わり、事態が上手く飲み込めないまま仙台から発電所へ来る時に乗ってきたバスで高台へと避難することになった。高台といっても周りが良く見渡せるような所ではなく、プレハブが建っていて砂利が敷かれた駐車場のような印象だった。地図を見ていなかったので詳しくは分からないが、恐らくは原発の敷地外だったのだろう。そこで聞いたラジオによって、各地で火災が発生している事や津波が来ている事を知った。私たちがいた高台から津波は見えなかったが、ラジオから流れる「未曾有の緊急事態です」「沿岸地域にお住まいの皆さん、落ち着いて避難してください」といった報道に尋常ではない事態になりつつある事を察した。メンバーの中には仙台市太白区で一人暮らしをしている人がおり、太白区で大規模火災が発生したというニュースが流れた時は皆で「きっと大丈夫だ」と声を掛け合ったりした。かく言う私も朝にこたつを消し忘れたのではないかと心配になり、火事になった際の火災保険や賠償額、果てには大学に残っていられるかどうかというレベルにまで考えが及んだ。携帯電話はもちろん圏外である。自分が見慣れない環境に置かれていることに不安を感じ、一刻も早く自分が知っている家や町並みがある光景に戻りたかった。

バスの中で何時間か過ごし夕方になった頃、発電所内で夜を明かせることになった旨を東北電力の社員の方から聞き、再び施設へと戻ることになった。反対する者はおらず、言われるがままについて行くという雰囲気だった。私も特に反対ではなく、むしろ「原発は安全だ」という認識を依然として持っていた。この時は津波よりも今後も続くことが予想された地震に危機感を持っており、簡単には壊れない建物に行くことが一番安全だと考えていた。バスで過ごす間、職員の方から「私たちが助かったのは、原発の建物が頑丈に作られていたからだ」という旨の話を聞いたが、現に火災や倒壊の被害が出ている以上その論は私を十分に納得させるものであった。揺れが震度5、6くらいだと私が推測したのも、原発の構造が強くできていたからなのかもしれない。第一に、原子力という危険なエネルギーを守る施設が壊れるはずがないという事を信じて疑わなかった。

私たちは食堂の空間を提供してもらい、各々が長テーブルを囲んで座った。この見学会には私たちエコエネメンバーの他に東北大学のゼミの学生六人が参加しており、人数を合計すると二十人程の大所帯であった。施設内には幸運なことに予備電源が蓄えられており、明かりの他、テレビで情報を得ることができた。従業員の方々の「ここは安全です」という言葉に安堵する一方、矢継ぎ早に映し出される火災の様子や死者・行方不明者の数を見て、ただ事ではなかったという事が実感を伴って私の目に飛び込んで来た。こんな身近で、そんなことが起こるものかという思いからテレビをしばらく呆然と眺めていたことは、今でも覚えている。しかし、女川原発がどのような状況にあるのかは把握できなかったため「明日には帰れるのではないか」「土砂崩れがあったとしても、さすがにすべての道が塞がったわけではないだろう」と皆と楽観的に話し合ったりした。職員の方も忙しく走り回っており、特に目立ったアナウンスはなかった。情報収集と現状把握に追われていたのかもしれない。

そうした話をしているうちに時刻は20時を回り、食事はどうなるのだろうと考えていた時、職員の方が非常食を持ってきてくれた。段ボールには「非常食一日分」と書かれてあり、中にはお粥と鶏そぼろ・栗五目ご飯・カレーライスの三つがセットになっていた。元々は一日分の朝・昼・夜の非常食として考案されたもので、これを一食ずつ三人で分けるように配られた。それはビニール製の袋に発熱材と食品を入れて時間を置き、温まったら食べるといった工夫を凝らしたものだった。私が食べたのは缶詰めタイプのお粥と鶏そぼろだったが、私は明るく振舞うように努めたが、心中ではこのような事態になった時、どのような態度をとればいいのか分からなかった。ただ、一人でなかったことは本当に心強かった。後から聞いた話だが、仙台市内ではライフラインが止まっていた上に食料調達も困難だったという。地震が起きた時に一人でいたならば、果たして適切な行動がとれたかどうか想像もつかない。皆と話しているうちに幾分か気分も軽くなり、私も前向きに事を考えるようにした。事実、明日か遅くとも明後日には帰れると思っていた。

3月12日（土） 「昼頃には帰れるのではないかと思っていたが、復旧作業が津波などの被害で遅れているらしい。帰れる目処はたっていないらしく、仙台駅に辿り着けるのは明日以降になりそうだ。TSUTAYAからDVDを借りているが、今日が返却予定日だった。帰宅の目処が立たない以上、延滞料金が気になる」。

翌朝、机に伏せて寝るという不慣れな姿勢だったためか、午前5時には目が覚めていた。私は着ていた厚手のダウンジャケットを布団代わりに羽織って寝たが、食堂が比較的暖かかったので寒さは感じられなかった。うつらうつらとしたままニュースを見ていたが、被害が大きかった気仙沼市や石巻市の報道が中心だったニュースは宮城県全域の情報を提示するようになってきていた。まず目を引いたのは、孤立した地域の中に「女川町」の名前があったことだ。自分がいる原子力発電所も女川の地域にある。町からどの位の距離があるのかは分からなかったが、容易に帰れそうもないことはこれで確定したと言ってよかった。日記にもある通り、この時私は借用したＤＶＤの返却期限や他にもサークルの書類提出の期限が迫っていた。市内では飲食店以外のお店なら一日、二日経てば営業再開するだろうから、延滞料金が発生した時はどう言い訳をすればいいかといった事ばかり考えていた。やがて、そんな悠長な考えは津波の被害に遭った石巻市の光景が映し出された時、吹き飛ばされた。

これまで内陸で暮らしてきた私にとって日本の津波は、葛飾北斎の「富嶽三十六景」に描かれたような大波や、大雨が降った際に消波ブロックに打ち付ける荒波をニュースで知っている程度だった。小さな地震が起きた時にテレビのテロップで流れる「この地震による津波の心配はありません」の表示を見て、いちいち報告する必要があるのかとさえ思っていた程だった。町ひとつが押し流される光景など漫画の世界だとばかり思っていたのに、自分の認識の甘さにショックを受けた。実際予定通りいけば、私たちは船に乗って海からの原発を眺めているはずだった。時間が押して、原発内の見学が長引いていたのだ。もう少し地震発生が遅かったら、と考えると自分が生きていることが奇跡のように思えてきた。今になって思い返しても、この時船に乗っていなかったのは本当に幸運だった。船の上にいたら波に飲まれていただろうし、海辺にいたとしても果たして逃げることができたかどうか想像もつかない。私の人生の中で、このタイミングが生死を分けたのは間違いないだろう。

この日は午前11時頃に朝食兼昼食として昨晩と同じ非常食が配られた。私は栗五目ご飯を頂いたが、栗五目ご飯は他の二つに比べて若干量が多い。皆で分け合いつつ食べたが、それでも久々に満腹を味わった心地がした。あとは、たまに皆の雑談に混じりながらぼんやりと一日を過ごした。気がつくと窓の外は暗くなっていて、何もしないとこんなに時間が早く過ぎるものなのか、と時計を見ながら考えていた。夜にはカップヌードルを頂いた。お湯を沸かすポットが一つだったので、麺がのびないようにお湯を入れた人から順々に食べた。全員が食べ終えるには長い時間が掛かった。

そして気が付くと、体は一向に止まない地震の揺れにすっかり慣れてしまっていた。体を机の下に隠すような行動は次第にしなくなり、しまいには「今の揺れはどの震度だったか」を皆で話し出す始末だった。今になって振返れば無用心だったと反省せざるを得ないが、きっと寝ている間にも震度5クラスの地震は起きていたのだろう。「慣れ」というものは時に恐ろしい。

3月13日（日）「昼から体育館に移動する。ダンボールを敷き、毛布が配られたので横になれた。トランプのじ抜きをしたが、随分と長い時間やっていた気がする。夕飯の塩おにぎりがとてつもなく美味しかった」。

朝ご飯にクリーム入りのパンとみかんを頂いた。動ける若者が何もしていないのに食事を無償で貰う状況を申し訳なく思う一方、この食料はどこから出てきたものなのか気になった。パンやみかんのように長持ちしないものがある以上、原発に保存されていたとは考えにくい。ヘリが食料を運んできているという話をどこかで小耳に挟んでいたので、陸路が厳しいならヘリで空から帰してもらえないかとわずかに期待していた。詳しく聞くことはしなかったので、実際はどうだったのかは分からない。

女川原発は緊急時の避難所として開放されており、避難者の方々の受け入れが続いていた。この日の昼、私たちがいた食堂は体の不自由な方や高齢者の方々が利用すると伝えられ、私たち一行は揃って体育館に移動した。体育館というと語弊があるかもしれないが、バスケットリングを始め内装はどう見ても一般的な体育館だった。原発内に何故体育館があるのか疑問だったが、恐らく避難所や職員の運動のために機能する施設として考えてよさそうだった。体育館にも電気が通っていて、ステージ前に設置されたテレビや天井の照明・トイレには暗くなってくると明かりが付いた。

私たちが来た時はまだ二〜三世帯の家族がいた程度で閑散としていたが、すぐに避難者の方々が続々と入ってくるという話だった。大勢になると収拾が付かなくなるために地区ごとに区切る必要があるとの事で、卓球やバトミントンで使う簡易式フェンスを並べて体育館に四つの区画を作る作業を手伝った。その後、従業員の方から私たちにダンボールと毛布が配られた。底冷えしないように皆でダンボールを敷き詰め、横になり毛布にくるまったのだが、このような状況で寝るのは人生で恐らく一度か二度のものだろう。この時ようやく「俺は被災したんだ」と感じた。空腹を促さないようにほとんど動かないでいたのだが、やがて手持ち無沙汰になりメンバーの一人がトランプを持っていたので借用し、皆でゲームの一つである「じじ抜き」をした。始めのうちは楽しめたが、同じような動作の繰り返しが次第に作業のように感じられて億劫になっていった。ついには時間の感覚が分からなくなり、どの位続けていたのか分からなくなってしまった。

この日の記憶は曖昧な事が多く、あまりはっきりしていない。ただ、夕食で配られた塩の二個のおにぎりが本当に美味しかったことは鮮明に覚えている。少しでも空腹感を満たすために一口一口を長い時間噛んでいた。幼かった頃、好き嫌いが多かった私に対して両親が「人間は腹が減っていれば何でも食べる、何でも美味しいと感じるものだ」と言ってくれた事がある。不思議な事に、この日を境に私は依然として残っていた好き嫌いがなくなり、何でも食べるようになった。この飽食の時代、頭では分かっていても実際に体験しなければ分からないことは数多くあるのかもしれない。22時ごろには明かりが消えて眠りに就いたが、疲れた顔をしていない者は誰一人としていなかった。

3月14日（月）「朝、朝食前に大津波警報が起こり高台へ一斉避難をした。高齢者を背負ったり荷物を代わりに持ったりしてやっとの思いで高台へ避難したが、誤報だった。これを受け、帰る予定が一日延びた。明日は朝の8時半に帰るという。電気が通っていればこっちに留まることができるが、秋田に帰る手段はあるだろうか。バスが通っていればいいが」。

朝起きて周りを見渡してみると、避難者の方々の数は自分たちを含め、わずか一日で体育館の四分の三が埋まるほど多くなっていた。ざっと三百人ぐらいいた。既にこの時トイレは断水し、トイレットペーパーは自前のティッシュを使うようになっていた。これだけ人がいればトイレはすぐに溢れ返るのではないかと考えたが、トイレに列ができるような状況にはならなかった。その理由を考えていた時、避難所生活ではあまり多くの物を食べてはいけないことに気付いた。多く食べればそれだけ便意が増し、結果的に処理が大変になってしまう。私は近々帰れることが分かっていたのでそこまで実感を持てなかったが、長く避難所生活を続けていく方々は辛いだろうと思い、気分が重くなった。このような状況下で、食料や水の他に「紙」は非常に大事になってくるのではないかと私は考える。特に排泄を考えた時、ティッシュは貴重だ。もちろん大量消費は避けなければならない。私の父と弟は花粉アレルギー持ちで、季節になるとよくティッシュで鼻をかんでいた。時期はちょうど花粉が飛び始める3月だったので、避難所に花粉症持ちの人がいたら辛かったに違いない。

朝食が配られようとしていた時、拡声器を持った従業員の方が「津波がきます、避難してください」と声を発した。騒然となる中、私たちは荷物も持たず高台へと避難を始めた。アメリカから跳ね返って来る大津波が間もなく到達するというのだ。私たちがいた体育館は原子炉の近くにして原発の敷地内、つまりは最初の大地震では波が届かなかった高所にある。そこまで波が届くということは想像を絶する規模で、さらには発電施設にも波が及ぶということである。逼迫した状況の中で、私たちは高台に続く長い階段を登り緊急避難を開始した。

若い人は高齢者の手助けをしろ、と拡声器を持った従業員の方が怒鳴り散らす中、背負われることを拒んで自分の足で行こうとする高齢者の方がいた。家族（特に高齢者）を置いて、我先にと登っていく人が大勢いた。私は皆と協力して足が不自由な方や杖をついた方を背負ったり荷物を持って登ったが、怒鳴っている従業員の方の声が耳障りで「指示を出すなら少しは落ち着いてくれ」と怒鳴り返したくなるくらい平常心を保てていなかった。きっと誰もが不安と焦りに支配されていただろう。私も汗まみれになって到着した高台には遠くに海が見える場所があり、私は津波が押し寄せる光景をこの目で見ようと海の方を見つめていた。この高台まで飲み込まれてしまうのではないか、と不安に駆られた。曖昧な記憶だが、死ぬのはどんな感覚なんだろうと頭の隅で考え始めていた。しかし、待っても一向に波はやってこない。しばらくして私たちは体育館に戻ったが、その時に誤報だったことを知らされた。嬉しい誤報ではあったが、夜中に再び誤報で避難するようなことになればたまったものではない、という思いだった。

3月15日（月） 翌朝、私たちは東北電力の方々が手配してくれたバスを三台乗り継ぎ、仙台まで送り届けてもらった。途中海辺の道を通ったが、家があったであろう場所は建物の面影を残すばかりで一帯が瓦礫の山と化していた。6メートル以上はあると思われる木々から水に浮かべる「うき」がぶら下がっていたり、家の二階部分が海に浮かんでいた。窓から僅かにベッドや並んだぬいぐるみが見えて、地震前の日常と切り離された生活感が津波の恐怖を反映していた。あの悲惨な光景は忘れることはできないし、決して忘れてはいけないことだ。

地震から約四ヶ月が経った。仙台市内は復旧が進み、何事もなかったかのように地震前と変わらない日々が戻りつつある。学校生活に戻ってきた私はニュースを見るようにしているが、目を引くのは福島原発の話題だ。地震が起こる少し前、私たちは女川原発の見学コースにて原子力発電の仕組みや安全性、日本ではまだ原発事故が起こっていないという内容を学んだ。その直後の地震で世界最悪規模の原発事故が起こった。安全神話が目の前で崩れ、如何とも形容しがたい心境である。「原子力は正しく使用すれば二酸化炭素を出さない新エネルギーとして大いに期待できる」というメッセージを演劇の中で伝えるはずだったが、震災による事故を受け、私は被災者の方々を前にそんなメッセージは伝えることはできない。これからは原発を使い続けるのか、または廃止していくべきなのかの議論が活発化していくだろうが、エネルギーや環境の面から考えると石油・石炭にいつまでも頼っていくわけにはいかない。かといってこれからの日本を支える有効な代替エネルギーが見つかった訳ではなく、この震災を契機として新しいエネルギーを本格的に考えていかなければならないだろう。

今日ではメルトダウンによる汚染の記事から各地の原発の再稼働を巡っての騒動など、原発に関するニュースが大半を占めている。一ヶ月前には責任の所在を巡って東京電力の社長が辞任するという騒ぎが起こった。東京電力の株主総会でも同様に責任追及が始まり、紛糾した話し合いの末に役員に対して「原子炉に飛び込め」「賠償しろ」といった怒号が飛び出したらしい。さらに地震への対応の不手際にかこつけて菅直人首相（当時）の辞任を求める動きも活発化している。国会の答弁を見ても、「いつ辞任するのか、どう責任を取るつもりなのか」という詰問に対し「時期が来たら」や「全力を挙げて取り組んでいる」といった問答の応酬が繰り返されるばかりだ。そもそも何故「責任」問題が大きく騒がれるのだろうか。

私は政府に直接の責任はないと考えている。何故なら、人間に地震は起こせないからである。今でもいつ人体に影響が出るレベルの放射能を受けるか分からない福島原発で、命がけで作業にあたっている自衛隊員や東京電力の社員の方々がいる。そんな中で文句や批判を言うのは事態を把握していない証拠なのではないだろうか。責任の押し付け合いをする暇があれば、復興のために何ができるかを考えたほうがいいのではないかとも思える。しかし、原発を建てたのは人間だという事は紛れもない事実である。原発の六十年余りの歴史が、地球に何百年かかっても取り返しがつくか分からない傷を付けたのだ。そういった観点から見ると、原発を管理する東京電力や政府が責任を負うのは当然なのかもしれない。だが私が四日間を無事に過ごせたのも、東北電力の方々や原発の従業員の方々が「被災者を守る」という責任を果たしてくれたからこそだった。食べ物や寝場所を提供してもらったばかりか、仙台に帰る手段まで用意してもらったのだ。私は本当に恵まれていたと思っている。

「生きるか死ぬか」の事故と言われる今回の災害において、私は直接の被害を受けたわけではないが、一歩早ければ命を落としていたかもしれない立ち位置にいた。四日間の避難所生活を通して、私は今生きていることですら幸せだと思えるようになった。家や食料、悠々自適な生活を享受できるのは他の誰かが何かを犠牲にして、成り立たせているからである。これは当たり前の事だが、そんな当たり前に感謝できるようになったのは地震を経験しなければ決してありえなかった感情なのかもしれない。こうして体験を書いている一秒は今回の震災で亡くなられた方々が生きたかった一秒なのだと心から思う。毎日を大切にしながら、これからを生きていきたい。

（脱稿：２０１１年8月28日）

MEGA EARTHQUAKE

巨大地震

ダム決壊、もうひとつの津波

藤沼湖　須賀川市滝

松川 美智夫

我が家は、福島県のほぼ中央部にあり豊かな自然環境の残る山間の旧長沼町滝地区にありますが、そののどかな滝地区に3月11日濁流が襲って来たのです。滝地区には一級河川（簀ノ子川）が流れており、その上流500メートルに灌漑用ダムの藤沼湖がありました。この藤沼湖は49年（昭和24年）竣工のアースダムで、下流域837ヘクタールの水田を潤す役目をしていました。最近では、藤沼湖周辺は自然公園として整備されており、温泉施設、キャンプ場、ペンション施設などがあり市内外の人達から憩いの場として多く利用されていました。その藤沼湖の高さ18メートルの堤防（ダム）が、今回の震度6の地震で幅130メートルに渡り決壊しました。150万トンの水が一気に流れ出し、多くの大木を巻き込んだ鉄砲水となって滝地区、下流にある長沼地区を襲い、死者7人、行方不明者1人、家屋の流失全壊19棟、床上床下浸水55棟、水田、畑、山林の流失と甚大な被害をもたらしました。このことに対し私の体験した事を紹介したいと思います。

3月11日　大震災の時は、二男の大学入学のための買い物をしていて、私と妻、二男の三人で自宅から車で二十分位の郡山市内にある紳士服の店にいました。服などを選んでいるとグラグラと揺れだし、いつもの地震かなとその場にいましたが、今までにない揺れとなり店員さんの「すぐに外に出て下さい」との叫び声に外へ走り出しました。外では雪交じりの寒い中、私達三人で固まって揺れに耐えていましたが立っていられなくなり、しゃがみ込んで辺りを見ていると電柱、看板、向かいのビル、その凄まじい揺れに恐怖が襲って来ました。何とか早く治まってくれと祈るばかりでした。揺れが治まってくると、自宅にいる祖父の事が心配になり電話をかけるが通じません。新潟市にいる長男にも通じませんでした。

とにかく自宅が心配なので急いで帰りました。途中、車屋さんのショールームのガラスが割れていたり、塀が倒れていたり、瓦屋根の家はほとんどの屋根が壊れていました。我が家も瓦なのでダメかなと心配しながらところどころ陥没や亀裂の入った道路を急いで帰りました。自宅が見えてきて屋根を確認すると無傷、よかったとひと安心。裏の勝手口から自宅に入り祖父の無事を確認し、よかったと安心したのもつかの間、家の玄関前にある石塀が20メートルに渡り倒壊。その50メートル先には見た事もない光景が……田畑だった所が凄い濁流と化していて真黒い濁流が大木を根こそぎ流し、轟音をたてて狂ったように流れていました。

この光景を目にしてなぜこうなっているのか理解できず、近くにいた隣の人に「何これ」と問う。「藤沼が抜けたんだ」と一言、「えーっ」と納得。「これでもだいぶ、水引いたんだ」それを聞いてまた驚き、よく辺りを見てみれば自宅前の県道に大木が横たわっています。ここまで水が来たことになる。恐ろしい。道路にエンジンをかけたままの車が止まっています。中を見たが窓が曇っていて見えない。どうしたのか聞いてみると男の人と、びっしょりと濡れた女の人がブルブルと震えながら乗っていました。救急車を待っているとの事。その女の人は濁流に流されているところを車で通りかかった男の人に助けられたらしい。後で知ったのですがこの女の人が流されて行方不明になった中学生のお母さんで、一緒に流され手をつないで必死に頑張ったが中学生と手が離れてしまい、わからなくなってしまった事を知りました。なんとも痛ましい事です。

私の家は滝地区の下の方ですが、河川に近い上の方がどうなっているのか心配で、歩いて向かってみると悲惨な光景が飛び込んできました。河川沿いの家が濁流に流されて跡形もなくなっていました。水は引いてきたとはいえ、まだ凄い濁流が押し流された家にぶつかり轟音を立てながら飛沫をあげています。それを何人かの人がなす術もなく見ていました。そこで地震の時の様子を聞いてみると、二度の大きな揺れが治まりかけた時「ゴォーゴォー」と鳴り響き、山の尾根越しに真黒い水と根こそぎ倒された杉の大木らが渦を巻きながら押し寄せて来て、河川沿いにあった家を呑み込んでしまったようです。流された家の住人も何人か確認が取れていないとの事でした。これは大惨事だと実感し震えが来ました。

しばらくして家に戻り、地震の被害がないか、住宅、納屋、蔵、機械倉庫などを見て回りました。幸いにも、大した被害もなくホッとしましたが、河川の方を見ると堤防が決壊し河川沿いの水田、畑を濁流が流れています。我が家もそこに50アール程の水田がありましたが今はそれどころではなく、人が流されているかもしれません。祖父がテレビを見ていましたが大震災のニュースばかり。津波……海沿いも凄い被害だと見ていると、妻から水道が濁っていると言われました。我が滝地区の水道は市の簡易水道で山の湧水を各家庭に引いていますが、今回の震度6強の強い揺れのために湧水が濁ってしまったのです。これでは飲み水として使えない。水を確保しなければと、水タンクを買いに近くのホームセンターへ向かいました。橋が流されて仕方なく遠回りして店に着きましたが、閉まっています。中で、店員さんが地震の片づけをしているようでした。何とか頼み込んで水タンクを手に入れ、近くの親戚で水を汲んで家に帰りました（この時、水タンクを買っていなければ困ったと思う）。

自宅に戻ると、集会所に集まるように区長からの伝言が来ていました。6時頃さっさと夕食を食べて集会所へ行くと、滝地区の半分位の人が集まり、各家庭の人員の確認や今後の対応などを話し合い、その時、滝地区の行方不明者が男性一人、女性三人の四人いる事を知りました。話し合いの結果、明日より一軒一人ずつ出て行方不明者の捜索を朝7時から行う事になり、滝地区全戸へ手分けして伝えました。この時、藤沼湖を維持管理している江花川土地改良区へ叱咤罵声が飛びました。その理由として、この滝地区では以前から藤沼湖が抜ける（決壊する）のではと言われていたのです。藤沼湖の水は、泥流に呑まれた滝地区の用水には一切使われてはいません。下流の長沼地区から下流域の農業用水として使っていました。以前から冬場の満水状態では危険だと語られていました。

江花川土地改良区にもその事は届いていたでしょうが、自然公園に開発されてからの藤沼湖の景観と自然美のために、満水状態にしていたことや、ダム部分の検査も目視程度だったと聞いています。このような事から人災ではないかなどの意見が飛び交い、また、市役所からまだ誰も来ていなかったため、これにもみな不満を洩らしました。市担当者が来たのは地震（決壊）発生から5時間後の夜8時を過ぎていました。集会所を自宅が災害にあった人達の避難所とし、女性の方々は炊き出しの準備等をして解散としました。とにかく雪が舞うような寒い天候と電話、水が使えない状況に困っていました。私も新潟にいる長男に連絡を何度もとったが繋がりませんでした。

3月12日　昨晩はあまり眠れず暗いうちから起きてテレビを見ていたのですが、地震、津波、原発と甚大な被害と惨状に驚くばかりです。昨晩は、水道が使えないため、お風呂にも入れません。寒い季節なので何とか入れるようにしようと思い、自宅の裏にある池から水を汲みあげようと、ポンプを設置し湯船に水を張りました。この池には湧水が湧いており十分に利用できます。これで今夜は家族みんな風呂に入れると喜びながら朝食を食べ、7時に集会所へ行きました。薄っすらと雪化粧のなか滝地区の人、地元消防団他六十名ほど集まっており、早速行方不明者の捜索が始まりました。

倒壊した住宅や流木の撤去のために大型の重機も市から準備され、また警察や広域消防署からも大勢駆けつけ本格的な捜索が開始されました。現場を歩いていると、水の力の凄まじさを改めて感じました。橋が流され橋の欄干がへし曲り、水田には岩や土砂、流木が数メートル積もり、風景が一変しています。滝地区では、四人の行方不明者がいたわけですが、この日は男女二名の遺体が見つかりました。男性（六八歳）は4キロ下流で見つかり、女性（七三歳）は自宅の倒壊現場で見つかりました。この日、藤沼湖の決壊現場を見ましたが、堤体が跡形もなくなっており、水もすべて抜けてなくなっていました。堤体の残っている部分を見ると土を盛って固めた表面にタイルのようにブロックを並べたように見えました。これでは水がしみ出している所があって、あのような地震がくれば持たないなと素人ながらも思いました。夕方5時に暗くなったため、捜索が打ち切られました。今日同様明日も、全員で8時から捜索や被災宅の片づけを行う事となりました。

3月13日　今日も日中捜索等があるので、朝早く起きて墓地を見に行きました。近くの県道の橋が被害を受けて通行止なので、かなり遠回りをしなければなりませんでした。お寺のある長沼地区も藤沼湖の下流にあり家が流されるなど、かなりの被害が起きていました。お寺は高台にあるので水の被害はありませんでしたが、地震の影響で灯籠や記念碑が倒れ、土止めが崩れていました。お墓も半数ぐらいが倒れるなど被害が出ていました。幸いにも、わが家のお墓は少し動いた程度で大丈夫でした。８時に集会所で打ち合わせて作業を開始しました。

今日からは自衛隊が捜索の応援に入るとの事だったので、捜索は警察、消防、自衛隊にお願いし、滝地区の人達は災害にあった家の片づけや水路の土あげなどを手分けして行いました。私も床上まで泥水が入った住宅の床下から泥出しなどをしました。しかし出した泥を運ぶための機械の燃料が買えず工面するのにみんな大変でした。地震以降、燃料や食料が手に入らず困りました。

3月14日 今日も、警察、消防、自衛隊と滝地区の手伝える人だけで捜索活動が行われました。自衛隊は長野県から来ているそうで、寒い中朝早くから夕方暗くまで、丁寧に瓦礫を片付けながら捜索を行っています。大変有難い、感謝です。私たちも同じ場所を何度も繰り返し捜索しているが、まだ二人の方が行方不明のままです。もの凄い濁流だったので「下流に流されてしまったのでは」とみんな口に出すようになりました。また、被害地域にはもの凄い土砂、石、コンクリートなどが堆積して人間の手には負えません。大型重機を投入しないと、どうにもならない状況です。とりあえず滝地区の人は午後に自由解散となりました。私も自宅の石塀が道路側に倒れたままになっていたので帰って片づけを行いました。

3月15日 今日は自衛隊を中心に捜索が行われました。昼前に八九歳の女性の遺体が発見されました。我が滝地区の行方不明者は一四歳の女性一名となりました。

3月16日 夜、藤沼湖の維持管理者である江花川土地改良区と須賀川市の担当者との初めての会合が持たれました。土地改良区からは理事長と役員四名、須賀川市役所から三名が来ました。滝地区は、ほぼ全戸から五十名程度が出席しました。会議の席では、土地改良区への怒りが滝住民からぶつけられました。紹介したように、「今回の災害はダムの管理が不十分なために起きた人災ではないか」と住民が言い寄って異様な雰囲気でした。住民からは、ダムの管理はどのように行っていたか、決壊原因の解明、被害の補償などについて問われました。しかし土地改良区からはまともな回答は得られず、住民達はいらだちました。

3月19日 寒い中、朝早くから自衛隊による行方不明者の捜索が続けられていました。本当に頭が下がります。今、一番生活で問題になって来たことはガソリンです。地震と原発問題により燃料が販売されていないのです。この地域はクルマなしでは生活が成り立たない。どこに行くのにもクルマです。燃料が手に入らないと仕事にも行けないから、困ってしまう。昨日、ある給油所でガソリンの販売があるとの情報で、朝5時に行ってみると長蛇の列、早い人は昨晩から並んだとの事。「みんなこれだけ逼迫して来たんだ」と思いながらも最後尾に並ぶと後ろにも長い列ができました。給油を終えたのは9時30分を過ぎていました。また、コンビニ、スーパーなどには食料品がほとんどなく、普段、不自由な生活などした事のない私達には、このような光景は衝撃的でした。今までの当たり前の生活の有り難さを身にしみて感じました。

3月23日 今日から、我が地域の瓦礫の撤去などの復旧作業がようやく始まりました。これも住民からの再三にわたる要望により、須賀川市が地元の建設業者に依頼し始まったのです。自衛隊も不明者の捜索をしながら復旧作業を行っています。

3月27日 地震当日から続いていた行方不明者の捜索が打ち切られました。残念ながら当地域で一人（一四歳女性）、下流地域で一人（一歳）の二人は見つかっていません。自衛隊、警察、消防の、延べ二千人を超す懸命な捜索にもかかわらず残念です（後に、一四歳女性は4月24日に40キロ下流にもなる二本松市の阿武隈川で発見されました）。

5月4日 須賀川市は地震被害に加え、藤沼湖決壊により大きな被害を受けた世帯に支援金を交付する事となりました。

6月8日 藤沼湖決壊による被災者の会が発足しました。一向に進まない江花川土地改良区、須賀川市との補償問題等を円滑に行うためです。

6月15日 藤沼湖決壊による被災者の会から、江花川土地改良区に対して要望書を提出しました。人的被害、家屋被害、被害農地復旧までの損失、自動車農機具の流失損壊各々の補償を要望しました。

6月21日 夜、滝地区の集会所に福島県、須賀川市の各担当者が来て、藤沼湖決壊災害に対する災害復旧事業の説明会が開催されました。被災者も大部分の人が参集し真剣に聞き入りました。説明によると、河川と農地については、激甚災害の指定を受け災害復旧事業（国、県、市の補助）で原状回復を行うため、早急に災害地の測量が始まる。そのほか、災害復旧を行う農業者に対しての被災農家経営再開支援事業や東日本大震災農業生産対策交付金などについて紹介されました。これだけの大災害なので、いろいろ利用できる支援は利用し復興して行かなければと全員が思いました。帰り道、我が家の50アールの水田も元通りになるとひと安心しました。震災後、初めて一歩前進できたような気持ちになりました。

7月4日　土地改良区では、臨時総代会を開催し被災者八十人に対して総額三千九百万円の弔慰金、支援金を支給すると決議したことを新聞で知りました。しかし被害者の会の要望には、到底及ばない額です。今後も話し合いは平行線をたどっていくのでしょうか？

半年経った今（9月）の状況を紹介すると、被害地域の損壊住宅は片付けられ更地となっていますが、河川や農地は手つかずで無残な状態です。被害者支援は災害弔慰金（国）、住宅支援（国、県、市）などが支給されました（土地改良区からも一部支給）。河川、水田、畑、山林は国の復旧事業により、原状回復が決定しています。藤沼湖下流域の水田は例年、一面黄金色に染まる時期ですが、一部用水不足のため雑草が生い茂る水田もあり寂しい風景となっています。また、原発問題と放射能問題も重なり、コメの収穫を目前に控え不安な日々を過ごしています。

最後に、ダムは大洪水を防いだり、農業用に水を供給したり、発電したり、実に多目的に役立つものですが、藤沼湖のような小さなダムでも、老朽化したり、地盤に問題があって強度が不足したり、水がしみ出したりすると、ちょっとしたきっかけでこのような大災害を引き起こしてしまいます。日本中に藤沼湖のようなダムが数えきれないほどあるでしょう。二度とこのような大惨事を起こさないためにも、各自治体は厳しい管理マニュアルで事に当たってもらいたい。また、地震後の大規模津波や福島第一原発の問題で、話題にも上がってこないこの大災害を、忘れないよう後世に語り継いで行かなければならないと思います。

（脱稿：２０１１年9月12日）

青少年自然の家で再び震度7

栗原市花山字本沢沼山　佐藤　敏幸

宮城県北部に位置する栗原市花山にある国立花山青少年自然の家は、平成20年の岩手・宮城内陸地震により、本館および周辺フィールドに大きな被害を受けた。その時の地震は、今回の地震と比べると、直下型で大きく縦に飛び上がって落下するような衝撃を感じるものだった。栗駒山周辺で、橋や山の斜面が崩落し、沢が埋まり、温泉の源泉が止まった。最も印象的に報じられたのが「荒砥沢ダム」の崩落であり、その周辺は未だに工事が続いている。

この施設も、利用者玄関前の橋が傾き、国道からの取り付け道路に亀裂が入り、車両が通れなくなった。また活動エリアにおいては、沢遊びコースの一部を地すべりにより失ったり、尾根に立つオリエンテーリングポストの崖が崩れ、コースが使えなくなったりした。そのため、地震直後から休館し、復旧・耐震工事を進めてきた。そして昨年、平成22年5月10日より利用団体の受入れを再開し、施設建物のみならず、活動プログラムにおいても「地震に強い施設づくり」を念頭に、新たな船出をした。その再出発から一年経たずに、今回の大震災に遭遇した。

幸い施設に大きな被害はなく、現在も団体受入れ及び自主事業を実施しているが、この震災がわれわれにもたらした三つの教訓がある。この機会に文章に記し、再確認するとともに、心に刻みたいと思う。

一つに「利用者との絆」である。非日常の状態は、連帯感や協調性を必要とし、人間関係を深めるという考え方のもと、私たち自然の家は日々利用者に体験活動を提供している。震災から数日間、われわれ職員も身をもって体験することとなった。

3月11日は、二四名の長期語学研修の方々が利用していた。花山での研修を3月1日から一ヶ月行い、4月からはそれぞれの会社で仕事をする中国からの研修生である。彼らとは、生活の中であいさつを交わしたり、覚えたての日本語でわずかに会話をしたりする程度の関係であった。しかし地震発生直後から、私は彼らを安全な場所に避難させ、今後の行動について指示を出す対応係として、これまで以上に深いかかわりを持つことになった。

生まれて初めて大きな地震を経験し、発生時は泣き出したり、パニックを起こしたりもしたが、お互い慰めあい、励ましあって恐怖心と戦っていた。私の日本語だけの説明にも、心細さを感じていたに違いないが、懸命に理解しようとしてくれた。余震におびえながら、ただじっと待つこと一時間。次第に落ち着きを取り戻し、会話も増えてきた。

電気や水に不自由する状態が続く中、状況は厳しいが本来の目的である研修を進めてほしいと考えていた。しかし、彼らの出した答えは「一緒に復旧まで協力する」ことだった。地震翌日から、水の確保のために風呂場に残っていた水に、周辺の雪を継ぎ足す作業を率先して行ってくれた。さらにその水をトイレまで運んだ。自家発電の燃料不足を考慮して、日中は一つの部屋に全員が集まって暖を取った。食事も極力取らずに、われわれの分を確保しようとしてくれた。支援物資を積んだ車が、施設まで走れるように除雪作業までしてくれた。

実際、施設の被害として一番大きかったものはボイラーの破損である。ほかに食堂事務室の天井や壁が崩れ落ちたり、ガラスが割れたりする被害が出たが、前回に比べると軽微な被害となった。周辺では、道路の亀裂や段差、マンホールの隆起が発生し、通行が困難な箇所もあったが、通行止めには至らずに済んだ。しかし、一番われわれを悩ませたのが水である。断水になってからは貯水タンクに残ったものを極力使わずに努力したが、タンクからの漏水があり、数日間は栗原市の給水車に水を提供してもらった。その後、施設の水道は復旧したが、職員宿舎においては、一ヶ月近く濁り水での生活を強いられた。

地震直後から、栗原市の避難所に指定されたため、支援物資は速やかに届いた。電気は自家発電装置があるため、燃料が確保できる限りは不安がなかった。しかし、17日夕方に発電装置が故障により停止した。通常の電気が復旧したのがその一時間後だったため、最悪の事態は免れた。その他の復旧状況は、携帯電話が15日の夕方、インターネット回線が18日、ガス・ボイラーが19日に使用できることが確認でき、20日からは通常の生活を送ることができるようになった。しかしその日、中国大使館からバスが到着し、二四名のうち就職先が被災した一六名は、祖国へ帰国することとなった。

遠く離れた祖国の家族と連絡が取れない不安を抱えながら、私たちと一緒に耐えることを第一に選択した彼ら。施設職員であるわれわれに、利用者とどう向き合うことが大切なのかを教えてくれた。その後十日程ともに生活したが、就業先が被災した方々は、職場で働くことなく、祖国へと帰られた。知らない国、知らない街で働くという大きな決断をして日本にやってきたが、このような結果になり、残念でならないと思う。しかし彼らの行動に、私たちは励まされ、力をもらったことを忘れてはならないと思う。

二つ目は「よりどころとなる」ことである。危険に遭遇し、助けを求める人に対して、どういう存在であるべきか、青少年教育施設としての役割について再認識する出来事があった。

震災当日の夕方、北海道から修学旅行の高校生が入所することになっていた。彼らは地震発生時、松島にいた。津波が迫る中を、バスで必死に花山を目指した。しかし混乱のため、道中は渋滞。トイレも食料もなく、ただひたすらに自然の家に向かうほか、とるべき手段はなかった。われわれも連絡が取れず、無事を祈るだけだったが、午後7時近くに一報が届いた。そんな状況を聞き、まずは安全に体を休める場所だけでも提供するため、宿泊室の非常電源の復旧を急いだ。

彼らが到着したのは、午後11時。体調を崩している生徒はいたものの、全員無事に部屋に入り、つかの間の休養をとってもらった。その時、彼らは「ここまで見る景色すべてが真っ暗で不安だった」と口々に話した。その後「でも、ここの明かりが見えたときは本当にホッとした……」と言ってくれた。

翌朝、彼らの食事を用意することができなかったが、この先の道中のために毛布を二枚ずつ渡した。飛行機もフェリーも手配できない中、一刻も早く北海道に戻れるようにと、次の移動先を探して出発した。生徒の皆さんに、何もしてあげられなかった後悔が入り混じる中、行く当てのないバスを見送った。帰り際に「無事に家に帰ることが一番のお土産になるからがんばれ！」と声をかけるのが精一杯だった。このような施設は、誰にでも開かれた

「よりどころ」となることが求められる。誰をも拒まず、誰もが安心して利用できる場所。平時でも、災害時にでもそれは変わらない。そのための備えと心構えをしておかなければならないと強く感じた。

最後に「〝自然〟を伝える」ことである。自然の家と名のつく施設として、今回の震災をどう子どもたちに伝えていくべきなのか。3・11以降、未だに答えの出ない課題として、重くのしかかっている。自然の美しさやすばらしさ、雄大さや大切さだけが伝えるべきことだと思ってきたが、今回の試練を与えた地震や津波も「自然」である。その恐ろしさやそこから学ぶべきこと、備えや危険予知、万が一の事態に対応する生きる力。それらも含めた「自然を伝えるプログラム」を、被災地宮城の施設として考えていかなければならないと思っている。3・11以降、国立青少年自然の家は被災者の避難所、全国各地から支援に駆けつけたボランティア、自衛隊や警察の方々の休息施設として機能したのはもちろん、被災地の小学生や中学生を対象に、夏休み期間に「リフレッシュキャンプ」を実施し、職員・学生ボランティアで心のケアにあたってきた。

今回の震災で、心に傷を負った子どもたちも多く利用する施設だけに、それを望まない保護者や学校の先生方もおられると思うが、今回の震災を教訓にし、風化させないための取り組みや新たなプログラムを検討し、実践していきたいと考える。それこそが、「自然を伝える」自然の家本来の姿なのではないだろうか。

（脱稿：2011年10月15日）

新幹線のトンネルに一四時間閉じ込められる

秋田新幹線　仙岩トンネル

佐々木　透

3月11日（金）　震災当日、私は翌日に控えた秋田大学の後期日程試験に向け、宮城県栗原市若柳にある実家から新幹線で秋田へ向かった。受かる自信はなかったが、最後の試験なので自分の出せる力を出し切ろうと誓った。くりこま高原駅から新幹線に乗り、盛岡駅で秋田新幹線に乗り換えた。4時頃に秋田駅に着く予定だった。

新幹線の中で参考書を見たり、外一面に広がる雪景色を見ていたとき、いきなり新幹線の車内の電気が消え、減速し始めた。車内が少しざわついていると、わずかな予備照明がつき、そして新幹線は停車した。停車したのは雫石駅と田沢湖駅の間である。私はこの時、ゆったりとした揺れをわずかに感じた。その後、車内アナウンスが流れた。「ただいま、停電が発生したため、その原因を調べています。しばらくお待ちください」。車内は比較的静かだったが、その後も三十分程度の間隔を置いて同じようなアナウンスが流れるだけだった。

車内では乗客は会話をしたり寝たりして時間を潰し、特に慌てる様子ではなかった。気が付けば、停電から一時間半が経とうとしていた。アナウンスが再び流れ、それまでとは違って息が少し荒れていた気がした。そしてこの後、信じられない事実を耳にする……

「先ほど情報が入り、2時46分頃、宮城県沖を震源とする大地震が発生し、宮城県で震度7、盛岡・秋田・東京で震度5強を観測いたしました」。

車内のざわつきは、停電・停車した時よりも大きかった。自分の家・家族・親戚・友人など、多くのことをみんな心配しただろう。私はよくないことが起こると、最悪のケースを考えてしまう癖がある。「みんな、生きてるかな……」私は、家族や友人の安否がとにかく気になった。

しかし、またもや最悪の事態に気付く。新幹線が停車した場所は、運悪く岩手と秋田の県境にある仙岩トンネルの中だった。連絡したくてもできない。私の不安はより一層大きくなった。「とにかく、新幹線が動かなければ話にならない」。しかし、アナウンスは停電の原因を調べているという同じ内容ばかりで、新幹線が運転を再開する気配はなかった。

新幹線の中では非常用の照明はずっとついていて、災害に備えて置いてあったと思われる防寒具のようなものが希望者に配られた。そして夕方ごろ、非常食等が届いた。配られたのは、お茶・弁当・乾パン。この先どうなるか全くわからなかったので、弁当はとっておき、乾パンだけで我慢しようと決めた。少ない夕食を食べた後、暇つぶしを兼ねて車内を歩いて見ていった。車内には、私と同様に大学入試のために来たと思われる学生が多くいた。車内販売は、お菓子や飲み物などはすでに売り切れていた。何か腹の足しになるものをと思い、とりあえずお酒のおつまみのようなものを購入した。席に着いてから寝ようかと思ったが、眠れなかった。周りの人は寝ていたり、ゲームをしていたり、隣の人と話していたりとさまざまだった。

3月12日（土） 日付が変わる頃、ようやく救援列車が来て、最寄りの田沢湖まで行けると放送が流れた。しかし、一度に一五人程度しか乗れないということで、お年寄りや子供連れの家族が優先され、受験生はそのあとと言われた。一度の往復に四十分以上かかり、救援で来た人に誘導されるまでは席に着いているように言われた。そこからまた仮眠をとったりして時間を潰し、4時半頃、ようやく誘導され、新幹線の一番前の車両の入口付近で待機することとなった。そして5時半頃、七回目か八回目くらいの救援列車に乗ることができた。新幹線の出入口から梯子を伝って線路に降りて、前に歩くと救援列車があった。また梯子を上り、救援列車に乗った。救援列車の中にはどんどん空いているスペースに入れられた。救援列車は、救援用というよりは、線路やトンネル内の工事の時に移動手段として使われていそうなものであった。

朝6時頃、最寄りの駅に着き、私はすぐに携帯を開いた。電波は二本ほど立っていた。これならいける、と思い母の携帯に電話をかけた。母から「食器とかが割れたりしたけど、みんな生きてるよ」。そう聞いて私はほっとした。本当はどうにかしてすぐに実家へ帰りたかった。しかし帰る手段は見当たらず、秋田には行けるということで、とりあえず試験を受けに行くことにした。

秋田市内まで行く代行タクシーに乗った。秋田市内に向かいながらラジオやタクシーの運転手から今まで知らなかった事実を聞き、言葉を失った。「津波で若林区で二百〜三百人の遺体を発見……」「宮城県栗原市で震度7……」「津波と火災で気仙沼が壊滅的状態……」三年前の岩手・宮城内陸地震の時は自宅にいて強い地震を体験したが、ライフラインは数時間後に復旧し、死者も県内では十数人ほどしか出なかった。その時とは比べることのできない被害の大きさに、呆然とするしかなかった。

タクシーで約二時間かけて、試験開始予定時刻より一時間以上早く、秋田大学に着いた。生協でカップラーメンとお茶が無料で提供されていたので、とりあえず朝食とした。正直試験をやりたくはなかったが、一時間開始を遅らせて実施するというので受験した。教室内は電気はついておらず、受験生もあまり来てはいなかった。どうせやるならちゃんと受けようと思っていたが、途中で腕時計を忘れてしまい時間がわからない状態だったので、百パーセントの力を出し切ることはできなかった。

試験は小論文だけだったので、お昼前に終わった。そこからは全く考えがなかった。とりあえず秋田駅まで行き、前日宿泊する予定だったホテルに行ってみた。秋田駅まではあまりお店もなく、停電のためか、とても静かだった。ホテルは開いていなかった。駅のすぐそばのコミュニティセンターの一階の広場が避難所となっており、人があふれていた。駅の構内もたくさん人がいた。ここでも私と同じような受験生が多かった。私と同様、不安が大きかっただろう。公衆電話があったので再び連絡を取ろうとしたが、誰ともつながらなかった。とりあえずは昼食を食べようと思い、駅構内にあるコンビニで買い物をしているとき、ちょうど新聞が入ってきたので、反射的に一部買って手に取った。座れる場所を見つけ、昼食をとりながら新聞を開くと、ものすごい勢いで来る津波に呑み込まれている名取市を写した写真を目にして、固まってしまった。初めて震災の被害を目の当たりにしたので、言葉を失う他なかった。

午後1時過ぎ、コミュニティセンターの広場に行ってみたが、私が泊まれるスペースはなさそうだと思った。掲示板を見ると、近くの旅館の電話番号リストがあった。公衆電話の列に並び、旅館のほかに家族や親戚にも連絡したが、つながらなかった。くじけず再び別の旅館をメモして祈りながら電話すると、一軒目でつながった。部屋も空いていて思ったよりも近場だったのですぐに向かった。その時すでに秋田市内では電気が復旧していた。

旅館に荷物を置いた後、付近を散策してみた。コンビニを三ヶ所ほど見つけたが、どの店もおにぎり・パン・弁当などはほとんど売り切れていた。レストランは客がほとんどいなかったように見えた。店頭販売しているスーパーもあった。旅館に戻った後は、かろうじてコンビニで買うことのできた弁当を食べて風呂に入った。電気・水道・ガスすべて復旧していたので、携帯や音楽機器の充電もした。9時ごろに布団に入り、気付かないうちに眠っていた。

3月13日（日） 起床時間は9時。新幹線の中で一夜を過ごし、その後重たい荷物を背負ったまま歩き続けて疲れていたので、9時までずっと寝続けていた。さらに全身筋肉痛に見舞われた。昼頃にコミュニティセンターに向かった。人の数はだいぶ減っていた。なるべく実家に近づければと思ったが、情報がなかった。夕方ごろに盛岡に三人ほど乗せて行けるというボランティアの人が来た。盛岡も電気が復旧しているとのことで、乗せてもらうことにした。

盛岡に着いたとき、時刻は午後6時。既に外は暗くなっていた。盛岡駅のすぐそばに避難所が二つあった。一つは市の建物で、もう一つは県の建物だった。私はそうと知らず市の建物に泊まることにした。その避難所は電気も暖房もついていたが、ホールの外にあるテレビの周りに畳が敷いてある状態だった。人数は二十人もいなかったが、さまざまな人が避難していた。私と年が近い受験生と思われる人。小さい子供二人を連れた若い夫婦。みんな不安そうな雰囲気を醸し出していた。偶然話した年寄りの夫婦は、震災時に南三陸町にいたという。老夫婦は高い場所にある旅館にいたので無事だったが、その数時間前に、沿岸に向かう人と出会ったらしい。その人を心配している老夫婦を見て、胸が苦しくなった。老夫婦は次の日の朝に避難所を離れたので出会った人の安否がどうなったかわからないが、私はその人が生きていることを願う。

寝るときは、座布団を半分に折って枕代わりとして、薄い毛布一枚を羽織って寝た。下が畳で寝るのが窮屈で、その時、私も一人の〝被災者〟なんだなと感じた。


3月14日（月） 朝早くに、兄からメールが届いていた。実家は圏外だったが、実家から車で四十分ほどの場所にある兄の仕事場は電波が立っていてメールできた。「市役所に行って、支援隊や支援物資と一緒に送ってもらえるならそれで帰ってこい。最終手段はヒッチハイクだ」。朝食後、市役所に向かおうと決めた。

避難所には食料はそれなりに届いていた。毎回の食事で、お湯を注ぐだけで食べられる五目ごはん・みかん・バナナ・缶コーヒーをいただいた。道に迷いながら市役所まで約一時間二十分かけて歩いた。途中コンビニにも寄ったが、電気がついているところもあれば、まだ復旧していないところもあった。どちらも食料は売り切れていた。市役所に着いたが、警察署に行ったほうがいいと言われ、警察署に向かったが、有力な情報はなかった。無駄だったと思いながら三十分ほどで避難所に戻った時、高校で三年間担任だった先生から携帯に留守番電話が入っていた。折り返し電話するとつながった。在校生はみんな無事で、校舎も被害はあまりなかったという。「まずは無事に帰ってこい」と励まされ、頑張ろうと思った。

午後は、避難所の隣にある県の建物に行き、情報を求めたが見つからず、この日もまた避難所で一夜を過ごすことになった。夕方ごろ親に電話すると「明日は4号沿いでヒッチハイクしてみろ」と言われたので、やることに決めた。市の職員に事情を話し、段ボールをもらい、マジックとカッターを借り、段ボールに大きく「花巻方面」と書いた。ヒッチハイクなど人生で一度もやったことがなかったので、不安は大きかった。


3月15日（火） 前日よりも早く起きて、荷物をできるだけまとめた。避難所を出るとき、市の職員の方や避難している人から心配され、励まされた。この時、人の温かさを改めて感じた。午前9時半ごろ4号線に到着した。4号沿いに車の行列ができていた。その先にガソリンスタンドがあった。みんなガソリンを求めて並んでいたのだ。「この人たちの誰かが乗せてくれるだろう」。そんな安易な考えでヒッチハイクを始めた。

荷物を背負いながら両手で段ボールを掲げ、車の中を見ながら歩いた。しかし、乗せてくれる人はいなかった。手で×サインを出す人もいたが、多くの人は見ても無視するか、見向きもしなかった。すると、自転車で後ろから来たお年寄りに言われた。「この人たちはガソリンを入れるために並んでるんだ。ヒッチハイクのやつを乗せてガソリンを食いたくないんだ」。それを聞いて、一気に不安が増した。

ガソリンスタンドの先まで歩いた。段ボールを掲げていたが、やはり乗せてくれる人はいなかった。4号線に出てから結構歩いていた。「もしダメだったら、隣町の避難所まで歩こう」と考えた。段ボールを掲げている自分が恥ずかしいとか、そんなのどうでもよくなっていた。この先どこに避難所があるかわからなかったが、ただ歩いていた。そしてとある橋にかかった。すると橋の終わりの所で、道路の脇に一台の乗用車が止まっていた。まさかと思い、小走りで駆け寄った。運転手が助手席の窓を開けて私に話しかけた。「花巻まで行きたいの？」。私は「できるだけ南に行きたいです」と必死に答えると、「北上までだったら乗せてあげられるよ」と言われた。うれしさで感謝してもしきれなかった。車に乗せてもらい、携帯で時間を見ると、ヒッチハイクを始めてから四十分しか経っていなかった。精神的につらかったので、長く感じたようだった。

話を聞くと、その人はガソリン配達関係の仕事で、ガソリンを入れるのにわざわざ並ぶ必要はなかったらしい。また、宮城出身で、私と同じ年頃の娘さんがいるといい、話も弾んだ。その人の実家は無事だったが、配達先で亡くなった人もいたという。私も、親族や友人の安否が再び気になった。約一時間乗せてもらい、北上まで行くことができた。そこから親に連絡して迎えに来てもらった。実家はライフラインが全滅で、食料も底をつきそうだと勝手に思い込んでいた。しかし、ガスはついていて、食料もそれなりに残っていた。

栗原市の実家に近づくにつれて、地震の爪痕が大きく残っていた。すぐ隣の部落では、多くの家が立ち入り禁止の「赤札」が貼ってあった。家に帰り、家族全員の顔を見て安心した。部屋はモノが散乱して、足の踏み場がなかった。午後6時には外が暗くなり、ろうそくをつけなければ過ごせない状態だった。外に出ると街灯も消えて、真っ暗だった。就寝時間は8時。しかし余震で何度も目覚め、まともに寝付くことはできなかった。

翌日、近くの避難所に家族と給水に行った。思ったほど人はいなかったが、しばらくすると列ができた。トラックは荷台に大きな貯水タンクを二台積んできた。私たちは合わせて十数リットル給水した。その後、自転車で町をまわった。道路が浮き沈みして、歩道が砕けていた。近所のスーパーの歩道では、マンホールが1メートルほど上がっていた。生で見る故郷の被害に、ただただ驚くしかなかった。

3月17日　電気が復旧した。やっとテレビが見れる、8時に寝なくて済む、そんなことを思った。携帯には、友達からメールが届いていた。震災当日は別々の状況だったが、すごかったと皆口をそろえて言った。そして、被災者のために何かしたいと思った。しかし、高校を卒業したばかりの未熟な私たちにできることは、募金という形で義援金を送ることと、被災者のことを祈り続けることしかなかった。

3月30日　離任式に参加するため、三週間ぶりに高校へ行った。高一の時に起きた岩手宮城内陸地震の修復工事を行っていたからか、校舎に被害はほとんどなかった。そして、友達や後輩、先生と実際に会うことができて本当にうれしかった。

今回の東日本大震災を通して、私は多くのことを感じた。電気や水道が使えなくなり、どんなに人類の文明が進化していても、自然には敵わないと改めて感じた。今の自分の無力さも感じた。新幹線の中で、私と同い年ぐらいの人が救援物資を配るお手伝いをしたり、トイレに並ぶ人たちの整列をしていたのを見て、自分はまだまだ未熟なのだと改めて感じた。

そして、最も大事な二つのことを感じることができた。一つは、人は独りでは生きていけない、ということだ。今回の震災で、私は多くの人の力を借りて実家に帰ることができた。独りではできなくても、誰かの力を借り、協力することができたら、やれることは次第に増えていくと感じた。もう一つは、当たり前のように過ごせている毎日に感謝しなければいけない、ということだ。私は避難所で二晩、普段とは違う過ごし方をした。しかし、実家に帰り、電気も復旧している今、私たちは、震災前と変わったところもあるが、基本的な部分は変わらずに過ごせている。しかし、震災や津波で家や家族を失った人たちは、震災前と生活が一変し、私たちには当たり前のことができない人もいる。今も避難所にいる人は、もう二ヶ月以上も苦しい生活を強いられている。このようなことをふまえて、一日一日を大切にして私たちは生きていかなければならない。

私は将来、教師になることを目指している。この大震災の経験を忘れずに、そして大震災の経験を伝え、将来の復興に大きな役割を担う生徒たちを立派に育てたい。そして、復興支援のためにできることを率先して行っていけるようにしたい。先は遠いが、将来日本が復興していると信じ続ける。

（脱稿：２０１１年6月23日）

老朽化が危惧された仙台駅にて

仙台駅

佐藤　恵

3月11日　東京で一人暮らしをしている小学校からの友人が先日帰ってきた。今日は仙台駅で待ち合わせをした後、アニメイトに行ってアニメグッズを購入。それからカラオケへ。友人は私の知らないアニメソングばかり歌うので、私は彼女の知らない aiko の歌ばかり歌ってやる。最後は居酒屋で変わらぬ友情にビールで乾杯。再び遊ぶことを約束してさようなら。そうなるはずだった。

その日は午後2時30分に友人と仙台駅旧伊達政宗像前で待ち合わせをしていた。午後2時25分、友人からのメール。『なんか電車遅れてるから少し遅れるかも！　ごめん！』線路の近くで火災があり、彼女の乗るはずだった電車が止まってしまったという。私は、仙台駅二階で開催されていたホワイトデーフェアをうろついて彼女を待つことにした。しかし、特設会場を何周しても彼女は現れない。午後2時38分、友人からのメール。『もう少しで電車乗るよー』彼女が乗る太子堂駅から仙台駅は電車で約七分である。ホワイトデーフェアに飽きた私はキオスクに目をやる。そこには、3月5日にデビューした東北新幹線はやぶさをかたどった箱のお菓子が売られていた。これいいな、とお菓子を手にとって眺めていると、午後2時46分、コートのポケットの中でケータイが震える。あ、やっと着いたかな?と思うのと同時に小さな揺れを感じた。あのとき、友人からの着信だと思ったそれは、後になって緊急地震速報であったと知る。おとといにも地震がきたばかりだったから、また来たな程度にしか思っていなかった。おそらく周りにいた人たちもそのように感じていたはずだ。

しかし、数秒で尋常じゃないと知る。みしみしという音が次第にごおおおという音に変わって、揺れが大きくなり、周りにいた人びとが駅の外へと逃げていく。天井からほこりがたくさん落ちてくるなか、私も外へと走って逃げた。ペデストリアンデッキに出ると柵に沿ってたくさんの人がしゃがみこんでいた。私も石のベンチに座り、そして泣き始めた。子供のように、恐怖に押しつぶされながら泣きじゃくった。一瞬揺れがおさまった時に、隣に座ったおばさんが私に声をかけてくれた。「大丈夫よ、大丈夫」。しかし、すぐにまた大きく長い揺れがやってくる。おばさんと私はしがみつきあった。揺れはとんでもなく大きく、長く、長く……。あのとき一番怖かったのは、足場が崩れてしまうことと、激しく揺れるガラスが割れてこちらに降ってくることだった。連日のように報道されていたニュージーランド大地震の映像が頭に流れ、今までに感じたことのない恐怖、「死」を感じた。これが私の体験した、東日本大地震である。

長い揺れがおさまり、誘導によって一階へと降ろされた。不思議なことに、いつもなら何十台ものタクシーが停まっているタクシープールには一台もタクシーがなかった。周りはたくさんの知らない人で溢れていた。駅構内にあるお店の人たち同士で集まって、「○○さん、ちゃんと出てこれたかしら」「駅の中で火事があったみたいよ」と話していた。そしてその輪に遅れて駅から出てきた仲間が駆け寄ると、きゃーという歓声をあげて喜んでいた。その光景を目にしていて、一人でいることにだんだん心細くなってきた。

そこで、同年代の同じく一人で心細そうにしている女性が目に入ったので声をかけてみた。彼女も大学生で、私と同じく友人と待ち合わせをしていたところだった。お互い携帯を開くものの、繋がりませんねぇ……などと話して不安を紛らわしていた。携帯は地震後に母や、待ち合わせをしていた友人からの着信があったことは告げるものの、繋がることは全くなかった。余震があるたびに人々は地面にしゃがみこんだ。どうしようもない気持ちのまま、周りを見ていると、ひとごみの中に友人の顔を見つけて駆け寄った。ついに再会を果たしたのだ。私は正直、彼女の乗った電車は先ほどの地震でひっくり返ったと思った。彼女は私より怖い体験をしていた。

友人（T・M）の話　友人は運よく電車内ではなく、降車直後に地震にあった。彼女は興奮しながら、仙台駅の老朽化を訴えた。「天井とか、天井の看板が目の前に落っこちてきたんだよ!?」彼女はあの揺れの中、在来線のホームから階段をのぼり、改札を抜けて西口へ出た。改札は閉まっていて多くの人はそれを乗り越えたが、彼女の身長では不可能であった。「前にいたおじさんが手で改札あけてくれたんだよ。こういうとき、人って助けてくれるんだね」。

とりあえず今日は歩いて帰宅することにした。私が話しかけた女性の待ち合わせ相手は仙台駅東口にいるらしい。私たちは東口に彼女を案内することにした。地震発生から一時間ぐらいたっていた。東口へ向かう途中、電気の消えたコンビニに群がる人々、亀裂の入った道路、割れて砕け散ったガラスを見たが、それでも地震の威力には気づいていなかった。家に帰れば、母がストーブの前に座ってテレビを見ているはずだ。何もないけどとりあえず家で温まろうとか、はやぶさのお菓子をどさくさに紛れてとってきちゃえばよかったね、などと話しながら東口に向かって歩いていると、女性の知り合いに会えた。彼女は安心して泣いた。

彼女とさよならをした後、友人がトイレに行きたがった。コンビニも閉まっている店がほとんどだった。偶然開いているコンビニに入ってみると、残念ながらそこもトイレは使えなかった。レジでは食料などを買う人の列ができており、私たちも不安になってお茶やゼリーを購入した。レジに並んでいると店の外で大粒の雪が降ってきた。どうしてこんな時に……と私たちは不安になった。レジではおじさんとおばさんが電卓で計算し、私たちが購入しようとしたカロリーメイトは、おじさんが「いいから、百円にしなさい」と言ってくれた。コンビニの外に出ると、信号の消えてしまった交差点で四人のガソリンスタンドの店員さんが交通整理をしていた。そこで店員さんに尋ねると笑顔で「トイレは使えますよ、どうぞ」と答えてくれた。

どんな光景を見てもどうせすぐに元に戻るだろうという軽い気持ちがふっとばされたのは、うちの玄関前に立ったときだ。『南材小の体育館に避難しています』と書かれた紙が玄関に貼ってあった。母はストーブの前にいなかった。そこから私の気持ちは焦り始めた。避難しなければならないほどの地震だったのか。急いで近所の小学校へ向かう。体育館で母に会うと「よかったー……」と私と友人を抱きしめた。それから父が帰ってくるまで、体育館で過ごした。体育館は、もう十年もここに住んでいるにもかかわらず知らない人でいっぱいだった。ぽつぽつところどころでストーブの明かりだけが光る。夜になって、ボランティアの人たちが水と乾パンを配り始めた。うちは家に一旦戻って、食べ物や飲み物をすでに持ってきていたのでもらわなかった。

それからしばらくして、友人がまたトイレに行きたがったのでついて行った。体育館の外に市からの簡易トイレが設置されていた。トイレは洋式一つ、和式一つしかなかったので行列ができていた。並びながら空を見上げると、見たこともないほどの星が輝いていた。仙台でも星がこんなに輝いていたんだ、と驚いた。夜空を見上げても、冬の空にはオリオン座ぐらいしか見えない。その日は北斗七星まで見えて私は感動した。私たちの前に並ぶおばさんたちは、夜空に輝く星を見ながら「こんな時に、皮肉なぐらい綺麗ねぇ」。おばさんたちには、綺麗な星が皮肉に見えるのか。私には、空が私たちに与えた希望に感じた。「大丈夫だよ」と言ってくれているように見えた。でも今思うとやはり皮肉かもしれない。なぜなら、その日からテレビは絶望しか映さなかったからだ。体育館にいる間は何の情報も得られなかった。携帯のネットでは地震についてなにも取り上げておらず、調べてもただ電力を消費するだけだった。

この日の地震が「東日本大震災」と名付けられるほどの大きな地震であったと知るのは、避難場所を体育館から我が家の車に変えてからだ。車のテレビは、すでに神奈川で死者が出たことや、若林区荒浜で約三百人の死体があがっていることを伝えていた。絶句。午後10時過ぎ、母方の伯父から連絡。母方の祖父と連絡がとれないとのことだった。伯父からの電話で、祖父と伯父が住む多賀城市が津波の被害にあった事を知った。

その時の伯父（O・H）の話　伯父と祖父は多賀城市にある一軒家に二人で暮らしている。地震後、食べ物と乾電池が必要だと感じた伯父は近くのコンビニに駆けこんだ。そうしている間に津波がやってきた。地震が起きて三十分後ぐらいだったという。伯父は家に帰ることができず、コンビニより高い所にある公民館に避難した。津波がやってきたとき、祖父は家に一人だったのだ。それから、伯父が何べん祖父の携帯に電話をしても繋がることはなかったそうだ。

その日は車の中で一夜を過ごした。車の中は体育館より暖かかったけど、寝苦しかった。そして度重なる余震は私たちを不安にさせた。外がはやく明るくなることを願った。

3月12日　何時間も眠れぬ夜を過ごしていたはずなのに、気づけば周りは明るかった。とりあえず、友人を太子堂にある家に送っていくことになった。私の家は、仙台市若林区南染師町にあり、仙台市地下鉄の河原町駅近辺である。ここから広瀬橋を渡り、長町商店街を抜け、太子堂へ向かう。広瀬川にかかる広瀬橋を渡ったとき、左手にある同じく広瀬川にかかる高架に新幹線Ｍａｘやまびこが止まっているのを見た。新幹線の中に人影が見えたような気がした。もう少しで仙台駅に着くはずだっただろうに……。長町商店街は、うちの近所よりも地震の爪痕が大きく残されていた。まず、道路がでこぼこだった。ジェットコースターみたいな落差を感じる場所もあった。車道と歩道の間に大きな溝がたくさんできており、壁が崩れている建物も多かった。

友人を無事送り届けて家に帰ってきた。しかし、家には戻らずにしばらく駐車場にいると、見知らぬおばさんが私たちに気付いて、運転席の窓を叩いた。「6時から炊き出しが始まるみたいですよ」。親切な人だ。午前6時近くに車から降りて、体育館の炊き出しに我が家も並ぶことにした。

昨日地震があって、体育館に避難し、今日炊き出しに並んでいる自分。すべてが嘘のようだった。そんなこと、テレビの中だけだと思っていた。まさか自分がそんな目に遭うなんて。でも事実だった。地震翌日の炊き出しは、わかめの混ざったアルファ米である。一人一パックずつ配られた。しかし、だんだんパックが足りなくなったのであろう。我が家より遅い時間にもらった人たちは、一家族分のご飯がつめられた一パックを渡されていた。家に帰り、ご飯を頂いた。家では電気が止まってテレビがつかないものの、外からの光のおかげで普段と変わりない。しかし、トイレや水道から水が流れなくなった。昨日、断水を恐れた母が地震後に浴槽にためた水を、自分たちでトイレのタンクに流しいれて使った。トイレットペーパーの使用を諦めたこともあった。泣きたくなるぐらい不潔感が嫌だった。父が働きに出かけ、家に母と弟と私が残された。我が家のその日の情報源は小さなラジオだった。それは私が二年前の大学受験期に使っていたもので、ライトがついたり、サイレンが鳴る避難に適したタイプであった。

余震におびえながらラジオをつけていると店舗情報が流れてきたため、気晴らしも兼ねて三人で買い物に出かけることにした。目当ては遠見塚にあるヨークベニマルである。母はトイレットペーパーを欲していた。向かう途中で二つのコンビニを通ったが、どちらも人が行列を成していた。残念ながら、ヨークベニマルは閉まっていた。帰り道、再び通りがかったコンビニに今度は並ぶことにした。午後3時頃であったが、すでにコンビニの中はほぼ空であった。せめてお茶だけでも……と思っていたが、購入できたのは汗ふきシートだけだった。

私は違う方面のコンビニへ向かった。立ち寄ったコンビニ三軒のうち二軒は閉まっていた。最後に立ち寄ったコンビニに並んだのは午後4時頃。日が暮れてからの営業は危険だからと、私の後ろに並んだ人で行列は打ち切られた。地下鉄河原町駅出入口の隣にあるコンビニ99は、店内が散乱していたため店頭販売であった。私が買えたのは、せんべい二袋とオレンジジュース一本である。これくらいしか腹もちするものがなかった。コンビニで、夜の炊き出しが午後6時から始まるという情報を得た。母に並ぶ際に容器をもっていくように言われた。夜の炊き出しは汁物とおにぎり一人一個だった。午後6時ごろ、日が沈み、ろうそくをつけた。地震直後に母が知り合いの店へ入手しに行ったのだ。「ろうそくの火が暖かい気がするね」と母は言った。7時前には、ろうそくの火とラジオを消して布団に入った。やっぱり布団で寝られるって最高だ。このままだと一二時間は寝ないと夜は明けないけど……と思ったが、気づいたら寝ていた。その日、祖父の安否は確認できなかった。

3月13日　眠れないと思ったが、一二時間以上寝た。外は明るくなっていた。午前8時過ぎ、ぼんやりしていると目線の先にあったファックスがブンという音を立てて光った。「あ！」電気が復旧した。次々と我が家の電化製品が生き返る。電気が戻った、とうちは歓喜に満ちた。「水も出る！」母が水道の蛇口をひねって言った。後になって分かるのだが、うちの近所の戸建てでは断水しなかったらしい。我が家は電気を使ってタンクから水をくみ上げるマンションに住んでいたため、断水にあったようだ。また断水になるかもしれないと不安だったが、トイレでトイレットペーパーを使えることがなにより嬉しかった。電気が復旧したので、早速トースターを使ってパンを焼いた。テレビも見た。都心に近いっていいなぁ、なんてのんきに過ごしていた。

午後は母と二人で駅前まで買い出しに出た。いつもなら地下鉄だが、今は使えないので自転車で向かう。アーケードの中はほとんど薬局しか開いていなかった。どの薬局にもうんざりするほど行列ができていた。その日はなぜか開いていた白松がモナカのお店でモナカ十個だけ購入して帰った。それから、再び遠見塚のヨークベニマルに挑戦した。行ってみると行列ができていた。とりあえず何か買いたかったので並んだ。一時間近く並んで買ったのは、りんご三つ、いよかん二つ、ミニトマト、レタス、缶詰一個、紙パックのジュース二本である。

ヨークベニマルから帰宅すると、そろそろ体をすっきりさせたいねと、カセットコンロでお湯を沸かし、髪の毛と体を洗うことにした。三日ぶりで本当に嬉しかった。ただ、三人分のお湯を沸かし、三本のボンベのうち一つが空になってしまって驚いた。これからは大事に使わなくてはいけない。夜遅く父が帰宅した。会社で行方不明になっていた人の安否がわかったそうだ。

父の会社の人（S・K）の話　塩竈で得意先と3時に約束をしていた。45号線を走行していたところ地震に遭う。約束を優先して先へ進むも、ラジオで津波の危険を知り引き返した。しかし、多賀城市八幡一丁目あたりで、高速から降りてきた車の影響により渋滞が起きてしまい身動きがとれなくなる。しばらくして、津波を知らせるクラクションが後ろからだんだん聞こえてきた。気づけば、車の半分まで水が来ていた。ドアを開けようとしても、水圧で開かない。車が浮いた。とっさに窓を開けて外へ逃げた。クラクションを鳴らして、前の車に津波を知らせたのだが、誰も外へ出てこなかった。出なかったのか、出られなかったのか……。波に乗り、流れてきたものにぶつからないように潜ったりした。泥水も飲んだ。板につかまって流され続けたが、カラオケ屋の二階から呼ぶ声がした。うまくそちらの方に流れていって無事建物の中に逃れた。そして、濡れた服のままそこで一晩を過ごす。次の日、最寄りの駅まで歩くも電車が動いていないことを知り、歩いて帰宅することにする。途中タクシーを拾うことができ、無事家に着くことができた。破傷風のためか、手がひどく腫れたそうだ。

前日まで明るくなったら起きて、暗くなったら寝る、という原始人みたいな生活だったのに、電気の復旧によりそれも一日だけで終わった。普通に午後11時まで起きていた。相変わらずテレビは悲惨な映像を映していた。この日も祖父の安否はわからず、母は心配して憔悴していった。

3月14日　一人暮らしをしている先輩と朝早くから遠見塚のヨークベニマルに並んだ。昨日来た時に、今日は10時から開店という情報を得ていたので、早めに9時ごろ行ったのだが、すでに大行列ができていた。母に「もう野菜・果物はいいからおかずになりそうな物かトイレットペーパーを買って」という指令を受けていた。結局三時間並んで買ったのは缶詰一個。しかし、一人で不安そうにしていた先輩に付き添うことができただけで私は満足だった。帰宅してお昼ご飯を食べてから、再び母と駅前に出て行った。近所の精肉店が開いていたので、鶏肉と豚肉を買った。悪くなるといけないので、買った肉をすべて火に通し、何日分かに分けて冷凍した。駅前では偶然列の短い薬局に入ることができた。帰り道、学院土樋キャンパス前の西友にも入ったが、飲み物ぐらいしかなかった。

母は家にいる間、ずっと携帯電話を気にしていた。11日に連絡が取れた伯父からも連絡は来なくなってしまった。祖父のことが心配で、11日から何も食べていなかった。この日も祖父の安否はわからなかった。

3月15日　朝、母の携帯電話が鳴る。伯父からだった。今朝まで電波が通らなかったため、電話できなかったそうだ。そして、祖父はと言うと……生きていた！　祖父は地震の当日、家の二階に無事逃げており、その翌日伯父が自衛隊のボートで探しに来たそうだ。

その日は8時に開店するパン屋に並んだ。7時50分頃に来た時点で長蛇の列だった。並んでいる途中で雪が舞い、だんだん冷えてきた。一時間半並んで、整理券だけを手に入れた。一時間後にまた来るように言われた。整理券でパン屋に並ぶのは母に任せ、私は友人と駅前に買い出しに行った。この日、地震の日以来初めて地下鉄に乗った。乗っている間にまた地震が来て、地下に閉じ込められてしまったら……と思うと怖かったが、便利なので利用した。結構人が乗っていた。

友人（M・T）の話　11日、家で寝ており地震で目が覚めた。揺れている間、大事なテレビとPS3を落ちないように押さえた。地震後は携帯電話のワンセグを見ていたが、夜になって家族が揃い車に避難した。その日はお菓子を食べて過ごし翌日は家に戻った。半オール電化の友人の家は、電気が止まって何もできなかったが、隣接する貸家がプロパンガスだったため、うどんを作ったそうだ。三日目の朝に電気が復旧。15日に福島の親戚が避難に来た。

その日は藤崎前で行列ができていたのでそこに並ぶ。お菓子と缶詰を購入。帰り道、井ヶ田でおはぎを購入。行列に並んでいる間、「電気ケトルが欲しい」と私は友人にしきりに言った。昨日、髪を洗って体を拭いただけでボンベが一本なくなってしまったことが私にとって絶望的であったのだ。見かねた友人は自宅へ電話をかけ、お母さんに尋ねてくれた。「電気ケトル貸して大丈夫だって。今度うちまで取りにきてね」。数日前から、福島の原発から発せられた放射能を含んだ雨を心配する声があがっていた。雨に濡れないうちに帰ってこいと親から連絡があり、おはぎ購入後にすぐ帰った。

いままで、買い出しに行くことで気を紛らわしていたが、家に帰ると時間を持て余した。テレビのテロップに流れる「ボランティア」の字が気になりだす。しかし、勇気が出なかったし、親に反対されるのが嫌だった。そんな時、友人のブログを見て心が動く。『いま生活に不自由のない皆さん、被災地を心配してくれてありがとう。なにもできなくて苦しいって思ってるかもしれないけど、きもちがあるなら是非行動してほしい。思いを伝えたり考えたりするだけでは誰も助からないから』その通りだと思った。明日は問い合わせてみよう、と決めた。明日にしてしまうあたりが、なんだか弱いなあと思うのだけれど、私の中ではそれなりの一歩を踏み出した。

3月16日　昨日の経験を生かして、その日は7時にパン屋に並んだ。一時間ちょっと並んだだけで、パン5個と食パンの予約券を手に入れることができた。続けて近くのスーパーに並んだ。この日も雪が舞って寒かったが開店をじっと待った。スーパーには物がたくさんあった。普段は当たり前な風景が今では珍しい。肉や魚をたくさん買った。

午後、ボランティアと同時に気になっていたバイト先に連絡を入れた。私は南仙台にある塾で講師のバイトをしている。数日前から少しずつバイト先の情報が入ってきてはいたのだが、電車が使えなくなってしまったので私に当分できることはないだろうと思っていた。だが持て余す時間を何かに使いたかったので、ボランティアに参加する前にまず人手が必要かだけ聞いた。塾長にメールを入れると、今日も片づけをやっていることだけ伝えられた。

手伝いに行こう！と自転車で南仙台まで向かうことにした。結局ボランティアに問い合わせる勇気がなかった。知らないところに飛ばされるより、自分の身の回りの人たちを手伝おう、と自分に言い訳をした。

家から南仙台のバイト先へは橋を二つ越えなければならず結構疲れるが、所要時間は意外にも普段とあまり変わらなかった。四十分かけて塾に着くと、塾長、講師二人、生徒二人がいた。教室の中はある程度片付いて物は散乱していなかった。壁には派手なヒビが何本か入っていた。再び地震が来ても安全なように、物の配置を変える作業をした。手伝いよりは、遊びに行ったという方が正しいかもしれない。久しぶりにバイト仲間に会い、話をして笑ったことがとても楽しかった。また頑張ろうという気持ちになることができた。

バイト先の帰り道、昨日の友人に電気ケトルを借りに行った。渡された袋にはケトルと一緒にねぎとえのき茸が入っていた。「ささやかだけど食べてね」。その日から毎日お湯で体を洗い流すことができるようになった。

3月17日　このごろ、テレビでは被災地における「日本人の強さ」みたいなものを報道するようになった。被災地では被災した当事者が水を配給しに回っている、子供たちが炊き出しの受付を行い、物資を運びだす手伝いをする、こちらが被災地の人たちに励まされますね、云々。テレビに取り上げられる被災地はたいてい津波の被害に遭った本当に悲惨な場所ばかりで、そこで輝く人たちを映すのだ。同じ被災地でも、我が家は三日目には水道・電気が復旧したのでほぼ今までのような生活をしている。そしてうちは父が某石油会社に勤めているおかげで、ガソリンや灯油にも困らなかった。かなり恵まれていると思われる。それなのに、ボランティアもせずのうのうと生きていることをテレビを見るたびに責められるような気分になった。首都圏での買い占めがピークになり、批判を受けるようになると、「いま私たちにできること」が番組として取り上げられるようになった。それも責められているような気になった。首都圏でもできることを頑張っているのに、被災地にいるあんたは何もやっていない、と。被害妄想もいいところなのだけれど、私はずっとそのことに頭を悩ませていた。「悲惨な場所で今も辛い思いをしている人たち」のために何もできないでいる自分、何かをする勇気が出せない自分に大変嫌気がさした。

3月20日　津波の被害を受けた多賀城市の祖父と伯父に会いに行った。45号線を車で走ってもなかなか「悲惨な光景」は現れなかった。案外何ともなかったと思ったが、JR中野栄駅を境に世界は一変した。もう地震から十日目だったのである程度整備されたためか、道路の両端に車が積み上げられている。潰れた車のフロントは泣きそうな顔に見えた。ガラスが割れて中身が丸見えになっている店もある。こちらまで泣きそうになる。

祖父と伯父は小さな公民館に避難している。訪れた時には給水車が来ていた。公民館にはたくさん……というわけではないが人がいた。おばあさんたちがストーブの周りに集まってすわっていたり、布団の中に寝ていたりである。伯父と祖父は変わりなく元気そうでなによりである。二人を連れて家に向かう。少しずつ片づけをしているようで、ソファーなどの家具が家の外に出ていた。他の家でも片づけが進んでいるようで、道路にはたくさんの家具や布団やごみが家ごとに積み重なっている。家を見ると、壁に綺麗な横線が引かれ、津波がどこまであがってきたかがわかる。ちょうど私の背丈、1・5メートルくらいである。中に入ると、家は泥だらけであった。水を含んだ畳はゆがみ、盛り上がっている。テレビはひっくり返り、箪笥は倒れ、食器棚から皿がこぼれ出す。どこから手をつけたらいいのかわからないほど、家の中はごった返していた。

とりあえず片づけを始める。目に入ったものから手当たり次第ごみ袋に入れていく。すべて濡れている。タオル、布団、書類、アルバム……。母が幼いころから生活が営まれていた家には、本当にたくさんの物があった。亡くなった祖母の部屋も九年間ほったらかしだった。この津波が家を整理するきっかけになったのではないか、と本気で思った。伯父、祖父、母、父、私の五人でできる限り、ごみを家の外に出した。家の外にあった車二台のうち一台は敷地の外に津波で流されていってしまった。もう一台は段差の上に乗り上げてしまった。

その一週間後、再び片づけを手伝いに多賀城を訪れた。少しずつ整備が進んでおり、積み重なっていた車が姿を消している場所もあった。帰りに仙台新港の近くにあるお寺に向かった。祖母が眠るお墓を見に行くためである。祖父の家から新港に向かうにつれ、情景は悲惨さを増す。たくさんの建物が消え、遠くまで見まわすことができる。港には駄目になった車が並んでいた。道路の中央にはコンテナが落ちていた。お寺の周りはがれきが溢れて近寄れなかったが、倒れてしまったお墓が遠目に見えた。新港から六丁の目に向かう道を走る。周りは田んぼだったはずだが、おびただしい数の木材とこわれた車が一面に広がっている。多賀城でもたくさんの遺体があがったと聞いている。今私が見ている車一台一台の中で、人が死んでいったのかと思うと声が出なかった。テレビで見るだけでは何も分からなかった。毎日この中で生きていれば、若い人たちが立ち上がろうと頑張る姿も当然だ。私は何も分かっていなかった。この大地震がどのような被害を日本にもたらしたのか。自分が無知で、無力であると感じた。地震から一七日目で、やっと自分にできることはないかと本気で考えるようになった。

今ではすっかり、夜に明かりが戻っている。地震の夜、懐中電灯を持っていても向こうの人の顔が見えないほどの暗闇だったのが嘘のようだ。空を見上げても、輝く北斗七星はもう見えない。早い復旧を望む一方で、あの夜空を見れないと思うと、私たちはまた何かを失ってしまったような気がする。

（脱稿：２０１１年４月13日）

高層マンションで震度6の揺れ

仙台市青葉区国分町

金菱　清

大地震当日は、前日大学ゼミの追い出しコンパでほぼ徹夜に近く、出勤の際周りの風景がいつもより白く輝いており眩しく感じられた。朝大学の会議に出席してから、昼食を大学近くの定食屋で済ます前に、ちょうど遠方の調査に行っていたこともあり、ガソリンスタンドで車の燃料を満タンにし、ついでに大型スーパーで今日の夕飯などの食材を購入した。今から思えば、このときの「溜め」がなければ生きていくのに厳しかったかもしれない。

家に帰って前日の徹夜分を取り戻すべく横になろうかなと思っていた。少し寝る前にノートパソコンを開き、画面を見て五分も経たない時、マンションの緊急地震速報の音声が鳴った。けれどもその時は「無視」して座ったたまいた。緊急地震速報は、地震が発生した直後に、地震計でとらえた観測データを解析して震源や地震の規模（マグニチュード）を瞬時に推定し、これに基づいて各地での本震の到達時刻や震度を予測し、可能な限り素早く知らせる地震動の予報及び警報である。高校の時に習ったＰ波とＳ波との到達時間の差を利用した情報活用ツールである。

今回の大地震が来るまでは、緊急地震速報が鳴った際、まずは玄関の通路を確保しなければ脱出できなくなることがわかっていたので、必ず玄関の扉をあけ身を低くかがめて安全確保をおこなっていた。律儀なまでにそのように実行していた。それまでの地震では速報装置は正確で予測震度があらかじめわかり、十秒ぐらいからカウントダウンが始まりゼロと同時に揺れ始めるすぐれものであった。それまでの精度は百％だったのですっかり信頼しきっていた。この装置について感心しすごい精度だということを周りの人に話していた（地震だけでなく、大津波警報の情報伝達もこのシステムが今後有効と思われる）。

けれどもこのときは館内放送を無視したのである。これにはいくつか理由がある。というのも二日前の9日お昼前に宮城県で震度5弱を観測した三陸沖を震源とする地震があり、岩手県大船渡で60センチ、石巻鮎川で50センチの津波が観測されていて、翌日（10日）の地元新聞も一年前の2月にあったチリ大地震による津波で海苔や牡蠣の養殖筏がまたも被害にあったという記事を一面トップで伝えていた。今回の巨大地震の緊急地震速報が鳴った際にも、9日の余震だろうという判断が直感的に働いた。これは宮城県にいた多くの人が共通に感じた最初の揺れの実感である。すなわち、二日前の地震が本震で今回のそれが余震だと初めは思ったのである。

ところが速報が鳴りだして二、三秒たたないうちに、下からガンガンお尻を突き上げる縦揺れがやって来た。速報より早く揺れが来てあれっおかしいなと思いつつ、これは緊急地震速報が少し遅かっただけで、すぐに止むだろうと高を括っていた。ところが今度は徐々に横揺れになり、体が揺さぶられただけでなく、建物全体がグッラグッラ大揺れになって波を打ちだした。収まるどころか激しくなっていく。やばいと思った。あることが頭をよぎる。高層階にいた人なら誰しもが思ったことであろう。前月にニュージーランド・クライストチャーチで起こった地震の倒壊現場の映像である。エレベーターを残してもろくも崩壊したビルの様子が、今体感しているさなかに頭の中で重なり始めていた。真横で何かがガシャガシャ倒れる音が響いた。ここにいると危ないかもしれないと思った。平衡感覚がないぐらい揺れているので足がすくわれそうになり、ふらつきながらもようやく数メートル先の玄関の扉をこじあけて内廊下に脱出することができた。四方を壁に囲まれているために、万が一倒壊しても、窓から放り出されて崩落し地面に叩きつけられることだけは避けられるという淡い計算があった。

あまりの長さと揺れに「助けてー」という声が内廊下に響き渡った。ちょうどそこに見知らぬ男女が居合せて、男の人が、グラグラとした揺れのたびに蝶のようにばたついているエレベーター横の非常扉を閉まらないように押さえながら「大丈夫です」と言ってくれた。その言葉にほんの少し安堵したあとに揺れがようやく収まりはじめた。短距離走を走った後のようにはぁはぁと短い呼吸を繰り返し、平静を取り戻そうと必死であった。でも助かったと思った。何でもその二人は鹿児島から会社の転勤で二週間ほど前に引っ越してきたばかりの若夫婦であった。不運としか言いようがない。

今回私が体験した地震は、ふたつのことで世界的に見ても稀有な事例であると思っている。ひとつめは、震度6規模の大地震を二回も体験（翌月の最大余震をいれると三回）したことである。一回目は一六年前に起こった「阪神・淡路大震災」である。その時の地震と比較すれば、同じ地震でもこのように違うのかと思った。阪神・淡路大震災は明け方の5時46分という時間帯もあり、急発進したレーシングカーのように斜め四五度にビリヤード玉のごとくふっとばされて叩き起こされた。そして、ゴムボールのように引き戻される感じの往復運動の揺れだった。とにかく一瞬の加速度（ガル）が凄まじかった。それでもその時は長く感じたはずであったが、今回のように四～五分もミキサーにかけられたように揺れ続けるものではなかった。

もうひとつ珍しいことは、被災した場所がマンションの二四階で、震度6規模の揺れを高層階で体感したことである。マンションの購入に先立って、地震に関する説明会が開かれ、参加したことがあった。何でも三二年前の宮城沖地震に対するデータをもとに設計された構造物とのことで、地震の波形とそれに対する構造物の説明がパンフレットには記載されていた。宮城沖地震はおよそ三十年周期で正確に到来する地震で、いつ起きてもおかしくない。確率としては世界に類例のない99％だった。地震が来るかもしれないという意識でなく、誰しも地震がいつ来るかということはいつも頭の片隅にあった。関西から六年前に移り住む際もまっさきに地震の到来を覚悟した。前に住んでいた賃貸マンションを借りる際も不動産屋で隣の人が「このマンションは地震大丈夫でしょうか」と担当者に確認していたくらい、やはり宮城といえば地震という感覚は誰しもに共有されていた。

しかし、予想通り来るには来たがあまりにも規模が大きすぎた。私のマンション購入の直前に起こった中国の四川大地震の断層のずれの長さは２５０キロで、仙台から関東までを含む断層がずれたことになるが、もしその規模の断層がずれたらこのマンションはどうなるのか、という想定外の質問を担当者にしたことを思い出す。最近のマンションは、単に建物のみの倒壊を免れる「耐震」だけではなく、建造物も人も保護するような構造設計になっている。対策には、大きく分けて「免震」と「制震」がある。免震は揺れる地盤と建物とを隔てることによって、地盤の揺れに建物が追随しないようにするものである。それに対して制震は、地震のエネルギーを吸収することで、建物の揺れを抑え、構造体の損傷を軽減する効果をもつ。私のマンションでは後者の制震を採用している。

今回の地震は直下型ではなかったが、四川大地震をはるかに超え、地震調査委員会によれば、破壊断層は南北に400キロ、東西に200キロ、四つの震源領域で三つの地震が連動して発生し、断層の滑りは最大で約20メートルにも達した巨大地震であった。想定外の質問に、担当者は三十年前の宮城沖地震を想定しており、四川のような地震は起こらないと考えているという回答だった。しかし現実にはそれをはるかに超える地震が起こったのである。もし外に固定カメラがあれば、マンションの高層階は弓をひいた後のように大きくしなっていたに違いない。固い表現を使えば、長周期地震動という新たな都市災害を体感したのである。長い周期の震動は高層階の建物の固有振動数と一致しやすく、破壊的ダメージをもたらすことが懸念されている。事実、関東方面の高層ビルでも十分以上の揺れにさらされたところもあった。

ようやく本震が収まると、興奮はしていたものの、マンション内部が被害を受けているかもしれないと思い、とりあえず、そこに居合わせた若夫婦と地上まで降りようということになった。3月とはいっても外に出れば寒いこともあり、玄関を開けたままいったん家の中に戻り、ダウンコートを着て貴重品をいそいでとりまとめた。その際ちらっと窓の外を見たが神戸の時のように火災のような煙や目立った建物が倒壊していることは目視で確認できなかった。再び玄関を出て、二四階から非常階段をつたって足ががくがく震えながら地上階に降り、ようやく道路に出ることができた。

外に出てみるとやはり少し意外だった。揺れの大きさのわりには何十年経つような木造家屋が倒壊していないだけではなく、ひびも入っていなかった。阪神・淡路大震災のような木造の建物が崩壊する「キラーパルス」と呼ばれる周期の比較的短い揺れがほとんど出ていなかったのである。これが大地震直後の明暗をくっきりと分けていくことになる。震度6強でも倒壊家屋が極めて少なかった。つまり震度の大きさに比べて幸いにも家屋倒壊や建物被害が少なく、そのあと訪れる津波被害があまりも甚大だったことがあげられる。しかし、三陸沿岸への救助の拠点となりえたことだけは不幸中せめてもの救いであった。阪神大震災の場合は、県庁や市役所の建物の一部が倒壊し、その機能を十二分に果たせなかったのとは対照的である。

道路には一難を逃れた人々が余震の警戒心を解かずに立ちすくんでいた。それは砂漠で草食動物が聞き耳をたてて物静かに肉食獣の動きを感知している様子とうりふたつであった。動物の本能ともいえる。すぐそばのコイン式パーキングでは、地震のために車が動いたせいで隣の車と擦れていて、どうしようかと不安そうに見つめるサラリーマンたちの姿があった。

地震から十分くらいたったところで、私は携帯を取り出し、ワンセグテレビに接続した。あることが気になっていた。これだけ揺れたのだから、宮城県庁に近いここまで津波がやってくるだろうと思った。これは三つのことが背景知識となっている。

ひとつは04年に起こったスマトラ沖大地震の際のインド洋大津波である。カラー映像で残されていた大津波は衝撃的で、それがすぐに頭をよぎった。それから、地震の二週間前に観たクリント・イーストウッド監督の『ヒアアフター』という映画(東日本大震災を連想させる場面があるという理由から上映中止)である。大津波のシーンで幕があき市場にいた人たちが津波に巻き込まれる。このシーンは監督がインド洋大津波の映像や写真をもとに忠実に再現したといわれている。さいごにNHKの大地震特集で以前放映されていたM8・7の東海・東南海地震を想定した高知での津波のコンピュータ・グラフィックス映像であった。東北大学の今村教授が監修したもので、このなかで市街地ほど海から遠く離れているから津波は来ないと楽観視する傾向があること、道路が水路となって水流が増し瓦礫が凶器となって町を襲うという危険を警告していた。

ワンセグを見ると津波の最大波を伝える放送が流れており、携帯の画面上なので見にくかったが、宮城県10メートルの予想と浮かび上がっていた。一瞬目を疑った。10メートルということは、建物に換算して三階以上で、あくまで予測であったので、これ以上の津波が予想されることは瞬時にわかった。阪神・淡路大震災の時は高速道路の倒壊などをテレビは伝えたが、当の現場にいる人たちの元にはその映像は届かなかった。「火災や余震に気をつけてください」と連呼する言葉がむなしく響くのみで、テレビの存在意義が問われた。それに対して今回は被災地にいる人びとには情報が少なからず伝わっていたことを考えると、今後震災直後のより適切な報道が求められるだろう。

私のいるところは、宮城県庁・仙台市役所から山側にいったすぐ近くにあり、海岸から7キロほどである。ところが仙台平野は海岸線からひたすら平らな地形をしているので、おおよその背景知識から考えるとひょっとするとここまで津波が来るかもしれないと考えた。今から思えば過大な評価だった。しかし情報がなかった。あわてて藁をもつかむ気持ちで、携帯から大阪の実家に電話をかけた。

奇跡的につながった。大阪でも地震波がきたらしく、「あまりにも遠いために最初めまいかもしれないと感じ、なんか地震かしらと思って、バイト先の人に尋ねると『宮城の方すごい地震みたいで震度7よ』と言われて真っ青になって、こちらから電話をかけたけど通じず、倒壊しているかと思って心配した」と向こうも興奮ぎみだった。「ワンセグで宮城の津波が10メートル以上になっているけど、余震が頻発していて地上にいるべきか、それとも津波が来るからマンションに戻るべきか今迷っていて、そこでテレビ見れたら情報くれる？」と早口で聞いた。仙台から数百キロ離れている大阪でも揺れたなら、なおさら津波は想像以上に大きいはずだと直感した。必要な情報に飢えていた。「ちょっと待って」と言われた。もちろん有用な情報は入らなかった。「とにかく無事やから」とだけ伝えて携帯を切った。地上にいるあいだも余震が断続的に続いてエントランスホールのガラスがガタガタ音をたてて唸っていた。再び携帯を開くと、漁船が津波で流されている映像が小さい画面から浮かび上がっていた。

津波はまだ仙台港までの到達時間が若干あるようだったが、自身で決断しなければならなかった。同行した若夫婦は情報がないということで、マンションよりも少し海寄りの県庁に行くと歩き出した。私は10メートルくらい先を歩いているふたりを引き留めて、「津波がここまで来るかもしれないので、たぶん高台にあがった方がいいと思います。僕はマンションにあがります」と伝えた。そう言わないと後で後悔するような気がしたからである。おりてきた階段を一歩一歩よじ上り始めた。屋上は二七階なので、階段の階数表示を見るたびにはぁはぁと息を吐く。

膝が笑っていた。それでもようやく上りきって屋上に立つと、仙台空港の方が遠目に見えた。水田地帯が一面水浸しになって仙台の南の名取方面からは煙が数本あがっていた。私のゼミ生がいる方向で、どれだけの被害が出ているのか心配になった。

いつもとはまるで異なる風景が眼前で拡がっていた。あそこまで津波が来ているという感じだった。このマンションまでまもなく来るかもしれない。松島方面に目を移すと真っ赤な炎が天近くまでのぼっていた。コンビナートの方面であるとわかった。これは夢かと疑ってみるも現実だった。

このような現実をまたも夢と思わせるかのように、地震前晴れていた空が一瞬にして雲が垂れこめ小雪がちらちら舞い始めてきた。天候が急変したのである。階段を上って温まった体が急に冷えてきたので、いったん部屋に戻ることにした。窓を見るといつのまにか雪がたたきつけるように大地に降り注いで地上がまったく見えなくなっていた。いつもなら明るく感じる雪がそのときだけは、一寸先すらわからないかのように暗く冷たかった。ひょっとして津波が来ているかもしれないと思いながらも、地上の様子を伺い知ることはできなかった。その情景がより一層人の不安を掻き立てた。津波の前触れだろうか。携帯は何度かけてもつながらなくなっており、メールも問合わせ中で不通となった。携帯電話は全く使い物にならない「ただの箱」と化した。唯一ワンセグのテレビで情報を得ることができたが、すぐに電池が減るので電源ごと切った。そしてノートパソコンから充電できる器具があったことを思い出した。

それを探そうとしたが、すぐに困難だとわかった。書斎においてあったが、本棚がすべて倒れていた。一応突っ張り棒は地震対策として施していたが、ものの見事に倒れていた。引き戸の向こう側に大量の書物が横たわっていてなかなか扉が開かなかった。なんとか本をより分けて通れる道をつくることができ、パソコン用充電器が見つかった。それから大学から以前配られていた「救助袋」が家にあることを思い出し探しだすことができた。なかでも手動式充電器は今回活躍することになった。何よりも電池を必要としないし、ラジオ付き懐中電灯&携帯の充電器がついていた。このときは一ヵ月ほど電気がつかないのではないかと思っていた。制震の効果としては、後から運び入れた本棚以外は何ひとつ落ちていなかった。食器棚も無事だったし、テレビも動いていなかった。ピアノもほとんど動いていなかった。ひょっとするとガラスを突き破って地上に落ちていたらどうしようかと冷や冷やものであったが、取り越し苦労であった。大学の研究室もそうであったが、本棚は重心が高いためにやはり倒れやすいことを今回学んだ。

やがて太陽がいつものように山裾に隠れ、あたりが薄暗くなり始めた。しかしそれを受け入れる人間の側が対応しきれていなかった。無意識のうちに電灯のスイッチを押すもカチッと部屋に音が響き渡るだけでつくはずもなかった。やがて真っ暗になったが、窓の外を見ると黄と赤のライトが道路一面を埋め尽くしていた。街中の信号機が止まっていたのと帰宅を急ぐ車が交差し、おびただしい車列が連なっていた。ほとんど動いていないようだった。やはり電気が消えると普通のテレビの光も部屋の光もないので孤独だった。それでも学生の頃インドなどでたびたび停電にあったことがあるので、どことなく日本もようやくアジアの一員になったのではないかと思うことで自分を無理やり納得させた。

同僚の女性が育児休暇に入っていて、夫は単身赴任中だったことが気になっていた。それほど新しくはない、どちらかといえば地震が来たら危ないかもしれないと前から言っていたマンションだった。それほど自宅から離れていなかったので、意を決して彼女のところを訪れることにした。日頃蓄えていたペットボトルの水や食料を手にして懐中電灯を持ち、再び二四階の階段を下りはじめた。すでにマンションのバックアップ用の非常電源が尽きたのか非常階段は暗く、懐中電灯で照らしても足元がおぼつかなかった。おまけに今日は一往復しているので膝が笑い何度か躓きそうになる。一階に下りるとロビーには人がいて毛布に包りながらグループになって夜を明かしていた。普段はマンション特有の二重ロックになっている自動ドアも、手動で出入りが自由になって緊急避難所と化していた。

外に出るとやはり肌寒かったが、頭上には普段は絶対に見ることができないようなまばゆい限りの星が輝いていた。なぜか美しかった。都会という社会が消えて自然という世界だけが残った。小さな道路では民間警官が交通整理をしていた。といっても誰ともしれないおじさんが手を振って応急の信号の代わりをしていた。余震で破片が落ちてくるかもしれなかったのでなるだけビル陰に寄らず歩いた。ようやく同僚のマンションについたが、彼女の家も一二階にあった。自分のマンションの半分だなと言い聞かせ上り始めた。もちろんここも暗かったが何階か上ったところで、ぴちゃぴちゃ足元が鳴り始め何かが靴にまとわりついてくる。なんだこれはと思って懐中電灯を足元近くまで寄せてみると、階段が水浸しであった。フロアをのぞいてみると、火災用の非常ホースが蛇のように箱からにょきっと出ていて、そこから水が漏れ出ているようであった。

ようやく同僚の家にたどり着き、玄関のチャイムを鳴らすと、男性の声が聞こえた。宇都宮に単身赴任中の旦那が出てきた。そして甲高い声が奥から聞こえてきた。母子ともに無事だった。だが部屋は暗いながらもぐちゃぐちゃだとわかった。食器という食器が床に散らばり、吊り照明は現代アートと見間違うほど上から垂れ下がっていた。結婚式の時に使った巨大なキャンドルライトが揺らめいて部屋をやさしく包んでいた。横にある東北電力本社だけは煌々と電気の光で輝いていたのが印象的だった。夜になっても断続的に余震が来ていた。余震のたびにわが子をかばう同僚の様子からは生きようとする意志を強く感じた。これからどうなるんでしょうかという会話を交わしながら、一時間ほどでそこを後にした。

そして来た道をもう一度戻り、今日二回目となる登山をした。今日は階段を一二三階分上り下りした計算になる。さすがに体に堪えた。時折ワンセグテレビをつけても津波の酷い被害が映し出されるだけであった。電話は通じず、メールも送信中ですという表示が永遠と浮き出るだけで、あてのないさまよえる手紙であった。夢を見ているようだったが、頭はなぜか冴えわたり未だ興奮状態だった。

翌日余震で目がさめ、やはり夢ではなかったと現実に引き戻される。屋上にあがってみると、多賀城・松島方面は相変わらず赤い炎を天高くまであげて燃えていた。名取方面も田んぼに水を張ったときのように一帯が水浸しであることが遠目で見えた。仙台の荒浜で三百遺体が打ち上げられているというテレビやラジオの情報も、あながち嘘ではないと思った。しかし実際に確かめる方法は何もなかった。

レトルト食品や冷凍食品はここ最近避けてきたので、とりわけ保存食というものは昨日買ったもの以外あまりなかった。そこでコンビニやスーパーで少し買い足そうと思い、動く様子のないエレベーターを横目に、非常階段を降り始めた。外は明るいというのに、階段は窓もないので真っ暗だった。カンカンと鉄の階段を上り下りする人の靴の音が響き、すれ違うときに懐中電灯が足元を照らすだけだった。外に出て一番近いコンビニはすでに閉店していた。映画さながらに人々が街を彷徨っているという感じだった。

どこの店も長い行列を作り、買えるものといっても数点のみだった。残っているものはダイエット食品だった。カロリーをいかに消費するかではなく、カロリーをいかに溜めるかという心理が災害時に働くのだろう。常に商品をストックせずフローとして流す都会の溜めの無さが露呈する。被災地をより不安にさせたのは、東京でのスーパー・コンビニでの買い占めであった。東京がこんな状態では、東北地方への物資の運搬は当面の間停滞するのではないかという不安があった。その期間はかなり長く、名もない八百屋などの小売商店が真っ先に再開し、スーパー・コープと開き、そして一番遅かったのがコンビニだった。二四時間開いているのが普通なので、シャッターも持たず、店内をのぞかれないように、どの店舗も窓や出入口を新聞紙で張り紙していた。

さらに福島第一原発の爆発でその不安はより一層増していった。一時期仙台を脱出することも考えたが、ガソリンは満タンであったのに機械式立体駐車場の一角が故障し、自家用車を出すことさえできなかった。とにかく、都会の便利さを享受する一方で、いかにその都会が脆弱なのかを改めて体感した。

（脱稿：２０１１年４月11日）

エコノミークラス症候群による心肺停止

仙台市宮城野区

佐藤　美怜

3月11日、私は仙台宮城野区にある自動車学校で学科の授業を受けていた。午後2時46分、カタカタと揺れ出した時はいつもの地震かと思っていたが、揺れは今まで感じたことがないほど大きくなり、教官の「机の下にもぐれ！」という声が教室に響くと同時に、全員一斉に机の下にもぐった。しかし、激しい揺れは机をも動かしてしまう。必死に机の脚につかまり、身を縮めた。揺れはなかなかおさまらず、長い地震だった。少し揺れがおさまった瞬間に、教室にある大きな窓から直接外に出るよう指示された。

外に出てもしばらく余震が続く。外にいると、地面の揺れが直に伝わると同時に、周りの建物が揺れている様子も見えて、室内にいる時とは違った恐怖感があった。携帯で連絡をとろうと試みるが、何度試しても通じない。そのまま解散となり、私はとにかく同区にある家に早く戻ろうと考えた。自動車学校までは原付バイクで通っていたが、地震で倒れたせいでサイドミラーが割れていた。さらに停電により信号がついておらず、崩れた瓦礫や落ちてきた看板が道路に散らばっている場所もあり、運転には多くの不安があった。いざ運転しても、みんな我先に必死で通行しようとして、右折したくても譲ってくれない。クラクションが鳴り響き、いつ事故が起こってもおかしくない状況だった。なかなか前に進めず、気持ちばかりが焦る。停まっている間にも余震は起こる。普段は十分で着くところを三十分ほどかけて家にたどり着くことができた。

私の家はマンションにある。もちろんエレベーターは動いていなかった。無我夢中で非常階段を一一階まで駆け上がった。壁が崩れていたり、一一階の通路の床に血痕があったり、床の一部が崩れて下の階が見えたりと、恐怖や不安は募っていく一方だった。家に入ると母がいた。中はひどい有様だ。靴は脱げず、そのまま上がった。足下に何が散らばっているのかすら把握できない。歩けば何かが壊れたり、割れる音がする。床は水浸しだった。どうやらお風呂に溜めてあった水やトイレの水が、揺れによって通路の方まで溢れてきたらしい。ふすまはすべてはずれ、散らばっていた。電子レンジやピアノ、プリンターのような重いものですら、無惨に落ちて壊れていた。包丁のような刃物類もどこに落ちているかわからない。私の部屋には、かろうじて扉を支える役割を果たしてくれた机に乗っかって、中に入ることができた。しかし歩く場所がなかった。一番驚いたのは、もとから壁に備え付けられていた組み立て式のクローゼットが、背板が割れてしまって部屋の中央に向かって倒れかかっていたことだ。地震がいかに大きかったかが見て取れた。この時にも余震は何度も起きており、必要なものを探している余裕はなかった。家はとても過ごせる状態ではなかった。とりあえず食料や飲料、ラジオや懐中電灯など、使えそうなものを鞄に詰めていると、家々をまわってきた人に「早く避難してください！」と言われた。実際、家には避難用に適した食料などはほとんどなく、持って行けるものはわずかであった。

家を出ると、辺りはガス臭かった。原因はわからない。災害時は近くの小学校の体育館に避難することになっていた。最悪なことに、この日は雪が降って寒さが一層厳しい日だった。家から一五分ほど歩いて小学校に着き、体育館に行くと既に多くの人々が避難していた。ざっと八百人以上はいたのではないか。まさにすし詰め状態である。場所はわずかで、横になどなれず、ずっと座っていなければならない。もたれかかることもできないため、すぐに腰や背中が痛くなる。体育館にはトイレがあるが、流せないため体育館中に悪臭が広がり気分は悪い。

外が暗くなってくると同時に、不安も一層襲ってくる。おそらく、その小学校の先生方が中心となって、非常食のビスケットと水を配給してくれた。水は一人５００ミリリットル一本をもらえたが、ビスケットは三枚ほどしか食べられなかった。その他にも、近くのお店が寄付してくれたパンやおにぎりがあったが、子どもやお年寄りに優先的に配られ、もらうことなどできない。その避難所は食料も毛布も全然足りていなかった。この時点で、石巻に勤務している父や友達の何人かの無事は確認でき、フランスの友人の家に遊びに行っている姉や東京にいる兄とは連絡がとれた。しかし携帯の電源はすぐになくなり、連絡をとれなくなった。寒さと空腹と不安でどうしようもない。

まさか本当に避難所で過ごす日が来るなんて夢にも思わなかった。余震が起きるたび、上から何かが落ちてきそうで怯えた。いつもより夜が長く感じられる。発電機があったのであろうか、ステージ上に一つだけ大きめのライトが設置され、たびたび消えそうになりながらも、体育館内を照らしてくれていたのが唯一の救いであった。それからしばらくして、お湯でご飯が作れるタイプの炊き出しが行われた。わかめご飯おにぎりが一人一個配られた。本当に救われた気分だった。食べた後はどうにかして寝ようとしたが、眠ることなどできなかった。

地震から一日経ち、外がだんだんと明るくなってきて少し安心できたが、疲労と寒さで体がどことなしに重かった。朝8時頃にご飯として再びわかめご飯おにぎりが配られた。、配られたといっても、受け取るには長蛇の列に何十分も並ばなければならない。半分だけ食べて残りはとっておき、一度家に戻ってみることにした。信号が止まっているため、横断歩道を渡るのも一苦労である。ガス臭さはなくなっていた。マンションに着くと、車泊している人も見受けられた。家に戻り、片付けを試みようとするが、住むには到底及ばない。いつ大きい余震が起きるかわからない。下に降りられなくなったら困るため、長居はできなかった。

念のため、毛布などを車に積み、開いているスーパーに並ぶことにした。すでに長蛇の列である。並んでも買えるものはごくわずかであり、望むものは手に入らない。この時並んだお店は、ワゴンで回ってくるという仕組みだった。そのため、回ってくる頃には、ほとんど残っていない。あっても災害時には適していない物ばかりであった。しかし、買える物はとにかく買った。買えるだけでもありがたかった。お昼に残しておいた朝のおにぎりの半分を食べ、一度避難所に戻った。そこで母と話し合い、避難所を出て「車泊」することにした。二人とも腰の痛みが限界であり、また避難所では人が多い分、嫌な面も見えてストレスもたまり、精神的にも体力的にも耐えられないと感じたからだ。せめて横になりたかった。夕飯のわかめご飯おにぎりを受け取り、マンションに向かった。外は暗く、懐中電灯で照らしながら帰った。

だいたい19時頃に車でおにぎりを食べ、座席をできるだけ倒して横になった。辺りは静かで暗く不気味で、すきまから冷たい風も入ってくるが、避難所にいるよりは良いと感じた。気を遣わずに話も普通にできる。トイレは一階の自宅まで上っていられないため、マンション二階の集会所のトイレを使った。しかしその集会所に行くにも真っ暗で、足下には瓦礫が散乱しているため、とても一人では行けない。二人でも怖かった。「一人だったら絶対無理だね」こんな話をしていた。ラジオを聞くと、地震や津波の被害状況が伝えられており、その時初めて地震の規模の大きさを理解できた。その日の夜は、寒さで何度も目が覚めてしまうが、避難所よりは眠ることができ、明日は自転車でお店巡りをする予定であった。

翌朝目が覚め、一度片付けのため家に戻ることにした。朝ご飯は昨夜半分残しておいたわかめおにぎり。お湯で戻すタイプのため、ほとんど生米状態であったが、とにかく食べられればなんでも良かった。車から出ると、母は足が痛いと言っていた。前日歩き回ったからだろうか。片手に最後の一本であった水を持ち、いつものように階段を上っていた。

階段の三階辺りで、母が「気持ち悪い。ちょっと休ませて」としゃがみ込んだ。その場で少し様子をみることにした。しかし一向に回復しない。それどころか悪化しているようだった。階段にもたれかかるようになり、息も荒い。苦しそうだ。ちょうどその時、マンションに住んでいるおばさんが下から上ってきた。「ついててあげるから救急車呼んできな」と言われた。私も周りの人も、誰も携帯が使えなかったため、電話では呼べない。幸いマンションの隣に病院があるので、私は直接駆け込んだ。ちょうど救急車がその病院に向かっているらしく、到着するまで少し待っていてと言われたが、なかなか来ない。気持ちだけが焦り、不安で涙が出てきた。その後救急車が来て、一緒に乗り込みマンションに向かった。

マンションに着くと、すでに救急車が一台止まっていた。私が救急車を呼びに行った後、集まってきた人の中に携帯を使える人がいて、救急車を呼んだらしい。階段の上から担架に固定されて母が運ばれてきた。私が最後に見た時は意識があり、コンタクトできたはずなのに、意識はないようであった。救急隊員の説明によると心肺停止し、瞳孔も開きかけていて、心肺蘇生を試みたが意識が戻らないという。愕然とした。まさかそこまで深刻な事態だとは、思ってもみなかった。そのまま救急車に乗り込み、病院に向かった。

救急車の中では隊員の方から母の年齢や持病、過去の大きな病気や倒れた時の状況など事細かに聞かれた。動揺して頭が回らない。年齢は答えられても何年生まれかは分からなかった。持病や過去の大きな病気も知っている範囲では答えられたが、すべてを把握しているわけではない。病院も非常用電気で稼働しており、細かく検査できるような機械は使えず、また、検査する時間の余裕もなかったため、状況判断で処置を施さねばならなかった。隊員の質疑応答の情報は必要不可欠で、命が助かるかどうかも左右するのである。何度も念を押して聞かれ、間違ったことを言えば大変なことになるというプレッシャーと不安に押しつぶされそうであった。意識は一向に戻らない。この時すでに、トリアージは死亡を表す最悪の〝黒〟であった。まだ四九歳という年齢にわずかな可能性をかけて、その前の段階の赤として搬送された。五、六分ほどで、仙台医療センターに着くとすぐに処置室に入れられ、私は扉の外で待つことになった。

中で交わされる緊迫した会話や機械の音が聞こえてくる。その間にも救急隊員の方に、救急車で聞かれたようなことを何度も尋ねられ、状況の説明を受けた。非常用電気を使用して、蘇生させる機械を使えば一時的に心臓は戻るが、自力ではなかなか戻らず、全力を尽くしているが厳しい状態だと言われた。頭の中が真っ白だった。私がもっと早く救急車を呼びに行っていれば助かったんじゃないか、他の家族に早く伝えないといけないのにどうしよう、ちゃんと親孝行しておけば良かった……悪い考えばかりが頭に浮かんだ。待っている間、不安で涙が止まらず、手の震えもおさまらない。ただ祈るしかなかった。どのくらい待っただろうか、しばらくして母が処置室から出てきた。そのまま集中治療室に運ばれ、私は説明室に通された。

医師の説明によると、状況から判断しておそらく病名は「肺血栓塞栓症」、いわゆるエコノミークラス症候群である。地震後、足にできた血栓が肺に飛んで心肺停止に至ったという。私も母もこの病気のことは知っており、体を動かしたり、極力水分も取るように気をつけていた。車泊だけが原因ではなく、一日目に避難所でずっと同じ体勢であったため、すでにその時に血栓ができていた可能性もあるという。

処置中もなかなか血圧が戻らず、一か八かで血栓を溶かす薬を使ったという。血栓があるという保証はない。あくまで状況判断による可能性であり、最終手段だった。これは強力な薬のため、出血のリスクもある。しかし使わなければ状況が変わることもない。幸いなことに次第に血圧が戻ってきた。こうして一命は取り留めた。しかし、人工呼吸器が必要で肋骨も心臓マッサージによって折れており、薬による出血のリスクもあって、いつ急変するかわからず、まだ安心できない。頭の中はぐちゃぐちゃだった。聞いていても頭の中に入ってこなかった。

説明後、一度母に会うことができたが、意識はなかった。ベッドの脇にただ立っている事しかできなかった。何て声をかけたら良いのかもわからなかった。集中治療室は面会時間が決まっていて、緊急時以外入れない。親族は控室に泊まって良いとのことで、本当にありがたかった。他の家族に一刻も早く連絡をとりたかったが、連絡がつかない。私と母は避難所にいると思われている。公衆電話は使えたが、父の携帯も会社も通じなかった。

面会時間以外は何もできない。じっとしていると嫌な考えばかり浮かんでくるので、一度家に戻ることにした。しかしそこは来たこともない病院で、自分がどこにいるのかわからない。人に道を聞きながら彷徨っていると、しばらくして見覚えのある場所に出た。その病院は家から徒歩三十分ほどの所にあったようだ。

家に戻ると、ため込んでいたものが一気に押し寄せてきた。いつも暮らしていたはずの家はとても静かでぐちゃぐちゃで、自分の家という感じがしなかった。恐怖すら感じた。一人というだけでこんなにも空気が違うのか。本当に孤独を感じた。ライフラインがいつ復活するかはわからない。誰にも連絡はとれないし頼れない。母が倒れる前に持っていた最後の一本であった水も、なくなっていた。お店もこの先どうなるか想像がつかない。できる限り食料を確保しておく必要がある。一人で生きていかなければならないと感じた。運ばれたのは朝であったが、この時既に夕方になっていて、お店はすべて閉まっていたため、配給をもらいに避難所へ行くことにした。

体育館は相変わらず人がいっぱいであった。配給される時間は決まっていないが、その時にいないと受け取ることは難しい。体育館の中には居場所なんてなかった。外で待つことにしたが寒い。こうしている間にも母が急変しないか不安になる。何より心細かった。外でじっとしていると本当にひとりぼっちだと感じ、これからのことを考えるとすべてに嫌気がさし、食料の心配も人との関わりもすべて投げ出してしまいたかった。

その後おにぎりを一つもらえたが、明日からの配給は保証できないと言われた。道路を走る車の光と懐中電灯を頼りに病院に戻った。夜の面会では状態は何も変わっていなかった。面会時間が終わり控室に向かうと、もう一人いた。津波で流されてこの病院に運ばれ、娘さんが入院しているという。話を聞いて、津波の怖さを思い知った。なかなか寝付けない。通路を通る人の声や音のおかげで静寂ではないことが唯一の救いだった。今まで生きてきた中で一番長い一日だった。涙腺が壊れたのではないかと思うほど涙が溢れてきて、気付いたら泣き疲れて寝てしまい、朝になっていた。朝の面会時間は過ぎていた。

この日はおそらく14日。病院では電気が復旧しており、一度家に戻ることにした。戻る途中に開いていたコンビニに並んだ。まともな食料は売っていなかったが、アメやガムなどのお菓子や、水以外の飲み物は残っており、買うことができた。荷物をすべて車に積み家に戻った。家は電気が復旧しているようではあったが、コンセント回りの様子が分からず、家を片付けない状態でブレーカーを上げると火災が起こる恐れがあり、上げることはできなかった。とりあえず携帯の充電器だけを探し出し、家を出た。お腹にたまりそうな食料はぎりぎりまで手を付けないでとっておくことにした。アメなどの糖分が取れるものを持ち、近くのお店に並んだ。一人で並んでいると時間が余計長く感じられ、心細さは倍増する。寒さと空腹でクラクラするが、アメを食べてしのぐしかない。私は津波の被害にはあっていない。家も残っている。それなのに弱音など吐いていられない。四時間ほど並んで店内へ。お客一人に店員が一人ついて、買える物は十点までと制限されていた。本当は体を拭くようなシートなども欲しかったが、大きな物でも小さな物でも一点は一点であり、買う余裕はなかった。それよりも水や食料を買わなければいけない。持ち帰ることを考えると、水は五本が限界であった。その他には、水やガスを使わずにホットプレートだけで焼ける餅などを買った。しかしお金には限りがあり、むやみに買っていられない。

暗くなってきたので病院に戻った。夜の面会では、母が反応を示した。うなずいたり首を振ることができ、私はこれでもう大丈夫だと思い安心した。しかしお医者さんが「今が一番危ない状態だから早く乗り越えましょうね」と母に語りかけていて、まだまだ安心できないのだとすぐに落ち込んだ。ここでようやく携帯を充電することができ、電源を入れるとメールがたくさん届いていた。他の所でも同じ頃に電気が復旧したようで、父や友達とようやく連絡がつき、親しい人の無事は確認できた。その日は夜遅くまで友達とメールをして眠りについた。

翌日の昼頃に父が来て母と面会し、その時少しであるが、手を握ったり、手のひらに文字を書いたりとコンタクトをとることができた。夜の面会の時には、幸いなことに人工呼吸器の管は抜かれていた。容態が安定してきたからである。運ばれてきた時の状況を知っている看護師さんも安心して一緒に泣いてくれた。心配されていた血栓を溶かす薬のリスクは、肺からの出血は起こったものの、大事には至らなかった。その日は父も控室に泊まり、次の日には兄も仕事を休んで東京から山形を経由して仙台に来た。面会に行くと、管が取れたおかげで一言二言だが声を発することができた。その日は雨が降っていたが雨具がないため、外出せずに兄が持ってきてくれた食料を食べ、兄も病院に泊まった。

さすがに三人でいつまでも病院に泊まっているわけにはいかないため、翌日は朝の面会後に家に戻り、家の片付けを行った。男手が二人もあると作業能率が格段にアップする。正直私一人では到底片付けられなかったので、本当に助かった。一日かけて生活できるくらいには片付き、ブレーカーも上げて電気もついた。電気をつけると、テレビや電子レンジなどの壊れている物も判明して落ち込みもするが、家で過ごせることが純粋に嬉しかった。夜の面会に行き、その夜から家に戻ることにした。久しぶりの我が家であった。

しかしその日の夜は寒くて眠ることができず、翌朝から体調を崩してしまった。寒気がとまらず、胃には激痛が走る。買い出しや水汲みなどは父と兄に任せ、休むことにした。震災後、この時やっと布団でゆっくり休めたような気がする。しかし父や兄は仕事があり、あまり長く居られないため、しっかりしないといけないのに情けない気持ちでいっぱいだった。二日ほど休んで回復し、昼間は自転車を乗り回した。一度兄と仙台駅の方まで行ってみたが、思っていたより復活している店は多かった。飲食店もいくつか再開しており、まともな食事を久々に食べることができ、今までにないほどおいしく感じた。水もいつの間にか復旧していたが、マンションは貯水槽が破損して水が出ず、外にある水道に水を汲みに行く必要があった。兄が東京に帰り、その何日か後に父も帰っていった。

また一人ぼっちになってしまったが、とりあえず食料は確保でき、水も汲みに行けば手に入る。一人でもやっていける。しかし夜眠れなくなってしまった。節電しなければいけないのは分かっているが、電気を消した後に地震が来たらと思うと怖くて消すことができず、眠れない。毎日空が明るくなるまで起きていて、それからやっと眠れるという生活が続いた。また、寝る時もラジオをつけたままでないと眠れなくなった。静寂が嫌だった。静かだとちょっとした音にも敏感になってしまう。緊急地震速報で起きる日も多かった。また、何よりお風呂に入りたくて仕方がなく、気持ちが悪かった。

そのような日々がしばらく続き、ガスが復旧した。その次の日あたりには貯水槽も直り、水も復旧してお風呂に入ることができるようになった。米を炊くのにも苦労しない。トイレも流せる。その頃にはお店に並ばずに買い物ができるようになっていて、自動車学校にも再び通い始めることもできた。母も集中治療室から一般病棟に移り、面会時間の制限もなくなった。初めは食事もできなかったが、徐々に食べられるようになり、リハビリも始まった。毎日家と病院と自動車学校を行き来し、余震も減って日常が戻ってきていた。

しかし恐れていたことが起きてしまった。4月7日の深夜、最大の余震が発生。家電もみそ汁の入った鍋も何もかもが飛び交う。落ちてくる。倒れる。恐怖。家の中は最初の地震の時の状態に逆戻りした。日常が戻ってきたと思っていた分、絶望は大きかった。再び足の踏み場がなくなった家を見ると、まさに路頭に迷った気分であった。幸い家の中は停電しなかったが、外の通路は停電していた。水の噴き出す音が聞こえる。嫌な予感がした。案の定蛇口をひねっても水は出なかった。またしても貯水槽が破損したらしく、再び水を汲みにいく生活に戻った。その日は眠れるわけもなく、夜通し片付けをした。くじけそうであったが、県外に住んでいる友達がずっとメールに付き合ってくれたのが本当に心の支えであった。しかし、それからの夜はますます眠れなくなった。昼間でさえ家に一人でいるのが怖くなり、極力外出したり病院にいるようにした。一週間ほどして水が仮復旧し、食事や飲料水としては使用できないが、お風呂や洗濯のような雑用水として使えるようになった。

入院してから約一ヶ月、母が退院した。しかし完治したわけではなく、食事制限や薬の副作用などもあり、かつてのような日常が送れるわけではない。正直、また前みたいに倒れたらどうしようという不安もある。家に一人ではないというだけで気持ちが楽であり、心強い。母に、病院に運ばれた時の話を聞いてみた。階段を上っていると急に胸が苦しくなって、だんだんと息ができなくなってきた。おそらく十分くらい続いたと思うと、指先からしびれてくる感じがして、一瞬苦しさがなくなり、そこから記憶がないという。気付いたら病院であった。人工呼吸器を外した後は、肺に血が溜まったせいで血痰が出て、咳き込むたびに折れた肋骨が痛んでとても苦しかった。咳き込むため、なかなか寝付けず、水を飲むのも一苦労であったという。二週間ほど経って、歩くことが許可されたが、最初は立つこともままならなかった。しかしリハビリを始め、少しずつ歩けるようになり、嬉しかった。徐々に食欲も回復し、体調も良くなり、退院して家に帰ることができて安心した。これからは、血栓ができないように気をつけるとともに、薬の副作用によって、出血するとなかなか止まりにくくなっているので、怪我などをしないように十分注意して生活していかなければならないと話してくれた。

また、父にも地震当時の話を聞いてみた。父は公務員のため、震災後は津波被害のあった石巻地区で災害調査の仕事をしている。地震直後、父の事務所は自家発電のおかげで電気は使えたが、電話や携帯は一切つながらなかったという。また、地震当時父は石巻におらず、仕事場に着いた時には辺りは暗く、沿岸部に津波被害があったという情報しかなかった。夜明けとともに田んぼの冠水状況を調べて初めて、父の事務所の近くまで津波が押し寄せたことが把握できたという（これは津波の二波三波によるものである）。川を逆流し、堤防を乗り越えて内地にきたようだ。父の事務所は田んぼより2メートルくらい高いところにあり、避難命令は出ていなかった。現地調査に行こうにもいたるところで冠水し、もはやどこが道路なのかもわからないほどであったという。

そして、沿岸部が甚大な津波被害を受けており、県民も職員も公共施設の高層に取り残されて救助を待っているという情報が入ってきた。全国から派遣されてきた自衛隊が総合運動公園にテントをはり、救助を始め、病人などをヘリコプターで搬送している様子も伺えた。救助を待つ人たちは膨大な人数で、救助船が県外から取り寄せられ、続々と父の事務所の敷地内に避難してきたが、事務所はあくまでも仮の避難所であり、非常食などはない。救援物資等の搬入もなかった。また、自家発電の燃料供給が途絶えたため、電気も使えなくなった。まだ救援物資等は入って来ず、帰宅できる職員たちが自分たちの米や井戸水、缶詰などの食料を持ち寄り、事務所内で煮炊きをし、寝袋等で事務所に待機し、職務に専念したという。

しかし、津波による浸水の水はけが悪く、道路には破壊された家屋の瓦礫などがあるため、現地の把握は難航をきわめた。また、大きな瓦礫をよけながら作業していると、ガラスやさまざまな突起物、プロパンガスのボンベなどの危険物や遺体も出てきて、たくさんの埃が舞う中の作業だという。海のそばで余震が起きると再び津波が襲ってくるかもしれないという恐怖もある。

沿岸部の津波被害は、高層の建物は二階くらいまで浸水があり、一階はスカスカで柱しか残っていない状況であり、一般家屋は波の力によって建物の跡形もなく、かろうじて残っても、家の中に海のヘドロや瓦礫が入り込み、自車が数台もめり込んでいた。学校のプールに車が入っていたりもする。また、いたるところに車や船が散乱し、自衛隊は毎日遺体などの捜索をしている。家の中からは、その家とは全く無関係の全然見知らぬ人の遺体が見つかったりもするという(ちなみに5月22日現在、主要な道路の瓦礫等は隅の方に除去され、各家庭の破損された家財ども撤去され始めている。しかし、市道などの狭い道路については、まだそのままの所もあるという)。

ライフラインについては、水道管が破損したが瓦礫等が障害となって復旧していない所や、電柱も立てられない箇所もたくさんあるため、電力が供給されてない所もある。また、地震により地盤が想定70センチ前後沈下したので、朝夕の満潮時には、道路等が冠水する場所が出てきていると話してくれた。

私は、震災が起きてからは心に余裕がなく、一時は大きな絶望と疎外感を感じ、正直、何が助け合いだと心がすさんだ時もあった。しかし振り返れば、私は多くの人々に支えられていたのである。病院にはさまざまな県から医療チームが集まっており、実際、母を救ってくれたのも県外から来てくださった人々であった。外を歩いていても各地から支援にやってきてくれた車を多く見受けることができ、本当に多くの人に支えられていることを実感し、元気をもらえた。そして県外のみならず、自らも被災者であるのに震災直後からお店を開けてくれた人々、メールで励ましてくれたり実際に会いに来てくれたり、快くお風呂や洗濯機を貸してくれたり、物資を提供してくれた友達にはいくら感謝してもしきれない。これらの人々がいなければ、きっと耐えきれなかったであろう。

家族とも、震災を通してこれまでにないくらい協力し合い、普段は喧嘩ばかりであったのに、頼もしさすら感じ、家族の大切さを再認識することができた。これを書いている5月22日現在、水はまだ完全復旧しておらず、いつ復旧するのかも分かっていない。気温も高くなってきているため、汲んできた水の衛生管理にも注意する必要がある。いつまた大きな余震が起きるかも分からない。依然として困難な生活を強いられている人も、行方不明の人も、その人を探し続けている人もたくさんいる。今回の震災で、私は自分のことに精一杯で助けてもらってばかりであった。今度は、今もなお苦しんでいる人々の助けとなりたい。そして、あまり考えたくないことではあるが、あとで親孝行しておけば良かったと後悔しないように、これからはできる限り親孝行もしていきたい。

最後に、お世話になった方々に心からの感謝を申し上げるとともに、お亡くなりになられた方々のご冥福を祈り、被災地の一刻も早い復旧、復興を切に願う。

（脱稿：２０１１年5月22日）

在宅酸素療法患者のいのちを守る

松島、石巻、女川、三陸地域

岩渕　茂利

はじめに——私の仕事

呼吸器や循環器に疾患を持つ方々の中には、医療保険が適用された高濃度の酸素発生器（酸素濃縮装置）や携帯ボンベを病院から借り受け、自宅での酸素吸入治療（在宅酸素療法）をおこなっている方々がおられる。私はその医療機器メーカーのメンテナンススタッフで、松島、石巻、女川、三陸エリアの患者さん宅を訪問し、機器やボンベの定期保守点検や交換をおこなっている。

大地震発生！　私はどう動いたか

その日は午後から南三陸町志津川地区を訪れていた。登米市津山町から南三陸町戸倉地区を経て、志津川中心街から魚市場を抜け北東地区のAさん宅へ。これまで使用されていた機器の定期交換をおこなうべく、まず一旦携帯ボンベからの酸素吸入に切り替えていただき、その後新しい機器を寝室に搬入した。

その時である！　いわゆる初期微動は数秒もなかったように思う。屋敷全体がガタガタと音をたてる程の大きな揺れが始まり、震度5以上を意味する緊急地震速報の着信音も携帯電話からけたたましく鳴り響く。「これは宮城県沖地震だ！」三十年周期、しかも近々に高い確率で発生すると予想されていた地震がついに来たのだとその時は感じた。としても揺れは一分程度で収まるはず……いや、収まらない。

ボンベに切り替えたAさんは廊下で立っていらしたので、転倒されては大変と即座に右腕を抱え、一方寝室が潰れても互いの命にかかわると左腕は鴨居の梁を押さえた。揺れは二分、三分……いやそれ以上。「何か電車に乗っているような感じですね」Aさんを動揺させたくなかったからか、そんなセリフを吐いたが、動揺していたのはむしろ自分。線路の悪い地方私鉄の電車に、吊り革を握ってひと駅程乗車したような感覚……その「乗車」の時間にも、寝室備付けの仏具は床に落ち、鴨居の欄間の部品もポロポロと脱落していく。搬入した機器、交換すべき機器のどちらも幸い倒れなかったが、作動していた側は案の定停電により電源断絶の警報が鳴ってしまった。

揺れが止まるのに五分か六分かかったであろうか。居間の置物もことごとく落ち、玄関前のプランターはすべて倒れ、また地割れも起きていた。ご在宅だった娘さんがラジオをつけると、大崎地区で震度7、県内その他の地域も震度6という情報に加え、大津波警報発令を知らせるアナウンス。同時に町の防災無線からも、海面に大きな変動が生じているので、至急高台に避難するよう放送が流れ始めた。

大津波警報……93年7月の北海道南西沖地震の際に出たものではないか！　当時震源近くの奥尻島が津波に襲われ甚大な被害を受けたニュースを思い出す……となれば、宮城県沿岸には少なくとも高さ10メートルレベルの津波が来るはずだ。本震後も数分間隔で震度3～4レベルの余震が続くが、交換作業を中止するわけにはいかない。当然ながら停電復旧後に安心して使っていただけるよう、急ぎ機器を交換した。その間にも防災無線からの避難指示が途切れることはない。

酸素濃縮装置は電源があれば空気から常時酸素を抽出→濃縮生成→吐出するのだが、停電等で機器が停止してしまうと、患者さんは保管してある携帯ボンベに切り替える必要が生じる。ボンベは使用時間に応じて空になるため、通常緊急時には全スタッフが召集され、ボンベの配送と交換をおこなうルールとなっている。

自分は事務所に戻らねばならないことをお話しし、Aさんも当然避難なさるのだろうと伺うと……「俺はチリ地震津波も経験しているから大丈夫だし、ここは海抜25メートルで波も上がってくることはないだろう。もし我が家まで津波が来たら志津川の街は壊滅だ」「いやそれよりも岩渕くん、国道45号線の戸倉を通るのは危ない。入谷から米谷に抜けて仙台に行きなさい」。私は揺れの間にも、回避ルートはどこが適切かを模索していたが、地元の方のご教示に間違いなし。後日改めて点検訪問をすることを約束し、古い機器を積んでAさん宅を後にした。

津波回避のルート……登米市東和町米谷に向かうには、一旦志津川の中心街を通らねばならない。昼過ぎに来た高台の道を戻るに、車や徒歩で多くの住民の方々が集まっていた。助手席の窓越しに左下の漁港の防波堤を見ると、既に海面が2～3メートル下がっているではないか。津波は引き波からか……第一波襲来までまだ時間はある！

その後は町の総合体育館（ベイサイドアリーナ）前を経由し国道45号線を南下。さらに中心街を右折西進し登米へ。停電により店の照明も信号機もすべて消えていたが、何故か車や住民で混雑していることもなく、スムーズに街を出ることができた。防災無線の呼びかけにみんな迅速に避難を終えたのだろう……その時はそう思った。あまりにも短時間で中心部を通過したからか、国道沿いの古い店舗の瓦落下や、七十七銀行のガラス窓破損くらいしか目に付かなかったが、その後まさか志津川の街が本当に壊滅してしまったとは……。

国道45号線から398号線に入り、気仙沼線の跨線橋を超えてから、仙台の事務所や石巻駐在所へ状況報告のメールを発信することにした。しかし元来歩道すら整備乏しい398号線……安全に停車させうる駐車帯などない。気を揉んで走ること約十分、入谷地区の駐車帯に着いたが、普段なら三本の携帯のアンテナが消えている。

停電でもドコモの基地局はバッテリー電源に切り替わるはずなのに……どうしてだ？　ここは安全最優先を選択し、峠を越え登米市側へ入ってから、「岩渕は志津川地区にて無事、何かあれば石巻へ向かう」旨のメールを送信。程なく駐在所スタッフから了解の返事が来た。さらに車を進め、三陸自動車道登米東和インター前まで来たが、やはり地震で通行止。加えて米谷大橋も桁がズレて通行止となっていたため、北上川東岸の堤防沿いの県道を南下し、とよま地区へ出るしかなかったが、米谷病院前を過ぎると次第に南進は渋滞。しかも雪まで降ってきた。

志津川から情報収集のためNHKラジオ第一放送を聴いていたが、17時を過ぎた頃だろうか、仙台局からの情報が被害状況報告から避難した人へ冷静を呼びかける内容に変わる。県内各地からの被害を収集できない事態になったのだろうか？　東京局にチャンネルを変更すると、首都圏も震度5レベルで各所にて交通マヒ、という情報が流れてきた。東電福島第一原発で「ベント開始」という報もその時である。これは宮城県沖地震の再来という規模ではない！　次第にそう考えざるを得なくなっていった。

とよま地区中心街に着いたのは18時過ぎだったか。石巻からの追信や対応依頼がないため、このまま事務所へ直行することを仙台、石巻双方へ改めて発信。加えて、混雑しているだろう回線の間隙を突いて仙台市内の両親から電話が入り、お互い無事を確認できた。

とよまからもっと西進し、登米市内を抜けるのでは渋滞必至と、以降カーナビの指示に頼らず独自ルートを選択。豊里、中津山、前谷地、南郷、鹿島台、大郷、富谷と経由すると、幸い東北道泉インター近くまで大渋滞には巻き込まれずに済んだ。しかしそこから国道4号線の横断には難儀し、事務所帰還のルート上、泉区内の拙宅に立ち寄れたのは20時をまわっていた。外装やブロック塀に大きな破損はなくホッとしたが、ドアを開けて唖然……玄関の靴箱や保管の夏タイヤ、リビングのラックや書棚、テレビが倒損壊。パソコンや永く収集してきた趣味の書籍、コレクションも悉く散乱し、停電でとても帰宅早々の復旧ができる状況ではない。今後必要になる携帯ラジオ、LED懐中電灯、単3ニッケル水素電池のみをようやく取り出し、お隣りのご主人に挨拶をして事務所へ向かった。

翌日――厳しい状況の中で患者さんへの対応を開始

事務所での一夜は安堵できるものではなく、倉庫に保管してあった呼吸リハビリテーション講習会用のマットを敷き、上着やコートを掛布団代わりに横になることほんの数時間で夜が明けた。

地震発生直後から仙台支店内に設置された対策本部は、深夜帯の外部対応を危険と判断。支店長、所長、自分を含めた帰宅中止のスタッフが引き続き待機して情報収集と電話対応にあたるも、ビルの非常電源は日付変わった頃に切れ、電話交換機も一回線を残して停止。インターネットも使えなくなった。

情報を得るためNHKラジオ第一放送を聴いたが、海岸地域の凄惨な津波被害の状況が流れる。かつ夜中も震度2〜4程度や緊急地震速報を伴う余震が絶えなかった。

6時前より患者さんやご家族からボンベ配送希望の入電が続々。回線不通や通話制限に相当苦慮されてお電話くださったことは重々承知ながら、ほとんどの患者さんにご希望に沿う配送はできかねること、携帯ボンベ吸入量の設定を絞り、持ち時間を稼いでいただくようお願いするしかない。7時にボンベを保管配送業者（ディーラー）から補充して配送を行うよう決定すると、事務所スタッフ二名が宮城野区内のディーラーに向かったが、戻ってきたのは三時間後。ディーラーへは何とか行けたものの、仙台港地区にあるボンベ充塡業者へは到達できなかった由。市内東部も津波による浸水を受け、産業道路は冠水やガレキ、運転不能となった車が多数で凄まじい光景だったという。確保したボンベも海水やヘドロが多数付着し、ヘドロからと思しき臭いはキツかったが、その臭いが津波により被災した地域全体に漂っているのだと後々体験することになる。

一階駐車場にてスタッフ総出でウェットタオル等を使い洗浄したボンベは、午後より至急度の高い患者宅へ分担配送を開始した。私は青葉区西部から泉区にかけて患者さん宅を訪問。市内全域は依然停電中で、夕方以降は懐中電灯を頼りに、玄関先で海水に浸かった旨をお話ししてボンベを一本単位でお渡ししていく。

「ありがとう、助かったよ」大方の患者さんやご家族からはそう感謝のお言葉をいただいたが、本来ならヘドロ臭若干残るボンベでない、まともなボンベをお渡しすべきなのに……とても悔しかった。

信号機消灯で各所が渋滞する中を事務所に戻ってきたのは21時頃であったか。午後よりビルの自家発電も一部の電化製品が使えるレベルにまで復旧し、会議室のテレビも視られるようになるも、NHKから流れる被害の状況は想像し難いものであった。県北東部、リアス式海岸地域は津波で相当の地区が水没、東部の石巻市、東松島市、塩竈市から仙台市東部、県南の名取市、岩沼市、亘理町、山元町も、海岸から最大約3キロの陸側まで津波が押し寄せ、建物損壊、流出、冠水を招いている。隣県の岩手、福島の被害もかなり……まさしく「震災」の様相であった。

二日目も帰宅せず、事務所宿泊待機を決める。

私の担当地域は――石巻、三陸エリアへ

95年の阪神・淡路大震災、04年の新潟県中越地震の二度の震災における対応経験から、私の会社では大災害発生時には全国からボンベや機器、応援スタッフが緊急結集する態勢となっている。高速道路通行止、主要国道大渋滞の厳しい状況があったが、地震発生から一五時間後に新潟、神奈川から先遣の応援スタッフが到着。また三六時間後には全国から集約されたボンベ数百本も大型トラックに積載されて仙台に届き、以後本格的な被災地域救援が開始された。

午後になって石巻赤十字病院呼吸器内科のＤｒから衛星携帯回線で事務所支援要請の入電が。さらに気仙沼市立本吉病院の看護師さんからも、同じく衛星回線経由で支援要請が入った。地域の拠点病院として機能している両病院の状況が気になり、迅速に確認及び支援へと私とスタッフもう一名は仙台を出発した。

カーナビが案内する三陸自動車道や国道45号線などは被害大きく、かつ大渋滞多発のはず。再び内陸部の富谷、大郷、鹿島台、前谷地と続く独自経路を構成して進むこと約二時間半、信号機消灯や路面破損はあれ、幸い大渋滞はなく、日没直後に石巻赤十字病院へ着くことができた。

しかし、正面玄関前にはテントが張られ、警察、消防に加え、他県からの赤十字社応援車両が多数集結。救急車による搬送も次から次。本館北側は臨時へリポートとされ、自衛隊や海上保安庁所属と思しきヘリコプターがタッチアンドゴーで負傷者を送り込んでくる……まさに被災地救護の最前線だったのだ。

積載しているボンベと機器を中央倉庫へ搬入し、連絡をくださったＤｒにお会いするため診療棟に向かうが、一階、二階のフロアや廊下は、簡易なマットに横たわる負傷者が多数で、通路が何とか確保されている程。首にはトリアージのタグをぶら下げていた。

「野戦病院」とはこういう光景なのか……すっかり動揺し、目のやり場を失ってしまう。Ｄｒも相当憔悴したご様子だったが、東北電力からの通電が復旧したこと、来院／収容される患者さんの増加が想定されることから、その対応のために電気で動いて融通が利く機器を支援して欲しいと改めて要請を受けた。ところが、すぐ仙台へ連絡したくも、如何せん石巻は携帯電話が通じない。仙台へ戻らなければ次の手を講ずることができない現実がとても歯痒かった。

その後、中津山、豊里、とよま、米川を経て本吉病院へ。津谷地区にある本吉病院は、海岸から約2キロ内陸側にあるのだが、国道346号線を東進していくうちに愕然……津波が津谷川を約3キロも遡り、病院手前から流木やガレキだらけ。川の東岸にある病院も一階部分が浸水し、到着した時には玄関前は泥だらけで移動不能となった車が数台。院内では二階のみで発電機を使い、照明もわずかな中で患者さんの対応をしていた。

連絡をくださった看護師さんとはすぐにお会いでき、状況を伺うに、患者さんやご家族数名が来院された模様。今後頼って来られる患者さんに使用していただけるようにと、こちらにも機器及びボンベを搬入した。

来院される患者さんに充当していただきたく、四日目もスタッフ分担で自家発電や停電復旧で電気が使える各地域の拠点病院へ引き続き機器を導入することになった。仙台中央署から全社用車に「緊急通行車両確認標章」も交付され、高速道路が利用できるようになる。途中、被災地救援をおこなう相当数の自衛隊、警察、消防、救急車両とすれ違いつつ、私は仙南地区をまわってから再び石巻赤十字病院へ機器を追加搬入した。

駐在所の状況確認――変わり果てていた石巻市大街道地区

その後駐在所の状況を確認すべく中心部へ向かう。スタッフ二名は地震直後に家族共々無事との連絡が入っていたが、オフィスはどうなのか？　病院東側の国道45号線は冠水の被害もわずかだった観。しかし蛇田交差点以東は、津波で貞山運河が溢れたらしく、流木やガレキが道を塞ぎ通行できない。それではと国道398号線大街道西交差点をまわって東進。市内中心部を目指すが、それ以降、目に入る状況は衝撃的なものばかりだった。舗装路にして泥道、自衛隊によって移動させられたのであろう潰れた車が歩道部分に折り重なり、店舗に突っ込んでいるものもある。店舗自体も一階部分のシャッターやウィンドーの破損が多々。普段行き来する車で混んでいる大街道が、ゴーストタウンのように一変していた。

大通りから左折してすぐの駐在所もヘドロが5センチも積もり、数台の車が放置されたまま。外壁約60センチの高さには泥の痕がクッキリである。そして周辺一帯を漂う異臭……そう、地震翌日ディーラーから持ってきたボンベに付いていたあの臭いだった。海岸から約3キロ……中心街まで津波が来たのか！

すべての患者さんの安否確認開始――患者さんと私……互いの無事に安堵

Ｄｒから機器搬入の要請があった石巻赤十字病院には会社の工場から約五十台が直送され、無事リハビリテーション室を使って避難入院された患者さんへの酸素療法が開始された。また県内各所の拠点病院へも合計約百台の機器を投入してさらなる支援を実施。一方、事務所では全国から駆け付けたスタッフにより、本社から連絡の取れなかった患者さん宅を実際に訪問しての安否確認、避難所への機器とボンベの設置、被害の少なかった内陸地域を中心とした機器の一斉点検、いまだ停電が復旧しない地域へのボンベ配送が並行しておこなわれるようになる。

地震発生以降、社用車のガソリンがやはり不足する事態となったが、医薬品部門のスタッフが仙台市内や周辺地域を巡って何とか確保。そうした内部の支援を受けつつ、私も担当エリアの患者さんの安否確認と機器点検、設置、津波によって使用不能となった機器の交換やボンベ配送対応に努めた。実際、連日支援車両で渋滞する三陸自動車道、破損や冠水したたままの道路に難儀し、迂回を与儀なくされたり、復旧を進める自衛隊からこの先通行不能と告げられたりすることも多々。

しかし、これまで訪問してきた患者さんやご家族に再会できた時には至極感動した。さらに……「○○さん、ご無事でよかったです！」「岩渕さん、避難して何とか助かったよ、確認に来てくれたんだね、ありがとう。これからもお世話になるのでよろしく頼むよ」と、多くの方々からこういったお言葉をかけていただいたのは本当にありがたかった。かくして、対策本部と事務所に結集したスタッフの取り組みにより、地震発生十日後に九割以上の患者さんの安否を確認するに至った。

あれから半年――患者さんのいのちと生活を守りたい私の思い

4月以降も、延べ千名超の応援スタッフにより、被災地域の患者さん支援が続けられているが、私は地震前後にいた南三陸町はもちろん、東松島市から石巻市の沿岸エリア、女川町中心部、牡鹿半島の各地区といった地域が大津波で壊滅同然としてしまったことに愕然とさせられた。自分が訪問でまわっているエリアがこのようなことに……以前の風景を知るだけにとても悲しい、残念で仕方がない。

過去何度も地震及び津波の被害を受けた宮城県沿岸地域は住民の防災意識も強く、年に数回訓練もおこなわれてきた。地震直後も各地域で防災組織が水門を閉め、防波堤を監視し、かつ避難行動も的確にとられていたはずである。しかし現実は……「想定外」と言ってしまうとしても、あまりに残酷ではないか。

ところが、被害甚大な地区、住民全滅と思われた地区のほとんどの患者さんが、安否確認の結果、ご家族やご近所、あるいは消防団の援護を受けて助かっておられた。とかく在宅治療者や家族は周囲にそれを悟られないようひっそりと……と思われるが、今回の震災に際し、被災地域がそうした療法者を優先的に救護するというコミュニティーであったことは自分としては驚きであり、またそういった地域の担当者として非常に感銘を受けた点である。

だが一方で残念なことも。日頃の点検訪問でご家族の不在が多かった石巻エリアの患者さん三名が津波で亡くなられた。また三陸エリアの患者さんで、復旧活動に忙殺されるご家族を気遣って単身避難所で機器を使用されるも、その閉鎖直後に急逝された方がおられる。もし普段より相応の人的バックアップがあれば、と考えると無念である。

双方のケースを鑑みるに、今後特に遠隔地の在宅医療にあっては、患者さん―機器業者の単一的な関係だけでは充分ではないはずだ。ご家族は当然ながら、ご理解あるご近所さん、ケアマネージャーさん、介護医療従事者、地域の福祉部局などとも連携し、相互に疎通しつつ、チームワークで患者さんをケアしていくよう、機器業者はもっと突っ込んだ取り組みをして良いのではないか……自分はそう考えている。加えて在宅医療業者側も、非常用ボンベ備蓄や緊急対応の態勢、インフラといった事柄で今回の震災で不都合だったさまざまな点を、次なる大災害に備え早く改善すべきだろう。

依然として、仙台市内の事務所から担当エリアを訪問するに時間がかかって難儀だ。しかし……「患者さんにご家族と安心かつ充実した生活を過ごしていただくのが在宅酸素療法の目標」という、かつて本社スタッフから学んだ自分の意識は今も決してブレていない。永い動きとなるかもしれないが、患者さんとご家族が少しずつでも以前に近い生活に戻っていただけるよう、引き続き事務所スタッフと協力し被災地域対応→再生復興に取り組んでいきたいと思う。

今回の震災で亡くなられた方々、被災されました方々に、心よりお悔やみ、お見舞いを申し上げます。また、仙台に集結してくれた全国各地からの応援スタッフ、事務所医薬品部門スタッフへ感謝御礼を申し上げる。

（脱稿：２０１１年10月6日）

避難所を横断して聞き取りを続ける

宮城県全域

木村　彩香

3・11　この日は珍しく自分の部屋でくつろいでいた。ウトウトとし始めた時だった。突然、部屋が縦にボコンと揺れた。地震は以前からたびたび起きていたため、いつものことかと思った。次の瞬間、ゴゴゴッと部屋が横に激しく揺れ始める。揺れは激しくなり、まるで箱の中に入れられ激しく振られたような感覚に陥る。揺れは今までになく長く続く。……三分程度揺れていただろうか。あまりの揺れに言葉も出ず、人は本当に恐れを感じた時、声が出ないことをこの時知った。揺れが落ち着くまで私は呆然としていた。

揺れが収まると、慌てて一階に降りる。祖父が階段を降りた所におり、玄関にいくと祖母が柱にしがみついていた。その後幾度も強い揺れは続いた。祖父はバタバタと動き始める。水を汲み、近所の人の様子を伺いにいき、すぐそばのスーパーに向かい食料を買いにいってくれた。三四年間海上自衛官だった祖父は本当に逞しかった。その後、ラジオから震源地が栗原市であったとの情報が入る。近所に住む叔父と叔母も家に泊まることとなる。

3・12　朝を迎える。昨日まで使用できた携帯電話ももう使うことができなくなっていた。昨日慌ててみんなに安否メールを送信していてよかったと思った。叔父と叔母は既に教会の知り合いや、近所の方や仕事場の様子を見に外出していた。この日は買い物にただ回る一日だった。あてになるスーパーは近くにあるヤマザワという古いスーパーだけだった。夕方に帰ると電気が復旧し、TVから流れてくる悲惨な映像に涙した。

3・16　濁った少量の水ながらもお風呂とシャワーを浴びることができた。水は時々止まる。貴重な灯油を利用しお風呂を沸かす。食料と水の確保が大変で、できる限りガソリンを使用しないようにした。４号線を走っていたら雪が舞う中ヒッチハイクをしている男性を見つける。今年に入ってから仙台市地域づくり人材育成講座で共に時間を過ごしたFさんだった。Fさんは二百～三百名がいる避難所の灯油を買うために来たという。しかしどのガソリンスタンドも営業していない。私は自分の生活で精一杯なのに申し訳ない気持ちと尊敬の念が芽生えた。Fさんを後部座席に乗せて送った。こんな不思議なこともあるのだなと感じた。

3・21～3・25　叔父と叔母がクリスチャンで、キリスト教団の物資仕分けボランティアに参加する。初めてボランティアとして被災後ボランティアに関わった。アメリカの教会から次々とくる物資の多さに、ただただ驚くばかりだった。トラックいっぱいに積まれ、空港から到着する。私は無我夢中で他の五十名ほどのボランティアと共に物資を車から降ろす。何度建物とトラックを往復しただろうか。あまりの重さに頭がクラクラした。沖縄から来たT牧師が先頭に立ち動いていた。私はT牧師を頼りボランティアに臨んだ。

3・26～27　仙台のD社代表取締役のWさんが twitter でボランティアを募集する。早速返信し、翌日妹を連れて打ち合わせ場所へ向かう。数人集まると説明会が始まった。Wさんから被災地に入るには心構えが必要であると強く言われる。帰宅後、一期のボランティアが3・29になったと電話が入り、参加を決める。

3・29　ついにプロジェクトへ参加（以下、つなプロ）。このプロジェクトはせんだい・みやぎNPOセンターを中心に、阪神淡路大震災を機に起ち上がったNPOや日本財団などが関わっている。基本的には宮城県内の避難所を訪問して、管理者や被災者に直接聞き取り調査をし、特別な支援を必要とする人たちと、専門NPOをつなぐ役目を担っている。私は被災地の避難所に行き、被災者のニーズを探し出してくるアセスメント調査班に参加することになった。このボランティアは三人一組で被災地に入っていく。

3・30　多賀城市避難所訪問

初めての避難所訪問。多賀城市に入ると少なからず津波が来た様子がわかった。お店の駐車場にあり得ない状態で車がゴロゴロと転がっていた。店のシャッターや店の外にあるフェンスなどは反るように変形していた。ただただカメラを向ける。多賀城市内のホームセンター前で車を降りる。訪問する避難所の場所を確認し、地図を渡された。津波は来ていないようだった。避難所に向かう時はとても緊張していた。避難場所は第二中学校敷地内の体育館で、パラパラと数十人の避難者が床に毛布を敷いた上に直接横になっていた。かなり静かでむしろがらんとして寂しい印象を受けた。プールのトイレも使用できる状態で、悪くはなかった。徒歩で十分ほどの次の避難所へ向かう。同じ班のメンバーと途中、情報を確認する。断水について管理者から同じ言葉を聞いても、食い違いが生じることに気づく。初めての聞き取り調査にとても戸惑った。実際は次の避難所で未だに断水していることを、管理者のおかげで再確認することができた。本部に戻ってから、避難所ごとのデータをパソコンに打ち込む。まだ入力の仕方が分からず、項目が把握しきれていなかったところは課題である。

3・31　亘理町避難所訪問

亘理町は私が幼い頃から海水浴によく来る場所で、大震災後も来たいと思っていた場所だった。二つの班にわかれ避難所の調査に入る。亘理高校の避難所では、避難者は体育館／校舎／武道館に分かれて入居していた。管理者の男性と関係者の女性（いずれも四十代くらい）が丁寧に避難所と被災者の状況について教えてくれた。この避難所ではまず、靴を持っていない方はいませんか？　と聞くところから始まる。そう呼びかけると十数人が靴を希望したという。津波を被り、裸足でやっとの思いで逃げてきた人がいることを知り、心が締め付けられる思いだった。高校の下駄箱に置いてあったシューズを被災者に渡したとのことだった。家がなくてただここにいるのではない。避難者は無我夢中で逃げて恐ろしい経験をしていることを自覚する。震災当初は土足で避難所に横になっており、かなり厳しい状況だった。その後土足厳禁にし、ペットも居住スペースに入れないようにして衛生面を保っていた。この避難所ではマスクは必須だが、トイレの入口ぎりぎりまで居住スペースが設けられ、厳しい状況には変わりはなかった。この避難所は余暇スペースと医療スペースが設けられていた。

次の避難所の亘理中学校は始業式の親御さんたちでにぎやかだった。体育館に向かい管理者にお話をうかがうと、今後支援をする際には町役場を通してほしいと強く言われる。やはり多くのＮＰＯやメディア等に手を焼くのはさけたい事と、避難所単独で下手なことはできないということだろうか。その後、ほかの班と合流して亘理町の被害現場に向かった。地方道10号線を走り常磐道の下を超えたとき津波が来た事がすぐにわかった。進めば進むほどどんどんと信じられない景色に変わる。そして私の思い出の場所に来た。ここに家がたくさんあったよね？どこが道路？唯一、家の土台だけが残っている。車を降り、呆然と立ち尽くしてしまった。気づいたら涙が頬をつたっていた。ほかのボランティアの子たちも同じような様子だった。たまたま残った家に家族がいた。瓦礫の中から持っていけるものを探しているようだった。管理者の方に「現場を見れば被災者の気持ちがわかるよ」と言われたことを思い出す。この現場を見てから避難所に行ったなら、被災者に対する接し方もまるっきり違ったであろう。360度グルグルと周りの景色を見てみる。何度見ても信じられない。涙はいつまでもとまらなかった。車に乗り、来た道を戻る。一階二階の半分だけが見えたり、田んぼに車が埋まっていたり、家の柱が何本か残っていたり、小学校の校庭にガレキが溢れていたりした。私は目をつむる。一年前の夏に来た時、小さい頃に来た景色を思い浮かべる。きっとまだあの景色はあるはずだと思わずにいられない。現実から逃げたかった。信じたくなかった。

4・1　名取市避難所訪問

避難所である高舘小学校の体育館を訪れると、管理者の名取市職員が詳しく教えてくれた。ここは閖上地区の大きな被害を受けた方々が別の小学校から移動してきて、二回目の避難所生活であるという。一度避難所を経験していることもあって、避難者も自発的に避難所運営に携わっていた。校庭に出てみると子供達が遊んでいる。あきらめず声をかけていたら、中学生くらいの女の子たちが来て一緒に抱きあったりじゃれ合った。女の子が最後に言う。「今度いつ来るの？」「またそのうち来るね」。ずっと傍にいてあげたかった。彼女達の未来はどうなるのだろうか。

次の向山小学校の避難所は自宅が全壊となってしまった被災者自身が運営を行っていた。私たちにコーヒーまで出していただいた。近所の向山地区で家が倒壊してしまった人たちがこの避難所へ入居している。食事は避難所内で自炊しており、避難者同士でうまくやれているようだった。だが、震災後地区の民生員ともめたりしたという。今後は八木山センターへ移動になり、不安だという。地元の人同士でももめごとが起きるリスクがあることを知る。

被災者がどのような体験をし、どのような気持ちでいるのかについて、考えることが欠かせないことに気づく。見守る側として、支える立場としてできること、すべきことをもっと真剣に考えたい。

4・2　女川町避難所訪問

女川高校の体育館は窓ガラスが割れて入れず、避難所は敷地内の武道場だった。避難していた女性にお話を伺うことができた。震災当時女川町にいた。目の前で凄まじい津波の第一波とその引き波、第二波を見たという。第一波の後すぐに第二波がきたため、20メートルにもなる巨大津波が襲ったという。町をぐんぐんと飲み込み、建物の屋上にいた人たちも流された。彼女も命からがら逃げてきた。津波が引いた後、母の安否を確認するために遺体安置所へ向かおうとしたが、道路には瓦礫の山があり、そのうえに遺体がゴロゴロと転がっていた。手を合わせ遺体の上に上がり前に進むほかなかった。彼女は自分の母親が見つからない、今ほしいものは母親だと口にした。どのような思いで今まで過ごしていたのか。頭の中で、イメージし難い震災当時の様子がグルグルと回る。目の前で被災現場を見ても、被災者に被災体験を聞いても到底それは想像でしかない。ここにきて、私のしていることは何のためになるのだろうかと自分に問いをぶつけ始める。避難者の声を真剣に受け取れば受け取るほど、悩み始める。なんのために私は聞き取りにきているのかと改めて考える。

往復三時間の車中で、もう一つの班と、私が以前回った名取市の高舘小学校の状況をもとに、私たちなりの理想的な避難所プランを練り始める。避難所の現状は、管理者や運営体制によって全く違う。名取市の高舘小学校では間仕切りをしてグループ分けをしていた。また、避難者自身が運営に積極的に関わっていた。避難所間のネットワークがないため、隣接している小学校でも食べ物や、ゴミの回収など大きな開きが出ていた。

4・3

第一期のボランティアたちが関東・関西へ高速バスで帰っていったが、信じられないほどの人数が継続的にボランティアとして参加することを決め、私とともに帰宅組を見送ることになった。私はこのときの驚きを今でも忘れない。こんなにも多くの学生が自発的に何かをしたいと思っているなんて。私も負けずにボランティアに参加したいと思う大きなきっかけになった。

4・12　七ヶ浜町避難所訪問

避難所の中央公民館には罹災証明書発行のため、この付近の地区の方が多く来ていた。避難していたのは数世帯の家族で、和室で休んでいるとのことだった。個室にそれぞれ避難者が詰め込まれている状況である。職員もボランティアもバタバタしてフロアまで人がたくさん溢れ、子供達もいたせいかにぎやかに感じた。

避難所を訪問し終わった後、現場を見に海岸へ向かった。パトカーも走っている。海岸へ向かう途中、道路沿いにあった一軒の家は一階も二階も窓からガレキが溢れんばかりに見えた。右手には家のあった土台、左手には防風林の間から広い海が見えた。車を止め、私は降りる。目の前には海となぎ倒された木とガレキ、お家の跡にむなしく海風が吹いていた。電柱が倒れ、中の鉄筋が見える。電柱の中がこんなふうになっているなんて……。

4・13〜14　東松島市避難所訪問

避難所のコミュニティーセンターでは、フロアまでたくさんの方が横になっていた。食料や衣料品については十分あるようだった。子供たちも、本が置いてあるスペースで楽しそうに本を選んでいた。翌日、大塚公民館の避難所で直接被災者にお話を伺わせていただいた。ある被災者の家族に出会う。お孫さんの家は全壊で、両親は津波で亡くなってしまった。なぜ、お孫さんのお母さんが残らなかったのだとそのおばあちゃんは言う。一番上のお兄ちゃんはだまっておばあちゃんの話す言葉を聞いていた。

定林寺の避難所では管理者の住職がとてもアクティブな方で、物資を他の避難所に持っていってほしいと頼まれた。うまく乗り切るしかない、そうおっしゃっていた。外では東京から来たボランティアが子供たちの遊び相手になっていた。

中下公民館の避難所では、以前洗濯物を干す場所がほしいと言っていたが、手作りの物干し場ができていた。人は何もなくてもうまく知恵を出し合って乗り切っている。今回の震災でコミュニティや人の温かさなど改めて気づかされることが多い。

川下公民館の避難所は以前にも訪問したが、私たちがつなプロと言葉を発した瞬間、笑顔で喜んでくださった。管理者は以前お渡しした体重計を使っていますよと微笑んだ。

この日ワゴンを運転してくれた方はTさんで、山元町で被災した人であった。弟が仙台市内にいるため、今はそこに住んでいるという。町の状況はひどく自分の家の中は瓦礫と泥だらけだという。ボランティアもさまざまな心境なのだと思った。皆がなにかをしたいと動いてくれている。

4・15　東松島市避難所訪問

蔵しっくパークの避難所は六十代男性が二人で運営していて、かなり雰囲気は良かった。食事に関しては、甘い菓子パンや、油物の多いお弁当はやめてほしいという。残して捨ててしまうしかない状況であった。

矢本運動公園武道館は今までで一番雰囲気が暗い避難所だった。小さなお子さんを連れている女性は、ワット数の問題で洗濯機を使用できないのでテレビを止めてほしいと話す。女性の母親も共に別の小学校の避難所から移動してきたが、ここは寒く、食事も満足とはいえないとのこと。

関の内地区センターの避難所では三十名の避難者がいた。かなり砂埃が舞い、子供たちが外で遊んでいるのを見てとても心配になった。寝たきりの方や高齢者がいらして今後経過を見ていきたいと感じた。

4・16　つなプロ三期メンバーが帰っていった。

5・8　つなプロ参加地元学生の意見交換会

参加したのはつなプロボランティアの学生五人と社会人一人。そして一般の学生が六名。初めボランティア経験者が話す。そしてワークショップ形式で皆が震災後感じていたことを言葉にした。参加者は聞き入る。とても有意義な時間になった。今後もこのように宮城の学生同士で震災のためにできることを話す機会があれば嬉しい。震災後みんなが「私にできることは何だろう」と心に問いかけたのではないだろうか。振り返ると大震災後から今まで、現実を受け止めようと必死であった。初めてボランティアとして参加した一週間は精神的にとても過酷だったと思う。引きずってボランティアに支障をきたしそうにもなっていたのである。

5・22　第二弾のつなプロに参加する事を決心する。避難所に張りつく事で新たな価値観に出会えるだろう。人はけして一人では生きていけない。被災地で懸命に生きる被災者と日々を共にし、生きる事の意味を考えたい。

5・26　登米市のつなプロ本部に向けて12時半に出発、14時半に到着。私は気仙沼市大島の担当と伝えられる。

大島のボランティアは女の子一人と男子四人だった。Hさんというメンバーの男性と明日大島に向かうことになり、明日に備える。震災時、高齢者と中学生以下の子供達が島に残され、一週間ほど孤立状態で、米軍が支援に来てくれたという。現在は大島全体のライフラインは回復したが、宿泊するキャンプ場のロッジは電気・水道・ガスは止まっていて、自分達で自炊をする。重機は島に三台しかなく、復旧作業もままならない。梅雨の時期のため、夏に向けての衛生対策が課題である。

5・27　大島一日目

大島に他のボランティア五名・大人のメンバーの方とフェリーで向かう。木々が真っ黒に焼けているのが見える。気仙沼漁港も真っ黒に焼け焦げていた。島に着いた私たちを迎え入れたのは膨大な量のガレキ達だった。家があった痕跡があった。田んぼであっただろう場所は瓦礫が散らばり、道路を挟んで巨大な船が陸に打ち上げられている。慌てて船に近づく……とても大きい。

その後、大島の海岸で被害状況を見ることになった。宿泊場所から海岸へ向かう途中一次避難所を見かけたが、道路を挟んで向かいに五メートルの高さはある瓦礫の山があった。衛生的に良くないであろうと思った。海岸のそばの道路は津波によって寸断され、大きく波を打ち、防風林の松はスカスカだった。道端におばあちゃんがいる。津波のおそろしさや、海岸を早く片付けてまた憩いの場がほしいと話す。津波に流される前は民宿がそこにあったのだと教えてくれた。砂浜からは島が見えた。津波はあの島を超えたという。島が見えなくなりてっきり流されてしまったと思ったそうである。その後亀山に登る。焼け跡が木々の幹に残っていた。頂上から大島を一望、大迫力のパノラマで感動する。だが被害箇所が多くあることに気づかされる。宿に戻ってカレーを準備する。屋外で皆と語りながらご飯を食べた。

5・28　大島二日目　二次避難所訪問

ボランティアは、①アセスメント班　②瓦礫撤去班　③物資班に二名ずつ分かれた。私はアセスメント班として二次避難所を訪問し、状況を伺いながらキーパーソンを探す役目を託された。ペアの相手は神戸から来たAくんでつなプロに参加していたベテランである。彼は休学してこれから二ヶ月間大島に残るという。

気仙沼市災害ボランティアセンターのSさんとMさんにお会いして、お話を聞く。気仙沼市K課が独断で大島の避難所入居者を決定。避難所希望アンケートを実施し、第一希望～第三希望まで募るも適切な形では決まらず。小学校から近い避難所には子供のいる家庭が集中しており、高齢者が多い避難所では当番を決めてもスムーズに行えない、移動手段がない等の問題も生まれた。二次避難所はプライベートスペースがほしい等の希望を持った方が入居。一人では不安の方は一次避難所の開発センターに入居。開発センターは物資が十分にある等、二次避難所の状況よりも良い。

民宿椿荘には田尻地区の住民がバラバラに入居。十世帯二十人で多くは六十代～七十代である。食事なし三九九〇円、食事あり五千円（一食三百円見当）でその分を市が支払いをしている。日中はほとんど自宅の瓦礫片付けや仕事のためいない。旅館組合と民宿組合があるが、民宿組合は被害が甚大。そのため組合として機能していない。全員仮設住宅入居を希望しており、7月には避難所を全員退去予定。物資の供給がない、光熱費等のお金がかかるため不安を感じていた。避難者のある女性は、旦那さんが漁師で島で一番大きい船を持っていたが、船を守ろうとして津波に襲われ亡くなったことを話してくれた。

5・29　大島三日目　二次避難所訪問

大島の休暇村を訪問する。一六世帯四十人程度がそれぞれ入居し、仮設住宅に関わる大工さんも宿泊。一部屋に対し二～三人入居。休暇村はフロントに職員の方もおり、フロアでお話ししたり新聞を読んだりできるためゆったりとした時間が流れていた。施設から三食の食事（朝はバイキング）提供。別の避難所と違い他の休暇村を通じて食事を賄っている。三日に一度は職員の方が館内の掃除をするためお客様扱いの状態。仮設住宅入居に申請しながらも、休暇村で生活を続けたいという避難者が多い。今後仮設住宅入居後の避難者の変化は見逃せない。

5・30　大島四日目　二次避難所訪問

亀山荘には八世帯が入居。管理者の方は入居者みんなで食事をして引きこもっている方はいないと話す。その後避難者のTさん、Mさん、Yさんにお話を伺う。仮設住宅の仮申し込みの食い違いに不安を感じていた。養殖は再度再開する意向の方もいた。だが3～6月の大事な時期に被害に遭ってしまったことに加え、去年の津波の借金等も重なり、生活することで精一杯の現実である。三日に一度行われる漁業組合のガレキ片付けは少しでも収入を得るために取り組む。以前の観光客や知り合いなどのつながりによって支えられてきた。

仮設住宅に対する不安として、共同生活に不安（子供がうるさい、高齢者の孤立等）、仮設住宅内でコミュニティの中心となる場所や機会の確保、同じ地区同士での入居、島全体で生活に関することの進捗状況を公開してほしい等である。Tさんたちは部屋にあげてくれ親身に話してくれた。私も詩吟を披露し、こたつでお茶をのみながらお話を聞くことができた。

5・31　大島五日目　再度訪問、Tさんご夫婦の元へ

最終日は印象に残った場所、周りたい避難所へと足を運んだ。たまたまTさんご夫婦にお会いした。Tさんの奥様は避難所の銭湯で仲良くなった方で、片付けのお手伝いをすることになった。そこは通るたびに被害がひどいと思っていたTさんご夫婦の土地であった。お手伝いをするといっても雑草を抜き、奥さんが洗っていた、民宿のお椀を布で拭くのみ。家の基礎しかないご夫婦の土地で、辛うじて残っていた錆びたパイプ椅子に三人で腰をかける。津波によって防風林が倒された海が目の前に見え、風が私たちに向かってビュウビュウと吹いた。きれいな青い空だった。私は涙を堪える。ご夫婦は一つしかない缶コーヒーを半分ほどコップに注ぎ私に差し出した。断っても飲んで、飲んでと差し出してくれる。残りの半分を二つの紙コップに注ぎ、ご夫婦も手にする。またさらに私の手いっぱいにお菓子をのせてくれる。奥さんはなんでこうなったかねとつぶやく。お父さんはだまっている。私には到底返す言葉はなかった。津波は不思議だと未だに思う。こんなにも一瞬にそして人々の心を抉っていく。それでも人々は海を嫌いにならないのだ。家を壊され、家族を失い、それでもこの土地で生きていきたいという。大島での一週間はとても濃いものになった。そして、自分のすべきことは確かにあるのだと感じる。

6・1　登米市から仙台に戻ってくる。仙台駅三階のお寿司屋さんへ向かう。板前さんであったTさんの息子さんがいらした。本当に人生は不思議なものだと感じる。

8月に私は再び大島へ足を運んだ。6月に出会ったお父さんやお母さんたちに会いにいく。新たなお父さんやお母さんにも出会った。また大島へ足を運びたい。被災者でも分かり合えないところに非被災者の私たちが入っていくわけで、決してたやすいことではない。傷つけてしまうことにもなるだろう。でも被災者に少しでも近づきたいと思った。少しでも心を開いてもらえるように、私は自分の人生をかけて向き合っていきたい。被災者が生きるために何が必要で何を求めているのか。学生である私に到底解決できないことはたしかだ。でもきっとお手伝いできることがあるはずだ。二万人という信じられない数の方がこの東日本大震災で亡くなった。向き合わずして生きていられるだろうか。つなプロというプロジェクトで、信じられない現場と、被災者の苦悩を見てきた。これからは私自身何ができるか問い続けていくつもりだ。

(脱稿：2011年8月31日)

脱・就活

大崎市古川　小山　悠

就職活動を行なう学生の間で、企業から次の選考へ進めない通知が来ることを「お祈りが来た」という。「今後のご活躍とご健闘を心からお祈り申し上げます」というメッセージと共に不合格通知が来ることに由来する。落とした学生に対して、企業は社会責任を果たす必要性から「祈る」という皮肉な一文を載せるのである。震災前は毎日のようにパソコンに入ってくる企業説明会、選考会の案内などスケジュール管理に追われる日々だった。確かにその日まで、何かに向かって、順調に歩んでいたのである。そのためには、食べ物、ガソリン、鉄道、空港があり、そして、人が居て……すべての要素から歩む日々が形成されていたことに、いまさら気がつく。

宮城をはじめ、今回の震災被害に遭った地域の企業は「お祈り」すらできないのではないか。土地がなくなり、データがなくなり、そもそも企業自体がなくなりかけている。二月の合同企業説明会で、やたら社員の気合いが入っている企業を見かけたことを思い出した。その企業はとある港町に本社を置いているのだが、震災から二週間以上経過しても「11、12、13、14日の四日間、決算セールを開催いたします！」とホームページ上に掲載し続けていた。未だに震災後の挨拶すら掲載できない、想像をはるかに超えた過酷な現実を示しているのではないだろうか。

まだ浅学菲才な二二歳ではあるが、二十年以上も宮城の土地で空気を吸い続けてきたという、誇りのようなものがあった。この一年「宮城を感じた年」だった気がする。大学の単位取得も進み、自分の車を買ったことから宮城県内を動きまわった。観察や見聞を広めるよりも、娯楽の意味合いの方が強かったのは事実であるが、震災でその土地こそが崩れ去る現実の映像をほぼリアルタイムでまざまざと見せ付けられ、何を思うかと問われれば、悲しみに呆然とするだけなのである。宮城で生活を営んできたからこそ、悔しさは止めどなく溢れてくるのだ。

震災から二週間が経過して、私の住む地域ではライフラインが復旧に向かい、インターネットも再開し、さまざまな情報を得ることができるようになった。パソコンが使える。部屋の明かりが灯る。音楽が聴ける。夜に本を読める。前置きが長くなってしまったが、震災が起きた日から今までを振り返ってみたい。

大学三年生の春休み。私は就職活動をしており、企業の説明会や適性試験に東へ西へと飛び回っていた。同時に卒業研究の調査地を巡り、春休みとはいえ忙しい状態にあった。特に3月7日からの一週間は忙しさと共に学生生活の充実感も味わっていた。3月9日、自宅で出かける準備をしているとき、揺れを感じた。震源は三陸沖、震源の深さは20キロ、M7・3。自宅のある大崎市古川は震度4とのことだったが、大きく横に揺さぶられるような、長い揺れだった。津波注意報は出ていたが、仙台へ出かけた。会う約束をしていた友人も沿岸部の多賀城市在住であったが、地震の被害はなかった。

宮城県民は地震に慣れていたような気がする。というのも、08年6月には岩手・宮城内陸地震（M7・2）が発生しており、宮城県では北部を中心に被害を受けた。それ以前にも何度かM7前後の強い地震が内陸および沿岸部で発生しており、宮城県民は地震に対する意識というものはとても強かった。特に、宮城県沖と呼ばれるエリアでは三十年以内に99パーセントの確率でM7以上の地震が発生するという研究結果まで公表されており、78年に甚大な被害をもたらした「宮城県沖地震」の再来が懸念されていたのである。実際、我が家でも食器棚の倒壊を防ぐために壁に固定したり、地震への防災意識は高かった。地震が来るたびに宮城県民は「宮城県沖か？」と口走るのも恒例化していた。

3月10日、この日も何度か小さな揺れを感じた。家族の間でも「このまま宮城県沖が来るんじゃないか」などと冗談交じりの話をしたことを覚えている。この日の夜は仙台でゼミの追い出しコンパがあり、泉区内の先輩宅に泊まり、翌3月11日に始発の新幹線で古川へと戻った。車窓から見る朝日がとても美しく、雪化粧した泉ヶ岳や蔵王の山並みが輝いて見えた。新幹線は速度を上げ、トンネルの中へと吸い込まれて行った。

帰宅後、8時にはベッドへ入った。就活も佳境へ突入。内定はいつ貰えるのか。「先の見えない不安」を感じつつも、必死に取り組まなければならない。一度、午後1時頃に目を覚ましたが、二度寝をしてしまう。気づけば、枕元に置いた携帯電話がけたたましいブザーと共に鳴動していた。携帯の画面を開くと「宮城県沖で地震発生」の文字。ついに来たか。私はベッドから飛び起き、机の上のパソコンを押さえた。しかし、机ごと動き始め、立っていられないほどの横揺れを感じる。一度、揺れは収まったかのように感じたが、再び強い揺れが始まる。いまになって考えれば、逃げるとか机の下に入るとか安全な場所に身を隠すなどという危機意識が欠けていた。自宅一階では父親が私の名前を叫んでいた。激しい揺れの中で部屋を脱出しようとするが、ドアが半分程度しか開かない。タンスが地震の揺れでドアに近づき、開きにくくさせていたのである。半分程度の隙間から脱出し、階段を駆け下りるが、崩れた本棚が行く手を阻む。激しく壁を叩きつけて揺れる絵画を避け、慌てて家の外へと出た。

地震の発生から既に二〜三分経っていたと思うが、強い横揺れはまだ続いていた。激しく電柱や木々が揺さぶられていた。近所の人も外へと出ていた。しばらくして揺れが収まり始め、自宅へ戻ったが、内部は足の踏み場もない。停電してテレビはつかない。ラジオをつけると、宮城県北部で震度7の烈震を記録したことが明らかとなり、沿岸部には大津波警報が発令されていた。古川は内陸のため津波の心配はないが、何度も突き上げるような余震が来るたびに、自宅から外へと逃げる。雪も降り出し、周囲は寒くなる。スウェット姿の私は、急いで服を着替えた。雪は強く降り、辺りは白くなりはじめ、暖房がないためか、寒さも一段と増したように思う。

自宅一階の足場を確保した頃には辺りは暗くなり始めていた。ガスコンロや懐中電灯を探すも、電池やカセットコンロのガスボンベがなく、近所のコンビニへと買いに向かったが、既に長い行列ができており、電池は品切れとのことで自宅へと引き返した。ここでまず、足りないと判断したものは、灯りだった。懐中電灯も電池が残り僅かであるし、ロウソクは余震が活発なために使うのを控えたい。庭に出ると、園芸用のソーラー発電を利用した電灯があることに気がついた。日中、日がある時間帯に充電されたため、夜は明るく灯り、電池を気にせず使える。近所の多くの人は車の中に避難していた。私は自宅一階の茶の間に家族といた。寒く、そして暗い部屋の中でラジオをつけると、地震および津波の被害状況が刻々と語られている。10年2月、宮城県沿岸は南米チリで発生した地震の影響で津波の被害を受けていた。被害としては港の岸壁から海水が溢れ、ホタテやカキなどの養殖用の筏が流された。ちょうど2月28日がそのチリ地震津波の被害から一年であり、地元漁師の方々の「復旧してほっとしている」という新聞記事が印象に残っていた。津波に対しては、今回もその程度に考えていた。程度と言っては語弊があるだろうが、ラジオから伝えられる被害はその甘く愚かな考えを遥かに超越したものであった。川を遡上する津波、流される家屋、水没する滑走路など、耳を疑った。そのどれもが聞き覚えのある地名、何度も訪れたことのある場所で、リアルに頭の中で映像化された。高校時代に通学で利用した仙石線の列車と連絡が取れなくなったことや、夏場の海水浴で訪れた仙台市若林区荒浜で二百人から三百人の遺体が確認されたなどのニュースが伝えられるたびに、ただ呆然とするばかりであった。その中で何度も起きる余震に震え上がり、現実と幻想の世界を彷徨っている感覚。

私の家の斜め向かいにSさんご夫婦が住んでいるが、この日は旦那さんが気仙沼へ仕事で出かけて、奥さんが一人で自宅にいた。ペットの犬と共に車へ避難をしていたが、余震のたびに外へ出て、顔を合わせた。一人では心細いだろうと、母が一晩我が家で過ごすことを提案した。最初は遠慮していたが、我が家に移って来た。近所はどの家が何人家族で、どんな人が住んでいるか……程度のことは知っていた。しかし、今まで我が家を訪れる機会のなかったSさんと同じ部屋にいることに、新鮮な印象を受けた。明かりは懐中電灯だけという暗い部屋で、強めの余震が来るたびに共に外へ出る。不思議な共同生活である。

雪は既に止み、夜空には星が輝いていた。辺りは灯りが消え、星の輝きが際立っていた。この日の夜はラジオをつけっぱなしで寝ることにした。服はすぐに逃げられるように普段着のまま。時間はあまりにも長く、とにかく夜明けが待ち遠しかった。ソファに横になり、目をつむったがほとんど眠れなかった。悲惨な現状がラジオから伝えられるが、いつの間にか脳内の映像化はできなくなっていた。というよりも、そこまでの思考回路を機能させないようにしていたのかもしれない。

二日目、夜が明けた。Sさんは自宅に戻り、我が家も朝食の準備に入る。雑炊を作ることにして石油ストーブの上に鍋を掛けたが、非常に時間がかかる。余震が来るたびにそのストーブを止めるため、さらに時間がかかる。朝食の前に町内を歩いてみた。地震発生時から踏切の音が鳴り止まない。線路を見ると、無人の電車が止まっていた。踏切そばの木造家屋はガラスが割れて、建物は斜めに傾き、今にも崩れそうな様子。さらにその前の道路には直径1・5メートルほどの大きな陥没があり、作業着を着た男性数人が砂で穴を埋めていた。もちろんコンビニは開いていないし、信号機も点灯していない。寒いので自宅にすぐ戻ったが、自宅も寒かった。朝食を食べると、近所の人が総合体育館で8時半から配水があると教えてくれた。車で配給場所へ着いた。既に水を求める行列は百メートル以上だろうか。寝不足のためフラフラしていたが、並んだ。3月とはいえ、太陽は出ても北風が非常に冷たい。消防の給水車の許容量は4千キロだったが、一時間ほど並んだところで残り千キロを切ったというアナウンスがあった。なくなった場合、古川から10キロほど離れた岩出山の浄水場から汲み上げるため、往復で二時間近くかかるとのこと。水が切れないことを祈るような気持ちで願った。いよいよ私たちの順番まで10メートルほどになったとき、前で漬物用の樽に水を汲んでいた男性が、残り僅かの貴重な水で蓋を洗い出した。自分を含め、前に並んでいる人も、思わず拳を握っていた。一日前、私は好きな時間にお湯を沸かし、水を飲んでいた。翌日の朝には、水を手に入れるために焦燥感、苛立ちなどさまざまな感情が渦巻くなど、到底考えられないではないか。ポリ容器やバケツに無事水を汲むことができたが、「水を汲む」行為にとてつもない疲労を感じた。

自宅に戻ると時刻は既に正午を過ぎていた。電気もガスも水道も入る兆しがない。気がつけば、携帯も圏外になっていた。母親の友人宅がソーラー発電のため、日中に限って電気が使えるとのこと。携帯を充電するために自転車で伺った。まずテレビが点いていることに驚き、暖房に驚き、温かいコーヒーを頂戴したときは、同じ宮城なのかと夢を見ているような気持ちになった。震災後初めてテレビから、津波で想像以上の被害が出ていること、福島の原子力発電所が危機的状況に陥っていることを映像から認識した。ラジオの音声では脳内で映像化しなければならないが、テレビではストレートに伝わってくる。このとき、初めて涙がこみ上げてきた。さらにテレビの解説では格納容器の圧力がどうとか、マイクロシーベルトとかいう単位が現れ、とりあえず危機的な状況であることは認識したが、原発に関する知識がないために不安は募るばかりだった。

携帯の充電をしたのち、自転車で古川の街を走ってみることにした。八割以上の墓石が倒れた墓地、屋根が川に落ちた蔵、そして中心商店街では路面のタイルに凹凸ができて、さらに信号は一ヵ所も点いておらず、スムーズな通行ができない。テレビやラジオは沿岸部の様子ばかりを伝えていたため、あまりピンと来なかったが、間違いなくこの街も被災地の一部という認識を持った。既に日は沈みかけていた。電気が点く気配はないが、水道は弱々しいながらも出始めた。その時、ラジオから福島第一原発1号機が爆発したというニュースが流れてきた。正直に言えば、このとき、あのチェルノブイリ原発事故が脳裏をよぎった。何百キロも何千キロもの範囲に放射性物質が拡散され、何年も立ち入り困難な場所が生まれてしまう。私の家は直線距離にして百キロ以上離れているが、逃げる必要があるのだろうか。地震前日までの日常が奪われる悲しみに絶望を覚えた。この災害はどこまで私たちを苦しめるのだろうか、人生最大の危機に直面し、今まで通りの楽しかった生活は二度と来ないのではないかとまで考えてしまった。震災二日後に絶望感を味わうなんて。大げさかもしれないが、このときは正直にそう考えた。政府によれば水蒸気爆発であり、原子炉には影響はないというような、はっきりしない発表が出された。少しホッとしたが、危機的な状況には変わりはなく、不安は収まらない。二日目の長い夜の始まりは前夜にはなかった、放射能の脅威を考える必要性が出てきてしまった。

三日目の朝を迎えた。期待しつつ携帯を開いたが、圏外の悲しい二文字が目についてため息を吐く。この日は朝から快晴だった。空気は澄み、日差しも温かい。外に出て日差しを浴びて、深呼吸したい。そんなことを思ったが、目に見えない何かが空気中を飛び交っている気がしていた。この原発事故ではただちに影響は出ないと政府は発表しているが、1号機の爆発時は南からの温かい風が吹いていて、大崎市古川も放射性物質が拡散しているのだろう。この日は自転車で買い物ついでにアルバイト先である飲食店に顔を出すことにした。古川の中心商店街は七日町と台町であるが、路面は凹凸、建物はガラスが割れ、異様に傾く建物もある。飲食店は台町に存在するが、タイル張りの歩道は凹凸が激しく、自転車は真っすぐ走ることができなかった。お店はレンガ調のタイルでできた外壁だが、一部が剝がれている。二階へ上がると、同僚が割れた酒瓶の回収をしていた。酒瓶を始めとする商品のほとんどは、見事なまで粉々に砕け、あたり一面に酒の匂いが広がっていた。自分も手伝いを始めたが、被害の大きい二階から片付けた。メンバー全員の無事が確認できたが、途方もない量のため、おおまかなガラス破片を集めて解散となった。夕方、ガスが通ったという情報が入った。私の家はオール電化のため関係ないが、向かい側にある祖母の家は、鍋を利用してご飯を炊くことができる。カセットコンロもガスボンベが残り僅かとなり、大変嬉しいニュースとなった。電気さえ復旧してくれないだろうか。携帯の充電の減り方もいつもより数倍も早く感じられ、相変わらず「圏外」のまま日は暮れていく。

その日の夜、ラジオで情報を伝えていた男性のアナウンサーが急に言葉に詰まって「こんなことになるなんて……閖上は美味しい海の幸がたくさんあって……」と泣き始めた。公共の電波を使って正確な情報を伝える立場の人間にあってはならないことだが、被災状況から感じ取った気持ちがストレートに伝わってくる。共感できる。

私のモチベーションは外の暗さと同じくらい下がった。その時、止まっていた携帯電話が鳴動を始める。ネットにも繫がった。県内外の友人、親戚など何十件もの電話とメールが二日目の朝以降、三日目の午後10時にかけて入っていたのである。声を聞いて会話したり、送られた文字を見ることができる。つい数日前まで当たり前だったのに、大きな幸せとして味わうことができた。その日はぐっすり眠ることができた。

四日目の朝、私は車に乗っていた。近所のガソリンスタンドが開くかもしれない。3月11日以降はほとんどのガソリンスタンドが閉鎖、もしくは緊急車両専用の給油所になっているため、一般市民である私たちが給油できる所はほとんどなかったのである。三百メートルほどだろうか、既に車列ができていた。時刻は7時半だったが、人が溢れており、自転車で行き交う人々が多い。いよいよガソリンスタンドが見えたが、市役所職員が「緊急車両専用」であり、「開けることはできない」とハンドマイクで車列に向かって呼びかけ始めた。まだ午前8時15分だが、疲労を感じてしまい、自宅へ戻って寝ることにした。震災時、幸い自宅にいたが、古川という街から出ることができない。私の生活圏は仙台にも存在した。大学、就職活動、買い物など、仙台があって達成することができた。しかし、新幹線や在来線は通じない、車はガソリンがない。

この日、届いたメールの中に仙台市内にある企業からのメールがあった。その企業はエントリーシートの締切を3月13日としており、自分も震災当日に速達で出す予定だった。しかし、このような事態になってしまい、すっかり忘れていた。それによると、「エントリーシート提出を持って一次選考人数を確定するので3月25日まで必着で郵送して欲しい」旨が記してあった。正直、憤りを覚えた。電気もない、パソコンも通じない、携帯電話の充電もままならず、スーパーに食料、ガソリンスタンドに燃料を求め、生きるのに精一杯のいま、エントリーシートなど、到底書く気力は起きない。志望度は高い方であったが、このメールを境にスッと熱が冷めていく気がした。その企業だけではない。一番気にかけていた就職活動が、遠い存在になっていた。友人数名にメールで聞いてみたところ、東京方面の企業も早いところで3月末には採用活動を再開させるらしい。自分は〝いま〟を求めているのに、〝未来〟など考えられるわけがない。その夜は、就職活動と将来を考えることになった。答えはすぐには出せなかったが、とにかく〝いま〟できることに必死で取り組んでからでも遅くないと割り切った。

五日目は朝から雪が降っていた。石油ストーブだけ点けていたが、寒さは堪える。厚着をして、どう乗り切ろうか。携帯電話のバッテリーの消耗も今日は早く感じる。祖母の家では電気が通ったことを知る。携帯の圏外が解かれたことと同じくらい嬉しいものだった。その日の夕方、私の家にも灯りが戻った。電気というものはこんなにも有り難いものなのか。我が家の前の電柱で作業をしていたのは北海道電力の作業着を着た男性だった。縁もゆかりもない土地の電気を復旧する作業に、頭が下がる思いだった。震災関連の情報をひたすら流しているテレビをずっと見ていたが、電気が通る前と違って、時間が過ぎるのは確実に早くなっていった。ライフラインの復旧と同じくして、さまざまな欲望が生まれたが、まず、改めてガソリンを入れたいと思った。大崎市内のガソリンスタンドもだいぶ開いたという情報は入ってきたが、一般車両には20リットル限定や整理券配布の上二千円分まで給油可能という制限がかかっていた。そのため、ほとんどのガソスタ周辺で渋滞を起こし、翌朝の給油開始まで車を道に放置する人まで現れた。また、携帯電話の復旧により、さまざまな確証もないデマが飛び交うようになった。「知り合いの自衛隊員からの連絡で、雨にあたってはいけない……」確かに、原発事故後は雨や雪にヨウ素やセシウムが混じるイメージがあったが、政府や電力会社からの公式なアナウンスがない以上、不安を煽るだけの情報と判断し、冷静になるように心がけた。

震災から一週間ほど経ったとき、近所のガソリンスタンドが開くという情報が入った。整理券配布なおかつ二千円分までという条件のもとだった。14時から整理券配布だったが、12時を過ぎたあたりから人々が行列を作り始め、既に百人以上は並んでいた。普段は交通量が多い道も車はまばらで、自転車で行き交う人々が多い。通りにある豆腐工場は入口付近に仮設テントを建て、油あげや豆腐を売っている。そこにも行列ができている。不思議と街に活気があることに気が付いた。不謹慎な表現かもしれないが、あたかも祭りのような光景だった。無事整理券を得ることができたが、スタンドの話では限定二百人分の配布だったという。

翌朝、無事給油をしたところで、仙台の親族を風呂へ送迎する提案が上がった。仙台市はほとんどの地域でガスが復旧していないため、満足に風呂に入れない状況が続いていた。迎えは父親の車で、送りは自分になった。古川の街中のスーパーに自転車で向かう。せんべいやレトルト食品など、もしものときの備えに無駄に購入してしまう。またライフラインが止まったら、また大きな余震が来たら、と不安は常に存在する。夕方、親族を乗せて仙台へ向かった。大学までの通り慣れた国道4号は橋に大きな段差、ズレが生じており、内陸部の地震の凄まじさを感じた。誰もが慎重に通行するために車の流れが滞るところも存在した。コンビニのほとんどが閉まっている。新聞紙で店内が見えないように目張りをしている。仙台市中心部に近くなり、日も暮れた。電気はほとんど消え、国道沿いのほとんどの店が閉店しており、ゴーストタウンと化しているようだ。親戚を自宅まで送り届け、帰りに親戚にドーナツを頂いた。甘いものを初めとする嗜好品に敏感になり、とても嬉しく感じる。夜になって国道も車がまばらになったが、街は暗い。ガソリンスタンドに翌朝の開店を待つ車列が続いていた。

後日、高速バスに乗って仙台市内中心部、青葉区へ向かった。仙台駅前でバスを降りて、まず人の多さに驚いた。クリスロードには弁当販売の露店まで出ていた。またしても祭りのようである。交通網が不安定な中で、これほどの人たちがいることが不思議だった。その後、ゼミの先生のマンションへ伺い、窓から街中を見下ろしたが、車の流れ、人の動きは普通に戻ったかのように見えた。その後、先生の車に乗り亘理のゼミ生の自宅へ向かった。途中、仙台空港の近くを通りかかったが、テレビの映像だけでは伝わらない、悲惨な光景が広がっていた。無残に打ち上げられた漁船、窓ガラスがすべて割れた家屋などが生を失った瓦礫と化して、生活が波にさらわれたことを物語っている。日常を取り戻したかに見える街と、生活感が失われた街の落差が凄まじく心が傷んだ。

いま自分が行なうべきことは何だろうか。人々は何年もかけてアイディアを出し、街並みはいわゆる「復興」を成していくだろう。しかしいま自分は就職し、宮城を離れるかもしれないと考えたとき、自分が生まれ育った土地のこれからを自分の目で見ることはできない。この時、改めていまは職を手にする時ではないと感じた。職を手にして、被災した地域とは違う場所で日本経済を回し、そこにお金を送ることはできるだろう。だが、これほどの災害において、現実と向き合わずして復興を考えるなど、到底自分にはできないと考えた。

震災から三ヶ月経った6月、私は就職活動を停止させた。大学院への進学を決意したのである。いま自分のできることは現実に研究を通して向き合い、改めて街を知り、人々を知ることではないか。いまは県内を初め、南東北各地を調査で回っているが、人々の悲しみと共に、前へと向かう希望にも出会う。そんな「いま」を見つめながら、自分なりの復興を考えていきたい。


（脱稿：２０１１年10月18日）

テーマパークのなかの非日常

東京ディズニーリゾート

伊藤　智裕

3月11日　14時46分。千年に一度の巨大地震は、私たちが次に経験するだろうとして予想していた宮城県沖地震をはるかに凌ぐエネルギーを以て、宮城県はおろか、全国各地を揺るがし、被害を与えた。宮城県民である私もこの災害の被災者のひとりであるが、私の周囲の知人や友人とは違ったかたちでこの地震を体験することとなった。

3月10日早朝、私は新幹線に乗り、友人と共に仙台を発った。一泊二日で東京ディズニーリゾートへ遊びに行く計画だった。一日目は東京ディズニーランドを存分に楽しみ、美味しい食事を摂って、疲れた身体をホテルの広いお風呂とベッドで癒した。二日目は東京ディズニーシーで遊び、お土産を買って東京駅を見物し、夕方の新幹線で仙台に帰るはずだった。予定が狂ったのは、ディズニーシーの名物アトラクションを乗り終えた直後だった。その日、千葉の天気は快晴だった。絶好の行楽日和に、日本一のテーマパークを訪れた人々はみな浮かれているように見えた。少なくとも、楽しい一日を過ごせると信じて疑わなかっただろう。私と友人もまた、久方ぶりの非日常を楽しんでいた。そして目当てのアトラクションから降り、軽食を摂ろうと売店の列に並んだ時だった。

「……揺れてる」そう友人が呟いたのと同時に、激しい地鳴りがした。売店の電飾が大きく揺れ、今にも自分の頭をめがけて落ちてきそうだった。園内にいた客たちが悲鳴とも怒号ともつかない声を上げながら通路を右往左往するのを目の当たりにした。とにかく壁際から離れて、小・中学生、高校生が避難訓練時に校庭でそうするように、集団をつくろうと考えた。孤立したくなかった。しかし歩こうにもまともに足を運べない自分に気付いて、人生で最も身の危険を身近に感じた。前日夜に見た、巨大地震に遭って倒壊したビルの下敷きになる夢がフラッシュバックした。誰ひとり冷静な人間はいなかった。

揺れは強弱を繰り返し、長時間にわたった。その間、園のスタッフさえも動揺している様子で、「こういった娯楽施設にいる時に不慮の事態に巻き込まれるなどと考える人はいないのだな」「人間ってそんなものだよな」などとぼんやり思った記憶がある。今となっては予兆のようにも思える9日の地震のこと、記憶に新しいニュージーランドでの地震のこと、実はその一週間前にも見ていた地震の夢のこと……を思い出していた。

地震発生直後から iPhone を開き、電話をかけ続けても家族や親戚には一向に連絡が取れない。園のアナウンス等もなく、とりあえず twitter にアクセスした。繋がると、タイムラインは既に震度や震源など地震に関する情報と、安否を確認し合う友人たちの呟きで溢れていた。友人たちの無事や最新の情報が瞬時に確認できたことで、少しだけ安心感が得られた。しかし、家族や親戚の安否が心配になり、すぐに安心感はかき消されてしまった。

既に半日以上過ぎていた3月11日の残りの時間は、とてつもなく長く感じられた。本震が収まりスタッフの案内に従い、園内の広い通路に移動し、その場で待機した。携帯電話でワンセグを開くと、どのチャンネルも緊急ニュースを放送しており、見たこともない大きな津波に呑み込まれたまちが映る画面の「気仙沼」という字幕を見て、やっと、ほんとうに事の重大さに気付いた。とうとう宮城県沖地震もきたけれど、ニュージーランド地震が記憶に新しい分、ある程度備えはできていただろう、と高を括っていた。私が千葉でうろたえていた三十分間のうちに、現地の人間がみんな、冷静に避難できたとは思えなかった。今晩には新幹線も復旧するだろうか、という暢気な考えが一気に吹き飛んだ。ただただ怖くて、これからどうするべきかすぐには考えられなかった。

空はみるみる曇っていった。快晴だった地震前の空が嘘のようだった。多くの人が園内で待機していたが、私と友人は機を見て外に出た。しかし交通網が完全に停止した街はとても不気味だった。想像以上に街が機能しておらず、しばらく身動きが取れないことはすぐにわかった。

まずはホテルに戻るために、変わり果てた道をひたすら歩いた。液状化現象により道路や歩道の至る所にひびやズレが生じ、隙間から泥水が延々と噴き出ていた。完全に泥水に覆われた舞浜駅前のロータリーは圧巻だった。

途中、追いうちをかけるような予報外れの雨が降ってきた。余震の危険性からスタッフに臨時の避難所に案内された。シルクドゥソレイユの公演会場のようだった。一時間ほどそこで雨を凌ぎ、さらに三十分かけてようやくホテルに辿り着いた。ロビーやフロントに設置されたテレビから、うるさいほどに地震に関するニュース番組が聞こえてきた。すぐにフロントに行き、携帯電話の充電をお願いした。既にチェックアウトを終えていたが、快く対応してくれて、ロビーのソファを自由に使って寝泊まりできるよう、毛布も貸し出してくれた。ほんとうに助かった。私たち以外にも二十人ほどがロビーで一夜を過ごした。千葉とはいえ、夜はまだまだ寒かった。

一晩中テレビのニュース番組が途切れることはなかった。眠れるわけもなかったが、津波に飲まれた閖上、火の海と化した石巻、真っ暗な中燃える家屋の炎だけが不気味に浮かぶ仙台市内の映像が繰り返し流れるテレビ画面を見続けるのも辛かった。若林区で三百人もの遺体が発見されたなど想像もできなかったが、漠然と「ああ、これが現実で本当のことを言っているのだな」と思う他なかった。増え続ける死者・不明者の数を見て、仙台が焼け野原になっているのではと心配になって、吐きそうになった。あまりのショックに私も友人もほとんど言葉もなく、会話できなかった。気付くと、疲れてしまったのか、友人はいつの間にか眠っていた。

今後のため、ホテルのコンビニで食料を買い込んだ後、父に電話をかけ続けた。一向に繋がらないなか、地下の静かなフロアに公衆電話を見つけ、それで四回かけなおした末、やっと通じた。家族は全員無事だった。一度声を聞くと、その後は割合冷静になれた。夜が明けてからどう行動するかも、父と話して決めた。眠っていた友人にも知らせた。友人もやっと家族と電話が繋がり、ほっとした様子だった。一方、私はアルバイト先である仙台の某放送局に電話した。12日、13日と出勤予定で、いち早く連絡したかったのだ。お世話になっている報道部が大変な状況になっていることは容易に想像できたが、緊迫した雰囲気を出さずに、かえってこちらを気遣ってもらって、救われた気分だった。少し気持ちが落ち着いたところで、やっと眠りについた。

3月12日　朝一番に東京の世田谷に住む伯父に連絡し、伯父の家にしばらく泊めてもらうことになった。浦安から世田谷までの移動手段は電車であった。本数は少ないものの、復旧は早かった。地下鉄も動いていたので助かった。ソファの付近を片付け、トイレで顔を洗い、歯を磨いた。風邪もひかず体調は良かった。朝のニュースでは帰宅難民が取り上げられており、駅で一夜を過ごした多くの人が、始発の電車に並ぶ様子が見られた。夜中までタクシー待ちの行列に並んだ末、結局夜が明けたというサラリーマンの男性がインタビューに答えていた。

少し落ち着くまで、ロビーで過ごすことにした。ニュースで新たな情報も得たかった。そんな中、電話が鳴った。中学校の同級生で、いちばん仲良くしていた友人Nからだった。「久しぶり！　Nの家は大丈夫だった?!」「うん。今、受験で千葉に来てて帰れないんだけど……。そっちは？」「俺もこっちに遊びに来ててさ。帰れない。家族は無事だよ」。こういったやりとりが続き、お互い励まし合った。自分が得た情報を伝えると、彼もいろいろな情報を伝えてくれた。何より、震災直後に気にかけてもらったことが嬉しかった。後に携帯の電波が回復すると、届いていたメールはかなりの数になっていた。あまり親しくできずにいた友人からもメールが届いていた。

ホテル側の厚意で、浦安駅までの臨時バスに案内された。荷物をまとめ、フロントでお礼を述べてからバスに乗り込んだ。途中、液状化で歪んだ地面が至る所で見られ、ディズニーランドの大きな駐車場も泥水で覆われていた。多くの車が泥に埋もれていた。浦安駅までの景色は、一見何事もなかったかのように見えたが、足元に目を向けると一気に被災地になった。恐らく駅に向かっているのであろう歩行者の行列も異様だった。

駅に着くと、既に多くの人で改札が溢れかえっていた。なんとか切符を購入しホームに辿り着いたが、自分が経験したことのあるどの満員電車も超える乗車率だったように思う。人ごみに荷物がのみ込まれて、キャリーバッグを持つ腕がちぎれそうだった。東西線で大手町まで行き、遅い朝食を摂った。地下通路にあったテレビには、津波被害のあった気仙沼や陸前高田、閖上などの様子が映し出されていた。

テレビを眺めていた時に、今度は震災以来 twitter に投稿のなかった友人Yから電話がかかってきて、心底喜んだ。電話もネットも繋がらなかったという。彼女は仙台市中心部に住んでいて、詳しく街の様子が聞けた。停電と断水が続き、ガスも止まっていた。街はある程度機能していて怖くなかったらしいが、建物の損傷は至る所で見られると言っていた。私の住む場所のすぐ近く、若林区役所の東側まで津波が来たらしいとも言っていた。

より一層強くこれからの大変さを感じた。家の食器や棚の物は落ちて壊れているだろうし、近所まで津波が来たのなら、家の外での片付けにも相当時間がかかると思った。

再び電車に乗り、渋谷から田園都市線で用賀まで出た。伯母が車で迎えに来てくれていた。家に迎え入れられ、シャワーを借り、携帯電話の充電をし、テレビやパソコンで情報収集するという、快適な生活ができた。ただ、どうしても仙台までの移動手段が見つからなかった。果たしてこの状況で仙台に戻ることが正解なのかも疑問だった。このとき既に都内でも食料品の買い占めや、ガソリンスタンドへの行列が起こり始めていたからだ。日本中でパニックが始まっていて、なおさら物資が足りないであろう被災地に帰ることが迷惑になるように感じた。

3月13日　伯父が務める某飲料メーカーでも、操業がストップし、対策に追われていた。相変わらずテレビは被災地の中継映像を流していて、いつの間にか東京のテレビ局のクルーも現地入りしていた。リポーターが実際に目にしたものを言葉に変えて、視聴者に必死に伝えようとした。繰り返し映し出される津波によって傷つけられたまちを見るたび、気が重くなった。

気晴らしに、近所を散歩した。開店三十分前のスーパーには五人ほどの列ができ始めており、いつまで伯父の家にお世話になるかもわからないので、食料品を購入しようとその列に並んだ。私たちが並んだ二十分後には、最後尾がどこかもわからないほどの列ができていた。店内に入ってからは、まさに戦争だった。あっという間に保存食品、パン類、缶詰がなくなった。なんとかしばらく暮らす分には支障ない程度の買い物はできた。しかしなぜ東京でこんなことになるのか、わけがわからなかった。新幹線は相変わらず終日運休で、高速バスの再開も見通せなかった。衣類が二日分しかなかったので、近所のユニクロで予備の下着とTシャツを購入した。

震災から丸二日が経ち、いろいろな動きが出てきた。twitter では避難所の様子、炊き出しや店舗情報、節電の呼びかけ、買い占めを控えるよう訴えたものなどがあった。計画停電に伴い、みんなでフレックスタイム晩ごはん（普段とは時間をずらして調理・食事をする）をしようという動きもあった。遠く離れた関西や九州でさえ、被災地のために電力の無駄遣いや買い占めに憤慨してくれ、さまざまなかたちで協力してくれた。ただの情報源としてではなくて、twitter の可能性が見えたように感じた。ユーザーで良かったと思った。

3月14日　朝食時、父から連絡が入った。運良くガソリンを満タンにできたので、こちらに迎えに来られるというのだ。戸惑いなど忘れて、仙台に帰れることを嬉しく思った。原発が心配だったので、内陸の一般道の往復だった。父とは上野駅前で待ち合わせた。それまでにスーパーやドラッグストアを転々とし、親戚や友人に分けることも考えて大量の食料と生活必需品を手に入れた。18時頃に父の車に乗り込み、帰路につくことができた。北上した4号線、6号線沿いの店という店が看板の明かりを消して、営業時間を短くしていた。

車内で mixi にログインし、友人の状況や日記を確認した。友人Dの日記を読んで、震災以来初めて泣いた。Dの親戚の死が短く、しかしはっきりとリアルに綴られていたからだ。「海に呑み込まれて、亡くなった」という文字列そのものが、とても凶悪で、静かで、真っ黒なものに見えて、現実を突きつけられた感覚だった。自分が被災者じゃないようにすら思えた。D本人の無事が確認できたことが唯一の収穫だった。

3月15日　朝3時頃、若林区役所に到着した。そのまま車内に泊まり、区役所内でトイレを済ませた。掲示板を見ると、区内のさまざまな情報、安否確認のメッセージが書き込まれていて、そこでボランティアセンターが設置されていることを知った。仙台に帰ってきたからには、余力ある人員として何かしなければ、という使命感があった。しかし、一口にボランティアと言っても、例えば気仙沼でできることがあるようにも思えず、内容もイメージできなかった。現場で役に立てず何もできない悔しさを味わうだけではないか。不安が生じ、行動できずにいた。

家に戻ると、どうしてそこにあるのか理解できないような位置に家具が移動していた。台所には食器が散乱して、文字通り足の踏み場もなかった。自室は本棚にあった物がほとんど落ちて、大切にしていたCDも壊れてしまった。電気はこの日回復し、ライフラインはすべて使える状態になった。幸い3月10日にプロパンガスの補充が来たばかりで、ガスはしばらく心配なさそうだった。電気ケトルでお湯を沸かし、買ってきたカップスープを半分ずつ、四人で二袋を飲んだ。この先物資がどう流通するのかわからず、食べ物を迂闊に消費できなかった。

午後、父の携帯電話に突然、大阪に住む親戚から連絡が入った。車で物資を運んで来て、もう間もなく仙台に着くというのだ。カップ麺や飲料水など、多くの物資を戴いた。食料に関して、うちはかなり充実していた。

3月16日　余震は相変わらず起きていたが、家族といる分、安心感があった。母に、地震の前に何度も地震に遭う夢を見た話をしたところ、なんと母も同じような夢をたびたび見ていたそうだ。地震当日用事で石巻へ行こうとした父に、「今日はやめといたら」と言ったそうだ。父も午前中に別件の仕事を済ませており、「まあ、少し疲れたし、明日でもいいか」と思い直したのだという。下水処理場が機能しなくなっているニュースを聞き、だんだんと身近なところへ影響が出始めてきているのを感じた。twitter 上では排水の抑制を促すリツィートがまわっていた。雨が降ったことで、壊れた外壁から食器棚の背面へ浸水してきた。床が水浸しになってしまい、何度も雑巾で吸水する作業を繰り返した。外壁にところどころ破損している箇所を発見した。

3月17日　テレビ番組もだいぶ落ち着きを取り戻してきた。ACのCMは相変わらずだったが、みんな「こんにちわん」だとか「さよならいおん」といった言葉を使ったり、あの歌を歌っては声を出して笑っちゃうくらいには、精神的にも穏やかになった。全国で節電運動が広がり、停電回避という前向きなニュースも入ってきた。

3月18日　近所のスーパーが安定した営業を続けていた。たくさんの人が並んでいて、私もその列に二時間ほど並んだが、東京のスーパーのように買い溜めをしている人は一人もおらず、欲しかった野菜や肉が買えた。一部の商品を除いて特に個数制限されているわけでもないのに、みんなが目当ての物を買えた。震災以来初めてアルバイトの職場に顔を出し、現状確認をした。その帰り道、全国各都市の刺繍が施された作業着を着た人たちをたくさん見かけた。横浜市営バスが走っているのも見た。県外の人たちが走りまわっているのを見るだけで、なんとなく元気になれた。そして、近所で一人暮らしをしている大学祭実行委員会の先輩の家にも寄った。一人暮らしの先輩たちが数人集まって共同生活をしているようで、食糧にも困っている様子はなかった。

少しずつ進めていた今年の大学祭も、すべて白紙になってしまった。開催できるのか、予算は貰えるのか、どんな企画ができるか。すべて確認し直して、一から話し合わなければならなくなった。ただ、この時点ではメンバーも集まれず、学校側と話すこともできないということで、最低限今できることとして、実行委員メンバーでボランティアに参加することに決まった。

3月19日　大学祭実行委員全員の無事がSNSで確認できた。三年生の先輩に依頼された津波に遭った家の片付け作業の手伝いがてら、先輩数人とともに、実行委員の家を訪問して回る、自転車の旅をすることになった。SNSにより無事は確認できたが、大好きな仲間たちの顔や声にできる限り早く、直接触れたかった。サプライズで元気づけよう、という先輩の提案だったが、私は、自分が元気になりたくて参加した節があった。

若林区役所から、六丁の目を経由して多賀城へ向かった。途中で何軒かコンビニを通り過ぎたが、セブンイレブンだけが営業再開に漕ぎつけていた。東部道路に沿って北上を続けたが、しばらくは被害が見当たらなかった。ところが七北田川を越えたあたりから木片や泥が目につくようになり、三井アウトレットパークを境に景色は激変した。私が知っている景色とは全く違うものになっていた。アウトレットの駐車場にはたくさんの流された車が無造作に転がっており、道路は泥や砂で覆われていた。電柱は折れ、あり得ないところに大破した車やトラックが実際にあった。恐らくガソリンやバッテリーが抜き取られたものもたくさんあっただろう。絶句するしかなかった。道沿いの建物はまるで怪獣に蹴飛ばされたかのように滅茶苦茶で、パチンコ屋の前で鼻をついた異臭の正体は、怖くて確認できなかった。

七ヶ浜の手前に、片付けるお宅があった。近辺の家々にはくっきりと波が通った跡があり、高さは150～160センチほどあったように見えた。平屋の内部の家具はほぼ全壊、家電製品は使い物にならなかった。恐らく家は壊してしまうのだろう。家具類や畳など、屋内にあるものをすべて運び出す作業を頼まれた。

その後は七ヶ浜や利府、泉に住むメンバー宅を回って帰った。アポなしで訪問したので、みんな驚いていたが喜んでくれた。元気な姿が見られて私も嬉しかった。夜はぐっすり眠れた。

3月20日　コンビニでいちばん早く回復したのがセブンイレブンだったように思う。次いでローソン、ファミリーマートやサンクスなど、二、三日遅れて徐々に営業店舗が増えていったが、品物はまだまだ少ない状態であった。

3月29日～　実委でのボランティアも定期的に続けていた。若林体育館で塵や埃のためにのどの痛みを訴える避難民が急増し、館内を土足禁止にするため、床の清掃と消毒作業の依頼を受けた時だった。避難所には動ける人員として、若くて健康な高校生や大学生もたくさんいた。申し訳ないけれど、私にはそういった人たちが何も考えずにいるようにしか見えなかった。厳しいことを言うと、避難所の掃除くらい、利用者ができることなのではないか。土足で通路を歩くことが不衛生だと、咳をする老人や子どもを見て気付けたはずなのだ。声を掛け合って、できる人が自分たちの住む場所の環境を改善するよう行動できたはずだ。ボランティアを始めた当初は、多くの人が感謝や労いの言葉をかけてくれたが、この日そういった人はおらず、少し寂しい気持ちになった。

被災者の内面的な変化は、結果的に集団の意思として現れた。私が聞いた話で酷いと思ったのは、仮設住宅建設に対する意見の移り変わりだ。当初、「住める環境さえ用意してもらえるなら、それ以上のことはない」と一刻も早い仮設住宅建設を第一に考えていた被災者も、ある程度時が経ち落ち着いてくると、「元あった家の近くがいい。この土地に住み続けたい」と、長町に建設された住宅への入居を渋る姿勢に変わっていったという。このような場合の最も良い対処の方法は、私には思いつかない。

気が付くと、この震災の正式名称が「東日本大震災」として統一されていた。震災から二七日後の4月7日に最大震度の余震が観測され、再び緊張が走る中、怒濤のように一ヶ月が過ぎた。大学が再開する頃には、「もうすぐ二ヶ月」となっているのだ。今では、サッカー日本代表とJリーグ選抜のチャリティマッチでのカズのゴール、ベガルタや楽天の劇的な勝利が記憶に新しい。スポーツ界ができること。ひとりひとりの優しさが大きな影響力を持って機能することで発揮される福祉の力。あるいは風評被害の解決を含めた、地元産業の復興を目指す経済界の動き。それぞれのフィールドでなせるそれぞれの働きがあるのだと思う。私が今できることは微々たるものかもしれないが、充実感を持って生きている。大学祭実行委員会も、どうにか運営を再開した。今、私は悲観的な気持ちではいない。

このたびの震災で、私たちの選択肢や可能性は拓けたと思う。視野を広く持たなければならないと感じた。リセットと言ってよいのか、一度立ち止まれたことを今後に活かせたらな、と思う。

（脱稿：２０１１年５月12日）

プロジェクトを終えて

東北学院大学　震災の記録プロジェクト
大内千春・亀山武史・佐藤航太・小山悠・佐藤恵・
植野雄太・遠藤祐太・伊藤智裕・齋藤宇成・渡邊英莉

私たちには、何ができるのだろうか。あの震災が2011年3月11日。倒壊する家屋、炎を上げて爆発するガスタンク、鳴りやまないサイレンなどに日々恐怖を感じながら生活していました。そんな当事者である私たちだからこそ、できることがあるはずだという想いがありました。そして、学生という立場でできることを考えたとき、たどり着いたのが一冊の本の製作でした。

ボランティアをするという選択肢ももちろんありました。本の製作にかかる手間や時間をそのままボランティア活動に割いたとしたら、直接的かつ迅速に被災地の役に立つことができたでしょう。メンバーの大半は当初泥かきや清掃などのボランティアに携わっていました。しかしそれ以上に本の製作および編集に多くの時間を割いてきました。実際、被災地で復興に尽力されている方から、私たちの活動について冷ややかな意見をいただいたこともありました。それでも私たちは本の製作をやめようとは思いませんでした。確かに直接的ではないかもしれないし、即効性もありません。しかし、この本を世に出し、記録を残すことによって、震災を経験した私たちの想いを伝える意味が存在するのです。

私たちは、震災からわずか一週間後に活動を始め、金菱先生と近場のメンバーが自転車で集まり、仙台新港付近の調査を行いました。そこで初めて津波の現場を実感することができました。二週間後には石巻市、女川町や旧雄勝町、南三陸町を訪れました。県内から始めた調査も徐々にガソリンが入手しやすくなったことを契機に県外に広がり、震災から三ヵ月後には、岩手県の宮古市や釜石市をはじめとする沿岸地域や福島県の南相馬市や相馬市などに足を運びました。

東北のあらゆる地域に私たちの先輩方がおり、同窓会のネットワークを利用して、その地域の方々と連絡を取り、現地調査に協力していただきました。お会いしたどの先輩もその地域において重要な役割を担っており、東北学院大学の学生であることを誇りに感じました。どの先輩方も地域の復興のために尽力していることもあり、お顔には疲労の色を感じましたが、明るく地域の未来を話していたことが大変印象的でした。このように現場に足を運び原稿をお願いしたほか、編集メンバーの身近な人たちにも本書の編集にご協力いただきました。

あるメンバーのアルバイト先は、津波によって被害を受けました。辛うじてお店の屋根に避難して命が助かった店長（当時は副店長）に原稿の依頼をしました。屋根の上から見た風景や避難する様子をありのまま書いた原稿をすぐにいただき、その原稿を編集メンバーみんなで目を通していくという作業を行いました。かつて経験したことのない津波に想像がつかず、疑問が多く挙がり、さらに店長に質問して一つ一つ解決し原稿が仕上がりました。あとから考えると六往復も原稿をやりとりしていました。

また母親が不動産屋に勤めるあるメンバーが、母の同じ職場の仲間がご実家とご家族を亡くしたことを知り、母経由でその方に原稿をお願いすることができました。その原稿には、変わり果てた我が家やご家族を失った悲しさ、仮土葬するしか手段がないという悔しさなどが詰まっていました。土葬は当初簡単に書かれていました。私たちは、ご遺体を火葬に付すことができずやむなく土葬することは知っていましたが、それ以上のことはわかりませんでした。そこで無理を承知で加筆をお願いしたところ、快く引き受けてもらいました。しかし後で、ご自身は見てもいない津波に大切な家族を奪われ、津波の正体は何なのかと問う胸の内の苦しみを知った時、この記録を残すことは人の心に土足で踏み込むことになってはいないだろうかと、いまでも自問自答することがあります。

11年3月11日に発生した大地震ですが、それぞれの地域で経験が異なり、一言では言い表すことができないほど厳しくつらい経験をされた方がいることを目の当たりにしました。そして復興に尽力されている大切な時間を割いて、貴重な原稿を寄せていただくことができました。「原稿を書く機会をくださってありがとう」。このような声を多数いただきました。私たちにとっては、そうしたお言葉と、現実に向き合う皆さんの前向きな姿勢が原動力となり、想いの詰まった原稿をしっかり記録として、完成させることを目標に取り組むことができました。

本書の編集にあたって、自らの足であらゆる場所を歩き、目で見て、さまざまな方にお会いしてお話を聞き、さまざまな地域に何度も足を運んだことにより、被災地の様子を確認するだけでなく、被災地の「いま」の活動に着目し確実に経過している時間を感じながら調査を行うことができました。そのことで「東日本大震災」という国内最大規模の震災を体感し、メディアで取り上げられる被災地の現状は、ごく一部のものにしかすぎないことを感じています。

写真や映像から見える被災地、それらはもちろん人々の心に訴えかけるものがあります。しかし、それだけで本当に被災地を理解したことになるのかという疑問がわいてきます。本書は、被災者の方々自身が考え抜き、筆を執ってくださった文章を載せることで、読者の心に響くだけではなく、思考にまで届かせる力があると確信しています。被災者の経験したことや、考えたことに真摯に向き合ったとき、きっとハッとさせられることでしょう。

本書の製作に協力いただいた方に言われた言葉が今でも心に蘇ります。「きみは被災地の何を知っているのか。避難所の方がいま何で困っているのか知っているのか。女性の洗濯物を干す場所がなくて困っている現状を知っているのか」。

多くの人に本書を手にとっていただき〝気づき〟を持ってほしい、被災地に住んでいる一人ひとりの歴史と現状、想いを知ってほしいと願っています。そこには今まで気づかなかった現実があるはずです。

最後になりましたが、本書にご協力いただいたすべての方々に心より御礼申し上げます。そして亡くなられた方々のご冥福を心よりお祈り申し上げます。

（２０１１年12月11日）

あとがき

金菱　清

エスノグラフィーの応用

「先生からご依頼された原稿を8月末までにお届けしようと思っておりましたが、6月後半から、慣れないアパート生活と、友人が相次いで病気で三人も亡くなり、震災にあった知人の自殺未遂、妻のうつ病など重なり、私自身が体調を崩して仕事に出ることで一杯、いっぱいの状態が続いております。復興計画も半年経っても瓦礫撤去だけが進み、その後の構想は何一つ明らかにされず零細企業は皆、瀕死状態にあります。このような状況で、先生とのお約束を果たせず、気持ちだけが焦り、足元の仕事、通院する妻のケアなど……現状では原稿を書きたい思いはありますが、お約束を果たせることは、非常に困難な状況にあります」。

本書に原稿を頼んでいた方からこのような辞退の手紙をいただいた。震災の現場は発生時にもまして深刻であり、とても文章を書けるような状態ではないのが現実である。それでもなお多くの方々に無理を押してご協力いただいたことは、感謝に堪えない。そのうえで、本書の学問的な手法と意義について触れたいと思う。

社会学・文化人類学の研究では、通常、地域を限定した濃密なフィールドワークが調査方法として確立されている。この方法では長期間かけて調査結果を明らかにしていくことが必要だろう。私自身も大阪（伊丹）空港不法占拠について十年近いフィールドワークを行い、発表してきた。ただし、今回のような広域にわたる大災害については、一地域に限定した調査で何らかの代表性を担保したり、モデルケースとしてデータを析出することは難しい。

やはり対象と規模に応じて、その方法論もまた「革新」を迫られる。

本書で提示した新たな方法は、地域・トピックを複数に拡張し、一つひとつの小さな出来事をできるだけ現場の生々しい「声」によって濃密に描くことに重きをおき、出来事の〝広さ〟と〝深さ〟の両方をあわせもつことで、千年規模の大震災の全体像を把握してまるごと理解しようと試みるアプローチである。

災害の実態／実体を明らかにするために、災害エスノグラフィーという手法がある。エスノグラフィーは文化人類学で用いられる学術用語であるが、日本語では「民族誌」と訳され、ある民族や集団がもつ文化的生活様式を記述する有効な方法である。通常のエスノグラフィーは一地域のトピックを濃密に描き出すことで、異文化の現場のリアリティ、人間関係、生活を深く理解するための手法である。他方、大災害という非常時は、普段私たちが経験する事象とは徹底的に異なるという意味で、人々の行動や感情はすぐれてその人にとっての「異文化」（あるいはそれ以上）として理解されよう。

林春男・重川希志依・田中聡が阪神淡路大震災の体験を質的に記述した『災害エスノグラフィー──阪神・淡路大震災　秘められた証言』（NHK出版）が、減災の観点から注目を浴びている。林の研究チームは震災翌年の96年から神戸市職員を対象に聞き取り調査を行った。「三十年間非公開」という条件で163人・42テーマ・A4判2400ページの膨大なトランスクリプト（インタビュー起こし原稿）を得たという。質問せず、主体的に語ってもらった証言集だったが、一五年経過した今でも公表されていない。09年、NHKがこの調査にもとづいた番組を放送した際に証言の一部を公開し、本も出版された。

他方、本書はいわばエスノグラフィーの応用的手法をとったものである。まず、公表を前提として、広範な被災地の人々に自ら非日常（被災）を質的に記述していただいた。つぎに、多様な職業・階層・年齢・性別の人々に書いていただくことで、大震災特有のトピックの多面性を網羅することをめざした。調査者は収集に徹し、分析や解釈を加えずに生の一次資料を公表する点で、通常のエスノグラフィーとは異なるが、被災者のリアリティを臨場感とともに伝えることを最優先した。

このようなエスノグラフィーの応用的手法によって、3・11大震災の総体的把握と深いまなざしを伴った理解をめざした。震災エスノグラフィーは防災・減災に活かす学術資料であるとともに、地域の社会史として被災体験を継承するための実践的な試みでもある。

本書が収録した記録は、宮城・岩手・福島の3県27市町村、新潟・秋田・栃木・群馬・千葉・東京にわたる（巻頭の地図参照）。執筆者数は71人、記録時点は11年4月11日～11月5日（脱稿日を参照）。トピックは、「震災川柳・仮土葬・遺体身元照合・行方不明家族の捜索・津波、火柱からの脱出・消防団活動・海苔養殖・福島第一原発・原発避難・避難所運営・一時帰宅・失職や就職・山津波・エコノミークラス症候群・新幹線閉じ込め……」と枚挙に暇がない。九死に一生を得た人々の脱出、救助、家族との再会。住居と仕事を一度に失い、着の身着のままの避難生活。ライフラインが途絶え、水と食料と燃料を求めて何時間も並ぶ毎日。さらには二万人に届かんとする死者・行方不明者の捜索。まさに千年災害に立ち向かう人々の慟哭と彷徨、絶望と再起の日々が綴られている。

被災体験は大津波を受けた沿岸域・原発の避難地域・仙台市街など都市部によって大きく分かれる。原発事故に対する記述も、複数地点を設けることで、その人の依って立つスタンスが「異なる」ことがわかる。たとえば反原発運動を展開してきた漁業者は、海の生業から説得力をもって原発をなくすよう訴えている。東電関係者にも無理を押して寄稿いただいたが、事故に対する使命感と責任感、周囲のまなざしの変化に悩み苦しむ家族の胸の内が透けてみえる。一方、原発事故のために故郷と仕事を奪われ、散り散りになって声もあげられない人々の嘆きも克明に記録されている。このように多面的に原発事故の影響を描き出すことで、単に原発反対か賛成かではなく、それ以前に原発とはどのような存在であるかを深く考えさせられる。

広域災害に即したネットワーク的調査方法

今回の原稿依頼のために、私の指導するゼミの学生たちを中心にプロジェクトチームを編成した。詳しくは「プロジェクトを終えて」に譲るが、私が所属する東北学院大学（宮城県仙台市）の学生たちの出身地は被災地と重なることがわかった。学院の同窓会ネットワークを活用できれば、計量調査ではないが、ある程度被害の実態や全体像をつかむことができるだろうと、震災直後に直感した。そこでまずゼミ生に「震災レポート」の課題を与え、早い段階で覚えている限りの記録をとるように指示して提出してもらった。3月中旬で大学の学期試験も終わり、それぞれが異なる場所で違う経験をしていた。

だいたいのイメージをつかんだ後、実習や一般教養の講義を通じて、五百件を超える学生の震災レポートを集めることができた。一般教養の講義は新一年生（震災時は高校生）がほとんどで、被災時は国公立大の後期受験や自動車教習所に通っていた学生が多いことがわかった。学生のレポートはもちろんそれぞれに異なるが、その違いは選択上重要ではないと判断し、地域性、親族、知人の記述に注意して取捨選択した。改めてその学生にコンタクトをとり、親御さんや知人に震災の記録へのご協力を仰いだ。

大まかな地域別にメンバーを分けて情報収集を行い、トピックを選出して、寄稿いただけそうな方を挙げていった。さらに職業・階層・年齢・性別などの偏りをできるだけなくすために、学院のＯＢ・ＯＧ会の各支部や避難所や島を訪問して直接依頼した。仙台から遠隔の地域は、社会学のネットワークを通じて補った。岩手県立大学の阿部晃士さん・福島大学の加藤眞義さん・いわき明星大学の鎌田真理子さんのご協力をいただいた。現地調査は3月19日～11月20日の二十回に及んだ。このように不十分ながら工夫することで、震災以前と以後の複数地域を描くことに多少なりとも成功した。

執筆者には選出したトピックを中心に、５Ｗ１Ｈ（いつ・どこで・誰が・何を・なぜ・どのように行ったのか）の経験を書いていただいた。特段の制約や枚数制限などは設けなかった。それはその人自身の目線で、自分の地域について自由に描写してほしかったからである。もちろんどうしても過不足が生じてしまうので、学生とは何回もやりとりし、ご家族を亡くし、住居や仕事を失った方々とは一、二回のやりとりで、読者にできるだけわかりやすく伝わるように最低限の補足を行っていただいた。編集に当たっては大津波、原発事故、巨大地震というメインのトピックと地域をもとに、題名と副題（市町村地区名）をつけて配置した。お名前は本名、仮名両方あったが、いただいた通り掲載した。出版の際には紙数の都合で原稿の一部を省略し、読みやすく手を入れさせていただいた。

被害の全体像がわからず、正直、当初は雲をつかむような心許なさがあった。探索に走りながらプロジェクトの修正を行っていくために、編集会議で進捗状況を報告しあい、空白の地域や不足するトピックを洗い出して埋める作業を続け、トピック全体にムラができないように努めた。実際できあがってみると、まだまだ追い切れていないことが多いと気づかされる。当然のことながら断られるケースも数限りなくあったし、一大学のネットワークには限界がある。被害がそれだけ深刻であったからである。それは今後の課題である。とくに原発災害は予測のつかない試練が続いている。

思いがけない成果として当初は気づかなかったが、大学と社会学のネットワークを活かして、地域の記録を、地域の人々自らの手で残すプロジェクトは、学生への教育的意義がとても大きかった。本人も津波に呑み込まれ目の前で祖母を亡くした学生は、この津波が何をもたらしたのかを現場に赴いて自分の目と耳そして心で必死に感じ取ろうと、調査に臨んでいた。各地を回り何十回とインタビューを続けるうちに、学生たちはきちんと名刺を渡し、メモを一生懸命とっていた。いつのまにか社会学の調査実習となり、調査方法が自然と身についていた。メンバーの一人は大学院に進むことになった。

執筆者以外にも、たくさんの方々にご協力とご指導を仰ぐことができました。

東北学院大学長の星宮望先生にはご多忙のなかお時間を割いていただき、今回の出版へのご挨拶をお寄せいただきました。また、東北の復興支援に活躍されているサンドウィッチマンの伊達みきおさんに直接お会いし、プロジェクトへの温かいご理解を即座にいただき、富澤たけしさんとともに、以下の推薦のお言葉をいただくことができました。「3月11日、平穏な日常が壊れた。泣く暇もない現実が始まった」（伊達みきお）、「テレビでは語られない『3・11』がここにある」（富澤たけし）。ここに記して御礼を申し上げます。そして編集にご協力下さった方々、本当にありがとうございました。

最後に、新曜社の塩浦暲社長、編集の小田亜佐子さんに出版の道を切り拓いていただき、希望を与えていただいたことに感謝申し上げます。

（２０１１年12月31日）

編集にご協力下さった方々（敬称略）
秋山まさ子・阿部晃士・大澤史伸・加藤眞義・鎌田真理子・阿部長記・庄司幸男・三浦まり・大内やすこ・長谷部安行・佐藤輝昭・髙橋智美・新妻由紀・熊谷真樹・佐久間政広・佐藤真美・椙山真帆・平間舞・加藤瞳子・新田出・鴫原舞・松川雄紀

付記
以下の助成をいただくことで、スムーズかつ強力に本書の調査と執筆を進めることができました。
平成21年度～24年度文部科学省科学研究費補助金若手研究Ｂ（代表者：金菱清　東北学院大学准教授、課題番号 90405895）
「生きられた法と辺境のダイナミズム―環境正義と公共性の社会学的研究」
平成23年度～25年度私立大学戦略的研究基盤形成支援事業（代表者：宮城豊彦　東北学院大学教授、事業番号 S1103002）
「地域脆弱性の克服と持続基盤形成を促す大学・地域恊働拠点の構築」

第8刷への付記
東北再興への出発点となることを期した本書は、今回で8刷を重ねることができました。３・11大震災からまもなく10年を迎えようとするいま、改めて読んでみると、あの当時の切迫した緊張感がそっくりそのまま伝わってきます。歳月が過ぎ去っても色褪せることなく、風化に抗するように、より一層輝きを増す感じさえします。この大記録は、書きたい人が書いたのではなく、書けない人が書いたことを重要視してくれた書評もありました。
２０１２年第９回出版梓会新聞社学芸文化賞の受賞では「ひとりひとりの言葉の力で描く、長大な「震災エスノグラフィ」は、３・11関連の膨大な数の出版物の中でも傑出して」いるというお言葉を、選考委員の東京新聞文化部長の加古陽治氏よりいただきました。その後、震災の著作を世に送り出す上で、本書が第一歩になったことは間違いありません。

（２０２１年２月11日）

編者紹介

金菱　清（かねびし・きよし）

1975年　大阪生まれ

関西学院大学大学院社会学研究科博士後期課程単位取得退学　社会学博士

現在　関西学院大学社会学部教授

（2020年3月まで東北学院大学教養学部地域構想学科教授）

専攻　環境社会学・災害社会学

主著　『生きられた法の社会学――伊丹空港「不法占拠」はなぜ補償されたのか』新曜社 2008（第8回日本社会学会奨励賞著書の部）；『千年災禍の海辺学――なぜそれでも人は海で暮らすのか』（編著）生活書院 2013;『新体感する社会学―― Oh! My Sociology』新曜社 2014;『震災メメントモリ――第二の津波に抗して』新曜社 2014;『反福祉論――新時代のセーフティーネットを求めて』（共著）ちくま新書 2014;『呼び覚まされる霊性の震災学―― 3.11 生と死のはざまで』（編著）新曜社 2016;『震災学入門――死生観からの社会構想』ちくま新書 2016;『悲愛――あの日のあなたへ手紙をつづる』（編著）新曜社 2017;『私の夢まで、会いに来てくれた―― 3.11 亡き人とのそれから』（編著）朝日新聞出版 2018（朝日文庫 2021）；『3.11 霊性に抱かれて――魂といのちの生かされ方』（編著）新曜社 2018; 令和元年度社会調査協会賞（優秀研究活動賞）受賞；『災害社会学』放送大学教育振興会 2020;『震災と行方不明――曖昧な喪失と受容の物語』（編著）新曜社 2020;『永訣――あの日のわたしへ手紙をつづる』（編著）新曜社 2021

新曜社　3.11 慟哭の記録

71人が体感した大津波・原発・巨大地震

初版第1刷発行　2012年　2月20日

初版第8刷発行　2021年　3月11日

編　者　金菱　清　東北学院大学　震災の記録プロジェクト

発行者　塩浦　暲

発行所　株式会社　新曜社

〒101-0051　東京都千代田区神田神保町 3-9

電話　03(3264)4973(代)・FAX 03(3239)2958

E-mail：info@shin-yo-sha.co.jp

URL：https://www.shin-yo-sha.co.jp/

印刷　シナノパブリッシングプレス

製本　積信堂

ISBN978-4-7885-1270-2　C1036